KB069518

Analytical
Psychoolgy and
Religion

분석심리학과 종교

김성민 저

학지사

사랑하는 나의 어머니와 아내에게

• 하늘나라는 밭에 묻혀 있는 보물에 비길 수 있다. 그 보물을 찾아낸 사람은 그것을 다시 묻어 두고 기뻐하며 돌아가서 있는 것을 다 팔아 그 밭을 산다(마태복음 13:44).

• 당신이 알지 못하는 곳에 가려면, 당신은 반드시 당신이 알지 못하는 곳을 거쳐서 가야 한다(십자가의 성 요한).

◆ 서 문 ◆

영혼(soul)이라는 단어는 신학이나 신앙 서적 이외에 다른 학문을 다루는 서적에서는 거의 찾아볼 수 없는 단어다. 더구나 사회과학이나 인문과학 서적 등 소위 과학 서적에서는 더욱더 찾아볼 수 없다. 그러나 스위스의 분석심리학자 C. G. 융의 저작에서는 영혼이라는 단어가 많이 발견되며, 심지어 『영혼을 찾는 현대인(*Modern Man In Search of a Soul*)』이나 『영혼과 생명(*L'Ame et la Vie*)』처럼 책 제목에서도 나타난다. 그는 영혼이라는 단어에 무엇인가 종교적인 의미가 담겨 있어 과학자들이 기피했던 것을 극복하고 인간의 영혼을 떳떳하게 학문 탐구의 대상으로 만들었던 것이다. 그 이유는 그가 인간을 이해하기 위해서는 인간을 좀 더 깊은 곳에서 보아야 한다고 생각했기 때문이다.

사실 가장 현대적인 어감을 풍기는 정신치료(psychotherapy)는 본래 교회에서 '영혼의 돌봄(cura animarum)'이라는 말로 행하였던 것인데, 그 말은 독일어로 'Seelsorge'이고, 프랑스어로 'cure d'âme', 영어로는 'care of soul'이다. 정신의 치료는 영혼의 문제이며, 정신과 의사나 현대적인 의미에서의 정신치료자가 없을 때 정신치료는 사제가 담당했었다는 말이다. 하지만 현대사회에 들어와서 인간의 의식이 발달하면서 의식과 무의식의 관계가 과거의 소박했던 시절의 패러다임을 가지고는 다룰 수 없게 되자 세속의 전문 분야로 분화되어 나갔던 것이다. 여기에서 psyche(그리스어), anima(라틴어), âme(프랑스어), Seele(독일어), soul(영어)은 모두 같은 의미를 가지고 있는 단어들이다. 그것들은 인간의 생명 현상 가운데서 비(非)물질적이지만 아주 역동적인 작용을 하는 부분으로서 옛날에는 사제가 그 부분을 담당했던 것이다. 그래서 융은 현대 정신의학이 시작될 무렵 그의 학문적 입지를 정립하기 위해서, 한편으로는 프로이트의 무의식 이론, 다른 한편으로는 전통적인 종교적 치료 방법을 살펴보면서 인간의 정신 현상을 고찰하였다.

그런 입장에서 융은 정신치료와 종교가 만날 수 있는 부분에 대해서 깊이 연구하였다. 처음에 그는 영지주의와 오리겐, 터툴리안, 니콜라스 폰 플루에, 마이스터 에크하르트 등을 살펴보다가 나중에는 연금술을 연구하면서, 그가 처음 세웠던 가설이 잘못된 것이 아니라는 확신을 가졌다. 왜냐하면 연금술사들은 물질로서의 금이 아니라 정신으로서의 금인 전인(全人)을 추구했던 사람들인데, 그들 가운데는 기독교에서 이단으로 정죄된 영지주의를 자연과학 용어로 바꿔서 탐구하려는 사람이 많았고, 그들이 추구했던 전인은 죄의 문제를 극복하고 구원된 삶을 살려는 것이었음을 발견했기 때문이다. 따라서 그들이 사용했던 원물질, 안트로포스, 현자의 돌 등은 각각 무의식, 그리스도, 자기 등을 상징적으로 나타내며, 연금술의 전개 과정인 검은색 단계 · 하얀색 단계 · 붉은색 단계 등은 죄악된 상태 · 정화 작용 · 구원에 이르는 단계 등으로 생각할 수 있는 것이다. 정신치료와 신비체험과 연금술 등은 궁극적으로 정신적으로 불완전한 상태에서 온전한 상태에 도달하려는 인간의 추구라는 것을 깨달았던 것이다. 자연히 융의 분석심리학에는 종교적 사고가 많았고, 그는 종교적인 것들을 많이 다룰 수밖에 없었다.

이 책이 관심을 가지고 다룬 것도 그것이다. 그래서 이 책은 융의 분석심리학을 인간론, 죄론, 신론, 구원론 등으로 나누어서 종교적인 관점에서 살펴보았고, 그 밖에 분석심리학 이론과 관계되는 종교 현상을 살펴보았다. 그것들이 뒤에 나오는 분석심리학과 종교, 종교 체험과 분석심리학, 영지주의와 분석심리학 및 기독교의 삼위일체 도그마에 대한 분석심리학적 고찰 등이다.

이 책의 앞부분은 지난 1998년 동명사에서 『융의 심리학과 종교』라는 제목으로 출판되었던 것이다. 그동안 개정판에 대한 요청이 끊이지 않았으나 여러 가지 사정으로 차일피일하다가 지난 여름 방학 다른 일을 제쳐 두고 전체적으로 다시 읽으면서 문장을 고쳤고, 그동안 새롭게 연구한 부분을 추가하였다. 『융의 심리학과 종교』에 있던 원고 일부를 삭제하였고, '기독교의 삼위일체 도그마와 C. G. 융의 사위론', 'C. G. 융의 분석심리학과 영지주의', '콤플렉스와 연상검사', '콤플렉스와 정신병리'가 새로 들어갔다. 그러다 보니 이전 책과는 많이 달라져서 제목도 『분석심리학과 종교』로 바꾸었고, 출판사도 심리학 전문출판사인 학지사로 바꾸었다. 전체적으로 볼 때 반 이상이 달라진 셈이다. 어려운 출판 여건에서도 흔쾌히 출판을 허락하신 학지사의 김진환 사장님과 무더운 여름에 이 책을 편집하고, 교정보느라고 애쓴 김순호 부장님과 편집부 여러분께 감사드린다.

2014년 10월

月汀

차 례

제2부 융의 사상과 기독교

제4부 분석심리학과 종교 및 콤플렉스와 정신병리

제 1 부

C. G. 융의 생애와 사상적 특성

제1장

C. G. 융의 생애

분석심리학자 C. G. 융(Carl Gustav Jung, 1875~1961)은 S. 프로이트(Sigmund Freud, 1856~1939)나 A. 아들러(Alfred Adler, 1870~1937) 등 다른 어느 심층심리학자들보다 종교적인 문제에 깊은 관심을 가졌고, 종교 문제에 대한 저술도 많았다. 하지만 그가 종교라고 생각했던 것은 사람들이 보통 종교라고 생각하는 것과는 다른 의미를 가지고 있다. 그는 종교라는 단어에서 기독교나 불교, 이슬람교 등 어떤 특정한 종파를 의미하거나 그 교단들에서 믿는 신조(credo)를 떠올렸던 것이 아니라 사람들이 신(神)이라고 부를 수밖에 없는 어떤 강력한 힘을 가진 존재를 체험하고, 그 결과 사람들의 의식이 변화된 상태 또는 변화된 의식에서 나오는 어떤 특별한 정신적인 태도를 떠올렸던 것이다.[1] 다시 말해서 종교란 사람들이 그들의 삶을 온통 흔들어 버릴 수 있는 어떤 강력한 존재를 만나고, 그 존재를 만난 다음에 삶이 변화된 상태, 즉 그 전과는 전혀 다른 삶을 살게 되는 것을 가리켰던 것이다. 이런 생각에서 그는 오늘날 기독교는 현대인의 삶에 별로 큰 영향을 미치지 못하고 있으며, 그들의 영혼에

1) C. G. Jung, *Psychologie et Religion*(Paris: Buchet/Chastel, 1974. 이하 PER로 약한다.), p. 19.

깊숙이 스며들지도 못하고 있다고 비판하였다: “나는 현대인에게서 신경증이 증가하는 이유가 그들의 삶이 원활하지 못하기 때문이라고 생각합니다. …… 신경증이란 결국 의미를 발견하지 못한 영혼의 고통입니다.”[2)]

그가 현대의 종교 상황, 특히 기독교의 영적인 상황을 이렇게 비판적인 눈으로 바라본 것은 근래에 들어와서 기독교가 현대인의 영적인 욕구에 부응하지 못하고 있으며, 현대인의 영적인 고통을 달래 주지도 못한다는 인식이 깊었기 때문이다. 더구나 그는 자신이 기독교적인 환경에서 살면서 그 사실을 절실하게 체험했기 때문에 기독교의 불모성을 더 안타깝게 생각했는지도 모른다. 그는 때때로 삶의 문제 때문에 고통당할 때 그의 영혼 깊은 곳에서 흘러나오는 역동적인 힘을 체험했고, 그 체험을 통해서 그의 문제들을 해결할 수 있었다. 그래서 그는 종교 체험의 가치를 높게 평가했으며, 종교의 정신치료적인 가치를 인정하였다. 그러나 그 종교는 기독교가 아니었다. 그보다 더 근원적인 종교, 인간의 근원적인 심층에 있는 종교 영역이었다. 따라서 그는 이렇게 말할 수 있었다: “다른 사람들이 종교 체험에 관해서 어떻게 생각하든 그것은 별로 중요한 것이 아니다. 그러나 실제로 그런 체험을 한 사람은 삶의 원천을 채워 줄 수 있는 엄청난 보화를 가지고 있는 것이다.”[3)]

종교의 가치가 극심한 도전을 받고 있던 시기 어떤 것이 융으로 하여금 종교와 종교 현상에 그렇게 깊은 관심을 기울이게 했는가? 그것은 아마 그가 개신교 목사의 아들로 태어났고, 어머니 역시 그가 말한 대로 ‘신비적인 성격의 소유자’라서 어릴 때부터 종교적인 영향을 많이 받으며 자라났기 때문일 것이다. 정말이지 그의 삶에는 넓은 의미에서 볼 때 종교적인 것이라고 말할 수밖에 없는 체험이 많이 있었으며, 그것들은 그의 사상에 커다란 영향을 미쳤다. 그래서 그의 심리학 사상, 특히 종교적인 현상과 관련된 분석심리학 사상을

2) C. G. Jung, *La Guérison Psychologique*(Genève: Librairie de L'Université Georg & Cie S.A., 1984. 이하 GP로 약한다.), pp. 281-282.

3) PER, p. 198.

살펴보려면 먼저 그의 삶을 조명해 보아야 한다. 그의 삶을 그의 분석심리학 사상이 형성되는 중요한 사건을 중심으로 해서 구분해 보면 네 시기로 나눌 수 있다.

첫 번째 시기는 그의 탄생에서부터 열한 살 무렵까지의 유년기인 1875년부터 1886년까지, 두 번째 시기는 그의 청소년기와 청년기를 포괄하는 1887년부터 1900년까지, 세 번째 시기는 그가 정신과 의사로 활동하던 무렵부터 프로이트와 결별하고 난 다음 삶의 위기에 봉착하고, 실존적인 위기에서 수많은 내적인 체험을 하게 되는 1900년부터 1919년까지, 마지막 시기는 그가 자신의 내적인 체험을 분석하고 형상화시킴으로써 삶의 위기를 극복하고, 학문적인 업적을 이루게 되는 1919년부터 죽을 때까지인 1961년이다.

1. 유년 시절(1875~1886)

융은 1875년 스위스 동북부 콘스탄스 호숫가에 있는 작은 마을 케스빌에서 루터파에 속하는 개신교 목사 요한 폴 아킬레스 융(Johann Paul Achilles Jung)과 그의 아내 에밀리(Emilie Preiswerk Jung) 사이에서 장남으로 태어났다. 그의 어린 시절은 그다지 밝지 못하였다. 그의 아버지와 어머니는 너무 다른 유형이어서 가정에는 늘 어떤 긴장과 어두움이 덮여 있었다. 더구나 세 살 무렵 어머니가 오랫동안 병원에 입원함으로 그는 어머니의 보살핌을 충분히 받지 못하여 삶에 대한 근본적인 신뢰를 쌓지 못하였고, 동생과의 나이 차이도 심해서 어린 시절을 늘 외로움 속에서 혼자 지낼 수밖에 없었다. 이 세 가지 이유는 서로 복합적으로 작용하여 그의 성격을 더 어둡게 만들어 간 듯하다.

부모 사이에 있었던 불화는 어린 융의 삶에 매우 커다란 영향을 미쳤다. 아버지 요한이 성격이 좀 유약하고, 변덕이 심하며, 걱정 근심이 많았던 사람이었다면, 어머니는 반대로 고집스러우며 매우 강한 성격의 소유자였다.[4] 이런 성격 차이 때문에 둘 사이에서는 자연히 말다툼이 많았고, 화목한 가정을 이룰

수 없었다: "(어머니와 아버지 사이의 불화는) 내 성격 형성에 긍정적인 영향을 끼칠 수 없었다. 이 두 분 사이의 갈등에서 벗어나기 위해서 나는 부모님 가운데서 누가 더 옳고, 누가 더 나쁜가를 판정해야 하는 고위 심판자가 되어야 했다."[5] 어린 시절 특히 프로이트가 오이디푸스기라고 부른 세 살 무렵부터 다섯 살 무렵까지 어린아이들은 동성 부모를 이상화하여 그 부모를 모방하면서 정신적 발달을 이루게 된다. 그러나 그는 그의 삶에 별로 긍정적인 영향을 주지 못하는 아버지를 이상화할 수 없었다. 오히려 어머니와 아버지를 심판해야 하는 입장에 놓여 있었기 때문에 그의 판단 대상이 되는 아버지를 능가하려는 무의식적인 동기를 가지게 되었다. 그러나 이런 것들은 모두 그의 성격 형성에 긍정적인 요소로 작용하지 못했다: "이것은 나에게 일종의 자아 팽창을 가져왔으며, 삶에 대한 내 신뢰감을 근본에서부터 허물게 만들었다."[6] 이런 환경에서 그는 자신의 정체성을 형성하는 데 꼭 필요한 자신감과 자존감을 형성할 수 없었다. 오히려 매우 상처받기 쉬운 성격, 감수성이 예민한 성격을 형성해 나가게 되었다.[7] 그는 다른 사람들에게서 상처받는 것이 두려워서 언제나 그들로부터 멀리 떨어져서 자기 속으로 들어가려고 했다: "나는 내 장난감을 가지고 내면 속에 들어가서 놀았다. 나는 다른 사람들이 나를 쳐다보거나 나를 판단하는 것을 견딜 수 없었던 것이다."[8] 다른 사람들과 관계 맺는 것이 두려워 언제나 혼자서 돌장난이나 불장난을 하면서 자기 내면으로 들어갔던 것이다.[9] 그래서 융은 자신의 어린 시절을 떠올리면서 어린아이들은 실제로 일어났던 사

---

4) C. G. Jung, *Ma Vie: Souvenirs, Rêves et Pensées*, recueillis par A.Jaffe, trad. par R.Cahen et Y. Le Lay(Paris: Gallimard, 1973. 이하 *Ma Vie*로 약한다.), p. 45.

5) *Ma Vie*, p. 45.

6) *Ma Vie*, p. 45.

7) cf. 피터 호만스(Peter Homans) 역시 융은 그의 부모님과 깊은 사랑의 관계를 가질 수 없어 자기애적 성향이 강했으며, 상처받기 쉬운 성격이었다고 주장하였다. Peter Homans, *Jung in Context* (Chicago: University of Chicago Press, 1979,. p. 119.

8) *Ma Vie*, p. 37.

9) 융의 이런 상태를 보여 주는 기록이 그의 자서전에 이렇게 나와 있다. "나는 언제나처럼 혼자서 길옆에 있는 집 앞에 앉아 있었다. 거기서 나는 모래 장난을 했다." *Ma Vie*, p. 30.

건보다는 가정 분위기에 더 큰 영향을 받는 법이라고 말한 적이 있다. 왜냐하면 그 자신 역시 구체적으로 일어난 어떤 사건을 통해서보다는 그의 가정에 드리워 있던 어두운 분위기를 통해서 내향성이 깊어졌고, 사색적인 성향을 쌓아 나갔기 때문이다.

부모 사이의 불화는 그에게 또 다른 좋지 않은 사건을 일으켰다. 그가 세 살 되던 무렵 어머니가 몇 달 동안 병원에 입원하게 된 것이다. 어머니가 병원에 입원해 있는 기간 동안 내내 그는 고열에 시달렸고, 늘 불안해했으며, 밤마다 잠을 제대로 자지 못하고 괴로워하였다. 가정에 드리워진 음울한 그림자를 견딜 수 없었던 것이다: "부모님 사이가 좋지 않았던 것은 어렴풋한 암시처럼 내 주위를 맴돌고 있었다. 그때 내가 아팠던 것도 부모님이 잠시 별거하지 않을 수 없었던 일과 밀접한 관계를 가지고 있다: 어머니는 그때 바젤에 있는 병원에 입원하셨다. ……어머니의 병은 아마 결혼 생활에 대한 실망에서 생긴 것일 것이다."[10] 그렇지 않아도 감수성이 예민했던 그는 어머니의 장기간의 부재를 받아들일 수 없었을 것이다. 그것이 무조건 싫고 괴로웠던 것이다. 왜냐하면 어머니의 부재를 이해할 수 없었던 그에게 그 부재는 갑작스러운 사랑의 상실로 다가왔기 때문이다. 그래서 그는 그에게 갑자기 닥친 불행에 대해서 분노하였다: "이때부터 나는 사람들이 '사랑'이라고 부르는 것에 대해서 불신하게 되었고, '여성적'이라는 말이 떠오르게 하는 느낌도 자연히 오랫동안 나에게 별로 신뢰할 수 없는 것이었다."[11] 이유도 모르는 채 갑자기 어머니 품을 빼앗기자 그는 삶 자체와 여성적인 것과 따뜻한 것에 대해서 온통 실망하게 된 것이다. 이 상실은 그에게 그의 존재 심층이 매우 연약하며 믿지 못할 것임을 일깨워 주었고, 삶에 대한 근본적인 불신을 심어 주었다. 삶에 대한 이 근본적인 신뢰의 부족은 그 이후의 삶 전반에 대단히 부정적인 영향을 미치게 된다. 그는 한동안 다른 모든 사람과 그에게 다가오는 상황까지도 모두 두려워하여 안으

10) *Ma Vie*, p. 27.
11) *Ma Vie*, p. 27.

로만 안으로만 파고들게 된다.[12]

그의 어린 시절은 외로움으로 점철되어 있었으며, 언제나 무엇인가를 혼자서 해야 하는 외로운 성격을 형성하게 하였다. 어머니와 아버지의 불화는 그에게 또 다른 문제를 안겨다 주었는데 그것은 어머니와 아버지의 별거 때문에 그와 같이 놀 만한 형제나 자매가 태어나지 않았던 것이다. 그는 나중에 여동생을 보게 되지만 터울이 많아 같이 놀기가 여의치 않았으며, 몸이 약해서 언제나 앓아눕곤 하였다. 그래서 그는 언제나 혼자서 놀고, 혼자서 생각했으며, 무서운 일이 있을지라도 혼자서 감당해야 했다. 자연히 그에게는 그만이 알고 있는 비밀이 많았으며, 내성적인 성격을 강화해 나갈 수밖에 없었다. 어린 시절에 무엇보다도 두려웠던 것은 밤을 혼자 맞이해야 하는 것이었다: "나는 이 사실을 이야기하지 않을 수 없다. 밤공기는 나에게 아주 두텁게 내리깔리면서 시작되었다. 밤에는 온통 무엇인가 불안스러운 신비가 둘러쳐 있었으며, 이해할 수 없는 것들로 가득 차 있었다."[13]

이렇게 어둡고 불안한 환경은 그의 심리 상태를 매우 불안정하게 만들었다. 이 속에서 그는 나중에 그의 삶에 커다란 영향을 미치게 되는 외상적(外傷的) 체험을 몇 번 하게 되었다. 그 체험들은 서로 비슷한 이미지를 가지고 있는 것들이 연합되면서 이루어졌다. 먼저 그에게 밤은 검고 대단히 믿지 못할 어떤 불안한 것이었다. 왜냐하면 그는 어릴 때부터 어머니 없이 밤을 혼자 맞이해야 했으며, 그 속에서 밤은 언제나 두렵고 무시무시한 것이었기 때문이다. 그래서 밤은 그에게 사람들이 어릴 때 종종 듣게 되는 귀신이 돌아다니고, 이상한 일들이 많이 일어나는 지하 세계와 연관되었다. 밤의 색깔은 검은색이다. 그런데 검은색은 개신교 목사였던 그의 아버지가 기독교 예식을 집행할 때 흔히 입던 옷의 색깔이었으며, 그에게서 아버지는 별로 긍정적인 존재가 되지 못했다. 그

12) cf. E. H. Erikson, *Adolescence et Crise*, trad. J. Nass et Louis-Combet(Paris: Flammarion), p. 19, p. 72, pp. 93-103.

13) *Ma Vie*, p. 38.

래서 그는 자연히 밤-검은색-아버지-기독교를 모두 부정적인 이미지 고리 속에 넣고 생각하게 되었다. 즉, 그의 내면에는 아버지로 대표되는 기독교가 밤의 검은색과 연관되어서 어떤 믿지 못할 두려운 것으로 자리 잡게 되었던 것이다.

이 무렵 그에게는 기독교에 관해 결정적으로 부정적인 이미지를 심어 준 또 하나의 체험이 생겨났다. 그의 집 근처에는 공동묘지가 있었는데, 그는 거기에서 검은 외투에 검은 구두를 신은 사람들이 이상하리만치 커다란 검은 모자를 쓰고서 엄숙한 표정으로 검은 관 둘레에 모여서 예배드리는 것을 종종 보게 된 것이다: "우리 아버지도 거기서 무엇인가 숨 막히는 듯한 목소리로 말을 하였다. 부인네들은 흐느껴 울었다. ……나는 그네들이 매장되었다는 것인지 아니면 '주 예수'가 그네들을 불러갔다는 것인지 명확하지는 않았지만 그런 말을 들은 것 같았다."[14] 그러면서 사람들이 저렇게 슬퍼하는데 주 예수는 왜 그들을 불러갔을까 하는 의문에 빠져들었다. 그 나이 또래 소년으로서는 도저히 풀 수 없는 의문을 품게 되었던 것이다. 그래서 그의 내면에는 밤-검은색-아버지-기독교 등 부정적인 이미지 고리에 죽음의 이미지가 덧붙여지면서 이 모든 것들이 무엇인가 위험하고, 신뢰하지 못할 것이라는 생각을 더 강화시키게 되었다.

기독교의 이미지에 죽음의 이미지가 덧붙여진 것은 그의 삶에 커다란 영향을 미치게 되었다. 이 무렵 어느 날 그는 거의 숨 막혀 죽을 것 같은 체험을 하게 되는데 그것은 검은색-기독교-죽음의 이미지 연쇄 고리로부터 생겨난 체험이었다. 어느 날 그는 숲길을 지나서 집으로 오는 길에 커다란 모자를 쓰고 검은 외투를 걸친 사람 하나가 숲 속에서 내려오는 것을 보았다. 그는 여자 옷을 입은 남자였다:[15] "그 모습을 보자 나에게는 죽을 것만 같다는 공포가 엄습해

14) *Ma Vie*, p. 28.

15) 가톨릭 신부복은 치마처럼 보이는데, 융은 이 무렵 여자에 대해서 매우 깊은 불신감을 가지고 있었다.

왔다. '아, 저것이 제수이트(Jésuite)구나.' 하는 생각이 떠올랐기 때문이다." 그가 이렇게 생각했던 것은 일전에 아버지와 아버지 친구가 제수이트파에 관한 이야기를 하면서 매우 걱정스럽고, 두려워하는 것을 보았기 때문이었다. 그 생각이 나자 그는 너무 두려워서 길모퉁이에 있는 나무 등걸 밑에 숨어서 몇 시간 동안 꼼짝하지도 못하였다. 그의 내면에서는 장례식에서의 검은 색과 죽음, 주 예수의 부름과 검은 옷을 입은 위험한 제수이트가 서로 연관되면서 마치 그를 죽이려고 달려들 것 같은 감정을 불러일으켰기 때문이다. 그래서 그는 제수이트 신부가 산을 다 내려간 다음에서야 겨우 그곳에서 나올 수 있었다. 이 모든 것은 그에게 기독교의 이미지가 얼마나 부정적으로 형성되었는가 하는 사실을 알게 해 준다. 이런 의미 연관은 그가 1930년대 말 기독교를 재평가하기 전까지 기독교에 대한 그의 태도에 상당한 영향을 미치면서 지속되었다.

그가 유년 시절에 겪었던 사건 가운데서 가장 의미심장하고, 삶 전체에 영향을 미치게 되는 사건은 거대한 남근에 관한 꿈을 꾼 일일 것이다. 어느 날 밤 그는 꿈속에서 정사각형 모양을 한 커다란 구멍 하나를 보게 되었다. 이상한 생각이 들어서 그 구멍에 다가가 그 속을 들여다보았더니, 그 구멍 밑바닥에는 황금빛 보좌가 있었다. 자세히 들여다보니 그 보좌 위에는 거대한 물체 하나가 불쑥 솟아 있었다. 그는 처음에 그것이 '거대한 나무 등걸'인 줄로만 알았다. 그러나 그것은 나무 등걸이 아니라 거대한 남근(phallus)이었다. 그때 그의 귓가에는 어머니가 "그래, 그걸 잘 봐 두어라. 그것은 사람을 잡아먹는 괴물이다. 식인귀라는 말이다."라고 외치는 소리가 들렸다. 이 소리를 듣자 그는 마치 지옥에라도 간 것 같은 공포가 엄습해 왔다. 두려움 때문에 온몸이 땀에 흠뻑 젖어서 깨어났다.[16] 아직 어렸던 융은 이때 이 꿈이 의미하는 바를 전혀 이해하지 못하였다. 하지만 이 꿈은 그에게 매우 강렬한 인상을 남겨 놓았다. 그가 이 꿈의 의미를 이해할 수 있었던 것은 나중에 정신치료자가 된 다음이었다. 이때 그가 꿈속에서 보았던 남근은 보통 남근이 아니라 제의적인 남근으로서 지하

16) *Ma Vie*, p. 31.

세계의 신(dieu souterrain)을 의미하는 것이었다.[17] 그가 이런 꿈을 꾸게 되었던 것은 그 당시 그의 영혼의 상태를 반영하는 것이다. 이 꿈에 의하면 그는 이 무렵에 예수 그리스도를 지하 세계의 신과 동일시하고 있었으며, 예수 그리스도를 전혀 긍정적인 존재나 사랑할 만한 존재로 받아들이지 못하고 있음을 말해 준다.

그에게 예수 그리스도는 산 사람을 위한 신만이 아니라 죽은 사람을 위한 신이기도 하였던 것이다. 이 꿈에서 우리는 이후 융이 일생 동안 어둠 속에 계신 신, 즉 죽은 이들을 위한 지하 세계의 신만이 아니라 산 사람을 위한 신, 사람들을 구원하는 참다운 신을 찾아 나서게 되는 단초를 발견하게 된다. 이 꿈에 나타난 신은 기독교에서 말하는 신, 즉 장례식에서나 등장하고, 유약한 아버지의 모습을 닮은 신만이 아니라 좀 더 역동적이고, 사람들을 죽이기도 하지만 살릴 수도 있는 신 자체였던 것이다.

그는 열 살이 되던 무렵, 자기 속에는 한 사람만 있는 것이 아니라 두 사람이 들어 있는 것이 아닌가 하는 생각이 들어 내면적 분열을 심하게 겪는다. 어느 날 그는 언제나처럼 동네 마당에서 혼자 놀고 있는데, 그곳에는 앞으로 삐죽 불거져 나온 바위 하나가 있었다. 그는 그 바위 위에 걸터앉아서 놀고 있었다. 그때 그는 바위 위에서 이런 노래를 하였다: "나는 이 바위 위에 앉아 있다. 나는 위에 있고, 바위는 내 아래 있다." 이런 노래를 여러 차례 하다 보니 갑자기 자기 말고 바위도 그런 놀이를 할 수 있을 것이라는 생각이 들었다: "나는 여기에 놓여 있다. 어린아이는 내 위에 있고, 나는 여기에 놓여 있다. 어린아이는 내 위에 있다. 나는……." 이런 생각이 들자 그는 갑자기 혼돈스러워졌다. '이렇게 생각하는 것은 도대체 누구이며, 또 다른 생각을 하는 존재는 누구인가?' 하는 생각이 들었던 것이다. 정체성에 혼돈이 생겼던 것이다. 그래서 그는 자

---

17) *Ibid.*, p. 32. 스트라스부르 대학교의 B. Kaempf 교수는 이 남근(男根)의 이미지는 남성적인 상징을 나타내는 것으로서, 나중에 융이 자를 깎아서 만든 '작은 사내(petit bonhomme)' 로 이어진다고 주장한다. B. Kaempf, *op. cit.*, p. 128.

기 속에 자기도 잘 알지 못하는 또 다른 사람이 들어 있는 것이 아닌가 하는 생각이 들었다. 이런 생각이 들자 그는 자신에 대해서 다시 생각해 보게 되었다: "이 체험은 대단히 두렵기는 했지만, 다른 한편으로는 매우 흥미 있기도 하였다. 이렇게 해서 내가 빠져들게 된 나의 유년 시절은 영원성을 지닌 시절이었다."[18]

이때부터 그는 자기 내면에 의식이 아닌 또 다른 무엇인가가 있음을 발견하고 그의 진정한 모습은 과연 무엇인가 하는 것을 탐구하게 되었다. 하지만 이런 내적 분열을 감당하기에는 아직 너무 어렸다. 그래서 이런 내적 혼란이 찾아올 때마다 자기가 만든 비밀스럽고 신비한 제의(祭儀) 속으로 빠져 들어갔다. 이때 그가 비밀스럽게 수행했던 제의는 다음과 같은 것이었다. 그는 이 무렵 어느 날 나무 막대기로 된 자(règle) 끄트머리에 긴 외투를 입고, 잘 닦은 신발을 신은 남자 모습을 깎아서 검은색 잉크를 칠해 놓았다. 그러고서 그 인형을 잘라 필통에 집어넣었다. 그 옆에는 라인 강에서 주운 검고 반질반질하며 긴 자갈을 함께 놓고, 그 필통을 다락방에 아무도 모르게 감춰 놓았다. 이것은 그만이 알고 있는 비밀이었는데 그 비밀은 그에게 커다란 기쁨을 안겨 주었다. 왜냐하면 아무도 그 필통을 찾을 수 없었고, 없애 버릴 수 없었기 때문이다. 그 비밀은 그에게 커다란 자부심을 느끼게 하였다. 그 비밀은 때때로 그에게 자기 분열을 야기하는 불안까지도 없애 버릴 수 있는 소중한 비밀이었다: "내가 바보 같은 짓을 해서 자존심이 몹시 상했다든지 어머니의 병이 위중해서 한없이 위축될 때라든지 아주 어려운 상황에 처할 때 나는 이 작은 사내를 생각했다."[19]

이 다락방은 그에게 일종의 성소(sanctuaire)였다. 그는 때때로 이 다락방에 아무도 모르게 숨어들어 이 작은 사내와 검은 돌이 잘 있는지를 확인하고, 그것들을 지켜보았다. 그것들을 지켜보노라면 불안은 언제인지 모르게 사라져

---

18) *Ma Vie*, p. 40.
19) *Ma Vie*, p. 41.

버렸다. 나중에 융은 이 제의가 그가 자신의 무의식을 형상화한 최초의 작업이었으며, 이때가 유년 시절의 절정이자 끄트머리였노라고 회상하였다. 이 작은 사내를 통해서 그는 매우 실제적인 일종의 종교 체험을 했던 것이다. 여기에 관해서 융은 이렇게 말하고 있다: "나는 끊임없이 어떤 신비한 것을 찾고 있었던 것이다."[20] 미국의 분석심리학자 피터 호만스(Peter Homans)는 이 제의를 가리켜서 '대단히 개인적이고, 신비적이며, 자기애적인 제의' 였다고 주장하였다.[21] 그것이 자기애적인 것은 융이 이 무렵 자기 자신을 아버지와 동일시하지 못하여 내면에서 불안이 생겨날 때, 아버지로부터 어떤 의지처를 발견하여 그 불안과 맞서 싸우기보다는 그의 내면에서 강력한 정신적인 내용을 이끌어 내어 불안과 맞서 싸웠기 때문이었다.

다시 말해서 그는 아버지가 제공해 주는 이미지를 가지고 삶의 문제와 직면했던 것이 아니라 그의 무의식에 있는 자원을 가지고 싸워 나갔다. 그러므로 우리는 이때 융이 만들었던 '작은 사내'에게서 그의 무의식의 투사, 즉 그의 무의식에 있는 신적 표상을 읽어낼 수가 있다. 또한 그것이 '신비한' 것은 융이 자신만이 아는 성소에서 예배를 드렸기 때문이고, 그 '작은 사내'를 들여다보면서 그 사내와 하나가 되었기 때문이다. 그 사내는 그가 마음속에 괴로운 것이 있거나 불안할 때 그에게 한없는 위로와 사랑을 베풀어 주었던 것이다. 융이 어린 시절에 했던 이 제의는 그가 일생 동안 수행하게 될 영적 순례의 모델이 된다. 그가 평생을 통해서 그의 무의식 속에 있는 신적인 요소, 그의 삶에 역동성을 가져다주는 '하나님의 이미지'를 찾아 나섰던 모델을 발견할 수 있는 것이다. 융은 이렇게 말하고 있다: "거대한 남근 모양의 신을 보았던 꿈은 내가 간직하게 된 최초의 중요한 비밀이었고, 작은 사내는 두 번째 비밀이었다."[22]

20) *Ma Vie*, 42. cf. 호만스는 이 제의가 융이 했던 외롭고 신비주의적인 제의였으며, 이 제의는 나중에 그가 했던 작업과 깊은 연관이 있다고 주장한다. P. Homans, *op. cit.*, pp. 121-122.

21) P. Homans, *op. cit.*, pp. 119-121.

22) *Ma Vie*, p. 47.

2. 청소년기와 청년기(1887~1900)

융이 청소년기에 접어드는 열두 살 무렵은 그의 삶에서 매우 중요한 해였다. 그는 이때 그의 삶에 대단히 중요한 영향을 끼치게 되는 두 가지 체험을 하였다. 첫 번째 체험은 이러했다. 어느 날 그는 학교에서 집으로 돌아오는 길에 넘어져 보도(步道) 모퉁이에 머리를 찧었다. 이 일이 있은 다음 그는 때때로 현기증이 매우 심해져 기절까지 하게 되는 일이 종종 생겨났다. 자연히 6개월 동안이나 학교에 결석하게 되었으며, 이 나이 또래의 아이들이 으레 그렇듯이 부모님들이 걱정하는 것도 모르고, 그저 학교에 가지 않아도 되는 것만이 즐거웠다. 왜냐하면 그의 가족이 이 무렵 바젤로 이사해서 달라진 학교 환경에 적응하는 일이 너무 괴로웠기 때문이다. 그런 마당에 합법적으로 학교에 빠져도 됐으니 얼마나 신났겠는가? 그래서 그는 새로운 환경에 적응하느라 애쓸 필요도 없이 학교에서 벗어나 자연이 만들어 내는 신비한 세계 속에 마음껏 빠져들 수 있었다. 어느 날 그는 아버지가 친구와 함께 그에 관해서 심각하게 이야기하는 것을 들었다. 이때 아버지는 친구에게 융이 건강하지 않아 앞으로 어떻게 살아갈지 걱정이라는 말을 하였다. 아버지의 이 말을 듣자 그는 가슴이 철렁 내려앉았다. 여태까지는 이런 생각도 하지 못하고 그저 학교에 빠지는 것만이 좋았는데, 아버지의 말을 들으니까 갑자기 앞날이 걱정되었다. 무의식 세계에 마냥 빠져 있다가 정신이 번쩍 들었다. 그는 이제 더는 병 속으로 도피하지 않고, 자기에게 다가오는 삶의 과제들과 용감하게 맞서 싸워야겠다는 생각이 들었던 것이다.

비슷한 무렵에 그는 또 하나 매우 중요한 체험을 하는데, 그것은 '성령을 거스르는 것으로 결코 용서받지 못할 죄' 라고 생각되는 환상이 머리에 떠올라, 그 환상을 지워 버리려고 아무리 애써도 잘 되지 않는 경험이었다. 이 환상이 생겨나게 된 자초지종은 다음과 같다. 어느 날 그는 학교에서 돌아오는 길에 바젤 대성당 앞에 있는 광장을 가로질러 가게 되었다. 그때 하늘은 몹시 푸르고, 새로 단장한 성당 지붕은 햇살에 반짝이고 있었다. 이 아름다운 광경을 보자 그의 머릿속에는 이런 생각이 떠올랐다: '이 세상은 아름답고, 교회 역시 빛난다. 이 모든 것은 하나님이 창조하신 것이다. 그래서 하나님은 저 위에 계신다…….'[23] 그러나 그는 이 생각을 더 이어 갈 수 없었다. 갑자기 이 모든 아름다운 광경을 없애 버리고, 신성모독처럼 생각되는 이상한 환상이 떠올랐기 때문이다. 그는 아무리 그 환상을 지워 버리려고 해도 정신 차리지 않으면 튀어나와 꼼짝없이 '성령을 거스르는 죄'를 지을 수밖에 없었다. 그는 3일 동안이나 이 환상과 싸우느라고 밥도 제대로 먹지 못하고, 이 환상이 튀어나오지 못하게 하느라고 애썼다. 그러다가 3일째 되는 날, 이런 생각이 들었다. '자, 하나님이 이 모든 것을 만드셨으니까 나에게 이런 생각을 하게 하시는 이도 하나님이다. 하나님께 모든 것을 맡기고 이 환상이 이끄는 대로 나아가 보자.' 그는 머리에서 뛰쳐나오려고 하는 무시무시한 환상이 이끄는 대로 나아갔다: "그러자 눈앞에는 아름다운 대성당이 우뚝 솟아 있었고, 그 위에서 푸른 하늘이 빛나고 있었다. 하나님은 이 세상보다 훨씬 더 높은 곳에서 황금으로 된 옥좌에 앉아 계셨다. 그때 갑자기 그 옥좌에서 한 무더기의 똥 덩어리가 내려와 고양이 눈알처럼 반짝이는 성당의 새로 수리한 지붕 위에 떨어졌다. 그 똥 덩어리는 지붕을 산산조각나게 했고, 성당 벽까지 무너지게 했다."[24] 이 신성모독과도 같은 환상이 머릿속에서 모두 풀려나오게 하자 그는 말로 다할 수 없는 해방감을 느꼈고, 긴장이 한꺼번에 풀어지는 것 같았다. 그의 내면에 억압되어 있던 정신 에너지가 모두 풀려나왔기 때문이다. 그에게는 그런 환상을 불러일으킨 이도 하나님이라는 확신이 들었다. 그러자 갑자기 아버지는 여태껏 이런 체험은 하지 못했을 것이며, 하나님이 그에게만 이런 환상을 보여 주시는 것이 아닌가 하는 생각이 들었다. 이렇게 생각하자 그는 이제껏 자신을 괴롭혔던 열등감이나 초라한 자기 이미지에서 다소 벗어날 수 있게 되었다. 하나님의 은혜를 체

23) *Ma Vie*, p. 56.
24) *Ma Vie*, p. 59.

험했다는 느낌이 강렬하게 다가왔기 때문이었다.

그가 이때 한 체험은 대단히 개인적이며, 신비적인 누미노제 체험이었다. 왜냐하면 이 체험 속에서 그는 그가 하나님과 완전히 하나가 되었다는 느낌을 가질 수 있었기 때문이다. 이 체험을 한 다음 그는 다시 혼자 생각하는 일에 골몰하게 되었다. 이 세상을 향한 하나님의 뜻을 찾으려고 하였던 것이다. 나중에 그는 이 환상은 하나님이 그로 하여금 겉만 번지르르하고 죄와 처벌만을 강조하는 교회를 부정하고, 사람들에게 참된 구원을 가져다주는 하나님을 찾으라는 계시를 주신 것이라고 해석하였다.

그가 이 체험을 하기 전인 열한 살 무렵부터 그는 하나님의 문제에 매우 커다란 흥미를 느끼고 있었다. 그래서 이 무렵 그는 하나님께 기도도 열심히 드렸다. 이런 열정 때문에 아버지의 서재에서 그가 품고 있던 종교적인 물음에 해답을 줄 수 있는 책을 찾아서 읽었다. 그러나 아버지 서가에 꽂혀 있는 신학책들은 그가 이해하기에는 너무 어려웠고, 무엇보다 지루하기 짝이 없었다. 그 무렵에 그의 아버지는 그와 또래 아이들에게 견진례를 준비시키기 위해서 기독교 교리에 관해서 강의한 적이 있다. 이 기회에 그는 아버지에게 그가 이해하려고 아무리 애써도 잘되지 않는 '삼위일체' 교리에 관해서 물어 보았다. 그러나 아버지는 자기 역시 삼위일체에 관해서는 도저히 이해하지 못하겠노라고 대답했다.[25] 그는 그 대답을 듣고 깜짝 놀랐다. 속았다는 기분이 들었다. 그럼에도 불구하고 그는 견진례 날을 학수고대하고 있었다. 그 특별히 장엄한 날에 그에게 무엇인가 특별한 사건이 일어나지 않을까 하는 기대감에서였다. 그러나 그날은 다른 날들과 똑같이 평범하게 지나가 버리고 말았다. 아침에 일어나 보니 날씨도 다른 날들과 똑같았으며, 견진례를 받을 때도 아무런 특별한 감정이 생겨나지 않았다. 그는 다시 한 번 속았다는 느낌이 들었다. 견진례 다음 날과 그다음 날에 무슨 특별한 일이 일어나지 않을까 해서 다시 기다려 보았지만 마찬가지였다. 하나님에 대해서 직접적이고, 감정적이며, 신비적인 체험을 기

25) *Ma Vie*, p. 73.

대했던 그에게 모든 것이 너무나도 일상적인 날처럼 지나가 버렸다. 그는 '그것은 나에게 종교도 뭐도 아무것도 아니었다. 하나님이 없는 종교였던 것이다. 이제 교회란 내가 다시는 발을 들여놓을 데가 되지 못하는 곳이었다.'[26]고 생각했다. 그래서 그는 이때 기독교를 결정적으로 떠났다. 그리고 좀 더 직접 체험할 수 있는 하나님을 찾기 시작하였다. 그 이유는 그의 정체성이 아직 연약해서 존재를 굳게 세워 줄 하나님이 필요했기 때문이었다.

중학교 시절 융은 내면에 일상적인 인격과는 다른 또 하나의 인격이 있음을 분명하게 느끼고 있었다. 그래서 그 인격들에 이름을 붙였는데, 그가 이상적인 모습이라고 생각하는 인격을 제1인격, 그 당시 그의 실제 모습을 나타내는 인격을 제2인격이라고 불렀다: "내가 나이를 먹어 갈수록 부모님과 이웃들은 나 역시 그렇게 되었으면 하고 바라는 모습을 나에게 요구하였다."[27] 그래서 그는 자연히 이런 내적 분열 때문에 많은 고통을 겪게 되었다.

이 무렵에 그는 쇼펜하우어와 칸트를 읽었으며, 종교 서적도 많이 읽었다. 그러면서 자신의 정체성을 확립하려고 애를 썼다. 이런 책들을 읽으면서 그는 어느 날 "나는 내 발밑에 더욱더 굳건한 지반이 놓여 있음을 느끼게 되었고, 내 생각을 다른 사람들에게 좀 더 분명하게 말할 수 있는 용기가 생겨나게 되었다."[28]고 말할 수 있었다. 자연히 그는 고등학교와 대학교 시절에는 유년 시절과 달리 주위 환경에 잘 적응해 나갈 수 있었다.

의학부를 마쳐갈 무렵 그는 전공을 고민하게 되었다. 한편으로 자연과학은 그에게 많은 흥미를 느끼게 하였고, 다른 한편으로 종교 현상 역시 몹시 관심을 끌었기 때문이었다. 그는 이 무렵에 매우 이상한 체험을 여러 차례 하게 되

26) *Ma Vie*, p. 76. 이와 더불어 융이 기독교에 실망하게 된 이유로 그가 어느 날 우연히 아버지가 기도하는 것을 듣고 분개했던 일도 손꼽을 수 있다. 이때 융의 아버지는 그의 믿음이 부족한 것을 용서해 달라고 하나님께 울면서 간구하였다. 아버지의 이런 기도는 사춘기 무렵의 융에게 대단히 충격적인 것이었다. 그래서 융은 사람들이 잘 이해할 수도 없는 것을 믿으라고 강요하는 하나님이 몹시 원망스럽다고 생각했다. *Ma Vie*, pp. 84-98.

27) *Ma Vie*, p. 94.

28) *Ma Vie*, p. 92.

었다. 그것들은 어느 날 갑자기 밥상이 두 쪽으로 쩍 갈라진다든지 멀쩡하던 칼이 아무 이유도 없이 두 쪽으로 부러지는 것이었다. 그때가 한여름이라서 건조하지도 않았기 때문에 융은 몹시 이상하게 생각하였다.[25] 융은 이 무렵에 어떤 영매(靈媒)를 불러다 놓고 연구, 관찰하는 모임에 정기적으로 참석하고 있었는데, 이 연구는 그에게 대단히 흥미 있는 것이었다. 그는 결국 정신과를 전공으로 택하였다: "나는 내 결심이 굳어 감을 알 수 있었다. 이 확신은 어느 누구도 바꿀 수 없는 것이었다. 그것은 나에게 운명처럼 다가왔다."[30] 그래서 그는 그 운명이 이끄는 대로 따르기로 결정했다. 무의식의 흐름을 따르기로 했던 것이다.

3. 정신과 의사로서의 활동과 실존적 위기(1900~1919)

이 시기는 융의 생애에서 가장 중요한 시기다. 그 이유는 그의 심리학 사상이 이때 결정적으로 형성되기 때문이다.[31] 실제로 그는 이때 이후 그의 심리학 사상에서 가장 결정적인 개념이 되는 개성화(individuation) 과정을 체험한다. 그의 삶과 사상적 배경이 되는 체험을 좀 더 분명하게 살펴보기 위해서 우리는 이 시기를 둘로 나누어야 한다. 첫 번째 시기는 그가 정신과 의사로 첫발을 내딛는 1900년부터 1913년까지고, 두 번째 시기는 그가 프로이트와 헤어진 다음 삶에 실존적인 위기(la crise existentielle)를 겪는 1913년부터 1919년까지다.

29) 융은 이 무렵 칼이 둘로 갈라지거나 오래된 테이블이 갈라지는 체험을 했는데, 그것들은 정상적인 상황에서는 갈라질 수 없는 것들이었다. 융은 나중에 그 사건들은 그에게 어떤 동시성의 사건이라고 해석하였다. 즉, 그가 앞으로 의식과 무의식으로 나누어진 인간의 정신세계를 향하여 나아가게 하는 사건이라고 생각했던 것이다.

30) *Ma Vie*, p. 135.

31) 여기에 관해서 융은 다음과 같이 말하고 있다: "그것들은 모두 1912년부터 시작되었다. …… 이후 내 삶에서 내가 하게 되는 모든 것은 그것들이 아직 완성되지 않은 정동이나 이미지의 형태로 존재하기는 했지만, 이 무렵의 설익은 상상력에 담겨 있었던 것이다." *Ibid.*, p. 224.

먼저 그가 정신과 의사로 활동을 시작한 것은 1900년 취리히에 있는 뷔르괼쯜리 병원에서 오이겐 브로일러(Eugen Bleuler) 교수의 조수로 활동하면서부터다. 그러나 그가 주목받게 되는 것은 이 무렵에 프로이트를 만나고, 자신의 심리학 사상을 확립하면서부터다. 그는 1900년에 출판된 프로이트의 『꿈의 해석(*Die Traumdeutung*)』을 읽었다. 당시로서는 대단히 생소한 개념을 설명하고 있는 이 책을 모두 다 이해할 수 없었으나, 프로이트의 사상은 새롭게 정신과 의사로 출발하려는 그에게 매우 깊은 인상을 주었다.[32] 그 이유는 그가 그 당시에 행해지고 있던 정신의학 이론과 방법론을 모두 다 받아들일 수 없었기 때문이었다. 그의 생각에 의하면 그 당시 정신의학은 정신과 환자들의 내면에서 실제로 일어나는 현상을 제대로 파악하지 못하고 있었다. 오히려 정신과 환자들의 내면을 추상적인 방식으로만 파악하려고 했으며, 여러 증상만 묘사하려고 하거나 통계적인 숫자에 의해서만 진단하려고 했던 것이다: "이와 같은 상황에서 프로이트는 근본적으로 다른 사람처럼 보였다. 특히 히스테리 환자의 심리에 관한 탐구나 꿈에 대한 연구는 더욱 그러하였다."[33] 그는 정신과 환자들을 증상에 따라서 이것은 무슨 증상이고, 저것은 무슨 증상이라고 판정하면서 기계적으로 다루기를 원치 않았다. 그 증상이 내포하는 의미를 탐색하면서 치료하기를 원했다.[34]

그는 1903년부터 사람들의 연상에는 커다란 의미가 담겨 있음이 틀림없다고 생각하면서 그 속에 담긴 의미를 탐구하기 시작하였다. 그는 그가 연상검사를

---

32) 융은 『꿈의 해석』을 1903년에 다시 읽게 되었다. 그때 그는 프로이트의 작업과 그 자신의 생각 사이에 많은 유사성이 있다는 사실을 발견하였다. 그래서 그는 *Basler Nachrichten(1939. 10. 1)*에 "이 책은 그의 시대에 혁명적인 것이었다. …… 그의 작업은 겉보기에 매우 단단한 것 같으며, 고질적인 것 같아 보이는 토양 위에 놓여 있는 무의식적 정신이 가진 수수께끼를 풀려고 시도했던 작업 가운데서 가장 대담한 시도였다. …… 이 책은 우리에게 많은 깨달음을 주는 책이다."라고 기고하였다. *Ibid.*, pp. 173-174.

33) *Ma Vie*, p. 140.

34) 이와 같은 관심사 때문에 그는 어떤 영매(médium) 소녀의 정신질환에서 나오는 행동 뒤에 숨어 있는 의미를 탐색하여, 1902년 박사학위 논문으로 제출하였다.

통해서 발견한 것과 프로이트가 『꿈의 해석』에서 주장한 것 사이에 커다란 공통점이 있다는 사실을 깨닫고 1906년 프로이트에게 편지를 보냈다. 그가 보낸 이 편지는 이 두 거인(巨人) 사이에서 수년 동안 지속된 매우 친밀하고 미묘한 관계의 시작을 낳았다. 두 사람 사이에는 수많은 편지가 오갔고, 1907년 프로이트는 융을 비엔나으로 초대하여 두 사람은 만나게 되었다. 프로이트를 처음 만났을 때 융은 프로이트의 인격과 정신분석 연구에 대한 열정에 커다란 감명을 받았다: "프로이트야말로 내가 이제껏 만났던 사람 가운데서 가장 중요한 사람이었다."[35] 그러나 융은 프로이트에게서 성(性)이 일종의 누미노제적인[36] 실체라는 느낌을 강하게 받았다. 그는 이 점에는 프로이트에게 완전히 동의할 수 없었으나, 두 사람 사이에는 깊은 유대가 계속되었다. 그러다가 1909년 두 사람 사이에 결정적인 사건이 일어났다. 그것은 프로이트와 융이 1909년 미국의 클라크 대학교에서 명예 박사학위를 받고, 연상 작용에 관해서 강연하도록 초대받아 같이 미국에 가게 되는 사건이다. 이때 두 사람은 7주 동안이나 같이 지내면서 서로가 서로의 꿈을 해석해 주고, 인간의 정신에 관해서 많은 의견을 나누었다.

그러나 우리는 이 두 사람이 좋은 관계를 지속하고, 서로에게 어느 정도의 비밀을 간직하고 있기에는 그 시간이 너무 길지 않았나 하는 생각을 할 수밖에 없다. 둘 사이의 결별이 이 시기 이후에 생겨나기 때문이다. 물론 이 둘이 이 여행에서 돌아온 다음 곧바로 헤어진 것은 아니다. 그 후에도 두 사람의 관계는 어느 정도 지속되었다. 하지만 그전처럼 따뜻한 관계는 사라지고 말았다. 무엇보다도 융은 프로이트가 성적 외상(外傷, trauma)이 모든 억압의 근본적인 원인이라고 주장하는 것에 대해서 수긍할 수 없었다. 마찬가지로 프로이트는 융이 그가 주장하는 성욕론에 관해서 반발하는 것을 받아들일 수 없었다. 자연

35) *Ma Vie*, p. 176.

36) 누미노제(numinose)란 '거룩한 것' '신적인 것'을 의미하는 누멘(numen)의 형용사형으로 독일의 종교철학자 루돌프 오토(R. Otto)가 종교 현상을 설명하기 위해서 처음 사용하였다. 오토에 의하면 누멘의 가장 큰 특징은 사람들에게 한없이 두렵고 떨리는 느낌과 동시에 한없이 매혹적인 느낌을 주는 신적인 것이다.

히 두 사람 사이에는 긴장이 흐르게 되었다: "내가 생각하기에 끊임없이 그리고 집요하게 무종교성을 표방하고 있었던 프로이트는 새로운 도그마를 만들려고 했음이 분명해 보였다. 아니, 어쩌면 그가 부정해 버린 질투의 신을 다른 새로운 이미지로 대체시키려고 했는지도 모른다. 프로이트가 성(sexualité)을 신으로 대체시켰다는 말이다."[37]

프로이트는 융이 그의 학설을 따르고, 그의 학설을 한 정당의 강령처럼 생각하기를 바랐다. 그러나 융은 다음 세 가지 이유 때문에 프로이트의 요구를 따를 수 없었다. 첫째, 그와 같은 역할은 자기 같은 사람에게는 어울리는 것이 아니었다. 둘째, 그렇게 함으로써 그의 정신의 독립성을 희생시키기를 원하지 않았다. 셋째, 프로이트를 추종하여 얻을지도 모르는 명성은 그가 진정으로 추구하고자 하는 진리 탐구의 길과는 전혀 다른 것이 될 것이다.

프로이트와 융의 결별은 융이 1912년 훗날 융 전집 제5권이 된 『리비도의 변형과 상징(*Métamorphoses et Symboles de la Libido*)』을 출판하면서 결정적으로 되었다. 융은 이 책에서 프로이트의 주장과는 다른 근친상간에 대한 사상과 리비도의 변형에 관해서 나름대로 역설하였고, 그 밖에도 독자적인 사상을 개진하였기 때문이다. 융이 프로이트가 사람들의 꿈이나 증상에 나타나는 성적인 것을 상징적인 것으로 생각하지 못하고 문자 그대로의 의미로만 파악한다고 생각하여 『리비도의 변형과 상징』에서 자신의 사상을 개진하자 프로이트는 분노하였고, 융과 프로이트는 헤어지게 되었다.

이 결별로 융은 한동안 매우 심각한 어려움에 빠져들었다: "프로이트와 헤어진 다음 나는 내적인 불확실성에 사로잡혔다. 아니, 그보다 내가 어디로 가야 할지 모르게 되었다는 표현이 더 적합할 것이다."[38] 융은 이제 아무에게도 의지하지 않고 자기 길을 개척해야 했으며, 자기 신화를 만들면서 살아가야 했던 것이다. 그러나 융은 아직 자기 위치를 찾지 못했기 때문에 프로이트와 헤

37) *Ma Vie*, p. 178.
38) *Ma Vie*, p. 198.

어진 다음 허공에 뜬 것 같은 느낌이 들었다.

프로이트와 헤어진 다음 융은 수많은 꿈을 꾸었고, 환상을 보았으며, 비전을 보았다. 이 시기에 그가 주로 꾸었던 꿈들은 시체와 죽은 사람에 관한 꿈이었다. 융은 그 꿈들을 해석하려고 하였으며, 그 방법으로 아예 무의식에 들어가 무의식의 흐름에 자신을 맡기려고 하였다. 그러면 어떻게 무의식의 흐름에 들어갈 것인가? 이때 융은 그가 어렸을 때 돌멩이로 집짓기 놀이를 했던 것을 생각해 냈다. 그 무렵 그의 삶은 대단히 창조적이었는데, 지금 그에게는 창조성이 메말라 버렸기 때문이다. 그래서 그는 다시 돌멩이로 집짓는 놀이를 하였다. 물론 어른이 된 지금에 다시 어린아이 같은 놀이를 한다는 것이 어색하지 않은 것은 아니었지만 그 놀이 속으로 빠져들어 갔다. 그 놀이는 그에게 많은 환상을 불러일으켰고, 무의식의 흐름을 따라가게 해 주었으며, 인간 정신의 비밀을 많이 알게 해 주고, 특히 무의식이 가진 치유의 힘을 체험하게 해 주었다. 더구나 이 놀이는 그에게 사람들의 정동(émotion) 뒤에 숨은 이미지의 의미를 깨달을 때 치유의 힘은 더욱더 강력해진다는 사실을 깨닫게 해 주었다.

이 무렵에 꾸었던 꿈에서 그는 그가 지그프리드(Siegfried)라고 명명한 인물을 종종 보았다. 이 인물은 매우 강인하고 영웅적인 모습을 하고 있는데, 융이 내면에서 자신을 이상적인 영웅과 동일시하려고 하는 숨겨진 성향이 의인화되어 나타난 것이다. 그는 자기 속에 잠재되어 있는 이 성향을 극복해야 했다. 이 무렵에 그의 꿈에는 하얀 수염을 기른 엘리야(Elie)와 매우 아름답지만 소경이 된 살로메(Salomé), 영지주의적인 느낌을 주는 반쯤은 이집트적이고 반쯤은 헬라적인 인상을 주는 필레몬(Philémon)의 모습도 종종 나타났다. 이런 이미지들이 나타날 때마다 그는 그 이미지들의 의미를 해독하려고 애썼다. 그러다가 그 이미지들이 다른 이미지들과 더불어 각각 그림자(ombre), 아니마(anima), 자기(Soi)의 원형을 나타내고 있음을 알게 되었다.[39] 그는 이 이미지들이 그저 꿈을

39) 그림자(ombre), 아니마(anima), 자기(Soi) 등은 융의 분석심리학 사상에서 매우 중요한 개념이다. 이 개념들에 관해서는 이 책의 제2장에서 상세하게 다룰 것이다.

꾼다고 해서 언제나 나타나거나 그가 의도적으로 만들어 내는 이미지가 아니라 스스로 계시되는 것이라는 사실을 깨달았다. 이 이미지들은 그의 의식과 다른 독자적인 영역에 속해 있으며, 의식에 의해서 조작되는 것이 아니기 때문이었다: "이렇게 해서 나는 조금씩 인간 정신의 객관성의 영역, 영혼의 실재에 관해서 알게 되었다."[40]

이 과정에서 그는 정신의 건강을 위해서는 무의식이 산출하는 이미지들의 의미를 깨닫는 것이 얼마나 중요한가 하는 사실을 확신하게 되었다: "왜냐하면 사람들이 그 이미지들의 의미를 알지 못하는 한 그것들은 때때로 장엄한 요소들과 우스꽝스러운 요소들이 뒤섞인 것으로 나타나기 때문이다."[41] 그가 이 무렵 정신적 위기에서 벗어나는 데는 그가 『레드북(*The Red Book*)』에 기록한 것으로 나중에 '적극적 상상'이라고 이름 붙인 작업을 수행한 것이 많은 도움을 주었다. 그는 그의 꿈에 나온 엘리야, 지그프리드, 필레몬 등을 떠올리면서 그들과 대화를 하면서 그의 무의식을 파악해 갔기 때문이다.[42]

그러는 과정에서 그는 1916년 어느 날 그의 내적인 체험을 창조적으로 형상화해야 하겠다는 강렬한 내적 요청을 느꼈다. 그래서 그는 『죽은 자를 위한 일곱 개의 설교(*Septem Sermones ad Mortuos*)』를 썼으며, 만다라(mandala)[43]를 최초로 그리게 되었다.[44] 처음에 그는 만다라의 의미를 알지 못했으나 점차 만다라 이미지가 어떤 중심적인 것 그리고 중심을 향해서 수렴해 가는 인격의 전체성을 표현하고 있다는 사실을 알게 되었다. 융은 만다라를 그려 가면서 인격의 전체성이 점차 이루어져 가고 있다는 사실을 느끼게 되었다. 만다라는 숫자 4와 원으로 이루어진 기하학적 도형으로 인격의 전체성을 나타내는 마법의 원

40) *Ma Vie*, p. 213

41) *Ma Vie*, p. 207.

42) C. G. Jung, *The Red Book*(New York, 2009).

43) 만다라는 본래 티베트 밀교에서 명상할 때 바라보고 그리는 그림으로서, 여러 개의 원과 사각형들로 이루어진 것이다. 융은 이때 그의 무의식의 흐름을 따라서 만다라를 많이 그렸다.

44) *Ma Vie*, p. 227. 융은 처음에 이 글을 바실리드(Basilide)라는 익명으로 출판하였다.

으로서 자기(Soi)를 표현하는 형상이다. 그가 이 무렵 만다라를 그리고 있었다는 사실은 그의 내면에서 어떤 전체성이 이루어지고 있는 것을 의미한다. 왜냐하면 사람들은 때때로 자기도 모르게 무의식에서 이루어지는 일들을 실제의 삶에서 형상화하는데, 이때 융이 만다라를 그린 것은 그 작업이기 때문이다.

인격의 중심인 자기(自己)는 사람들이 본성을 따라서 살 때 자아와 좋은 관계를 맺으면서 삶을 올바르게 이끌어 가게 한다. 그러나 자기의 의도를 거스르고 자아 중심적인 태도로 살 때 사람들은 어려움에 빠지게 된다: "인간 정신의 목표는 중심이다. 우리는 이 중심을 거쳐서 목표 지점에 도달해야 한다. 이 꿈을 통해서 나는 자기란 하나의 원리임을 알게 되었으며, 우리 정신의 지향점과 의미의 원형임을 알게 되었다. 자기에는 구원의 기능이 깃들어 있다."[45] 그러나 융이 다시 무의식을 들여다보면서 무의식이 이끌어가는 대로 살려고 할 때 그에게서는 전체성이 다시 나타나게 되었다. 여기에서 볼 때 우리는 융이 처음에는 무의식이 그를 어디로 이끌고 갈지 알지 못한 채 무의식에 내던져졌지만, 그가 무의식을 신뢰하면서 돌멩이 놀이를 하고, 적극적 상상을 하면서 무의식의 의도를 파악하려고 할 때 자신을 되찾게 된 것을 알 수 있다. 그러다가 그는 결국 1918년 말부터 1919년 사이에 점차로 그 긴 어둠에서 빠져나오게 되었다. 그것은 한편으로는 그가 아니마의 파괴적인 힘을 극복할 수 있게 되었기 때문이며, 다른 한편으로는 그의 정신의 중심을 찾았기 때문이다. 이제 그는 그의 전체 인격을 형성하게 된 것이다.[46]

무의식과의 대결 이후 그는 프로이트와 다른 그 자신의 심리학 체계를 세웠

45) *Ma Vie*, p. 231.

46) 융은 자서전인 『융의 생애와 사상: 기억과 꿈과 회상들』(이기춘, 김성민 역, 서울: 현대사상사, 1995) 머리말에서 "나의 삶은 자신을 실현시키려고 했던 무의식의 이야기다. 무의식 속에 있는 모든 것은 밖으로 드러나 자신을 표출해 내려고 한다. 인간의 성격 역시 그에게 주어져 있는 무의식 조건에서 벗어나 자신을 드러내 보이고자 하며, 그 자신을 하나의 전체로서 체험하고자 한다."라고 말하였다. *Ibid.*, p. 21.

다.[47] 그래서 포댐과 호만스는 융의 중요한 저작 가운데서 대부분은 이 시기에 그가 겪었던 내면적인 체험에 기반을 두고 있다고 주장하였다.[48] 이때 집필된 저작은 『무의식과 자아의 대화(*Dialectique du moi et de l' inconscient*)』(1916), 『무의식의 심리학(*Psychologie de l' inconscient*)』(1916), 『무의식의 구조(*La Structure de l' inconscient*)』(1916), 『초월적인 기능(*La fonction transcendante*)』(1916), 『본능과 무의식(*L' Instinct et l' inconscient*)』(1918), 『정신의 유형(*Types Psychologique*)』(1921) 등이다. 결국 융은 프로이트와 헤어진 다음에 그에게 찾아온 삶의 위기를 극복하였고, 그 과정에서 겪었던 정신의 신비를 깨달아 그 후 삶의 진실을 아는(savoir) 사람으로 살아갈 수 있었던 것이다.

4. 대가로서의 삶(1919~1961)

융은 무의식 요소에 관해서 연구하면서 무의식에는 사람의 정신 속에 있는 서로 대척적인 힘을 통합시키려는 조정 기능(fonction régulatrice)이 있다는 사실을 발견하고 깊은 인상을 받았다. 그래서 그는 무의식이 가진 이 초월적인 기능과 무의식의 궁극적인 목표에 관해서 연구하기 시작하였다. 그 결과 인간 정신에는 본래 전체성에 이르고자 하는 성향이 있으며, 이 성향은 인간 정신의 여러 요소를 통합시키는 요체가 된다고 생각하였다.[49] 그러는 과정에서 그는

47) 융학파 분석심리학자인 포댐은 융이 프로이트와 헤어진 다음에 겪었던 내적 체험이 그에게 그 이후의 모든 심리학 이론의 토대와 방법론을 마련해 주었다고 주장하였다. F. Fordham, *Introduction à la psychologie de Jung*(Paris: Imago, 1985), p. 153.

48) F. Fordham, *op. cit.*, pp. 157-160. cf. P. Homans, *op. cit.*, pp. 161-173. 특히 호만스는 융의 생애에서 1916~1918년의 창조적 시기가 무엇보다도 중요한 시기라고 강조하였다.

49) 환자들의 내면 깊은 곳에는 자기 치유력이 존재하고 있기 때문에 치료자들은 모든 사람에게 무턱대고 똑같은 요법을 적용하려고 할 것이 아니라 그들이 자신의 전체성에 도달하는 데 적절한 길을 따라가도록 해야 한다고 주장하였다. *Ibid.*, p. 157.

매우 중요한 전기를 맞이했는데, 그것은 그가 1928년 중국학자 리처드 빌헬름(R. Wilhelm)으로부터 『태을금화종지(太乙金華宗旨, *Le Secret de la Fleur d'or*)』라는 중국 도교의 연금술서에 관한 해제를 부탁받은 일이다. 그는 해제를 쓰기 위해 빌헬름이 보낸 책을 보고 깜짝 놀랐다. 그 속에는 그가 그 당시 그리고 있던 만다라와 비슷한 만다라 그림이 있었기 때문이다. 그래서 그는 여기에는 어떤 깊은 의미가 있을 것이라고 생각하면서 연금술에 관해서 연구를 시작하였고, 연금술은 사람들이 물질로서의 금이나 불사약을 얻으려는 것이 아니라 인간의 정신에 있는 영원한 어떤 것을 얻으려는 작업이고, 만다라상은 그것을 상징적으로 나타내는 상이라는 사실을 깨달았다.[50] 왜냐하면 이 책에는 인간 정신의 중심을 찾으려는 인류의 길고 오래된 노력의 흔적이 많이 담겨 있었기 때문이었다.

만다라상이 인간의 이런 시도를 즉각적인 방식으로 표현하는 것이라면, 연금술은 이 과정을 계통적으로 표현하는 것이라고 할 수 있다. 그래서 그는 연금술에 몰두하게 되었다: "무의식이 하나의 정신적인 과정이며, 우리 자아가 무의식과 만날 때 우리 정신에서는 진화가 이루어지고, 진정한 변화가 생겨난다는 사실을 뚜렷하게 인식하게 된 것은 연금술을 알고 나서부터였다."[51] 그에게 연금술은 화학 실험만 하려고 했던 자연과학이 아니라 그들의 정신을 변환(transform)시키려고 물질적인 것들의 내면에 숨겨져 있는 통합의 배아(胚芽)를 찾아내려고 했던 정신과학이었던 것이다.[52] 사실 연금술사들이 실험실에서 여러 화학 반응을 일으키면서 실제로 하고자 했던 것은 물질로서의 금을 만들려고 했던 것이 아니라, 그들의 인격을 완성시키려는 것이었다. 그들은 연금술 작업을 하면서 그들의 내면에서 떠오르는 상들을 살펴보면서 정신과 물질 사

50) *Ma Vie*, p. 229. cf. L. Bonnette, *Le Fondement religieux de la Pensée de Jung*(Montréal: Fides, 1986), p. 20.

51) *Ma Vie*, p. 243.

52) C. G. Jung, *Psychologie et Alchimie*(Paris: Buchet/Chastel, 1970. 이하 PA로 약한다.), pp. 315-316, pp. 539-540, p. 32.

이에는 대단히 밀접한 관계가 있다는 사실을 발견하였고, 그들의 내면에 있는 정신의 금(lapis philosophorum)을 만들려고 했기 때문이다.[53] 그는 연금술 연구에 몰두하면서 『황금꽃의 비밀에 대한 논평(*Commentaire sur le mystère de la Fleur d'or*)』(1929), 『심리학과 연금술(*Psychologie et Alchimie*)』(1944),[54] 『전이의 심리학(*La Psychologie du Transfert*)』(1946), 『융합의 비의(*Mysterium Conjunctionis, 2 vol.*)』(1955, 1956) 등을 저술하였다. 이 책들은 그가 연금술에 관해서 연구한 다음 펴낸 책인데, 거기에서 그는 연금술 과정과 개성화 과정에 대해서 살펴보았다.

융은 연금술에 관한 연구를 통해서 프로이트와 헤어진 다음 실존적인 위기 상태에서 내면적으로 겪었던 체험이 객관적인 방식으로 표현될 수 있다는 사실을 알게 되었으며, 인간 정신의 실체성과 역동성 그리고 영원한 신비를 뚜렷이 인식하게 되었다: "내가 연금술을 만날 수 있었던 것은 결정적인 체험이었다. 내가 그동안 아무리 다른 분야에서 찾으려고 애써도 찾지 못했던 내 심리학 작업의 역사적인 근거를 연금술에서 찾을 수 있었기 때문이다."[55] 이런 과정을 통해서 융은 그가 실존적인 위기에서 실제로 겪었던 이상한 체험의 보편적인 기반을 발견하였고, 그것을 토대로 해서 인간 정신의 비밀을 해독할 수 있었다.

1913년 말부터 1914년 6월 사이에 융은 무시무시한 꿈과 환상을 많이 보았다. 그것들은 북해(北海)에서부터 알프스 사이에 있는 북쪽 지방의 모든 나라가 거대한 물결에 뒤덮여 있거나 그 나라들에 거대한 한파가 밀어닥쳐 온 나라가 꽁꽁 얼어붙는 모습이었다. 그 나라들이 피로 된 강물에 뒤덮여 있는 모습도 보였다. 어떤 장면은 두세 번 계속해서 나타나기도 하였다. 처음에 그는 그 꿈과 환상이 무엇을 의미하는지 알지 못했다. 그러나 제1차 세계대전이 발발

53) *Ma Vie*, p. 69.
54) 이 책은 처음에는 Eranos-Jahrbuch(1935, 1936)로 출판되었다.
55) *Ma Vie*, p. 233.

하자 그는 개인적으로 보았던 그 꿈과 환상은 유럽 사람 전체가 집단적으로 겪어야 하는 체험과 아주 밀접한 관계에 있다는 사실을 알아차리게 되었다.[56] 그 꿈과 환상의 내용은 그의 개인적인 삶과 아무 관계도 없었기 때문이었다. 그 꿈과 환상은 그 당시 그의 정신 상태를 나타내는 것이 아니라 좀 더 집단적인 상황을 그리고 있는 것이었다. 그래서 융은 사람들이 꾸는 꿈은 대부분 그 사람의 정신적인 문제를 나타내어 보여 주지만 때로는 그의 문제가 아니라 그가 사는 집단의 문제를 보여 주기도 한다는 것을 알게 되었다. 그 꿈들은 소위 '큰 꿈'으로 원시 부족의 추장이나 주의(呪医)들이 그 부족 전체의 문제에 관해서 꾸는 것들이었다. 이 무렵 융이 꾼 꿈도 일종의 '큰 꿈'이었던 것이다.

이러한 깨달음은 그에게 모든 사람의 삶이란 그 한 사람의 삶에서 끝나는 것이 아니라 그보다 더 큰 삶과 관련되어 있다는 사실을 알게 해 주었다. 그래서 그는 인간 정신이 가진 이러한 구조의 보편적인 토대를 찾아보려고 1921년 북아프리카, 1924년부터 1925년까지 푸에블로 인디언, 1925년부터 1926년까지 영국령 동아프리카와 엘곤 산에 사는 원주민에게 찾아가 원주민과 함께 살면서 그들의 정신 구조에 관해서 연구하였다. 그가 이들을 찾아갔던 이유는 이 사람들은 아직 현대 문명에 오염되지 않아서 '원시적인 정신 구조(la structure de la mentalté primitive)'가 남아 있을 것 같았기 때문이었다. 이 여행 후에 융은 정신과 환자들에게서 발견되는 어떤 정신적인 요소들은 소위 '현대의 원시인'이라고 할 수 있는 이 사람들에게서도 똑같이 발견되고 있다는 사실을 확인할 수 있었다. 그래서 그는 집단적 무의식(l' inconscient collectif)은 사람들에게 있는 고태적인 잔존물(殘存物)로 구성되어 있다는 결론을 내릴 수 있었다. 그 후 그는 사람들의 무의식에 있는 한 사람의 개인적 경험에 근거를 둔 무의식층 이외에 인류의 경험에 기반을 둔 이 집단적 무의식에 대해서 깊이 연구하였다.

56) *Ibid.*, pp. 204-205.

5. 융에게 영향을 끼친 사람들

1) 부 모

융 부모의 불화가 그의 성격 형성에 대단히 좋지 않은 영향을 끼쳤고, 그 불화는 그들의 성격이 너무 판이하게 달랐기 때문에 생겨난 것이라고 말한 바 있다. 여러 자료를 토대로 살펴볼 때 그의 어머니는 외향적인 성격으로 본능적인 부분이 강했던 듯하고, 그의 아버지는 내성적인 성격에 경건한 성품을 가진 사람이었던 듯하다.[57] 다른 한편으로 스위스 개신교 교회 목사였던 그의 아버지에게는 남성적인 모습과 아버지다운 이미지가 좀 약했던 듯하다. 융은 아버지에게서 무엇인가 연약한 느낌을 받았으며, 아버지를 종종 측은하게까지 생각하였던 것이다.[58] 그러나 융은 이렇게 서로 다른 부모 사이에서 생긴 불화 속에서 불안하고 내성적인 성격을 강화시켰다.

그에게는 그가 매우 어렸던 시절에 어머니가 병원에 입원했을 때 아버지가 어머니 대신 그를 보살펴 주었다는 따뜻한 기억은 있었지만, 그렇게 약한 인상을 주는 아버지의 권위를 인정할 수 없었고, 아버지를 이상시(idéaliser)할 수도 없었다. 그가 보기에 아버지는 다만 가련하고 연약한 사람일 뿐이었다. 이 세상 어느 누구도 아버지를 측은하게 생각하는 아들에게 아버지를 존경하라고 요구할 수는 없을 것이다. 자연히 융은 그가 동일시할 수 있는 아버지의 상이 부재했기 때문에 모방을 통해서 이루어 가야 하는 정체성 형성 과정에 많은 고통을 겪었다. 그래서 융은 이 상(像)의 공백을 그가 만든 직접적이고 즉각적인 종교 체험, 예를 들어 그가 깎은 작은 사내에 대한 경배 등의 체험을 통해서 메우려고 하거나 바젤 대학교 의학부 교수였으며, 그와 이름이 같았던 할아버지

57) F. Fordham, *op. cit.*, p. 138.
58) *Ma Vie*, p. 27, p. 45.

(C. G. Jung)와 동일시하려고 하였다. 아버지 상에 대한 융의 추구는 그가 프로이트와 동일시하려고 한 것이나 인격의 중심인 자기(自己)를 추구하는 것에 이르기까지 연결된다고 할 수 있다. 어쨌든 융은 아버지에 대해서 긍정적인 이미지를 가지지 못했기 때문에 아버지로 대표되는 기독교에 대해서도 긍정적인 감정을 가질 수 없었다.

융의 어머니는 유명한 학자를 비롯해서 지적인 직업에 종사하는 인물을 많이 배출한 바젤의 전통 있는 가문 출신이다. 그의 어머니는 다소 신비한 구석이 있었다. 어머니에 대한 인상을 말하면서 융은 이렇게 말한 적이 있다: "어머니 방으로 들어가는 문에는 무엇인가 불안한 기운이 감돌고 있었다. 더구나 밤이 되면 어머니는 더욱더 무시무시하고 신비스럽게 변한다."[59] 그의 어머니는 혼자서 중얼거리는 버릇이 있었다. 무슨 일을 하면서 계속해서 중얼거렸던 것이다. 그래서 융은 사람에게는 겉으로 드러난 인격과 속에 숨어 있는 인격 등 두 개의 인격이 공존하지 않는가 하는 생각을 어렸을 때부터 했다. 어머니가 일을 하면서 마치 다른 사람에게 말을 하는 것 같지만 사실은 어머니 자신에게 말하는 것이며, 아주 어린 시절이기는 했지만 그가 낮에 보았던 어머니와 밤에 본 어머니 사이에서 전혀 다른 모습을 발견하였기 때문이다. 또 한 가지 중요하게 지적해야 할 것은 그는 어린 시절 어머니가 병원에 입원하는 바람에 그가 다시 여성적인 것과 따뜻한 것 등 여성적인 속성에 대해서 균형 있는 감각을 되찾는 데 오랜 시간이 걸렸다는 사실이다. 그는 모성적 보살핌이 절대적으로 필요했던 시절에 어머니에게서 그것을 공급받지 못해서 여성적인 것들을 신뢰하지 못했던 것이다. 이 사실은 분석심리학에서 남성적인 원리보다 여성적인 원리가 구원의 실마리로 작용하는 것과 관계가 있는 듯하다. 그의 심리학에서는 남성적 원리와 여성적 원리가 모두 중요하지만, 통합을 위해서는 그 가운데서 여성적 원리가 더 중요하게 작용하기 때문이다. 어쨌든 그의 어머니는 부정적인 측면에서나 긍정적인 측면에서나 그에게 커다란 영향을 끼쳤다. 그의 어

59) *Ma Vie.*, p. 38.

머니는 그가 어렸을 때 인도 종교를 비롯해서 많은 이국 종교에 관한 그림이 있는 그림책을 종종 보여 주었는데, 그 속에는 브라만, 비슈누, 시바 등 신비한 모습을 한 이방신의 그림이 그려져 있었으며, 사자나 곰, 늑대 등 원시적인 힘들이 불끈 솟아오르는 대자연의 모습이 그려져 있었다.[60] 융이 나중에 신화나 종교사, 신비 현상에 관해서 커다란 흥미를 느끼게 된 것은 어릴 때 보았던 이런 교육의 영향과도 무관하지 않을 것이다.[61]

2) 프로이트와 다른 사람들

지그문트 프로이트는 융의 삶에서 부모 이외에 가장 커다란 영향을 끼친 사람이었다. 그에게는 프로이트를 만났던 사건뿐만 아니라 그와 헤어진 사건 역시 대단히 중요하게 작용했다. 그가 프로이트에게서 아버지의 이미지를 발견하고 그와 동일시하려고 했기 때문이다. 이 점에 관해서는 이미 살펴본 바 있다. 아버지의 이미지는 사람들에게 보통 앞으로 살아갈 '방향'과 '미래'와 '약속'을 의미한다. 실제 아버지에게서 강력한 아버지 상을 부여받지 못했던 그가 때때로 그에게 주어진 환경과 갈등에 빠졌던 것은 충분히 이해할 수 있는 일이다. 우리는 그가 정신과 의사로서 첫발을 내딛었을 때 그 당시 지배적이었던 정신의학계 풍조를 따르지 못했던 것 역시 그가 자신을 아버지와 동일시하고 모방할 수 없었던 데 원인이 있지 않았나 하고 생각한다. 외적인 권위나 전통에 대한 거부는 종종 아버지에 대한 거부에서 비롯되기 때문이다.

하여간 그는 그 당시 일반적이었던 치료법을 거부하고 다른 방법을 찾으려고 하였다. 그가 자신보다 열아홉 살이 더 많아 마치 아버지처럼 느껴지는 프로이트를 만났던 것은 바로 이때였다. 이때 그는 프로이트의 저작들을 읽고서 그에게 아직 어렴풋한 형태로 머릿속에서 그려지고 있는 생각이 프로이트에게

60) *Ma Vie.*, p. 37.
61) *Ma Vie.*, p. 158, pp. 188-189.

서 실현되고 있음을 발견하였다. 프로이트는 마치 아버지처럼 그가 앞으로 살아가게 될 모습을 보여 주고 있었던 것이다. 그래서 융은 프로이트와 만나고 교제하면서 프로이트에게서 자기의 앞날을 그려 볼 수 있었을 것이다. 처음에 그는 프로이트의 무의식 이론에 많은 부분을 공감하였다. 특히 프로이트의 자유연상이론은 그가 프로이트와 무관하게 실험하고 있었던 단어연상이론과 많은 부분에서 공통점을 가진 것이라 더욱 그러했다. 그러나 이런 관계는 오래 지속되지 못했다. 두 사람 사이에 오이디푸스적인 갈등이 생겨났기 때문이다. 아버지가 주는 이미지가 너무 연약해서 아버지를 존경하지 못하고, 그 대신 아버지를 능가하려고 했던 융에게서 또 다른 아버지라고 생각되는 프로이트 역시 언젠가는 넘어야 할 대상이 되어야 했기 때문이다. 융은 프로이트의 성욕론에 전적으로 승복할 수 없게 되었을 때 프로이트를 극복하려고 하였다. 그에게서 느껴지는 부성적인 권위에 전적으로 승복하지 못하고 반항하는 아들처럼 반항하였던 것이다.

다른 한편 프로이트는 그것이 비록 예감의 형태로 주어지는 것이기는 했지만 융에게서 부친살해(patricide) 위협을 느끼고 있었다. 프로이트는 융과 함께 미국 여행을 하면서 서로의 꿈을 해석을 해 주는 가운데 융이 꾸었던 꿈이 부친살해와 관계된 것이라고 주장하였으며, 적어도 두 차례 융이 자기를 죽이려고 한다는 환상에 사로잡혀서 융 앞에서 현기증을 일으켰다.[62] 나중에 융이 자신의 학설에 반대했을 때 프로이트가 다른 어떤 사람에게 보였던 것보다 더 격렬한 반감을 보인 것은 프로이트에게 있었던 오이디푸스 콤플렉스의 또 다른 측면인 것이다. 왜냐하면 프로이트의 사상과 융 사상의 차이는 현재 네오 프로이트 학파 사람들과 프로이트 사상의 차이보다도 크지 않은 것인데, 그 당시 프로이트는 부친살해에 관한 공포 때문에 융을 받아들일 수 없었다.[63] 프로이트와의 관계에서 융은 결국 진정한 아버지 상을 발견하지 못하였다. 그래서 두

62) P. Homans, *op. cit.*, pp. 37-49.
63) A. Samuels, 김성민, 왕영희 역, 『C. G. 융과 후기 융학파』(서울: 한국심리치료연구소, 2012).

사람의 관계는 프로이트뿐만 아니라 융에게서도 비극적인 결별로 끝나고 말았다. 융은 프로이트와 헤어진 다음 다시 한 번 자신의 진정한 모습을 형성하는 깊은 아픔에 잠기게 되었다.[64)]

두 사람 사이에 있었던 갈등의 원인을 그들이 서로 다른 정신 유형을 가지고 있었고, 성향과 취향이 너무 달랐다는 사실에서도 찾아볼 수 있다. 융이 내향적 직관형으로, 겉으로 드러나 보이는 일 속에 내재되어 있는 마음의 상태 등을 즉각적으로 파악하는 데 관심을 기울이는 사람이었다면, 프로이트는 감정형으로서 감정이 매우 분화되어 있었으며, 내적인 기준을 가지고 사물을 판단하지만 때때로 객관적인 사실을 나타내는 자료에 압도되어서 그것들 모두를 몇 가지 중요한 개념을 가지고 설명하려고 했던 사람이었다. 그래서 프로이트가 인간의 모든 정신적인 사실을 성욕 하나로 설명하려고 하는 것에 반해서 융은 그것들을 개인무의식, 집단적 무의식 또는 원형, 아니마/아니무스 등 내면적인 의미를 따라서 설명하려고 하였다. 이렇게 서로 반대되는 정신 유형을 가진 사람들이 만나면, 의견 차이가 없을 때에는 서로 다른 부분이 매력적으로 받아들여질 수 있지만, 그렇지 않은 경우 그들은 상대방에 대해서 전혀 이해할 수 없는 구석을 발견하게 된다. '그렇게까지 하지 않아도 되는데' 답답하기 짝이 없는 것이다. 프로이트와 융 사이가 그랬다. 처음 그들이 만났을 때 그들 사이에 있었던 서로 다른 점은 상대방에게 매력으로 작용했지만, 근본적인 문제에서 의견이 갈리자 두 사람은 결코 화합할 수 없었던 것이다.

학문적인 성향에서도 마찬가지였다. 프로이트가 그 당시 유행하던 자연과학적인 방법론을 가지고 그의 정신분석학 사상을 구성하려고 했던 데 반해서, 융은 역사 쪽에 더 큰 매력을 느끼고 있었다: "나는 우연한 기회에 프로이트와 내가 헤어질 수밖에 없었던 이유가 우리 둘 사이의 정신적인 태도가 본질적으로

64) 에릭슨은 사람들은 보통 그에게 새로운 환경이 주어질 때 그것이 일이 되었건, 이웃이 되었건, 사상이 되었건 종종 정체성 위기에 빠지게 된다고 주장하였다. E. H. Erikson, *Childhood and Society*(New York: W. W. Norton, 1964).

달랐기 때문이라는 사실을 깨달았다. 나는 지난 세기 동안 역사적인 분위기에 묻혀 있던 바젤에서 자라났다. 또한 고대 철학을 많이 섭렵했던 나에게는 이미 심리학사에 관한 지식이 많이 쌓여 있었다."[65] 융은 인간의 정신적인 전체성을 찾아내기 위해서 신화나 설화 및 연금술에 나타난 인간의 집단적인 정신적 흐름을 파헤치려고 노력하였지만 프로이트는 그렇지 않았다. 그는 현대적 것과 과학적인 것에 더 매료되었던 것이다. 그래서 융은 프로이트에게서의 역사란 저 먼 선사시대에서부터 시작되는 것이 아니라 겨우 뷔쉬너, 뒤 브와-레이몽, 다윈 등에서부터 시작되는 것이었다고 주장하였다.[66]

두 사람 사이의 갈등의 원인 중 두 사람 사이에 있었던 문화 차이도 열거할 수 있다. 20세기 초엽은 전통적인 기독교와 근대 산업이 서로 다른 길로 갈라져 나가는 분기점이었다. 이때 프로이트는 힘을 잃고 스러져 가는 기독교에서 허위 구조를 밝혀내려고 애썼다. 그러나 융은 종교상징에는 인간의 정신건강에 매우 유용한 어떤 것이 담겨 있음을 깨닫고, 그것들을 밝혀내려고 하였다. 그래서 융은 어느 누구도 종교 상징에 담겨 있는 누미노제적인 힘을 없애 버릴 수 없다고 주장하였다. 오히려 이 상징의 의미를 재해석하고, 재통합시켜야 한다고 강조하였다. 이런 생각에서 융은 종교(religion)와 현대성(modernité)을 화해시키려고 노력하였다. 특히 프로이트와 헤어진 다음에 이런 작업에 한층 더 열심이었다. 프로이트와 융 사이에는 이런 차이점 때문에 갈등이 있을 수밖에 없었다. 프로이트는 융과의 이런 차이점을 인정할 수 없었으며, 그것들을 그에 대한 도전으로 생각해서 참아낼 수 없었다. 결국 융은 수많은 우여곡절 끝에 프로이트라는 거목(巨木)을 성공적으로 극복하게 된다. 그래서 그는 자신의 개성을 확립하게 되고, 자신의 독창적인 사상을 창출해 낼 수 있었다.

프로이트 이외에도 그의 분석심리학 사상 형성에 영향을 끼친 사람들은 앙리 베르그송, 피에르 자네, 윌리엄 제임스, 테오도르 플루느와 오이겐 브로일러,

65) *Ma Vie*, p. 188. cf. F. Fordham, *op. cit.*, p. 150.
66) *Ma Vie*, p. 188.

프리드리히 니체 등이 있는데, 그중에서도 베르그송과 니체가 특히 많은 영향을 미쳤다고 프랑스의 분석심리학자 샤를르 보두앵은 지적하였다.[67] 베르그송의 지속(la durée)과 직관(intuition)에 대한 사상과 현대 세계의 출현에 맞선 니체의 고뇌와 철학적인 태도는 융의 모든 사상에 깊이 용해되어 있는 것이다.

3) 아내 엠마 융과 토니 볼프

어머니에 대한 융의 불신은 그의 삶에 지울 수 없는 영향을 남겼다. 그래서 그는 『영혼의 변환과 그의 상징(*Métamorphose de l'âme et ses symboles*)』에서 사람들이 정신적인 성숙을 이루는 데는 자식을 삼켜버리려고 하는 어머니의 부정적인 이미지를 극복하는 것이 무엇보다도 중요한 일이라고 역설하였다. 그가 뼈 속까지 체험했던 무의식과 아니마의 부정적인 힘의 극복에 관해서 강조했던 것이다. 융이 이런 힘을 극복하는 과정에서 그의 아내 엠마와 동료 토니 볼프는 많은 도움을 주었던 듯하다. 물론 융이 그들의 도움을 명시적으로 거론했던 적은 없다. 더구나 그가 토니 볼프와 나눴던 편지들은 그녀가 죽은 다음 모두 폐기되었기 때문에 그녀가 구체적으로 어떤 도움을 주었는가 하는 사실을 밝혀낼 수는 없다.[68] 그러나 융은 남성에게는 그들의 말을 차분하게 들어 줄 수 있는 여성이 필요하다고 여러 차례 강조하였다: "왜냐하면 여성들은 그런 일을 하기에는 천부적인 능력이 있기 때문이다. 여성들에게는 때때로 놀랄 만한 직관력과 비판력이 있다. 그래서 남성들의 술책과 그들의 아니마가 획책하는 음모를 꿰뚫어 볼 수 있다. 여성들은 남성들이 미처 보지 못하는 것까지 간파하는 것이다."[69]

융은 남성이 개성화 과정을 밟아 가는 데 여성이 매우 중요한 역할을 할 수

---

67) Charles Baudouin, *op. cit.*, pp. 43-50.

68) C. G. Jung, *Letters*, ed. by G. Adler & A. Jaffe, trad. R. F. C. Hull(Princeton: Princeton Univ. Press, 1973), vol. I. xi.

69) *Ma Vie.*, p. 160.

있다고 강조하였다. 그런 의미에서 융은 유년 시절부터의 친구인 비르카우제-오에리(M. S. Birkhauser-Oeri)에게 다음과 같은 편지를 보낸 적이 있다: "당신은 여성의 도움을 필요로 하게 될지도 모릅니다. 남성들은 보통 무의식의 영향을 너무 많이 받고 있습니다. 저는 당신에게 도움을 줄 수 있는 여성으로 제 아내 엠마나 토니 볼프 양을 소개해 드릴 수 있습니다."[70)]

이런 아내를 잃은 다음에 융은 매우 슬퍼하였다: "(아내가 죽은 다음에) 다시 평정을 되찾고, 나를 수습하는 데는 상당히 많은 시간이 걸렸다. 내가 돌에 관심을 기울인 것은 나에게 많은 도움을 주었다."[71)] 이런 것들을 살펴볼 때 아내 엠마와 토니 볼프는 남성의 아니마가 자아내는 문제에 통찰을 주는 데 뛰어난 능력을 가진 여성이었으며, 융이 자신의 아니마 문제를 극복하는 데 많은 도움을 주었음을 알 수 있다. 피터 호만스(P. Homans) 역시 융이 프로이트와 헤어진 다음에 겪었던 실존적인 위기 동안 그 위기를 극복하는 데 토니 볼프가 많은 도움을 주었다고 주장하였다.[72)]

70) C. G. Jung, *Letters*, vol. I. xi.

71) *Ma Vie*, p. 204.

72) P. Homans, *op. cit.*, p. 76.

제2장

융과 종교의 문제

1. 종교에 대한 융의 태도

개신교 목사 아들이었던 융은 어린 시절부터 종교적인 분위기에 노출될 수밖에 없었다. 그는 종교적인 것에 대단히 민감하였다. 그는 사람들 속에는 영적인 차원과 종교적인 차원이 있다는 사실을 받아들일 수밖에 없었던 것이다. 처음에 그에게 종교란 기독교를 의미했다. 그러므로 종교에 대한 그의 태도를 분석하려면 먼저 기독교에 대한 그의 태도를 분석해야 한다. 그의 삶의 궤적을 살펴볼 때 기독교에 대한 그의 태도는 다음 세 단계를 통해서 발전한 것을 알 수 있다.[1)]

첫 번째 단계는 그가 기독교와 처음 만나게 되는 단계다. 이때 융은 기독교에 별 호감을 가지지 못했다. 그 이유는 전적으로 그가 아버지로부터 긍정적인

1) cf. 피터 호만스는 종교에 대한 융의 태도를 종교적인 충성이라는 견지에서 네 단계로 나누어 고찰하고 있다. P. Homans, *op. cit.*, pp. 156-157.

이미지를 형성하지 못했기 때문에 아버지로 대표되는 기독교에도 긍정적인 태도를 형성할 수 없었다는 사실임을 이미 지적한 바 있다. 기독교에 대한 융의 부정적인 태도는 네 살 무렵 기독교에서 말하는 사랑의 신 대신 지하 세계의 신에 대한 꿈을 꾸었던 것과 어느 날 집에 가는 길에 제수이트파 신부를 만나서 죽음과도 같은 공포를 느낀 것에서 특징적으로 드러난다.

사춘기 무렵 잠시 기독교에 대해서 지적인 흥미를 느끼기도 했지만, 이때 형성했던 기독교에 대한 부정적인 이미지를 극복하지 못해 기독교와 심리적인 거리감을 좁힐 수 없었다. 그래서 그는 기독교에서 말하는 하나님 대신에 '신적인 존재(numen)'의 힘과 개인적이며, 신비적이고, 직접적인 관계를 더 추구하게 된다. 그는 강력한 힘을 지닌 하나님과 살아 있는 체험을 하게 해 주지 못하는 화석화된 기독교 도그마와 신앙을 강도 높게 비판하였다: "나는 신앙이 이해의 바탕 위에서 생겨나야 한다고 생각한다……. 마찬가지로 신앙에 대한 맹목적인 복종 때문에 생겨난 긍정적이지 않은 결과에서 우리는 자유로워야 한다."[2] 더 나아가서 그는 이렇게 말하기도 하였다: "이런 신앙은 단순한 하나의 습관이나 영적인 나태로 변질될 위험에 처하게 된다……. 이렇게 기계화된 의존성은 손에 손을 잡고 유아성을 향해서 정신적으로 퇴행하게 된다. 그 이유는 신앙의 전통적인 내용이 점차 의미를 잃어 가고 삶에서 아무런 행동도 하지 못하게 하는 형식적인 믿음이 되기 때문이다."[3] 그는 이런 특성을 지닌 전통적인 신앙의 명에를 자신에게서는 물론 동시대인 모두에게서 발견했으며, 거기에서 기독교의 위기를 읽었다. 그래서 기독교 도그마가 말하는 하나님의 선한 측면보다는 그에게 더 실제로 보이는 신(神)의 어두운 측면에 관해서 더 많이 말하였다.

두 번째 단계는 그가 기독교 도그마가 가지고 있는 중요성에 관해서 깊이 인식하게 되는 단계다. 그 점에 관해서 그는 이렇게까지 말하였다: "나는 기독교

2) PER, p. 263.
3) GP, pp. 287-288.

도그마와 제의가 가진 무한한 중요성을 확신하고 있다. 그것들은 적어도 사람들의 정신 위생에 많은 도움을 가져다준다. ……과학 이론은 그 자체로서 종교적인 도그마보다 사람들에게 덜 중요하다. 왜냐하면 그것이 추상적이고 합리적이기만 한 데 비해서 종교적인 교의(dogme)는 하나의 이미지를 통해서 (우주의) 비합리적인 전체상을 나타내기 때문이다."[4] 더 나아가서 그는 종교적인 교의는 사람들에게 '가장 가치 있는 인식의 보물'[5]이 된다고 평가하였다. 이때 그는 종교가 이 세상에 있는 그 어느 것보다 정신치료에 도움을 주는 상징체계라는 사실을 깨달았기 때문이다.[6] 이때부터 그는 영혼의 치유를 위해서 기독교 사제들과 함께 인간의 영혼에 관해서 연구할 필요성을 느끼고, 많은 기독교 사제들과 교유하였다.[7] 그중에서도 영국의 가톨릭 사제 빅터 화이트는 그가 매우 깊은 교제를 나눈 사람이었다. 그는 화이트에게 보낸 편지에서 이렇게 쓰고 있다: "지금 우리는 문학 분야에서 대단히 출중한 능력을 가진 학자들과 같이 연구하게 되어서 매우 기쁘게 생각합니다……. (또한) 나는 내 생각을 자신의 학문 분야에서 올바르게 표현해 줄 수 있는 매우 성실한 신학자 한 사람을 알게 되어서 얼마나 기쁜지 모르겠습니다."[8] 그러면서 그는 인간의 영혼을 치료하기 위해서 정신치료자들과 사제는 인간의 영혼에 관해서 같이 연구해야 한다고 강조하였다.

융이 종교에서 무엇보다도 중요한 문제라고 생각한 것은 신에 대한 직접적이고 개인적인 체험이었다. 그에게서 종교는 다른 것이 아니라 신적인 존재를

4) PER, pp. 92-93.

5) C. G. Jung, *Mysterium Conjunctionis vol. I.* (Paris: Albin Michel, 1980. 이하 MC로 약한다.).

5) 융은 특히 종교 제의, 기도, 고백 등이 리비도를 다른 방향으로 이끄는 데 탁월한 역할을 수행할 수 있기 때문에 정신치료에 효과적이라고 주장하고 있다. C. G. Jung *Métamorphose de l'Ame et ses Symboles*(Paris: Buchet/chastel, 1983. 이하 MS로 약한다.), p. 131, 133. 293, 301. cf. 호스티(R. Hostie)는 융이 기독교 상징에 관심을 갖고 그것들을 진지하게 연구하기 시작한 것은 1935년부터라고 주장한다. R. Hostie, *Du Mythe à la Religion.*(Paris: Desclée de Brouwer, 1955), p. 136.

7) 프랑스 스트라스부르 대학교의 융학파 신학자인 켐프 교수는 융이 다른 사람들과 나눈 편지 가운데서 1/4가량이 기독교 신학자들과 나눈 것이라고 주장하였다. B. Kaempf, *op. cit.*, p. 6.

8) C. G. Jung, *Letters*, pp. 382-383.

체험한 다음에 변하게 된 인간 정신의 특별한 태도였기 때문이다. 그는 사람들이 올바르고 역동적인 종교 생활을 하려면 무엇보다도 신적인 존재를 직접 체험하는 것이 중요하다고 강조하였다. 종교 교의는 그것이 아무리 본래적인 종교 체험을 한 편의 드라마나 죄에 대한 이론 또는 회개에 대한 이론으로 나타낸다고 할지라도 본래적인 체험을 이론화한 것에 불과한 이차적인 것이다. 체험을 체험이 아닌 것으로 대치시켜 버린 것이다. 따라서 교의에는 언제나 메워버릴 수 없는 한계가 있게 마련이다.[9] 융은 교회가 현대인을 직접적인 체험으로 이끌지 못한다고 안타까워하였다. 기독교에 대한 융의 태도가 세 번째 단계로 접어드는 것은 바로 이 점 때문이었다.

세 번째 시기에 융은 그가 체험하고 발견한 것들을 심리학적인 분야와 신학적인 분야에 어떻게 연관시킬 수 있는가 하는 점에 관해서 연구하였다. 그에게 찾아오는 환자 대부분이 신앙을 잃어버린 사람이었고, 현대 교회에서는 그들에게 살아 있는 체험을 하지 못하게 하기 때문이었다. 그는 과거에 사람들은 그들이 품고 있는 구원에 대한 열망을 종교적인 상징에 담아낼 수 있었으나, 현대인은 현대의 형식적이고 교조주의화된 교회에서 더는 그렇게 할 수 없게 되었다고 개탄하였다. 그래서 많은 사람들은 종교적인 상징의 도움을 받을 수 없어서 교회에 가는 대신에 정신치료자의 진료실의 문을 두드리는 것이다. 융은 이제 교회가 다시 종교적인 상징을 재해석해야 한다고 강조하였다. 교회가 지금 그들의 보화를 땅속에 묻어 두고 한눈파는 사이에 많은 신도가 고통을 당하기 때문이다.[10] 그는 현대의 너무나도 물질주의화된 세계에서 영적인 안목이 협소해져서 고통당하는 사람에게 종교적인 상징이 가진 강력한 능력을 다시 깨닫게 하고자 많은 노력을 하였다.

9) PER, p. 20, pp. 88-89.

10) 호만스는 융은 자신의 작업을 첫째, 프로이트 이론 비판, 둘째, 현대사회 비판, 셋째, 기독교 재해석에 바쳤다고 주장하였다.

2. 현대 세계와 종교의 문제

융은 사람들에게는 삶의 의미를 찾게 하고, 우주 안에서의 그의 위치를 발견하게 해 주는 사상 체계와 확신이 무엇보다도 필요하다고 주장하였다. 인간의 삶이란 본래 어떤 초월적인 토대 위에 서 있는 것이기 때문이다. 하나의 상징 체계로서의 종교는 사람들에게 이런 관념과 확신을 제공해 준다. 모든 종교는 초월적인 존재와 인간의 관계를 설명해 주고, 강렬한 종교적인 정동(émotion)을 불러일으키기 때문이다.[11] 기독교회는 여태까지 사람들에게 삶의 의미를 발견하게 해 주는 이상적인 기반이 되어 왔다. 사람들은 삶의 전환기에 교회의 도움을 받아서 삶의 한 단계에서 그다음 단계로 무사히 넘어갈 수 있었고, 각 단계에 필요한 정신적 자원을 얻을 수 있었다: "모든 종교는 나름대로 어떤 구체적인 방법을 통해서 사람들이 각각의 삶의 주기를 넘기는 데 필요한 체계를 마련해 놓고 있다. 특히 제의를 통해서 종교적인 상징은 신과 인간을 맺어 줌으로써 그들을 도와주는 것이다."[12] 그러나 현대에 들어와서 종교는 이런 역할을 하지 못하고, 너무 피상적인 것이 되고 말았다. 인간의 삶에 감추어져 있는 초월적 차원도 보여 주지 못하고, 삶의 신비도 계시하지 못하는 것이다: "기독교 문화는 이제 무시무시할 정도로 속이 비어 있는 것으로 드러났다……. 기독교인의 영혼의 상태는 이제 그가 고백하는 신앙과 들어맞지 않는 것이 된 것이다."[13] 더구나 현대인은 기독교에서 전통적으로 고백해 왔던 신앙고백을 받아들이지 못하게 되었다. 기독교에서 가르치는 믿음 체계가 사람들에게 아무 확신도, 헌신에의 동기도 불러일으키지 못하기 때문이다. 기독교는 이제 존재 의의를 잃게 되었다. 기독교가 본래 그 위에 서 있던 무의식적인 기반과 분리되

11) C. G. Jung, *Les Racines de la Conscience*(Paris: Buchet/Chastel, 1975. 이하 RC로 약한다.), p. 72.
12) C. G. Jung, *Psychologie de l' inconscient*(Paris: Buchet/Chastel, 1983. 이하 PI로 약한다.), p. 176.
13) C. G. Jung, *Psychologie et Alchimie*(Paris: Buchet/Chastel, 1975. 이하 PA로 약한다.), p. 15.

고 만 것이다. 여기에서 현대인의 병통이 생겨난다. 현대인이 신의 이미지에 리비도를 집중하지도 못하고, 그들의 욕망을 투사하지 못하는 것이다.

융은 현대에 들어와서 신경증 환자가 늘어나는 이유는 현대인이 제대로 된 종교 생활을 하지 못할 정도로 종교가 약화되었기 때문이라고 진단하였다: "우리는 모든 신경증이 신경증 환자의 정신적인 삶의 피폐를 증언한다는 사실을 잊어서는 안 된다."[14] 이제 더는 전통적인 신앙을 따르지 못하게 된 현대인이 언제나 어떤 결핍감을 느끼고 있다는 것이다: "이런 패배감이 절정에 도달하게 되는 것은 이 세상을 살면서 현대인이 '이것은 뭔가 비현실적인 것 같다.'는 느낌을 가질 때다."[15]

융의 제자인 마리 루이제 폰 프란츠는 현대인에게 가장 큰 문제는 그들이 믿음의 대상을 잃어버렸고, 삶의 회의가 언제나 영혼을 갉아먹고 있어서 현대인이 공격적으로 되었다는 점이라고 주장하였다.[16] 현대인은 단순한 윤리적 이상에 불과한 신조(信條)보다는 그들의 삶을 역동적으로 변화시킬 수 있는 믿음(foi)을 찾는 것이다. 왜냐하면 "믿음은 언제나 어떤 정신적인 사건이라는 실재를 그 전제 조건으로 가져야 하기"[17] 때문이다. 사람들은 단순히 무엇을 이해한다고 해서 곧바로 거기에 대한 믿음을 가질 수 있는 것이 아니다. 오히려 신적인 실재에 전적으로 참여할 때, 그에 대한 믿음이 생기게 된다. 이 세상에 있는 수많은 주의, 주장에 싫증이 난 현대인은 이제 그에게 진리처럼 보이는 것들을 개인적으로 체험하고 싶어 한다. 그러나 그들은 어떻게 해야 그것을 체험할 수 있을지 알지 못한다. 그런데 많은 기독교 사제는 현대인이 진지하게 묻는 삶의 의미 문제에 대해서 너무 피상적인 대답을 천편일률적으로 하고 있다. 어쩌면 그들 역시 삶의 참다운 진리를 알지 못하기 때문인지도 모른다. 그래서 현대인은 이제 삶의 문제를 교회를 통해서 해결하려고 하지 않고, 교회에 나가

14) PER, pp. 22-23.
15) PER, p. 23.
16) M. L. von Franz, *C. G. Jung son Mythe en notre Temps*(Paris: Buchet/Chastel, 1975), p. 223.
17) RC, p. 267.

려고 하지 않는지도 모른다. 현대의 난제는 바로 여기에서 발견된다: "현대인의 내면에서는 그 어느 때보다도 고태적인 잡신이 들끓고 있다. 다시 말해서 그들의 밖에서 다가오는 신(神)과 대응할 만한 내면적인 신상이 부재하기 때문에 그들 속에서는 이교적인 잡신만 떠오르는 것이다. 이것들은 모두 현대인의 영혼이 계발되지 않았기 때문이다."[18)]

현대사회에서는 현대인의 이 정신적인 공백을 메우려고 유사 종교가 많이 출현하고 있다. 그런데 이 종교들은 하나같이 열광적이고, 악마적인 모습을 하고 있다. 그것들이 열광적으로 되는 것은 그동안 인간의 정신 속에서 억눌려 왔던 고태적(古態的)인 신들이 리비도의 흐름에 문제가 생겼을 때 강력한 정서적 힘을 가지고 튀어나와서 생겨났기 때문이며, 악마적이라는 말은 그 종교들이 긍정적인 작용을 하기보다는 파괴적인 작용을 더 많이 하기 때문이다.

융에 의하면 현대인 속에는 문명인과 원시인이 같이 살고 있다. 이 둘 사이에서 분열이 깊어지면 현대인에게는 물론 현대사회에도 심한 혼란이 생겨나며, 이 분열을 통합시키지 못하는 한 현대사회의 문제는 지속될 수밖에 없다. 그러나 그런 통합이 결코 쉬운 일은 아니다: "그런 통합은 올바른 종교가 살아 있지 않는 한 불가능하다. 그 종교가 무한하게 풍부한 상징을 통해서 우리 속에 들어 있는 원시인의 모습을 있는 그대로 드러내 주어야 가능하다. 즉, 올바른 종교가 도그마와 의례를 통해서 올바른 사상과 활동을 담아내야 하는 것이다."[19)]하지만 현대사회에서 어느 종교도 지금 이런 역할을 충실하게 하지 못하여, 현대인이 당하는 영혼의 고통은 깊어만 간다: "현대인의 영혼은 매우 고통을 받고 있다. 정신질환자들이 의사에게 사제와도 같은 태도를 가져줄 것을 요구하는 것은 그런 이유 때문이다. 그들은 지금 의사가 그들의 고통을 벗겨내 주기를 바라고 있는 것이다."[20)] 현대인의 이 같은 긴박한 요청 앞에서 종교는

18) PA, pp. 15-16.
19) PI, p. 174.
20) GP, p. 300.

새로워져야 한다. 다시 말해서 종교는 현대인에게 아무런 의미도 주지 못하는 종교 상징을 현대 세계에 맞도록 재해석해야 하는 것이다.

융이 심리학에서 했던 작업은 모두 현대인의 그와 같은 요청에 대답하고자 하는 것이었다. 그는 수많은 신화와 설화와 종교 제의의 의미와 심지어 연금술까지 연구하여 종교적 상징이 가지고 있는 의미를 파헤쳐 인간 영혼이 가지고 있는 비합리적인 요소들을 진지하게 탐구하려고 했다.[21] 융은 삶의 의미와 목적은 단순히 매일매일의 삶에서 일어나는 문제들을 해결하는 데만 달려 있지 않고, 그것들을 해결하려고 어떻게 사느냐에 달려 있다고 생각하였다. 그 역시 고통 속에서 삶의 의미를 찾으려고 했으며, 우리 삶을 온통 뒤흔들어 버릴 수도 있는 역동적인 요소를 진지하게 고려하고 주의 깊게 관찰하는 태도를 가지고 살펴보았다. 그리고 그 요소들이 자연스럽게 스스로를 실현시킬 수 있도록 하였다.

3. 융 사상의 특성과 전망

1) 융 사상의 특성

이런 삶의 바탕에서 형성된 융의 사상은 다음과 같은 여섯 가지 특성이 있다.

첫째, 철저하게 경험적인 것이다. 그는 『심리학과 종교』에서 여러 차례 자신은 종교 현상을 경험적인 관점에서 관찰한다고 주장하였다. 다시 말해서 그의 심리학 사상은 그가 정신치료자의 입장에서 사람들에게 실제로 일어나는 체험과 사건을 아무런 편견 없이 관찰한 결과를 토대로 해서 형성되었다는 말이다. 이런 의미에서 그는 이렇게 말하고 있다: "내가 대상으로 하고 있는 것은 현상이나 사건이나 체험, 요컨대 사실에 국한되고 있다. 이런 입장에 서서 말하는

---

21) C. G. Jung, *Présent et Avenir*(Paris: Denoël, 1958), pp. 42-43.

진리는 사실이지 판단이 아니다."[22] 그의 사상은 가끔 명확하지 않다고 비판받기도 한다. 그러나 그는 그런 비판에 대해서 삶에서 실제로 일어나는 일에는 모호하지 않은 일, 양면적이지 않은 일이란 없으며, 그는 그런 현상을 탐구했노라고 주장하였다.

둘째, 그는 정신적인 실재(réalité psychique)를 물리적인 실재(réalité physique)와 똑같이 실제적인 것으로 다루었다. 그에게 물질(matière)과 정신(esprit)은 서로 다른 것이 아니라 같은 실재의 양 측면을 가리키는 것이었다. 그는 정신적인 현상을 물리적인 현상과 똑같이 실제적인 것으로 다루어야 한다고 강조하였다. 그렇지 않을 경우 우리는 이 세상의 한쪽 면만 볼 수밖에 없다. 예를 들면, 어떤 사람이 귀신을 보고 겁에 질려 있다면, 귀신이 실제로 존재하느냐 그렇지 않느냐에 관계없이 그가 마치 호랑이를 보고 겁에 질린 것처럼 실제로 중요하게 다루어져야 한다는 것이다. 그래서 융은 정신의 객관성(objectivité psychique)을 주장한다. 즉, 여태까지 사람들이 집단적으로 믿어 왔던 사실은 사람들에게 실제로 중요한 영향을 미친다는 것이다. 그는 자신의 체험을 통해서 사람들의 영혼에는 그들이 아무것도 하지 않았는데도 스스로 생겨난 어떤 것이 존재한다는 사실을 발견하였다. 그래서 정신적인 실재와 영혼의 실재에 관해서 강조했던 것이다.

셋째, 그는 인간 정신의 흐름을 파악하기 위해서 정신 에너지(énergie psychique)라는 개념을 사용하였다. 그는 프로이트가 인간의 정신 현상을 파악하기 위해서 리비도라는 개념을 사용해 성적인 측면에서 주로 파악하고자 했던 데 반해서 "리비도는 인간의 정신 현상을 에너지적인 측면에서 파악하고자 하는 압축된 표현법 이외에 다른 것이 아니다."[23]라고 주장하면서 프로이트의 리비도 개념을 비판하였다. 융에 의하면 인간의 정신적인 삶이란 정신적인 에너지의 증감에 따라서 이루어지는데, 그 에너지는 인간의 정신을 구성하는 요

22) PER, p. 15.
23) C. G. Jung, *L'Energétique psychique*(Paris: Buchet/Chastel, 1956. 이하 EP로 약한다.), p. 51.

소들이 서로 반대되는 특성을 가지고 있기 때문에 생겨난다. 즉, 인간의 정신을 구성하는 요소에는 의식과 무의식, 자아와 그림자, 페르조나와 아니마/아니무스 등 서로 반대되는 요소들이 있는데, 사람들에게 여러 가지 활동이 가능한 것은 서로 반대되는 양극 사이에서 긴장이 생기고, 그 긴장 때문에 서로 다른 두 극 사이에 에너지가 흐르기 때문인 것이다.

융 심리학은 언제나 정신 에너지의 상보적(相補的)인 관점에서 정신 현상을 파악하려고 한다. 프로이트나 융이 모두 인간의 정신 현상을 리비도라든지 에너지 등의 관점에서 파악하고자 했던 것은 그 당시 물리학이 대단히 발전했던 것과 관계가 깊다. 즉, 그들은 인간의 정신 현상을 그 당시에 발달했던 물리학의 에너지 개념을 정신 에너지 개념으로 대치시켜서 파악하고자 했던 것이다. 그것은 심층 심리학의 그다음 세대라고 할 수 있는 자크 라캉(J. Lacan)이 무의식을 현대사회에서 발달한 언어학 이론을 이용해서 파악하려고 하는 것과 같은 맥락이다.

넷째, 그는 인간 정신을 목적론적인 관점에서 파악하였다. 그는 인간 정신에는 어떤 목적이 있다고 강조하고, 그 목적은 정신의 전체성(totalité)을 이루는 것이라고 주장하였다. 융의 이런 관점은 프로이트의 관점과 정반대되는 것이다. 프로이트는 인간 정신을 인과론적인 관점에서 파악하여, 어떤 정신 현상이 생기면 '그것이 왜 생겨났는가?' '그 원인은 무엇인가?' 하는 의문을 중심으로 접근했던 것과 달리 융은 '그 현상은 무엇을 위해서 생겨났는가?' 하는 문제를 중심으로 접근하여 그 현상의 궁극적인 목적을 파악하고자 했기 때문이다. 융에 의하면 인과론적인 관점은 인간의 정신을 더 높은 단계로까지 이끌어주지 못한다. 그 이유는 그것이 리비도를 언제나 기초적인 현상에만 고착시켜 놓기 때문이다. 그러나 목적론적인 관점은 인간의 정신을 좀 더 높은 단계로까지 고양시킬 수 있다. 그것은 인간 정신을 전체성이라는 관점에서 바라보고 모든 정신 현상을 그 목적을 향해서 나아가는 것으로 파악하기 때문이다: "인간의 영혼에 어떤 목적이 있기 때문에 우리는 인과론을 받아들일 수 없다……. 모든 것을 인과론적으로만 설명하는 것은 너무 단조롭기까지 하다."[24)]

다섯째, 그는 역사적인 사실에 많은 흥미를 느끼고 있었고, 이 점은 그의 사상에 많은 영향을 미쳤다. 그는 그에게 찾아오는 환자들의 구체적인 문제를 파악하고자 하는 한편, 인류가 그동안 남겨 놓은 문헌에서 많은 자료를 찾아내어 인간의 정신이 어떻게 발전해 왔으며 어떻게 나아가고 있는가 하는 것을 파악하고자 했다. 이 점에 관해서 프랑스의 분석심리학자 베르나르 켐프는 다음과 같이 말한다: "융은 현대사회가 인류의 정신사적인 관점에서 볼 때 매우 소외된 상황에 놓여 있다고 생각하였다. 그래서 그의 관심을 연금술이라든가 영지주의와 같은 인류의 정신사적인 산물로 돌렸는데, 그 목적은 그 속에서 그의 사상을 뒷받침해 줄 수 있는 것을 발견하고, 새로운 전망을 읽어 내려는 것이었다."[25] 그가 주장하는 집단적 무의식(inconscient collectif)은 이런 그의 성향에서 생겨난 산물이다. 집단적 무의식이야말로 인류가 그동안 쌓아 놓은 정신적 발달의 창고이기 때문이다.

마지막으로 그의 사상은 결코 폐쇄된 체계가 아니었다. 한편으로 그의 사상은 모든 과학에 열려 있었고, 다른 한편으로는 언제나 더욱더 완성되는 도정(道程)에 놓여 있었다. 먼저 그는 그의 심리학을 형성하는 데 신화, 설화, 종교, 문학 등 인간의 정신 현상과 관계되는 모든 분야와 대화하고자 하였고, 그것들에서 그의 생각과 관련되는 것이 있으면 어느 것이나 받아들였다. 그는 학문에서 권위주의를 무엇보다도 싫어했다. 그는 과거에 주장했던 것 가운데서 문제되는 것이 있으면, 그것을 변경하는 데 주저하지 않았다. 그에게 정말 중요했던 것은 진리였기 때문에 프로이트처럼 자기 학설을 교조화하지 않았던 것이다. 그러므로 융의 사상은 언제나 발달되어 갔으며, 초기 사상과 그 이후 사상 사이에 변천되는 모습이 많이 나타난다.

---

24) EP, p. 43.

25) B. Kaempf, *op. cit.*, 26f.

2) 융 사상의 전망

이와 같은 특성을 가진 융의 사상은 현대사회라는 복잡다단한 현실을 사는 사람에게 어떻게 기여할 수 있으며, 어떤 방법으로 그들에게 새로운 길을 제시해 줄 수 있는가? 여러 정신의학 이론이 제기되는 현 상황에서 어떻게 공헌할 수 있는가? 이러한 사실을 따져 볼 때 다음과 같은 네 가지 관점에서 융의 사상은 여전히 유효하다고 생각한다.

첫째, 그의 심리학은 인간의 정신을 병리적인 관점에서만 다루지 않았고, 정상적인 사람이 궁극적으로 발달시켜야 하는 인격의 모델을 제시하여 심리학의 지평을 넓혀 주었다는 사실에 의의가 있다. 사실 프로이트나 아들러 등은 정신질환자의 병리만을 다뤄서 건강한 인격을 모색하는 사람에게는 커다란 도움을 주지 못한다. 더구나 그들은 정신질환자의 정신 상태를 연구한 자신의 이론을 너무 일반화하여 정상적인 사람의 상태까지 설명하려는 경향이 있기 때문에 '정신병리학적인 모델' 이라는 비판을 받고 있다.[26] 그러나 모든 사람이 궁극적으로 도달해야 한다고 융이 주장한 '개성화 과정(processus de l' individuation)'은 앞으로 살펴보겠지만 결코 정신치료의 목표만이 아니었다. 오히려 모든 사람이 추구해 가며, 도달해 가야 하는 인간 정신의 궁극적인 목표였다. 융의 주장에 의하면 사람들은 인생의 전반기(융은 35세에서 40세 정도의 나이를 중심으로 해서 인생의 전반기와 후반기로 나눈다.)에는 주어진 삶의 과제를 처리하느라고 자신의 내면에서 흘러나오는 내적인 목소리에 별 관심을 기울이지 못하지만, 인생의 후반기에는 육체적 또는 정신적 한계를 느끼기 때문에 자신의 내면에서 나오는 신호에 귀를 기울여 인격을 통합시켜야 한다고 주장하였다. 그렇게 자신의 정신 요소를 통합해 가는 과정을 그는 개성화 과정이라고 주장하였다. 이렇게 생각할 때 개성화 과정은 정신과 진료실에서 신경증 환자들이 추구하는 치료 모델만이 아니다. 건강한 사람도 일생 동안 추구해야 하는 인격의 통

26) cf. D. Schultz, 『인간 성격의 이해』(서울: 학문사, 1988).

합 과정인 것이다. 융의 이런 입장은 인본주의 심리학이 출현하여 기존의 정신분석학적인 모델을 비판하면서 인간을 좀 더 긍정적인 관점에서 살펴보려는 추세에서도 인간에 대한 긍정적인 관점을 잃지 않으면서 인간 정신을 심층심리학적인 관점에서 살펴보는 좋은 모델이라고 할 수 있다.

둘째, 인간 정신의 한 요소로서 자연적인 성(性)과 반대되는 특성으로 나타난다고 융이 주장한 아니마/아니무스 개념은 한 사람의 인격 발달에 성적인 역할이 얼마나 커다란 영향을 끼치는가 하는 점을 보여 준다. 융에 의하면 모든 사람에게는 자연적인 성(性)이 표상하는 특성 이외에 그 성과 반대되는 특성 역시 존재하고 있다. 남성에게 존재하는 여성적인 특성인 아니마와 여성에게 존재하는 남성적인 특성인 아니무스가 그것이다. 아니마/아니무스가 존재하기 때문에 사람들은 이성(異性)을 이해할 수 있으며, 이성과의 관계도 맺을 수 있다. 융은 아니마/아니무스가 개성화 과정과 매우 밀접한 관계를 맺고 있다고 주장하였다. 그 이유는 아니마/아니무스가 사람들의 내면의 목소리를 전달해 주기 때문이다. 즉, 사람들이 외부 환경에 적응하느라고 바빠서 내면적인 요청을 소홀히 할 때 아니마/아니무스는 이성적(異性的)인 상으로 나타나, 그에게 영혼의 요청을 알려 준다는 것이다. 이때 아니마/아니무스는 보통 열등하고, 부정적인 모습으로 나타난다. 그러나 아니마/아니무스가 본래 열등하고 부정적인 것은 아니다. 그것이 그런 모습을 하고 있다면 그 이유는 그의 영혼의 요청이 억압되어서 아직 발달하지 못했기 때문에 열등하고 부정적인 것으로 나타나는 것이다. 따라서 아니마/아니무스의 상징을 해석하고, 통합해야 하는 것이다. 아니마/아니무스 개념은 아버지와 어머니의 이미지가 한 사람의 인격 형성에 많은 영향을 끼치고 있다는 주장뿐만 아니라[27] 여성 해방을 주장하는 여성학자들의 연구에도 많은 도움을 줄 수 있다. 일부 여성학자 가운데는 융이 말하는 아니마/아니무스 개념이 기존의 가부장제 사회에서 규정하고 있는 여

27) 기 코르노는 특히 인격 발달에 아버지의 상징이 중요하다고 강조한다. Guy Corneau, *Absent Fathers, Lost Sons* (Boston: Shambhala, 1991), pp. 7-38.

성성/남성성을 추종한 것이라고 비판하는데, 분석심리학자인 율라노프(A. B. Ulanov)는 융이 말하는 아니마/아니무스를 상징적인 것으로 해석하면 그런 문제에 빠지지 않는다고 주장하였다.[28)]

셋째, 원형(archétype)이나 집단적 무의식(inconscient collectif) 개념은 심리학과 종교학의 대화에 새로운 전기를 마련해 주고 있다. 프로이트에게 종교란 인간의 죄의식이나 욕망의 투사상으로서의 신(神)인 환상(illusion)을 숭배하는 것으로 유아적이며 집단적인 신경증 이외에 다른 것이 아니었다. 따라서 사람들은 한시바삐 이 신경증에서 벗어나야 한다. 마찬가지로 사람들이 종종 보고하는 종교 체험 역시 정신병리적인 현상에 불과한 것이었다. 그러나 융이 주장한 집단적 무의식은 한 개인의 정신을 구성하는 정신적 요소(facteur psychique)이면서 동시에 그의 개인적인 정신 영역을 무한히 초월하는 객관적인 정신(psyché objective)이기도 하다. 즉, 한 개인의 정신과 독립적으로 존재하는 요소인 것이다. 따라서 신(dieu)이나 영(esprit)은 이 집단적 무의식의 영역에 속한 것으로서 사람들이 고안해 내거나 만들어 낸 것이 아니다. 한 개인보다 먼저 존재하며 작용하는 요소인 것이다.

우리가 이 존재들을 인식할 수 있는 것은 그것들이 집단적 무의식의 구성 요소인 원형(原型)의 이미지를 통해서 나타날 때다. 그것들이 나타날 때 사람들은 깊은 정동(émotion) 상태에 빠지게 된다. 왜냐하면 모든 원형적 표현은 집단적인 영역에 속해 있어서 많은 에너지를 담고 있기 때문이다. 따라서 융은 사람들이 신이나 영과 접촉할 때 또는 종교 현상을 관찰할 때 '주의 깊게 고려하며, 신중하게 관찰하는 태도' 를 보여야 한다고 강조하였다. 그러지 않을 경우 이 강력한 힘 때문에 잘못될 수도 있기 때문이다. 융에게 인간은 집단적 무의식을 가지고 있는 한 종교인(homo religiosus)이다. 만신전(panthéon)의 무대가 되고, 신화나 설화의 무대가 되는 집단적 무의식이 그의 정신을 구성하기 때문

28) A. B. Ulanov, *The Feminine in Jungian Psychology and in Christian Theology*(Evanston: Northwestern University Press, 1971), pp. 154-162, pp. 36-45.

이다. 따라서 융은 종교 현상에 대해서 프로이트와 달리 편견 없이 대하였고, 그것이 인간의 정신 현상인 한 진지하게 다루어야 한다고 강조하였다. 종교 감정을 병리적인 것으로 파악했던 프로이트와는 전혀 다른 어조가 융에게서 느껴지는 것이다.

마지막으로 융은 개성화된 사람(l'homme individué)의 사회적인 역할을 강조하였다. 융에 의하면 개성화된 사람은 결코 이기주의자가 아니다. 오히려 전인(全人)의 경지에 다다른 사람이다. 그는 이미 그의 정신을 구성하고 있는 모든 분열적이고 대립적인 요소를 통합하였고, 자기 욕구와 감정만 주장하는 유아적인 상태에서 벗어났다. 따라서 그는 그에 대한 사회의 요청을 외면할 수 없으며, 더 나은 사회 건설을 위해서 참여하려고 한다. 사회에 대한 응분의 책임을 지는 것이다. 이것은 외부적인 강요나 강압에 의한 것이 아니라 그의 내면적인 요청에 대한 응답이다. 그래서 분석심리학자인 에릭 노이만(Erich Neumann)은 융 심리학은 윤리학 연구에 많은 공헌을 할 수 있다고 주장하였다.[29]

---

29) Erich Neumann, *Depth Psychology and a New Ethic*, tr. by E. Rolfe(Boston: Shambhala, 1990).

제2부

융의 사상과 기독교

제3장

융의 인간관

융의 인간관은 얼핏 보기에 모순으로 보인다. 왜냐하면 그는 한편에서는 인간을 전체적인 존재(un être total)로 보지만, 다른 한편에서는 수많은 대극적인 요소(des couples d'opposés)로 구성된 존재로 보기 때문이다. 우선 그는 인간은 창조될 때부터 전일적(全一的)인 존재였다고 주장하였다. 그에 의하면 우리 주위에서 발견되는 것으로 전체성을 나타내는 수많은 이미지인 만다라, 부처(佛陀), 그리스도 등은 모두 인간의 전일성(또는 전체성)을 상징적으로 드러내는 이미지다. 다시 말해서 그 상징들은 인간에게 본래 전체성(totalité)이 있기 때문에 그 전체성이 투사되어서 생긴 것이라는 말이다. 전체성을 나타내는 상징 못지않게 많이 발견되는 중심(centre)의 상징, 예를 들어 심장, 핵, 태양 등 어느 것의 중심을 나타내는 상징 역시 인간의 전체성을 드러내 주는 상징이다: "중심이란 전체성이나 궁극적인 것을 그 안에 내포하고 있는 이미지다."[1] 그래서 그는 인간의 영혼은 어느 순간 잠시 훼손될 수 있지만, 그때도 그의 전체성이 모두 파괴되는 것은 아니라고 주장하였다. 그러므로 융에게 인간의 전체

1) RC, p. 313.

성은 본능적인 측면에서는 물론 영적인 측면에서도 매우 중요한 것이며, 그의 인간관의 핵심을 이루는 개념이다.

사람들은 매일매일의 삶에서 전일성(wholeness)을 온전히 이루면서 살지 못한다. 전일성이란 이미 이루어져 있는 어떤 상태가 아니라 거기 도달하려고 끊임없이 노력해야 하는 상태이기 때문이다. 사람들의 정신(psyché)에는 서로 반대되는 성격을 지닌 대극(對極)이 많이 있다. 따라서 그들은 이 대극들이 서로 균형을 이루어 분열되지 않도록 끊임없이 노력해야 한다. 이 사실을 가리켜서 융은 이렇게 말하고 있다: "그 안에 우주적인 대극들이 통합되어 있는 소우주인 인간은 그 자체가 정신적인 대극들의 통일체인 하나의 상징인 것이다."[2] 따라서 융의 인간관을 '대극의 통일체'라는 말로 요약할 수 있다.

이런 특성을 가진 인간의 조건은 정신적으로 많은 문제를 양산해 낸다. 우리 속에 있는 수많은 대극적 요소들이 때때로 분열을 일으키는 한편 전체성을 이루기 위하여 결합되려고 하기 때문이다: "사람들은 우선적으로 서로 반대되는 힘과 경향이 서로 싸우고 있는 원초적인 상태에 놓여 있다. 그래서 그는 서로 분리되어 있고, 서로 적들처럼 된 요소를 통합시키는 삶의 과제에 직면해야 하는 것이다."[3] 여기에서 우리는 사람들이 늘 겪고 있는 내면적인 갈등과 전체성을 이루려고 투쟁하는 것이 불가피한 현실이라는 사실을 깨닫게 된다.

자신의 전체성을 이루려는 인간의 정신적 성향이 본능적이라는 생각은 융 심리학의 핵심 사상이다. 왜냐하면 그는 사람들을 전체성으로 몰아가는 힘이 인간 정신의 대극 구조에서 나온다고 생각하기 때문이다. 다시 말해서 융은 인간의 정신에는 의식과 무의식, 자아와 그림자, 외적 인격과 내적 인격, 외향적 태도와 내성적 태도 등 서로 반대되는 특성을 가진 대극의 쌍이 많이 있는데, 이 요소들은 이보다 높은 차원에서 서로 반대되는 특성을 통합시켜 주는 정신 요소에 의해서 통제받으며, 그 작용에 의해서 인간의 정신 작용이 이루어진다

2) C. G. Jung, Types Psychologiques(Paris: Buchet/Chastel, 1983. 이하 TP로 약한다.), p. 210.
3) MC. tome I, pp. 20-21.

고 생각하는 것이다. 서로 반대되는 특성을 지닌 정신 요소들은 상호 보완적으로 작용한다. 즉, 삶의 어느 순간 어떤 성향이 지배적으로 작용하면 그와 대극적인 위치에 있는 성향은 뒤로 물러서서 무의식화되고 마는 것이다. 그 결과 그 요소들은 무의식에 들어가 발달 기회를 얻지 못하고, 성숙할 기회를 잃어버려서 열등하고 원시적인 성향을 띠게 된다. 그러나 그 요소들은 언젠가 다시 전체 인격에 통합되어야 하기 때문에 무의식은 그 요소를 드러내며 보상 작용을 하게 한다. 그래서 융은 인간 정신의 궁극적인 목표는 이 요소를 통합하여 전체적인 인격을 완성하는 데 있다고 주장하였다.

융에게 있어서 인간 정신의 대극적 구조는 매우 중요하다. 왜냐하면 "이 대극 구조가 없을 경우 정신적인 에너지의 흐름이 불가능하기 때문이다."[4] 앞서도 말한 바 있지만 융에 의하면 "인간의 정신적인 에너지는 인간 정신의 대극적인 쌍 사이의 긴장이 있는 곳에서만 흐르고 있다."[5] 좀 더 자세히 말하자면 정신 에너지는 전류가 전기의 양극과 음극 사이에서 흐르는 것처럼 서로 다른 특성을 가진 정신의 두 극 사이의 에너지 차이 때문에 생겨나는 것이다. 따라서 융에게서 정신 에너지 개념과 인간 정신의 대극성은 불가분리의 관계에 놓여 있다. 정신 에너지는 생명 에너지로서 인간의 삶의 모든 활동의 동력이 되는데, 정신의 대극 사이에서 생겨나는 것이다.

융은 정신 에너지의 운동에는 두 가지가 있다고 주장하였다. 먼저 정신 에너지가 대상을 향해서 나아가는 전진(progression)이 있는데, 그것은 주체가 그의 환경에 적응하기 위해서 이루어지는 것이다. 그다음 퇴행(régression)이 있는데, 그것은 정신 에너지가 대상을 향해서 나아가지 않고 내면을 향해서 나아가는 것이다. 주체가 환경보다 그의 내면에 적응하기 위해서 이루어지는 것이다. 자연히 정신 에너지의 퇴행이 이루어질 때, 사람들은 환경에 적응하지 못하고 이상한 현상에 휩싸일 수 있다. 그러나 융은 퇴행이 반드시 잘못된 것은 아니

---

4) PI, p. 139.
5) *Ibid.*, p. 103.

라고 주장하였다. 정신 에너지가 퇴행한 것은 주체가 여태까지와 또 다른 적응 방법을 찾으려는 것일 수도 있기 때문이다. 정신 에너지의 전진과 퇴행은 인간 정신을 구성하는 모든 대극적 요소가 정신의 전체성을 중심으로 해서 그때그때 이루어지는 것이다.[6]

그러나 사람들은 매일매일의 삶에서 인간 정신이 가진 대극적 요소 가운데에서 어느 한 요소나 기능을 일방적으로 발달시키려고 한다. 오른손이 왼손보다 훨씬 더 사용하기에 편리하듯이 잘 발달해 있는 요소를 사용하는 것이 환경에의 적응에 더 효과적이기 때문이다. 하지만 인간 정신의 모든 어려움은 이 같은 정신의 일방성 때문에 생겨난다. 왜냐하면 인간 정신의 어느 한 요소가 다른 요소에 비해서 일방적으로 우월한 위치에 있을 경우 그것은 인간 정신의 본래적 전일성에 위배되는 것으로서 내적 분열을 불러오기 때문이다.[7] 이 점에 관해서 그는 이렇게 말하였다: "우리가 외적 상황에 제대로 적응하지 못하는 것은 우리가 거기에 잘 적응해 있는 기능을 너무 일방적으로 발달시켰을 때도 찾아오며, 우리가 내면에만 몰두해 있을 때 외부 세계에 제대로 적응하지 못하게 된다."[8] 그래서 융은 "자신이 원하지 않으면서도 어느 한쪽으로만 쏠려가는 것, 다시 말해서 정신의 일방성에서 헤어 나오지 못하는 것은 원시성에서 아직 벗어나지 못한 징표다."[9]라고 말하였다. 그러므로 우리는 정신질환의 대부분은 어느 정도까지 정신의 일방성에서 비롯된 것이라고 말할 수 있다.

인간의 정신 요소 가운데 어느 하나가 다른 요소에 비해서 일방적으로 발달해 있을 때, 사람들은 무의식에 있는 원초적인 정신 에너지의 원천과 접촉하지 못하게 되어 삶의 활력을 잃고 만다. 따라서 사람들은 잘 발달된 정신 기능이 작용하여 외부 상황에는 잘 적응해서 모든 일이 순조롭게 진행되어 나가지만

6) TP, p. 205.

7) 이런 성향에 관해서 융은 "정신의 일방성, 즉 사람들이 일방성으로 치닫는 것은 언제나 야만적인 삶의 징표다."라고 말하고 있다. TP, p. 201.

8) EP, p. 58.

9) TP, p. 201.

사는 것이 왠지 따분하고, 무미건조하다고 느끼는 경우가 많다. 삶의 궁극적 원천과 단절되어 있기 때문이다. 그래서 그는 정신병의 많은 증상은 억압되거나 무시된 정신 요소의 반동적인 표출로 해석되어야 한다고 주장하였다. 인간 정신의 전일성이 파괴되어서 여러 정신 요소가 아무 통제 없이 표출됨으로써 여러 가지 문제를 불러일으킨다는 것이다. 그의 이런 생각은 인간의 전체성(la totalité humaine)은 자아의식(l' ego conscient)의 지배 아래 있는 일상적인 인격을 무한히 초월해 있다는 생각을 전제로 하고 있다. 즉, 우리 의식에서 억압된 요소들은 무의식에 그와 반대되는 요소를 쌓아 놓고, 터져 나갈 기회만 노리고 있다가 적당한 기회를 틈타서 터져 나간다는 사실을 전제로 하는 것이다. 이런 생각에서 그는 모든 정신질환의 증상과 꿈은 억압되거나 무시된 요소들이 전일성을 회복하기 위해서 인간 정신에 다시 통합되려고 하는 신호(signe)로 해석되어야 한다고 주장하였다.

융에 의하면 인간 정신의 대극의 쌍들의 조화와 균형은 정신적 안정을 위해서는 물론 신체 건강을 위해서도 매우 중요하다. 그러므로 그는 정신치료의 목적은 인간의 본래적 전일성을 회복하는 데 있다고 강조하였다: "나는 개성화(individuation)라는 말을 한 사람이 정신적으로 개성을 찾은 사람, 다시 말해서 더는 분열되지 않고(in-dividué), 자율적으로 살아가는 통합체인 전인(homo totus)이 되어 가는 과정이라는 의미로 쓰고 있다."[10] 그래서 그는 "정신치료자는 물론 환자도 내면에 숨겨져 있지만 아직 드러나지 않은 전인에 의해서 이끌려 간다. 전인이란 그의 현재의 인격보다 더 크며, 미래에 드러날 인간인 것이다."[11]라고 주장하였다.

융의 이런 사상은 매우 중요하다. 왜냐하면 인간의 모든 심리 과정이 겉으로 보기에는 의식적인 작업같이 보이지만 사실은 무의식에 있는 보이지 않는 요소에 의해서 이끌려 가는 것이기 때문이다. 그래서 그는 이 세상에는 인간의 전체

---

10) GP, p. 259.
11) PA, p. 7.

성을 나타내는 상징과 이 전체성을 추구하는 상징이 많이 있다고 주장하였다. 예를 들면, 성배(聖杯)를 찾는 중세의 기사나 지성소(至聖所)를 찾아가는 순례자의 상징은 모두 인간의 전체성과 그 전체성의 추구를 말해 주는 상징이라는 것이다. 여기에서 성배나 지성소는 모두 마음속 깊이 묻혀 있는 보물인 전체성을 의미하고, 그것을 찾아가는 과정은 전체성을 이루기 위한 노력을 의미한다. 그래서 융 심리학에서는 무의식에 있는 이 전체성과 전체성에 대한 추구를 나타내는 상징을 깊이 연구하고 있다: "왜냐하면 이 상징들은 인간의 정신 내부에 있는 대극을 통합시키고 화해시키려고 해 왔던 본성적인 시도였기 때문이다."[12]

융이 연금술(alchimie)을 깊이 연구했던 것도 겉으로 보기에 화학(chimie) 실험을 통해서 귀중한 돌을 만들어 내려는 것 같지만 이 작업에서 사실은 인간 정신의 전체성을 이루려는 작업이 상징적으로 시행되고 있음을 발견했기 때문이다. 이제 인간 정신의 그런 노력을 살펴보기 위해서 우리는 먼저 인간의 정신 구조를 살펴보아야 한다. 여러 차례 지적했듯이 융은 인간 정신이 수많은 대극적 요소들로 구성된 전체라고 주장하였다. 인간 정신은 의식과 무의식, 자아와 그 반대편에 있는 그림자(l'ombre), 외적인 인격(persona)과 내적인 인격(anima/animus) 등 정반대되는 정신 요소들이 하나의 통합을 이루고 있으며, 더 큰 통합을 향해 나아가는 것으로 파악하는 것이다.

1. 의식과 무의식

1) 의식과 무의식의 탄생

(1) 의식의 탄생

의식과 무의식에 관한 융의 생각은 프로이트의 그것과 근본적으로 다르다.

12) C. G. Jung, *L'Homme et ses Symboles*(Paris: P. Royale, 1964. 이하 HS로 약한다.), p. 99.

프로이트가 사람에게는 의식이 본래적인 요소이고, 의식에서 이런저런 이유 때문에 축출된 요소들이 무의식을 구성한다고 주장한 데 반해서, 융은 인간에게는 무의식이 본래적인 요소이며, 의식은 그다음에 무의식에서 파생된 것이라고 주장한 것이다. 의식이란 마치 바닷물이 빠질 때 육지가 나타나는 것처럼 의식화(la prise de conscience) 과정을 통해서 무의식으로부터 분리된 요소라는 말이다.[13] 따라서 프로이트에게 무의식은 순전히 개인적이며 병리적인 특성을 띠고 있지만, 융에게는 반드시 그렇지만은 않다.

융은 무의식에는 두 개의 층이 있다고 주장하였다. 한 층은 프로이트적인 의미에서의 무의식이다. 즉, 어떤 정신적 내용이 의식에 의해서 망각 또는 무시되거나 억압이나 억제에 의해서 의식에서 사라진 것들이 있는 층이다. 그것이 가지고 있는 에너지가 너무 작아서 식역(識域)으로 떠오르지 못한 요소들도 무의식의 영역에 머무른다. 이 요소들은 한 사람의 개인적 삶과 관계되기 때문에 융은 이 무의식을 가리켜서 개인무의식(l' inconscient individuel)이라고 불렀다. 그러나 무의식에는 이런 개인적인 층만 있는 것이 아니다. 여태까지 한 번도 의식화되지 않고, 무의식의 영역에 머물러 있지만 언젠가 부분적으로 의식화될 수 있는 요소가 있다. 이 요소들은 한 개인의 삶을 무한히 뛰어넘으며, 인류가 여태까지 경험했던 삶의 흔적이 배어 있는 요소다. 이 요소들에서 개인적인 특성을 찾아볼 수 없기 때문에 융은 이것을 초개인적 무의식(inconscient transindividuel) 또는 집단적 무의식(inconscient collectif)이라고 불렀다. 한 개인의 경험과 무관하게 독립적으로 존재하기 때문에 객관적 정신(psyché objective)이라고 부르기도 하였다: "개인무의식과 달리 이 요소들은 이 세상 어디에나 존재하며 모든 개인에게서 찾아볼 수 있는 내용과 행동 양식을 가지고 있다."[14] 이처럼 융에게는 무의식에 두 층, 즉 개인무의식과 집단적 무의식

13) HS, pp. 37-38. cf. B. Hanna, *The Face of the Deep: The Religious Ideas of C. G. Jung* (Philadelphia: The Westminster Press, 1967), pp. 58-62.

14) RC, pp. 13-14.

이 있다는 점에서 프로이트의 무의식관과 근본적으로 다르다. 그 두 사람은 똑같은 정신 현상을 관찰하고, 설명하였지만 근본적으로 다르게 설명하였던 것이다.

융은 의식은 사람들이 주어진 환경에 적응하는 과정에서 적응을 돕기 위해서 집단적 무의식에서 파생된 것이라고 생각하였다: "우리는 의식에서 현실에 대한 반응이나 현실 적응에 관한 내용을 기대해야 한다. 왜냐하면 의식은 특별히 현재 일어나고 있는 사건과 관계된 내용만을 담고 있는 영혼의 일부이기 때문이다."[15] 의식은 한 개인의 삶에서나 인류 집단의 차원에서나 무의식의 깊은 어둠을 뚫고서 점차 환경에의 적응을 위해서 파생되어 나온 것이라는 말이다. 한 개인의 삶에서 의식은 갓난아기 때 무의식 상태에서부터 자아가 형성되면서 생겨나는 비교적 후기의 산물이다. 마찬가지로 인류의 역사를 생각해 볼 때도 의식은 집단적으로 살던 때의 미분화된 상태에서부터 의식화를 통해서 의식을 분화시키면서 점차 예리해져 갔다: "사람이 의식화되는 것은 수 세기에 걸친 점진적이며, 힘겨운 과정을 통해서다. 그런 과정을 거쳐서 사람들은 점점 문명을 이루게 되었다."[16] 따라서 인간의 의식은 본질적으로 매우 불안정하며, 임시적인 것이라고 해야 한다. 언제나 무의식에 휩싸일 수 있기 때문이다.

원시인은 사람들이 이렇게 불안정한 의식을 잃고, 무의식에 휩싸이게 되는 위험을 잘 알았고, 그런 사태가 벌어지는 것을 몹시 두려워하였다. 그들의 의식이 매우 취약하였기 때문이다: "원시인에게서 영혼의 위험은 주로 의식에 대한 위협으로 생각되었다. 무엇에 홀린다거나 마술에 걸린다거나 귀신 들린다거나 정신을 잃는 것 등은 ……모두 의식이 해리(解離)되거나 무의식의 내용이 의식을 억누를 때 생기는 것이었다."[17] 그래서 그들은 종교 의식을 매우 중요시했으며, 특히 매우 중요한 일을 앞두고 그들의 영혼이 상실되지 않게 하기

15) C. G. Jung, *Problème de l'âme moderne*(Paris: Buchet/Chastel, 1966. 이하 PM으로 약한다.), pp. 29-30.

16) HS, p. 23.

17) GP, p. 266.

위해서 종교 의식을 엄숙하게 거행하였다. 또한 그들이 중요한 일을 앞두고 성대하게 의식을 수행한 것에는 그들의 의식이 취약해서 그 일을 잊지 않고, 그 일에 정신 에너지를 집중시키려는 의도도 있다고 융은 주장하였다. 어느 정도 의식이 발달하여 어떤 생각을 오래 지속시킬 수 있거나 의지적 결심을 할 수 있는 현대인과 달리 그들은 의식이 취약하여 어떤 중요한 일을 하려고 할 때 의식(rite)을 성대하게 베풀면서 정신 에너지를 고정시켜야 했던 것이다.

이렇게 생각할 때, 인간의 의식은 비교적 최근의 산물이며 인간이 아직도 무의식의 본래적 어둠에서 멀리 벗어나 있다고 생각할 수 없다. 그래서 현대인도 어떤 순간에는 의식을 상실하고 무의식의 세력에 휩싸이곤 한다. 융이 의식은 여러 위험에 휩싸이기 쉬우며, 상처받기 쉬운 것이라고 강조하였던 것은 그 때문이다. 현대인도 때때로 집단적 흥분에 휩싸이거나 집단 광기의 희생물이 되는 것이다.[18] 만약 우리가 프로이트처럼 무의식이 억압된 정신적 내용으로만 구성된 것이라고 생각한다면 무의식에서 아무런 창조적인 것을 기대할 수 없을 것이다. 무의식은 의식의 폐기물로 구성된 하치장 같은 것이기 때문이다. 그러나 융은 무의식에는 아직 실현되지 않았지만 인류가 여태껏 체험했던 수많은 자료가 담겨 있고, 생명의 본질을 담고 있는 부분이 담겨 있기 때문에 삶에서 매우 창조적이고 역동적인 영향을 끼칠 수 있다고 생각하였다. 그래서 사람들이 현실적인 문제에 부딪혀 해결책을 찾지 못할 때, 집단적 무의식에서는 원형상을 보여 주면서 문제 해결에 도움을 주기도 한다. 그것들은 화학자 케쿨레가 비전 속에서 꼬리를 물고 있는 뱀의 우로보로스(ouroboros) 상을 보고 벤젠의 구조식을 발견했거나, 신경증을 앓던 융의 환자가 환상 속에서 우주 시계를 보고 정신적 통합을 이룬 것에서 드러난다. 그 외에도 사람들은 삶의 어려

---

18) HS, p. 24. cf. 이에 관해서 융은 이렇게 말하기도 하였다: "의식이 무의식 속에 들어가 어둡게 되는 위기 상황은 원시인에게서 잘 일어났던 '정신을 잃는 것'과 비슷한 것이다. 그때 그들에게는 갑자기 '정신 능력의 저하'가 일어난다. 의식의 특성인 긴장이 갑자기 풀어지는 것이다. 이런 현상이 원시인에게 잘 일어났던 것으로 보아 그들의 의식은 아직 미약하며, 의식을 강화시키기 위해서 그들은 더 큰 노력을 기울여야 했다." PT, p. 134.

운 지경에 처할 때, 집단적 무의식의 도움을 받곤 한다. 집단적 무의식은 인류가 여태까지 경험했던 모든 것이 담겨 있는 보고(寶庫)인 것이다.

융에게 의식은 자아(ego)와 거의 동일시된다. 그는 의식은 자아가 현재 생각하고, 보고, 듣고, 느끼고, 지각하는 내용로 구성된 것이라고 생각했던 것이다: "의식이란 자아가 그와 관계되는 것들을 지각하는 범위 내에서만 가능한 것이다."[19] 그러므로 융에게 의식은 자아가 주어져 있는 상황에서 무엇인가를 지각하고 파악하는 하나의 기능 또는 활동이라고 말할 수 있는 것이다: "의식의 본질은 의식적인 상태에 도달하기 위해서 어떤 것을 분화시키는 것이다. 그러기 위해서 의식은 이것과 저것의 차이를 갈라놓아야 한다."[20] 그래서 융은 자아를 가리켜 말할 때 종종 자아의식(l'ego conscience)이라고 불렀으며, 그 가운데서도 분화(différenciation)의 기능을 대단히 중요시하였다.

(2) 무의식의 탄생

무의식에는 개인무의식 층과 집단적 무의식 층이 있다고 말한 바 있다. 그런데 개인무의식과 달리 집단적 무의식은 억압의 산물이 아니라 인간 정신의 깊고 어두운 곳에서 생겨난 것으로서 사람이 태어나면서부터 무의식적으로 존재하는 부분이다. 그래서 집단적 무의식에 관해서는 그 자체로서는 결코 알 수 없고, 그 기원에 관해서도 알 수 없다. 그것은 다만 신체 기관들처럼 생래적으로 물려받은 것이라고 융은 주장하였다. 신화나 꿈에서 우리에게 매우 강렬한 인상을 주는 기괴한 이미지가 종종 나타나는데, 그것들을 보고서 우리는 집단적 무의식에 관해서 우리 내면에는 그런 것을 만들어 내는 어떤 것이 존재한다고 생각할 수 있을 뿐이다. 이 세상에 존재하는 어느 신화나 설화에서든지 찾아볼 수 있는 노현자(老賢者)나 길을 가르쳐 주는 여인이나 사람들에게 도움을 주는 동물을 통해서 무의식에는 개인적인 생활사를 뛰어넘는 부분이 있다는

19) TP, p. 420.
20) PA, p. 36.

사실을 간파할 수 있는 것이다.

집단적 무의식의 발견은 융의 심리학 연구에 새로운 전기를 가져왔다. 융은 다음과 같이 말하고 있다: "무의식이 우리 과거의 정신적 내용의 집적(集積)만이 아니라 정신적 상황의 씨앗을 품고 있으며, 미래에 전개될 사상을 품고 있다는 발견은 심리학에 관한 내 태도를 바꿔 놓는 데 결정적인 영향을 미쳤다."[21]

개인무의식은 프로이트가 말한 무의식과 거의 동일하다. 개인무의식은 아직 의식에 도달하지 못했거나 의식에서 축출된 내용으로 구성되어 있기 때문이다. 융은 개인무의식의 기원을 크게 네 가지 이유 때문이라고 주장하였다.

첫째, 망각과 무시가 있다. 망각이란 지극히 정상적인 정신 작용인데, 이때 우리 의식에 있던 생각은 우리가 어느 대상에서 다른 대상으로 관심을 돌리기 때문에 거기 투입되었던 에너지를 잃게 되면서, 그 전까지 우리 관심의 대상이 되었던 생각이 어둠에 잠기고 무의식화되는 것이다. 무시 역시 마찬가지다. 무시란 우리가 어떤 정신적 내용을 그 전까지 의식하고 있었지만 그 내용이 그렇게 중요하다고 생각되지 않거나 불쾌감을 자아내기 때문에 의식에서 쫓아내는 것이다. 그리하여 그것들은 무의식에 들어가서 콤플렉스를 구성하면서 의식화될 기회만 노린다. 그런데 망각이나 무시에 의해서 무의식으로 들어간 내용은 억압 때문에 무의식화된 요소보다는 덜 해롭다.

둘째, 억제와 억압(refoulement)이 있다. 억제와 억압은 모두 어떤 정신적 내용이 의식에서 받아들이기에는 너무 충격적이거나 불쾌해서 의식과 함께 있을 수 없어서 무의식의 영역으로 추방해 버리는 작업이다. 그런데 억제는 억압보다 단순한 작용이다. 억제는 어떤 정신적 내용이 일단 우리 의식에 한 번 떠올라도 그것을 억눌러서 무의식의 영역으로 쫓아 버리기 때문이다. 예를 들면, 우리에게 어떤 욕망이 솟아올랐지만 현실 상황이 그 욕망을 실현시키기에는 너무 어려운 것이어서, 욕망의 실현을 일단 유보하고 다음 기회에 실현시키기로 의식과 타협한 것이다. 그러나 억압은 이보다 한층 더 복잡한 과정을 거쳐

21) HS, pp. 37-38.

서 이루어진다. 억압의 경우, 우리 내면에서 어떤 정신 작용이 일어나기는 했지만 그 내용이 너무 충격적이기 때문에 그것이 의식화되기 전에 무의식 영역으로 쫓아 버리는 것이다. 예를 들어, 대부분의 사람은 근친상간 욕망 같은 것을 의식에서 한 번도 느껴 본 적이 없을 것이다. 그러나 정신분석에서는 사람에게는 근친상간의 욕망이 있다고 주장하며, 신경증 환자들의 꿈을 살펴보면 실제로 근친상간과 연관된 꿈이 나오기도 한다. 이 꿈은 어디서 나오는 것일까? 이 꿈을 설명할 수 있는 것은 억압 이론밖에 없다. 즉, 사람들의 내면에서 근친상간에 관한 욕망이 솟아나는 순간, 그 욕망이 너무 부도덕하고 용납할 수 없는 것이기 때문에 사람들이 의식하기를 거부하고 무의식의 영역으로 내쫓아 버리는 것이다.

이런 현상은 이것 이외에도 많이 발견된다. 한 부인이 있었는데, 그녀는 어느 날 보험회사 직원에게 남편이 교통사고를 당해서 차량이 완전히 부서졌다는 소식을 들었다. 그러나 그녀는 그 소식을 듣고는 남편이 사고를 당했다는 것을 까맣게 잊어버렸다. 그녀는 남편에게 아무 일도 없었다는 듯이 다음 날 아이들 학교 가는 것을 챙기고, 남편 와이셔츠를 다리고 평소처럼 일을 했다. 처음에는 잠시 걱정을 하기도 했지만, 보험사 직원이 "크게 다친 것 같지는 않다."는 말을 한 것이 도움이 되었는지, 어느 순간 남편에게 교통사고가 났다는 사실까지 까맣게 잊어버렸던 것이다. 그녀의 시아버지 역시 젊은 시절 교통사고로 돌아가셔서 시어머니가 끔찍한 고생을 했다는 것을 귀에 못이 박히도록 들어서 그녀는 남편의 교통사고 소식을 도저히 받아들일 수 없었기 때문에 남편에게 교통사고가 났다는 사실을 억압해 버린 것이다. 정말 남편은 나중에 그리 크게 다치지 않은 모습으로 돌아왔지만 그녀는 다음 날 자리에서 일어날 수 없을 정도로 척추 관절 사이에 힘줄이 늘어나 병원에 입원해야 했다. 그녀가 남편의 교통사고라는 두려운 사실을 받아들이기를 거부하고 억압한 순간, 그녀의 몸이 대신 그것을 감당해야 했기 때문이다. 이처럼 우리에게 어떤 정신적 작용이 생겨나면 우리는 그것을 우리 몸으로 살아야 한다. 가장 좋은 것은 그것을 우리 의식에 받아들여서 소화시키는 것이다. 그러지 않고 억압하는 경우,

그것은 우리에게 어떤 신체 증상이나 정신 증상을 남기면서 무의식에 들어가고 만다. 우리에게 신경증이나 정신병을 일으키는 것은 모두 이렇게 억압된 정신적인 내용이다.

셋째, 강도(intensité)의 부족이 있다. 이 세상에는 어떤 자극의 강도나 가치가 우리 의식의 관심을 끌거나 감각 기관에 지각되기에 너무 미약해서 무의식 영역으로 들어가 버린 것들이 있다. 그러나 이 내용은 우리 의식에 인식되지는 못했지만 언젠가 한 번 틀림없이 존재했던 것들이다. 인식의 영역 아래에 머물러 있으면서 그와 연관되는 사건이 생겨날 때 의식에 떠오른다. 우리가 생전 처음 가 보는 곳에서 언젠가 왔던 것처럼 친근한 느낌을 가지게 되는 것은 많은 경우 우리가 어떤 곳에서 경험했던 식역하(識閾下)의 지각이 작용하기 때문이다.

넷째, 긴장(tension)의 부족이다. 어떤 정신적 요소는 그 전까지 의식에 머물러 있었는데, 이제 더는 의식에 남아 있을 만한 긴장을 유지하지 못해서 무의식으로 넘겨지는 것이다. 그래서 이 요소들 역시 무의식의 내용을 구성하게 된다.[22] 앞에서 말했던 망각, 무시, 강도의 부족 등에 의해서 무의식으로 넘어간 것들은 다른 각도에서 볼 때 긴장의 부족 때문이라고 볼 수도 있다. 어떤 대상에 정신 에너지가 충분하지 않을 때, 그것은 사람들에게 더는 긴장을 불러일으키지 못하고 무의식화되기 때문이다. 어떤 대상에게 정신 에너지가 충분하다면, 그것은 사람들을 긴장시키고 의식에 남아 있을 수 있는데, 그렇지 못한 것들은 무의식에 넘겨지기 때문이다. 그러나 무의식은 의식 못지않게 외부 세계를 지각하여 무의식의 내용을 풍부하게 한다.

이렇게 개인무의식을 구성하는 요소들은 인간의 정신 속에서 콤플렉스 형태로 존재한다. 콤플렉스는 사람들이 살면서 경험한 것들이 하나의 관념 요소를 중심으로 해서 그와 관계되는 내용을 모아서 형성한 정신 요소를 말한다. 그때

22) HS, pp. 32-38, C. G. Jung, *La Dialectique du moi et de l'inconscient*(Paris: Gallimard, 1967. 이하 DM으로 약한다.), pp. 23-26.

그 관념 요소는 하나의 핵(核)처럼 작용하는데, 모성 콤플렉스는 '어머니'라는 관념이 핵이 되어 그와 관계되는 요소들이 집적(集積)되어 만들어진 것이고, 부성 콤플렉스는 '아버지'라는 관념이 핵이 되어 그와 관계되는 요소들이 집적되어 만들어진 것이다. 그래서 프랑스의 분석심리학자 샤를르 보두앵(Charles Baudouin)은 콤플렉스를 관념-정감의 복합체(facteur idéo-affectif)라고 불렀다.[23)]

2) 의식과 무의식의 관계

개인무의식은 여러 이유 때문에 의식에 머물러 있지 못하고 무의식으로 넘어간 요소로 구성되어 있다. 의식과 무의식은 둘이 합쳐져 온전한 정신 전체를 이루기 때문에 그 둘은 언제나 상보적 관계에 있다. 즉, 무의식은 의식이 소홀히 하고 있거나 의식에 부족한 것을 여러 방식을 통하여 알려 주고, 의식과 무의식을 연결시키고 있는 것이다. 융은 무의식의 활동은 의식을 보상하는 방식으로 이루어진다고 강조하였다: "의식의 아주 중요한 부분이 무시당하고 사라질 때마다, 무의식에서는 그것을 보상하려는 작용이 생겨난다."[24)] 융에게 보상이란 우리의 정신 작용에서 어떤 한 부분이 일방적으로 우세한 입장을 취할 때 그 반대편에서 그것과 다른 부분이 생겨나 우리 정신이 전체적으로 균형을 잡을 수 있도록 하는 것이다. 그러므로 보상은 우리 정신에 전체성을 되찾게 해주고, 그렇게 하기 위해서 정신의 모든 부분을 통합해 나가는 작용이라고 할 수 있다. 그런 관점에서 볼 때, 어떤 사람이 의식의 영역만 정신의 전체라고 주장한다면 그는 인간 정신을 도무지 알지 못하는 사람이다: "인간의 영혼을 연구하려면 영혼을 의식과 혼동해서는 안 된다. 그럴 경우 우리는 연구 대상을 흐려 버리는 우를 범하고 만다. 오히려 우리 영혼이 의식과 얼마나 다른가 하

23) Charles Baudouin, *L'Oeuvre de JUNG*(Paris: Payot, 1963).
24) PM, p. 180.

는 사실을 알고 인정해야 한다. 그럴 때에만 우리는 우리 영혼과 의식을 분화시킬 수 있게 된다."[25]

그러나 많은 사람은 무의식이 의식과 더불어서 정신 전체를 구성하고 있다는 사실을 너무 자주 망각하고 무의식의 존재를 무시하려고 한다. 더구나 의식이 무의식에서 분화되면서부터 의식은 본능에서 더욱더 멀어지게 되었다: "이런 빗나감이 시작되자마자 의식과 무의식은 유리되게 되었으며, 사람들은 종종 무의식에서 나오는 활동을 내적이며 무의식적인 강압의 형태로 고통스럽게 느끼게 되었다."[26] 하지만 의식의 태도가 무의식의 내용과 멀리 떨어질수록 무의식의 내용은 의식을 더욱더 잘못되게 한다: "의식과 무의식 사이의 균열이 깊으면 깊을수록 인격의 분열은 점점 더 심해진다. 그래서 신경증적 성향의 사람에게서 신경증은 더욱더 깊어지고, 정신분열적 성향의 사람에게서 분열은 더욱더 심각해진다."[27] 무의식 요소들이 의식에 전혀 알려지지 않고 있을지라도 사람들에게 대단히 커다란 영향을 미치는 것은 틀림없는 사실이다. 따라서 우리는 무의식의 존재와 영향력을 무시해서는 안 된다. 융은 예수 그리스도가 "회개하라, 하나님의 나라가 가까이 왔다."라고 선포한 것은 사람들로 하여금 무의식의 본체(하나님의 나라)와 연결시키려는 의도에서였다고 주장하였다.

우리는 현대사회에서 의식과 무의식이 분열되어 생겨나는 문제를 많이 보고 있다. 융은 현대사회가 전반적으로 무의식의 원천에서 멀리 떨어져 있고, 역사적 층으로부터 너무 멀리 떨어져 있기 때문에 마치 뿌리 뽑힌 시대처럼 되었으며, 본능적으로 불안정한 사회가 되었다고 주장하였다. 하지만 사람들은 의도적이며 의지적인 노력만 가지고서는 아무것도 하지 못한다. 삶이 제기하는 수많은 문제를 극복하기 위해서는 무의식의 도움이 반드시 필요하다. 융은 우리가 전인(homme total)이 되기 위해서는 무의식 요소를 의식화하고 통합시켜야

25) GP, p. 127.
26) PM, p. 118.
27) MS, p. 718.

한다고 강조하였다: "의식과 무의식의 통합은 사람들에게 구원을 가져다줄 수 있다."[28] 무의식은 의식의 대극을 구성하기 때문에 의식에 지금 어떤 것이 부족한지를 알려줄 수 있다. 융이 무의식은 의식이 폐기해 버린 것을 담고 있는 용기(réceptacle)일 뿐만 아니라 의식을 거듭나게 할 수 있는 모태(matrice)가 된다고 주장한 것은 그 때문이다. 그러므로 우리는 무의식이 가지고 있는 자기 조절 기능을 결코 무시해서는 안 된다. 오히려 이 기능을 이용해서 의식과 무의식을 통합시켜야 한다.

인간의 무의식에 대한 프로이트와 융의 설명은 매우 달랐다. 예를 들면, 프로이트는 신경증은 왜 생기고 그것을 치료하려면 어떻게 해야 한다고 하는 데 반해서, 융은 신경증은 어떤 것이고 그것을 치료하려면 어떻게 해야 한다고 말하였던 것이다. 프로이트는 신경증을 인과론으로 설명하는데, 융은 신경증에서 목적론을 보는 것이다. 이렇게 두 사람의 설명이 다른 이유는 무엇인가? 그것은 무의식을 관찰할 때 프로이트가 무의식의 작용에만 초점을 맞추고 보았다면, 융은 무의식과 의식의 관계에 초점을 맞추고 보았기 때문이다. 즉, 프로이트에게 초점이 하나였다면, 융에게는 초점이 두 개였던 것이다. 그래서 두 사람이 똑같은 정신 현상을 관찰했지만, 설명은 서로 다르게 나올 수밖에 없었다.

프로이트는 어떤 사람에게 신경증이 생겼을 때, 그것은 유아 성욕이 충족되지 못했기 때문이며, 그것을 치료하려면 환자가 유아 시절 충족시키지 못했던 성욕을 치료자와의 관계에서 충족시킬 때 가능하다고 하면서 전이의 중요성에 대해서 강조하였다. 그러나 융은 신경증은 환자의 의식과 무의식 사이의 균형이 깨어져 생긴 것이고, 신경 증상은 그것을 알리는 신호이기 때문에, 그 증상에 나타난 상징적 의미를 파악하여 그것을 교정해야 한다고 주장하였다. 따라서 융에게서 전이는 치료에 꼭 필요한 요소가 아니며, 상징 분석이 더 중요하였다. 그래서 융 학파에서는 상징, 특히 원형적 상징의 중요성이 프로이트 학파에서의 전이만큼 중요하다. 두 사람의 사상에 이렇게 차이가 나는 것은 프로

28) MS, p. 76.

이트가 무의식에서 개인무의식만 생각한 반면, 융은 무의식에서 집단적 무의식까지 생각하였기 때문이다. 융은 무의식에는 병리적인 부분만 있는 것이 아니라 창조적이며 구원적인 부분도 있다고 생각했던 것이다. 하여간 무의식에 대한 두 사람의 생각의 차이는 그다음 모든 것을 다르게 나아가도록 만들었다. 그러나 현대에 들어와서 후기 융 학파와 후기 프로이트 학파 학자들 사이에서는 다시금 통합의 움직임이 시도되기도 한다.[29)]

3) 의식과 무의식의 작용

(1) 의식의 작용

융은 환자들이 치료되는 과정에서 정신질환만 치료되는 것이 아니라 궁극적으로 그들의 의식이 영적인 측면에서는 물론 본능 측면에서도 확장되어야 진정한 치료가 이루어진다는 사실을 발견하였다. 그래서 그는 "콤플렉스 심리학(프로이트의 정신분석학과 구분하기 위해서 융이 자신의 심리학을 지칭하려고 분석심리학이라는 말보다 먼저 사용하였던 말-역자 주)의 치료 기법은 한편으로는 무의식의 내용을 가능한 한 완전하게 인식하는 데 있으며, 다른 한편으로는 그 내용의 의미를 깨달아 의식에 통합하는 데 있다."[30)]라고 주장하였다. 여기서 우리는 의식의 본질을 알 수 있다.

의식은 사람들의 본능이 그들의 삶을 이렇게 또는 저렇게 확실한 방향을 잡아서 규정해 주던 것이 불가능해질 때부터 작동하게 된다는 것이다. 사실 원시시대에 본능은 사람들에게 삶의 방향을 확실하게 잡아 주었다. 배고플 때 먹고, 잠이 올 때 자고, 생리적 욕구가 동할 때 충족시키면 되었다. 그러나 다음 단계의 삶에서 사람들이 더 이상 본능에 의지하여 그들의 삶에 닥친 문제를 해

29) A. Samuels, 김성민, 왕영희 역, 『C. G. 융과 후기 융학파』(서울: 한국심리치료연구소, 2013), pp. 279-297.

30) RC, p. 58.

결하지 못했을 때 자아의 인식 작용(connaître)은 생겨났다.[31] 의식은 사물을 지각하고, 인식하고, 평가하고, 선택하며, 결단하면서 개체의 환경에 대한 적응에 도움을 주었다. 이런 과정을 통해서 의식이 본능의 확실성을 충분하게 보상할 수 있을 때, 의식은 점점 본능적인 행동을 대체하면서 문명을 이루게 하였다. 물론 인간의 삶에는 아직도 무의식 영역에 남아 있는 것이 더 많지만, 의식은 점점 더 그 영역을 넓혀 가는 것이다. 그래서 융은 사람들의 삶에서 의식은 매우 중요한 역할을 담당한다고 강조하였다. 자아가 그의 상황에 제대로 적응할 수 있게 하는 것이 의식이기 때문이다. 융의 주장을 따라서 의식이 하는 중요한 활동을 요약해 보면 다음과 같은 것이 된다. 첫째, 의식은 분화(또는 구별)시키는 일(différencier)을 한다. 둘째, 의식은 인식하는 일 또는 깨닫는 일(connaître)을 한다. 셋째, 의식은 통합하는 일(intégrer)을 한다.[32]

첫째, 분화시키는 일은 의식의 가장 중요한 기능 가운데 하나다. 융에 의하면 의식(conscient)은 자아(moi)와 관련을 맺을 때에만 기능을 발휘할 수 있다. 어떤 것이 자아와 관계되어 있을 때만 의식될 수 있지, 그렇지 않은 경우 그것은 의식되지 않고 무의식에 남아 있기 때문이다. 그래서 융은 자아와 의식을 동일시해서 흔히 자아의식(l'ego conscient)이라는 말로 불렀다. 의식은 자아와의 관계를 통해서 어떤 것과 다른 것 사이의 차이점을 구별하고, 그것을 파악한다. 즉, 의식은 나무와 꽃과 풀을 보고, 이것은 나무고, 저것은 꽃이며, 또 다른 것은 풀이라고 그 차이를 구별하고, 각각을 인식하게 된다. 이런 구별이 없으면 사람들은 그가 지금 보고 있는 것이 무엇인지 알지 못하게 된다. "의식의 본질은 분화다. 의식 상태에 이르기 위해서 의식은 이것과 저것의 차이점을 갈

31) 프랑스어에서 '인식하다(connaître)'라는 말은 '같이'라는 의미를 가진 접두사 con과 '태어나다'라는 의미를 가진 동사 naître가 합쳐져 생긴 말이다. 즉, 사람이 어떤 것을 인식할 때 그는 그 대상과 더불어서 낳는 것이다. 또는 그 대상과 함께 낳아야만 그것을 인식할 수 있다.

32) cf. 자아의 활동에 관해서 프랑스 융 심리학회 회장이었던 E. Humbert는 3개의 독일어 단어를 사용하여 Geschehnlassen(어떤 사실을 의식화하기), Bertrachten(살펴보기), Sich auseinandersetzen(직면하기) 등으로 설명하였다.

라놓아야 한다."[33)]

의식의 활동을 명확하게 설명하기 위해서 융은 의식을 탐조등(探照燈)에 비유한 적이 있다. 의식은 지각 영역에 들어온 어떤 사상(事象)을 포착하기 위해서 빛의 다발을 투사(投射)시키고, 그것을 다른 것과 구별한다는 것이다. 의식이 어떤 것을 다른 것과 구별하지 못할 때 그 둘의 이미지는 서로 뒤섞이게 된다. 그것들이 동일시되는 것이다. 그 둘 사이에 비록 차이가 없는 것은 아니지만 그 차이가 어둠 속에 남겨지고 마는 것이다. 따라서 어떤 사람이 '가'라는 것과 '나'라는 것 사이를 명확하게 분화시키지 못하면서 '가'에 대해서 생각했을 때, 그의 머리에서는 '가'와 '나'가 혼합된 이미지만 떠오르게 될 것이다. 그렇게 될 때, 그가 그에게 다가온 상황에 적응하는 데는 문제가 생길 수밖에 없다.[34)]

융은 인식 과정에서 어떤 것을 다른 것(또는 전체)과 구별하고 분리시키는 분화 작업이 필수적이라는 사실을 강조하였다. 어떤 것이 다른 것으로부터 분화되지 않았을 경우, 그것은 다른 것(또는 전체)에서 벗어나 특정한 어떤 것으로 존재할 수 없기 때문이다. 이것은 인격의 발달 과정에서도 마찬가지다. 인격의 발달이란 자아의식이 집단정신(la psyché collective)에서 분화되며, 무의식에 있는 미분화된 요소들을 분화시키고 통합시켜서 그가 더는 분열될 수 없는 존재로 되는 것을 의미하기 때문이다: "그러므로 이처럼 인격 발달에서 집단정신과의 엄격한 분화는 절대적으로 필요한 것이다. 그것과의 분화가 충분히 이루어지지 않을 때 한 개인은 즉시 집단 속에 해체되어 뒤섞이게 되고, 소멸되고 만다."[35)] 어떤 정신 요소가 집단정신에서 분화되어 있지 않을 때, 그 요소는 그림자에 속하게 된다. 그 요소는 사람들에게 열등한 것으로 느껴지며, 때로는 원형상(原型像)을 담고 있는 집단적 무의식에 감염되기도 한다. 따라서 우리 의

---

33) PA, p. 36.
34) PM, pp. 74-75.
35) DM, p. 70.

식이 개인적 요소와 집단적 요소를 구분하지 못하고 무의식에 빠져들 때, 의식은 심각한 위험에 봉착하게 된다: "이때 의식의 영역은 축소되거나 소멸되고 만다. 이렇게 해서 정신의 수준이 저하되는 것을 원시인들은 '영혼의 위험(danger de l'âme)'이라고 불렀으며, 가장 두려워했던 상황이었다."[36]

원시인들에게서 의식과 무의식, 한 개인의 의식과 집단적 정신은 흔히 미분화된 경우가 많았다. 따라서 그들은 그들의 의식과 무의식을 구분하지 못하고 레비-브륄이 '신비적 융합(participation mystique)'이라고 부른 상태에 곧잘 빠져 들어갔다. 그런 모습은 현대인이 무의식의 내용을 자기 밖에 투사시켜 놓고 거기에 빠져서 헤어나지 못하는 것에서도 발견된다. 그때도 사람들은 어떤 정신 요소와 다른 요소, 개인적 요소와 집단적 요소, 의식과 무의식을 분화시켜야 한다. 그래서 의식에 의한 분화 작용이 필요한 것이다: "의식이 작용하지 않을 때, 무의식은 아무 결론 없이 막연한 것만을 산출해 낸다."[37] 그래서 융은 분화는 의식의 본질이며, 의식에 없어서는 안 될 조건이라고 주장하였다.[38]

둘째, 의식은 사람들에게 무엇인가를 인식하게 한다. 인간의 의식은 외부 상황이나 자신의 내면에서 오는 자극을 지각한 감각 기능의 산물로 구성되어 있는데, 의식은 인식 작용을 통해서 자아가 외부 상황에 적응하는 데 중요한 역할을 수행한다. 의식의 인식 작용 가운데서 중요한 것은 의식이 외부 상황을 인식하고 사람들에게 그 상황에 적응할 수 있도록 해 주는 것뿐만이 아니라, 무의식적인 요소를 인식하는 것도 포함된다. 의식이 무의식의 요소를 인식하지 못하면 정신에서는 파멸적인 문제가 생겨나기 때문이다. 사람들의 무의식에 있으면서 자아가 인식하지 못하는 요소들은 투사(projection) 작용을 일으킨다. 그들의 내면에 있는 정신적 요소를 자기 밖에 부어 놓고서 거기에 사로잡히는 것이다. 예를 들면, 자기 내면에 어떤 부정적 요소가 있다는 사실을 알지

36) PA, pp. 427-428.
37) PA, p. 113.
38) DM, p. 216.

못하는 사람들은 다른 사람에게서 그런 모습을 발견하고 지나치게 그 사람을 비판하거나 미워한다. 제 눈의 들보를 깨닫지 못하고, 다른 사람의 눈에 들어 있는 티를 비난하는 것이다. 그런데 융에 의하면 인격이 발달하지 못하고 불모 상태에 빠지는 가장 커다란 이유는 그들이 무의식적 요소를 의식화하지 못하여, 인격에 통합하지 못하는 데 있다. 그것을 투사시키기만 하기 때문에 그 요소를 발달시키지 못하고, 그만큼 미숙한 채로 남아 있는 것이다. 그 요소들은 언제나 무의식 상태에 있기 때문에 구속(rédemption)받을 기회를 얻지 못하고 있는 것이다.[39]

그 요소들이 발달하려면 그 요소들은 우리 의식에 의해서 인식되고 통합되어야 한다. 융은 사람들이 집단적 무의식의 내용을 인식하지 못할 경우, 그들은 집단적 무의식에 사로잡히게 되며, 더 큰 위험에 봉착하게 된다고 주장하였다: "가장 중요한 위험은 사람들이 원형의 매혹적인 영향에 함몰될 때다. 이런 현상은 사람들이 원형적인 이미지들을 깨닫지 못할 때면 언제나 생겨난다."[40]

우리가 무의식의 내용을 의식화하면 우리는 그런 위험에서 벗어날 수 있게 된다. 의식과 무의식 사이의 갈등이 의식화를 계기로 해서 풀려나기 때문이다. 사실 투사는 사람들이 지금 투사시키는 내용을 그의 밖에서만 찾지 않고, 자기 내면에도 존재한다는 사실을 깨달을 때 철회된다. 다시 말해서 그가 다른 사람에게서 찾아내어 과민하게 반응하는 어떤 정신적 요소가 그에게만 있는 것이 아니라 자기에게도 있으며, 자기 인격의 일부를 이루는 요소라는 사실을 깨달을 때 더는 거기에 사로잡히지 않게 되는 것이다.[41] 그래서 그는 무의식적 요

39) cf. 사람들이 무의식에 있는 요소들을 의식화하지 못했을 때 생기는 위험에 대해서 융은 다음과 같이 말하였다: "우리가 잘 알듯이 무의식이 실현되지 않으면, 그것은 언제나 거짓된 모습을 확산시킨다. 무의식은 투사되려는 속성이 있기 때문에 우리가 외부 대상에서 그 예를 많이 찾아볼 수 있다." TP, p. 126.

40) RC, p. 57.

41) 부정적인 요소만 투사되는 것이 아니라 긍정적인 요소도 투사된다. 예를 들면, 우리가 어떤 사람에게서 어떤 좋은 점을 발견하고, 그것을 몹시 칭찬하거나 우리도 그렇게 되었으면 하고 몹시 바라고 있을 때, 우리는 우리 내면에 있는 그런 요소들을 그에게 투사시켜 놓고 그러기 쉽다.

소에 대한 의식화가 인격 발달을 위해서 무엇보다도 중요하다고 강조하였다. 융에 의하면 의식화에는 또 다른 효과가 있다. 그것은 우리가 알지 못하던 인격의 일부분을 의식화에 의해서 받아들일 때, 우리 인격이 그만큼 확장되고, 그 전까지 자아의 좁은 안목을 통해서 바라보던 세상보다 더 넓은 세상이 있다는 사실을 알게 되는 것이다. 따라서 우리는 이 새로운 세상에 대해서 그 전과는 다른 삶의 태도를 가지고 대할 수 있게 된다. 그때 우리 내면에서는 그 전까지 꽉 막혀 있으며, 사용되지 못했던 정신 에너지가 다시 흐르게 되고, 우리는 그 전보다 더 역동적인 방식으로 이 세상을 살 수 있게 된다. 사람들이 그 전까지 어렵게만 생각했던 문제를 새로운 각도에서 생각하게 되고, 해결할 수 있게 되는 것은 의식화 덕분에 새롭게 풀려난 에너지 때문인 것이다.

셋째, 의식은 정신적 요소를 자아의식에 통합시키는 역할을 한다: "통합이란 앞에서도 말했듯이 의식화가 되면서부터 이미 준비되어 오던 과정이다. …… 그것은 자신에 대해서 다시 돌아보는 것이고, 흩어져 있어서 서로 연결되지 못했던 요소를 다시 하나가 되게 하는 작용이며, 더 명확하게 의식하기 위해서 자기 앞에 직면하게 되는 작업인 것이다."[42] 이 점에 관해서 융은 "의식이 통합되면 그에게는 새로운 활력이 생기고, 새로운 질서가 생겨난다. 그러나 의식이 무의식에서 흘러나오는 요소를 동화시키지 못하면 위험한 상황에 빠지고 만다. 왜냐하면 무의식 요소들은 태초에 가지고 있던 고태적이고 혼돈된 형식을 띠고 있어서 의식의 통일체를 부숴 버리기 때문이다."라고 말하고 있다.[43] 실제로 우리 의식에 어떤 정신적 요소가 덧붙여지면 우리 의식은 그만큼 확장되고, 그만큼 상황 적응에 도움을 받는다: "모든 문제는 우리 의식을 확장시키고, 우리 내면에 남아 있는 유아적이고 본능적이며 무의식적인 요소를 없애 버리는 데 달려 있다. ……우리가 좀 더 안전하고 명석해지려면 우리 의식은 좀 더 확장되고, 고상해져야 한다."[44] 이처럼 무의식 요소를 통합시키고 의식의

42) RC, p. 286.
43) MS, p. 665.

경계를 넓히는 일이 의식의 활동 가운데서 가장 본질적인 활동이다.

의식을 통합하는 데는 두 가지 방법이 있다. 하나는 무의식적 내용을 의식화하는 것이고, 다른 하나는 외부에 투사시켰던 무의식의 내용을 거두어들이는 것이다. 먼저 융은 사람들이 집단적 무의식 내에 원형적인 표상의 형태로 존재하는 요소를 각성하여 그것을 의식에 통합시키는 일이 무엇보다도 중요하다고 강조하였다. 왜냐하면 그 속에는 구원을 가져다주는 원형상이 많이 있기 때문이다: "(집단적 무의식의 상징이) 비교 연구 등의 방법을 통해서 객관적 방식으로 이해되면 그 상징은 ……우리 삶의 밑바닥을 형성하고 있던 보편적인 삶의 양식을 깨우쳐 준다. 이때 삶에 대한 우리의 태도는 변화되고, 내적 분열이 완화되며, 현재의 모습과 바람직한 모습 사이를 연결해 주는 다리가 생겨난다."[45)] 다음으로 그는 투사의 철회를 통한 통합에 관해서 이렇게 주장하였다: "무의식과의 직면은 대부분의 경우에 개인무의식과의 만남에서 시작된다. 즉, 사람들이 개인적으로 획득하여 그에게 그림자 부분을 형성하고 있던 무의식의 내용과 만나는 것이다. 사람들이 무의식과 직면하는 것은 내면에서 생긴 분열을 없애려는 목적에서다."[46)] 이처럼 무의식의 요소들이 한 사람의 정신을 구성하는 요소로 인정받고 그의 정신에 재통합될 때, 그의 인격은 더 원만해지고 더 성숙하게 된다.

(2) 무의식 활동

무의식 역시 한 사람의 인격 발달에 많은 영향을 미치고 있다. 특히 투사나

44) PM, pp. 222-223.

45) RC, pp. 458-459.

46) RC, p. 462. 그러나 무의식에 직면하여 그 요소를 의식에 통합시키지 못할 때 사람들에게는 정신적인 문제가 생겨난다. "이때 두 가지 경우가 생겨나는데 첫째는 사람들이 그에게 깨달음을 주는 듯한 무의식의 내용에 집착하게 되는 것이다. 그래서 그들은 무의식이 전해 주는 메시지에 확신을 가지고 믿게 된다. 둘째는 그것을 배격하고 거부하는 것이다. 첫 번째 경우를 우리는 편집증이나 정신분열증 환자에게서 찾아볼 수 있으며, 두 번째 경우는 괴짜라든지, 제 나름대로 예언자인 척하는 사람들이나 유아적인 사람들에게서 찾아볼 수 있다." DM, p. 92.

억압은 여러 측면에서 인격의 발달에 많은 영향을 준다. 그런데 무의식은 신체기관처럼 하나의 실체로 존재하지 않기 때문에 우리 눈으로는 볼 수가 없다. 그럼에도 불구하고 우리가 무의식의 존재를 주장할 수 있는 것은 그것이 상징적인 방식으로 자신을 드러내기 때문이다. 무의식의 언어는 상징이다. 왜냐하면 "상징이란 그 본성이 아직 알려져 있지 않기 때문에 그 내용을 단지 짐작만 할 수 있을 뿐인 무의식을 표상해 낼 수 있는 가장 좋은 수단"[47]이기 때문이다. 따라서 우리는 인격의 발달과 관계되는 무의식의 중요한 활동을 억압, 투사, 상징적인 이미지의 산출 등 셋으로 나눠서 살펴볼 수 있다.

첫째, 우리는 주위에서 어떤 정신적 요소를 억압시키는 것을 많이 본다. 억압이란 어떤 정신적 내용이 너무 충격적인 것이라서 의식에 머무를 수 없기 때문에 거기에서 정신 에너지를 회수하여 그 요소가 무의식에 잠기게 되는 현상을 말한다. 따라서 그 요소는 그의 인격의 일부를 형성하고 있지만, 그는 그 사실을 전혀 알지 못한다. 그 요소가 의식에 존재하면 의식은 그것과 갈등을 일으킨다. 그러나 그것이 무의식에 들어가면 의식에서는 그 내용이 떠오르지 않기 때문에 그것을 잊은 채 편안하게 지낼 수 있다: "억압이란 갈등으로부터 비합법적인 방식으로 놓여나는 것을 의미한다. 즉, 사람들이 존재하지도 않는 환상 속으로 들어가는 것이다."[48] 하지만 그 요소 역시 그의 인격의 일부이기 때문에 그의 인격에 통합될 때까지 정신적으로는 물론 육체적으로 많은 문제를 불러일으킨다. 정신병이나 신경증 등은 모두 억압의 결과 생겨난 산물이다. 억압된 요소들은 그것이 본래 가지고 있던 정감적(affectif) 요소를 잃게 되며, 거기에 정신적 공백이 생기게 된다. 이때 사람들은 그 공백에 그의 불안과 공포 등 환상적인 것을 채우게 된다. 비현실적으로 되는 것이다. 억압이 사람들에게 커다란 해를 입히는 것은 이 같은 이유 때문이다.[49]

47) RC, p. 303.
48) MS, p. 128.
49) C. G. Jung, *Psychologie et Education*(Paris: Buchet/Chastel, 1963. 이하 PE로 약한다.), p. 68.

둘째, 투사는 무의식 활동 가운데서 가장 대표적인 활동이다. 융은 사람들이 정신 깊은 곳에 담겨 있는 무의식적 요소를 인식하지 못할 때 그 내용은 그의 밖에 있는 대상에 투사된다고 주장하였다. 그런 현상은 어린이나 원시인에게서 특히 많이 일어나며, 현대인에게서도 흔히 일어나는 현상이다. 의식의 구조가 취약하였던 원시인은 암시나 상상처럼 그들의 눈에 보이지 않는 정신 작용을 그들의 내면에서 이루어지는 것이 아니라 그들의 밖에서 일어나는 것이라고 생각하였다: "원시인은 영혼이 그의 내면에 있는 것이 아니라 그의 밖, 즉 그가 관계하고 있는 대상들에 있는 것으로 생각하였다. 그래서 그가 놀라게 될 때도 그가 놀라는 것이 아니라 그의 밖에 존재하는 어떤 마술적인 힘을 가진 마나가 그를 놀라게 한 것이라고 생각하였다."[50] 투사의 전형적인 양태다.

이런 관점에서 융은 "무의식에는 정서적으로 긴장되어 있어서 언제라도 투사를 일으킬 수 있는 정신적 요소가 있다는 것을 전제하지 않을 수 없다."[51]라고 말하였다. 억압이나 투사는 정신병리적인 문제를 많이 일으킨다. 의식에서 분리된 무의식 요소에 자율성이 생겨서 의식의 통제에서 벗어나 제멋대로 활동하기 때문이다. 자율성이란 무의식 요소들이 의식의 합리적인 통제를 뚫고 나타나는 현상을 가리킨다. 무의식 요소들이 자율성을 얻게 되는 것은 다음과 같은 과정을 통해서다. 그 전까지 어떤 의식적 요소에 담겨 있다가 사라진 정신 에너지는 무의식화되면서 무의식에 들어가 여태껏 안정된 상태로 존재하던 무의식 요소를 흔들어 깨운다. 이렇게 자극된 정신 요소들은 새로운 에너지를 얻어 의식의 통제가 약한 틈을 타고 나타나 사람들을 당황하게 한다. 그 이유는 무의식에 있던 요소들은 그것이 의식화되지 못했기 때문에 제대로 발달하지 못하여 열등하고 미숙한 모습을 지니고 있기 때문이다. 무의식이 자율성을 획득할 때 무의식은 의인화되어서 나타나는 경우가 많다. 그 내용이 사람들에게 그것과 관계된 이미지의 형태로 나타나거나 음성처럼 들리는 것이다.

50) PM, p. 151.
51) RC, p. 77.

어떤 경우에도 사람들은 무의식의 자율적인 표출을 통제할 수 없다. 거기에는 도저히 제어할 수 없는 에너지와 정동(émotion)이 가득 담겨 있기 때문이다: "무의식의 자동성은 정동과 함께 생겨난다. 정동이란 인간의 내면에서 생겨나는 본능적이며 비의지적인 반작용이다. 그것은 인간 정신의 원초적인 차원에서 분출되는 것으로서 의식의 합리적 질서들을 교란시킨다. 사람들은 자기 마음대로 감정적인 반응을 일으킬 수가 없다. 그것은 그냥 분출되는 것이다. 이때 일어난 감정에는 그 감정을 일으킨 사람도 놀랄 정도로 이상스러운 구석이 있기 마련이다. ……이 모든 것은 사람들이 일단 병리적 상태에 빠지면 의식 속에서 저절로 생기는 현상이다."[52)]

셋째, 무의식은 상징을 만들어서 사람들의 의식에 무의식적인 요소를 이어주고 있다. 융에 의하면 무의식에 모여진 정신 에너지는 그 당시 정신 상태에 따라서 물, 불, 빛, 만다라 등 여러 상징을 만들어서 무의식의 상황을 알려 주고, 무의식의 요소를 의식에 통합시키게 해 준다: "무의식에 어떤 부족이 있기 때문에 어느 사람이 썩 만족스럽지 못한 상황에 처해 있을 때, 무의식은 그 사회에서 이미 통용되고 있는 상징을 통해서 그의 내면에 조성된 이런 상태를 나타내 보여 준다."[53)] 무의식이 이렇게 상징을 만드는 이유는 자아의식이 무의식의 요소를 무시하고, 일방적인 삶의 태도를 보여서 현재의 정신 상황이 잘못되어 있기 때문에 그것을 보상하기 위해서다. 이처럼 무의식 요소들은 언제나 인간 정신의 본래적인 전체성에 도달하기 위해서 자아의식에 통합되려고 한다. 이때 무의식이 하는 상징 산출 작용은 보통 무의식이 하는 부정적 작용을 뛰어넘어서 매우 창조적이며 긍정적인 활동이다.

52) GP, pp. 263-264.
53) GP, p. 253.

4) 집단적 무의식과 원형

(1) 집단적 무의식의 의미

인간의 무의식에는 한 개인이 이 세상을 살면서 겪은 여러 가지 삶의 상황에서 형성된 무의식의 층 이외에 그것보다 더 깊고 폭넓은 무의식 층이 존재한다는 사실을 융은 발견하였다. 그래서 그는 그 층의 이름을 '집단적 무의식'이라고 명명하였다.[54] 개인무의식의 요소가 한 사람의 정신적인 삶의 중핵(中核)을 구성하고 있다면, 집단적 무의식의 요소는 한 사람의 정신 영역을 무한히 초월하며, 인류가 여태까지 살아온 모든 정신적 내용과 관계된다.[55] 개인무의식과 집단적 무의식의 차이점을 융의 주장을 따라서 정리하면 다음 세 가지가 된다.

첫째, 개인무의식이 여러 가지 개인적인 콤플렉스나 그림자 등으로 구성되어 있는 반면, 집단적 무의식은 본능과 본능에 관계되는 요소 및 원형 등으로 구성되어 있다.[56] 융에 의하면 집단적 무의식의 내용은 한 개인에게만 귀속되지 않고, 보편적 특성까지 지닌다. 집단적 무의식은 한 개인의 생활 경험에서 비롯된 것이 아니라 인류가 여태껏 살았던 삶의 경험에서 비롯된 것이기 때문이다. 그는 인간의 정신에는 그것이 가진 집단적 본성 때문에 개인적 욕망과 반대되기까지 하는 성향과 기능이 존재한다는 사실을 발견하였다: "한 개인이 다른 사람들과 다른 독특한 존재일 뿐만 아니라 사회적 존재이기도 하듯이 인간의 정신 역시 개인적 현상만이 아니라 집단적 현상이기도 하다."[57] 인간 정

54) 프랑스의 분석심리학자 샤를르 보두앵은 집단적 무의식 개념은 융 자신에게는 물론 그의 제자들에게도 명료한 것은 아니었기 때문에 집단적 무의식을 한 목소리로 정의하기란 불가능하다고 강조한다. cf. Baudouin, *L'Oeuvre de Jung et la psychologie complex*(Paris: Payot, 1963), pp. 61-64.

55) DM, 60. RC, p. 13.

56) EP, 104. cf. 융은 원형도 콤플렉스의 일종이라고 한다. 원형도 하나의 핵(核)을 중심으로 해서 그것과 관계되는 요소들이 군집을 이룬 것이기 때문이다.

57) DM, p. 63.

신이 가진 이 보편적 특성 때문에 사람은 어떤 동물이 아니라 한 사람으로 존재할 수 있다. 융이 집단적 무의식을 생각하게 된 것은 인류에게 보편적으로 퍼져 있는 '집단적 표상(représentations collectives)', 즉 각 민족에게 공통적으로 존재하는 신이나 귀신에 대한 믿음, 마술이나 무의(巫醫)의 활동, 선험적 진리에 대한 사상 등이 있다고 생각하였기 때문이다. 융에 의하면 집단적 무의식은 그 본성에서 모든 사람의 개인무의식을 뛰어넘으면서 그들의 정신 생활을 풍부하게 해 주는 보편적 토대와 모태(母胎)가 되고 있다. 그래서 융은 집단적 무의식이 가진 객관적 특성을 매우 강조하였다. 집단적 무의식이 한 개인의 주관적인 특성과는 독립적으로 존재하기 때문이다.[58)]

둘째, 융은 개인무의식이 개인적인 삶의 산물로 얻어지는 데 반해서 집단적 무의식은 유전적인 방법으로 전달된다고 주장하였다. 융은 그 둘 사이에 문화적인 전파의 흔적을 전혀 찾아볼 수 없을 정도로 동떨어진 두 민족 사이에서 서로 비슷한 관습이 어디에서나 발견되며, 비슷한 신화소(神話素)나 신비주의적 주제가 여기저기에 존재하고 있음을 발견하였다. 그는 이런 일이 어떻게 가능할 수 있을 것인가 하고 생각하였다. 그런 현상이 문화 전파 때문에 생긴 것이라면 별개의 문제지만, 문화 전파의 흔적을 전혀 찾아볼 수 없는 곳에서도 그런 현상이 발견되자 그는 큰 흥미를 가지고 연구했던 것이다. 그 결과 그는 "두뇌 구조가 지구상에 있는 어느 곳에서나 같다는 사실은 사람들의 정신 기능이 어느 곳에서나 비슷하게 작동하도록 하게 한다. 이런 일들은 집단적 정신 때문에 생긴 것이다."[59)]라는 결론을 내렸다. 예를 들면, 그 둘 사이에서 인적,

58) cf. 이에 관해서 융의 제자인 야코비는 "그래서 융은 집단적 무의식을 지칭하기 위해서 '객관적 정신(psyché objective)'이라는 놀라운 표현을 고안해 냈다."라고 말하고 있다. J. Jacobi, *Complexe Archétype Symboles*(Neuchâtel: Delachaux et Niestle, 1961), p. 54.

59) DM, 63-64. cf. 프랑스의 고생물학자이며 종교 사상가인 샤르댕의 다음과 같은 말은 융의 집단적 무의식에 대한 생각과 비슷하게 들린다. "우리는 사람의 중심부, 특히 그 중심부의 속과 둘레에서 항상 복잡하게 이루어져 있고, 매우 단단하게 쌓여진 정신적 태도와 경향과 연락의 망(網)이 끊이지 않고 형성되는 것을 볼 수 있다. 이 망들은 우리 몸에서 살이나 뼈가 만들어지는 것과 똑같이 끈질기게 형성되는데, 그 작업은 우리 정신의 여러 기능이 합쳐지고, 선택되며, 덧붙여지는 것을

물적, 문화적 교류가 없는 '가' 부족과 '나' 부족의 신화나 설화에 어린아이를 버릴 때 강물에 띄워 보낸다든지 그 어린이가 나중에 그의 부족을 구원하는 영웅이 된다는 모티프가 있다면, 그 모티프는 그 두 부족 사이에 그 설화가 전파된 것이 아니므로 그 두 부족이 똑같은 인간이기 때문에 그들 사이에 그런 설화를 만들어 낼 수 있는 어떤 공통된 정신적 특성이 있어서 그런 것이라고 생각할 수밖에 없는 것이다. 그래서 그는 그런 사실로 보아서 사람에게는 집단적 무의식이 있으며, 그 내용은 유전으로 전달된다고 주장한 것이다: "집단적 무의식은 지극히 먼 옛날부터 있어 왔던 인류의 체험이 침전되어 생긴 침전의 결과처럼 보인다. 그래서 이것들은 이 세상보다 먼저 생긴 이미지이며, 사람들에게 선험적인 것이다."[60]

여기에서 주목해야 하는 것은 융이 집단적 무의식의 내용 자체가 유전된다고 주장하지 않았다는 사실이다. 그가 주장한 것은 다만 집단적 무의식에 어떤 내용이 지배적으로 존재할 수 있게 하는 '가능성'과 어떤 표상을 재생산하고자 하는 '욕구' 등이 유전된다고 주장했던 것이다: "나는 집단적 무의식 안에 있는 어떤 표상이 유전적으로 전해진다고는 전혀 말하지 않았다. 다만 인류의 세습적인 재산 가운데서 어떤 요소를 불러낼 수 있는 역량(capacité)이 유전된다고 주장했을 뿐이다."[61]

셋째, 융은 개인무의식이 자아의식에서 축출된 정신적 요소만을 나타내고 있는 데 반해서 집단적 무의식은 사람들의 삶 전체를 일정한 방향으로 이끌어가는 역할을 한다고 주장하였다. 사실 집단적 무의식은 사람들이 그 사실을 전혀 의식하지 못하지만 그의 삶을 규정하면서 그가 이 세상에서 반응하는 양식

통해서 이루어진다. 사실 사람들은 그들이 하는 경험에서 수많은 것을 얻을 수 있기 때문에 그 경험을 쌓고 비교하는 것을 통해서 정신적으로 많은 것을 축적하고 있다. 그래서 사람들은 그 안에서 낳고, 살고, 성장한다. 어떻게 생각하면 우리가 이렇게 같이 느끼고, 보는 것은 인류가 그동안 집단적으로 형성한 거대한 집단적 과거의 산물이 아닌가 하는 생각이 든다." P. T. de Chardin, *La Place de l'homme dans la nature*(Paris: Seuil, 1956).

60) PI, pp. 160-161.

61) PI, p. 223. cf. PM, p. 115.

의 살아 있는 원천이 된다. 따라서 집단적 무의식은 사람들이 생각하고, 느끼고, 행동하는 데 커다란 영향을 미친다. 더구나 사람들이 집단적 무의식이 산출해 내는 표상의 상징적인 의미를 깨달을 때, 그의 삶에 구원 효과를 가져올 수 있다. 집단적 무의식은 그 자체로 작용하는 것이 아니라 개인무의식과 연결되면서 사람들에게 영향을 미치는 것이다.

융은 집단적 무의식을 하나의 이론적인 전제(prémisse)로만 생각하지 않았다. 오히려 하나의 객관적인 정신적 실재라고 생각하였다. 왜냐하면 그가 치료했던 환자들의 꿈이나 환상 속에서 그는 때때로 그것들이 개인적 인격에 속한 것이라기보다는 집단적 특성을 지니고 있는 표상이라는 사실을 발견했기 때문이다. 사실 그 이미지들은 환자의 개인적인 삶과 관련되는 것이 아니라 그들의 삶을 무한하게 뛰어넘는 내용이었던 것이다. 그것들은 한 개인의 정신 현상에서 발견될 수 있는 것이 아니라 신화나 전설 등 그의 개인적 삶을 초월하는 영역에서 마치 객관적 실재처럼 나타나는 것이기 때문이다. 그러면서 그 이미지들은 그들의 삶을 이끌어 가는 것이었다. 융은 인간의 정신 현상 가운데서 그런 내적인 안내자가 존재한다는 사실에 대해서 깊은 인상을 받았다. 이것은 원시인들이 종종 '큰 꿈을 꾸었다.' 라고 말하면서 그 꿈이 앞으로 그들의 삶이나 부족 전체의 삶에 어떤 모습으로 나타날 것인가를 진지하게 기다렸던 것과 같은 현상이었다. 그래서 융은 "사람들의 꿈에 신화적이며 종교적 주제가 나타나는 것은 집단적 무의식의 활동을 증거하는 것이다."[62]라고 말하였다.

62) DM, p. 225. 예를 들면, 20대 중반의 어떤 조현병 환자는 어머니가 자기를 목 졸라 죽인다는 망상을 가지고 있었는데, "어머니가 왜 당신을 목 졸라 죽이려고 하느냐?"는 질문을 받고 대답을 하지 않으려고 하다가 자기가 너무 예뻐서 그러는 것이라고 했는데, 이 주제는 백설공주에 나오는 주제다. 백설공주 이야기는 동화책에만 있는 것이 아니라 현대를 사는 사람에게도 있을 수 있는 원형적 주제인 것이다. 아버지를 사이에 놓고 어머니와 딸이 벌이는 권력 다툼은 인류의 보편적 갈등이다.

(2) 집단적 무의식의 특성

융은 유아적 사고와 꿈의 내용과 신화적인 주제 사이에는 비슷한 점이 많다고 주장하였다: "우리는 앞에서 고태적 사고(la pensée archaïque)는 어린이와 원시인의 사고의 특성이라는 사실을 살펴보았다. 그런 사고 유형은 현대인에게도 종종 나타나며, 특히 사람들의 생각이 흐트러질 때면 언제나 곧 나타난다."[63] 상상력에 바탕을 둔 신화가 현대인의 합리적이며, 객관적인 사고와는 전혀 어울리지 않는 이미지를 산출하지만, 그 의미나 내용이나 형식에서는 전혀 유아적인 것이 아니라고 융은 생각하였다. 그래서 그는 "신화소(mythologème)는 이런 정신 과정을 드러내 주는 근원어(la langue originale)였다. 따라서 사람들은 지적인 작업만 가지고서는 신화의 이미지가 드러내는 이 힘과 충만성에 결코 도달할 수 없다."[64]라고 하였다.

신화적 사고방식은 꿈속에 나타나서 사람들에게 과거의 고태적인 이미지를 일깨우고 그 힘에 사로잡히게 한다. 이런 원시적인 사고 구조는 사람들이 외부 상황에 적응하느라고 내적 욕구에 관해서 전혀 알지 못할 때, 그런 삶의 태도에서 생겨날 수 있는 위험을 알려 주려고 나타나는 것이다. 이렇게 생각할 때 집단적 무의식은 과거에는 물론 지금도 살아 있으며, 사람들에게 삶의 뿌리와 관련을 맺게 해 주고, 그들의 본성에 다가가게 해 주는 것을 알 수 있다: "그런 의미에서 집단적 무의식의 내용은 모든 사람의 영혼의 본질을 이루고 있는 것이다. 개인적 특성을 지닌 영혼이 아니라 한 개인이 타고나는 그 영혼 말이다."[65] 그렇기 때문에 집단적 무의식은 창조성의 모태가 되는 본능의 원천이 된다. 융은 이 원천에서 멀리 떨어진 현대인은 이제 더는 창조적이지 못하고, 과거의

---

63) MS, pp. 76-77. 융에 의하면 사고의 종류에는 두 가지가 있다. 첫째는 의식의 작용과 관계되는 정향적 사고다. 이런 사고는 우리가 환경에 적응하는 것을 목표로 한다. 둘째는 무의식적인 동기와 관계되는 상상에 의한 사고다. 이런 사고는 인간 정신의 고대적 상태와 연결시켜 준다. MS, pp. 80-82.

64) PA, p. 354.

65) PT, p. 21.

사람들에게는 일상적이며, 낡아 빠진 생각에 불과한 것을 창조적인 것이라고 떠받들고 있다고 주장하였다. 사람들이 꿈에서 아주 이상하고 신비스럽기까지 한 것으로 보았던 이미지도 원시인에게는 별로 새로운 것이 아니었다는 것이다. 그렇기 때문에 영혼의 심층에서부터 멀리 떨어진 현대인의 삶에는 활력과 생기가 있을 수 없다: "모든 신화와 계시는 이 자궁에서 나온다. 앞으로의 세계관이나 인간관 역시 이 자궁에서 나올 것이다."[66] 그래서 융은 집단적 무의식 속에는 보물이 담겨 있는데 "인류는 여태까지 거기에서 많은 것을 퍼냈다. 신이니 악마니 하는 것은 물론 강력한 힘과 능력을 가진 사상 역시 모두 거기에서 나온 것이다. 집단적 무의식이 없으면 사람은 더는 사람으로 존재하지 않을 것이다."[67]라고 주장하였다.

집단적 무의식의 내용은 사람들의 정신 속에 가공되지 않은 원자재로서만 존재하는 것이 아니다. 그것들은 언제나 사람들에게 삶을 이끌어 갈 수 있는 살아 있는 이미지를 줄 수 있는 것이다. 따라서 사람들은 꿈이나 신화에 상징 형태로 녹아 있는 이미지를 우리 시대의 언어로 해석하여 새롭게 의미를 부여해야 한다: "집단적 무의식이 개인적 정신 내용과 분화되지 않는 한 집단적 무의식은 개인 정신에 뒤섞여 버리고 만다. 이때 사람들은 앞으로 전혀 나아갈 수 없게 된다."[68] 왜냐하면 그를 깊은 의미의 원천으로 이끌어 줄 수 있는 안내자가 없어서 그들의 현실에만 매달려 소모적인 삶을 살기 때문이다.

여기에서 우리는 집단적 무의식이 의식과 만나서 해석되어야만 비로소 의미를 가질 수 있다는 사실을 알 수 있다.[69] 사실 사람들이 집단적 무의식이 가진

66) MS, p. 76.

67) PI, p. 76.

68) PI, 118. cf. 융은 우리가 집단적 무의식을 해석하려면 두 가지 방도를 택해야 한다고 주장하였다. 첫째는 신화를 연구하는 길이고, 둘째는 한 개인의 정신을 분석하는 길이다. 어떤 방식으로든지 집단적 무의식을 연구해서 우리에게 새로운 인식이 생겨나면 우리는 더는 자신의 자잘한 개인적 관심사에 머무르지 않고 인류 전체의 문제에 관심을 가지게 되며, 좀 더 성숙한 인격을 가지게 된다고 주장하였다. DM, pp. 64-65.

69) 야코비는 집단적 무의식은 그 자체로서는 '가치중립적'인 것이라고 주장하였다. 그것이 사람들에

힘을 의식화하고, 그것을 그들의 정신에 통합시킨다면 그것은 그들의 삶에 숨겨져 있는 비밀과 지혜를 깨닫게 하여, 그들의 삶을 무한하게 풍성하게 변화시킬 수 있을 것이다.

(3) 원형과 의미

개인무의식은 대부분 콤플렉스들로 구성되어 있고, 집단적 무의식을 구성하는 요소는 콤플렉스 가운데서 특별히 원형(archétype)이라고 융은 주장하였다. 그런데 모든 사람에게 집단적 무의식이 보편적이면서 동시에 공통적인 방식으로 존재하기 때문에 그 속에 있는 원형의 이미지들은 언제나 사람들에게 커다란 영향을 미치고 있다. 융은 생리적인 기관(organe physique)이 외부 상황의 변화에 신체적으로 대처하기 위해서 존재하는 것처럼 원형은 정신적인 사건에 적응하기 위해서 작동하는 정신적인 기관(organe psychique) 또는 정신적인 기능 체계(système fonctionnel)라고 생각하였다: "이 세상에 있는 병아리들이 어느 곳에서나 같은 방식으로 알에서 깨어 나오는 것과 마찬가지로, 이 세상 어디에나 또 어느 때에나 사람들이 같은 방식으로 생각하고, 느끼고, 상상하는 정신적 기능이 존재한다고 생각할 수 있다."[70] 이처럼 집단적 무의식은 육체적인 본능과 마찬가지로 사람들에게 존재하는 정신적 반응의 유형인 것이다.

융은 원형은 우리 조상이 먼 옛날부터 매우 감정적이며(affectif), 눈에 선히 떠오를 수 있을 것 같은(imagé) 체험을 한 것들이 침전(sédiment)되어 정신에 남게 된 것이라고 주장하였다. 따라서 원형은 아득한 옛날부터 사람들의 정신적이며 사회적인 삶을 조정해 주고 영위시켜 줄 수 있었다: "원형은 신화에 나오는 주제나 그 비슷한 것을 언제나 새로운 방식으로 재생산하면서 사람들의

게 유익하게 작용하는가, 해롭게 작용하는가 하는 것은 우리 의식이 그것과 어떻게 만나는가 하는 데 달려 있다고 주장하였다. J. Jacobi, *La Psychologie de C. G. Jung*(Neuchâtel: Mont Blanc, 1950), p. 66.

70) GP, p. 27.

정신 안에 존재하는 어떤 성향 또는 가능성인 것이다."[71] 융은 원형은 사람들에게 있는 무의식적 활력의 원천으로서 원형에는 거대한 정신적 힘이 담겨 있으며, 사람들은 원형을 사회적이며 정신적 삶을 조정하는 선험적 원리로 삼고 있다고 주장하였다. 집단적 무의식의 전수가 유전적이기 때문에 원형의 전수 역시 유전적이다: "원형의 기원이 어떻게 되는지는 알 수 없다. 그러나 원형상들은 이 세상 어느 곳, 어느 시기에나 나타나고 있다. 심지어 문화 전파나 이민에 의한 전파의 자취를 찾아볼 수 없는 곳에서도 똑같이 나타나고 있다."[72]

융은 집단적 무의식의 내용이 그대로 다음 대에 유전적으로 전수되는 것이 아니라 그런 내용을 산출할 수 있는 '성향'이나 '가능성'이 유전된다고 주장했는데, 그것은 원형의 경우에도 마찬가지다: "원형이란 그 자체로는 비어 있고, 형식적인 요소다. 그것은 기껏해야 사람들에게 선험적으로 주어져 있는 어떤 내용을 만들어 내는 그릇인 것이다. 사람들에게 유전되는 것은 표현물이 아니라 틀(forme)이다. 이 틀은 육체적 본능처럼 사람들에게 커다란 틀로서만 전수된다."[73] 그러므로 원형은 눈에 보이지는 않지만 매우 효과적으로 사람들의 삶을 결정짓는 반응 체계 또는 반응 가능성의 구조(structure)인 것이다. 즉 '구원자 원형'은 각 시대, 각 지역에 널리 퍼져 있는 원형이지만, 어떤 지역에서는 조상신으로, 다른 지역에서는 인격신의 형태로, 또 다른 지역에서는 또 다른 모습으로 발견될 수 있는 것이다. 구원자 원형은 형식적인 틀로 전수되고, 그 내용은 각 문화권이나 시대에 따라서 다르게 채워진다는 것이다. 그래서 융은 원형과 원형상을 구분해야 한다고 강조하였다. 원형은 해당되는 내용을 만들어 낼 수 있는 소질(disposition)이나 틀을 말하고, 그 안에 담긴 구체적인 내용은

71) PI, p. 129.

72) HS, p. 69.

73) RC, p. 95. 여기에서 융이 주장하고자 하는 것은 원형이란 사람들이 어떤 상황에서 어떤 형식으로 행동하도록 커다란 틀로서만 전해진다는 것이다. 그다음에 구체적인 내용은 각자가 그 전까지의 삶의 방식에 따라서 채우는 것이다. 앞에서 들었던 예를 연장하면, 병아리가 알을 깨고 나오는 방식은 똑같다. 그러나 어떤 병아리는 건강한 모습으로, 다른 병아리는 약하게 깨어 나온다.

원형상이라고 했던 것이다.

융은 동물학에서 각 동물의 독특한 행동 양식을 가리키는 용어 '행동 유형(patterns of behavior)'을 채용하여 원형을 설명하였다: "원형이라는 개념은 생물학에서 쓰고 있는 '행동 유형' 이라는 단어를 정신적 경우에서 빌려 쓸 수 있는 개념이다. 즉, 원형이란 유전적으로 주어진 어떤 특정한 행동의 내용을 지칭하는 것이 아니라 그렇게 행동할 수 있는 양식(mode)을 말하는 것이다."[74] 벌은 누구에게 배우지도 않았는데 벌집을 짓고, 개미 역시 개미굴을 파듯이 사람도 사람으로서 살 수 있는 원형을 타고난다는 것이다. 그러나 사람에게서 같은 유형의 행동도 시대에 따라서 세세한 것은 다르게 나타난다. 원형은 같은 틀로 주어지지만 원형상은 시대에 따라서 달라지는 것이다. 원형이 하나의 행동 유형(또는 틀)이기 때문에 사람들은 특정한 순간에 그들의 정신 상황에 따라서 무한하게 다른 행동을 할 수 있는 것이다.[75]

(4) 원형의 특성

하나의 표상(représentation)을 만들어 낼 수 있는 소질(素質)로서의 원형은

74) GP, p. 254. cf. MS, p. 274.

75) 야코비는 원형에 대한 융의 생각은 다음과 같이 변천되어 왔다고 설명하였다. 제일 처음에 융은 강력한 에너지를 가지고 있으며, 기능적으로 작용하고, 사람들의 삶에 전반적이며 지배적인 영향을 끼치는 어떤 '동기(motif) 또는 상징'을 야곱 부르크하르트(Jacob Burckhardt)를 따라서 '원초적 이미지(images primordiales)'(1912)라고 불렀다. 그다음에는 원형을 '집단적 무의식에 있는 결정인자(dominante de l'inconscient collectif)'(1917)라고 불렀으며, 1919년에 와서야 비로소『정신에너지론(Energétique Psychique)』(p. 74 이후) 속에서 본격적으로 원형이라는 단어를 쓰게 되었다고 하였다. 이어서 그녀는 원형에 대해서 다음과 같이 설명하고 있다: "융은 1946년부터 (비록 명확한 태도로 그러는 것은 아니지만) '원형'과 '원형상'을 구분해서 사용하였다. 원형이 모든 사람의 정신 구조 속에 아직 지각되지 않고 잠재적인 상태로 존재하는 무의식의 요소라면, 원형상은 그것이 이미 실현되어서 사람들의 의식 영역에서 지각될 수 있는 요소를 말하는 것이다." J. Jacobi, *La Psychologie de C. G. Jung*, p. 73. 예를 들면, 이 세상에는 구원자라는 원형이 있는데, 그것은 여러 시대를 통해서 모세나 예수 그리스도 등의 원형상을 통해서 나타났다. 세속적으로 말하자면 많은 소설이나 영화에서 주인공이 매우 어려운 처지에 놓여 거의 죽게 되는 순간에 갑자기 구원자가 등장해서 주인공이 살아나는 장면이 종종 나타나는데(춘향전에서 어사출두와 같이), 이것들 역시 구원자 원형상이 여러 다른 모습으로 나타나는 예다.

언제나 신화, 설화, 꿈, 종교 교리에서 상징적인 모습으로 나타난다. 융은 원형의 가장 중요한 특징은 그것이 정동(émotion)과 형상(image)으로 되어 있다는 점이라고 주장하였다: "우리는 어떤 표상에 정동과 형상이라는 두 요소가 동시에 들어 있어야만 그것을 원형이라고 부를 수 있다. 어떤 표상이 이미지로만 되어 있을 경우, 그것은 원형으로 작용하지 못한다. 그러나 거기에 정동이 실리게 되면 그 이미지는 누멘적인 것으로 된다."[76] "이처럼 원형에 사람을 움직이게 하는 정동적 측면이 담겨 있기 때문에 원형은 그 어느 것보다도 강력한 힘을 가질 수 있으며, 사람들의 의지와 관계없이 자율적으로 작용할 수 있다."[77] "원형이란 ……역동적인 이미지로 되어 있는 객관적인 정신의 한 요소다. 거기에 자율성이 주어져 있지 않은 경우 우리는 그것을 원형이라고 말할 수 없다."[78] "인간의 감정이 정신적 측면에서는 물론 육체적 측면에서도 강력한 반응을 불러일으키기 때문에 원형은 어떤 경우 사람들을 그 강력한 힘으로 사로잡고 어떤 방향으로 몰고 간다. 우리는 경험을 통해서 모든 원형적 내용에는 어떤 자율성이 있다는 사실을 알고 있다."[79] 그래서 무의식의 원형에 사로잡힌 사람은 항거할 수 없는 내적인 힘 때문에 고통받는데, 정신분열병 환자의 경우가 그것이다. 그것은 또한 '개구리 왕자' 나 '고니가 된 왕자들' 같은 옛날이야기에서 왕자가 개구리나 고니로 된 것은 그 사람들이 어떤 원형적 요소에 사로잡혔다는 것을 말하는 것이다. 그때 그 사람들은 그 원형에 사로잡혀서 사람으로 존재하지 않고, 동물처럼 행동한다는 것이다. 원형에는 한 사람의 인격을 파괴할 정도로 강력한 힘이 있어서 그 사람의 인격을 한없이 황폐하게 할 수 있다.

원형이 언제나 부정적 방식으로만 작용하는 것은 아니다. 다른 모든 무의식

76) HS, p. 96.

77) cf. "정동은 의식을 실현시킬 수 있는 중요한 원천이 된다. 정동이 없다면 어둠에서부터 빛으로, 무기력에서부터 운동으로의 변환이 있을 수 없다."(RC, p. 115).

78) PI, p. 195. cf. PM, p. 38.

79) MS, p. 305.

의 내용과 마찬가지로 원형에는 창조적 측면도 있다.[80] 모든 인간 행동의 원천으로서 원형은 인간의 정신이 자연스러운 상태에서 나타낼 수 있는 신비적 측면과 관계를 맺고 있다. 다시 말해서 원형은 우주적 요소를 가지고 있는 것이다. 그러므로 원형에 대한 살아 있는 체험은 우리 삶에 대한 비밀을 많이 알게 한다: "(원형에 대한 체험은) 우리 영혼 속에 있는 자아에 속하지 않은 것들에 대한 원초적 체험이며, 우리 내면에 있는 동반자에 대한 근원적 체험이다. 그 요소들은 우리를 대화와 토론으로 초대하며 원형 앞에 직면하도록 초대한다."[81] 원형은 많은 경우 사람들에게 정신적 문제가 생겨서 그것을 바로잡아야 할 필요가 있을 때 나타난다고 융은 주장하였다. 왜냐하면 대부분의 정신적 문제는 사람들이 그들의 정신 속에 있는 집단적 요소를 무시하고 너무 이기적인 방식으로만 살았을 때 생기므로 이제 원형이 나타나서 그들을 다시 인간의 근원적인 층과 만나게 해 주어야 하기 때문이다.[82] 여기에서 우리는 원형상이 나타날 때 왜 거기에 역동적인 힘이 실려 있으며, 그 앞에서 왜 우리가 조심해야 하는가 하는 이유를 알 수 있다. 사실 원형에는 거대한 에너지가 담겨 있고, 자율성이 내재되어 있기 때문에 때로는 매혹적인 방식으로, 때로는 두려움에 가득 찬

80) 융은 무의식에는 두 가지 측면이 있는데 하나는 반작용의 측면(l'aspect réactif)이고, 다른 하나는 창조적인 측면(l'aspect créateur)이라고 주장하였다. "무의식은 어떤 정신적 사실에 대한 반응으로서 반작용만 하는 것이 아니다. 오히려 하나의 독립적이며 창조적인 활동을 하는 것이기 때문에 무의식의 경험 영역은 독자적인 세계로서, 그 나름대로 자연발생적이며(sui generis) 실재인 것이다." DM, p. 131. cf. 아들러는 원형에는 생산적이며 건설적인 측면(l'aspect productif et constructeur)과 파괴적이며 삼켜버리는(destructeur et dévorant) 두 측면이 있다고 주장하였다. G. Adler, *Etudes de Psychologie Jungienne*(Genève: Librairie de l'Université George & Cie S. A. 1957), p. 138.

81) PI, p. 144.

82) MS, pp. 272-273. 그래서 프랑스의 분석심리학자 윔베르는 원형에는 인간의 정신에 무엇인가를 알려 주는 정보기관과 같은 측면이 있다고 주장하면서 원형의 작용을 다음과 같이 설명하고 있다. 첫째, 원형은 거기에 내장되어 있는 프로그램에 따라서 인간의 정신 체계를 조건 짓고, 어느 방향으로 나아가게 하며, 유지시켜 준다. 둘째, 원형은 그에게 접수된 정보를 통해서 사람들의 정신 체계나 그의 환경에 어떤 문제가 생겼을 때 거기에 개입한다. 셋째, 원형은 사람들이 살고 있는 환경과 알맞은 원형적인 내용을 끄집어 내서 정보를 교환한다. E. Humbert, *Jung*(Paris: Eds. Universitaires, 1983), p. 107.

방식으로 사람들의 의식을 사로잡곤 한다.

원형의 특성에 관해서 융은 “대부분의 경우에 놀랄 만한 작용을 하는 것은 원형적 본성을 지니고 있는 내용이다. 때때로 영혼의 자율성은 사람들에게 내면적인 음성을 듣게 하거나 환상적 이미지를 보게 한다.”라고 말하고 있다.[83] 융은 여기에서 한 걸음 더 나아가서 신 체험이나 누미노제 체험 역시 원형 체험으로 해석할 수 있다고 주장한다. “암시나 모방에 의한 것이 아닌 종교적 회심은 대부분의 경우 내적인 어떤 자율성 때문에 생긴 것이다. 이 회심은 궁극에 가서 인격의 변화를 가져온다.”[84] 또한 융에 의하면 그림자나 아니마/아니무스, 자기나 노현자, 악마 등은 모두 원형이 의인화된 모습이다.[85] 원형적 이미지는 언제나 사람들에게 그 의미를 알려 주고자 하는 속성이 있기 때문에 그것이 여러 방식으로 나타났는데도 사람들이 그 의미를 파악하지 못하는 경우, 사람들은 원형에 사로잡히고 만다. 그래서 원형적 이미지와 만난 다음 가장 시급히 해야 하는 일은 우리 자아가 어떻게 그 비자아(le non-moi)와 직면할 것인가를 묻는 일이라고 융은 주장하였다. 왜냐하면 자아의 역할이 원형적인 힘을 의식화하고, 분화시키며, 자아에 통합시키는 일이기 때문이다. 원형이 가진 거대한 힘을 분화시키거나 통합할 수 있는 것은 우리가 원형의 상징적 이미지가 가진 의미를 올바르게 해석할 때뿐이다: “의식이 원형의 의미를 제대로 해석해 낼 때 지속적인 변환이 생겨난다.”[86] 그래서 융은 정신치료를 위해서 원형적인 이미지들이 가진 상징적 의미를 올바르게 해석해야 한다고 강조하였다.

83) GP, p. 302.
84) DM, p. 248.
85) MS, p. 712, p. 552. RC, p. 55. PI, p. 172.
86) MS, p. 394.

2. 자아와 그림자

1) 자아: 의식의 중심

의식과 무의식이라는 대극 옆에는 그에 못지않게 중요한 대극적 구조를 지닌 자아(le moi)와 그림자(l'ombre)가 있다. 융은 인간 본성은 자아의 원리와 본능의 원리 사이에서 격렬한 투쟁을 끝도 없이 하고 있다고 주장하였다. 자아는 한계를 가진 구조인 데 반해서 본능에는 한계도 없고 그 자체가 변화무쌍한 것이기 때문이다. 이 싸움에서 무대가 되는 것은 자아의식이다. 왜냐하면 자아는 언제나 의식적 행동의 주체이며, 중심이 되기 때문이다. 그림자는 물론 자기(soi)로부터 나오는 모든 정신 요소는 자아를 통해서 실행되기 때문인 것이다: "의식에 있는 중심으로서의 자아는 사람들이 자기 의지를 가지고 그에게 주어진 상황에 적응하려고 할 때 적응의 주체가 된다."[87)]

이 세상에 적응하기 위해서 자아가 여러 행동을 할 때, 자아는 언제나 그의 인격에 계속성을 잃지 않게 해 준다: "나는 '자아'라는 말에서 의식 영역의 중심을 이루고 있는 하나의 콤플렉스를 기대하고 있다. 자아는 내가 보기에 자기 자신에 대해서 높은 수준의 계속성과 정체성을 지니고 있는 것이다."[88)] 여기에서 융은 자아를 가리켜서 일종의 콤플렉스(complexe)라고 주장한다. 왜냐하면 자아는 어떤 사람이 '나는 어떤 사람이다.'라고 생각하는 모든 정신적 내용이 마치 핵(核)처럼 작용해서 그와 관계되는 요소를 그 둘레에 불러 모아 형성해 놓은 것이기 때문이다. 그래서 융은 자아는 유전적으로 물려받은 소질(dispositions héritées)과 무의식적으로 얻어진 인상(impressions)의 복합체로 구성되어 있다고 주장하였다.[89)] 다시 말해서 한 사람의 자아는 그에게 선천적

87) C. G. Jung, *Aïon*(Paris: Albin Michel, 1983), p. 18.
88) TP, p. 456.

으로 주어진 특성 위에 그가 이 세상을 살면서 자신은 어떤 사람이라고 생각하면서 덧붙여 놓은 요소들이 합쳐져서 형성한 정신적 복합(複合)이라는 것이다. 그런데 콤플렉스의 한 부분으로서 자아는 결코 인격 전체를 대표할 수 없다. 의식의 주체로만 작용할 수 있을 뿐이다. 융은 우리 인격 전체를 대표하며, 인격의 중심이 되는 것은 자아를 무한하게 초월하는 자기(le Soi)라고 주장하였다.

2) 자아의 작용

그러면 자아는 어떤 일을 하는가? 융은 자아가 하는 일에는 다음 네 가지가 있다고 주장하였다.

첫째, 자아는 한 사람이 그의 환경에 적응하게 해 준다. 인간의 삶이란 그에게 주어지는 환경에 끊임없이 적응해 가는 과정이다. 주체와 대상 간의 관계는 언제나 서로가 서로에게 적응하는 방식으로 이루어진다. 왜냐하면 이 둘은 서로 만나서 서로를 변화시키기 때문이다. 이때 자아는 이 과정에서 매우 중요한 역할을 수행한다.

둘째, 자아의식은 행동의 주체가 되어 사물을 인식하게 해 준다. 융은 사람들이 이 세상을 살면서 하는 모든 일은 자아를 통해서 이루어진다고 주장하였다. 그 이유는 어떤 일이 자아를 통해서 이루어지지 않을 경우 그것은 지금 우리에게 그렇게 지각된 방식으로 경험되지 않고, 무의식에 떨어져서 지금과는 전혀 다른 방식으로 작용할 것이기 때문이다.[90] 자아는 한편으로는 감각 기능의 작용에 의해서 지각된 정보들과 다른 한편으로는 그가 과거의 삶을 통해서 형성해 놓은 이미지를 기반으로 해서 작용한다. 이 세상에 있는 그 어느 것도 자아의식의 개입 없이 포착될 수 없다. 따라서 자아의 인식 기능은 무엇보다도

89) PE, p. 52.
90) TP, p. 441.

중요하다. 융은 자아의 인식은 정신치료에서도 대단히 중요하다고 주장하였다. 왜냐하면 정신병리적인 문제의 대부분은 환자가 자신의 무의식적 동기를 알지 못할 때 생겨나기 때문이다: "어떤 사람이 자기 자신에 관해서 더 잘 알고 그 인식을 토대로 해서 행동한다면, 그의 개인무의식에 집단적 무의식의 내용이 뒤범벅되어 있었던 것들이 사라진다."[91] 그러므로 사람들이 자신의 무의식에서 요구하는 것이 무엇인지 알지 못하고, 의식의 일방성을 따라서 살면 병적인 삶을 살지만, 무의식의 요구를 인식하고 그것을 따르면 정신치료가 이루어지는 것이다.

셋째, 자아는 인격 발달의 주체로 중요한 기능을 수행한다. 자아는 그의 외부에 있는 대상을 인식하고, 어떤 것과 다른 것 사이의 차이를 구별하며, 그것들을 여러 가지 방식으로 적절하게 변형해 가면서 필요한 것을 그의 내면에 통합시킨다. 이 과정을 통해서 자아의식은 점차 확장되고, 전일성에 도달하게 된다. 이때 자아의식은 그가 비자아적인 요소, 즉 무의식적인 정신 요소와 밀접한 관계에 있다는 사실을 깨닫게 된다. 자아의식이 이 관계에 대해서 의식화하면 의식화하게 될수록 비자아적인 요소가 가진 누미노제적인 힘은 점점 더 약화되고, 자아의 기능은 안정되어 간다. 자아는 그에게 주어진 삶의 과제를 제대로 완수할 수 있게 되며, 한 사회의 구성원으로서 올바른 기능을 수행하게 되는 것이다: "자아가 그동안 잃어버렸던 정신 요소를 다시 찾아서 동화시키고, 통합시킬 수 있게 되면 자아 영역은 더 확장될 수 있으며, 삶의 지평은 더 넓어진다."[92]

넷째, 자아는 콤플렉스나 원형 등 인간의 정신을 구성하고 있는 요소들이 의인화되어 나타날 수 있는 무대 역할을 한다. 무의식은 그 자체가 무의식적이기 때문에 이 세상에 드러나려면 자아의 도움을 받아야 한다. 그래서 그림자나 페르조나, 아니마/아니무스는 물론 모성 콤플렉스, 부성 콤플렉스 등은 자아를

91) DM, p. 99.
92) HS, p. 99. cf. RC, p. 458.

통해서 드러날 수밖에 없다. 마찬가지로 인간 정신의 궁극적인 목표인 자기(自己) 역시 자아를 통해서 실현된다. 자아가 없다면 이 요소들은 드러날 방도를 찾지 못하는 것이다.[93] 그런데 자아가 이 정신적 요소들의 실현 무대가 되는 동안 자아는 자신보다 더 큰 요소들과 동일시하게 되는 위험에 처하기도 한다. 왜냐하면 자아는 다른 콤플렉스들과 마찬가지로 자율성을 지니고 있어 그 큰 정신 요소를 무조건 동일시하려고 하기 때문이다. 이러한 동일시는 정신을 위축시키며, 자아를 집단적 무의식에 깊숙이 잠겨 있는 삶의 원천에서 단절시키고 만다. 왜냐하면 자아는 결코 인격 전체를 나타내지 않기 때문이다.[94]

자아의식이 정신의 전체와 동일시하려고 하면 할수록 자아와 인간의 정상적 본능 사이에는 골이 깊어진다. 그래서 분석심리학자인 아들러(G. Adler)는 사람들이 삶의 전체 표상을 보지 못하고 자아의식에만 일방적으로 관심을 기울이고, 자아의식이 원하는 것만 하려고 할 때 그들은 삶의 권태를 느끼게 되고, 그 삶은 위험에 빠지게 된다고 주장하였다: "권태란 우리 삶에 새로운 것이나 건설적인 것이라고는 아무것도 주지 못하고, 아무 자극도 줄 수 없는 것을 말한다. ……자신의 본능적 뿌리와 단절되어 있을 때 소외감과 불안정감이 생기고, 내면적으로 비어 있는 느낌을 가지게 된다."[95] 왜냐하면 자아가 삶의 모든 역동성의 원천이고, 창조성의 근원이며, 삶 자체이기도 한 본능과 단절되기 때문이다. 이 점에 대해서 프랑스의 융 학파 분석가 윔베르(Humbert) 역시 동의하고 있다: "나르시스는 자기를 찾으려고 너무 탐욕스럽게 달려들었기 때문에 모든 것으로부터 두려움을 자아내는 모습만 보았다. 융 역시 사람들에게는 그를 사로잡고 있는 자아에의 집착이라는 위험한 요소가 있음을 발견하였다."[96]

93) 그래서 융은 자아와 자기의 관계는 환자와 의사 또는 대상(objet)과 주체(sujet)의 관계와 같은 것이라고 주장하였다. 왜냐하면 아무리 자기의 결단에서 나오는 결정일지라도, 그 안에 반드시 자아의 상황이 반영되어 있기 때문이다. RC, p. 281.

94) 이에 관해서 융은 "인간의 정신 현상 전체는 결코 자아와 같은 것이라고 말할 수 없다. …… 자아와 구별되는 더 큰 어떤 것이다."라고 말하고 있다. *Aïon*, p. 17.

95) G. Adler, *op. cit.*, p. 101. p. 245.

96) E. Humbert, *op. cit.*, p. 69.

그러므로 사람들은 자아에만 사로잡혀 자아의 탐욕이나 집착에서 벗어나지 못하는 삶을 살 것이 아니라 그들의 삶에는 자아보다 무한히 너른 영역이 있다는 사실을 깨닫고, 그 삶의 소명을 들어야 한다.[97]

3) 그림자와 억압

그림자는 자아의식의 반대편에 있는 정신 요소로서, 자아가 그 존재에 대한 인식을 거부하기 때문에 자아의 반대편에 생기게 된 정신의 한 요소다. 융에 의하면 그림자는 사람들이 가장 쉽게 접근할 수 있는 무의식의 요소이며, 분석할 때도 가장 먼저 만나게 된다: "왜냐하면 그림자의 대부분이 개인무의식으로 구성되어 있기 때문이다."[98] 그림자는 보통 다른 사람들에게 투사되어 자아를 왜곡시키고, 자아를 어려움에 빠뜨린다. 우리가 그림자의 존재를 알게 되는 것은 실제로는 우리에게 속한 것이지만, 우리가 우리 이웃에게 투사해 놓은 악(惡)을 통해서다. 다시 말해서 우리에게 인색하고, 탐욕스러운 부분이 있을 때, 우리는 그것들이 결코 바람직한 성향이 아니기 때문에 종종 우리 자신도 그럴 수 있으리라고 생각하기보다는 다른 사람들이 그렇다고 흉을 보는 경우가 많다. 그들을 흉보는 순간, 잠시 우리는 그렇지 않다는 착각에 빠질 수 있기 때문이다. 따라서 그림자는 우리 인격에 있는 부정적이며 열등한 측면과 우리가 받아들이기 어려운 부도덕한 요소로 구성되어 있다: "내가 '그림자' 라고 부르는 것은 사람들의 인격 가운데서 열등한 측면을 가리킨다. 그림자의 가장 낮은 차원의 것은 동물의 본능과 구별하기 매우 어렵다. ……사람들이 그림자를 인식하지 못할 때, 그것은 본능의 냉혹하고 위험한 양상을

97) cf. 융은 개성화(individuation)는 자아에 매달리는 개인주의(individualism) 같은 것이 아니라고 주장한다. "개성화에는 두 면이 있다. 하나는 통합을 위해서 내면적이며 주관적으로 나아가는 과정의 측면이고, 다른 하나는 다른 사람들과 관계를 맺는 독립적이며 객관적인 측면이다. 이 두 측면은 떼려야 뗄 수 없는 관계에 있다." PT, p. 96.

98) *Aïon*, p. 20.

지니게 된다. ……그리하여 참을 수 없을 정도로 잔인한 일을 저지를 수 있게 된다."[99)]

그러므로 그림자에 사로잡혀 있는 사람은 흔히 그 안에 정동적 특성이 짙게 배어 있는 어둡고 잔인한 성격을 드러내게 된다. 융이 그림자에서 특히 주목하는 것은 그림자가 가지고 있는 정동적 특성 때문이다. 왜냐하면 그림자는 사람들에게 억압되거나 무시된 정신적 요소로 구성되어서, 그 안에 정동적 특성을 담지 않을 수 없기 때문이다: "감정이란 보통 사람들이 적응을 제대로 하지 못할 때 생겨나며, 어떤 약함이나 열등성을 드러낸다. ……감정이 거의 또는 전혀 통제되지 않는 상황에서 사람들은 어느 정도 원시인처럼 행동하게 되는데, 원시인은 수동적 측면에서는 이런 것들에 사로잡혀 살고 있으며, 능동적 측면에서는 도덕적 판단을 하지 못하면서 행동하고 있다."[100)] 그래서 그림자는 사람들을 그렇게 괴롭히게 된다. 어느 누구도 자기가 이웃 사람에게 투사시킨 그림자의 정동에서 벗어나지 못한다. 어떤 사람이 이웃 사람에게 자신의 그림자를 투사시켰을 때, 그는 그의 그 특성이 더 밉고, 더 참을 수 없다고 생각되는 것이다.[101)] 그림자에는 어두운 측면이 많이 있기 때문에 사람들이 자기 환경에 적응하는 데 많은 어려움을 준다. 그래서 융은 사람들이 자신 속에 있는 그림자를 제대로 인식하지 못하고 다른 사람에게 투사시키기만 할 때, 그들은 자신에게 주어진 환경에 제대로 적응하지 못하고, 그 환경으로부터 소외받게 된다고 주장하였다. 왜냐하면 그가 그의 환경과 맺는 관계는 진정한 것이 아니라 환상적 관계이기 때문이다.

융은 그림자에는 두 가지 측면이 있다고 주장하였다. 하나는 개인적 측면이

99) *Ibid.*, p. 254.

100) *Ibid.*, pp. 20–21.

101) 그래서 우리가 어떤 사람이 고집불통이고 독선적이라고 몹시 미워할 때, 우리는 우리의 그림자를 그에게 투사시켜 놓고 그 사람을 미워하는 것인지도 모른다. 왜냐하면 우리에게 있는 무의식 요소를 다른 사람에게 투사시킬 때, 그 요소는 비정상적으로 과장되게 느껴지고 우리 신경을 몹시 거스르기 때문이다.

고, 다른 하나는 집단적 측면이다. 개인적 측면에서의 그림자는 한 사람의 삶에서 어떤 정신적 요소들이 받아들여지지 않고 거부되거나 억압되어서 그에게 개인적 어둠을 만들어 내는 것이고, 집단적 측면에서의 그림자는 한 사람이 태어날 때부터 선천적으로 가지게 되는 열등하고 어두운 정신적 소질로, 인류에게 공통적으로 존재하는 어둠인 것이다. 악마라든지 마술사 등은 집단적 측면의 그림자가 의인화되어 나타난 것이라고 융은 주장하였다.[102] 개인적 측면의 그림자건 집단적 측면의 그림자건 간에 그림자는 사람들에게 많은 어려움을 만들어 낸다.

그림자가 표출되는 방식은 두 가지다. 첫째, 내적 형태로서 꿈에 나타나는 이미지를 통해서고, 둘째, 외적 형태로서 투사를 통해서다. 그림자는 꿈속에서 꿈꾼 사람과 같은 성(性)을 가진 이미지로 나타난다. 특히 열등하거나 사악한 인물로 나타나는 동성의 이미지는 꿈꾼 사람의 그림자가 의인화된 모습이다. 따라서 꿈에 나타난 동성의 이미지가 가진 상징적 의미를 해석해 보면 자신의 그림자를 인식할 수 있다. 다른 한편 그림자는 투사를 통해서 표출된다. 즉, 자기에게 있는 어떤 특성이 다른 사람에게 투사되는 것이다. 따라서 자신이 어떤 사람의 어떤 인격적 특성에 대해서 유난히 민감하게 반응한다면, 그것은 자기의 그림자에 대한 반응일 수 있다.[103] 왜냐하면 인간의 병리적 요소는 항상 과장되게 나타나기 때문이다. 다시 말해서 어떤 사람에게 있는 어떤 부정적 요소에 정도 이상으로 화를 내거나 정도 이상으로 미워한다면, 그것은 거기에 나의 그림자가 덧붙여 있기 때문에 과장되게 반응하는 것이다.

---

102) cf. J. Jacobi, *Psychologie de C. G. Jung*, pp. 173-174. F. Fordham, *Introduction à la Psychologie de Jung*, p. 53.

103) 야코비는 이 외에도 그림자가 나타나는 방식이 있다고 다음과 같이 말하고 있다. "그러나 그림자는 우리가 그것을 원하지도, 감안하지도 않았던 순간에 우리 행동을 통해서 더욱더 자주 나타난다. 말하자면 우리에게 반항하는 것이다. 우리는 우리가 격노하고 있고, 예의 없으며, 부주의하다고는 생각하지 않는다. 그러나 그림자에 사로잡히면 우리는 그렇게 된다." J. Jacobi, *op. cit.*, p. 173.

4) 그림자의 작용

그림자가 사람들의 삶에 장애가 되는 것에는 두말할 나위가 없다. 왜냐하면 그림자는 사람들에게 엉뚱한 순간에 엉뚱한 행동을 하게 해서 그동안 자아가 현실적 상황과 맞서서 해 놓은 모든 작업을 쓸모없게 만들어 버리기 때문이다. 그러나 이 세상에 그림자를 가지지 않은 사람은 한 사람도 없다. 자아의식의 대극으로서의 그림자는 우리 인격의 또 다른 부분을 형성하기 때문이다. 그러나 그림자는 그렇게 나쁜 것만은 아니다. 융은 그림자가 나쁘기만 한 것이라면 우리가 그림자 문제로 그렇게 골치를 썩일 필요가 없다고 주장하였다. 왜냐하면 우리가 그림자를 억누르기만 하면 되기 때문이다. 그래서 융은 "머리를 자르는 것이 두통에 대한 올바른 치유법이 아닌 것처럼 그림자를 억누르기만 하는 것 역시 그림자 문제에 대한 올바른 해결책이 될 수 없다."[104]라고 주장하였다.

그림자가 인격의 한 부분을 형성하고 있다는 것은 틀림없는 사실이다. 왜냐하면 그림자는 자아의 반대편에서 자아가 담지 못하는 것들을 담은 채 의식화되기만 기다리는 인격의 또 다른 부분(alter ego)이기 때문이다. 따라서 그림자는 언제나 우리 삶에 참여할 기회만 엿보고 있다. 그러므로 우리는 그림자를 우리 인격에 통합해야 하는 도덕적 책무를 지고 있다: "우리는 우리의 과거, 즉 원시적이고, 열등하며, 탐욕적이고, 정동적인 존재로부터 떠났다. 그러나 우리가 이 짐에서 완전히 해방되려면 더욱더 많은 노력을 기울여야 한다."[105]

그림자는 완전히 나쁘기만 한 것이 아니다. 그림자에 열등하고, 유아적이며, 원시적 속성이 있다면, 그것은 그림자가 한 개인의 의식적인 삶의 영역에 참여할 기회를 얻지 못했기 때문이다. 그러나 우리가 우리 인격에 '또 다른 측면'이 있다는 사실을 깨닫게 되면, 우리는 그림자를 교정할 수 있다: "그림자가 우리의 또 다른 관심의 중심에 놓이면, 그림자는 변화된다."[106] 사실 우리가 다른

104) PER, p. 154.
105) PER, p. 153.

사람에게 투사시켜 놓았던 우리의 그림자를 거두어들이면, 그림자에 부어졌던 파괴적 에너지는 긍정적 에너지로 변환될 수 있다. 그림자를 억압하지 않고, 그것을 인식하고 우리 인격에 통합해야 하는 이유가 거기에 있는 것이다. 그러므로 우리는 모든 힘을 다해서 우리 내면에 있는 모든 정신적 요소를 통합해야 한다: "그림자를 동화시킴으로써 우리는 새로운 몸을 얻게 된다. 본능이 가진 동물적 측면과 원시적이며 고태적인 정신이 의식이라는 빛 아래 놓이는 것이다. 그것들은 이제 더는 허구(虛構)나 환상이라는 방식으로 억압되지 않게 되는 것이다."[107] 그림자를 통합시킴으로써 자아의식은 더 넓어지고, 더 풍부해진다. 이에 따라서 우리 삶은 더욱더 안전해지고, 더 밝아진다. 그래서 융이 말하는 그림자를 나타내는 가장 좋은 말은 '내가 살지 않은 정신 요소(unlived factor)'라고 할 수 있다.

억압은 정신적 문제를 치료하는 데 결코 도움을 줄 수 없으며, 오히려 모든 정신적 문제의 근본 원인이 된다. 왜냐하면 억압은 정신 에너지를 퇴행시켜 우리 정신 깊은 곳에 숨어 있던 원시 이미지를 다시 불러일으키기 때문이다. 따라서 우리는 그림자와 함께 살 수 있는 방법을 발견해야 한다.[108] 우리가 우리 속에 있는 그림자를 인식할 때 우리는 좀 더 겸손해질 수 있으며, 우리 본성의 바닥 모를 심연 앞에서 두려움을 덜 느끼게 된다. 그래서 이 세상을 대하는 태도가 달라지고, 우리 자신은 물론 다른 사람들의 잘못이나 악에 대해서 좀 더 너그러운 태도를 보일 수 있게 된다: "우리가 이 그림자(우리 본성에 있는 어두운 측면)를 볼 수 있다면, 우리는 모든 것을 지적이며 도덕적으로 판단하려는 태도에서 벗어날 수 있다."[109]

---

106) *Ibid.*, p. 153.

107) PT, p. 100.

108) 그래서 포댐은 자기에게 있는 그림자를 받아들이는 것은 용기가 필요한 도덕적인 행위라고 주장한다. 왜냐하면 그것은 자기 내면에 숨겨져 있는 열등한 요소를 인식하는 행위이기 때문이다. F. Fordham, *op. cit.*, p. 54.

109) HS, p. 85.

3. 외적 인격(페르조나)과 내적 인격(아니마/아니무스)

1) 페르조나: 외적 인격

융은 사람들이 그의 바깥 세계와 접촉하는 인격의 부분을 가리켜서 '페르조나'라고 불렀다. 페르조나란 이름 그대로 옛날에 사람들이 연극할 때 썼던 가면을 의미한다. 그러므로 그것은 한 사람의 진정한 자아를 가리키기보다는 자기에게 주어진 환경에 적응하면서 얻은 자아의 또 다른 측면을 가리킨다. 페르조나의 반대편에는 의식에 대한 무의식이나 자아에 대한 그림자처럼 하나의 대극쌍을 이루는 아니마/아니무스가 있다. 융은 페르조나나 아니마/아니무스가 활동하는 양상에 따라서 페르조나를 외적 인격, 아니마/아니무스를 내적 인격이라고 불렀다: "페르조나는 한 사람의 자아가 사회와 만나서 관계를 맺으며 형성하는 복합적인 전체를 가리킨다. 페르조나는 궁극적으로 그에게 주어진 목적에 적응하고자 하는 것으로서, 일종의 가면을 가리킨다. 사람들은 그것을 쓰고, 그 속에 빠져들어 가며, 자기도 모르는 사이에 그에게 사로잡힌다."[110)] 따라서 페르조나에는 집단적인 부분이 감추어져 있지만 사람들에게 개인 행동을 한다는 착각을 가져다준다: "가면이라는 것은 본래 가면을 쓴 사람이나 다른 사람들에게 어떤 사람이 지금 한 개인으로서 행동하고 있다고 생각하게 하지만, 사실상 그는 그에게 주어진 역할을 수행하는 것으로서 집단정신의 명령을 이행하고 있는 것이다."[111)]

한 사회는 사람들에게 맡은 바 임무에 충실할 것을 기대하고 요청한다. 사람은 그에게 주어진 책무를 다해야 사회에 제대로 적응할 수 있다. 이렇게 페르조나는 한 사람의 사회적 삶을 위해서 꼭 필요하며, 사회와 그를 이어 주고 있

110) DM, 147. cf. DM, pp. 147-153.
111) *Ibid.*, p. 82.

다. 그래서 우리는 어떤 사람이 페르조나를 제대로 발달시키지 않고, 자기 신분에 어울리지 않는 행동을 해서 놀라게 되는 경우가 종종 있다: "그런 사람들이 이제 다시금 자기 삶에 적응하는 방법을 배우려고 할 때, 그들은 삶의 가혹함에 짓눌리고, 인간의 삶에서 나올 수 있는 모든 고통을 피할 수 없게 되며, 결국 삶에 절망하게 된다."[112] 페르조나는 한 사람이 사회생활을 하면서 그에게 주어지는 사회적 기대와 역할을 수행하기 위해서 하는 어떤 것이지 그의 진정한 자아를 나타내는 것이 아니다. 그래서 융은 페르조나에는 집단적 특성이 있으며, 한 개인과 사회의 타협물이라고 주장하였다: "페르조나에는 실질적인 것이 하나도 없다. 그것은 다만 자아와 사회 사이의 타협일 뿐이다."[113] 페르조나는 자신의 진정한 모습을 희생시킨 바탕에서 형성되기 때문에 어떤 사람이 자아를 페르조나와 너무 동일시할 때 그의 진정한 자아는 희생되고 만다. 그래서 어떤 사람이 자기 환경에 재빨리 적응하고, 페르조나와 너무 동일시하게 될 때, 그는 어떤 면에서 아주 어리석은 사람처럼 보일 수도 있다.

우리가 페르조나라는 가면 뒤에 숨어서 이 세상과 접촉할 때, 우리의 '개인적인 삶'은 찾아볼 수 없게 되며, 우리는 삶의 진정한 모습에서 점점 더 멀어지게 된다: "이 세상이 어떤 사람에게 그의 가면과 그 자신을 동일시하라고 집요하게 요청하고, 그가 그 유혹에 굴복하면 그는 그의 내면에서 나오는 부정적 영향에 넘겨지고, 그 희생자가 되고 만다."[114] 그러므로 어떤 사람이 자기에게 주어진 외적 환경과 접촉하면서 겉으로 너무 강한 모습만 취한다면, 그의 마음 깊은 곳에서는 그것과 정반대로 무의식에서 나오는 영향 때문에 약한 모습을 띠게 된다: "다른 사람들이 보기에 어떤 사람이 흔히 말하듯이 '강한 사람'이나

112) *Ibid.*, p. 166.

113) *Ibid.*, p. 82. cf. 야코비는 페르조나에 다음과 같은 세 가지 측면이 있다고 주장하였다. 첫째, 페르조나에는 모든 사람이 지니고자 하는 바람직한 이미지 또는 이상 자아의 측면이 담겨져 있고, 둘째, 한 사회가 그 사회를 위해서 각 사람들에게 행하도록 요청하는 일반적인 이미지가 담겨져 있으며, 셋째, 한 사람의 자아와 그에게 주어진 환경에 의해서 부과된 이상의 실현을 제한하는 육체적이고 정신적인 어떤 타협의 산물인 측면이 있다. J. Jacobi, *op. cit.*, pp. 55-56.

114) DM, p. 151.

'철인(homme de fer)'처럼 느껴질 때, 그 사람은 내면적으로 자기 감정에 휘말리기 쉽고, 그 영혼도 매우 유약하기 쉽다. 마치 어린아이와 같은 상태에 빠지는 것이다."[115] 사회적으로 바람직하다고 생각되는 페르조나가 내면적으로 유약한 모습에 의해서 보상(報償)되는 것이다. 다시 말해서 어떤 사람이 남성적 강함만을 추구할 때, 그의 내면에서는 여성적 약함이 자라나 아니마의 지배 아래 쉽게 빠지는 것이다. 그래서 융은 사람들이 너무 그의 페르조나와 동일시하지 말아야 한다고 강조하였다: "자신의 페르조나와 너무 동일시하여, 그 삶이 페르조나의 영역에서만 이루어지는 사람들에게는 내적 삶이 거의 없는 것처럼 생각된다."[116] 그러나 현대사회에서는 사람 자체가 중요시되는 것이 아니라 그에게 어떤 재능이 있느냐, 그가 어떤 기능을 하고 있느냐는 것이 더 중요시된다: "집단적 문화에서는 사람이 문제시되지 않고, 그가 하는 일이 문제시된다."[117] 따라서 사람들은 그의 무의식 깊은 곳에서 나오는 요청을 무시하고 점점 더 그의 페르조나와 자기 자신을 동일시하려고 한다.

하지만 우리가 그런 삶을 살 때 우리에게는 다음과 같은 두 가지 상황이 벌어지게 된다고 융은 경고하였다. 첫째, 우리 자신을 페르조나와 동일시하려고만 할 때, 페르조나는 다른 모든 무의식적인 요소들과 마찬가지로 자율성을 지니게 되어서 자아가 쉽사리 페르조나가 자신의 진정한 인격이라고 믿게 된다. 이에 따라서 자아는 점점 더 위축되고 약화되고 만다. 둘째, 페르조나와의 일방적인 동일시는 더욱더 나쁜 결과를 가져와 사람들을 신경증으로 몰아넣을 수도 있다: "사람들이 자신을 자신의 거짓 인격과 동일시하여 자신으로부터 소외될 때, 처벌받지 않고 해를 받지 않을 수 없는 것이다."[118] 그러므로 융은 사람들이 자신의 자아와 페르조나, 아니마/아니무스를 분화시키고, 그 차이를 인식하여 어느 것 하나와 자신을 완전히 동일시하지 않고 그 모든 것을 올바르

115) *Ibid.*, p. 151.
116) *Ibid.*, p. 167.
117) TP, p. 73.
118) DM, p. 150.

게 발달시켜 나가야 한다고 강조하였다. 그렇게 해야 사람들은 외적 삶에서 요청하는 것과 내적 삶에서 요청하는 것 사이에서 균형을 맞춰 나갈 수 있기 때문이다.

2) 아니마/아니무스: 내적 인격

앞에서도 말했듯이 아니마/아니무스는 페르조나를 보상하는 정신적 요소다. 페르조나가 한 사람이 보통 그의 외부 상황과 맺고 있는 외적 태도와 연관된 정신 요소라면, 아니마/아니무스는 그가 그의 내면세계와 맺고 있는 내적 태도와 연관된 정신 요소다. 사람들이 그에게 주어진 외적인 환경에 적응하려고 노력할 때, 그의 내면에서는 인류가 생겨났을 때부터 존재해 왔으며, 각 사람들에게 유전적으로 전해진 또 다른 정신 요소인 아니마/아니무스가 발달한다. 그 요소는 남성 속에서는 여성의 이미지로, 여성 속에서는 남성의 이미지로 나타나 그가 지금 그의 영혼과 어떤 관계를 맺고 있는가 하는 것을 그에게 알려 준다. 아니마/아니무스가 한 사람의 자연적인 성(性)과 반대되는 성의 모습으로 나타나는 것은 페르조나의 대표적인 것이 그의 성적 역할이기 때문이다. 그래서 외적 인격(persona)이 남성인 사람의 내적 인격(anima)은 여성적 특성을 띠며, 외적 인격(persona)이 여성인 사람의 내적 인격(animus)은 남성적 특성을 띠는 것이다.

그림자가 꿈을 꾼 사람과 같은 성으로 인격화되는 것과 달리 내적 인격은 꿈을 꾼 사람과 다른 성으로 인격화된다. 꿈꾼 사람이 남성일 때 그 사람의 꿈에서 여성으로 나오는 인물은 그의 아니마이고, 꿈꾼 사람이 여성일 때 그의 꿈에서 남성으로 나오는 인물은 그의 아니무스인 것이다. 융은 내적 인격의 역할은 세 가지가 있다고 주장하였다. 먼저 아니마/아니무스는 사람들에게 이성(異性)에 관해서 알게 해 주며, 이성과의 관계를 형성할 수 있게 해 준다고 주장하였다. 왜냐하면 아니마/아니무스는 인류가 태초에서부터 이성들과 맺었던 관계에서 형성된 집단적 무의식의 한 요소이기 때문이다. 그러므로 사람들에게 아니마/아니무스가 없다면, 사람들은 이성에 대해서 알지도 못하고, 같이 살 수도 없는 것이다.

다음으로 우리는 아니마/아니무스를 통해서 그 사람의 영혼 상태에 대해서 알 수 있다. 즉, 어떤 사람의 영혼의 상태인 내적 인격이 잘 발달되어 있으면 그의 꿈이나 환상 속에서 아니마/아니무스가 긍정적이고 발달되어 있는 모습으로 나타나지만, 그렇지 않은 경우 그의 아니마/아니무스는 열등하고 비천한 모습으로 나타난다. 그래서 융은 아니마/아니무스를 가리켜서 영혼의 이미지(l'image de l'âme)라고 불렀다.

마지막으로 아니마/아니무스는 궁극적으로 자아를 자기(自己)에게 인도한다. 자기는 개성화 과정의 마지막 단계에서 자기가 실현되는 방향으로 나아가게 해 주는 것이다. 아니마/아니무스가 사람들의 영혼의 이미지이고, 내적 인격이기 때문에 사람들이 자신의 내면을 잘 들여다보면, 그들은 자신의 인격을 잘 통합하게 되는 것이다. 그래서 융은 아니마/아니무스를 영혼의 안내자(guide of soul)라고 하였다.

아니마/아니무스는 원형 가운데 하나로, 유전적으로 전해진다고 융은 주장하였다: "이 이미지는 아주 먼 옛날부터 무의식적으로 유전되어 살아 있는 어떤 체계 속에 아로새겨진 집적물이다. 또한 이 이미지는 여태껏 남성이 여성과 가졌던 경험, 그리고 남성이 여성에게 받았던 모든 인상이 유전적으로 전해져 내려와 여성에게 정신적 측면에서 어떻게 반응할 것인가를 결정하게 하는 일종의 유형(type)인 것이다."[119] 여기에서 우리는 아니마/아니무스가 한 사람의 개인적 자아를 벗어나 역사적이며, 객관적 방식으로 전달되는 정신 요소라는 사실을 알 수 있다.[120] 모든 원형이 그 자체로서 유전적으로 전해지는 어떤 특별한 표상(表象)이 아니라 그 속이 비어 있는 어떤 소질(素質)이기 때문에 모든

119) PM, p. 173. cf. DM, p. 143.

120) 그래서 융은 아니마/아니무스의 불멸성(immortalité)을 주장하고 있다: "불멸성이란 무엇보다도 먼저, 그리고 아주 단순하게 말해서 한 사람의 의식의 경계를 뛰어넘는 정신적인 작용을 하기 때문이다." DM, p. 144, p. 321.

사람은 자신의 정신 상태에 따라서 이 틀을 채워 나갈 수 있다: "이 이미지들은 가능성의 상태로 존재하는 것이기 때문에 사람들에게 그 결정적인 내용에 이르기까지 주어져 있는 것이 아니다. 따라서 사람들은 이것을 비어 있는 어떤 틀로 생각해야 한다. ……이 이미지들은 사람들에게 남아 있는 어떤 구조이지 경험 그 자체는 아닌 것이다."[121] 따라서 이 이미지는 우리가 이성과 접촉할 때 우리로 하여금 어떻게 접촉할 것인가 하는 것을 안내해 주고, 우리의 경험을 담을 수 있게 하는 그릇이 된다. 융은 그들의 페르조나가 원래 로고스(logos)적 특성을 띠고 있는 남성의 아니마는 그것과 반대되는 에로스(éros)적인 특성을 지니고, 그들의 페르조나가 원래 에로스적인 특성을 띠고 있는 여성에게서 아니무스는 로고스적 특성을 지닌다고 주장하였다: "다른 사람들과 관계를 맺게 해 주는 기능인 에로스는 일반적으로 남성에게 로고스보다 더 발달되어 있지 않다. 이와 반대로 여성에게는 로고스가 별로 발달되어 있지 않다."[122]

이런 특성을 지닌 아니마/아니무스의 형성에는 부모의 영향도 많이 작용한다. 그 이유는 한 사람이 성장하는 과정에서 부모의 영향은 절대적이기 때문이다. 그러므로 아니마/아니무스는 우선적으로는 집단적 무의식의 원형으로, 다른 한편으로는 부모와의 경험을 토대로 형성되는 것이다. 그러나 부모의 이미지는 나이를 먹어 감에 따라서 점차 극복되어야 한다. 특히 사춘기 무렵이 되면 청소년은 부모의 이미지를 의식적으로 지우려고 한다. 그래서 부모의 이미지는 의식에서 점차 거부당하고 억압되는 반면, 무의식에 남아서 사람들의 아니마/아니무스 형성에 많은 영향을 끼치게 된다: "남성의 무의식은 여성적이며, 아니마에 의해서 의인화되어 나타난다. 또한 아니마는 소위 '열등한' 기능을 나타내고, 도덕적으로 종종 의심스러운 특성을 나타내기도 한다. 자연히 악을 나타내게 되는 것이다."[123] 아니마/아니무스가 열등하거나 부정적인 모습

121) DM, pp. 142-143.
122) *Aïon*, pp. 27-28. cf. MS, p. 317.
123) PM, pp. 197-198. cf. MS, p. 102, p. 712.

으로 나타나는 것은 아니마/아니무스가 그 자체로 열등하거나 부정적인 것이 아니라 그것이 오랫동안 억압되어 있기 때문이다.

현대사회에서는 여성의 수용적이고 부드러운 측면보다는 남성의 정력적이고 강력한 측면, 특히 용기와 야심을 더 바람직한 것으로 여기는 경향이 있다. 그에 따라서 아니마 성향과 특성은 자연히 경원시되거나 억압되고 있다: "자제(自制, la maîtrise de soi)는 남성에게 가장 요청되는 이상적 덕성이다. 사람들은 그의 감정을 억압해야 이 이상에 도달할 수 있다. 감정이란 특히 여성적 덕성(la vertu)이고, 남성성에 도달하기 위해서 사람들은 그가 가지고 있는 모든 여성적 특성을 억제해야 하는 것이다."[124] 이렇게 될 때 아니마/아니무스는 왜곡된 모습으로 나타난다: "아니마는 종종 비합리적인 감정으로 구성된 여성의 원시적인 이미지로 나타나며, 아니무스는 여러 개념을 그 속에 포함하고 있는 남성의 원시적인 이미지로 나타난다."[125] 그래서 아니마/아니무스는 사람들에게 어려움을 불러일으킨다. 자율성을 가진 무의식 요소들은 사람들이 자신에게 그런 요소가 있다는 사실을 알지 못할 때, 의인화되는 경향이 있기 때문이다. 따라서 아니마/아니무스도 쉽사리 여성/남성에게 투사되거나 꿈이나 비전, 환상 등을 통해서 여성적 모습이나 남성적 모습으로 나타난다. 그리스 신화에서 에로스의 화살을 맞았다는 말인, 첫눈에 반했다는 말을 분석심리학적으로 말한다면 자기 내면에 있는 아니마를 사랑하는 여자에게 투사하고 거기에 사로잡혔다는 말이 된다. 이때의 투사는 전혀 의식적인 것이 아니라 무의식에서 즉각적으로 튀어나와 이루어진 것이다. 그래서 화살에 맞은 사람은 더 열정적으로 돌진하게 된다. 아니마/아니무스는 개인 차원에서는 꿈이나 환상 속에서, 집단 차원에서는 신화, 설화, 영화, 소설 속에서 공주, 청순한 소녀, 마귀할멈,

---

124) PM, p. 55. cf. 마리 루이즈 폰 프란츠는 이에 관해서 다음과 같이 말하고 있다. "의식에서 남성적인 측면이 발달하는 것이 인류 역사상 무엇보다도 중요한 일이었는데, 그것은 무엇보다도 무의식에서 여성적인 측면이 발달하게 되는 보상의 토대 위에서 이루어진 것이다." M. L. von Franz, *op. cit.*, p. 245.

125) PM, p. 57.

매춘부나 왕자, 소년, 마술사, 원시인 등으로 나타난다.[126)]

남자들이 아니마에 사로잡힐 때, 그들은 소위 '악감정(animosité)' 상태에 빠진다. 따라서 우울해하거나 막연하게 불안에 사로잡혀 있거나 막연한 동경에 빠져서 현실 감각을 잃게 된다. 때로는 허영에 들뜨거나 감수성이 매우 예민해지며, 색정적인 공상에 자주 빠져든다: "악감정(animosité)이라는 말은 바람직하지 못한 정동 상태라는 의미 이외에 다른 의미로 쓰이는 것이 아니다."[127)] 마찬가지로 여자가 아니무스에 사로잡힐 때, 그들은 자기주장이나 고집, 비난, 잘못된 의견을 굽힐 줄 모르는 것 등을 특성으로 갖게 된다. 그러나 그들은 자신의 생각이 객관적으로 옳으며, 다른 사람들도 모두 그렇게 생각한다는 착각에 빠져 있다. 그네들이 바꾸어 먹을 수도 있는 자신의 생각을 개진하는 것이 아니라 집단적인 견해(opinion)의 뒷받침을 받고 있기 때문이다. 이것은 그들로 하여금 더는 다른 사람들과 올바른 관계를 맺지 못하게 한다. 이렇게 사람들이 아니마/아니무스에 사로잡힐 때 그들은 그 전까지 외부 환경에 잘 적응하던 페르조나를 잃게 되고, 위기에 빠지게 된다.

아니마/아니무스는 집단적 무의식에 속한 원형의 하나로서 초개인적인 것이며, 그 자체로서는 선한 것도 아니고, 악한 것도 아니다. 아니마/아니무스가 사람들에게 악하게 작용하는 것은 그것이 인격의 다른 요소들과 분화되지 않았기 때문이다. 따라서 우리가 아니마/아니무스의 이미지가 우리의 내적 이미지를 반영하는 것이며, 그것들이 우리 내면을 구성하고 있다는 사실을 알지 못할 때, 우리는 아니마/아니무스의 부정적인 이미지에 사로잡히고, 그것이 가진 누멘적인 힘에 붙들려 어려운 지경에 빠지게 된다. 그래서 융은 사람들이 아니마/아니무스의 이미지를 객관화해야 한다고 강조하였다. 다시 말해서 현재 문제시되는 아니마/아니무스가 우리 내면을 구성하는 정신 요소임을 깨달

126) 아니마/아니무스는 이 외에도 동물이나 남성적인/여성적인 이미지를 가진 사물을 통해서도 상징적으로 나타난다. 특히 우리 의식으로부터 멀리 떨어져 있어서 의식화되기 힘든 것일수록 뱀이나 새 등 동물적인 것으로 나타난다. J. Jacobi, *op. cit.*, p. 180. G. Adler, *op. cit.*, p. 109.

127) PM, p. 55.

고, 그것이 우리에게 알려 주려고 하는 것을 객관적 모습으로 살펴보아야 하는 것이다. 아니마/아니무스는 우리 인격을 구성하는 한 요소이기 때문에 언제나 우리 인격과 하나가 되기를 바라며, 우리에게서 억압받거나 배척되는 것을 참지 못한다.[128)]

융은 사람들이 아니마/아니무스의 이미지와 직면하려면 먼저 그의 그림자를 극복해야 한다고 강조하였다. 왜냐하면 아니마/아니무스는 인격의 심층에서 여간해서는 잘 다룰 수 있는 것이 아니기 때문이다: "그러므로 아니마/아니무스의 투사를 의식하는 것은 그림자를 인식하는 것보다 훨씬 더 어려운 일이다. 그림자를 극복하려면 우리는 먼저 허영, 야망, 환상, 원한 등의 감정을 극복해야 한다. 그러나 아니마/아니무스의 투사를 극복하려면 우리가 도저히 파악할 수 없는 투사의 내용을 해석해 내야 하기 때문에 더 큰 어려움이 있다."[129)] 사람들이 그림자에 투사시켰던 에너지를 회수하면, 자아는 그 에너지를 자신의 인격을 발달시키는 데 사용할 수 있게 된다. 그래서 사람들이 자신의 그림자를 받아들일 때, 이제는 아니마/아니무스가 꿈의 이미지나 투사의 형태로 그 전보다 더 자주 나타나는 것이다. 그러면서 아니마/아니무스의 이미지는 사람들에게 그의 내면의 요청을 알려 준다. 아니마/아니무스가 사람들의 자아와 영혼의 중개자 역할을 하게 되는 것이다: "사람들이 아니마와 만나면 아니마에 담겨 있는 자의적인 힘은 사람들에게 인간의 정신에 있는 다른 질서를 예견하게 해 준다. 다시 말해서 아니마는 그의 본성을 뛰어넘어서 어떤 의미나 의도나 소질을 말해 주는 것이다."[130)] 따라서 "아니마의 내용은 알려지게 되고, 받아들여지며, 자아와 아니마 사이에 새로운 관계가 형성되는 것이다."[131)]

아니마/아니무스가 알려 주려는 의미를 알게 되면 알게 될수록 아니마/아니무스의 억압적이고, 사람을 어느 방향으로 내모는 특성은 사라지게 된다. 그

128) PT, pp. 173-174.
129) *Aïon*, p. 31.
130) RC, p. 48.
131) DM, p. 170.

결과 사람들은 자신의 감정과 정동을 좀 더 잘 다스릴 줄 알게 된다. 사람들은 그들의 내적 인격(아니마/아니무스)과 올바른 관계를 맺게 되면서 정신이 더 안정되고, 영적인 삶의 진전이 이뤄지는 것이다. 그래서 융은 아니마/아니무스 이미지와의 만남을 통해서 '영적인 아이'가 탄생하게 된다고 주장하였다. 그래서 융은 사람들이 그의 영혼의 이미지와 만나는 순간부터 그는 인격의 성숙을 향해 나아가는 인생의 후반기에 접어들게 된다고 주장하였다.

4. 심리학적 유형

융은 인간의 정신에는 또 다른 대극의 쌍이 있는데, 사람들이 이 쌍 가운데서 어느 한 요소만 일방적으로 발달시킬 때, 커다란 정신적 문제에 봉착하게 된다고 주장하였다. 이 대극의 쌍은 사람들이 외부 세계에 있는 대상이나 자신의 내면세계에 대해서 습관적으로 작용하고, 반응하는 정신 활동의 유형에 따라서 형성된다. 융이 인간의 정신 유형에 관심을 가지게 된 것은 그와 프로이트나 아들러가 너무 다른데, 그 이유가 무엇일까 하고 깊이 생각하였기 때문이다. 심층심리학의 선구자들인 그와 프로이트, 아들러는 똑같은 인간의 정신 현상을 바라보았는데 그 관점이 너무 달랐던 것이다. 그래서 그는 인간의 정신사에서도 명목론과 실재론이 계속해서 대립되는 입장을 펴 온 것을 보았으며, 그가 치료하는 환자들 가운데서도 서로 뚜렷하게 대조되는 두 유형이 있는 것을 알게 되었다. 히스테리 환자들과 치매 환자들 사이에는 그들이 자기 자신은 물론 외부에 있는 대상을 대하는 태도가 너무 다르게 나타났던 것이다. 히스테리 환자는 그 자신이나 외부 세계에 매우 감정적이고 민감하게 반응했지만, 치매 환자는 그 자신이나 외부 세계에 매우 무감각하고 무디게 반응하였다. 그래서 융은 이 사람들에게서 왜 이런 차이가 나타날까 하는 것을 살펴보았다. 그러면서 다른 사람들은 어떨까 하고 고찰하였다. 그 결과 그는 이런 차이는 이들에게서만 발견되는 것이 아니라 모든 사람에게서도 발견되는 것임을 알게 되었다. 어떤 사람들은 바깥 세계에서 일어나는 사건에 관해서 매우 민감하게 반응하는 반면에 다른 사람들은 바깥 세계에서 일어나는 일에는 전혀 관심이 없고 자기 내면세계에만 몰두하는 것을 발견했던 것이다. 그래서 그는 그의 환자들뿐만 아니라 여태까지 살았던 많은 사람에 대한 기록을 분석해서 사람들이 자기에게 주어지는 삶의 과제에 반응하는 양식은 특정하게 분류할 수 있을 정도로 몇 가지 유형으로 나뉠 수 있다는 사실을 알아내고, 그것을 인간의 심리학적 유형(type psychologique)이라고 불렀다:[132] "유형(type)이란 어떤 일반적인 태도가 특별한 모형을 통해서 나타나는 것을 말하는데, 이 태도는 각 사람을 통해서 여러 형식으로 나타난다."[133]

사람들에게서 정신 유형은 매우 뚜렷한 방식으로 나타난다. 그들이 접하는 외부 상황이 아무리 달라질지라도 그들은 언제나 같은 방식으로 그들에게 주어진 상황에 대처하는 것이다: "꿈을 분석하면 언제나 두 유형의 사람을 만나게 되는데, 많은 사람이 같은 성격 유형 또는 두 가지 서로 다른 성격 유형에 속해 있다는 사실은 대단히 중요한 사실이다."[134] 융은 먼저 사람들의 성격 유형을 나누면서 그 기준을 사람들이 그들에게 주어지는 외부 상황에 어떻게 반응하는가, 다시 말해서 사람들이 외부 상황에 어떤 태도를 보이면서 반응하는가 하는 것으로 잡으면서 그것을 가리켜서 정신적 태도(l'attitude psychologique)라고 불렀다. 융에 의하면 사람들에게 정신적 태도는 타고나는 것으로서, 사람은 한 살이나 한 살 반 무렵이 되면 벌써 외부 상황에 어떤 특별한 태도 유형을 가지고 반응하게 된다고 주장하였다.

융은 정신적 태도에는 두 가지가 있다고 말했다. 하나는 내향적 태도이고, 다른 하나는 외향적 태도다. 그런데 융이 말하는 내향성과 외향성은 우리가 일

132) 융은 여러 학자의 학설이 다른 것도 그들의 정신 유형이 서로 달라서 관점이 다르기 때문이라고 주장하면서, 터툴리안(외향성)/오리겐(내향성), 괴테(외향성)/쉴러(내향성), 기독교(외향성)/영지주의(내향성) 등의 사례를 설명하였다. TP, pp. IX-XXV.

133) TP, p. 477.

134) HS, p. 59.

상생활에서 쓰는 내향성, 외향성과는 의미가 조금 다르다. 우리가 일상생활에서 쓰는 단어에서 내향성이 바깥 세계에 제대로 적응하지 못하며, 수줍어하고, 소극적인 태도를 가리키고, 외향성은 바깥 세계에 적응도 잘하고, 활발하며, 적극적인 태도를 가지고 사는 유형을 가리키는 데 반해서, 융은 내향적인(l' introverti) 사람들은 그들에게 주어지는 대상보다는 주체를, 객관적인 정신 과정보다는 주관적인 정신 과정을 더 중요하게 생각하는 사람들을 가리킨다고 주장하였다. 이런 사람들에게서 정신 에너지는 언제나 행위의 대상(objet)에게 주어지지 않고, 행위의 주체(sujet)에 모아진다.[135] 그들은 가치 판단을 할 때, 언제나 그들의 내면에 초점을 맞추지 그들의 밖에 있는 다른 사람들은 별로 참고 대상이 되지 않는 것이다.

이와 반대편에 있는 외향적인(l'extraverti) 사람들은 언제나 행위의 주체를 행위의 대상에 종속시킨다. 중요한 것은 항상 바깥세상의 관심이나 평판 또는 객관적 대상이다. 그들에게 내면세계는 문제 되지 않는다. 그들에게 주관적 정신 과정은 객관적 사건에 비하면 언제나 피상적이고 걸리적거리는 부수물에 불과한 것이다. 내향적인 사람이 외부 상황 변화에 둔감하게 반응하는 데 반해서, 외향적인 사람은 상황 변화에 민감하고, 사람들의 인기나 평판에 대단히 예민하게 반응한다. 그래서 다른 사람에게 선물을 할 때도 내향적인 사람들은 그 선물을 받는 사람이 그것을 좋아할까 좋아하지 않을까 하는 것은 생각하지도 않고 그 선물에는 어떤 의미가 담겨 있다는 것을 생각하는 데 반해서, 외향적인 사람들은 선물의 의미보다는 선물을 받는 사람이 그것을 좋아할까 좋아하지 않을까 하는 것을 중심으로 해서 선물을 고른다.

융이 정신적 태도의 분류 기준으로 삼은 것은 사람들의 관심의 방향, 즉 리비도의 진행 방향이었다. 그러나 그는 곧 이것만으로는 사람들의 정신 유형을

135) 마케도니아의 알렉산더 왕과 철인(哲人) 디오게네스는 외향성과 내향성의 가장 좋은 예가 될 것이다. 알렉산더가 세계를 정복하고, 외적인 삶에 관심을 기울인 전형적인 외향성의 사람이었다면, 알렉산더에게 바랄 것은 해를 가리지 말아 달라는 것밖에 없다고 한 디오게네스는 전형적인 내향성의 사람이었다.

구분해서 파악하기가 불충분하다는 사실을 알게 되었다: "그래서 나는 인간의 성격을 규정하는 또 다른 근본적 특성을 찾으려고 하였다. 그것은 각 사람들 사이에 있는 무한한 다양성을 찾아내는 데 어떤 질서를 제공해 줄 수 있는 특성이어야 했다."[136] 그 결과 융은 사람들에게는 정신적 태도 유형 못지않게 서로 다른 정신적 기능 유형이 있다는 사실을 발견하였다: "우리 실생활에서 발견되거나 발견될 수 있으리라고 생각되는 수많은 태도 가운데서 네 가지를 나누어 분류할 수 있는데, 그것은 인간의 근본적인 정신 기능인 사고(pensée), 감정(sentiment), 직관(intuition), 감각(sensation) 등을 따라서 반응하는 유형이다."[137] 융은 이것을 정신적 기능 유형이라고 불렀다. 정신적 태도가 사람들의 리비도가 어느 방향으로 흐르는가에 따라서 분류한 것이라면, 정신적 기능은 사람들이 자기에게 있는 정신 기능 가운데서 어떤 기능을 주로 사용하느냐 하는 것에 따라서 분류하는 것이다. 정신적 기능들은 언제나 정신적 태도에 속해서 나타난다. 다시 말해서 사고형이나 감정형은 그 사람이 외향성 유형이냐, 내향성 유형이냐 하는 것에 따라서 외향적 사고형이나 내향적 사고형 등으로 나타나는 것이다: "어쨌든 나는 내향성이나 외향성 등의 태도 유형을 기능 유형보다 상위에 놓고 분류해야 할 필요성을 인식하였다."[138]

융은 심리학적 유형에 관해서 자신의 이론을 개진하면서, 심리학적 유형이란 이론적인 것이지, 실제적인 것은 아니라는 사실을 강조하였다. 다시 말해서 우리가 사람들을 좀 더 잘 이해하기 위해서 잠정적으로 어떤 사람에게는 어떤 정신적 태도나 기능이 좀 더 두드러져 보이고, 다른 사람에게는 또 다른 정신적 태도나 기능이 좀 더 두드러져 보인다고 말할 수 있을 뿐이지, 어떤 사람은 내향성이고, 또 다른 사람은 외향성이라고 해서 그런 것이라고 단정적으로 말할 수는 없다고 강조하였던 것이다. 왜냐하면 모든 사람은 본래 전인(homme

136) HS, p. 60.
137) TP, p. 476.
138) TP, p. 476.

total)이라서 그에게는 모든 정신적 태도나 기능이 들어 있으며, 그 사람에게 어떤 태도나 기능이 두드러져 보일지라도 그와 반대되는 태도나 기능 역시 그의 인격을 구성하고 있으며, 언젠가는 그것들이 나타나 작용할 것이기 때문이다.

1) 정신적 태도 유형: 내향성과 외향성

정신적 태도 유형은 사람들이 외부 대상에 대해서 취하는 특별한 태도에 따라 구분된다고 융은 주장하였다. 어린아이들은 유아 시절부터 그에게 다가오는 외부 상황에 적응하기 위해서 가장 익숙한 방식으로 대처하면서 어떤 특정한 특별한 태도를 형성한다. 사람들이 어떤 한 가지 태도를 발달시킬 때 그것과 반대되는 태도는 억압될 수밖에 없으며, 그에게서 정신적 균형이 깨어진다. 융은 사람들이 이 두 가지 태도를 모두 균형 있게 발달시켜야 한다고 강조하였다. 내향적인 사람에게서는 행위의 주체가 언제나 모든 관심의 초점이 되는 데 반해 외향적인 사람에게는 행위의 주체가 이차적인 것일 뿐 행위의 대상이 그의 관심을 잡아당기는 자석 역할을 한다: "내향적인 태도는 어느 정도 추상적인 것이다. 내향적인 사람의 목적은 마치 외부 대상이 가지고 있는 강력한 힘을 경계해야 하는 것에 있는 듯 그 대상으로부터 리비도를 제거하려고 한다. 반면에 외향적인 사람의 태도는 좀 더 적극적이다. 그들은 그의 주관적인 태도를 언제나 그 대상에 맞춰 나가야 한다고 강조한다. 그들이 보기에 그 대상은 충분히 존중받지 못하기 때문에 언제나 중요하게 생각돼야 하는 것이다."[139]

이런 이유 때문에 외향적인 사람의 자아는 항상 변화되지만, 내향적인 사람의 자아는 외적인 환경의 변화에 관계없이 언제나 굳건하게 유지되고 있다: "내향적인 사람에게는 자아에 대한 생각이 언제나 계속성을 가지고 있으며, 의식에서 지배적인 위치를 차지하고 있지만, 외향적인 사람들에게는 대상과 맺

139) TP, p. 323.

고 있는 관계의 계속성이 언제나 더 중요하게 생각된다. 따라서 자아에 대한 생각은 부차적인 것이 되고 만다."[140] 그러므로 외향적인 사람은 언제나 자신을 드러내려고 하며, 새로운 상황에도 쉽게 맞춰 갈 수 있고, 관계도 재빨리 맺을 수 있다. 그러나 내향적인 사람은 언제나 무엇인가를 모두 털어놓지 않은 채 자신을 드러내고, 무엇인가 곰곰이 생각하며, 우물쭈물하는 경우가 많다. 언제나 자신을 기꺼이 내주지 않으며, 대상 앞에서 자신을 숨긴다. 늘 자기 자신을 방어하는 것이다: "내성적인 사람에게는 곰곰이 뒤돌아보는 본성이 많이 작용한다. 그들은 행동하기 전에 언제나 이럴까, 저럴까 하고 재보고, 생각하는 것이다. 이와 반대로 외향적인 사람은 이 세상과 좀 더 적극적인 관계를 맺고 있다. 말하자면 이 세상이 그를 끌어당기고 있는 것이다."[141] 현대사회가 내성적인 태도보다는 외향적인 태도를 훨씬 더 높이 평가하고 있지만 융은 사람들이 어떤 한 태도 유형만을 일방적으로 발달시킬 때 내적 분열이 생겨난다고 강조하였다. 그가 발달시키지 않은 다른 태도가 그의 내면에서 그림자가 되어 억압되기 때문이다. 따라서 융은 이 두 태도가 균형 있게 발달하여 통합되어야 온전한 인격을 이룰 수 있다고 강조하였다.

내향적인 사람은 먼 미래를 위해서 언제나 그가 현재 또는 현재와 맺고 있는 관계를 희생시키려고 한다.[142] 그래서 융은 내향적인 사람은 그의 의식적인 의도 때문에 이웃들이 명확하게 관찰하고 있는 것을 보지 못한다고 주장하였다. 말하자면 그는 그의 내면이라는 폭군에게서 해방되어야 하는 것이다.[143] 다른 한편 외향적인 사람에게서 가치는 항상 대상과의 관계 위에 두어진다. 그 대상과의 개인적인 관계는 별로 중요하지 않은 것이다. 따라서 외향적인 사람들에게서 영적인 과정은 종종 무시되고 만다. 따라서 내향적인 사람과 외향적인 사

140) TP, p. 302.

141) PI, p. 105. cf. PI, p. 87.

142) PM, p. 166, p. 178.

143) TP, p. 146, pp. 162-164. 융은 또한 내향적인 사람 가운데는 소위 '완전주의자' 라고 부르는 사람이 많다고 주장하였다. TP, p. 317.

람은 서로가 서로를 잘 이해하지 못한다. 내향적인 사람은 외향적인 사람을 피상적이거나 허풍쟁이라고 생각하는 반면, 외향적인 사람은 내향적인 사람을 나약하거나 고집불통이라고 생각한다. 우리는 우리 정신에서 무시된 요소들이 무의식적인 내용에 쉽게 오염되고, 정신적인 문제를 많이 불러일으킨다는 사실을 알고 있다. 그것은 정신적 태도 유형에서도 마찬가지다: "열등 기능의 근본적 특징 가운데 하나는 자율성이다. 그것은 독립적으로 존재하며, 사람들을 공격하고, 매혹시키며, 그 그물에 사로잡아 버린다. 그래서 사람들은 자신을 제어하지 못하게 된다."[144] 그래서 융은 "우리는 환자들이나 우리 자신에게서 제어할 수 없는 어떤 힘이 솟아 나와서 리비도를 내면으로 또는 외부로 흘려보내서 그 사람을 내향적이기만 한 사람이나 외향적이기만 한 사람으로 만드는 것을 본다."라고 말하고 있다.[145]

사람들을 일방적인 방향으로 내모는 힘이 강하면 강할수록 그 힘은 더욱더 악마적인 힘으로 작용한다. 그리하여 사람들의 정신 구조를 파괴하고, 주위 환경에 적응하지 못하게 한다. 따라서 사람들은 주위 환경에 더 잘 적응하기 위해서 일방적으로 발달시켜 왔던 어떤 태도 이외에 다른 태도 역시 그의 인격을 구성하는 또 다른 요소라는 사실을 깊이 인식하고, 그 요소까지 자기 인격의 일부로 받아들여야 한다: "일방성에서 벗어나려면, 우선 야만적인 태도를 벗어 버려야 한다. 그러기 위해서 사람들은 그의 내면에서 생기는 동기와 요청이 그의 본성에 속한 것으로서 다른 곳에서부터 오는 것이 아니라는 사실을 지각하고 깨달아야 한다."[146]

144) PI, p. 111.
145) TP, p. 202.
146) TP, p. 208.

2) 정신적 기능 유형

(1) 합리적 유형

사람들에게는 정신 활동을 할 수 있는 어떤 소질(disposition)이나 형식(forme), 다른 말로 표현해서 어떤 무의식적인 생각이 있다고 융은 주장하였다. 사람들이 생각하고, 느끼며, 직관하고, 감각할 수 있는 것은 바로 이 소질이나 형식 또는 무의식적인 생각 덕분이다. 이 네 가지 정신 기능은 다시 그 기능의 토대가 되는 바탕에 따라서 합리적 기능과 비합리적 기능으로 나뉜다: "합리적 정신 기능에는 사고와 감정이 있는데, 이 기능은 반성을 거친 숙고의 영향을 받은 것들이다. 이 기능들은 이성의 법칙과 부합되는 방식으로 작용하여 그 임무를 수행한다. 반면에 비합리적 기능은 직관과 감각처럼 순전히 어떤 것을 지각하는 목적을 수행하는 것들이다. 이 기능들은 행위의 주체 앞에 다가오는 모든 것을 온전하게 지각하기 위해서 가능한 한 합리적인 것이 배제되어야 한다."[147)]

융이 정신 기능 유형을 생각하게 된 것은 그가 환자를 치료하면서 사람들 사이에 많은 차이가 있는 것을 보고 나서였다: "나는 될 수 있는 대로 자기의 이성을 사용하지 않으려는 사람들이 놀라울 정도로 많다는 사실과 자신의 이성을 사용하기는 하나 놀랍게도 미련한 방식으로 사용하는 사람이 그만큼 많다는 사실에 항상 깊은 인상을 받아 왔다. 지적이며 빈틈없는 사람이 마치 자신의 감각기관을 사용하는 것을 배운 적이 없는 것처럼 살아가는 것을 보고 놀라지 않을 수 없었다. ……그들은 모든 상상을 버리고, 전적으로 자기 지각에만 의존하는 것처럼 보였다."[148)]

합리적 정신 기능에는 사고(pensée)와 감정(sentiment)이 있는데, 사고는 지적 활동을 통해서 이 세상을 파악하려는 정신 기능이다. 사람들은 사고 작용을

147) TP, p. 462.
148) HS, pp. 60-61.

통해서 그의 앞에 있는 사물이 다른 것과 어떻게 다른가 하는 것을 파악하여 그것이 무엇인가 알게 해 준다. 그래서 융은 사고란 어떤 대상이 무엇인가를 파악하게 해 주는 정신 기능이라고 주장하였다. 사고의 반대편에는 감정이라는 정신 기능이 있는데, 감정이 하는 중요한 기능은 평가하는 것이다. 즉, 감정은 어떤 것이 좋으냐/나쁘냐, 유쾌하냐/불쾌하냐, 받아들일 것이냐/거부할 것이냐 등 어떤 것의 가치를 평가하면서 합리적인 방식으로 이 세상을 파악하는 정신 기능인 것이다.[149] 현대사회에서는 다른 어떤 정신 기능보다 사고 기능을 가장 우위에 두고 있다. 그러나 다른 모든 대극의 경우에서와 마찬가지로 사고 기능이 일방적으로 발달하면 "감정의 기능은 제대로 발달하지 못하게 된다. 그 결과 감정 기능은 가장 원시적으로 되고, 다른 기능에 오염된다. 특히 비합리적이며, 비논리적인 기능에 감염된다."[150] 이렇게 되면 감정 기능은 인간의 정신에서 그 전까지 해 오던 정감적인(afffectif) 역할을 하지 못하고, 맹목적으로 된다. 그래서 감정은 실제로 일어나는 현상의 중요성을 파악하지 못하고 왜곡되고 만다. 억압된 감정이 보상받을 길을 감정을 왜곡시켜 찾게 되는 것이다. 여기에서 잘못된 일이 많이 생겨난다.

(2) 비합리적인 유형

비합리적 정신 기능에는 직관과 감각이 있다. 이 기능을 비합리적 기능이라고 하는 것은 이 기능들은 사고나 감정과 달리 판단(judgement) 기능이 아니라 지각(perception) 기능으로서 내적 상황이나 외적 상황 앞에서 자연발생적으로 생기는 기능이기 때문이다. 이 기능들은 이성에서 나온 것이 아니라 본성에서 나온 것이다: "이 기능들은 어떤 대상이나 그 대상과의 관계를 논리적으로 결

149) PM, 14. cf. 야코비는 합리적 정신 기능에 관해서 "이 두 정신 기능은 합리적 정신 기능이다. 왜냐하면 이 두 기능은 판단이나 평가를 하기 때문이다. 사고가 어떤 것이 진실이냐 허위냐 하는 관점에서 판단하거나 인식하는 기능을 수행한다면, 감정은 그것이 바람직한 것이냐 바람직하지 않은 것이냐 하는 것을 평가하고 있다."라고 말하고 있다. J. Jacobi, *op. cit.*, p. 34.

150) PM, p. 216.

정하여 반응하는 것이 아니라 우연히 지각된 대상에 반응하는 것이다."[151] 이 기능들은 비합리적인 기능이기는 하지만 이 역시 사람들에게서 일어나는 현상의 가치를 파악하는 기능이기 때문에 우리의 정신에 대단히 중요한 역할을 한다: "삶이란 때때로 어떤 법칙을 따르기도 하지만, 때로는 그 법칙에서 벗어나려고도 한다. 마찬가지로 때때로 합리적인 방식으로 이루어지지만, 때로는 비합리적인 방식으로 이루어지기도 한다."[152] 하지만 현대사회에서는 비합리적인 정신 기능을 무시하고, 합리적인 정신 기능, 특히 사고 기능만을 일방적으로 발달시키려고 한다. 그 결과 많은 정신병리적인 현상이 생겨나고 있다.

융은 직관이란 그 기능이 비록 우리의 지각을 통해서 신체 자극으로 전달되는 어떤 가능성을 파악하게 해 주지만, 그것은 사고나 감정이나 감각과는 다른 것이라고 주장하였다: "직관은 감각 지각에 더 가깝다. 그것 역시 정신적 원인이 아니라 신체적 원인으로 일어나는 객체적인 자극에 본질적으로 의존하는 만큼 역시 비합리적인 사건이다."[153] 직관의 반대편에는 감각이 있다: "감각은 밖에서 오는 신체 자극에 의해서만 반응하는 기능이 아니라 우리 내부의 기관의 변화에도 반응하는 기능이다. 감각은 무엇보다도 지각하는 기능이다. 즉, 감각 기관이나 '신체적인 신호'를 지각하는 기능인 것이다."[154] 감각 기능이 의식적인 지각 작용을 통해서 어떤 것이 있다는 사실을 알려 주는 기능이라면, 직관 기능은 무의식적인 지각 작용을 통해서 어떤 것의 배후에 깔려 있는 기원이나 목적을 알려 주는 기능이다.[155] 이 두 기능은 사고와 감정의 경우와 마찬가지로 서로 대극 관계에 있다. 어떤 사람에게 감각 기능이 발달되어 있으면,

151) TP, p. 455.
152) PI, p. 96.
153) HS, p. 61.
154) TP, p. 463.
155) PM, pp. 215-218. 융은 이 네 가지 기능을 모아서 이렇게 설명하고 있다: "감각은 우리에게 어떤 것이 있다는 사실을 알려 주고, 사고는 그것이 무엇인지를 알려 주며, 감정은 그것이 유쾌한 것인지 불쾌한 것인지를 알려 주고, 직관은 그것이 어디로부터 와서 어디로 가는지를 알려 준다." HS, p. 61.

직관 기능은 발달되지 않으며, 직관 기능이 발달한 사람에게서 감각 기능은 발달되지 않은 채 남아 있다.

사람들은 보통 그의 환경이 그에게 기대하는 것에 부응하기 위해서 그에게 가장 발달되어 있는 기능을 사용하려고 한다. 그 결과 그 기능은 많이 쓰여서 다른 기능보다 더 발달하게 된다. 그러나 융은 집단적 삶의 적응 때문에 발달되지 못하고 무시된 정신 기능은 개인의 삶에서 종종 매우 중요한 역할을 한다고 강조하였다: "잘 분화된 기능은 사람들이 집단적인 삶을 살기에 많은 가능성을 부여하고 있다. 그러나 개인적인 삶에서 필요한 만족과 삶의 기쁨은 주지 못한다."[156] 발달되지 않은 기능, 다시 말해서 열등 기능은 무의식에 섞여 유아적이고, 원시적이며, 본능적이고, 고태적인 특성을 띠게 되고, 기대하지도 않았던 순간에 갑자기 튀어나와서 사람들을 당황하게 만든다. 왜냐하면 "인간의 모든 정신 유형에는 그것의 일방적인 특성을 보상하고자 하는 독특한 성향이 있기 때문이다."[157] 그래서 융은 사람들이 그에게 있는 가장 발달해 있는 우월 기능과 일방적으로 동일시하지 말아야 한다고 강조하였다. 그럴 경우 무시된 정신 기능에서 리비도가 회수되어 그것이 무의식 속으로 들어가고, 무의식에서 자율성을 얻어 많은 문제를 야기하기 때문이다.

사람들의 인격 발달은 사실 그에게서 잘 발달된 우월 기능만 가지고 되는 것이 아니다. 오히려 그에게 있는 모든 정신 기능을 균형 있게 발달시켜야 가능한 것이다: "사람들이 어떤 기능만을 발달시킬 때, 다른 기능은 시들어 버리고 만다. 그때 그의 인격은 결코 통합될 수가 없다."[158] 그러므로 사람들이 그의 인격을 온전히 발달시키려면, 그는 정신 기능의 대극에서 해방되어야 한다. 정신분석을 통해서 사람들은 그가 일방적으로 발달시킨 정신 기능 때문에 야기된 정신적 문제를 인식할 수 있다. 사람들이 일단 자신의 문제를 인식했으면,

156) TP, p. 76.
157) TP, p. 6.
158) PM, p. 217.

그는 삶에 대한 태도를 변환시켜야 한다: "그것은 열등 기능에서 떠나 버리거나 그것에서 벗어나는 것이 아니다. 오히려 그 사실을 감안하고, 그것과 화해하는 것이다."[159] 자신의 열등 기능을 통합하는 것은 대단히 중요한 일이다. 왜냐하면 정신 발달은 정신 내부에 있는 모든 대극 요소가 조화를 이룰 때 이루어지기 때문이다. 이런 생각에서 융은 도교에서 말하는 '중용(中庸)의 도' 가 무엇보다도 중요하다고 강조하였다. 도(道)란 자신의 욕망을 따르는 것이 아니라 무위(無爲)를 따르는 것이다. 다시 말해서 자신의 본성을 따르는 것이다. 그런데 자신의 본성을 따르는 것은 그에게 본래 주어진 정신 요소 가운데서 어느 것 하나도 무시하는 것이 아니라 그 요소들까지 자신의 정신을 구성하는 요소로 받아들이고, 그 요소가 실현될 수 있도록 하는 것이다: "바람과 물결을 거슬러서 목표에 도달하려고 합리적인 방식으로 고집스럽게 나아가는 것은 우리 시대의 위대성이며 동시에 불행인데, 그런 길을 통해서는 결코 도(道)에 이르지 못하고 만다."[160]

---

159) PM, p. 78.
160) PM, p. 211.

제4장

융의 죄악관

1. 심리학적인 관점에서 본 악과 죄

1) 대극과 악

인간의 정신을 형성하는 대극 구조는 사람들에게 어려운 문제를 많이 불러일으키며, 때때로 그를 궁지로 몰아간다. 왜냐하면 대극의 쌍 가운데 어느 한 요소라도 그의 정신에 통합되지 못할 때, 무의식 속에 들어가 감정적 색조를 지니게 되고, 자율성을 얻게 되어, 자아의식과 무관하게 작용하기 때문이다. 그래서 융은 사람들에게 있는 이 대극 구조가 정신 관점에서 볼 때 악의 원인이 된다고 주장하였다. 실제로 대극의 쌍 가운데서 어떤 한 요소가 다른 요소보다 일방적으로 발달할 때, 그 반대편에 있는 요소는 열등하게 되며, 예기치 않은 순간에 적절치 못한 반응으로 사람들을 난처하게 만든다. 그러므로 우리는 융이 말하는 인간 정신의 대극 구조가 기독교 교리에서의 원죄와 유비적인 관계에 있는 것이 아닌가 하고 생각하게 된다: "그래서 기독교에서 인간의 죄,

더 나아가서 원죄(原罪) ……즉, 인간에게 있는 보편적인 양면성을 말하는 것이 아닌가 하고 생각하는 것이다."[1] 심리학적 관점에서 볼 때, 모든 악은 대극의 균형이 파괴될 때 생겨난다. 다시 말해서 여러 이유 때문에 그동안 잠재되어 있던 죄(le péché)가 리비도의 분출과 더불어 악(le mal)으로 발현되는 것이다. 융은 대극의 균형이 깨어지는 근본 이유를 다음과 같이 주장하였다.

첫째, 사람들이 자기 내면에 있는 어떤 정신적 요소의 존재를 알지 못하거나 그 요소를 무시할 때 그것은 무의식적인 것이 되고, 열등한 특성을 띠게 된다. 그것이 의식화되지 않아서 다른 정신 요소들과 분화되지도 않고, 더 세련되게 발달하지 못하기 때문이다: "우리 의식이 무의식의 내용을 동화시키지 못하면, 그 내용은 언젠가 분출돼 나오며 위협적인 상황을 불러일으킨다. 왜냐하면 이 요소들에는 태초의 고태적이며 혼돈스러운 특성이 남아 있기 때문이다."[2] 개인의 의식은 언제나 이 세상에 대한 적응 때문에 지금 당장 그에게 필요하지 않은 요소들에 관해서 무지하거나 무시하게 된다. 그리하여 이 요소들은 자아의식의 반대편에서 그림자를 형성한다: "억압되거나 가려진 인격의 부분인 그림자는 대부분의 경우에서 열등성을 띠게 되고, 감정적 요소를 담고 있으며, 죄의식을 지니게 된다."[3] 여기에서 우리는 융이 그림자를 죄나 악과 동일시하는 것을 보게 된다. 더 나아가서 그는 사람들이 보통 말하는 마귀나 악마 역시 심리학적인 관점에서 볼 때, 사람들에게 알려져 있지 않고 반쯤 어둠 속에 잠겨 있는 위험한 요소들이 형상화된 그림자 원형의 발현이라고 주장하였다. 왜냐하면 "악마란 의식의 흐름 속에 나타난 무의식적인 콤플렉스가 불현듯 분출된 것이며 무의식에 의한 간섭 이외에 아무것도 아니기 때문이다. 고대나 중세에서 사람들은 매우 심한 신경증적 문제들을 악마가 씌운 것이라고 생각하였다."[4]

1) PA, p. 28. cf. PI, p. 116.
2) MS, p. 665.
3) *Aïon*, p. 286.

앞에서도 언급했듯이 인간은 전인적 존재이며, 인간 정신은 언제나 '전인'을 지향한다. 따라서 사람들이 다른 정신 요소들을 무시하고 자아의식과만 동일시할 때 갈등이 생겨나며, 정신적 문제가 생긴다. 그래서 융은 사람들이 그의 무의식적인 요소를 무시할 때, 그의 본성에 있는 어떤 신비를 잃게 된다고 주장하였다: "그의 본성과의 접촉이 깨지고, 에너지가 사라져 버렸다. ……인간의 의식은 인간의 정신에 이런 활동이 본래 깃들어 있다는 사실을 알지 못한다."[5] 사람들이 어떤 정신적 요소들을 무시하거나 거기에 관해서 무지한 것이 심리학적인 관점에서 죄나 악으로 생각되는 것은, "그 어떤 정신적 가치도 그에 상응하는 다른 것을 대치시켜 놓지 않는 한 사라지지 않기 때문이다."[6] 다시 말해서 어떤 정신적 요소가 무의식화될 때 그 요소는 그에 알맞은 어떤 작용을 하는 것이다.[7] 따라서 어떤 사람이 그의 무의식에 관해서 별로 관심을 기울이지 않을 때, 무의식에서는 자아의식의 이 일방성을 보상하기 위해서 병적 에너지가 축적되며, 사람들은 병적인 상태에 빠진다: "의식과 무의식의 거리가 벌어지면 벌어질수록 ……이 이미지가 가지고 있는 내적 대극상도 벌어지게 된다. 그래서 사람들은 어떤 때는 마음씨 좋은 요정을, 또 다른 때는 심술궂은 요정을 보게 되는 것이다."[8] 이런 분열적인 상태에서 사람들은 병적인 환상에 사로잡히거나 예견하지 못했던 행동을 하게 된다.

---

4) TP, p. 107.

5) HS, p. 95, p. 98.

6) PM, p. 181.

7) 인간 정신에 있는 이 특성은 무의식의 자기 조절 기능(fonction régulatrice)인데, 이렇게 자기 조절이 가능한 것은 인간 정신의 대극 구조 가운데서 어떤 한쪽이 일방적으로 발달할 때, 그 반대편에 에너지가 쌓이고, 쌓인 에너지는 어느 순간 반대편을 향해서 나아가 전체적인 균형을 잡고자 하는 에난시오드로미(enantiodromie) 작용이 있기 때문이다. "억압된 내용이 가지고 있던 에너지는 억압하는 내용에 합쳐져 억압하는 내용은 상당히 그럴듯하게 여겨진다. 이런 에너지의 증가가 많아지면 많아질수록 억압하는 태도는 더욱더 열광적으로 변질되며, 결국 그 반대편으로 쏟아질 때까지 계속된다." RC, p. 545.

8) RC, p. 122.

둘째, 대극의 균형을 파괴하는 것으로서 융은 정신 활동의 일방성을 들고 있다. 정신 활동의 일방성은 위에서 고찰한 어떤 정신적 내용에 대한 무지나 무시와 쉽게 분간되지 않는다. 그러나 굳이 분간하자면 전자가 후자보다 의식적이거나 무의식적인 의도성이 더 많이 담겨 있다. 사람에게는 상황에 적응하기 위해서 그에게 좀 더 익숙한 어떤 정신 기능을 일방적으로 발달시키려는 성향이 있다는 것이다. 그러나 그때 다른 한쪽에서는 또 다른 기능이 무시되고, 발달할 기회를 잃고 열등해진다. 열등해진 기능은 상황에 적응하려는 노력에 저항하는 한편, 그것 역시 그의 인격을 구성하는 한 요소라고 집요하게 주장한다. 즉, 그의 인격에 통합되어야 한다고 강조하는 것이다: "일방성이 강해지면 강해질수록 그것은 악마적으로 된다."[9] 이때 사람들에게는 원시인이 그렇게도 무서워했던 '영혼의 상실(la perte de l'âme)', 즉 인격의 분열이나 의식 수준의 저하(l'abaissement du niveau mental)의 위험이 생기게 된다. 영혼의 상실, 즉 어떤 사람에게서 그의 인격의 일부를 이루던 것이 사라져 버리는 것은 그동안 그의 인격에 폭군처럼 군림해 왔던 콤플렉스가 소멸되는 것이며, 그 콤플렉스에서 해방되는 것이다. 그러나 동시에 그의 인격의 전체성은 억압되고, 그는 그가 살던 정상적인 길에서 벗어나게 된다. 또한 그는 어쩔 수 없이 모든 일방성이 가지고 있는 맹목성에 이끌려서 그 자신을 파괴시키는 행위를 하지 않을 수 없게 된다."[10] 이렇게 상황에 제대로 적응하지 못할 때, 사람들에게는 퇴행, 신경증, 정신병 등 수많은 문제가 생겨난다.

여태까지 우리는 모든 정신적 문제는 사람들이 자기 인격의 일부를 이루고 있는 어떤 정신적 요소를 인식하지 못하고 무시하거나 자기에게 있는 어떤 정

9) TP, p. 201.

10) TP, p. 219. 같은 맥락에서 융은 다음과 같이 말한다: "모든 중독은 그것이 알코올중독이 되었든, 아편중독이 되었든, 이상주의에 의한 중독이 되었든 좋지 않은 것이다. 사람들은 모름지기 대극들의 유혹에 빠져서는 안 된다." *Ma Vie*, p. 373. 또 융은 이렇게도 말한다. "마귀의 생각은 언제나 어떤 것을 가리켜서 '그것은 ……에 불과한 것이다.'라고 말한다. 이런 생각은 모든 존재하는 것을 원초적인 무(無)로 떨어뜨리고 마는 것이다." TP, p. 182.

신적 기능만 일방적으로 발달시킬 때 생겨난다고 주장하였다. 이때 사람들은 모든 악이 자기 내면에 있는 것이 아니라 자기 밖에 있는 것처럼 생각하게 된다: "내면적인 사실이 의식되지 못하면 그것은 밖에 존재하게 되어 마치 운명처럼 되고 만다. 다른 말로 해서 만약에 어떤 사람이 ……자기 내면에 대극적인 구조가 있다는 사실을 알지 못하면 그는 이 우주가 갈등을 이루고 있는 듯이 생각하고, 자신이 둘로 갈라져 있다고 생각하게 되는 것이다."[11] 그래서 융은 어떤 사람이 최고의 가치(선)와 최하의 가치(악)가 모두 그의 밖에만 존재한다고 생각하면 그의 영혼은 비게 되고, 그 빈틈을 병적인 것들이 채우게 된다고 주장하였다. 이때 그는 그에게 있는 병적 요소인 악을 통합시키지 못하게 된다. 왜냐하면 그가 그것을 모두 그의 밖에 투사시켜 버렸기 때문이다. 악은 모두 그의 밖에 있지 그에게 속한 것이 아닌 것이다. 그래서 그는 자기에게는 아무 잘못이 있을 수 없다고 생각한다. 나쁜 것은 언제나 그의 이웃이다. 이런 정신적인 그림자 속에서 무지에 의해서 억압되었든지 정신 기능의 일방성에 의해서 억압되었든지 상관없이 억압된 모든 정신적 요소들은 퇴화되어 사람들에게 악을 가져다준다. 따라서 그 악들은 사람들을 괴롭히고, 앞으로 나아가지 못하게 하며, 그들의 본성에서 벗어나게 한다: "도덕성(道德性)이란 밖에서 들어오는 것도 아니고, 힘에 의해서 부과되는 것도 아니다. 그것은 결국 사람들 속에 선험적으로 존재하는 것이다."[12] 자기 속에 있는 어둡고, 병적이며, 열등한 요소를 인식하고, 그것들에 직면해서 통합시킬 것을 융이 그렇게 강조하는 이유는 거기에 있다.

11) *Aïon*, p. 84.
12) PI, p. 59.

2) 악의 특성

융은 악을 경험적 입장에서 연구하였다. 따라서 악의 실존에 관한 형이상학적 측면은 그에게 관심의 대상이 될 수 없었다. 그는 다만 무엇을 악이라고 할 것인가, 악은 어떻게 존재하는가 하는 현상학적 문제에 관심을 기울였지 악의 본질에 관해서는 관심이 없었던 것이다.[13] 이런 관점에서 악을 연구했던 융의 악에 대한 생각을 요약하면, 그는 악을 상대적 관점에서 바라보았으며, 악을 실제적인 것으로 파악했던 것을 알 수 있다.

그는 어떤 것이 사람들과 관계를 맺기 전에는 어느 누구도 어떤 것이 선이고, 어떤 것이 악이라고 단정적으로 말할 수 없다고 강조하였다: "대극의 쌍들은 그것이 사람들의 행위의 영역이나 원망(願望)의 영역 안에 들어와야만 도덕적으로 인식될 수 있는 것이라는 사실을 잊지 말아야 한다. 그러므로 우리는 그것이 우리에게 받아들여졌을 때에만 어떤 것이 선이고, 어떤 것이 악이라고 정의 내릴 수 있는 것이다."[14] 사실 사람들은 어떤 것이 그에게 좋은 결과를 가져오면 그것을 선이라고 말하고, 그렇지 않으면 그것을 악이라고 말한다. 모든 것은 사람들의 반응에 따라서 결정되는 것이다. 그래서 우리는 종종 그 전까지 악이라고 생각했던 것이 선의 원천이 되고, 선이라고 생각했던 것이 악으로 작용하는 것을 종종 보게 된다. 그래서 융은 "어떤 선도 악과 직면하지 않고서는 더 큰 선이 될 수 없다."라고까지 말하게 된다.[15] 여기서 우리는 어떤 것이 선이고, 어떤 것이 악인가 하는 것을 판정하는 것은 사람들의 판단이라는 사실을 명확하게 보게 된다.[16]

그러나 융은 악의 실재에 관해서 결코 부정하지 않는다. 인간의 삶에는 악이 자리 잡고 있으며, 그 악이 많은 문제를 야기하고 있다는 사실을 그는 잘 알고

13) C. G. Jung, "Forward", V. White, *God and the Unconscious*, p. 18.

14) *Aïon*, p. 287.

15) PM, p. 298. cf. GP, pp. 51-84. 그러나 융은 절대적인 악, 즉 집단적 무의식에 있는 악도 있다고 주장하였다. 그것은 사탄, 악마 등으로 의인화된다.

있었던 것이다. 사실 우리는 사람들의 마음속에 분노, 증오, 질투 등을 불러일으키고, 때때로 유혹으로 다가와 올바른 삶을 살지 못하게 하는 악의 존재를 우리 곁에서 너무나도 많이 목도하고 있다. 또한 우리는 신경증이나 정신병으로 나타나서 사람들의 삶을 파괴하고, 집단 차원으로 나타나서 범죄를 일으키며 사회악을 조성하고 전쟁을 일으켜서 수많은 사람을 무의미한 살육으로 몰고 가는 악의 현상을 많이 목격하고 있다. 그래서 종교에서는 악의 상징에 관해서 특히 많이 언급하고 있다: "다른 한편 마귀가 자유 의지를 가지고 하나님에게서 떨어져 나왔다면 악은 사람들보다 먼저 이 세상에 존재하고 있었다는 사실을 말해 주는 것이다."[17] 융에 의하면 심리학적 관점에서의 악은 전인(全人)에서 분리되어 그의 인격에 통합되지 못한 요소들로 구성되어 있다. 개인들에게 악을 행하게 한다고 생각되는 악마나 마귀도 인간의 정신에 통합되지 못한 원형적 이미지인 것이다.[18] 융은 사람들에게 올바른 삶을 살지 못하게 하는 악의 활동에 충격을 받았다. 그래서 그는 사람들이 그들의 삶에서 작용하는 악을 극복하기 위해서는 악의 문제를 직시하고, 그들의 삶에 악이 존재한다는 사실을 인식할 것을 강조하였다.

그러나 그는 악이 실재하기는 하지만, 악에 어떤 본질이 있다고는 생각하지 않았다. 이 세상에 악이 실제로 존재하여 여러 어두운 문제를 불러일으키고, 사람들에게 말할 수 없는 고통을 주는 것은 틀림없는 사실이지만, 그것은 악에 어떤 본질이 있어서 그런 것이 아니라 악이라는 현상이 생겨나서 여러 가지 문제가 생기고, 고통이 찾아오게 된 것이다. 왜냐하면 악에 어떤 본질이 있다면,

16) 그러므로 우리는 여기에서 좀 다른 각도에서 살펴볼 때, 사람들이 어떤 정신적 요소나 삶에서 일어나는 사건을 받아들여서 그와 관계 맺으려고 하지 않을 때, 그것들은 악으로 되고 만다는 사실을 알 수 있다. 그 대신에 그것들을 받아들이고, 그의 인격에 통합할 때 그것들은 그의 인격에 긍정적인 영향을 끼치게 되고, 결국 선으로 변환되는 것이다.

17) *Aïon*, p. 63. cf. pp. 51-84.

18) PI, p. 172. 다른 한편 융은 악마란 신의 불완전성의 투사상이라고 주장하고 있다. 즉, 악이란 신이 그 자신에 대해서 불만족하고 있는 모습이 투사되어 만들어진 이미지라는 것이다. C. G. Jung, *Réponse à Job*(Paris: Buchet/Chastel, 1964).

우리 삶에서 악이 주도적으로 작용하는 것을 볼 수 있어야 하는데, 악은 주도적으로 작용하는 법이 없고, 언제나 이차적으로 생기기 때문이다. 사실 악은 어떤 본질에서 나와서 스스로 존재하는 것이 아니다. 오히려 사람들이 의지를 잘못 사용했다거나 어떤 현상이 너무 일방적인 방향으로 나아갔기 때문에 생기는 것이다. 그래서 융은 어거스틴이 말한 '선의 결핍(privatio boni)으로서의 악' 사상을 비판하고 있다. 왜냐하면 만약에 어떤 사람이 악이란 선이 결핍되어 있는 것이라고 주장한다면, 그 사람은 이미 악의 본질을 인정하기 때문이다. 즉, 그가 악을 선이 결핍되어 있는 어떤 것이라고 주장하는 순간에 그는 이미 선이 결핍되어 있는, 선과는 다른 본질로서의 악을 전제로 하기 때문에 잘못된 주장이라는 것이다.

그래서 융은 악은 선의 그림자라고 주장하였다. 악은 그 자체로서 어떤 본질을 가지고 독립적으로 존재하는 것이 아니라 선이라고 생각되는 것 때문에 빛을 받지 못하고 어둠 속에 남아 있는 것이기 때문이다. 예를 들어, 악이란 어떤 정신적 요소가 제대로 실현될 경우 사람들에게 선을 가져다줄 수 있는데, 여러 가지 이유 때문에 그러지 못해서 악으로 나타나는 것이라는 말이다. 그러므로 융은 우리 삶에서 악의 현상들이 여러 형태로 나타나서 사람들의 삶을 왜곡시키고 있지만 악의 본질을 인정해서는 안 된다고 강조하였다. 더구나 그는 우리 삶에서 악에 관한 모든 오해는 선의 결핍설 때문에 생겨난다고 덧붙였다.[19] 그러는 대신 융은 우리가 악을 극복하려면 악을 직시하고, 악을 우리 정신에 통합시켜야 한다고 강조하였다. 악은 삶에 대한 잘못된 태도에서 생겨나는 것이지 그 자체가 본질적으로 악한 것이 아니기 때문이다. 그러나 사람들은 악을 정면으로 응시하고 거기에 맞설 생각을 하지 못하고, 뒤로 물러서기만 한다. 그런 태도는 악을 더욱더 증가시킬 뿐이지 악을 근본적으로 극복할 수 있는 방법은 아니다.[20]

---

19) *Aïon*, pp. 74-84.

2. 악의 현상학

1) 콤플렉스

융은 개인무의식을 구성하는 요소를 콤플렉스라고 주장하였다. 다시 말해서 한 사람의 삶에서 생겨난 정신적 내용 가운데서 어떤 이유에서인지는 모르지만 의식에서 사라진 요소들이 무의식에 들어가 하나의 핵(核)을 형성하고, 그 주위에 그와 비슷한 내용을 끌어모아서 콤플렉스를 형성한다는 것이다. 그래서 융은 콤플렉스란 모든 사람에게 있는 정신적인 '초점'이나 '매듭'과 같은 것이라고 주장하였다. 그렇기 때문에 콤플렉스에는 흔히 언제나 갈등이 담겨 있으며, 왜곡된 에너지가 실려 있다: "넓은 의미에서 살펴볼 때 콤플렉스는 일종의 열등성을 드러낸다. 그러나 나는 열등감 자체 또는 어떤 사람이 열등감을 가지고 있다는 사실 자체가 그 사람이 열등하다는 사실을 나타낸다고는 생각하지 않는다. 그것은 단지 그 사람에게 어떤 분열되어 있는 것, 아직 동화되지 못한 것, 갈등 상태에 있는 것이 있다는 사실을 나타낼 뿐이다."[21]

융에 의하면 콤플렉스는 대부분의 경우에서 의식의 통제에서 벗어난 감정과 관념의 특별한 복합물이며, 자아의식에서부터 분리된 정신 요소다. 그래서 종종 자아의식의 작용을 방해한다. 어떤 사람에게 어떤 콤플렉스가 있을 경우 그것은 때때로 의식의 통제를 벗어나서 밖으로 튀어나와 사람을 난처하게 만든다. 융은 모든 사람에게는 여러 콤플렉스가 있으며, 콤플렉스를 가지고 있다는 사실이 항상 '병적인 상태'를 의미하지는 않는다고 주장하였다. 하지만 해결되지 않은 콤플렉스는 언제나 사람들의 삶에 많은 지체를 가져온다. 왜냐하면

20) 그러나 빅터 화이트는 기독교적인 관점에 서서 악을 극복하려면 악을 없애려고 하기보다는 하나님의 은혜의 힘에 사로잡혀야 한다고 강조한다. V. White, *op. cit.*, p. 99.

21) PM, p. 201.

'감정적 색조가 강조된 콤플렉스'는 고통스럽고 괴로운 사건이나 인상에서부터 생겨나기 때문이다. 그래서 융은 콤플렉스를 가리켜서 사람들에게 있는 '약점'이라고 생각하였다. 그러나 다른 모든 악과 마찬가지로 콤플렉스 역시 언제나 악한 것이 아니며, 어떤 결함도 아니다. 왜냐하면 콤플렉스가 없다면 사람들의 정신 활동은 멈춰 버릴 것이기 때문이다.[22]

무의식은 정신적인 의미가 담뿍 담겨 있는 정신의 핵이다. 그래서 우리는 콤플렉스의 도움으로 무의식의 내용을 파악할 수 있다. 프로이트가 무의식에 이르는 왕도(la voie royale)를 꿈이라고 주장한 데 반해서 융이 무의식에 이르는 왕도를 콤플렉스라고 주장한 이유는 그 때문이다. 융은 특별히 그 깊은 본성이 아직 규명되지 않은 콤플렉스에 담겨 있는 강력한 정신적 힘에 관심을 기울였다: "나는 특별히 연상 실험 과정에서 생겨나는 예기치 못했던 곤란의 원인에 내 관심을 집중시켰다. ……그런데 나는 그 곤란은 감정적 색채로 착색된 콤플렉스와 관계된 무의식 과정에서 생겨난다는 사실을 발견하게 되었다."[23] 감정적 차원은 콤플렉스의 독특한 특성이며, 콤플렉스가 작동할 수 있게 해 주는 중요한 동인(動因)이 된다: "콤플렉스는 그 안에 에너지를 담고 있는 정서적 긴장을 나타내고 있다."[24] 콤플렉스가 가진 정동적 특성은 대부분의 경우에 행위 주체의 의도와 그것에 거스르려는 외부 대상과의 부조화 때문에 생겨난다.[25] 콤플렉스에 이런 본성이 있으며, 이런 본성 때문에 사람들에게 때때로 정신적 문제를 불러일으키기 때문에 우리는 콤플렉스가 심리학적 의미에서 악과 같은 것이라고 생각할 수 있다. 그러면 콤플렉스는 어떤 것이며, 왜 사람들을 난처한 지경에 빠뜨리는가?

22) 앞에서도 말했듯이 자아의식 역시 그 주위에 있는, 그것과 비슷한 정신적 내용을 끌어들여서 형성한 일종의 콤플렉스라고 융은 주장하였다. EP, pp. 202-204.

23) PE, p. 14.

24) MS, p. 165.

25) 그래서 융은 이렇게 말한 바 있다: "콤플렉스는 자기 기분이 나쁠 경우 우리의 생각과 행동을 교란시키는 악마와도 같다. 고대인이나 중세인이 매우 심각한 신경증적 곤란을 악마에 사로잡힌 것으로 생각했던 이유는 그 때문이다." TP, p. 107.

융은 콤플렉스에는 세 가지 특성이 있다고 주장하였다. 첫째, 콤플렉스에는 정동적 특성이 있다. 둘째, 콤플렉스는 어떤 핵 주위에 그와 비슷한 내용을 가진 것들이 모여서 형성된 것이다. 셋째, 콤플렉스에는 자율성이 있다. 콤플렉스가 가진 이 세 가지 특성은 서로 서로 겹쳐 하나의 콤플렉스를 형성한다: "콤플렉스가 가진 상대적인 자율성이 그의 정동적(émotionnel) 본성에서 기인되는 것이라면, 그 자율성은 주로 감정적 내용을 담고 있는 하나의 핵 주위에 연상 작용에 의해서 모인 매듭을 통해서 표출되고 있다. 이 정동이란 개인적으로 획득한 것이어서 언제나 개인적 특성을 띠고 있다."[26] 콤플렉스의 특성을 좀 더 구체적으로 살펴보면 다음과 같다.

첫째, 콤플렉스에는 정동적 특성이 있으며, 이 점에 관해서는 이미 이야기한 바 있다. 콤플렉스가 그렇게 강력하게 작용해서 여러 문제를 불러일으키고, 사람들의 삶에서 콤플렉스를 하루빨리 해결해야겠다는 생각을 하게 하는 것은 콤플렉스에 정동적 특성이 있기 때문이다: "특별히 강화된 콤플렉스의 내용(감정적으로 강조된 콤플렉스의 내용)은 그와 비슷한 수많은 것에 반영되어 있는데, 이 대상들은 정신의 마술 행위 속으로 밀려 들어가고 있다."[27]

둘째, 콤플렉스의 중심을 이루고 있는 핵은 매우 강력한 가치와 에너지를 가지고 있기 때문에 그와 유사한 내용을 가진 것들을 잡아당기는 힘을 가지고 있다: "그것을 중심으로 해서 어떤 특별한 정신적 내용이 군집(群集)을 이루고 있다. 거기에서부터 콤플렉스가 생겨난다. ……이 군집은 단순히 사람들을 성가시게 하거나 흥분시키는 것이 아니다. 오히려 흥분된 정신적 내용으로 구성된 것이거나 어떤 중심이 되는 요소들에 의해서 이루어진 것이다."[28] 이 핵이 되는 요소는 마치 자석처럼 작용한다. 왜냐하면 그것이 다른 정신적 요소들을 그 중심에 끌어모으기 때문이다.

셋째, 콤플렉스에는 독자적인 실체가 있다. 따라서 그것은 자율성을 가지고

---

26) C. G. Jung, "Préface", J. Jacobi, *Complexe, Archétype, Symbole*, p. 5.
27) MS, p. 250.
28) EP, p. 28.

스스로 작용한다: "자율성을 가진 콤플렉스는 독자적인 법칙에 의해서 작용하고 있다. 콤플렉스는 기술적인 용어로 말한다면 독립적이고 자율적으로 작용하는 것이다."[29] 콤플렉스의 자율성 때문에 우리는 환자들이 자신의 자아의식과 완전히 분리된 채 이상한 증상을 나타내는 것을 볼 수 있다. 더구나 콤플렉스는 공포, 불안, 불면증 등을 통해서 환자들을 괴롭히고 있다. 융은 콤플렉스는 자아의식과 분리된 일종의 부분 인격이라고 주장하였다. 실제로 콤플렉스는 자아의식과 무관하게 인격화되어서 나타나는 경우가 많다. 이처럼 자율적으로 된 콤플렉스는 정신을 완전히 분열 상태로 몰고 가기도 한다. 특히 그것이 집단적 무의식의 내용과 뒤섞일 경우 병리적 특성은 더욱더 짙어진다: "병적인 경우에 콤플렉스는 강박증을 일으키거나 편집증적인 생각을 불러일으키기도 한다. 그래서 개인적인 삶을 살지 못하도록 제어할 수 없으리만큼 강력하게 작용하는 것이다."[30]

그러나 융은 콤플렉스가 언제나 나쁜 것은 아니라고 강조하였다. 왜냐하면 새로운 삶을 살 수 있게 하는 원천이 되기도 하기 때문이다. 실제로 콤플렉스는 무의식의 내용을 의식에서 깨닫게 하고, 그것이 사람들의 삶을 위해서 좋은 방향으로 변환시키기도 한다. 이렇게 되면 사람들은 그들이 배척해 버린 무의식의 내용을 깨닫고, 그것들을 다시 자신의 정신 전체에 통합할 수 있게 된다. 그러나 그렇게 하는 일이 결코 쉬운 일은 아니다. 왜냐하면 "우리가 알고 있듯이 콤플렉스는 사람들이 그것을 철저하게 체험해서 그것이 가지고 있는 모든 정신 에너지를 고갈시키기 전에는 극복되지 않기 때문이다."[31] 다른 한편 융은 우리가 콤플렉스의 핵을 깨뜨려 콤플렉스가 가진 파괴적 특성을 없애 버리려면 콤플렉스가 산출하는 이미지와 증상이 가진 의미를 상징적 방식으로 해석해야 한다고 강조하였다. 그런데 콤플렉스가 드러내는 이미지를 상징적으로

29) PM, p. 110.
30) MS, p. 269.
31) RC, p. 118.

해석하는 것은 콤플렉스 때문에 막혀 있던 정신 에너지의 물꼬를 트는 것을 의미하며, 콤플렉스에 담겨 있는 감정적 힘을 자아의식에 통합시켜서 그 힘을 콤플렉스로부터 벗겨 버리는 것을 의미한다. 이런 작업을 통해 사람들의 의식 영역은 점점 더 넓어지며, 그에 따라서 콤플렉스의 원천은 점점 더 말라 간다.

2) 억 압

융은 억압은 정서적으로 매우 고조된 상태로 존재하던 정신적 내용이 사라질 때 생기는 비정상적인 정신 과정으로, 이때 사라진 내용은 다시 재생되지 못하고 무의식의 영역에 머무르게 된다고 주장하였다.[32] 이때 억압되는 것들은 주로 사람들의 생각, 바람, 욕망, 정서 및 기타 모든 정신적 성향인데, 그것들은 그 내용이 너무 고통스럽거나 비도덕적인 것이어서 사람들의 의식과 같이 할 수 없는 것들이다. 따라서 그 내용은 무의식으로 들어가고 사람들의 의식에는 병리 증상이나 병적 환상으로밖에는 떠오르지 못한다. 융은 억압(repression)은 억제(suppression)와 조금 다른 정신 과정이라고 설명하였다. 억제가 의식적이며 도덕적 결단으로 어떤 내용을 의식에서 지워 버리는 작용으로 지워 버린 내용을 언제나 다시 떠올릴 수 있는 과정인 데 비해 억압은 사람들의 도덕적 의지와 관계없이 작동되며, 그 내용이 재생될 때도 심한 저항에 부딪히게 되는 정신 과정을 의미한다. 그래서 융은 억제보다 억압이 정신건강에 훨씬 더 문제가 된다고 강조하였다: "억제는 사람들에게 걱정, 근심을 불러일으키고, 갈등이 생기게 하며, 때때로 고통을 가져다준다. 그러나 억제가 신경증을 일으키는 법은 없다: 신경증이란 사람들이 받아야 하는 정당한 고통을 다른 것으로 대치시켜서 받는 것이다."[33] "(그러나) 억압은 어떤 환상을 제공하여 의식을 근심에

---

32) PE, p. 80.

33) PER, p. 151. cf. 그래서 콕스는 그 안에 많은 에너지를 품고 있으며, 소홀히 취급될 수 없는 정신적 요소는 때때로 억제되기보다는 억압당한다고 주장한다. D. Cox, *Jung and St.Paul*(New York: Association Press, 1959). p. 39.

서 해방시키며, 사람을 무거운 짐에서 놓여나게 한다. 하지만 이것은 정당한 정신 과정이 아니기 때문에 고통의 대가를 치러야 한다. 신경증에 빠지게 되는 것이다."[34] 사람들의 정신에서 억압된 내용은 흔히 개인무의식으로 전위(轉位)되고, 그 내용이 여간해서는 없어지지 않기 때문에 그것들은 무의식을 지배하고 있던 내용을 다시 일깨우고 강화시킨다.

억압은 보통 투사나 정신 에너지의 퇴행을 불러온다. 투사에 관해서는 다음에 상세하게 다룰 터이기 때문에 여기서는 우선 퇴행에 관해서 살펴보고자 한다: "본능을 억압해서 생겨난 퇴행은 언제나 사람들을 과거로 데려가고, 유아적 국면에 머물게 한다."[35] 따라서 자아의식은 유아적 성향에 잠기고, 삶의 원천에서 이탈하게 되며, 마치 영혼이 없는 사람처럼 변하게 된다. 융은 "퇴행이란 어떤 특별한 에너지가 주체에 고착되어 있는 것이기 때문에 쉽사리 일어나는 것이 아니다. 그러나 퇴행이 일어나면 그것이 전 단계에서 가지고 있던 특성을 새로 생겨난 단계에 전이시킨다."라고 설명한다.[36] 유아성에 사로잡힌 사람은 상황에 적응하는 데 많은 어려움을 겪는다. 왜냐하면 그가 이 세상을 보는 관점이 너무 자기중심적이고, 환상에서 살기 때문이다. 어린이들이 사는 세계는 아무 갈등도 없고, 맞서 싸워야 할 과제도 없는 낙원과 같은 상태다. 그러나 그들이 성장함에 따라서 삶은 그들을 그런 유아적이고 무의식적인 상태에 머물러 있도록 허용하지 않는다. 그 낙원에서 분리되어 그에게 맡겨진 책임을 감당해야 하는 것이다. 우리는 이런 유아성이 환자들에게 현실과 환상을 혼동하게 하는 경우를 종종 보게 된다. 환자들이 환상에 빠져서 현실을 거부하는 경우가 많이 있다.

억압된 리비도는 퇴행하여 한편으로는 유아적인 성욕을 충족하려고 하고,

34) PE, pp. 31-32. cf. MS, p. 128.

35) MS, p. 308. cf. MS, p. 128. 이에 덧붙여서 융은 다음과 같이 말하기도 한다: "결국 삶의 발달이 멈추면 어떤 장벽이 생겨나며, 정신 에너지가 역류된다. 그래서 얼핏 보기에 전혀 예상하지 못했던 방식으로 적절하지 못한 방향으로 그 에너지가 흘러넘친다." DM, p. 28.

36) MS, p. 275.

다른 한편으로는 유아의 특성인 반복 강박을 일으킨다고 융은 주장하였다.[37)] 그러나 그 어느 경우도 병적 상태이기는 마찬가지다. 왜냐하면 성욕에 빠지는 것은 삶의 진정한 문제를 은폐하려는 수단이고, 유아성은 그의 진정한 인격의 발달을 방해하기 때문이다: "자기 어머니에게서 떠나지 못하는 신경증 환자에게는 신경증에 걸릴 만한 충분한 이유가 있다. 그들이 어머니를 떠나지 못했고, 거기에는 죽음에 대한 불안이 담겨 있기 때문이다."[38)] 그때 그에게는 자아 의식에 대한 감각이 없어지고, 그의 의식이 본래 의도했던 것과 반대되는 행동을 하게 된다. 그래서 그는 자기가 지금 무엇을 하고 있는지, 또 무엇을 하려고 하는지 알지 못하게 된다. 프랑스의 정신의학자 피에르 자네(Pierre Janet)가 말한 '정신 수준의 저하(l'abaissement du niveau mental)', 즉 의식 영역이 축소되는 현상이 생기는 것이다. 그는 이 상태에서 벗어나야 한다. 그러지 못할 경우 그의 삶은 말할 수 없는 어려움에 빠져들게 된다.

더구나 삶은 그에게 어머니의 품을 떠나서 더 넓은 세상으로 나오라고 부른다: "아들의 의식을 지배하고 있으며, 앞으로 나아가려는 성향을 가진 리비도는 어머니에게서 떠날 것을 요청하고 있다. 그러나 어머니에 대한 아들의 열망은 그의 삶에 저항이라는 형태로 장애물을 놓고 있다. ……신경증이란 바로 그것이다."[39)] 신화나 전설이나 꿈에는 이렇게 어머니와 싸우고, 어머니를 무찔러 결국 영웅이 탄생하게 되는 상징이 많이 나온다. 그래서 융은 무의식으로

37) MS, p. 268. 반복적인 행동이란 유아적인 행동의 특징적 현상인데, 유아는 자궁 속에서나 어머니의 젖을 빨면서 어머니의 맥박 소리를 듣는다. 이때는 유아들이 어머니와 분리되지 않는 가장 행복한 순간이다. 성인이 된 다음에도 사람들은 환경이 고통스러울 때 이때의 환상적인 순간으로 도피하려고 해서 퇴행 현상을 일으키며, 퇴행 속에서 어머니의 맥박 소리를 그리워하여 맥박 소리를 닮은 반복 강박 상태에 빠진다. 그래서 앙트완느 베르고트는 정신 병리적 상태의 특성을 과장과 반복 강박에 빠지게 되는 것이라고 주장하였다. 마찬가지로 사람들이 하나님과 하나가 되는 신비경을 꿈꾸는 것도 유아가 이때 어머니와 분리되지 않은 상태에서 누렸던 일체감을 하나님과 하나가 되어 누리고자 하는 것이라고 주장하였다. A. Vergote, *Psychologie religieuse*(Bruxelles: Editeur Charles Dessart), 1966.

38) MS, p. 452.

39) TP, pp. 451-452.

퇴행하고자 하는 성향에 대한 투쟁은 인간의 삶에서 가장 원시 시대부터 계속되어 온 투쟁이라고 주장하였다. 하지만 그 투쟁은 결코 쉬운 투쟁이 아니다. 영웅적 용기와 끈질긴 노력이 필요하기 때문이다: "거기에는 사람들을 뒤로 잡아당기려는 열망과 맞서 싸우고, 거기에 굴복하려는 욕망을 희생시키는 것이 필요하다."[40] 이러한 희생은 삶에서 철저한 자기 포기를 요청한다. 자기 포기를 할 때, 가족 관계에 묶여 있던 리비도는 좀 더 넓은 곳으로 나아가기 위해서 좁은 울타리를 벗어나게 된다.

퇴행에 반드시 부정적 측면만 있는 것이 아니다. 사람들을 거듭나게 하는 측면도 담겨 있다: "퇴행은 어머니에게만 머무르지 않는다. 어머니에게서 벗어나 탄생 이전의 '영원한 여성상'에까지 도달하려는 측면도 담겨 있다. 모든 원형적 가능성을 담고 있는 이 원초적 세계는 모든 피조물의 이미지로 둘러싸여 있으며, 그 속에서 신적인 아이(enfin divin)가 의식화되도록 잠에서 깨어나기를 기다리고 있는 것이다."[41] 여기에서 융은 퇴행 과정에서 '유아적 고착(固着)'만을 보았던 프로이트와 달리 긍정적 측면을 바라보는 것을 알 수 있다. 사실 퇴행에는 긍정적 측면이 많다. 사람들은 퇴행을 통해서 태어나기 전의 성 이전(présexuel) 단계에 도달할 수 있으며, 성 이전 단계는 그 속에 있는 리비도가 미분화 상태에 있는 원시적 가치를 많이 품고 있으므로 사람들에게 수많은 가능성을 보장해 주기 때문이다. 우리는 여기에서도 악의 상대성을 주장하는 융의 입장을 볼 수 있다. 프로이트가 퇴행에서 신경증을 산출하는 측면밖에 보지 못하는 데 반해서 융은 거기에서 인격 발달을 향해서 나아가는 측면까지 보기 때문이다. 그러므로 우리는 결론적으로 퇴행이란 유아성으로 회귀하는 길이면서 동시에 영성으로 나아갈 수 있는 또 다른 길임을 알 수 있다.[42]

---

40) MS, p. 592. cf. 이 신화들에서 어머니로 표상되는 것은 결국 어머니의 품같이 아늑하고, 무한한 가능성과 혼돈을 동시에 담고 있는 무의식이다. 다시 말해서 이 신화들은 사람들이 무의식의 파괴적인 힘과 맞서 싸우고, 무의식의 힘을 무찔러야 비로소 건강한 인격을 형성하게 된다는 사실을 말해 주고 있다.

41) MS, p. 546.

3) 투 사

투사는 무의식의 가장 전형적인 작용 가운데 하나로서, 인간 정신의 주관적 내용을 객관적 대상에 전이시키는 작용이다. 사람들이 자기 내면에 들어 있는 어떤 정신적 내용을 자기 밖에 있는 대상에 옮겨 놓고, 그것이 본래 그렇다고 생각하는 것이다. 사람들은 자기에게 어떤 부정적이고, 받아들이기 고통스러운 것이 있을 때, 그것에서 벗어나기 위해서 다른 대상에 그것을 옮겨 놓는데, 융은 그 작업을 일종의 은폐라고 주장하였다. 이렇게 무의식의 내용을 밖에 있는 대상에 투사시키는 것은 사람들에게 남아 있는 일종의 원시적 잔재인 것이다: "투사는 소위 '신비적 융합(participation mystique)' 이라는 무의식의 본래적인 동일시 작용과 관계 깊은 것이다. 무의식적 동일시는 무의식의 내용을 밖에 있는 대상에 투사시켜 생겨나는데, 투사를 통해서 사람들은 투사되는 내용이 원래 투사 대상에 속해 있는 것이라고 생각한다. 그런데 투사된 내용은 무의식적인 것이기 때문에 투사 작용을 통해서만 우리 의식에 도달할 수 있다."[43] 그래서 융은 "우리의 무의식 내용은 그것이 무의식에 머물러 있는 한 (우리도 모르게) 항상 투사된다."라고 말하기도 하였다.[44] 실제로 투사는 의식이 실행하는 의지의 산물이 아니라 무의식이 행하는 비의지적 산물인 것이다.[45]

우리 의식과 독립적으로 존재하는 콤플렉스가 우리 밖에 존재하면서 그 내

42) 그래서 융은 신경증을 극복하기 위해서는 어머니 상징이 무엇보다도 중요하다고 강조한다: "어머니의 배 속으로 들어가서 다시 태어난다는 원초적인 사상은 여기에서도 발견된다. ……영웅들은 그에게 있는 근친상간 성향을 희생시키고 불사성(immortalité)를 얻으려고 하는 것이다." PI, pp. 440-441.

43) RC, p. 180.

44) RC, p. 277.

45) *Aïon*, p. 28. 콕스는 투사의 형성에 관해서 다음과 같이 설명하고 있다. 첫째, 무의식에는 어떤 이미지 또는 어떤 사상이 있다. 둘째, 사람들은 이 사상이나 이미지를 외부 대상에 쏟아붓는다. 셋째, 투사는 그의 무의식의 내용을 드러내는 역할을 한다. D. Cox, *op. cit.*, pp. 246-254.

융이 콤플렉스의 내용과 비슷한 어떤 것에 의해서 이끌릴 때 거기에 투사되는 이유는 바로 이 때문이다. 그래서 융은 신화의 이미지는 꿈의 이미지와 서로 비슷한 점이 많다고 강조하였다. 왜냐하면 꿈의 이미지도 무의식에서 산출된 것이고, 신화에서 그려지는 이미지 역시 무의식의 투사로 생겨난 것이기 때문이다. 마찬가지로 집단적 표상(représentation collective)도 한 개인의 의식에는 무의식적이기 때문에 투사되는 경우가 많다. 때로는 꿈이나 신화 이미지를 통해서 드러난다. 그런데 그 이미지들은 집단적이며, 무의식적 특성을 지니고 있기 때문에 누멘적인 특성을 띠고 있다. 그래서 매우 강력한 힘을 가지고 사람들에게 작용한다. 우리가 신화, 전설, 꿈에서 보는 악마나 괴물, 힘센 동물들은 모두 누멘적인 이미지가 투사된 것이다.

융은 투사는 적어도 겉으로 보기에는 일시적으로 갈등을 풀어 준다고 주장하였다. 그가 투사시킨 악이 자기 안에 있는 것이 아니라 자기 밖에 있는 어떤 대상에 들어 있다는 환상을 가져다주기 때문이다. 그래서 그것들을 투사하는 순간 그 사람은 자기에게는 죄가 없고, 다른 사람만 잘못됐다고 생각한다. 유아성 속으로 들어가면서 죄의식을 털어내는 것이다.

사람들이 자기 내면에 있는 정신적 내용을 외부 대상에 투사시키는 한 그는 자신의 의식적인 삶에 충분히 참여하지 못하며, 창조적 에너지를 잃어버리고 정신 발달에도 해롭다. 그러므로 콕스(D. Cox)는 투사가 매우 해로운 정신 작용이라고 주장하였다. 콕스에 의하면 투사는 신앙생활에도 커다란 해악을 끼친다. 만약에 어떤 사람이 자기가 하나님에게 버림받았다고 생각하는 경우, 그는 모든 악을 하나님에게 투사시킨다. 자기가 잘못해서 실패한 것이 아니라 하나님이 자기를 도와주지 않아서 실패했다고 생각하는 것이다. 그 결과 그는 자기가 더욱더 하나님께 받아들여질 만한 존재가 아니라고 생각한다. 이런 느낌이 깊어지면 깊어질수록 하나님에 대한 원망은 더욱더 깊어진다. 그러다가 결국 그는 자기가 하나님에게서 완전히 버림받은 존재라고 생각하게 된다.[46] 이처

46) D. Cox, *op. cit.*, pp. 293-330.

럼 투사는 언제나 정신적 문제를 악화시키는 방향으로 나아가지 해결하는 방향으로 나아가지 못한다. 그런 의미에서 카앙(R. Cahen)은 "그것은 우리 무의식 속에 무수하게 많은 어떤 정신적이고 감정적인 핵(noyaux)이 의인화되어 출현한 결과 나타나는 것이다."라고 말하고 있다.[47] 이처럼 투사는 사람들의 정신적 발달을 방해하고 있다. 그래서 우리는 투사를 정신적 측면에서 볼 때 악이라고 말할 수 있는 것이다.

융에 의하면 투사는 사람들이 투사된 정신적 내용을 자기 자신에게 속해 있는 것이라는 사실을 인식하고, 받아들이지 않는 한 철회되지 않는다. 그래서 그는 사람들이 자기 자신과 투사 사이에 놓여 있는 거리를 깨달아야 한다고 강조하였다. 특히 그 내용이 부정적인 것이라면 더욱더 그러하다. 투사가 철회될 때 정신적 내용은 도덕적으로 열등한 상태에서 벗어난다. 그때에야 비로소 투사가 가지고 있는 창조적인 성격이 드러나는 것이다.[48]

4) 신경증

신경증은 인간 정신의 고뇌를 반영하는 것으로서, 자아의식의 성향과 무의식의 받아들일 수 없는 욕망이 서로 충돌할 때 생기는 정신 질환이다: "신경증은 문명인이 자신의 본성과 문화 사이를 화해시키지 못해서 자기 자신과 부조

47) DM, p. 158. note 1.

48) PA, p. 232. 폰 프란츠는 투사와 철회의 과정에 관해서 다음과 같이 설명하고 있다: 모든 투사에는 우선 동일시 과정이 있다. 이때 사람들은 다른 사람 속에 자기와 같은 정신 요소가 있다는 사실을 무의식적으로 느끼고 거기에 그것과 유사한 자신의 무의식 내용을 투사한다. 그다음에 자기가 투사시킨 내용을 보고서 그 사람이 본래 그렇다고 생각한다. 즉, 외부 세계에 대한 객관적인 지각으로 생각하는 것이다. 두 번째 단계에서 사람들은 어떤 계기를 통해서 점차 사실이 정말 그런가 하고 의심을 품게 되고, 투사된 이미지와 객관적인 대상 사이의 차이를 확인하게 된다. 세 번째 단계에서 사람들은 실제와 환상 사이의 차이를 점점 더 깊이 인식하여, 자기가 자기 인격 내부에 있는 어떤 내용을 그 대상에 투사했다는 사실을 깨닫게 된다. 마지막 단계에서 사람들은 투사가 여태까지 많은 문제를 불러일으켰다는 사실을 깨달으면서 투사를 철회하게 된다. M.-L. von Franz, C. G. *Jung Son Mythe en notre Temps*, p. 96.

화 상태에 빠진 것을 반영하고 있다."[49] 융은 신경증이 얼핏 보기에는 순전히 개인 질환 같지만, 사실은 이 세상 전체의 고통을 담고 있으며, 신경증 때문에 모든 세상이 같이 고통을 받고 있다고 생각하였다. 신경증 환자가 집단적 삶에 적응하지 못하고, 사회에서 벗어나 자기에게 과도하게 관심을 기울일 때 문제가 생겨나는 것이라는 주장이다. 그래서 어떤 사람은 그가 살고 있는 시대의 질병을 대신 앓고 있는 경우도 있다. 그 사람들이 신경증으로 고통받을 때, 사실은 그 사회가 같이 고통을 받는 것이다. 신경증에서 개인적 차원은 물론 집단적 차원까지 관찰한 것이다. 그러므로 신경증에 어떤 전형적 증상이 있다고 생각하여 그 증상만을 진단하고, 그 진단에 맞춰서 신경증 환자의 개인 특성을 무시한 채 그 증상만을 치료하려고 하는 태도는 대단히 잘못된 태도다. 그런 생각에서 융은 신경증에서는 병의 증상만을 치료하는 것이 아니라 신경증 환자 개인의 아픔에 초점을 맞춰서 치료해야 한다고 강조하였다.[50]

신경증이 한 사람의 인간 발달을 방해하는 정신 현상임에는 틀림없다. 왜냐하면 신경증 뒤에는 정신 에너지의 흐름을 왜곡시키는 강력한 힘이 있기 때문이다. 융은 신경증에는 두 종류가 있다고 주장하였다. 하나는 한 개인이 자기 환경에 제대로 적응하지 못해서 생겨나는 것이다. 이런 신경증은 특히 청년에게서 많이 나타난다: "청소년이나 청년에게 자주 나타나는 신경증은 현실의 강력한 힘 앞에서 그들이 가지고 있는 불충분하고, 유아적 태도가 문제되어 생기는 것이다. 이런 태도는 ……그들이 그들의 부모에게 비정상적으로 과도하게 의존되어 있기 때문에 생겨난다."[51] 그래서 융은 이런 신경증을 치료하기 위해서는 무엇보다도 신경증 환자들이 부모에게 어린아이처럼 집착하고 있는 것을 깨뜨려야 한다고 강조하였다.

49) PI, p. 47.
50) 그런 의미에서 융은 다음과 같이 말하고 있다. "신경증이란 지극히 개인적인 질병이다. 따라서 그것을 집단적인 특성만을 강조하는 이론적인 틀 속에 집어넣고서만은 생각할 수 없다." PE, p. 87. cf. GP, pp. 19-20.
51) PI, p. 113.

다음으로 융은 이런 신경증 외에 또 다른 신경증이 있다는 사실을 발견하였다. 그것은 사람들이 비단 외부 환경에 적응하지 못해서만 생기는 것이 아니다. 어떤 사람은 외부 환경에 훌륭하게 적응하고 있으며, 그에게 주어진 과업을 성공적으로 수행하기도 한다. 그러나 사는 것이 왠지 무의미하고 권태롭다고 호소한다. 자기 밖에서 이뤄지는 일이 모두 정상으로 진행되지만 자기는 거기에 진정으로 참여하지 못하고, 방관자처럼 느껴지는 것이다. 사는 것에 아무 흥미도 없고, 비현실적인 생각이 많이 들며, 하루하루 살아가는 것을 견디기 힘든 것이다: "신경증이란 결국 아직 의미를 찾지 못한 영혼의 고통이다. (그러나) 사람들에게 영적 창조가 이루어지며, 인간적 성장이 이루어지는 것은 모두 이 고통에서부터다."[52)]

융은 적응부전 때문에 생긴 신경증이 주로 청년에게 생기는 것이라면 영혼의 고통으로서의 신경증은 그가 '인생의 후반기(la deuxième moitié de la vie)'라고 부른 35세 이상 사람에게서 많이 찾아볼 수 있는 것이라고 주장하였다: "환자 가운데 삼 분의 일 정도는 임상학적으로 볼 때 신경증이라고 할 수 없는 사람들이다. 그러나 그들은 그들의 삶에 아무런 의미도 내용도 없다고 고통스러워하고 있다."[53)] 그래서 융은 신경증이란 단지 하나의 질환만이 아니라 우리 시대가 같이 겪고 있는 정신적 아픔이라고 주장하였다. 이런 사람을 치료하기 위해서는 의학 기술이 필요하지 않다. 치료자와 환자 사이의 친밀한 관계, 모든 정신 치료에서 필수적인 진정한 관계가 필요하다: "우리는 그들이 존재의 의미를 찾을 수 있도록 도와주어야 한다. ……인간의 삶이 단지 단순한 체념이나 과거로 쓸쓸하게 되돌아가는 것이 아니라면, 존재의 의미를 찾는 것이야말로 우리 삶을 지속시킬 수 있는 유일한 길이다."[54)]

융은 영혼의 고통을 겪고 있던 환자 가운데서 삼 분의 이가 넘는 사람이 인

52) GP, pp. 281-282.
53) GP, p. 114.
54) PI, p. 144.

생의 후반기에 다다른 사람이었다고 주장하였다.[55] 그들은 이제 삶의 절반을 넘기고 삶을 완성시키려고 하는데 갑자기 무의미감에 빠지고, 허망감에 사로잡혀서 절망하고 있는 것이다. 그들은 그들에게 무엇이 정말 무엇이 부족한 것인지 알지 못하고 있으며, 행복해지기 위해서 어떻게 해야 할지를 알지 못하고 있다:[56] "인생의 후반기는 인생의 전반기와 의미나 목적에 있어서는 전혀 다르지만 똑같이 의미 있는 시기다. 인생에서 사람들은 두 가지 목표를 향해서 나아간다. 첫 번째 목표는 인간의 본성에서 나온 것으로, 자녀를 낳고, 보살피는 것이다. ……그러기 위해서 사람들은 무엇인가를 얻고, 사회적 지위도 차지해야 한다. 인생의 여름에서 사람들이 이런 목표를 달성하면 그들에게는 또 다른 국면이 시작된다. 문화적인 목적을 달성해야 하는 것이다."[57] 삶은 이처럼 모든 사람에게 각각의 상황과 시간 속에서 완수해야 할 임무를 부과한다. 우리가 이 임무를 소홀히 했을 때, 그것은 우리의 죄다. 따라서 거기에 상응하는 벌을 받아야 하는 것이다. 신경증이란 여기에 따른 벌이다.

신경증은 아무런 이유도 없이 불안과 공포를 일으키며, 여러 이상한 환상을 보게 한다. 그래서 사람들은 신경증이 불러일으키는 증상 때문에 많은 고통을 받지만, 이 증상 앞에서 저항도 하지 못하고 끌려 다닌다. 그는 무엇인가 그에게 잘못된 것이 있음에 틀림없다고 생각하지만 왜 그런지 알지 못하기 때문에 언제나 무력감에 젖어 있다. 이런 상태에서 그는 아무것에도 자신감을 갖지 못하고, 망설임 속에서 살아간다. 이럴까 저럴까 하는 주저 때문에 모든 정신 에너지를 소진하고, 정작 필요한 삶의 에너지가 고갈된 상태에서 피곤한 삶을 사는 것이다. 신경증 환자들은 이 밖에도 수많은 증상 때문에 그와 가장 가까운 이웃도 이해하지 못하는 행동을 하면서 고통 속에서 살아간다: "신경증 환자들

---

55) GP, p. 114.

56) 이 점에 관해서 융은 신경증 환자 가운데는 막혀 있는 리비도의 흐름을 원활하게 해 줄 수 있는 상징 체계가 없기 때문에 무엇엔가 짓눌려 있다고 생각하고, 욕구불만 속에서 사는 사람이 많다고 주장하였다. MS, p. 384.

57) PI, p. 137.

이 겪는 고통이란 무의식적인 기만(欺瞞)이다. 거기에는 꼭 그래야만 하는 도덕적 이유가 하나도 없다."[58]

융은 모든 신경증 증상에는 겉으로 보기에는 아무런 이유나 의미가 없는 것처럼 보이지만, 사실은 그 속에 무한한 의미가 담겨 있으며 정신을 통합시키려는 목적이 담겨 있다고 강조하였다. 신경증 증상이 드러내는 것은 그의 영혼에 아직 인식되지 않았고, 아직 통합되지 않은 요소의 상징적인 표출이기 때문이다. 실제로 신경증 증상은 자아의식에서 분리된 정신 요소의 표상이다. 그래서 융은 사람들이 신경증 증상을 통해서 인간 영혼의 내면적 소리를 들을 수 있다고 강조하였다: "신경증은 사람들이 그의 살아 있는 몸을 움직이는 근본 법칙에 관해서 알지 못하고, 그 법칙들이 그의 몸에서 멀리 떨어져 있을 때 생겨난다."[59] 그러므로 융에 의하면 모든 신경증 증상은 사람들에게 무엇인가 알리고자 하는 의미를 담고 있는 것이다: "신경증 증상은 인간의 삶에 새로운 통합을 이루고자 하는 의도를 가지고 있다."[60] 융이 신경증을 가리켜서 지금 무의식 영역에 에너지가 너무 많이 고여 있어서 언제 폭발할지 모른다는 사실을 알려주는 '경보(le signal d'alarme)'라고 부른 이유도 그 때문이다. 모든 신경증 속에는 아직 발달하지 않은 우리 인격의 요소, 즉 인간 영혼의 매우 소중한 부분이 발달되기만을 기다리면서 들어 있는 것이다: "신경증의 내용에는 그것이 일단 받아들여지기만 하고, 제자리에 놓이기만 한다면 사람들의 인격을 결정적으로 발달시킬 수 있는 매우 중요한 요소들이 들어 있다."[61]

융은 신경증은 인격의 발달을 위해서 세 가지 측면에서 매우 중요한 공헌을 하고 있다고 주장하였다. 첫째, 신경증은 의식과 무의식 사이에서 의사소통 수단이 된다. 둘째, 무의식에 어떤 문제가 있을 때 그것을 알려 주는 경보

58) PE, p. 32.
59) C. G. Jung, *L'Homme à la découverte* de son âme (Paris: Albin Michel, 1987. 이하 HD로 약한다.), p. 352.
60) GP, p. 115.
61) PM, p. 267.

역할을 한다. 셋째, 이 모든 것을 통해서 인격의 발달을 돕는다. 따라서 우리가 신경증 증상이 가지고 있는 의미를 신중하게 관찰한다면 영혼의 어두운 부분을 자아의식에 통합시킬 수 있다: "누구든지 분석에 종사하는 사람들은 깨달음의 가치와 저력에 관해서 확신하게 된다. 사람들은 깨달음을 통해서 지금까지 인격의 무의식적인 부분으로 남아 있던 것을 의식의 영역으로 끌어올릴 수 있게 된다. ……이처럼 분석 작업은 인격의 성숙을 위해 행해지는 것이다."[62]

융은 신경증을 연구하면서도 증상에 관해서는 특별한 관심을 기울이지 않았다. 오히려 신경증이란 신경증 환자의 삶 전체와 결코 분리할 수 없으며, 신경증 환자들이 삶에 대해서 잘못된 태도를 가지고 살 때 생겨나는 것이라고 주장하였다. 또한 신경증은 신경증 환자가 현재 처해 있는 좌절스러운 상황 때문에 생기는 것이지만, 현재 상황은 그에게 신경증을 일으키는 촉발제 역할에 불과하고 근본적으로는 그가 여태껏 살아왔던 모든 생활사와 밀접한 관계에 있는 것이라고 강조하였다. 다시 말해서 어떤 사람이 현재 그에게 부과된 삶의 역경 앞에서 '출구 없는 방'에 있는 듯한 절망감에 빠져들었다가 결국 신경증에 빠져들었다면, 그의 역경이 지금 그에게 신경증을 불러온 것은 틀림없지만 그의 신경증은 단지 현재의 역경 때문에 생긴 것이 아니라 과거 그의 삶에 쌓였던 모든 문제가 원인이 되어 생긴 것이라는 말이다.[63] 융이 신경증의 원인에 관해 설명한 것을 정리해 보면 대략 일곱 가지가 될 것이다.

첫째, 그는 사람들이 주어진 삶의 과제 앞에서 거기에 맞서 싸우기보다 도망가려고 할 때 결국 신경증에 빠져들 수밖에 없다고 주장하였다. 사실 현실에서 도망가서 숨을 곳이라고는 어머니 품과 같은 무의식밖에 없으며, 사람들이 무의식에 빠져들 때 신경증에 걸릴 수밖에 없기 때문이다: "살기를 거부하는 사람은 그의 내면에서 욕망을 질식시킬 수밖에 없다. 그때 그에게는 일종의 부분

62) HD, pp. 254-255.
63) GP, p. 290.

적인 자살이 이루어지며 ……특히 잔인한 측면을 덧입게 된다."[64] 그것이 신경증이다. 둘째, 삶에 대해 너무 좁은 안목을 가질 때 사람들은 신경증에 걸린다. 그것이 리비도의 흐름을 방해하기 때문이다: "자기 자신에게로 위축되는 것은 결국 ……신경증적 분열이라는 대가를 치러야 한다."[65] 셋째, 융은 두 가지 일 가운데 어느 하나를 선택하지 못하고 둘을 동시에 하려고 할 때 신경증에 걸리게 된다고 강조하였다: "두 가지 일을 동시에 하려고 하는 사람, 즉 자기의 개인적 목적을 성취하려고 하면서 동시에 집단적 요청에도 부응하려는 사람은 신경증에 빠지게 된다."[66] 넷째, 부모에 대한 과도한 집착, 다섯째, 정신 유형 가운데서 어느 한 유형을 일방적으로 발달시키려는 태도, 여섯째, 억압이다. 억압이 신경증을 불러일으키는 것에 관해서는 앞에서 설명했기 때문에 부연 설명할 필요는 없을 것이다.

여태까지 융이 지적한 것들은 신경증의 원인 가운데서 개인적 측면을 지적한 것이다. 융은 신경증에는 이렇게 개인적 측면만 있는 것이 아니라 사회 문화적 측면도 있다고 강조하였다: "예를 들어, 많은 신경증은 무엇보다도 과거의 오래된 전통과 단절된 채로 계몽주의 시대의 유치한 환상이 우리 속에 있는 영혼의 종교적 요청을 보지 못하게 하는 데서 생겨난다."[67]

그런데 융은 사회 문화적인 원인에 의해서 생기는 신경증은 다음과 같은 두 유형으로 나타난다고 주장하였다. 한편으로 어떤 사람들은 그들의 존재를 집단적인 삶에 함몰시켜 버린다. 그래서 그들은 개인성을 발달시킬 기회를 잃고 신경증에 걸리게 된다. 다시 말해서 집단적 삶이 요청하는 것들만을 하다가 자기 내면의 욕구를 소홀히 하여 신경증에 걸리는 것이다. 다른 한편으로 집단에서 오는 요청이 너무 강해서 거기에 저항하느라고 자신의 개인성을 너무 강조하는 사람 역시 신경증에 빠지게 된다. 그들은 자신의 개인성에 너무 매달리느

64) MS, p. 203, p. 652.
65) DM, p. 101.
66) *Ma Vie*, p. 392.
67) GP, p. 123.

라고 적응 능력을 잃어버려서 신경증에 걸리는 것이다. 신경증이 비록 개인적 질병이기는 하지만 우리는 신경증이 가지고 있는 사회적이고 문화적인 측면을 무시해서는 안 된다: "신경증은 그냥 단순한 병이라기보다는 심리 사회적인 현상이다. 이 사실은 우리로 하여금 병이라는 개념을 개인적인 신체라는 생각 이상으로 넓혀 가게 하고, 신경증적 인격을 환자들이 사회와 맺고 있는 관계 체계에서 고찰하게 한다."[68)]

68) GP, p. 87. 포댐은 신경증에 대한 연구 가운데서 융이, 첫째, 신경증이 가지고 있는 긍정적 측면도 강조한 점, 둘째, 신경증에는 성적인 충동(프로이트)과 자기주장을 위한 충동(아들러) 이외에 문화적이며, 영적 충동도 찾아볼 수 있다고 강조한 점, 셋째, 신경증의 원인을 현재는 물론 과거에서도 찾아볼 수 있다고 주장한 점은 신경증을 새로운 각도에서 살펴보게 할 수 있었다고 주장하였다. Fordham, *op. cit.*, p. 98.

제5장

융의 신관

1. 우리 안에-있는-하나님

1) 종교적인 문제에 대한 연구 원칙

종교 현상을 연구하면서 융은 자신의 한계를 넘지 않으려고 노력했지만, 종교적인 문제를 연구한 다음 융이 주장했던 내용은 종종 신학자들에게는 물론 심리학자들에게도 많은 오해를 불러일으켰고, 융은 그 오해에 대해서 상당히 불만스러워했다. 그가 한 사람의 심리학자의 입장에서 종교 현상에 관해서 연구하기는 했지만, 심리학자들은 그가 너무 형이상학적 문제까지 다루었다고 비판하였고, 신학자들은 그가 너무 심리학 입장에서 종교적 문제에 접근했다고 비판했기 때문이다. 융은 그가 종교적 문제에 접근할 때는 언제나 다음과 같은 세 가지 태도를 가지고 접근하였다고 강조하였다.

첫째, 그는 한 사람의 심리학자라는 입장을 벗어나지 않으려고 노력하였다: "인간의 영혼을 연구하는 과학으로서의 심리학은 형이상학적인 주장이나 신앙고백을 하지 않도록 대상을 제한해야 하며, 그 한계를 벗어나지 않도록 스스로 조심해야 한다."[1] 다시 말해서 그는 한 사람의 심리학자로서 여러 종교 현상 앞에서 심리학자가 관찰할 수 있는 독특한 안목을 사람들에게 전달하려고 했다는 것이다. 따라서 그가 하나님이라는 말을 사용했다면, 그 말은 사람들이 하나님을 어떤 존재라고 생각하느냐 하는 것을 다루었지 신학이나 형이상학에서 말하는 하나님을 다루지는 않았던 것이다. 왜냐하면 심리학은 하나님의 실존에 관한 문제에 관해서는 관심이 없고, 다만 사람들이 하나님이라는 이름 아래 심리적으로 체험하는 하나님에 관해서만 관심을 기울이기 때문이다: "경험과학으로서의 심리학이 할 수 있는 것은 여러 종교 현상을 비교 연구한 다음에 사람들의 영혼에서 발견되는 어떤 '유형'이 '하나님의 형상'이라고 불릴 수 있느냐 없느냐 하는 것을 판정하는 일이다."[2] 그는 언제나 심리학 연구의 대상은 사람들이 가지고 있는 신앙고백의 내용이 아니라 사람들이 생각하고 있는 '하나님의 이미지(l'image de Dieu)'라고 주장하였다. 하지만 그는 신앙 현상 역시 일종의 정신 상태이기 때문에 그 자체로서는 연구될 수 있는 것이라고 생각하였다. 더 나아가서 그는 심리학이 사람들에게 도그마가 가지고 있는 풍부한 의미를 읽을 수 있는 눈을 열어 주기 때문에 여러 종교 현상을 이해하는 데 매우 좋은 수단이 된다고 주장하였다.

둘째, 그는 어디까지나 경험주의자였다. 그래서 종교 현상을 연구하는 데도 경험주의자로서 연구하였다. 그에게 종교는 사회적이며 역사적 현상이었을 뿐만 아니라 사람들이 매일매일의 삶에서 체험할 수 있는 인간적 현상이기도 하였다: "종교라고 불리는 현상이 인간의 정신적 측면을 상당히 내보이고 있다면, 나는 그 현상을 단지 관찰하는 입장에서 순전히 경험적인 방식으로 다루고 있는 것이다."[3] 그에게 현상학적 관점이란 "그가 저절로 일어나는 사건, 관찰,

1) PA, p. 19.
2) PA, p. 19.
3) PER, p. 14.

경험에 몰두하고 있는 것을 의미하는 것이었다. 다시 말해서 그에게 주어지는 것만을 다루는 것이었다. 그에게 진리는 판단하는 것에 있는 것이 아니라 사건 자체에 있는 것이었다."[4] 정신과 의사로서 그는 수많은 사람을 만날 수 있었으며, 수많은 정신 현상을 살펴볼 수 있었다. 그때마다 그는 형이상학적이거나 철학적인 언급을 하지 않으려고 노력하였다. 왜냐하면 그의 과제는 어떤 형이상학적인 주장을 하는 데 있는 것이 아니라 실제로 일어나는 일이 무엇인가를 관찰하는 데 있었기 때문이다: "심리학자는 종교 문제를 다룰 때, 관심의 초점을 인간에 두어야 한다. 그는 종교적인 고백을 벗어나 있는 원초적인 종교 체험에 관심을 기울이기 때문이었다."[5]

셋째, 그는 정신적 실재(psychic reality)는 물리적 실재(physical reality)와 똑같이 의미 있는 것이라고 주장하였다. 다시 말해서 어떤 사람이 하나님이 존재한다고 믿으면, 그 믿음은 하나님의 존재 여부와 관계없이 그에게 실제로 영향을 미치며, 심리학은 거기에 관해서 연구할 수 있다고 주장한 것이다. 그래서 그는 어떤 생각이 심리 관점에서 진실이라면 그것은 실제로 존재하며, 자연과학에서 다루는 자연 현상과 마찬가지로 연구될 수 있는 것이라고 강조하였다: "어떤 생각이 심리학 측면에서 존재한다고 말하는 것은 ……그 생각의 주관적 특성을 가리키는 것이다. 그러나 그 생각이 하나의 집단에서 집단적으로 인정되는 것이라면 그것은 객관적인 것이기도 하다."[6] 더 나아가서 그는 "심리학자로서 나는 언제나 어떤 정신적인 내용은 인간의 의식보다 더 완전한 것으로부터 온다는 사실을 체험하고 있다."[7]라고 말할 수 있었다. 융에 의하면 인간의 정신은 사람들이 태어나기 전부터 존재하는 것이며, 존재 자체인 것이다.

4) PER, p. 15.
5) PER, p. 21.
6) PER, p. 16.
7) PER, p. 84. 예를 들면, 융은 직관은 우리의 유한한 의식보다 더 높이 있는 정신에서 오는 것이라고 주장하였다. "사람들은 자기 마음대로 직관할 수 있는 것이 아니다. 직관이란 당신을 향해서 오는 것이다." PER, pp. 84-85.

다시 말해서 어떤 정신적인 실재는 한 사람의 존재를 벗어나서 객관적인 특성을 지니고 있는 것이다. 그러므로 융에게 종교 현상은 다만 인간 정신의 승화 기능에서 나온 것만이 아니라 오히려 인간의 영혼에 있는 독립적이며, 진정한 기능에서 나온 객관적 표상인 것이다. 그래서 융은 우리가 종교 현상에 접근할 때, 그런 태도를 가지고 접근해야 한다고 강조하였다.

2) 우리 안에-있는-하나님, 하나님의 형상

우리는 융에게 종교란 단지 하나의 특별한 신조나 교파를 의미하는 것이 아니라 누미노제를 체험한 다음에 변화된 의식의 특별한 태도라고 앞에서 주장한 바 있다: "누미노제, 다시 말해서 역동적인 실재 또는 그 실재에서 생겨난 결과는 인간의 의지에서 나온 자의적인 행동에 속한 것이 아니다. 오히려 사람들이 거기에 사로잡히고 지배받는 어떤 것이다."[8] 융은 무의식에 있는 이 무시무시한 힘을 사람들은 인류의 역사가 시작된 이래 계속해서 만나 왔으며, 정신분석에서는 이런 힘이 원형의 형태로 사람들에게 많은 영향을 끼치고 있음을 발견하였다. 사람들은 집단적 무의식에서 발견되는 이 힘, 인간의 삶을 근본적으로 뒤흔들어 놓을 수 있는 이 역동적인 힘을 시대나 장소나 환경에 따라서 여러 다른 이름으로 불러 왔다.

융은 볼링겐에 있는 별장 입구에 "우리가 부르든 부르지 않든 하나님은 거기 계시다."라는 고대 그리스 신탁을 현판으로 만들어서 써 붙였다. 하나님이 인간의 유한한 이성을 무한하게 뛰어넘는 분이라는 그의 생각을 나타낸 말이다. 융에 의하면 사람들은 하나님을 완전히 알 수 없다. 다만 머릿속에 하나님은 어떤 분일 것이라고, 어렴풋한 모습으로 '하나님의 이미지(image of God)'를 그릴 수 있는 것이다.[9] 융은 사람들이 마음속에 그리고 있는 하나님의 이미지

8) PER, p. 17.

9) cf. "사람들은 하나님으로부터 무한하게 떨어져 있으며, 하나님과 무한하게 다르기 때문이다." RC, p. 271.

를 다른 말로 해서 '우리 안에-있는-하나님(Dieu-en-nous)'이라고 불렀다. 이 이미지는 사람들의 정신 속에 마치 인쇄된 것처럼 찍혀 사람들의 삶에 무한한 영향을 미치고 있기 때문이다. 사람들이 하나님에 관해서 생각할 수 있고, 하나님과 관계를 맺을 수 있는 것은 우리 안에-있는-하나님, 즉 우리 내면에 그려진 '하나님의 이미지' 덕분이다. 사람들은 우리 안에-있는-하나님을 통해서 신성(la divinité)을 체험할 수 있고, 그것이 가진 누멘적 힘을 체험할 수 있다. 왜냐하면 사람들에게 그런 정신적 요소가 들어 있지 않을 경우 사람들은 하나님에 관해서 생각조차 할 수 없기 때문이다: "사람들은 자기 속에 있는 하나님과 함께할 수 있는 능력을 가지고 있다. 다시 말해서 하나님의 본성과 만날 수 있는 기능을 소유하고 있는 것이다. 그것 없이 하나님과 사람의 관계는 불가능하다. 심리학 관점에서 말하자면 하나님과 관계 맺을 수 있는 것은 사람들 속에 있는 하나님의 형상이라는 원형 때문인 것이다."[10] 융은 우리 안에-있는-하나님을 원형적인 것이라고 하였다. 그 이유는 그것이 사람들이 태어나기 전부터 집단적 무의식에 존재해 왔으며, 때때로 사람들을 누멘적 힘으로 사로잡아 매우 강력한 영향을 미치기 때문이다.

3) 하나님의 이미지의 특성

융은 하나님의 이미지가 가지고 있는 특성을 네 가지로 열거하였다. 첫째, 그것은 인간의 본성에 의한 것이다. 둘째, 그것은 가장 강력한 가치를 지니고 있다. 셋째, 사람들은 그것이 자기 내면에 깃들어 있다는 사실을 알지 못하고 그것을 그의 밖에 있는 어떤 대상에 투사시킨다. 넷째, 그것은 사위일체적인 모습으로 나타난다.

첫째, 그는 인간에게서 종교성은 본능적인 것이며, 하나님의 이미지는 인간의 본성에서 표출되는 것이라고 주장하였다: "인간의 종교 행위는 본능적인 성

10) PA, p. 14.

향에 기초를 두고 있으며, 인간의 특별한 기능에 속해 있는 것이다."[11] 융에게 인간은 종교적인 존재(homo religiosus)다: "하나님의 이미지는 무엇보다도 심리적인 이미지, 즉 사람들의 신앙이 형이상학적 실체와 동일시하고 있는 원형적인 본성의 표상인 것이다."[12] 융에게 원형은 집단적으로 나타나는 어떤 표상(表象)을 만들어 내는 선천적인 소질인데, 사람들의 꿈이나 신화 또는 설화의 주제에서 많이 나타난다. 원형은 많은 신화에서 어떤 주제가 문화적으로나 시대적으로 서로 다른 모습으로 그려질지라도 그 근본 주제에서는 동일한 것으로 나타나는 것을 말한다. 예를 들면, 카인과 아벨, 야곱의 경우에서처럼 형제간의 갈등이나 오이디푸스에게서처럼 아버지와 아들의 갈등은 모든 시대에 모든 장소에서 언제나 반복되어 나타나는 주제다. 그래서 여러 신화나 종교적인 도그마에서 하나님의 모습은 문화적 특수성에도 불구하고 언제나 동일한 속성을 가지고 나타난다.[13]

둘째, 하나님의 이미지는 인간의 정신 활동이 최고조에 도달했을 때 형성되며, 그 안에 리비도가 가장 많이 담겨 있고 삶의 깊이 역시 가장 많이 배어 있기 때문에 사람들의 삶에 가장 강력하고 결정적인 영향을 미친다: "심리학적으로 말해서 하나님의 이미지는 원형적인 본성을 드러내는 콤플렉스의 일종이다. 우리는 이것을 투사 작용을 통해서 나타나는 에너지(리비도)의 표현이라고 생각해야만 한다. ……하나님이란 명칭은 심리학적인 관점에서 볼 때 매우 강력한 어떤 감정적인 것 주위에 모인 콤플렉스에 붙은 이름이다."[14] 그러므로 "하나님에 대한 관념은 이미지만을 의미하는 것이 아니라 강력한 힘까지 포함하고 있는 것이다."[15] 사람들이 생각하는 하나님의 속성이 전지전능이나 진선미

11) C. G. Jung, *Présent et Avenir*, p. 94.

12) MS, p. 133.

13) 같은 맥락에서 융은 구원자-그리스도의 이미지 역시 이 세상 모든 곳에서 예수 그리스도가 출현하기 전부터 존재해 왔던 원형 가운데 하나라고 주장하였다. HS, p. 72.

14) MS, pp. 123-125.

15) MS, p. 125.

등 최고의 가치를 담고 있으며, 종교가 인간의 삶에 가장 강력하고 깊은 영향을 미칠 수 있는 것은 하나님의 이미지에 이처럼 강력한 리비도가 담겨져 있기 때문이다.

이 이미지에는 자율성이 있으며, 한 개인의 의지와 무관하게 작용한다.[16] 그래서 원시인이 가장 중요하고 강하다고 생각했던 것들은 모두 신적인 것이었다: "하나님이라는 말이나 최상의 존재라는 말은 그 단어가 이미 암시하고 있듯이 최고의 가치를 나타낸다. 다시 말해서 이 말들은 우리의 생각과 행동을 결정할 수 있을 정도로 가장 높고, 가장 보편적으로 중요한 어떤 것을 나타내는 말인 것이다."[17] 융에 의하면 사람들은 인류의 여명기부터 정신적으로 강력하게 작용하는 이 힘에 관해서 알고 있었으며, 어떤 특별한 형식이나 율법을 통해서 가능한 한 이 힘들을 통제하려고 해 왔다. 인류가 시행해 왔던 여러 제의나 예배는 모두 이런 노력을 말해 주는 것들이다. 말하자면 하나님의 이미지는 누미노제적 작용을 하는 이미지라는 말이다: "사람들은 엄청난 에너지를 품고 있는 정신 요소에 매혹당하거나 무의식적으로 사로잡힐 수 있다. ……사람들 속에서 가장 강력한 힘을 가지고 있는 정신 요소는 '신(神)'으로 표상된다."[18] 이 이미지는 사람들의 삶에서 매우 중요한 역할을 한다. 왜냐하면 이 이미지가 정신 에너지를 여러 제의나 예식이나 종교 행위 등으로 이끌고 가면서 강력한 정신 작용을 하기 때문이다. 이때 때때로 종교 체험을 하거나 인격이 변환되기도 한다. 이 이미지에 깊은 정동이 담겨 있으며, 이 정동은 삶을 뒤흔들어 놓을 수 있기 때문이다. 그러나 이 힘이 사람들에게 항상 긍정적으로 작용하는 것만

16) 이에 대한 융의 견해를 좀 더 구체적으로 살펴보면 다음과 같다: "즉각적이고 창조적인 행위를 통해서 형성된 '하나님의 이미지'는 살아 있는 형상이다. 그래서 스스로의 본성에 의해서 존재하고 있다." MS, p. 130.

17) MS, p. 47.

18) PER, p. 161. 그래서 융은 "신이란 사람들에게 건강이나 영혼이나 치유나 부(富) 등을 가져다주며, 사람들에게 명령을 할 수 있는 신적인 세력(la force divine)이다. 사람들은 어떤 절차를 통해서 이 세력을 붙잡을 수 있으며, 그들의 삶이나 건강에 필요한 어떤 것을 만들기 위해서 그 세력을 이용할 수도 있다."라고 말하기도 한다. TP, p. 236.

은 아니다. 그것이 가진 자율성을 따라서 작용하여 때때로 사람들에게 여러 가지 어려움을 안겨 주기도 한다. 그래서 융은 "하나님에게 어두운 측면이 있다는 사실은 사람들이 어느 순간에 갑자기 발견한 것이 아니다. 오히려 사람들이 즉각적으로 체험하게 된 하나님의 또 다른 모습이다. ……처음에 무의식적으로 존재했던 하나님의 이미지는 의식의 상태를 변환시키기에 충분한 것이다." 라고 말하였다.[19]

셋째, 융은 사람들이 자기 내면에 있는 하나님의 이미지를 다른 모든 무의식적 내용과 마찬가지로 자기 밖에 있는 어떤 대상에 투사한다고 주장하였다. 다시 말해서 사람들이 신(神)이라고 부르는 존재는 심리학적 견지에서 볼 때, 신 자체가 아니라 사람들이 신이라고 생각하는 존재, 다시 말해서 사람들의 마음속에 있으며 그가 신이라고 부를 수밖에 없을 정도로 강력한 힘을 가진 정신적 요소를 자기 밖에 투사시킨 것이라고 주장했던 것이다. 융에 의하면 하나님은 인간과 질적으로 다른 존재이기 때문에 사람들은 결코 완전하게 다 알 수 없다. 그래서 그들은 그들의 무의식에 있는 하나님의 원형을 투사해 놓고, 그 이미지를 하나님이라고 생각한다: "중요한 것은 사람들의 무의식 속에 있는 리비도다. 그것은 그의 밖에 있는 대상을 통해서 인식된다. 왜냐하면 모든 무의식 내용은 투사를 통해서 나타나기 때문이다."[20] 융에 의하면 야훼나 그리스도의 이미지는 모두 그 당시 사람들의 머릿속에서 성숙되어 왔던 생각이 형상화되어 밖으로 나온 이미지다: "그 사실은 원형이 한 사람 속에서 심리학적으로 완성되었고, 그의 밖에 객관적인 방식으로 나타난 것이라고 할 수 있다."[21] 그래서 융은 그 당시의 사람들에게 심리학적으로 그런 준비가 되어 있지 않았더라면 기독교가 고대사회에서 그렇게 빠른 속도로 전파될 수도 없었을 것이라고

19) *Aïon*, p. 213. 그런 의미에서 융은 '하나님의 이미지'를 사람들 속에 있는 '하나님의 불씨'라고 부른다. PER, p. 182.

20) TP, p. 237. cf. MS, p. 123.

21) C. G. Jung, *Réponse à Job* (Paris: Buchet/Chastel, 1964), p. 113. 이하 RJ로 약한다. cf. RJ, p. 84.

주장하였다.[22)]

하나님의 이미지가 순전히 사람들의 밖에만 머물러 있을 경우, 다시 말해서 사람들이 자신의 내면에 하나님과 같이 강력한 요소가 있다는 사실을 깨닫지 못하고 하나님의 이미지를 계속해서 그의 밖에 있는 어떤 것에 투사하기만 할 때 그의 내면에 있는 신적 요소는 결코 그의 인격에 동화될 수 없다. 따라서 사람들은 하나님을 본받을 수 없고, 신적인 힘과 능력을 얻을 수도 없다: "종교적 투사가 일방적이고 극단적인 방식으로 이루어질 때 영혼에서는 모든 힘이 빠져나간다. 그래서 그는 쇠약해지고, 더는 발달하지 못해서 무의식 상태에 빠지게 된다. ……사람들이 그 원형에 참여하지 못할 때, 종교적인 삶은 피상적이며 형식적인 것이 되고 만다."[23)] 이런 경우 때때로 무의식과의 전적인 분리가 생겨나기도 한다: "중요한 가치를 지니고 있는 하나님이 그 대상들로부터 빠져나와야 한다. 그때 하나님은 사람들의 영혼 속에 들어갈 수 있고, 최고의 상태인 지복(béatitude)에 들어갈 수 있다."[24)] 사람들이 생각하는 하나님이 사실은 무의식 내용의 투사로 이루어진 이미지이기 때문에 사람들은 그 이미지에서 정신 에너지를 회수할 때, 사람들은 인격 발달을 이룰 수 있다: "하나님을 자기 안에 받아들이는 것은 대단히 좋은 일이다. 그것은 행복을 보장받고, 힘을 얻는 것이다. ……하나님을 자기 안에 받아들이는 것은 그 자신이 하나님처럼 된다."[25)]

넷째, 융은 우리 안에-있는-하나님의 이미지는 기독교 교리에서 말하는 것처럼 삼위일체 하나님이 아니라 사위 일체적 특성을 지닌 하나님이라고 주장하였다. 다시 말해서 전일성(la totalité)을 나타내는 하나님의 이미지는 기독교

22) cf. 프랑스의 종교학자 미셸 맬랑은 다음과 같이 말하면서 융의 견해에 동의를 표시한다. "이처럼 삼위일체 교리는 사람들의 개인적인 정신적 실재였던 것이다." M. Meslin, *Pour une Science des Religions*, p. 113.

23) PA, p. 13.

24) TP, p. 240.

25) MS, p. 167.

에서 말하듯이 성부, 성자, 성령으로 이루어진 삼위일체(la trinité)의 하나님이 아니라 기독교의 삼위에 또 다른 요소 하나가 덧붙여진 사위일체(la quaternité)의 하나님이라는 것이다. 그는 정신 관점에서 볼 때, 이 세상에 있는 모든 완전한 것, 전체적인 것은 언제나 4나 원이라는 상징으로 나타나기 때문이다. 그 예로 사람들은 옛날부터 계절을 봄, 여름, 가을, 겨울로 나누어 시간을 사등분했으며, 방위도 동, 서, 남, 북 등 넷으로 나누어 공간을 사등분하였다. 사람들이 이렇게 시간이나 공간을 넷으로 나누어 생각할 필연적인 이유는 하나도 없었다. 오히려 삼등분이나 칠등분할 수도 있었다. 그러나 그들은 그것을 넷으로 나누어야만 가장 잘 나누는 것이라고 생각하여 사등분했던 것이다. 이처럼 4라는 숫자는 사람들에게 온전성을 의미했다.

그 밖에도 융은 환자들이 네모난 방 속에 앉아 있거나 가운데 분수가 있고 그 옆이 넷으로 나누어진 꽃밭에 있는 꿈을 꾸는 것을 많이 보았다: "이 꿈들이 4라는 숫자의 중요성을 강조하고 있다면 우리는 그 기원이 무의식에 있는 것이라고 당당하게 말할 수 있다."[26] 더구나 그는 환자들이 4와 관계되는 꿈을 꾸는 것은 특별히 그들의 정신이 전체성을 찾아갈 무렵에 많이 꾼다고 강조하였다.[27] 이때 사위성(四位性)은 그들의 정신에 일종의 통합의 지휘관처럼 작용하여 정신적 불균형이나 일탈을 조정하는 데 중요한 역할을 한다: "이 원형에 대한 체험이 종종 대단히 높은 수준의 누미노제적 특성을 가지고 있기 때문에 우리는 이 체험이 종교 체험의 반열에 들 수 있으리라고 생각한다."[28] 그래서 그는 사위성은 전체성을 나타내는 상징이며, 우리 안에-있는-하나님을 나타내는 상징이라고 주장하였다. 우리 안에-있는-하나님이 전체성을 나타내고 있기 때문이다.[29] 융은 사위성의 상징이 사람들의 꿈이나 동서양의 종교

26) PER, p. 104.

27) 좀 더 정확하게 말하자면 융은 환자들에게서 전일성의 상징이 많이 나타나는 것은 분석의 초기와 분석이 거의 끝나갈 무렵이라고 주장하였다.

28) PER, p. 114. cf. C. G. Jung, *Un Mythe moderne*(Paris: Gallimard, 1961), p. 269.

29) 융은 넷으로 나뉜 원이나 네 개의 중요한 부분을 가진 원 등 4와 연관된 상징은 기독교 교리에서

서적이나 연금술 문헌 등에서 매우 중요하게 다뤄지고 있는 것을 발견하였다: "이 원형적인 주제는 아마도 전통이나 이주(移住)뿐만 아니라 유전에 의해서도 전수된 인간의 정신적인 소질에서 유래된 것일 것이다."[30] 그래서 융은 그 자료에 나타난 사위성과 전일성의 상징에 관해서 많은 관심을 기울이고 연구하였다.

4) 사위일체

융이 인간 정신의 전체성을 표상하는 상징은 삼위일체가 아니라 사위일체라고 주장한 이유는 삼위일체 개념에는 어떤 한 요소가 결여되어 있기 때문이었다. 융의 생각에 의하면 기독교에서 말하는 삼위일체 하나님은 선하기만 한 하나님이다. 따라서 전일성(la totalité)의 상징, 다시 말해서 이 세상에 존재하는 것 가운데서 가장 온전한 이미지가 될 수 없는 것이었다: "3이라는 숫자는 상대적인 전체성을 나타낸다. 왜냐하면 삼위일체 상징에서 볼 수 있듯이 3은 영적인 전체성을 나타내기 때문이다."[31] 그래서 융은 사람들이 하나님이라고 생각하는 이미지가 전일성을 나타내려면, 거기에 또 다른 요소가 덧붙여져야 한다고 생각하면서 그 요소는 여성적 원리 또는 악의 원리가 되어야 한다고 주장하였다. 여성적 원리란 이 세상에서 남성과 여성이 합쳐져야만 온전한 통합이 이루어질 수 있고, 악의 원리란 선과 악이 합쳐져야만 비로소 도덕적으로 온전해질 수 있기 때문이다. 그런데 융은 덧붙여져야 할 요소가 여성적 요소인지 아니면 악의 원리인지 명확하게 말하지 않았다. 어떤 때는 여성적 원리를, 또 다른 때는 악의 원리를 말하였다. 그 이유는 악의 원리는 선에 의해서 무의식

말하는 삼위일체보다 훨씬 더 옛날부터 신성을 나타내는 상징으로 사용되어 왔다고 주장한다. PER, pp. 103-111.

30) PER, p. 102.

31) *Aïon*, p. 244.

으로 밀려난 것인데, 여성 원리도 남성 원리에 의해서 억압받아서 동일시될 수 있기 때문이다. 그래서 프랑스의 분석심리학자 켐프는 융은 여성 원리와 악의 원리를 뒤섞어서 생각했고, 융의 심리학에서 이 두 원리는 종종 동일시되는데, 그것은 둘 다 무의식의 원리라고 생각하면 문제될 것이 없다고 주장하였다. 다시 말해서 남성들에게서 무의식은 종종 여성적인 그림자 속에서 드러나며, 가부장적 사회에서 남성은 여성과의 관계를 맺으면서 여성을 억압하면서 지배자가 되기 때문에 여성적인 요소는 발달할 기회를 잃게 되어 열등한, 따라서 악한 요소로 여겨지기 때문이다.[32)]

먼저 융은 사람들이 온전하다고 생각하는 '하나님의 이미지'에는 본래 악의 원리가 담겨 있다고 주장하였다. 그 예로서 융은 구약성서의 하나님과 삼위일체적인 신약성서의 하나님을 비교해 보면, 구약성서의 하나님은 질투하는 하나님이고, 분노하시는 하나님이며, 징계하시는 하나님으로서 어느 정도 어두운 부분이 담겨 있는 이미지인 데 반해서, 신약성서의 하나님은 선하기만 한 하나님으로서 그 온전한 모습이 훼손된 이미지라고 주장하였다: "하나님의 강력하심은 정신적인 것에만 나타나지 않는다. 오히려 인간의 내면에 들어 있는 본성의 원시적인 야수성에서 더 잘 드러난다. ……(그러므로) 하나님을 지고선(summum bonum)으로만 해석하는 것은 그 본성에 어긋나는 것이다."[33)] 하나님의 이미지가 신약성서 시대에 들어와서 선하기만 한 모습으로 변화된 것은 신약성서 시대 사람들이 밖에서 오는 가혹한 박해 때문에 그와 반대편에 있는 선하기만 한 하나님의 이미지를 찾아야 했기 때문이었을 것이다. 그러나 진정한 하나님의 이미지는 선과 악이라는 대극의 절대적인 통합을 이룬 이미지라고 융은 주장하였다: "하나님의 선하심과 사랑과 정의를 격찬하는 찬미 가운데서 하나님의 구원만을 보는 것은 잘못된 일이다. ……하나님 속에는 대극들이 융합되어 있기 때문이다. ……자신의 의식이 분화된 사람들이 하나님을 선하

32) B. Kaempf, "Trinité ou Quaternité?" in ETR(62), 1987/1, p. 69.
33) PA, p. 587.

신 아버지로만 사랑하기는 매우 어렵다. 그들은 하나님의 예측할 수 없는 분노와 격분 등을 두려워해야 하기 때문이다."[34] 현대인이 자주 제기하는 신정론(la théodicéè)의 문제, 즉 우리 사회에서 흔히 볼 수 있는 죄 없는 사람들에게 다가오는 고난의 문제 앞에서 하나님의 정의를 묻는 물음은 악의 기원과 하나님의 선성(善性)을 묻는 물음 이외에 다른 것이 아니다. 하나님이 지고선이라면 악은 어디에서 오는가? 왜 사람들은 아무 이유 없이 고통당하는가? 이 문제들 앞에서 융은 조심스럽게 악은 하나님에게서 비롯되지 않는가 하고 물으면서 하나님도 자신의 그림자를 가지고 있다고 주장하였다.[35] 실제로 성서에서 그려지는 하나님의 모습은 상당히 양면적이다. 한편으로는 자애로운 분으로 그려지지만, 다른 한편으로는 대단히 무섭고 파괴적인 분으로 그려진다. 그래서 융은 성서를 따라서 하나님을 두려워하는 것이 지혜의 첫걸음이라고 강조하였다.[36]

한편 욥은 하나님이 자기 자신과 모순된 관계에 있다는 사실을 잘 알고 있었다고 융은 주장하였다. 그래서 융은 마귀는 선하신 하나님의 또 다른 측면이라고 강조하였다: "마귀는 ……자율성을 가지고 있다. 그는 자유로우며, 영원한 존재다. 그는 하나님과 함께 형이상학적인 속성을 나누어 가지고 있기 때문에 하나님과 맞설 수도 있다."[37] 우리가 하나님의 이 어두운 측면을 깨닫지 못하는 한, 이 측면은 하나님으로부터 분리되고 만다. 그리하여 자율성을 얻어서 우리 삶에 엄청난 해악을 끼친다. 하나님의 통제를 벗어나기 때문이다. 그래서 융은 하나님의 그림자를 인식하는 것이 우리 시대에서 가장 중요한 도덕적인 문제라고 강조하였다. 하지만 현대인이 그 사실을 깨닫지 못하기 때문에 지금

34) RJ, p. 134.

35) 이 문제에 관해서 켐프도 융을 따라서 다음과 같이 말하고 있다. "그러므로 하나님도 사람과 마찬가지로 그림자를 가지고 있을 것이다. ……이처럼 선(善)에 대한 절대적인 반대가 아니라 빛이 비치지 않는 쪽에 드리워지는 그림자로서 악(惡)은 상대적인 특성을 가지며, 사람들은 악을 깨달을 수 있는 것이다." B. Kaempf, *op. cit.*, p. 66.

36) 특히 요한계시록은 사람들에게 하나님에 대한 두려움을 가르친다고 주장한다. RJ, p. 186.

37) PER, p. 115.

이 세상에서 악이 기승을 부리고, 전 세계는 파괴되어 간다. 그러나 앞에서도 언급했듯이 융은 악에 어떤 본질이 있다고는 생각하지 않았다. 그것이 아무리 현실적인 것이며, 파괴적인 힘을 가지고 있다고 할지라도 악은 상대적인 것이며, 언젠가 물러가 버릴 그림자인 것이다: "사탄의 상대적인 특성은 한편으로는 그것이 하나님에게서 비롯된 것이라는 점에서 발견되고, 다른 한편으로는 그리스도가 보았던 대로 '나는 사탄이 하늘에서 번개처럼 떨어지는 것을 보았다.' (누가복음 10:18)는 형이상학적인 사건에서도 드러난다."[38)]

다음으로 융은 기독교의 삼위일체 교리에는 남성적인 특성만 너무 짙게 배어 있기 때문에 네 번째 요소인 땅이나 몸과 관계된 요소나 여성적인 요소가 첨가되어야 비로소 온전해질 수 있다고 주장하였다. 융에 의하면 원형이라는 틀에는 언제나 새로운 내용이 담길 수 있다. 따라서 원형상이 새롭게 변화된 시대에서 사람들의 삶에 아무런 역동적인 영향력도 행사하지 못하고 죽은 개념으로 무의식에 잠기지 않고, 새로운 의미를 가질 수 있으려면 그것을 끊임없이 새롭게 해석해야 한다. 그래서 그는 삼위일체 교리가 가부장적 사회의 속성을 반영하고 있어서 이제 더는 변화된 사회에서 신적인 진리를 전해 줄 수 없다면, 그 상징 역시 새롭게 해석되어야 한다고 강조하였다. 그래서 융은 남성들의 정신에서 여성적 요소는 고대 신화나 설화에서 여신이나 요정, 마녀, 여성적 특성을 가진 동식물 등으로 표상되어 오다가 시대가 변함에 따라서 여왕, 공주, 어머니인 교회(중세) 등으로 변화되었다고 주장하였다.[39)]

마찬가지로 신 개념 역시 태양, 천둥, 맹수, 남신 등으로 표상되다가 점차 인격화되는 방향으로 발달하였고, 절대적이며 자의적(恣意的)인 특성을 지닌 존

---

38) RJ, p. 115. 켐프 역시 하나님의 그림자를 인식하는 것의 중요성에 관해서 다음과 같이 주장하고 있다. "다른 말로 해서 사위일체 상징을 가지고서 악의 문제를 특별히 강조하는 것은 사람들에게 언제나 악에 대해서 경계하게 하고, 악의 문제 앞에서 어느 누구도 다른 사람을 위해서 대신할 수 없는 책임 있는 선택을 하게 한다. 이러한 조치는 모든 사람이 윤리적인 존재로 서게 하는데, 이것이야말로 현대사회에 꼭 필요한 것이다." B. Kaempf, *op. cit.*, p. 76.

39) RC, p. 44.

재에서부터 점차 부드럽고 자비로운 특성을 지닌 존재로 변하게 되었다고 주장하였다. 특히 기독교에서의 하나님 개념 변천은 인류 정신사의 이런 변화 양상을 잘 보여 주는데, 구약성서에서 하나님은 처음에 모호하지만 강력한 힘을 가진 존재였다가 가부장제 사회의 족장 같은 모습을 지니게 되고, 그다음에 한 사회의 질서를 유지시키는 왕-사제나 전쟁의 지휘관 같은 모습을 지니는 등 전형적인 남성상을 지니게 된다. 그러나 시대가 변함에 따라서 하나님의 이미지에 여성적인 특성이 첨가될 것이 요청되었다. 그래서 하나님의 위격 가운데서 여성적인 특성이 부여될 수 있는 성령이 때로는 '위로자(consolateur)'로, 때로는 지혜(sagesse) 등 여성적 이미지를 띠게 되었던 것이다.[40] 이 사실은 우리에게 가장 온전하다고 생각되는 신상(神像)은 모든 반대되는 요소들, 즉 선과 악, 남성과 여성을 그 안에서 통합하고 있어야 한다는 집단적 사고를 보여 주는 것이다. 그러나 성령에 여성적 속성이 부여되기는 했지만, 그것은 불완전한 것이다. 기독교에서 말하는 삼위일체—성부, 성자, 성령—에 여성적인 요소는 하나도 없기 때문이다. 그래서 융은 기독교에서 말하는 '하나님의 이미지'가 정신적으로 가장 완전한 것을 나타내는 것으로서 전일성의 상징이 되려면 그 안에 여성적인 요소가 반드시 덧붙여져야 한다고 강조하였다.[41]

사실 유대-기독교적인 종교 전통에서 볼 때, 하나님의 이미지에서 여성적인 측면과 악의 측면은 언제나 억압되어 왔다. 하나님은 항상 아버지로서, 선으로서 생각되었던 것이다. 하지만 사람들은 하나님에게 따뜻하게 맞아 주고, 두려움이나 불안을 누여 주며, 안전하게 보호해 주는 어머니 같은 측면을 바라고 있으며, 교회는 실제로 그런 역할을 해 왔다.[42] 그동안 사람들의 이런 기대를 교회에서는 적어도 '어머니인 교회(Mère Eglise)'나 '성모에 대한 예배' 등을

40) cf. PER, pp. 147-148. 그러나 라틴어 계통에서 성령(le Saint Esprit)이라는 단어의 성(性)은 그 정관사 le에서 보듯이 여성이 아니라 남성이다(여성형 정관사는 la). 기독교에서 성령에 여성적인 속성을 부여한 것은 궁여지책인 것이다.

41) RJ, p. 223.

42) A. Godin, *Psychologie des expériences religieuses*, p. 58.

통해서 수용해 왔다.[43] 하지만 시대가 변함에 따라서 이것들만 가지고서는 충분하지 않았음이 드러났다. 그래서 결국 로마 교황 비오 12세는 1950년 '성모몽소승천(Assomption)' 교리를 선포하여, 사람들의 무의식에 있던 이 요청을 공식화하였다. '성모몽소승천'이란 성모 마리아도 죽음을 맞지 않고 하늘로 그대로 들어 올려졌다는 교리다. 이 교리에서 우리는 예수의 어머니 마리아에게서 죽음을 맞이할 수밖에 없는 인간성보다는 불멸성을 지닌 신성을 더 많이 보게 된다. 즉, 사람들이 무의식 속에서 하나님에게도 여성적인 측면이 있어야 한다고 생각했던 것을 성모 마리아를 신격화하여 실현했다는 말이다: "성모몽소승천 교리를 엄숙하게 선포하면서 교황은 '하나님의 어머니'에 대한 많은 비전을 보았을 것이다. 우리는 오래전부터 어떤 깊은 서원이 민중을 움직였음을 알 수 있다. 그 서원대로 사람들이 기도하고, 그 기도를 중재해 주던 중재자가 결국 성삼위 곁에 자리 잡게 되었던 것이다."[44] 더구나 융은 우리 시대의 대다수가 무엇인지 모를 것에 불안해하고 있으며, 이에 따라서 그 전 시대에 찾아볼 수 없었던 많은 정신적인 움직임이 광범위하게 일어나고 있음을 지켜보고 있다: "모든 사람은 지금 영의 바람이 부는 것을 느끼고 있다. 지금은 새로운 정신의 시대다. 그것은 여러 가지 운동을 통해서 엄청나게 번지고 있다."[45]

현대사회에 불고 있는 여러 바람 가운데서 융은 여성 해방 운동의 바람을 주목하고 있다. 왜냐하면 우리 시대는 우리 영혼의 깊숙한 곳에 자리 잡고 있는 여성적 요소와 화해할 것을 요청하기 때문이다.[46] 이 문제에 관해서 켐프는 융의 생각을 다음과 같이 잘 요약하고 있다: "기독교에서 말하는 삼위일체라는 상징이 죽어 버렸거나 거의 죽어 가는 지경에 있는 현시점에서 융은 사위일체

43) 켐프는 로마 가톨릭 교회에서는 적어도 13세기까지 '어머니인 교회' 개념을 가지고 하나님에 대한 여성적인 이미지의 요청에 응답할 수 있었는데, 그 이후 점차 성모에 대한 민중의 예배에 의해서 이 개념은 대체되었다고 주장한다. B. Kaempf, *op. cit.*, p. 71.

44) RJ, p. 224.

45) *Aïon*, p. 97.

46) cf. RJ, pp. 229-230.

상징을 주장함으로써 현대인에게 의미를 줄 수 있는 살아 있는 상징을 기대하였다. ……결국 그는 이 상징을 통해서 현대 기독교인과 신앙인의 가슴속에서 어머니와 누나, 중재자와 위로자라는 이미지가 주는 좋은 것이 다시 샘솟아 오르고, 퇴색해 버리지 않도록 하고자 했던 것이다."[47]

심리학 관점에서 볼 때 야훼 하나님 곁에 여성적인 요소가 존재한다는 것은 신성혼(hieros gamos)을 의미하는 것으로, 그것을 통해서 새로운 창조가 이루어질 수 있다: "이 하늘의 혼인을 통하여 태어난 아들은 대극의 융합으로서 통합의 상징이며, 삶의 전일성을 나타낸다."[48] 신성혼을 통해서 태어난 신적인 아이를 융은 심리학 관점에서 볼 때 개성화 과정의 궁극적인 목표인 자기(Soi)에 해당한다고 주장하였다. 이 신적인 아이, 다시 말해서 하나님의 아들은 모든 반대되는 요소를 자기 안에 통합시켜야 태어날 수 있는 것이다. 여기에서 우리는 우리 삶의 개인적 차원에서는 물론 집단적 차원에서도 대극의 문제를 해결하는 것이 무엇보다도 중요한 것임을 알 수 있다.

5) 현대인에게 신관의 문제

융이 사위일체 개념을 처음 발표했을 때, 기독교인의 반응은 놀라움과 함께 비판적인 것이었다. 그가 처음에 하나님에게는 밝고 긍정적인 측면뿐만 아니라 어둡고 부정적인 측면(또는 여성적인 측면) 역시 존재한다고 주장했을 때, 사람들은 그 말을 거의 신성모독적인 것으로 받아들였던 것이다. 왜냐하면 사람들은 그때까지 하나님을 절대적으로 선하고 좋으신 분으로만 생각했기 때문이다. 더구나 사람들은 삼위일체 교리를 이해하지도 못한 채, 그냥 받아들이기만 했기 때문에 융이 말하는 사위일체 개념이 기독교를 공격하는 것이라고 생각해서 무조건 배척하기도 하였다. 그런데 융은 대부분의 신앙인이 하나님에 관

47) B. Kaempf, *op. cit.*, p. 74, p. 77.
48) RJ, p. 176. cf. RJ, p. 85.

해서 깊이 생각해 보지도 않고, 스스로 찾으려고 하지도 않았기 때문에, 하나님의 이미지가 담고 있는 역동적인 힘을 전혀 체험하지 못한 채 습관적이고 형식적인 신앙생활만 한다고 주장하였다. 그 결과 하나님의 이미지에 담겨 있던 리비도는 어떤 사람들에게는 원인을 알 수 없는 불안으로, 또 다른 사람들에게는 미신에 대한 집착으로 흘러나갈 수밖에 없었다고 강조하였다. 왜냐하면 인간의 심층에서 이 리비도는 자연스럽게 흘러나오고, 일단 흐른 다음에는 그와 유사한 상징 체계를 통해서밖에는 처리되지 않기 때문이다.[49] 현대사회에서 우리는 그전 어느 시대에서보다 더 미신이 횡행하고 있으며, 병적인 성령 운동이 일어나고, 신경증 환자가 늘어나고 있음을 볼 수 있다. 그들은 모두 자신의 인격 내면을 흐르고 있는 이 역동적인 정신 에너지를 처리하지 못해서 고통당하고 있는 것이다: "어쨌든 기독교 메시지는 변해 버린 시대정신에 부응하기 위해서 새로운 각도에서 바라볼 필요가 있다. 그러지 못하기 때문에 기독교 메시지는 시대의 변두리로 쫓겨나 버렸고, 사람들은 자신의 전일성을 찾지 못하고 있는 것이다."[50]

현대인은 살아 있는 하나님을 전해 줄 살아 있는 상징을 찾고 있다. 그전처럼 교회 안에만 틀어박혀 있으며 사람들의 삶에 아무런 기쁨도, 신명도, 의미도 줄 수 없는 죽어 버린 상징이 아니라, 삶과 보람과 즐거움을 가져다주는 살아 있는 하나님을 바라는 것이다. 사람들에게 무의미한 도덕적 명령만 강요하는 것이 아니라 스스로 하나님의 나라와 의를 찾아 행할 수 있게 하는 하나님

49) 예를 들면, '하나님의 이미지'에 속해 있던 정신 에너지는 그것이 사람들에게 있는 가장 강력한 에너지이기 때문에 사람들을 극한 상황으로 몰아갈 정도로 불안에 빠지게 한다. 즉, 암이나 에이즈 등 불치병에 대한 공포나 사업의 실패나 좌절 등 극단적인 상황에 대한 공포는 옛날 사람들 같았으면 신의 징벌 때문에 느꼈던 두려움은 거기에서 비롯되는 것이다. 현대인은 그런 두려움을 갖는 대신에 내용만 달라졌을 뿐 형식에서는 똑같은 두려움을 느끼면서 살고 있다. 미신에 대한 집착도 마찬가지다. 현대 종교에서 제시해 주는 '하나님의 이미지'가 그들이 마음속으로 느끼고 있는 '우리 안에-있는-하나님'의 이미지와 같지 않다고 생각하는 현대인은 그들이 생각하는 하나님상을 찾아가거나 그것이 병적으로 왜곡된 미신을 찾아간다. 이때 그들은 다른 모든 종교 수행에서 볼 수 있는 열정을 가지고 잘못된 대상에 임하고 있다.

50) *Ma Vie*, p. 244.

의 이미지를 바라는 것이다. 이런 하나님이 전해질 때 현대인도 그물을 버리고 예수 그리스도를 따랐던 제배대의 아들들이나 다마스커스로 가던 길을 되돌려 예루살렘으로 향했던 바울처럼 모든 것을 버리고 하나님께 나아갈 수 있을 것이다. 그들 마음속 깊은 곳에도 똑같은 원형이 들어 있기 때문이다. 그러나 융은 그를 찾아온 많은 환자들의 꿈속에서 만다라의 중심이 비어 있는 것을 발견하였다. 그전 사람들의 꿈 이미지 속에서 신적 존재가 좌정해 있던 자리가 비어 버린 것이다. 이 사실은 현대 종교에서 제시하는 신의 이미지가 너무 낡아서 현대인에게 아무 의미도 주지 못하며, 현대인이 신도 없는 사회를 살고 있다는 사실을 보여 주는 것이다: "신에게서 더는 절대성이 느껴지지 않으면 그는 다만 단순한 이름에 불과한 존재가 되고 만다. 그의 본질은 죽어 버렸다. 그래서 그에게는 아무런 능력도 남지 않게 되었다."[51)]

현대 교회가 이렇게 낡아 빠진 하나님의 이미지에 집착해 있는 동안 사람들은 무의식적으로 집단적 무의식에 있는 하나님의 이미지를 실현시키려고 한다. 다시 말해서 사람들의 심층에 담겨 있던 하나님의 이미지가 그의 소리를 들을 수 있는 사람들을 통해서 스스로를 실현시키려고 하는 것이다. 융은 이런 현상을 가리켜서 '하나님이 인간이 되시려는 것'(즉, 성육신)이라고 말하였다. 다시 말해서 하나님의 이미지 원형에 담겨 있던 역동적이며 자동적인 에너지가 분출되어 어떤 사람이나 현상을 통해서 나타나려고 한다는 것이다.[52)] 그런 의미에서 그는 하나님이 천지를 창조하실 때 그 자신을 일반적인 방식으로 강이나 산이나 바다나 동식물을 통해서 드러내셨다면, 이제는 좀 더 특별한 방식으로 사람이 되어서 드러내시려는 것이라고 주장하였다.

사람들이 하나님의 본질이 자신의 내면에 들어 있다는 사실을 깨달을 때 그들은 자신의 삶을 통해서 신성을 실현시킬 수 있다. 그러나 자신의 내면 깊은 곳에 신적 본성이 들어 있다는 사실을 알지 못할 때, 그들은 신적 본성을 실현시키

51) PER, p. 161.
52) RJ, p. 95.

지 못하고 만다: "사람들이 자신의 본성 깊은 곳에 도달하지 못하는 한 하나님은 언제나 외적인 이미지(image extérieure)에 불과할 뿐이다."[53] 그러나 사람들이 그들의 내면에 하나님을 닮은 것이 있다는 사실을 깨닫고 하나님을 본받으려고 노력할 때, 그들의 영혼 깊은 곳에서는 변화가 이루어지고, 그들의 영혼은 그들이 닮고자 하는 존재의 전일성을 이루어 가게 된다: "하나님이 그 본성을 사람들과 함께 나누어 가졌다면, 사람들은 하나님의 본성에 같이 참여할 수 있는 것이다."[54]

융은 모든 사람은 신화적인 삶을 살고 있으며, 그 삶에서 그에게 부여된 신적인 본질을 실현시켜야 한다고 강조하였다: "그 신화는 결코 허구(fiction)일 수 없다. 왜냐하면 그 신화에는 끊임없이 반복되고, 언제나 새롭게 변화되는 어떤 것이 담겨 있기 때문이다. 신화적인 삶은 사람들에게 생겨나고, 그의 안에서 스스로 이루어진다. 따라서 사람들은 고대 그리스 신화에 나오는 영웅들처럼 신화적인 운명을 타고나는 것이다."[55] 그러므로 사람들은 원형이 그들 속에서 스스로 완성되며, 객관적인 방식으로 그의 삶을 통해서 밖으로 드러나기 때문에 그의 삶에서 그를 매혹시키는 신적 요소, 즉 그의 삶에 역동적인 방식으로 나타나는 정신적 요소를 주의 깊은 관찰의 태도와 신중한 고려의 자세로 살펴보아야 한다: "사람들이 그들의 삶에서 하나님의 이미지들이 나타나고 있다는 사실을 깨닫고, 그것과 만날 때 그들은 인간이 되려는 야훼 하나님의 결단을 알 수 있고, 그것을 인격 발달을 위한 상징으로 받아들일 수 있다. 하나님은 무의식 속에서 움직인다. 그리고 무의식에서 흘러나오는 서로 반대되는 충동을 통합하고, 조화시키도록 한다."[56]

현대 교회가 어떤 사람에게 의미를 주고 있다면, 그것은 좋은 일이다. 그러나 그렇지 못한 사람들은 새로운 이미지를 찾아나서야 하고, 교회는 그들의 탐구

53) PA, p. 9.
54) PA, p. 401.
55) RJ, p. 112.
56) RJ, p. 211.

노력에 응답해야 한다. 융이 사위일체를 주장했던 것은 그런 사람들을 위해서였다: “나는 지금 행복한 신앙생활을 하는 사람들에게 말하는 것이 아니다. 오히려 지금 모든 불이 꺼져 있는 듯하고, 신비가 고갈되어 있으며, 하나님이 죽었다고 생각되어 새롭게 하나님을 찾아나서는 사람들에게 말을 거는 것이다.”[57)]

2. 종교 상징

1) 융의 상징론

융은 상징은 “비교적 알려져 있지 않지만 그 존재에 대해서는 의심할 수 없는 어떤 (무의식적인) 사실을 가능한 한 완벽하게 나타내 주는 표상”이라고 정의하였다.[58)] 우리는 이 정의에서 상징은 의식에 숨겨져 있거나 감춰진 어떤 것을 포착하려는 수단임을 알 수 있으며, 사람들의 의식과 무의식 사이를 매개해 주는 표상이라는 사실을 알 수 있다. 따라서 상징은 사람들 속에서 잠자고 있으며, 아직 그의 삶에 참여하지 못하고 있는 것들을 일깨워 주고 있다. 그래서 어떤 모호한 것, 알려져 있지 않은 것, 숨겨져 있는 것들은 상징을 통해서 그 모습을 드러낸다. 더구나 상징은 사람들이 의식적으로 만들어 낸 것이 아니다. 오히려 무의식에서 나오는 것으로서, 계시나 직관에 의해서 알려진다: “(상징의) 이미지들은 본성적인 욕구에서 생겨나며, 그 욕구를 만족시키고 있다. 그것은 마치 그 뿌리를 가장 먼 원시시대에 둔 인간 정신을 이미지를 통해서 나타내는

57) PER, p. 177. 같은 맥락에서 켐프는 다음과 같이 말한다: “융의 신관은 사람들 속에 있는 자기(自己)와 전일성(全一性)에 대해서 깨우쳐 주고, 사람들로 하여금 자신의 삶을 곰곰이 생각하게 하며, 특히 삼위일체로부터 사위일체로 넘어가는 신관(神觀)은 한 단계 더 발달된 것으로서, 역동성과 미래를 보여 준다. 그 이미지가 우리 내면에 들어 있기 때문이다. B. Kaempf, *op. cit.*, p. 74.

58) TP, p. 469. 또 다른 곳에서 융은 상징에 대해서 이렇게 말하고 있다: “상징이라는 말을 통해서 나는 어떤 알 수 없는 것 또는 아직 알 수 없는 어떤 것을 가장 잘 나타내는 표상을 의미하고자 한다.” RJ, pp. 179-180.

것이며, 그 이미지를 통해서 우리 의식과 대화하려고 하는 것이다."[59] 따라서 집단적 무의식은 흔히 상징을 통해서 나타난다. 그런데 상징은 이미지를 통해서 우리의 인식과 언어를 초월해 있는 어떤 의미를 전달하려고 한다. 여기에서 우리는 융의 상징관과 원형론 사이에 유비 관계가 있음을 알 수 있다. 왜냐하면 원형 역시 우리 무의식의 깊은 곳에 있는 정신의 내용을 우리 눈에 보이는 이미지를 통해서 드러내려고 하기 때문이다: "인간의 영혼은 무의식의 원형에 기반을 둔 상징을 만들어 내는데, 상징이 가진 형상은 인간의 의식 작업을 통해서 생겨나는 것이다."[60]

상징에는 이미지만 있는 것이 아니다. 에너지 역시 많이 담겨 있다. 따라서 융은 우리가 상징을 통해서 원형에서 느낄 수 있는 것과 같은 누미노제를 느낄 수 있다고 강조하였다: "상징은 리비도를 그와 비슷한 어떤 것으로 옮겨 놓으며, 리비도를 원시적 형태로부터 다른 형태로 이끌고 간다."[61] 상징이 원시적 성향을 다른 새로운 흐름으로 이끌고 가서 정신적인 것을 산출할 수 있다고 융이 주장한 것은 이 때문이다: "이미지를 통해서 리비도는 무의식적인 힘을 의식으로 전이시키는 것이다."[62] 상징에 이미지만 있는 것이 아니라 강력한 힘까지 담겨 있다는 융의 주장은 상징의 본성을 파악하는 데 매우 중요한 통찰이다. 왜냐하면 상징은 강력한 힘을 가지고 사람들을 사로잡으며, 상징을 상징으로 인식하는 사람들을 변화시키기 때문이다. 상징의 이러한 속성은 우리가 앞으로 살펴볼 '상징의 초월적 기능'의 기초가 되는 특성이기도 하다.

다른 한편 상징은 그 속에 서로 다른 수많은 요소를 품고 있어서 우리가 금방 파악할 수 없는 사실을 압축하여 단 하나의 이미지에 담아 전달하고 있다.

---

59) GP, p. 126.

60) MS, p. 386. 이 점에 관해서 미셸 멜랑은 좀 더 분명하게 말하고 있다. "상징 작용에서 동력(moteur)의 역할을 하는 것은 원형이다. 왜냐하면 상징이 지닌 가치를 의식에 드러내 보여 주는 것은 원형이 가진 역동성이기 때문이다. ……모든 의식의 기반에는 언제나 원형이 있다." M. Meslin, *Pour une Science des Religion*, p. 210.

61) EP, p. 72.

62) TP, p. 243.

그러나 상징이 압축하는 방식은 추상적인 방식이 아니다. 상징은 그것이 나타내는 실재(réalité)에 참여하고 있으며, 상징을 보는 사람들을 그 실재에 참여시키고 있다. 그래서 상징은 이미지들을 살아 움직이게 하며, 사람들을 상징 속에서 살아 움직이게 한다고 융은 주장하였다: "실제로 과거의 사람들은 상징의 의미를 곰곰이 생각하지 않았다. 상징을 그들의 몸으로 직접 살았으며, 상징이 의미하는 것에 의해서 무의식적으로 움직였다."[63] 그래서 융은 종교 상징은 어떤 견해를 말하는 것이 아니라 살아 움직이는 현상이라고 강조하였다. 상징(symbole)이 기호(signe)와 근본적으로 다른 점은 바로 여기에 있다: "상징은 비유(allégorie)도 아니고, 기호도 아니다. 그것은 많은 부분에서 사람들의 의식을 초월하는 내용을 담은 이미지다."[64] 상징이 아직 사람들에게 완전히 파악되지 않은 어떤 불확실하고 모호한 사실을 나타내는 것이라면, 기호는 본래 어떤 것을 축약시켜 놓은 것이기 때문에 이미 알려져 있는 어떤 닫힌 의미를 나타낸다: "어떤 알려져 있는 것을 나타내기 위해서 사용되는 표현은 항상 기호다. 상징은 그것을 나타낼 수 없다. 또한 무한한 의미를 담고 있는 살아 있는 상징은 알려져 있는 어떤 것에서도 나올 수 없다."[65] 더구나 상징은 기호와 달리 어떤 의미만을 고집하지도 않는다. 상징은 자기 자신을 넘어서 붙잡을 수 없는 의미까지 붙잡으려고 한다. 이처럼 상징은 기호가 하지 못하는 일을 한다. 영혼의 깊은 곳까지 포착할 수 있는 것이다.

또한 융은 살아 있는 상징과 죽은 상징을 구분하였다. 살아 있는 상징이 그것이 가지고 있는 역동성을 가지고 무의식적 진실을 전달하고, 사람들을 상징이 나타내는 심층에 깊이 잠길 수 있게 하는 것이라면, 죽은 상징은 기호로 변

63) HS, p. 81. cf. RC, p. 556.

64) MS, p. 155.

65) TP, p. 470. cf. 그래서 멜랑과 윔베르, 보두앵은 프로이트가 상징과 기호를 혼동하였다고 비판하였다. 프로이트는 꿈을 분석하면서 인간의 정신 현상을 기호론으로 축소시켜서 상징은 하나의 특정한 (성적) 의미만 나타낼 뿐이라는 것이다. M. Meslin, *Pour une science des Religion*, p. 205. E. Humbert, *Jung, 45*. Charles. Baudouin, *L'Oeuvre de C. G. Jung*, p. 79.

해서 상징이 가지고 있던 모든 역동성을 잃어버리고 만 것이다. 융은 어떤 상징이 본질적으로 무의식적 사실을 전달해 주지 못하고, 그 안에 누미노즘을 지니지 않는 한 살아 있는 상징이 될 수 없다고 강조하였다: "상징이 살아 있는 한 그것은 어떤 사실을 가장 잘 표현할 수 있다. ……그러나 상징이 죽을 때, 거기에는 역사적 가치만 담겨 있을 뿐이다."[66] 예를 들면, 어떤 사람이 어떤 상징을 해석하면서 어느 한 가지 의미로만 이끌고 갈 때, 그 상징은 죽어 버리고 만다. 왜냐하면 그 해석은 언제나 그 상징이 본래 가지고 있는 풍부한 의미를 외면한 채 마치 기호처럼 똑같은 의미만을 가리키게 하기 때문이다. 그런 경우 그 해석은 대개 잘못된 것이기 쉽다. 여기에서 우리는 융이 얼마나 상징을 대하는 데 사려 깊은 태도를 취하고 있는지 알 수 있다: "어떤 것이 상징적인 의미를 갖게 되는가 그렇지 않은가 하는 것은 우리의 의식적인 태도에 달려 있다."[67] 그 예로, 융은 어떤 사람이 세례를 받을 때 세례가 본래 가지고 있는 원형적 의미를 깊이 인식하고 세례를 받는다면, 그 세례는 그에게 무한한 의미를 가져다주어서 그는 세례 의식을 통해서 자신을 초월하고, 그 전보다 높은 차원의 삶으로 들어갈 수 있을 것이라고 주장하였다. 그러나 그가 아무 생각 없이 세례에 임한다면 그 의식은 그에게 별다른 의미를 가져다줄 수 없을 것이라고 덧붙였다. 왜냐하면 세례 의식은 결코 마술이 아니기 때문이다.[68] 그러므로 우리는 상징이란 어느 정도 융이 종교적인 태도라고 말한 것, 즉 주의 깊게 관찰하고, 신중하게 고려하는 태도를 가지고 임해야 상징이 본래 말하고자 하는 의미를 파악할 수 있다는 사실을 알 수 있다.

다음으로 융은 상징에는 어떤 상황을 보상해 주고, 그것을 통합하여 전체성에 이르게 하는 측면이 있다고 생각하였다. 그래서 그는 전체성을 나타내는 상징은 언제나 사람들에게 구원의 효과를 가져다준다고 주장하였다. 전체성을

66) TP, p. 469.

67) TP, p. 470. 그러나 융은 상징은 본래 그것을 관찰하는 사람들의 태도에 관계없이 그 자체로서 상징적인 의미를 나타내는 법이라고 강조하였다. TP, pp. 470–471.

68) PM, p. 157.

나타내는 상징은 하나님의 이미지와 밀접한 관계에 있어서 그것이 올바로 해석될 경우 사람들은 자신의 내적 분열을 통합시킬 수 있으며, 대극들의 일방성을 교정할 수 있기 때문이다: "전체성을 나타내는 상징은 먼 옛날부터 모든 종교에서 우주의 기반을 나타내고, 신성을 나타내는 이미지와 체계를 드러내고 있다."[69] 그래서 융은 여러 차례에 걸쳐서 정신의 전체성을 나타내는 만다라 상징은 사람들의 정신에 매우 중요한 영향을 준다고 주장하였다. 사람들이 전체성을 나타내는 누미노제 이미지를 체험할 때, 그들은 마치 종교 체험을 할 때와 같은 상태에 빠져든다는 것이다. 왜냐하면 전체성을 나타내는 상징은 하나님의 이미지와 같은 것으로서 그것과 똑같은 힘과 능력을 가지고 있기 때문이다.[70] 당연히 그는 그 체험을 통해서 자신의 내면에 분열되어 있던 정신 요소를 통합하고, 전일성을 이루게 된다. 이처럼 종교 상징은 단순한 이미지가 아니라 사람들의 삶을 변환시킬 수 있는 실체다: "종교 상징은 단순히 인간의 지성에서 나온 것이 아니라 삶의 표현이다."[71]

2) 상징의 형성

융은 상징의 형성 과정을 인간의 상상력에 기반을 둔 정신 작용이라고 주장하였다. 그에 의하면 모든 정신적 내용은 이미지를 통해서 표현되는데, 그때 모든 이미지는 단순히 어떤 것을 나타내는 표상이 아니라 '어떤 기능을 가진 모형'이 된다. 그러므로 이미지는 사람들이 행하는 어떤 행동의 형태만을 나타내지 않고, 그 행동이 촉발되는 특정 상황까지 나타낸다. 또한 이미지(image)를 산출하는 상상력(imagination)은 사람들에게 주어진 상황을 초월할 수 있는 역동적인 이미지를 창출하면서 사람들에게 어떤 능력을 부여하고 있다: "상상

69) *Aïon*, p. 214. cf. 융은 이렇게 말하기도 하였다: "심리학은 전체성을 나타내는 상징은 심리학적으로 볼 때, 하나님의 이미지와 같은 것이라는 사실을 확인할 수밖에 없다." *Aïon*, p. 217.

70) PER, p. 198.

71) C. G. Jung, *The Integration of the Personality*, p. 144.

력이란 살아 있는 힘, 즉 정신적인 힘은 물론 물리적인 힘이 압축되어 있는 정수다."[72] 그런 의미에서 융은 상상력은 마치 꿈에서와 마찬가지로 의식의 굴레를 풀어내면서 인간의 영혼이 언제 어디서나 즉각적으로 움직이게 한다고 주장하였다. 융에게 있어서 상상력을 산출하는 것은 상징과 마찬가지로 무의식이다: "리비도는 대상으로부터 떨어져 나와서 사람들의 내면에 옮겨진다. 그리고 무의식으로부터 이미지들이 작동하게 한다."[73]

융에 의하면 인간의 사고에는 두 종류가 있다. 첫째는 사람들에게 주어진 상황에 적응하는 데 목적을 둔 '정향적 사고(la pensée dirigée)'이고, 둘째는 의식의 작용이 아니라 무의식의 작용에서 비롯되었고, 주관적인 동기를 가진 '상상적 사고(la pensée imaginative)'다. 그 가운데서 '상상적 사고'는 상징을 만들어 인간 정신의 깊은 층과 인간의 의식 사이를 이어 준다. 다시 말해서 먼 옛날에서부터 의식의 문턱 아래 깊이 잠겨 있는 인간 정신의 가장 깊은 층과 '정향적 사고' 사이를 연결시켜 왔던 것은 '상상적 사고'[74]인 것이다. 우리는 여기에서 상징이 우리 삶에서 얼마나 중요한 역할을 하는지 알 수 있다. 왜냐하면 사람들이 상징을 통하여 정신의 깊은 층과 접촉하지 못할 때, 인간의 삶은 메마르고 역동성이 고갈되기 때문이다.

다음으로 융은 상징은 정신 에너지를 변환시키는 '정신적 기계'라고 주장하였다.[75] 융에 의하면 실제의 대상에서 회수된 리비도는 상징으로 넘겨지고, 상징은 그 대상으로부터 리비도를 벗겨 낸다. 그렇기 때문에 우리는 상징에 많은 양의 리비도가 담겨 있을 수밖에 없다는 사실을 알게 된다. 그런데 리비도의 변환이 이루어지는 것은 리비도가 상징을 통해서 본능적인 대상과 유사한 어떤 것을 만들어서 리비도를 거기로 흐르게 하지 않는 한 불가능하다. 다시 말

72) PA, p. 359.

73) TP, p. 530. cf. 융은 신비한 환상에 대해서도 이렇게 말하였다. "그것은 만들어 낸 것이 아니다. 그것은 무의식에서 침입한 것과 같은 이미지 또는 일련의 이미지로 나타난다." EP, p. 60.

74) TP, p. 83. cf. TP, pp. 81–83.

75) EP, p. 69.

해서 어떤 대상에 집중되어 있던 리비도를 그 대상과 유사한 특성을 가진 다른 대상으로 전이시키지 않는 한 리비도가 옮겨지지 않는다는 말이다. 그래서 상징이 필요하게 된다. 왜냐하면 상징은 리비도가 집중되어 있던 어떤 본능적인 대상과 비슷한 대상을 상징적인 방식으로 만들어 낼 수 있기 때문이다: "우리는 상징의 형성이 ……에너지 과정의 본능적인 흐름에서 생겨난다는 사실을 알 수 있다."[76]

융은 리비도가 본능적 대상과 유사한 상징에 의해서 변환되어 억압되지 않고 정신적으로 유용하게 작용하게 되는 예를 오스트레일리아의 와찬디(Watschandie) 족의 봄의 종교 의례를 통해서 설명하였다: "그들은 땅에 구멍을 파고, 그 주위에 잎이 달린 나뭇가지를 둘러놓아서 마치 여성의 성기처럼 만든다. 그다음에 그들은 그 구멍을 둥글게 둘러싸고서 창을 높이 치켜들고 밤새도록 춤을 추면서 도는데, 앞에 치켜든 창은 마치 발기된 남근을 연상시킨다. 그들은 그 주위를 돌면서 춤을 추다가 창을 그 구덩이에 던져 넣으며 소리친다. "풀리 니라, 풀리 니라, 와타카!" (구멍이 아니야, 구멍이 아니야, 그것은 거시기야!) 그 의례가 행해지는 동안 참여자들은 누구도 여성의 얼굴을 보아서는 안 된다."[77] 우리는 이 의례에서 리비도가 상징 의례를 통해서 변환되는 훌륭한 예를 볼 수 있다. 왜냐하면 이 부족의 남성들은 이 의례를 통해서 겨울 동안 축적되었던 리비도를 종교적 리비도로 변환시켰기 때문이다.

이 의례는 그해 농사가 풍년 들기를 기원하는 종교적 의례다. 그것은 그들이 암술에 수술이 수정(受精)되게 하는 상징 행위를 통해서 알 수 있다. 그것은 겉으로 보기에는 성적 행위 같지만 성적 행위가 아니라 종교적 행위다. 왜냐하면 그들이 그 구덩이에 창을 던져 넣으면서 "(그것은) 구멍이 아니야, 구멍이 아니야."라고 외치기 때문이다. 그들은 그렇게 하면서 그해 식물들에 수정이 잘되어서 풍년이 들기를 간절히 기원했던 것이다. 그것은 그들이 그 의례를 하는

76) MS, pp. 70-71.

77) EP, p. 65. cf. MS, pp. 265-266.

동안 여성의 얼굴을 보아서는 안 된다는 데서 두드러지게 나타난다. 그들은 성적 행위 비슷한 것을 하면서 자칫 잘못해서 리비도가 성 리비도로 변질되는 것을 막기 위해서 여성의 얼굴을 보아서는 안 되었던 것이다. 그 의례는 엄격하게 종교 의례였던 것이다. 이렇게 풍요를 비는 종교 의례를 한 다음 그들은 그 해 농사가 풍년이 들 수 있다는 믿음을 가지면서 한 해 동안 농사의 고된 노동을 받아들이게 된다. 겨우내 그들 속에 축적되었던 리비도는 성 에너지로 나갈 수도 있었는데, 상징을 통해서 변환되어 생산적인 방식으로 활용되었던 것이다. 인류가 탄생되었던 때부터 리비도는 이런 방식을 통해서 변환되어 왔고, 지금도 여전히 변환되고 있다고 융은 주장하였다. 그래서 융은 상징을 '리비도를 품고 있는 이미지'[78]라고 불렀다.

3) 상징의 기능

모든 상징에는 리비도에서 비롯된 특별한 에너지가 담겨 있기 때문에 살아있는 상징은 언제나 사람들에게 누멘과 같은 방식으로 작용하여, 그 원형적 이미지를 체험하는 사람들에게 깊은 인상을 주고, 그들을 사로잡는다. 그래서 융은 전일성의 상징은 개성화 과정에서 대단히 중요한 역할을 한다고 주장하였다. 정신치료 과정이 거의 끝나 가서 환자들이 정신의 전일성을 이루어 갈 무렵 만다라나 우주시계 같은 전일성의 상징을 꿈에서 보는 것은 그 때문이다. 이처럼 상징은 성적 에너지를 정신적인 것으로 바꾸어 주고, 무의식의 심층에 있는 내용을 의식에 전달해 주며, 무의식의 깊은 의미의 세계—객관적인 정신의 세계, 다시 말해서 인류가 그동안 추구해 왔던 가치의 세계에 연결시켜 줌으로써 현실적인 욕망에 붙들려 있고, 그 욕망이 좌절되어 정신적인 고통을 겪는 사람들에게 구원을 가져다준다. 이러한 상징에 대해서 융이 주장했던 견해를 요약해 보면 다음과 같이 네 가지로 나누어 볼 수 있다.

---

78) EP, p. 72.

첫째, 그는 모든 상징은 리비도의 역행을 막아 준다고 주장하였다. 융에 의하면, 어떤 정신적 사실을 하나의 이미지를 통하여 상징화하는 작업은 그 사실을 구체화시켜서 고정시키는 작업이며, 망각 속에 파묻혀 버릴 뻔한 사실을 인식하게 하는 작업으로서 인간 정신의 진전을 의미한다. 따라서 상징을 받아들임으로써 상징이 만들어 내는 실재(réalité)에 참여하여 리비도의 역행을 막고 앞으로 나아갈 수 있는 것이다: "상징이 태어나는 것은 무의식에서 리비도가 역행하는 것이 멈추었다는 것을 의미한다. 다시 말해서 역행이 전진으로 되고, 억압에 모여 있던 정신 에너지가 흐르기 시작한 것이다."[79] 그래서 융은 상징을 만들어 냄으로써 사람들은 어처구니없는 불안에서 해방될 수도 있다고 강조하였다. 왜냐하면 상징은 그들을 억누르고 있던 불안만큼 강력하기 때문이다. 신경증의 경우도 마찬가지다. 사람들은 그들을 괴롭히는 신경증만큼 강력한 실재(實在)에 속해 있지 않는 한 신경증에서 풀려날 수 없다. 그런데 이 강력한 실재는 종종 상징적인 모습으로 다가온다: "인간 본능의 맹목적인 힘들의 균형을 잡아 주는 것은 체계적인 생각 때문이 아니라 사람들이 즉각적으로 체험하는 것을 통해서다."[80]

둘째, 상징은 어떤 정신적 내용이나 사건을 하나의 이미지로 변환시키며, 열등한 형태에 머물러 있던 리비도를 그것보다 높은 형태에 머무르게 한다. 융은 상징의 가장 중요한 특성 중의 하나는 어떤 대상을 그보다 더 높고, 더 큰 것으로 변환시키는 데 있다고 강조하였다: "파우스트의 예는 상징이 사람들에게 삶을 준비시키고, 리비도를 더 심원한 목적을 향해서 이끌어 간다는 사실을 잘 보여 준다."[81] 그러므로 융은 상징의 변환 기능 가운데서 가장 중요한 것은 상

79) TP, p. 586.

80) EP, p. 75.

81) TP, p. 122. 이 점에 관해서 멜랑은 더 분명하게 말하고 있다. "상징은 어떤 현상을 관념으로 변환시키고, 관념을 이미지로 변환시킨다. 그래서 관념은 항상 이미지 속에 가까이 다가갈 수는 없지만, 매우 강력한 활동력을 가지고서 머물러 있다." M. Meslin, *op. cit.*, pp. 199-200. 예를 들면, 예수 그리스도의 십자가 사건은 인류의 죄를 대속하기 위한 하나님의 아들의 희생이라는 상징적인 관념을 만들어 내게 하였고, 그 관념은 십자가라는 표상 속에 담겨 있는 것이다. 그래서 십자가는

징이 무의식의 에너지를 실제적인 체험으로 변환시키는 데 있다고 강조하였다. 실제로 사람들이 상징을 통해서 체험하는 감정은 어떤 실제 대상 앞에서 그것을 체험할 때 생겨나는 감정만큼이나 실제적인 것이다. 그러나 사람들의 감정은 그들이 어떤 사실을 억압하거나 무시할 때 종종 왜곡된다. 그리고 일단 감정의 왜곡이 일어나면 그것을 바로잡기란 대단히 어려운 일이다. 그때 상징은 사람들에게 왜곡을 일으킨 콤플렉스 주변에 몰려 있던 정신 에너지를 변환시켜서 잘못된 감정을 바로잡아 준다고 융은 주장하였다.[82]

셋째, 상징은 대극을 통합하는 초월적 기능을 수행하는데, 융은 초월적 기능(la fonction transcendante)은 두 가지 상반되는 요소가 서로 대극의 긴장 관계를 이루고 있을 때 상징이 그 가운데 초월적인 위치에 서서 대극의 긴장을 풀어 주고 그 둘을 통합시켜 새로운 이미지를 형성하게 하는 기능이라고 주장하였다: "나는 대극을 화해시키는 이 기능을 가리켜서 초월적 기능이라고 부르겠다. 이 기능은 이름에서 보는 것처럼 신비적인 것은 아니다. 허수(虛數)와 실수(實數)로 이루어진 수학의 함수(函數)와 마찬가지로, 의식적 요소와 무의식적 요소 사이에서 이루어지는 기능인 것이다. ……우리의 의지 외에 우리에게는 창조적인 특성을 가진 상상력이 있다. 본능적으로 비합리적인 특성을 가진 이 기능은 우리 의지로 하여금 대극을 화해시킬 수 있게 해 준다."[83] 이 기능은 융이 말하는 것처럼 전혀 신비적인 것도 아니고, 형이상학적인 것도 아니다: "…… 초월적이라는 말은 형이상학적이라는 말이 아니다. 초월적이라는 단어

단순한 나무 막대기에 불과한 것이 아니라 그 상징적 의미를 깨닫는 사람들에게 무한한 감격을 불러일으킬 수 있는 것이다. 즉, 예수 그리스도의 죽음과 부활은 사람들의 집단적 무의식에 깊이 박혀 있던 구세주라는 관념을 불러일으켰고 그것은 십자가라는 이미지 속에 담겨 있다. 여기서 리비도는 사건 · 관념 · 이미지(상징)로 변환되었고, 십자가를 보는 사람들은 이미지 · 관념 · 사건으로 변환되면서 십자가 사건에 참여할 수 있다. 이렇게 상징은 사람들을 변환시킬 수 있는 것이다.

82) PT, p. 146.

83) TP, p. 113. cf. "상징은 어떤 것이 새로운 길을 찾아 나갈 수 있도록 하기 위해서 대극을 통합한다." TP, p. 254. C. G. Jung, "La fonction transcendante", *L'Ame et le Soi*(Paris: A. Michel, 1990). pp. 145–178.

가 의미하는바는 어떤 하나의 태도에서부터 다른 태도로 변화시키는 것을 의미할 뿐이다."[84] 융은 이 기능을 가리켜서 상징의 가장 중요한 기능이라고 강조하였다. 융의 주장에 의하면 상징이 가지고 있는 초월적인 기능은 상징의 본성을 따르는 매우 자연스러운 과정이다: "그것은 대극에서 생겨난 긴장 때문에 고여 있던 에너지가 풀려나와서 이루어지는 과정이다. 이때 풀려난 에너지는 사람들에게 여러 가지 상상을 불러일으켜서 꿈이나 환상 속에서 여러 가지 이미지를 보게 해 준다."[85] 융이 상징이 가진 초월적 기능의 중요성을 강조한다면, 그것은 마치 "다리가 두 개인 기둥 위에 서 있는 것처럼 상징이 현실의 세계와 상상의 세계, 합리적 세계와 비합리적 세계라는 다리 위에 놓여서 의식과 무의식의 벌어진 틈과 비연속성을 극복하게 해 주기" 때문이다.[86]

상징은 본래 인간 정신의 대극 요소들로 구성되어 있기 때문에 통합자(unificateur)로서의 역할을 수행하고 있다. 그런데 상징이 대극 요소를 통합하는 데 사용하는 이미지는 만다라 상(像)처럼 전일성을 나타내는 원초적인 이미지(l' image primordiale)다. 이 점에 관해서 융은 어떤 상황에서 대극 사이의 긴장이 생겨나면, 그 자체로서는 긴장을 해소시킬 방도가 없고 그 사이에 대극의 모든 요소를 포용하고 있는 제3의 요소가 등장해야 한다고 강조하였다. 그런데 상징은 여기에서 대극을 통합시키는 제3의 요소 역할을 훌륭하게 수행할 수 있다: "상징이 의식은 물론 무의식에서 비롯된 것이기 때문에 의식과 무의식을 통합할 수 있다. 그 이유는 상징의 형상에는 의식과 무의식이 이상적인 모습으로 통합되어 있고, 서로 다른 정동이 합쳐져서 누미노제적 특성을 나타내기 때문이다."[87] 즉, 상징은 서로 대립적 특성을 지닌 두 요소를 그 속에 품고 있기 때문에 제3의 위치에서 서로 대극적인 두 요소를 통합할 수 있는 것이다. 융은 그에 대한 상징적 예로 회개를 한 강도와 회개를 하지 않은 강도 사이에서 돌

84) TP, p. 475.
85) PI, p. 146.
86) TP, p. 113.
87) *Aïon*, p. 198. cf. PI, p. 196.

아가신 예수 그리스도를 들었다. 그때 예수 그리스도는 선과 악을 초월적으로 통합하였다는 것이다. 그다음 예수 그리스도는 전혀 다른 존재로 부활하였다. 그래서 그는 이 세상에 있는 모든 대극과 갈등을 초월적으로 통합하는 구세주가 된다.

넷째, 상징은 사람들에게 계시를 전달해 준다. 심리학적 의미에서 계시는 인간 정신의 심층에 깊숙이 숨어 있던 진리가 의식 세계로 표출되는 것을 의미한다. 그런데 사람들은 상징을 보면서 종종 사람들의 삶에 담겨 있는 어떤 진리를 불현듯 깨닫게 되는 경우가 많다. 특히 종교적 상징을 보면서 사람들은 "아, 저것은 인간이 한 일이 아니라 하나님이 하신 일일 수밖에 없다."는 사실을 직관적으로 깨달으며, 깊은 감동에 사로잡힌다. 기독교에서의 십자가 상징이나 불교에서의 원(圓), 만다라, 심우도(尋牛圖) 등은 우리 삶의 진리를 하나의 이미지를 통해서 즉각적으로 전달하고 있다: "상징의 초월적 기능은 우연히 나타나는 것이 아니라 사람의 가슴 깊이 감춰져 있던 인간 정신의 중핵으로부터 계시를 이끌어 내면서 작동한다."[88] 이때 깨닫는 계시는 사람들의 마음을 움직이고, 그의 삶을 사로잡아 인격의 변환을 이루게 하고, 좀 더 성숙한 단계의 삶을 살아가게 하기에 충분하다.

상징이 연결하여 주는 대극에는 세 가지가 있다고 융은 주장하였다. 첫째, 상징은 의식과 무의식을 연결해 준다. 우리는 여러 가지 제의 속에서 상징 의례가 의식의 세계와 무의식의 세계 사이를 분리시키고 있던 담을 제거해 버리는 것을 종종 보게 된다. 거기에서는 하늘과 땅이 만나고, 이승과 저승이 만나며, 하나님과 인간이 만나서 하나가 되는 것이다: "이때 사람들은 실제로 커다란 이득을 맛보게 된다. 무의식이 의식을 도울 수 있게 되자 여태까지 잘못된 방향으로 나아가던 힘이 사라지게 되는 것이다. 이 기능, 다시 말해서 상징을 통해서 의식과 무의식이 함께하게 되는 기능을 나는 초월적 기능이라고 불렀다."[89]

88) PI, p. 195.
89) TP, p. 123.

둘째, 상징은 한 사람을 사회와 연결해 준다. 이에 관한 예로는 여러 부족이 여러 지역에서 행해 왔던 통과의례의 상징을 들 수 있다. 특히 입문자(入門者)들은 입문식(initiation)에서 사용되는 여러 상징을 통해서 자기 부족의 조상신이 누구이고, 자기 부족이 어떤 부족인지 알게 되면서 그 부족의 명실상부한 일원이 된다. 남자아이들은 이제 그 부족의 전사(戰士)와 사냥꾼으로, 여자아이들은 성숙한 여성으로 변환되어 성인 사회로 들어가게 되는 것이다.

셋째, 상징은 한 개인을 우주와 연결해 준다. 상징은 본래 그 안에 우주적 구조를 담고 있기 때문에 사람들에게 직관적으로 그와 우주 사이에는 아주 밀접한 관계에 있다는 깨달음을 계시처럼 전해 준다. 십자가 상징은 그에 대한 하나님의 무한한 사랑을 일깨워 주면서 그것을 깨달았을 때 새로운 존재로 변환시킨다: "새로워진 태도 속에서 그전까지 무의식의 어둠 속에 갇혀 있던 리비도는 긍정적인 일을 시행하면서 다시 나타난다. 그것은 정말로 새로운 삶으로 다시 돌아오는 것이다."[90)]

4) 상징의 해석

무의식의 내용이 의식에 통합되지 못하고, 투사에 의해서 하나의 이미지로만 존재할 때, 그것은 사람들의 의식적인 삶에 참여할 방도를 찾지 못해서 그들의 삶에 아무 영향도 끼치지 못한다. 그 결과 그것은 그의 본래의 특성인 원시 형태 속에서 매우 모호하고 양면적인 모습으로 무의식의 다른 내용과 혼합되어 파괴적인 작용을 한다. 우리는 이런 현상을 일상에서 많이 본다. 어떤 사람이 자기 속에 있는 인색하고 독선적인 성격을 깨닫지 못하고, 자기 이웃만 그렇다고 생각하여 그 사람을 미워하고, 그 사람과 다투면서 사는 경우를 많이 보게 된다. 이때 투사는 그들의 삶을 매우 어렵게 만들고, 둘 사이의 관계를 개선하지 못하게 한다. 그러나 투사는 부정적인 내용만 투사하는 것이 아니다.

90) TP, p. 245.

때때로 긍정적인 내용도 많이 투사된다. 예를 들어 어떤 사람이 다른 사람에게서 아주 부드럽고 따뜻한 인상을 받고, 자기도 그 사람처럼 되었으면 좋겠다고 생각하면서 그 사람을 이상화할 때 그는 자기 내면에 무의식적으로 있지만 자기가 아직 발달시키지 못한 그런 특성을 그 사람에게 투사하고, 거기에 사로잡히는 것이다. 그러나 그 사람에게 있는 그 특성이 자기에게도 있다는 사실을 그가 깨달을 때, 그는 더는 그 특성을 그에게 투사하지 않고 자기 안에서 찾아내 통합할 수 있는 것이다.

마찬가지로 오늘날 많은 종교에서 상징은 사람들이 그들의 개인무의식의 내용을 투사시켜 놓은 것일 뿐 그들을 자기 존재의 심층으로 이끌어 가지 못한 채 죽은 상징이 되어 버리고 만 경우가 많다. 십자가가 그 속에 아무 의미도 담지 못하고 그저 지도 위에서 교회의 위치만을 표시하거나, 불당(佛堂)에 안치되어 있는 부처가 그것을 바라보는 사람들에게 누미노즘을 전혀 일으키지 못하는 경우가 많다. 그전 같으면 귀신을 그려서 사람들에게 공포심을 유발시켰던 부적이 이제는 한낱 웃음거리나 골동품으로서의 가치밖에 지니지 못한 경우도 많이 있다. 너무 합리주의적으로 되어 버렸고, 주지주의적으로 되어 버린 현대사회가 상징을 하나의 기호로 만들고, 죽은 상징으로 만들어 버린 것이다.[91] 그럼에도 상징에는 이미지만 있는 것이 아니라 정신 에너지 역시 담겨 있다는 사실을 부정할 수 없다. 왜냐하면 상징은 그 형성 과정에서 어떤 실제 대상에서 리비도를 회수하여 상징 이미지로 변환시켜서 그 안에 역동적 에너지를 담고 있기 때문이다. 그래서 융은 우리가 상징을 볼 때, 그것을 다만 하나의 이미지로서만 볼 것이 아니라 그 속에 있는 의미를 올바르게 해석해야 한다고 강조하였다. 상징이 가진 창조적 기능은 사실 우리가 상징을 상징으로 받아들이고 해석할 때에만 생겨날 수 있다. 그러므로 겉으로 보기에 별다른 의미도 담겨 있을 것 같지 않은 상징의 의미를 제대로 파악하기 위해서는 우리 삶과 체험의 비합리적인 영역 속으로 깊이 들어가야 한다: "상징을 더 의미 있게 하

91) B. Kaempf, *La Pensée de C. G. Jung*, pp. 275-280.

고, 의식으로 이끌어 가려면 상징의 무의식 영역에 담겨 있는 에너지를 일부러라도 더 모아 주어야 한다."[92] 왜냐하면 상징은 리비도가 만들어 내는 정신 현상이기 때문이다: "그다음에 내가 노력을 기울였던 작업은 그때 무의식에서 솟아나와 처음에 나를 그 속에 잠기게 했던 것들에 관해서 파헤치는 것이었다. 그것은 내 필생에 걸친 작업을 위한 원물질이었다."[93]

우리가 상징이 가진 의미를 파악하자마자 상징은 그것이 본래 가지고 있던 마술적인 세력을 잃게 된다: "리비도는 이제 그 대상으로부터 분리되어 무의식적인 이미지들을 활동시키면서 주체의 내면으로 옮겨지는 것이다."[94] 우리가 지하 세계에 갇혀 있던 세력을 이겨내고 특별한 지혜를 얻게 되는 것은 바로 이때다. 이때 상징은 '에너지의 변환자'처럼 작용하여, 의식으로 하여금 본래 무의식에 잠겨 있던 에너지에 접근할 수 있게 해 주기 때문에 사람들에게 상징이 가진 의미를 깨닫게 해 준다. 그리고 상징 이미지가 가지고 있는 의미를 깨달을 때, 그 전까지 접근할 수 없었던 정신 에너지가 풀려나와 우리에게 여러 감정을 불러일으키면서 어떤 행동을 하게 한다. 이 과정은 상징이 형성되는 과정과 정반대로 이루어진다. 왜냐하면 상징의 형성에서는 무의식에 담겨 있던 리비도가 상징적인 이미지를 만들어 내는 데 반해서, 상징의 해석 과정에서는 상징적인 이미지로부터 그것을 해석할 수 있는 리비도가 흘러나오기 때문이다. 이때 상징을 지각하고 리비도를 변환시키는 것은 우리 영혼이다: "영혼은 중개자로서의 자리를 잃지 않는다. ……영혼은 무의식이 가진 힘을 의식에 넘겨주면서 자기가 간직하고 있는 이미지를 따라서 여러 이미지와 상징을 만드

---

92) TP, p. 112. 이 점에 관해서 야코비가 말하는 것은 융의 주장을 더 확실하게 이해할 수 있게 해 준다. "상징에는 표현의 기능과 인쇄의 기능 두 가지 기능이 있다. 왜냐하면 상징은 한편으로는 이미지를 통해서 우리에게 있는 내면적이고 정신적인 활동을 표현해 주고, 다른 한편으로 상징은 거기에 담긴 의미를 통해서 그 활동을 인상적으로 받아들이도록 하여 우리의 정신 과정을 자극시키기 때문이다." J. Jacobi, *La psychologie de C. G. Jung*, p. 149.

93) *Ma Vie*, p. 232.

94) TP, p. 230.

는 것이다."[95] 여기에서 우리는 인간의 영혼에는 우리의 감각 기능과 마찬가지로 사물을 지각하는 기능이 있다는 사실을 알게 된다. 사실 상징의 심층적 의미를 파악하는 것은 이성의 작용이 아니라 영혼의 작용이다. 왜냐하면 우리 이성은 안목이 너무 좁고, 사물을 파악할 때 먼저 있던 어떤 것을 토대로 해서 파악하기 때문이다. 그래서 융은 "상징의 해석에서는 직관의 작용이 필수적"이라고 주장했는데, 직관은 인간 이성의 기능이 아니라 본능에 속한 비합리적인 기능이다. 이 점에 관해서 야코비(J. Jacobi) 역시 "의식이 포착하는 것은 상징적 의미의 합리적인 요소일 뿐이다. 비합리적인 요소에는 그저 '충격받을 뿐'이다."[96]라고 말하였다.

우리 영혼에는 평소 감각기관을 초월하여 인간의 내면에 있는 어떤 본질을 향해서 꿰뚫고 들어가는 기능이 들어 있다. 그러므로 상징의 의미를 포착하려면 그것을 이해하려고 하기보다는 그것을 우리 몸으로 살려고 해야 한다: "사람들은 상징적인 진실을 체험하는 방법이 아니고서는 그를 이제 더는 낯설지 않은 나라로 이끌고 갈 길을 발견할 수 없노라고 말할 것이다."[97] 실제로 상징은 하나의 이미지 안에 여러 가지 다른 내용을 담고 있기 때문에 상징을 몸으로 사는 방법밖에 상징을 제대로 해석할 수 있는 길이 없다. 또한 상징을 우리 몸으로 살 때, 우리는 무의식의 내용을 깨달을 수 있을 뿐만 아니라 우리 삶에 있는 많은 정황을 동시에 체험할 수 있다. 그래서 상징적 의미에 대한 해석, 상징적 의미에 대한 깨달음, 다시 말해서 상징을 우리 몸으로 사는 것은 우리로 하여금 우리 내면에 있는 여러 대극을 통합할 수 있게 해 주는 것이다.

95) TP, p. 243.
96) J. Jacobi, *op. cit.*, p. 153, HS, p. 92.
97) RC, p. 131.

제6장

융의 구원관

융에게 구원은 정신치료다. 왜냐하면 정신치료만이 사람들을 정신적 고통에서 풀어 주고, 정신적 문제들이 내포하고 있는 여러 가지 복잡한 상황에서 해방시켜 주기 때문이다. 실제로 정신과 환자들은 정신치료가 이루어질 때 그동안 그를 붙잡고 있던 초자연적인 세력에서 벗어났다고 느끼기 때문에 구원받았다고 생각한다. 정말이지 그가 정신 질환에 시달리고 있을 때, 그는 그 병이 그 자신에게서 비롯되었다고는 생각하지 않는다. 무엇인가 악한 세력이 그를 집요하게 붙들고 있기 때문에 병이 났다고 생각한다. 그러나 이제 병이 낫게 되자 악한 세력이 물러가고, 그는 거기에서부터 풀려났다고 생각한다: "모든 것은 이렇게 일어난다. 병이 최고도에 도달해 있을 때 갑자기 파괴적인 요소들이 구원적인 요소들로 바뀌는 것이다. 이렇게 되는 것은 내가 원형이라고 불렀던 것이 ……무능해진 자아의 행위를 대신하고, 그의 빈약한 의지와 열망을 대신하면서 그의 삶에서 깨어날 때 생기는 것이다. 이때 신앙인은 하나님이 그를 올바른 방향으로 이끌어 주셨다고 말할 수 있을 것이다."[1] 정신의 대극이 자아

1) GP, p. 301.

내는 고통에서 해방된 사람들은 그들이 전에 겪었던 고통이 극심했던 만큼 초월적 세계에서 오는 은혜에 의한 구원의 능력이 얼마나 강력한 것인가 하는 사실을 깨닫게 된다. 더구나 정신이 치료됨으로써 그의 영혼은 새로워지며, 그는 그 전보다 더 성숙하고 더 폭넓은 삶을 살 수 있게 된다.[2)]

정신치료가 이루어지기 위해서는 무엇보다도 전일성의 상징이 필요하다: "이런 체험을 한 모든 사람은 ……자신의 내면의 깊은 물속에 값진 보물이 있다는 사실을 알고 그것을 건져 내려고 한다."[3)] 여기에서 값진 보물이란 전일성의 상징, 자기의 상징이다. 융에 의하면 정신적 문제를 일으키는 콤플렉스에는 정서적인 색조가 많이 배어 있다. 따라서 그것에서 벗어나기 위해서는 그것과 같은 정도로 강력한 정서를 지니고 있는 어떤 것을 체험해야 한다. 이때 전일성의 상징은 그에게 그런 정동적 체험을 할 수 있게 해 준다. 왜냐하면 전일성의 상징은 집단적 무의식의 가장 깊은 곳에 있는 원형으로 그 안에 깊은 정서를 담고 있기 때문이다. 실제로 전일성의 상징은 누멘적인 힘으로 사람들을 매혹시키기도 하고, 무시무시한 공포에 사로잡히게도 하면서 사람들에게 많은 영향을 미치고 있다. 이런 예로 융은 『심리학과 종교(*Psychologie et Religion*)』에서 그에게 치료를 받던 어떤 환자가 정신치료가 상당히 진척되었을 때 어느 날 꿈에서 만다라 상과 같은 전일성의 상징이 우주 시계 형태로 나타난 것을 보고, 종교 체험을 할 때와 같은 황홀감에 사로잡혔다가 꿈에서 깨어나 정신치료가 이루어진 예를 들고 있다.[4)]

2) GP, p. 120. cf. TP, pp. 192-193.
3) RC, p. 38.
4) PER, pp. 75-77.

1. 융의 정신치료관

융은 정신치료를 단지 정신 질환에 대한 치료로만 보지 않았다. 오히려 사람들이 그의 내면에 있는 여러 정신 요소를 통합하여 정신의 전일성을 이루는 과정으로 생각하였다. 융에 의하면 사람들에게는 무의식적으로 전인으로 발달하려고 하는 강한 경향성이 있다.[5] 그러므로 정신치료는 의식과 무의식 사이의 조화를 이룩하는 것만 목표로 할 것이 아니라 인격 전체가 원만하게 발달하도록 해야 한다: "인격이란 우리가 그 무엇이라고 설명하기 어렵거나 심지어 불가능하다고까지 할 수 있는 어떤 유전적 소질이 우리 삶 전체를 통해서 발달해 가는 것이다. 내가 누구인지를 발견하는 것은 나의 행동을 통해서밖에는 알 수 없다."[6] 그러므로 인격을 발달시킨다는 것은 사람들이 그의 내면에 있는 성향을 따라가서 전인이 되는 것이다.

여기에서 우리는 정신치료와 영적 지도(la direction spirituelle) 또는 종교 체험 사이에 있는 유사성을 찾아볼 수 있다. 왜냐하면 이 모든 과정은 사람들이 자기 내면에 있는, 스스로 실현되려고 하는 자신의 본성, 즉 자기(le Soi, 自己)를 인식하여 그것을 실현시키는 것이기 때문이다. 실제로 전일성을 이루려면 사람들은 자신의 내면에 분석심리학에서 자기라고 부르는 정신적 요소가 들어 있다는 사실을 깨달아야 한다. 하지만 이 요소를 깨닫기란 여간 어려운 것이 아니다. 왜냐하면 모든 무의식적인 요소가 사람들의 바깥에 있는 대상에 투사되며, 그것들이 바깥에 투사되는 한 사람들은 그것을 체험할 수 없기 때문이다.

그래서 융은 정신치료의 첫 번째 단계는 그의 내면에 있는 정신적 요소 가운데서 바깥에 있는 대상에 투사시킨 것을 거두어들이고, 무의식적 요소를 분화

5) PT, p. 45.

6) PM, p. 251. 융은 또 이렇게 말한다: "인격이란 살아 있는 특별한 존재가 타고난 특성을 최고도로 실현시키는 것이다." PM, p. 250.

시키는 것이라고 강조하였다. 사람들에게는 자신을 괴롭히는 그림자를 인정하지 않고, 무의식 영역에 유폐시키려는 경향이 있다. 하지만 그 요소들은 그의 인격의 일부로서 그에게 받아들여지기를 기다리고 있다. 따라서 그가 그것을 인정하지 않으려고 하면 인정하지 않으려고 할수록 그것들은 더욱더 왜곡된다. 그러므로 어떤 사람이 자신의 내면에 있는 무의식적 요소를 인식하고, 다른 집단적 요소들에 오염되어 열등해진 것을 그 집단적 요소에서 분화시키려면, 그의 인격을 구성하고 있는 모든 정신적 요소의 활동에 깊은 관심을 기울여야 한다. 그가 그런 태도를 취할 때, 그는 그에게 아직 알려지지 않은 자신의 무의식 측면, 즉 무의식 정신 요소들에 관해서 깨달을 수 있고, 자신의 인격을 좀 더 발달시킬 수 있을 것이다.

다음으로 융은 자신의 인격을 구성하는 요소 가운데서 열등하다고 생각되는 요소를 받아들이는 것이 무엇보다도 중요한 일이라고 강조하였다. 그런데 받아들인다는 말은 자신의 인격 가운데서 열등하고, 추하고, 비뚤어진 것을 모두 인정한다는 사실을 의미한다. 따라서 말처럼 쉬운 일이 아니다. 하지만 사람들은 인격을 발달시키는 과정에서 자기에게 속해 있는 것을 모두 받아들이지 않는 한 한 발자국도 앞으로 나아갈 수 없다.[7] 그래서 종교적인 신앙은 인격 발달 과정에서 매우 중요한 역할을 수행할 수 있다. 왜냐하면 "정신치료의 문제는 종교적인 문제다. ……원수를 사랑하고 받아들이는 기독교 신앙의 덕성과 용서에 의해서 사람들은 사람들 사이에서 생겨난 고통의 상태를 치유할 수 있기"[8] 때문이다.[9]

마지막으로 융은 정신치료에서 인격의 변환이 이루어져야 한다고 강조하였

---

7) 그래서 르네 타이양디에는 개성화는 자기 자신에 대한 철저한 인식 위에서 이루어지며, 자신의 비천한 모습을 출발점으로 삼아야 한다고 주장하였다. F. S. R. Taillandier, "De la Pierre", E. Perrot(ed.), *C. G. Jung et la Voie des Profondeurs*, pp. 167-168.

8) GP, p. 295.

9) 이 점에 관해서 융은 다음과 같이 부연하고 있다: "교회는 무의식의 혼돈 상태를 지양하고, 거기에 어떤 형태를 부여하려는 사람들에게 가장 이상적인 가능성을 열어 줄 수 있을 것이다." PT, p. 48.

다: “치료라는 말 속에 환자가 낫는다는 말이 포함되어 있다면, 치료에서는 반드시 어떤 변환이 이루어져야 한다.”[10] 융이 이렇게 말한 것은 정신치료가 무의식의 어떤 어슴푸레한 구석에서 이루어지는 것이 아니라 삶 전체를 통해서 삶을 도피하지 않고 자기 몸으로 부대끼면서 삶으로써 이루어지는 것이기 때문이다.[11] 그러므로 정신치료는 어떤 특별한 증상만 치료하는 것이 아니라 인격 전체의 변환을 가져오는 것이어야 한다.

실제로 우리는 정신치료 과정에서 어떤 콤플렉스는 그 기원을 환자의 유아기까지 거슬러 올라가야 하는 경우를 종종 발견한다. 이런 경우 치료를 위해서는 그의 삶 전체를 문제 삼지 않을 수 없으며, 인격 전체의 변환을 도모하지 않으면 안 되는 것이다. 그에게서 인격의 변환이 이루어지면 그에게는 인격의 새로운 중심이 생겨난다. 이 중심은 그의 새로워진 인격의 전일성을 나타내 주고, 그에게 새로운 행동을 하게 하는 중심이 된다.[12]

2. 정신치료의 방법

정신치료 과정에서 주체가 되는 것은 치료자가 아니라 환자라는 사실을 융은 무엇보다도 강조하였다. 환자는 언제나 치료 과정에서 자유롭게 결단해야 하며, 자신의 인격을 형성시켜야 한다: “나는 치료 과정에서 그 효과가 일시적

10) GP, p. 91.

11) 그런 의미에서 융은 다음과 같이 말하고 있다: “(정신 질환)은 그 뿌리를 개인적인 삶에 두지 않고, 한 집단의 영적인 삶에 두고 있다. 그의 가족은 물론 사회 전체에 두고 있는 것이다.” GP, p. 194.

12) PA, p. 42. 카앙(Cahen)은 정신치료의 과정을 융을 따라서 다음과 같이 네 단계로 잡고 있다. 첫째 단계는 고백의 단계다. 이때 환자와 치료자 사이에서는 고백을 할 수 있을 만한 신뢰가 구축되어야 한다. 둘째 단계는 전이의 단계다. 이때 환자는 어린 시절에 부모님과 가졌던 관계와 감정을 치료자에게 전이시킨다. 셋째 단계는 자기 교육의 단계다. 이 단계는 환자뿐만 아니라 치료자의 인격도 온전해져야 한다. 마지막 단계는 인격이 변환되는 단계다. 이 네 단계를 통해서 치료가 이루어지는 것이다. R. Cahen, “Preface”, GP, pp. xxvii-xxxi.

인 것에 불과한 암시에 의해서 치료가 이루어지는 것이 아니라 환자의 인격에서부터 이루어지기를 바란다."[13] 융이 이렇게 생각한 것은 인격의 발달은 반드시 내적 또는 외적 필연성이라는 굴레에 의해서 생겨나야 하기 때문이다. 다시 말해서 인격의 발달은 정신의 깊은 곳에 자리 잡고 있는 무의식의 인도를 따라서 이루어져야 하기 때문인 것이다. 그래서 융은 정신치료 과정에서 의사가 사용하는 치료법보다는 치료자 자신의 인격이 훨씬 더 중요한 요소가 된다고 강조하였다: "치료의 대상은 움직이지 않는 해부학적 대상도 아니고, 종기도 아니며, 화합물도 아니다. 지금 고통 가운데 있는 사람의 전체적인 인격이다. 그래서 치료해야 하는 것은 신경증이 아니라 신경증을 앓고 있는 사람이다."[14] 그래서 융 학파의 정신치료에서는 의사와 환자라는 두 인격의 만남을 무엇보다도 중요하게 생각한다. 그런 관점에서 융은 정신치료에서는 무엇보다도 환자의 인격 전체를 중요시해야 하며, 치료자는 반드시 환자의 인격 전체를 받아들여야 한다고 강조하고 있다.

3. 정신치료와 세계관

1) 세계관의 의미

융은 세계관이라는 말은 사람들이 이 세상에서 취하는 모든 태도를 의미한다고 주장하였다: "세계관(Weltanschauung)이라는 개념은 태도(attitude)라는 개념과 매우 가까운 말이다. 어떤 사람들은 세계관이란 하나의 개념으로 형성되어 밖으로 드러난 태도라고 말할 수도 있을 것이다."[15] 모든 사람에게 세계

13) HS, pp. 57-58. 이 점에 관해서 르와(Loy)는 다음과 같이 말한다: "환자 자신이 자기 인격을 다듬는 석공이 되어야 한다. 분석가인 의사는 다듬는 방법만 제공할 뿐이다." Loy, "Lettre", GP, p. 133.
14) GP, p. 193.
15) GP, p. 16.

관은 대단히 중요하다. 왜냐하면 그들은 그들에게 주어진 상황에 적응하기 위해서 세계관을 가지고 방향 잡기 때문이다: "우리는 이 세상을 파악할 때에 이 세상에 관해서 우리 속에 정신적 이미지의 형태로 형성된 것을 통해서 밖에는 파악하지 못한다."[16] 세계관은 사람들에게 삶에 대한 정향(定向) 원리를 제공해 주고, 이 세상과 삶에서 취하게 되는 그의 태도를 결정하게 하는 지배적인 생각이나 표상을 제공해 준다: "하나의 세계관(世界觀)을 갖는다는 것은 자기 자신과 세계에 대한 이미지를 만들어 간직한다는 사실을 의미한다. 다시 말해서 자기가 누구이고, 이 세상이 어떤 것인가 하는 데 대한 자신의 이미지를 형성하는 것이다."[17] 그런데 모든 사람의 세계관은 그의 실존 문제와 관련되어 있기 때문에 과학 관념과 달리 정신적 현상들로 이루어져 있다: "우리는 세계관이라는 말을 어떤 사람이 그의 삶의 태도를 직관적인 방식이나 관념적인 방식으로 형성하는 데 도움을 주는 것에만 사용해야 한다. 다시 말해서 사람들이 어떻게 행동해야 하며, 어떻게 살아야 할 것인가 하는 점을 분명하게 깨닫게 해 주는 어떤 틀만이 세계관에 해당하는 것이라는 말이다."[18]

세계관은 실제적 방식으로 우리 삶에 관여하고 있다. 우리가 어떤 상황에서는 어떻게 행동하고, 다른 상황에서는 어떻게 반응할 것인가 하는 것들이 모두 우리에게 이미 내장되어 있는 정신적 요인들에 의해서 결정된다는 사실을 깨달을 때, 우리는 세계관이 삶에서 얼마나 중요한 것인가를 알게 된다: "정신의 건강은 사람들이 가진 세계관과 직접적인 관계에 있다. 그래서 그가 어떤 사실을 관념화시키고, 하나의 이미지 안에서 파악하는 방식은 그에게는 물론 그의 정신건강에도 너무 중요한 것이라서 우리는 실제로 존재하는 사물이 그것이 그렇다고 우리가 느끼는 방식보다 그렇게 중요한 것이 아니라고 말할 수도 있을 것이다."[19] 자기 나름대로 종교 체험을 해서 변환된 사람은 행복감을 느낀

16) GP, p. 102.
17) PM, p. 102. cf. RC, p. 458. PM, p. 91.
18) PM, p. 99.
19) GP, p. 220.

다. 그 이유는 종교 체험을 통해서 그의 세계관이 변화되었기 때문이다. 그래서 융은 어떤 사람이 매사에 너무 비판적이고 회의적인 태도를 보인다면, 그의 세계관에 어떤 결함이 있어서 그런 것이라고 주장하였다: "그에게 부족한 것은 지성이 아니라 도덕적 용기인 경우가 많다. ……그러므로 어떤 사람에게 세계관이 없다는 사실은 재난적인 사실이다."[20]

더 나쁜 것은 그에게 올바른 세계관이 형성되지 않은 경우다. 그때 그는 이 세상에 대하여 올바른 태도를 가지지 못하고, 심한 경우 신경증에 빠지기도 한다. 올바르지 못한 세계관을 가진 사람들은 대체로 다음과 같은 태도를 가지고 있다.

첫째, 올바르지 못한 세계관을 가진 사람은 종종 삶에서 어려움을 당할 경우 그것과 맞서 싸우려고 하기보다는 그 앞에서 도망치고, 그 결과 이 세상에 대한 적응 능력이 부족해져서 신경증에 걸리는 경우가 많다. 어떻게 보면 우리 삶에는 어려움이 많이 있으며, 삶의 모든 단계는 사람들에게 어떤 삶의 과제를 완수할 것을 요구한다.[21] 이때 긍정적이고 적극적인 세계관이 필요하다. 이런 세계관은 그가 비록 작은 일에서는 실패했을지라도 궁극적으로는 그를 밝은 미래에로 이끌고 갈 것이라는 확신을 주기 때문이다. 그러나 그에게 이런 세계관이 없다면 그는 삶의 작은 실패 앞에서 좌절하고 뒤로 물러서게 된다: "사람들을 분석해 보면 어떤 사람들에게는 어머니의 품속으로 들어가려는 유아적인 향수가 있음을 알게 된다. 모성 콤플렉스가 있는 것이다."[22]

둘째, 올바르지 못한 세계관은 사람들을 이기적으로 만들고, 이기주의는 결국 신경증을 불러일으킨다: "나로 하여금 이기주의가 가진 깊은 의미를 깨닫게 해 준 것은 신경증 환자들이 가진 이기주의적인 태도였다. 나는 그들을 치료하

20) PM, p. 101.

21) cf. E. H. Erikson, *Identity: Youth and Crisis* (New York: W. W. Norton, 1972).

22) PM, p. 111. 이 점에 관해서 융은 다음과 같이 말하고 있다: "모든 경우에서 어머니와 자녀의 관계는 우리가 알고 있는 관계 가운데서 가장 깊고 근본적인 관계다. ……우리의 원형에, 다시 말해서 어머니에 관해서 유전적으로 전해진 집단적 이미지 속에 특별히 강력한 어떤 것이 있어서 어린아이들을 어머니에 달라붙게 하며, 본능적으로 집착하게 하는 것은 인간 본성에서 나온 것이다." PM, p. 117.

기 위해서 그들의 이기주의를 다루지 않을 수 없었다."[23] 이기주의자들은 자기밖에 모른다. 그래서 그들은 매일매일의 삶에서 이웃과 부딪치며, 다툼과 분쟁에서 살게 된다. 그러다가 그들의 극심한 이기주의 때문에 이웃들에게 버림받고 외로운 삶을 살게 된다. 그러나 그들은 그들에게 무엇이 잘못되었는지 알지 못한다: "그의 주위에 있는 사람들은 언제나 잘못되어야 한다. 왜냐하면 그들은 언제나 그를 가리켜서 이기주의자라고 욕했기 때문이다. 그러나 그에게서 이기주의는 가장 강력하고 가장 성스럽게 남아 있게 된다. ……그의 이런 외로움은 얼마나 비참한 것인가?"[24] 그러나 우리는 그들의 이기주의를 나무라기만 해서는 안 된다. 그들의 이기적인 태도가 좋은 것은 아니지만, 그들은 지금 그들 주위에 있는 환경이 위협적이라고 느껴서 지극히 방어적으로 되어 있기 때문이다. 그러므로 그들의 그런 태도를 이해하고 그들의 방어를 풀어 줄 때, 그들은 치유될 수 있다.

2) 정신치료와 세계관

정신병리적인 상태에서 치유되기 위해서는 삶에 대한 태도의 변화가 무엇보다도 중요하다. 그 전까지 가지고 있던 유아적 세계관과 방어적인 이기주의를 벗어 버리고, 새로운 세계관을 형성해야 하는 것이다. 이 세상을 대할 때에도 그 전처럼 자기에게만 매달려서 좁아터진 안목을 가지고 이 세상을 바라볼 것이 아니라 자기를 벗어나서 더 넓은 안목을 가지고 역사의 연속성을 인식하는 가운데서 이 세상과 사물을 바라보아야 하는 것이다.[25] 그리고 이제 한 사람의

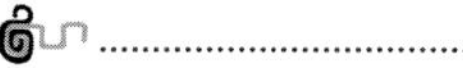

23) GP, p. 296.

24) GP, p. 297.

25) PM, pp. 120-121. 이 점에 관해서 야코비는 다음과 같이 말하고 있다: "의식화된다는 것은 분별력을 가지고서 새로운 세계를 만든다는 사실을 의미한다. 의식화된다, 사고방식을 형성한다는 말은 로고스가 가진 '부성적 원리'에서 나오는 것이다. 이 작업은 끊임없는 투쟁을 통해서 원초적인 어둠의 세계, 어머니 품속과 같은 무의식 세계에서 벗어나는 것을 의미한다." J. Jacobi, *op. cit.*, pp. 80-81.

성인으로서 그가 살고 있는 사회가 그에게 부과하는 책임을 받아들이고, 사회적인 일에 온전히 참여하면서 살아야 하는 것이다. 그런 의미에서 융은 정신치료를 위해서는 새로운 세계관을 형성하는 것이 무엇보다도 중요하다고 강조하였다: "우리는 신경증의 원인론을 탐구하면서 세계관의 문제와 만날 수 있으며, 분석의 끄트머리에서도 세계관의 문제와 만나게 된다."[26] 이처럼 새로운 세계관은 사람들에게 올바른 삶의 태도를 형성시켜 주고, 그 결과 건강한 삶을 살 수 있게 해 준다. 융은 분석심리학이 세계관은 아니지만 사람들에게 잘못된 세계관을 바꾸게 하고, 새로운 세계관을 형성하는 데 많은 도움을 줄 수 있다고 주장하였다.

분석심리학은 새로운 세계관 형성에 필요한 자료와 수단을 제공해 줄 수 있다.[27] 분석심리학 자체가 세계관은 아니지만, 사람들의 정신 현상에 관해서 연구하는 과학이라서 사람들이 새로운 세계관을 형성하는 과정에서 삶에 대한 새로운 안목을 제공하고, 새로운 틀을 제공하여 도움을 줄 수 있기 때문이다: "분석심리학이 우리의 세계관을 형성시키는 데 본질적인 도움이 되는 것이 무엇이냐는 말에 답변해야 한다면, 나는 그것이 그 요청을 거역할 수 없으며 언젠가는 우리 의식을 통해서 드러날 수밖에 없는 무의식의 내용이 우리 안에 실재하고 있다는 사실을 깨닫게 해 준 것이라고 대답하고자 한다."[28]

이처럼 정신치료는 융에게 세계관의 문제와 대단히 밀접한 관계에 있다. "우리는 스스로 그리고 있는 자신에 대한 이미지를 통해서만 이 세상에 드러난다. 다시 말해서 우리가 다른 사람들에게 나타나고, 우리 자신을 전인(全人)으로서 인식할 수 있는 것은 우리의 창조적 행위를 통해서인 것이다."[29] 그러므로 모든 사람은 올바른 세계관을 가지고 있어야 한다. 아무런 세계관도 없이 되는 대로 살거나 올바르지 못한 세계관을 가지고 사는 것은 대단히 위험하고

26) GP, p. 247.
27) PM, p. 122.
28) PM, p. 113.
29) PM, p. 126

잘못된 것이다. 그런 의미에서 자기 나름대로의 세계관을 가지고 삶의 문제와 직면하는 것은 윤리적인 문제라고 융은 주장하였다. 그런 것 없이 살 때, 우리는 올바른 삶을 살 수 없기 때문이다: "세계관을 형성하는 것은 이 세상을 위해서가 아니라 우리 자신을 위해서다."[30] 그런데 융은 현대인은 변화된 세계에서 아직 새 시대에 맞는 새로운 세계관을 형성하지 못했다고 강조하였다: "전 세계 어디서나 세계관에 대한 질문들이 쏟아져 나오고 있다. 즉, 사람들이 삶에 대한 질문, 세상에 대한 질문을 하고 있는 것이다. 이런 문제들에 대해서 대답을 듣지 못해서 많은 사람은 과거로 돌아가서 옛날의 삶의 방식을 가지고 산다. 신지학(神智學)에 빠지거나 더 정확하게 말하자면 인지학(人智學)에 빠져서 사는 것이다. 우리에게는 새로운 세계관이 필요하다. 적어도 이 시대의 젊은 세대를 위해서는 더욱더 필요하다."[31] 현대사회에서 많은 사람이 더구나 수많은 젊은이가 방향 감각을 잃은 듯한 삶을 살고 신경증에 빠져드는 것은, 우리 시대에 그 전처럼 우리 삶에 올바른 방향을 제시해 주고 올바른 삶의 스타일을 제공해 줄 수 있는 올바른 세계관이 아직 구축되어 있지 않기 때문이다.

4. 정신치료와 무의식의 체험

1) 무의식 체험의 중요성

융은 정신의 치료를 위해서는 환자가 자신의 무의식을 체험하는 것이 가장 중요한 일이라고 강조하였다. 왜냐하면 신경증은 본래 신경증 환자가 그때까지 겪었던 삶의 모든 정황 속에서 그의 전체성이 깨어진 결과 생겨난 것으로서,

30) PM, p. 126.
31) PM, pp. 125-126.

그의 이성(raison)만 가지고는 해결할 수 없는 문제이기 때문이다. 그런 의미에서 그는 "신경증 뒤에는 우리 삶을 이끌어 가는 이념이 되고 우리가 가진 정신적 태도를 형성하는 데 기반이 되는 매우 강력한 정신적 힘이 숨어 있다."[32]라고 주장했으며, "그런 갈등은 우리가 그것에 관해서 이해하는 것만으로는 해결되지 않는다. 우리 몸으로 그것을 살아야 하는 것이다."라고 덧붙였다.[33] 그러면 형체도 없고, 내용도 모르는 무의식을 어떻게 살 수 있겠는가? 이 문제에 관해서 융은 무의식을 체험하는 가장 좋은 방법은 우리가 지나간 과거를 우리 내면에 되살려서 그것을 다시 체험하는 것이라고 주장하였다: "우리 의식이 '어린이의 나라'로 되돌아가지 않는다면, 샘(la source)을 찾을 수 없다."[34] 즉, 우리가 무의식을 체험하려면 우리의 내면에 들어가 무의식이 이끄는 대로 따라가고, 우리 내면에서 일어나는 이미지들에 정신을 집중해야 한다는 것이다. 이렇게 하는 것을 융은 내성화(introversion)라고 불렀다. 정신 에너지를 밖에 있는 대상에 집중시키지 않고, 자기 내면에 집중시키기 때문이다. 융에 의하면 내성화는 정신치료에 필수적인 방법이다: "사람들이 유아성에서 벗어나고, 유아성을 교정하려면, 유아기 때 겪었던 일을 성인이 된 의식과 통합하는 길밖에 없다."[35] 이렇게 할 때 우리는 유아성을 극복하게 되고, 무의식에서 나오는 정신 에너지를 사용하여 더 건강한 삶을 살 수 있게 된다. 그래서 융은 "개인무의식의 내용을 의식에 이끌고 감으로써 개인무의식을 먼저 청산해야 한다. 그러지 못하기 때문에 집단적 무의식으로 가는 문이 잠겨 있는 것이다."[36]라고 말했다.

우리가 우리 내면을 들여다보는 것은 우리 내면에 구원의 원형(l'archétype

32) PM, pp. 112-113.

33) PA, p. 72. 이 문제에 관해서 융은 다음과 같이 말하고 있다: "문제가 되는 것은 관념이 아니다. 관념이란 하나의 말이나 쓸모없는 동전 같은 것밖에 되지 못한다. 그것이 다만 어떤 체험된 사실을 나타내는 것에 불과하기 때문에 아무 의미도 없고, 쓸모도 없는 것이다." (*Aïon*, p. 48).

34) PA, p. 82.

35) PA, p. 86.

36) PA, p. 86.

de salut)이 들어 있기 때문이다: "그것(구원)은 내가 원형이라고 부른 것이 무능해진 자아를 대신하여 그의 행동을 이끌면서 한 사람의 삶에서 깨어날 때 이루어진다."[37] 구원의 원형은 신경증이 절정에 도달했을 때 나타난다: "모든 지원과 버팀대가 스러져 버렸을 때, 이 세상 어딘가에 피난처가 있을 것이라는 보장이 전혀 남지 않게 될 때, 비로소 사람들은 원형을 체험할 수 있다. 그 원형은 그때까지 아니마가 자아내는 여러 모순 때문에 감춰져 있다가 이때에야 비로소 나타나는 것이다. 아니마가 생명의 원형을 나타내듯이 (구원의) 원형은 의미를 나타내는 원형이다."[38] 그래서 융은 정신치료를 하다 보면, 신경증이 최고도에 도달해 있을 때 그 전까지 파괴적인 요소로 작용했던 것들이 갑자기 구원을 가져다주는 요소로 작용하는 것을 종종 보게 된다고 주장하였다.

구원의 원형은 보통 전일성의 상징이나 중심의 상징 모습으로 나타난다.[39] 그래서 구원의 원형을 체험한 사람은 누구나 다 자신의 무의식 깊은 곳에 귀중한 보물이 들어 있다는 사실을 깨닫게 된다. 다른 각도에서 융은 자신의 무의식을 체험하는 것은 자기 안에 있는 어머니를 체험하는 것이라고 주장하였다: "이때 꿈에서 나타나는 형상은 여성적인 것들이다. 이 사실은 무의식의 여성적 특성을 보여 준다."[40] 융에 의하면, 이 여성적 형상들은 사람들의 영혼 속 깊은 곳에 있는 어머니다. 이것들은 우리를 지극히 먼 옛날로 데려가고, 인간의 사고 가운데서 가장 오래된 유형들로 이끌고 간다.[41] 그러면서 이 형상들은 우리 삶에 비밀스러운 길을 열어 준다: "원형에 대한 살아 있는 체험은 사람들에게 가장 개인적인 비밀, 가장 숨겨져 있는 것에 대한 체험처럼 느껴진다. 그것은 체험의 주체가 자기 존재의 가장 깊은 곳에 도달했다는 느낌을 주기 때문이다.

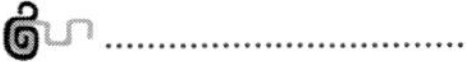

37) GP, p. 85.
38) RC, pp. 48-49.
39) 그래서 융은 이렇게 말하였다: "중심이나 목표는 구원을 의미한다." GP, p. 301.
40) PA, p. 73.
41) PA, p. 114. cf. "사람들이 그것을 뒤흔들지 않는다면, 퇴행은 어머니에서 머무르지 않는다. 어머니를 벗어나서 태어나기 이전의 '영원한 여성상'으로까지 이끌고 가는 것이다." MS, p. 546.

사실 이 체험은 인간 영혼에 있는 비자아(le non-moi)에 대한 원초적 체험이며, 그에게 말을 걸고, 함께 토론하며, 대면하자고 초대하는 자신의 내적 동반자에 대한 체험이다."[42] 아니마의 이미지를 체험한 다음 사람들은 보통 자기(le Soi)의 이미지를 만나는데, 자기(自己)의 이미지는 전일성을 나타내는 상징으로 되어 있다. 그래서 사람들은 이 원형적 이미지를 통해서 자신의 전일성을 체험할 수 있다. 다시 말해서 원이나 사각형의 모습을 한 자기(自己)의 원형상을 체험하면서, 자신을 통합할 수 있게 되는 것이다.[43]

2) 정신치료와 무의식 체험

무의식을 체험하려면 어떻게 해야 할 것인가? 융은 무의식을 체험하려면 사람들이 환상이나 비전을 통해서 보았던 이미지를 분석하거나 꿈에 나타난 이미지가 그에게 말하려는 것을 해석하고, 내적 음성에 귀를 기울여야 한다고 주장하였다. 먼저 융은 정신치료 과정에서 사람들은 집단적 무의식에서 나오는 내적인 음성을 종종 듣는다고 주장하였다: "내면에서 나오는 음성은 좀 더 온전한 삶에서 나오는 음성이고, 더 크고 더 광범위한 의식에서 나오는 음성이다."[44] 그래서 사람들이 자신의 내면에서 부르는 소명(vocation)에 의식을 똑똑히 가진 채 "예."라고 대답하면, 그는 좀 더 온전한 삶을 향해서 나아갈 수 있으며, 좀 더 원숙한 인격을 닦아 갈 수 있을 것이다.[45] 이 내적 음성은 사람들의 의식보다 언제나 더 분명하고 더 지혜로운 측면이 있는 듯하다: "모든 사람은 그의 내면에 어떤 삶의 법칙을 가지고 있다. 그래서 사람들이 이 법칙에 복

42) PI, p. 114.

43) 이에 관해서 융은 다음과 같이 말하고 있다. "인간은 본성적으로 전체적인 존재다. 그의 중심은 우주의 중심인 것이다." RC, p. 316.

44) PM, p. 268.

45) 그러나 사람들이 내적인 음성이 의미하는 바를 명확하게 인식하지 못하면서 거기에 굴복할 때, 그는 그 음성의 맹목적인 흐름에 사로잡혀 버리고 만다. PM, pp. 262-268.

종할 때, 그들은 성숙한 인격을 형성할 수 있다. 전일성에 도달할 수 있는 것이다."[46)]

다음으로 융은 사람들이 꿈속에서 원형적 이미지를 체험할 때 '지극한 조화감(sublime harmonie)'에 사로잡힌다고 주장하였다. 원형적인 이 이미지 덕분에 그들은 자기 내면에 본래 들어 있는 전일성을 체험하고, 그 체험을 통하여 자신의 다른 사람과 다른 자신의 개성을 향해서 나아가게 되는 것이다: "나에게 이런 체험은 모호한 것도 아니고, 멀리 있는 것도 아니다. 내 직업을 통해서 나는 거의 매일 이런 체험을 보고 있다."[47)] 그 체험은 꿈꾼 이에게 '지극한 조화감'을 가져다주는 원형적인 체험이다. 그러면 그에게 그런 지극한 조화감을 제공한 것은 무엇인가? 융은 그것은 전일성의 상징이라고 하였다: "나는 이 상징을 '만다라'라고 부르고자 한다. 이 상징들은 거기에 대극을 화해시키는 기능이 있기 때문에 의미 있는 것이다."[48)]

이 이미지 덕분에 사람들은 대극을 통합시킬 수 있다: "개성화 과정을 나타내는 상징은 원형적 본성을 가진 상징인데, 꿈속에서 중심을 형성해 가는 과정과 인격에 새로운 중심이 생기는 상징으로 나타난다."[49)] 만다라 상징이 중심을 형성하는 것과 관계되기 때문에 그 상징은 신경증이 시작될 무렵이나 거의 나아갈 무렵에 주로 나타난다고 융은 주장하였다.[50)] 만다라 이미지는 그전까지 인격의 영역에서 받아들이기에 너무 고통스럽거나 거의 불가능하게 생각되었던 요소를 환자들이 인격의 영역에 통합시킬 수 있게 한다. 따라서 그는 자기 자신을 온전히 받아들일 수 있게 되었고, 자신과 화해하게 된다. 그러므로 무의식을 체험하는 것, 좀 더 정확히 말해서 무의식에 있는 원형상을 체험하는 것이 정신치료 과정에서 필수 불가결한 것이라는 사실을 알 수 있다.

46) PM, p. 261.
47) PER, p. 197.
48) PER, p. 179.
49) PA, p. 59.
50) *Aïon*, p. 46.

융은 우리 무의식에 있는 충동은 정말 '무의식적으로' 그렇지 않으면 '본능적으로' 실현된다고 강조하였다.[51] 이처럼 사람들이 무의식을 체험하면, 그들은 치료될 수 있다. 하지만 무의식 체험은 종교 체험과 마찬가지로 비밀스러운 측면이 있다. 종교 체험처럼 다른 사람들에게 모두 설명할 수 없는 부분이 있으며, 다른 사람과 달리 좀 더 깊은 삶을 살게 하는 측면이 있다. 궁극적인 것들이 더는 추구되지 않는 현대사회에서 무의식 체험은 인격의 성장을 위해서 그 어느 시대보다 더 필요하다고 융은 강조하였다. 특히 기독교에서 말하는 그리스도를 체험하지 못하는 사람에게 무의식 체험은 무엇보다 중요하다는 것이다. 왜냐하면 그들은 무의식 체험을 통해서 기독교에서 말하는 도그마를 이해할 수 있게 되며, 기독교인이 하고 있는 종교 체험의 의미를 이해할 수 있기 때문이다. 그래서 융은 무의식 체험의 중요성에 관해서 이렇게 말하고 있다: "너무 많은 주의 주장 때문에 질려 버린 현대인은 사물의 본질에 접근할 수 있는 체험을 개인적으로 하기 바라고 있다."[52]

51) MS, p. 719. 그런 의미에서 융은 창조적인 삶이란 결코 인습을 따르는 삶이 아니라 자신의 무의식적인 흐름을 따르는 삶이라고 강조하였다: "역사적으로 위대한 사람은 인습을 절대적으로 따랐던 사람들이 아니었다. 오히려 그를 인습에서 빠져나갈 수 있게 해 주는 자유를 가진 사람들이었다." PM, p. 255.

52) GP, p. 298.

제3부

자기와 개성화의 길

제7장

자기의 의미와 개성화 과정

1. 자기의 의미

인간의 내면에는 인간 정신의 중심(centre)을 나타내는 정신 요소가 있는데, 이 요소는 의식을 뛰어넘으며, 인간의 전일성을 나타내는 것이라고 융은 주장하였다. 그에 의하면 이 중심은 자아보다 더 높은 차원의 정신 요소다. 왜냐하면 이 중심은 자아보다 더 중요한 역할을 하며, 사람들의 내면에서 내적 지도 요인(inner guiding factor)으로 작용하기 때문이다.[1] 융은 이 중심을 가리켜서 자기(自己)라고 불렀다.[2] 자아가 의식의 중심인 데 반해서 자기는 정신 전체의 중심이다. "자기는 자아가 아니다. 자기는 자아 위에서 의식과 무의식을 아우

1) *Aïon*, p. 243.

2) 여기에서 말하는 자기(le Soi)는 우리가 일상적인 삶에서 '스스로'를 나타내는 용어로 쓰는 자기와 다른 분석심리학 용어다. 그래서 융은 영어로 자기를 쓸 때 대문자 S(Self)로 썼는데, 융 전집의 영어 번역가들은 self를 대문자로 쓸 경우, 신비감을 줄 수도 있다고 해서 소문자로 썼다. 이 책에서는 그 예를 따라서 특별히 자기를 강조하지 않을 때는 소문자로 쓰기로 한다.

르고 있는 정신의 전체성을 나타낸다."[3)]

융은 인간 정신의 모든 흐름은 이 중심을 향해서 나아간다고 주장하였다. 그런 의미에서 자기(le Soi)는 사람들에게 '감추어져 있는 본성'이며, 인간의 가장 깊은 곳에 있는 '신적 본성' 인 것이다: "무의식에는 신적 인간이 있는데, 그것은 인간이 아닌 모습으로 인간 정신의 깊은 곳에 유폐되어 있고, 감추어져 있으며, 잘 보호되어 있으면서, 추상적인 상징으로 나타난다."[4)] 그런 의미에서 자기는 의식의 기반이 되며, 의식이 궁극적으로 추구해 가는 목표가 된다. 융은 "결국 인간의 삶은 이 전체성, 즉 자기의 실현인 것이다."[5)]라고 강조하였다. 더 나아가서 그는 "모든 사람은 매일매일의 삶에서 무의식적으로 원형적 형상을 실현시켜 간다. ……인간의 모든 정신 과정은 원형에 기초해 있으며, 원형과 함께 얽혀서 이루어진다. ……(그러므로) 모든 사람의 삶은 인류의 영원한 삶을 구현하는 것이다."[6)]

원형의 하나로서 자기는 인간의 본성 및 본능과 관계되고 있다. 사람들이 직접적으로는 물론 간접적으로도 이 원형의 영향력을 감지하게 되는 것은 이 때문이다. 더구나 융에게 자기는 인간 정신의 주관적인 요소일 뿐만 아니라 객관적인 요소이기도 하다: "이 전체성은 객관적인 요소다. 그것은 아니마나 아니무스처럼 주체 앞에 독립적으로 서 있는 것이다. ……나는 자기의 객관적 전체성을 자아의 주관성에 대립시켜서 생각하고자 한다."[7)]

융의 제자인 마리 루이제 폰 프란츠(M. L. von Franz)는 융을 따라서 사람들은 긴 세월에 걸쳐 인간의 정신에 있는 이 객관적 요소를 인식해 왔다고 주장

3) RC, 301. 융은 자기를 가리켜서 결국에는 하나님의 나라가 되는 겨자씨이나 인간의 무의식이라는 바닷속에 감춰져 있어서 용기 있는 사람만이 가까이 갈 수 있는 보물 같은 것이라고 말하였다. *Aïon*, pp. 217-218. PA, p. 154.

4) PER, p. 187. cf. PER, pp. 184-185.

5) PA, p. 291.

6) PER, p. 176.

7) *Aïon*, pp. 45-46. p. 208. 자기의 객관적 특성에 관해서 융은 다음과 같이 말하기도 한다: "통합의 상징, 전일성의 상징적 의미는 역사적인 측면에서는 물론이려니와 상징의 역사에서도 대체로 입증되고 있다. 따라서 우리가 얼핏 보기에 추상적인 개념같이 보이는 것도 실제로는 자신의 선험적인 존재를 주장하면서 우리가 경험할 수 있도록 자신의 실재를 나타내고 있다." *Aïon*, p. 45.

하였다. 예를 들면, 그리스인은 이 요소를 가리켜서 다이몬(daïmon)이라고 불렀으며, 이집트인들은 바(Ba), 로마인은 각 사람이 타고나는 수호신(génie)이라고 불렀다는 것이다. 오늘날에도 라브라도르 숲에 사는 원주민 나스카피 족 역시 이 요소를 인식하고 있으며, 이것을 가리켜서 '내 친구' 또는 '미스타페오(Mista'peo, 위대한 인물)'라고 부른다고 폰 프란츠는 말하였다.[8] 이 객관적인 요소는 그것을 나타내는 정신 활동의 특성에 따라서 꿈이나 계시의 형태로 무의식적인 요소들을 의식화하고 있다. 이렇게 하면서 이 요소는 사람들을 더 높은 단계로 끌어올린다. 따라서 "그리스 말에서 다이몬이라는 말과 다이모니온이라는 말은 섭리나 운명처럼 사람들의 밖에서 그들의 삶을 결정하며 사람들에게 다가가는 어떤 세력을 지칭하고 있다."[9] 사람들이 이 내적 인도를 따라가면 어떤 선물을 받을 수 있는데, 그 선물은 삶을 창조적인 가능성으로 가득 찬 모험으로 바꾸어 놓을 수 있는 것이다.[10]

1) 자기의 특성

융은 하나의 정신 요소로서 자기(自己)는 세 가지 특성을 지니고 있다고 주장하였다.

첫째, 자기는 인격의 중심이다: "나는 내가 자기(le Soi)라고 부른 것이 자아와 무의식 사이의 한가운데 자리 잡고 있는 정신의 이상적인 중심(中心)이라고 확신한다."[11] 인격의 중심으로서 자기는 무의식 뒤에서 활동하고 있다. 융은 자아와 자기의 관계는 행동의 주체와 대상과의 관계와 같은 것이라고 주장하였다. 자기(自己)가 결정하는 것들은 모두 자아(自我)와 관계되고 있으며, 자아를 지배하기 때문이다. 융에 의하면 자기는 자아를 형성하는 요소들보다 더

8) HS, p. 161.
9) *Aïon*, pp. 41-42.
10) M. L. von Franz, *op. cit.*, p. 199.
11) M. Serrano, "Rencontre avec C. G. Jung", E. Perrot, *C. G. Jung et la Vie des Profondeurs*, p. 96.

본래적인 요소다: "자기라는 중심은 자석처럼 가까이 다가오는 것들을 끌어당겨서 자기를 형성한다. 인간 정신의 맨 밑바닥에서 그의 본래적이며 확고한 특성을 형성하고, 자아보다 더 오래된 특성을 끌어당기는 것이다."[12)]

둘째, 인간 정신의 중심인 자기는 정신의 전체성을 나타낸다. 의식과 무의식을 합한 전체, 다시 말해서 의식적 내용과 무의식적 내용을 포함한 인간 정신의 전일성(la totalité)을 나타내는 것이다: "우리는 무엇보다도 먼저 심리학으로 하여금 전체성의 원형인 자기를 받아들이지 않을 수 없게 하는 것을 살펴보아야 한다. 그 요소들은 꿈이나 비전에서 나타나고, 적극적 상상(imagination active)이 만들어 내는 것에서도 나타난다."[13)] 자기가 인간 정신의 전체를 나타내려면 그 안에는 서로 반대되는 요소들까지 포함될 수밖에 없다: "이 생각을 좀 더 확장하면 우리는 이 중심이 서로 반대되지만 또한 서로 관계가 있는, 즉 대응되는 두 세계의 교차점으로 생각할 수 있다."[14)] 따라서 융은 자기는 '대극의 융합체(conjunctio oppositorum)'[15)]라고 주장했는데, 대극의 융합체인 자기는 세 가지 차원을 내포하고 있다. 제일 먼저 자기는 의식에 속해 있는 것과 무의식에 속해 있는 것을 포함한다. 그런 의미에서 융은 "자기는 중심일 뿐만 아니라 의식과 무의식을 그 안에 품고 있는 테두리이며, 전체 정신의 중심이다."[16)]라고 말하였다. 다음으로 자기는 밝은 요소와 어두운 요소를 포괄한다. 자기의 밝은 측면이 그리스도나 부처 또는 이와 비슷한 형상을 통해서 나타난다면, 자기의 어두운 측면은 사탄이나 마귀, 뱀 등을 통해서 나타난다. 즉, 그리스도, 부처, 사탄, 뱀 등은 각각 자기(le soi)의 밝은 측면과 어두운 측면을 나타내는 상징적 이미지인 것이다. 자기의 그림자 부분은 잘 알려져 있지 않다. 그것이 사람들과 관계 맺을 기회가 적었기 때문이다. 그것들은 우리를 사로잡고 있는

12) RC, p. 281.
13) *Aïon*, p. 244.
14) PA, p. 225.
15) *Aïon*, p. 246.
16) PA, p. 269.

또 다른 힘처럼 느껴진다.[17] 마지막으로, 자기는 남성적인 것과 여성적인 것을 포괄한다. 융은 여러 차례에 걸쳐서 인간의 정신 구조는 남성적 요소와 여성적 요소로 구성되어 있다고 강조하였다. 자기가 인간 정신의 전일성을 나타내려면 자기는 본성상 이 두 요소를 동시에 포괄하고 있어야 한다. 융에게 자기는 양성적인 것이었다.[18] 실제로 융은 자기의 원형이 연금술사들이 궁극적으로 얻으려는 현자의 돌(la pierre philosophale)이나 현자의 나무(l'arbre philosophique), 원인간(原人間, anthropos) 등 대극의 쌍으로 이루어진 상징에서 나타나는 모습을 많이 관찰하였다.[19] 여기에서 우리는 융이 앞에서 언급한 바 있는 사위성을 주장하려는 의도를 볼 수 있다: "한편으로는 전일성을 이룬 사람에게서 읽어낼 수 있고, 다른 한편으로는 자기(自己)에 관해서 생각할 때 무의식적으로 금방 떠오르는 자기에 대한 심리학적 관념은 밝은 형상과 그림자로 합쳐진 모습이다 ……혼인에 의해서 합쳐진 사위성인 것이다."[20]

셋째, 자기는 인간 정신의 초월성을 가리킨다. 자기는 앞에서 말했던 대로 서로 반대되는 요소를 동시에 포함하고 있기 때문에 그 요소 가운데서 어느 한 쪽에 일방적으로 참여하지 않고 초월적인 위치에서 그 둘을 동시에 포괄하기 때문이다. 그래서 융은 "심리학적 의미에서 살펴볼 때 자기는 그 안에 의식적 내용과 무의식적 내용을 모두 나타내기 때문에 초월적인 개념이다. ……(자기가 가진) 모순성은 초월적 사실과 결부되어 있다. 그 이유는 어느 누구도 자기(le Soi)의 본성을 명확하게 그려 낼 수 없기 때문이다."[21]라고 하였다. 자기가 가진 초월적 특성은 자기로 하여금 인간 정신에 있는 여러 요소를 통합하게 한

17) cf. 그러므로 자기가 가지고 있는 차갑고 위험한 본성은 사람들의 기대나 생각을 뛰어넘어 본능적인 방식으로 나타난다. 이런 것들이 나타날 때 사람들은 그들을 압도하는 힘을 느끼게 된다. 원형적인 것들이 나타날 때 느끼는 누미노제에 사로잡히는 것이다. *Aïon*, p. 254.

18) 그래서 융은 "하나님은 이 세상에서 하늘과 땅, 밤과 낮, 남성과 여성 등 대극의 쌍(syzygies)을 동시에 나타내는 형상으로 드러난다."라고 주장하였다. *Aïon*, p. 274.

19) *Aïon*, pp. 254-260. PT, pp. 61-97.

20) *Aïon*, p. 57, p. 77.

21) *Aïon*, p. 76, pp. 83-86.

다. 자기의 통합 작용에 관해서 융은 다음과 같이 설명한다: 일반적으로 말해서 왼쪽에 있는 힘과 오른쪽에 있는 힘이 똑같이 강하게 작용할 때, 이 둘 사이에서 통합은 결코 이루어질 수 없다. 팽팽한 긴장만 있을 뿐이다. 이때는 이 두 힘의 바깥에서 제3의 요소가 작용해야 한다. 제3의 요소는 이 두 힘을 초월하고 있지만, 동시에 두 힘에 모두 참여하고 있어야 한다. 그런 의미에서 자기는 이 조건에 가장 알맞은 요소다. 자기는 의식과 무의식, 밝은 것과 어두운 것, 남성적인 것과 여성적인 것을 모두 포함하고 있지만, 동시에 이 두 대극적 요소를 초월해 있기 때문이다. 그래서 자기는 정신적인 대극의 쌍, 정신적인 원수 사이에 평화를 가져다주는 '중재자' 역할을 수행할 수 있는 것이다.[22] 자기는 대극적 요소를 포괄하고 있으며, 동시에 그것을 화해시키는 인간 정신의 비인격적 또는 초인격적인 기반이라는 것이다. 그래서 사람들이 내면에서 대극적 요소들이 자아내는 긴장에 빠져 분열되어 있을 때, 자기 체험을 하지 못하는 한 그 분열의 문제를 해결할 수 없다.

2) 자기의 상징

융은 신화적 상징과 종교적 상징 가운데서 누미노제적인 힘을 체험하게 하는 자기의 상징적 이미지를 많이 찾아내었고, 인간의 무의식이 만들어 낸 수많은 상징 가운데서 만다라 상징이나 그리스도 상징은 원형적인 자기의 모습을 나타내는 가장 좋은 상징이라고 주장하였다. 이 두 가지 상징의 이미지를 살펴보면 자기라는 상징이 가진 특성을 잘 알 수 있을 것이다.

먼저 만다라는 본래 티베트 밀교에 기원을 둔 것으로 제의나 명상을 할 때 사용하는 마법의 원(magic circle)인데, 그 모습은 보통 네 등분된 원으로 되어 있다.[23] 그런데 진정한 만다라는 언제나 내면적인 이미지로, 외부 영향도 모델

22) RC, p. 302.
23) cf. PER, p. 138.

도 없이 무의식에서 자발적으로 떠오르는 이미지다: "만다라는 자율성을 가진 정신 요소로서, 이 세상 어디에서나 또한 언제나 똑같은 형상으로 반복되어 나타나는 현상이다."[24)]

만다라 상징은 인류가 가진 종교 상징 가운데서 가장 오래된 상징 가운데 하나다. 만다라는 역사적으로 신의 본성을 나타내는 상징으로 인식되었으며, '통합의 상징'으로서의 힘을 지녀 왔다: "이러한 특성을 가진 만다라는 자기나 신, 따라서 전체성을 가리켜 왔다."[25)] 융은 "만다라는 개성화를 나타내는 상징이기도 하다."[26)]라고 주장하였다.[27)] 만다라에 관해서 융은 자서전에서 이렇게 말하고 있다: "만다라는 자기, 즉 인간 정신의 전체성을 나타낸다. ……내가 그렸던 만다라는 그 당시 내 속에서 매일매일 형성되는 자기의 상태를 나타내는 암호문이었다. 그것을 통해서 나는 내 속에 있는 자기, 즉 내 정신의 전체성이 어떻게 작동하고 있는가를 살펴보았다."[28)] 그러므로 삶은 결국 모든 사람이 자기를 실현시켜 나가는 과정인데, 이 과정에서 만다라 상징은 자기의 모습을 나타내는 것으로, 많은 도움을 줄 수 있다.

다른 한편, 융은 그리스도의 이미지 역시 심리학적 측면에서 볼 때 자기를 나타내는 이미지라고 주장하였다: "그리스도는 자기의 원형을 나타낸다. 즉, 신적 본성이나 천상적인 것의 본성인 전체성을 보여 주는 것이다."[29)] 융은 "그리스도 상징은 심리학에서 가장 중요한 상징이다. 그 상징은 부처(Bouddha)

---

24) PA, pp. 240-241. 그래서 융은 이런 특성을 가진 만다라가 원형적인 것이라면, 그것은 반드시 집단적인 현상이어야 한다고 강조하였다. PA, p. 291.

25) *Aïon*, p. 261.

26) RC, p. 52.

27) cf. 폰 프란츠는 만다라에는 두 가지 특성이 있다고 주장하였다: "만다라는 보존의 목적을 수행한다. 왜냐하면 만다라는 이미 존재하고 있는 질서를 재확립하기 때문이다. 그러나 만다라는 또한 아직 나타나지 않은 어떤 새로운 것, 독특한 것을 나타내고, 거기에 형상을 부여하여 창조의 목적을 수행하기도 한다. 이 두 번째 측면이 첫 번째 측면보다 더 중요하다." M. L. von Franz, *op. cit.*, p. 225.

28) *Ma vie*, pp. 227-228.

29) *Aïon*, p. 52.

상징과 더불어 자기를 나타내는 상징 가운데 가장 발달되어 있고, 가장 분화되어 있는 상징이다."[30]라고 말하였다. 예수 그리스도가 실제로 이 세상에서 살았으며, 그의 역사성이 기독교회에 의해서 주장되고 있지만, 영적 측면에서 볼 때 그리스도의 삶은 언제나 모든 사람의 삶을 통해 실현되는 것, 즉 원형적인 삶으로서, 우리 안에 있는 속사람이 살아가야 하는 삶이라는 것이다. 좀 더 분명하게 설명하자면, 진정한 삶의 모습을 그리스도의 삶을 통해서 발견하려는 사람들에게 우리 안에 있는 '속사람(l'homme intérieur)'은 그 길을 인도해 주는 문(門)으로 인식된다: "예수 그리스도의 삶은 구체적이고, 개인적이며, 독특한 삶이었다. 그러나 그의 삶은 하나의 원형적인 삶으로서, 어떤 본질적인 삶이라는 특성을 가지고 있는 것이다."[31] 그래서 우리는 그리스도라는 이미지 속에서 구속자(救贖者)라는 원형적 이미지를 발견할 수 있으며, 한층 더 나아가서 그 이미지는 역사적으로 현존하였던 그리스도라는 형상과 인간의 영적인 본성 사이를 이어 주는 다리가 된다고 융은 강조하였다. 그러므로 우리가 우리 안에 '속사람'이 있다는 사실을 깨달을 때, 우리는 개성화 과정을 향해서 나아갈 수 있게 된다. 원형적 이미지로서 그리스도의 삶은 언제 어디서나 실현될 수 있으며, 실현되고 있기 때문이다: "결국 개성적인 것은 '역사적으로' 언제나 현존하고 있다. 그것이 시간성과 긴밀하게 연관되어 있기 때문이다."[32] 그런 의미에서 그는 다음과 같이 덧붙이고 있다: "그리스도는 ……참으로 하나님의 이미지를 보여 준다. 그런데 우리 안에 있는 '속사람'은 하나님의 이미지를 토대로 창조된 것으로서, 우리 눈에 보이지 않고, 형체도 없으며, 썩지 않고, 불멸하는 특성을 가지고 있다."[33] 시간이나 공간에 구애받지 않고, 언제 어디서나 실현

---

30) PA, p. 26.

31) PER, p. 219. cf. *Aïon*, p. 219. 그래서 융은 다음과 같이 덧붙이고 있다: "사람들에게 그리스도라는 인물을 명상의 대상으로 삼게 하면서 하나님과 이 세상, 하나님과 인간 사이가 얼마나 멀리 떨어져 있는가 하는 사실을 제일 처음 깨닫게 해 준 것은 그리스도의 삶이다. 이렇게 하면서 그리스도는 점점 하나님과 인간 사이를 중재해 가는 것이다." *Aïon*, pp. 275-276.

32) PER, p. 176.

33) *Aïon*, pp. 52-53.

될 수 있는 원형적인 것이라는 말이다.

우리가 그리스도의 이미지를 실현시키려면, 우리는 우리 안에 기독교에서 말하는 그리스도의 원형인 자기 원형이 있다는 사실을 깨닫고 그 원형이 이끄는 대로 나아가야 한다. 이것을 신학적으로 말하면 우리는 우리 안에 있는 속사람, 다시 말해서 우리 안에-있는-하나님이 실현될 수 있도록 모든 개인적 욕망과 환상에서 벗어나 영원한 이미지가 이끄는 대로 살아야 하는 것이다.

융은 그리스도 이미지와 자기 이미지 사이에는 이런 유사성 못지않게 본질적으로 다른 점이 있다는 사실도 지적하였다. 그 다른 점은 완전성(la perfection)과 전체성(la totalité) 사이에서 오는 차이다: "모든 원형적인 것이 (우리가 알고 있는 한) 전체성을 나타내고, 완전한 것과는 거리가 먼 데 반해서 그리스도라는 이미지는 거의 완전한 것을 나타낸다(아니면 거의 완전한 이미지처럼 보인다). 다시 말해서 그리스도 이미지는 신적인 본성이나 모든 천상적인 것이 나타내는 본성의 특징인 전체성을 나타내는 것이다."[34] 그 이유는 그리스도 이미지가 그 안에 그림자 하나 없이 밝은 측면만을 보여 주기 때문이다. 융은 그 점을 가리켜서 "그리스도 상징에는 그 안에 모든 사물에 있기 마련인 어두운 측면이 하나도 없기 때문에 현대적인 의미에서 볼 때 전체성이 결여되어 있는 것이다."[35]라고 하였다. 전체성의 상징으로서의 자기는 그 안에 밝은 것과 어두운 것을 모두 포함하고 있는 '대극의 합일'인 데 반해서, 그리스도는 그 안에 어두운 부분이 없는 완전성을 나타낸다는 것이다.

그러면서도 융은 기독교에서 말하는 그리스도의 이미지에 비록 악의 요소가 빠져 있기는 하지만 그리스도 원형은 자기 원형과 가장 가까운 것이고, 우리가 그리스도 원형에서는 직접적으로 어두운 부분을 찾아낼 수 없지만, 기독교 사상에서는 간접적인 방식으로 그리스도의 그림자, 즉 그리스도의 어두운 부분을 발견할 수 있다고 주장하였다: "그리스도라는 인물 속에는 모든 원형 안에

34) *Aïon*, p. 82.
35) *Aïon*, p. 55.

통합되어 있는 대극이 한편으로는 하나님의 아들이라는 요소로, 다른 한편으로는 악마라는 요소로 분할되어 있다."[36] 기독교에서 말하는 그리스도의 어두운 부분은 '적그리스도'라는 사상으로 요한계시록에서 집중적으로 나타난다: "우리는 계시록의 저자가 그리스도의 대극이라는 생각, 다시 말해서 심리학적 견지에서 볼 때 어두운 측면을 지니고 있는 '예수의 그림자'라는 생각에 어느 정도 영향을 받지 않았나 하고 반문해 보아야 한다."[37] 적그리스도라는 관념은 그리스도의 이미지가 너무 밝기 때문에 그것을 보상하기 위해서 생겨난 관념이다. 빛과 어둠이 합쳐져야 비로소 전일성을 이룰 수 있다는 심리 욕구를 충족시키기 위해서 생겨난 관념인 것이다. 그러나 기독교인은 사랑의 그리스도, 선한 목자로서의 그리스도의 이미지에 어두운 이미지를 융합시킬 수 없었다. 그래서 그리스도와 다른 존재인 적그리스도를 독립적인 존재로 만든 것이다.

융의 생각에 의하면, 모든 것에는 양면성이 있기 때문에 사람들이 가장 온전하다고 생각하는 그리스도 이미지에도 어두운 부분이 있어야 한다. 어두운 부분이 존재하지 않을 경우 분열이 일어날 수밖에 없기 때문이다. 그러므로 기독교인이 기독교 안에서 자신 안에 어두운 부분은 없다고 생각하면서 어두운 요소를 모두 내쫓아 버릴 때, 그 어두운 요소들은 바깥에 투사되어 세상은 온통 적그리스도로 가득 차게 되고, 교회 안에만 선한 것이 있다고 생각하게 된다. 기독교인이 죄와 악에 대해서 그렇게 민감한 것은 이렇게 적그리스도를 그리스도 안에 받아들이기를 거부한 결과 생겨난 것이다. 그래서 기독교인들에게서는 독선적인 측면이 많이 발견되기도 한다.

한편 이 점은 기독교가 윤리적이고, 정의를 위해서 투쟁하는 좋은 결과를

36) MS, p. 610.

37) *Aïon*, p. 118. cf. 그래서 융은 이렇게 말하기도 하였다: "그것은 마치 그리스도의 도래와 더불어서 그 전까지 잠재되어 있던 그리스도의 대극이 드러나게 되었거나 어느 한쪽으로 강하게 힘을 받은 추가 그 반대편에 그 운동을 보상하려는 운동을 일으킨 것과 같은 것이다. ……이 둘은 모두 자기 왕국을 건설하려고 싸운다. 하나는 하나님의 왕국을 위해서, 다른 하나는 이 세상의 제국을 건설하려고 싸우는 것이다. 그래서 우리는 '천년왕국'이나 적그리스도(Antéchrist)에 관해서 말하는 소리를 많이 듣고 있다." *Aïon*, pp. 58-59.

가져오기도 하였다. 그러나 자기 안에도 어두운 부분이 있다고 생각하지 못하고 모든 악을 자기 밖에서 찾은 결과, 기독교인은 종종 교만에 사로잡히게 되며, 자신이 적그리스도가 되어 마녀사냥이나 어두운 대심문관 역할을 한 경우도 많았다. 그래서 융은 기독교회는 자신의 그림자를 인식하고 그것을 통합시켜야 전일성을 향하여 나아갈 수 있다고 강조하였다: "이렇게 통합될 때 '그리스도의 그림자' 부분은 결국 '승리자 그리스도' 라는 이미지를 통해서 재탄생하게 될 것"[38]이다.

2. 자기의 역동성과 개성화 과정에서 자아의식의 역할

인간 정신의 중심과 전체성을 나타내는 자기는 개성화 과정에서 무의식의 조정자나 인도자로서 중요한 역할을 수행한다. 왜냐하면 자기는 사람들이 타고난 인간 정신의 잠재성으로서, 자신의 전체성을 실현하고, 개성을 실현하는 삶의 목표를 나타내기 때문이다: "개성화 과정이 가진 역동성은 개인적인 삶에 관계되는 모든 것에 관여하는 본능이 개인적으로 동의하든 동의하지 않든 간에 작용하기 때문에 가능한 것이다."[39] 융은 개성화 과정은 정신적으로 문제가 있을 때뿐만이 아니라 사람들이 평생에 걸쳐 수행해야 하는 작업이라고 강조하였다: "내가 경험한 바에 따르면 개성화 과정은 인간의 정신을 가장 높은 수준으로 발달시킬 수 있는 과정이다. 그것이 사람들의 정신을 치료하는 데 가장 좋은 효과를 나타낸다는 사실에서 더욱 그러하다."[40] 원형으로서의 자기가 개성화 과정을 통해서 의식과 무의식, 개인과 우주, 찰라와 영원 사이를 역동적인 힘을 가지고 통합시키며, 더 원만한 인격을 향해서 나아가게 하는 것은 이 때문이다. 자기는 본래 집단적 무의식에 속해 있는 원형이기 때문에 자아의식

38) *Aïon*, p. 118.
39) PA, p. 219.
40) RC, p. 525.

과 관계 맺지 않으면 결코 작용할 수 없다. 다시 말해서 자아의식이 자기라는 내적 지도 요인에 귀를 기울일 때밖에는 자기라는 정신적 핵이 작용할 수 없는 것이다. 융은 인간 정신의 전체성인 자기가 실현되는 것은 각 사람의 자아의식이 자기가 가진 절대적 지배권에 복종할 때뿐이라고 강조하였다.

실제로 자아는 인간이 하는 모든 행동의 결정에 책임이 있다. 개성화 과정에서 자아의식이 하는 역할에 관해서 폰 프란츠는 다음과 같이 설명하였다: "모든 것은 마치 자아가 본성상 충동을 따르도록 창조된 것이 아니라 인간 정신의 전체성을 실현하는 데 기여할 수 있도록 창조된 것처럼 진행된다. 이 모든 체계를 밝혀 주는 것은 자아다. 자아는 그에게 자기를 인식시켜 주고, 자기가 스스로 실현될 수 있도록 해 주기 때문이다."[41)]

여기에서 우리는 자아가 자기의 존재를 깨닫는 것이 개성화 과정에서 필수불가결한(sine qua non) 요소라는 사실을 발견하게 된다. 사실 개성화 과정에서 자아가 활동하지 않으면 개성화는 이루어지지 않는다. 왜냐하면 의식이 없을 때, 무의식적 요소들은 모두 무의식에 잠길 뿐 의식에 전달되지 않기 때문이다. 그러므로 우리는 개성화 과정은 자기와 자아의 협력에 의해서 생기는 정신 현상이라는 사실을 잊지 말아야 한다. 이 점에 관해서 윔베르(Humbert) 역시 동의하였다: "융은 자기와 자아를 환상과 진리처럼 대립시켜 놓고, 그다음에 둘 사이의 상호의존적 관계를 인정하였다. 그는 자기를 인정하지 않고 합리주의적으로만 나아갈 때 생기는 위험에 관해서 강조하였으며, 다른 한편으로는 자아가 자기 속에 흡수되는 위험성에 관해서도 강조하였다."[42)]

그러면 사람들은 자기를 어떻게 인식할 수 있는가? 융은 자기 상징은 꿈이나 눈에 보이는 어떤 이미지의 형태로 나타나 정신 상황이 어떤지를 보여 준다고 강조하였다. 그래서 사람들은 꿈이나 환상에 나타난 이미지를 통해서 자기를

41) M.-L. von Franz, *op. cit.*, p. 162. 그래서 폰 프란츠는 "자기라는 관념은 하나님의 자리를 대체할 수 있는 어떤 것이 아니라 하나님의 은혜를 받을 수 있는 그릇과 같은 것"이라고 강조하였다. *Ibid.*, p. 215.

42) E. Humbert, *op. cit.*, p. 74.

인식할 수 있으며, 자기(自己)가 자신을 개성화 과정을 향해서 나아가게 하는 것을 깨달을 수 있다. 정신의 전체성을 나타내는 이 이미지를 꿈이나 환상을 통해서 보았을 때, 우리는 보통 지극한 조화감을 느끼거나 깊은 신비 상태에 빠지게 된다. 이때 우리는 모든 정신 활동을 이끌어 가는 정신의 중심을 체험하고, 거기에 사로잡히게 된다: "정신치료 과정에서 새롭게 생겨나는 새로운 관심의 중심은 사람들에게 원형적 본성을 가진 내적 체험을 하게 한다."[43] 융은 우리가 꿈속에서 그런 이미지를 보면 지금 겪는 갈등이 이제 곧 풀릴 것이라는 희망을 가져도 된다고 주장하였다. 우리 안에 살아 있는 정신의 중심이 이제 움직이기 시작했기 때문이다. 정말이지 자기의 원형적 이미지가 나타나는 것은 범상한 일이 아니다. 그때 우리는 반드시 내면에 관해서 깊이 살펴보아야 하는 것이다.[44]

융에게 자신의 내면에 관심을 기울인다는 것은 어떤 면에서 자기 포기 또는 투사의 철회라는 특성이 내포되어 있다. 왜냐하면 이때 사람들은 그동안 관심을 사로잡고 있던 외부 상황에서 눈을 돌려서 내면에 관심을 집중시키기 때문이다. 이 점에 관해서 폰 프란츠는 다음과 같이 말하였다: "포기를 통해서 사람들은 모든 이기적인 욕구나 의지나 지적인 호기심 등을 버릴 수 있게 되고, 내면 깊이 깃들어 있는 자기에게 다가갈 수 있다. 그때 우리는 자기와 대화를 할 수 있고, 우리 속에 비지성적이며 비의지적인 특성을 지니고 있는 것을 보게 된다."[45] 그래서 융은 "리비도를 내성화함으로써 우리는 정신 집중을 통해 '값

43) PI, p. 143.

44) 인간 정신의 전체성에 대한 원형상으로서의 자기는 사람들의 정신이 심각한 갈등을 겪을 때 주로 나타난다. 이 점에 관해서 프란츠는 다음과 같이 말하였다: "소위 말하는 개성화 과정, 다시 말해서 우리 의식이 내면적인 중심인 자기와 조화를 이루게 되는 과정은 우리 정신에 어떤 상처가 생겼을 때 시작된다. 이때의 충격이 사람들에게 항상 그렇게 인식되는 것은 아니지만, 그래도 이때의 충격은 개성화 과정을 향한 일종의 '부름'인 것이다." M.-L. von Franz, *C. G. Jung: son Mythe en notre temps*, p. 166.

45) M.-L. von Franz, *op. cit.*, p. 165. 이 점에 관해서 폰 프란츠는 또한 다음과 같이 말하고 있다: "사람들이 자기의 아니마/아니무스에 동화되지 않고 그것들과 매우 진지하고 끈질기게 싸우면, 무의식은 바뀌게 되고, 새로운 상징을 통해서 인간 정신의 가장 내적 핵심인 자기를 보여 주게 된다." M.-L. Franz, "Le processus d'individuation", HS, p. 196.

비싼 진주'의 비유나 '밭에 감춰진 보물'의 비유에 나오는 것과 같이 '귀중한 것'을 얻을 수 있을 것이다."[46]라고 말했다. 더 나아가서 "(이때 얻어지는 것은) 허구나 무엇인가를 꾸미고 있는 지나간 날의 자아가 아니라 그것과 전혀 다른 객관적인 자아다. 그래서 사람들은 그것을 가리켜서 자기(le soi)라고 부르기를 좋아한다."[47]라고 덧붙였다.

융에 의하면 여러 신화나 전설에 나오는 영웅이나 신들은 인간의 무의식 속에 있는 자기를 나타내며, 그 이미지들은 우리의 삶에서 원형의 정수(精髓)나 원형의 총체(總體)로 전개되고 있다. 그러므로 우리가 내면에 있는 이 지도 요인의 가르침을 따를 때, 우리는 내면에 있는 자기를 실현시킬 수 있게 된다. 정말이지 자기를 실현시키는 것은 정신치료의 궁극적인 목표일 뿐만 아니라 모든 사람이 궁극적으로 도달하려고 하는 정신의 목표다: "자기는 한 사람의 역량을 초월하고 있으며, 동시에 그의 개성을 모두 실현시켜 놓은 것이다."[48] 그래서 분석심리학자 포댐(F. Fordham)은 자기는 사람들 속에 있는 모든 대극을 변환시키며 통합시켜서 내면에 있는 그 자신만의 독특성을 실현시킨다고 강조하였다.[49]

3. 개성화 과정

1) 개성화

개성화의 목표는 인격 전체가 새로운 중심을 찾아서 새롭게 균형 잡힌 인격의 무게 중심인 자기를 실현시키는 것이다.[50] 이때 사람들은 그들에게 주어져

46) TP, p. 242.
47) PT, p. 55.
48) G. Adler, *op. cit.*, p. 229.
49) F. Fordham, *op. cit.*, p. 67.
50) 그런 의미에서 융은 자기란 인간의 정신 속에서 실현되기를 기다리고 있는 잠재된 정신 요소라고 말하였다.

있는 모든 정신적 요소들을 통합할 수 있으며, 개인적인 독특성을 실현시키게 된다. 모든 사람에게는 자신만의 독특한 특성이 있으며, 사람들은 그것을 그만이 가진 독특한 방법을 통해서 실현해야 하는데, 사람들이 자아가 자신의 내면에 있는 자기를 인식하여 자기가 실현되게 하면, 그 자신이 되고, 자신의 전체인격을 실현시키게 되는 것이다: "모든 사람은 끊임없이 변하는 삶의 환경에서 언제나 새로운 문제를 해결하고 새롭게 적응하면서 새로운 체험을 하는 것이다."[51] 이러한 특성을 가진 자기는, 융에 의하면, 스스로 실현되려고 한다. "겉으로 보기에 무척 어렵게 보이는 한 고비만 넘기면, 이 과정은 저절로 이루어지게 된다."[52] 그런 의미에서 융은 "이 세상에는 개성적인 삶밖에 없으며, 그렇게 사는 것만이 가장 의미 있는 것이다."[53]라고 주장하였다.

그렇게 사는 것이 인간의 삶의 궁극적인 의미이자 목표다. 그러지 못하고 다른 사람들이 사는 방식이 나에게도 좋은 줄 알고 그대로 살려고 하거나, 다른 사람들이 가치를 두고 있는 것들이 나에게도 중요한 것인 줄 알고 그것들만 따라다닌다면, 우리는 자신의 내면은 비워 둔 채 환상만 좇아다니다가 무의미감에 사로잡히고 말 것이다. 융은 개성화의 의미를 다음과 같이 설명하고 있다: "나는 개성화(individuation)라는 말을 심리학적으로 더는 나눠지 않는 존재(individu), 다시 말해서 자율성을 지니고 있으며, 더는 나눠지 않는 단일체, 즉 전체성을 이룬 존재를 형성시켜 가는 과정이라는 의미로 쓰고자 한다."[54] 한 사람이 하나의 집단에서 파편에 불과한 존재로 되지 않고, 그의 안에 자신을 나타내는 요소와 집단을 나타내는 요소가 통합되지 않은 채 살지 않으며, 자기(le soi)를 중심으로 해서 통합되어 더는 분열되지 않고 사는 것이 개성화라는 말이다. 그때 그는 그의 정신을 구성하는 요소 가운데 어느 요소로 살지 않고, 전체인격으로 살게 된다. 부분인격으로 살지 않고, 전체성을 이루고 사는 것이다.

51) PE, p. 55.
52) DM, p. 87.
53) C. G. Jung, *Aspects du drame contemporain*, p. 130. cf. Ch. Baudouin, *op. cit.*, pp. 68-69.
54) GP, p. 239.

융은 창조적인 삶은 언제나 인습적 삶을 초월해 있다고 주장하였다. 실제로 사람들이 집단이나 집단의 가치만 따른다면 사람들은 개성을 실현할 수 없고, 의미 있는 삶을 살 수도 없다: "삶을 단순하고, 틀에 박힌 일들이 인습적이며 낡아 빠진 방식으로 지배할 때, 어느 날 갑자기 모든 창조적 세력이 파열음을 내면서 폭발해 버릴지 알 수 없는 일이다."[55] 융은 개성적인 인격 형성은 소수의 천재에게만 주어진 특권이 아니라고 강조하였다. 그렇기는커녕 모든 사람이 자신에게 주어진 전일성(la totalité)을 이룬다면, 누구에게서나 저절로 이루어질 수 있다고 주장하였다.

융은 개성화의 특성에 관해서 다음과 같이 말하였다. 첫째, 개성화는 사람을 본능의 질곡에서 해방시켜 준다: "개성화 과정은 자기(le Soi)를 페르조나가 덧씌워 놓은 잘못된 껍질에서 벗어나게 해 주고, 무의식으로부터 파생된 이미지에 으레 있기 마련인 암시로부터 해방시키는 목표를 가지고 있다."[56] 개성화 과정을 통해서 사람들은 자아의 안목을 넓힐 수 있으며, 무의식 상태에서 벗어날 수 있기 때문이다.

융에 의하면 자아는 무의식의 내용에 잠겨 있기 쉬우며, 무의식에 사로잡혀 있기 쉽다. 그럴 경우 그는 무의식의 맹목적인 흐름을 따라 살게 된다. 그러나 자아가 자기에게 가까이 다가갈 때 무의식의 내용은 자아에 더 많이 동화될 수 있으며, 의미를 지니게 된다. 그에 따라서 자아는 무의식의 내용을 통합할 수 있게 되고, 사람들은 이전까지 받아들일 수 없었던 삶의 문제를 좀 더 쉽게 받아들이게 된다. 그만큼 인격이 넓어졌기 때문이다. 그렇게 해서 좀 더 원숙한 인격에 도달하게 된다. 이런 상태에 도달할 때, 삶에서 나오는 여러 근심과 걱정에서 해방된다. 융은 엄밀하게 말해서 이때라고 해서 삶에 아무런 근심과 걱정거리가 없기 때문에 그런 것은 아니라고 하였다. 오히려 삶의 모든 근심과 걱정거리가 그를 괴롭히지 못하게 되었기 때문이라고 강조하였다. 그에게서

55) PM, p. 260.
56) DM, p. 113.

삶의 모든 문제가 해결되었기 때문이 아니라, 그가 그것들에 더는 매여 있지 않게 되었기 때문이다: "이러한 초월은 ……우리 경험에 의하면 자아의 수준이 고양되었음을 보여 준다. 그의 관심사가 이제는 좀 더 고상해졌고, 광범위해진 것이다. 자아의 확장은 그에게 다가오는 문제들이 이제는 더는 그를 내리누르지 못하게 한다."[57]

둘째, 개성화는 아무런 의지의 작용도 없이 즉각적으로 생겨나는 인간 정신의 내면적이며 본성적인 과정이다. 이런 생각에서 융은 개성화란 경계가 불분명한 무의식에서 생겨나는 과정이라고 주장하였다.[58] 개성화 과정이 자아의 의식적인 노력에 의해서만 생겨나는 것이 아니라 본성에서 나오는 자발적 과정이라는 것은 틀림없는 사실이다. 개성화 과정이 무의식적인 자기의 요청에 의해서 생기는 과정이기 때문이다: "모든 사람이 자기 안에 타고난 삶의 법칙을 가지고 있기 때문에 그들은 모두 이 법칙에 복종할 수 있으며 자신의 인격, 다시 말해서 전체성에 도달할 수 있는 것이다."[59]

융은 "우리 안에서 발견되는 어떤 충동이 '하나님의 뜻'으로 들려야 한다고 내가 주장할 때, 내가 의미하고자 하는 바는 우리가 그 충동을 자의적 욕구나 원망(願望)으로 생각할 것이 아니라 그것들을 대하는 방법에 관해서 우리가 반드시 연구해야 하는 어떤 절대적 충동으로 받아들여야 한다는 것이다."라고 말하고 있다.[60] 개성화 과정에서 사람들은 실제로 그런 내적인 권위를 느끼게 되는데, 그런 것을 느낄 때 사람들은 그것을 따라가야 한다. 그것이 그들을 개성화로 이끌고 가기 때문이다. 이에 관해서 폰 프란츠는 "개성화 과정이란 결국

57) C. G. Jung, *Commentaire sur le Mystère de la Fleur d' Or*, p. 31.

58) 그래서 융은 "사람들의 인격이 넓어짐에 따라서 그의 인격의 한계도 점점 더 넓어진다."라고 주장하였다. RC, p. 280.

59) PM, p. 261, p. 257. 그래서 폰 프란츠는 이렇게 말했다: "어떤 때 우리는 우리 안에 있는 큰 사람(=자기)이 우리에게 무엇인가를 바라고 있으며, 우리에게 어떤 특별한 과제를 부과하고 있다는 사실을 느낄 때가 있다." M.-L. von Franz, "Le Processus d'individuation", HS, p. 218.

60) *Aïon*, p. 41.

타고난 전체성을 가지고 운명을 구성하고 있는 외적 상황에 단순하게 적응하는 것이 아니다. 우리는 때때로 여러 주관적인 체험을 통해서 우리에게 어떤 초개인적인 힘이 적극적이며, 창조적으로 개입하고 있다는 사실을 암시받고 있다. 무의식이 우리를 어떤 비밀스러운 계획을 따라서 이끌고 간다는 느낌을 가질 때가 있는 것이다."라고 말하고 있다.[61] 이처럼 자기 성찰은 우리를 내면에 있는 원초적 인간으로 이끌고 간다. 그러므로 우리는 자아의식이 하는 대로 실용적인 계획에만 관심을 기울일 것이 아니라 우리의 내면세계에 관심을 기울이고, 내적 존재의 요청에 귀를 기울여야 한다. 그때 무의식에서 나오는 대극의 긴장은 완화되고, 자아의식은 정신의 중심인 자기에게 다가갈 수 있게 된다.

셋째, 자아의식은 개성화 과정에서 커다란 역할을 수행한다. 개성화 과정에서 무의식적 요소가 비록 본질적인 역할을 수행하고 있지만, 그에 못지않게 자아의식 역시 개성화 과정에서 중요하다. 융은 "(개성화 과정에서) 자아가 완전히 소멸되는 것은 아니다. ……자아가 어느 정도 소멸되는 것은 해결할 수 없는 역할 갈등 상태에 있을 때, 자아가 (자기의) 궁극적이며 절대적인 결정을 따라야 할 때뿐이다."[62]라고 주장하였다. 사실 어떤 행위의 주체가 없으면 아무 일도 일어날 수 없다. 그런 의미에서 융은 "자기는 중심에 대한 집중을 통해서 실현되며, 집중을 바라고 있다. 자기는 개성화 과정의 주체이며 대상이다."[63] 라고 주장했으며, "우리가 말한 과정은 무의식에 기원을 둔 전체성을 의식적인 전체성으로 변환시키는 것이다."[64]라고 덧붙였다. 융에게 개성화 과정은 무의식의 내용을 의식에 통합시켜서 의식을 확장시키는 것이기 때문이다: "자아가 의식 세계에 닻을 내리고, 적응에 의해서 의식이 강화되는 것은 무엇보다도 중요한 것이다."[65]

61) M.-L. von Franz, *op. cit.*, p. 162.
62) *Aïon*, pp. 59-60.
63) RC, p. 307.
64) *Aïon*, p. 280.
65) *Aïon*, pp. 38-39.

넷째, 개성화 과정은 무의식 체험이다. 융에 의하면 개성화 과정은 그 안에서 수많은 무의식적 요소가 자아의식에 통합되는 과정이다. 그러나 무의식 요소들은 그것을 몸으로 직접 체험하지 않는 한 인식될 수 없고, 통합될 수도 없다. 더구나 개성화 과정의 궁극적 목표인 자기는 직접 체험하지 않는 한 알려지지도 않는다: "심리학적으로 말해서 이 세상에 있는 그 어떤 것도 체험에 의하지 않고서는 얻을 수 없다."[66] 그러므로 정신적 요소를 몸으로 직접 체험한다는 것은 인간의 정신 현상에서 무엇보다도 중요한 것이다. 그런데 모든 무의식적 요소에는 감정적 특성이 있으며, 사람들이 어떤 무의식적 요소를 체험할 때 정서 체험이 동시에 일어난다. 그것은 개성화 과정에서도 마찬가지다. 사람들이 개성화 과정을 통해서 페르조나, 그림자, 아니마/아니무스에 속해 있는 무의식 요소를 체험하고, 자기를 체험할 때 깊은 정서적 체험이 동시에 생겨나는 것이다.

2) 개성화의 두 측면

개성화 과정이 비록 한 개인이 본래 타고난 자신의 본성을 되찾아 그것을 실현시키는 과정을 의미하지만, 그것은 그가 개인주의자(individualiste)나 이기주의자(égoïste)로 되는 것이 아니다. 그것은 오히려 개인주의나 이기주의보다 더 높은 자신의 독특성을 찾는 과정이다. 그래서 융은 개성화에는 두 가지 측면이 있다고 기회가 있을 때마다 강조하였다. 이 점에 관해서 융은 "개성화에는 근본적으로 두 가지 다른 측면이 내포되어 있다. 한편으로 그것은 내면적이며 주관적인 통합을 이루는 과정이고, 다른 한편으로는 객관적인 과정이기도 하다. 이 두 과정은 개성화 과정에 필수 불가결한 과정이다."[67]라고 주장하는 한편, "내적인 통합을 이루는 것은 개인적이거나 이기적인 것이 결코 아니다. 오히려

66) *Aïon*, p. 287.
67) PT, p. 96.

그 영역에 있는 어떤 최고의 실재를 실현하는 것이다. 왜냐하면 자기란 그의 자아와 초개인적인 무의식을 통합하는 것이기 때문이다."[68]라고 강조하였다. 그러므로 우리는 개성화 과정에서 이 두 가지 측면 가운데서 어느 한 측면을 무시하고 다른 측면만을 일방적으로 강조해서는 곤란하다.

먼저 융은 개성화 과정이란 사람들이 자신의 내면 깊숙이 들어 있는 자신의 본래 특성을 실현시키는 작업이라고 주장하였다. 즉, 집단적 무의식 속에 있는 원형인 자기의 인도를 따라서 그의 의식적인 정신 요소는 물론 무의식적인 정신 요소까지 모두 통합하여 자신만의 독특한 개성을 실현시키는 것이다. 그러기 위해서 그는 무엇보다도 먼저 그가 살고 있는 집단에서 분리되어야 한다. 집단의식과 자기 자신을 무의식적으로 동일시하여 집단의식이 이끄는 대로 따르려고 하다가 자신을 잃지 말고 그에게 본래 주어져 있는 특성을 살려 나가야 하는 것이다: "개성화에 이르는 길은 우리 내면 가장 깊은 곳에 자리 잡고 있으며, 다른 어떤 것으로도 환원할 수 없는 개성에 도달하는 것, 즉 진정으로 자기 자신이 되는 것이다."[69] 그래서 융 학파 신화학자인 조셉 캠벨(J. Campbell)은 사람들이 가장 의미 있고 행복한 삶을 살 수 있는 것은 그에게 주어져 있는 본성을 찾아서 그것이 이끄는 대로 사는 것이라고 주장하면서, 그것을 가리켜서 '천복(天福)을 찾아서 사는 삶'이라고 명명하였다.[70] 이렇게 자신의 천복을 찾는 작업은 지극히 내면적이며, 개인적이고, 주관적인 작업이다.

개성화에는 이런 측면 이외에 또 다른 측면도 있다. 왜냐하면 우리 내면에 가장 깊이 있는 개성에 도달하는 것은 우리 내면에 있는 자기(le soi)에 도달하는 것이기 때문이다: "그것은 다른 어느 것과도 비교할 수 없고, 가장 그다운 자기

68) PA, p. 269. 이 문제에 관해서 폰 프란츠도 다음과 같이 말하고 있다: "개성화 과정을 의식적인 측면에서 살펴볼 때, 그것은 사람들이 여태까지 맺어 왔던 인간관계를 변화시킨다. 그 전까지 그들에게 소중했던 부모 자식의 관계나 집단적인 관심이 자기(自己)로부터 비롯되는 연대감으로 대체되기 때문이다." M.-L. von Franz, *op. cit.*, p. 221.

69) *Ma Vie*, p. 457.

70) J. Campbell, 이윤기 역, 『신화의 힘』(서울: 고려원, 1992), pp. 229-235.

(自己)를 실현시키는 것이다. 우리는 개성화라는 말을 '자기 자신이 되는 것' '자신의 내면에 있는 자기를 실현시키는 것'이라고 바꿔 쓸 수도 있다."[71] 그런데 자기는 다른 모든 집단적 무의식과 마찬가지로 개인적 정신 요소일 뿐만 아니라 모든 사람에게 같이 있는 보편적인 정신 요소이기도 하다.[72] 그래서 융은 개인이 된다는 것이 다른 사람들과의 관계를 희생시켜 가면서 자신의 특수성만을 발달시키는 것이 아니라 자기가 됨으로써 다른 사람들은 물론 모든 살아 있는 존재와도 매우 밀접한 관계에 있다는 사실을 깨달아야 한다고 강조하였다.

융은 개성화라는 개념을 사람들이 자신의 내면에 있는 자기, 이웃, 우주와 밀접한 관계에 있다는 사실을 깨닫고, 그 깨달음을 통하여 그의 인격이 변환되는 과정이라는 사실을 강조하였다. 개성화 과정을 이기주의나 자기중심성과 혼동하지 말아야 하는 것은 이 때문이다. 그것은 오히려 한 사람의 인격을 좀 더 넓은 세계로 이끌고 가는 과정인 것이다: "개성화된 사람은 우리가 보통 생각하는 대로 이기주의자나 자기중심적인 사람이 아니라 오히려 자신에게 주어진 본성을 실현시키는 사람이다. 그러므로 그는 개인주의자나 이기주의자가 아니라 그 반대편에 서 있는 사람이다."[73]

이렇게 볼 때 우리는 사람들이 자신의 무의식에 있는 여러 가지 정신 요소를 체험하면서 그것들을 자아에 동화시키거나 분화시키면서 전체적 인격을 형성하는 것이 개성화라는 사실을 알 수 있다. 그때 그들은 때때로 원형에서 나오는 정서를 깊게 체험하기도 하며, 전체성을 나타내는 상징을 체험하기도 한다. 개성화가 이루어질 때 사람들은 내면에 있는 충동과 외부 사람의 시선에서 해방된다. 그들은 이제 더는 무의식의 강박에 시달리지 않고, 다른 사람들이 어떻게 생각하는지 신경 쓰지도 않으면서 사는 것이다. 그러나 그들은 자신은 물

71) *Ma Vie*, p. 457.

72) 이 점에 관해서 융은 다음과 같이 덧붙이고 있다: "한 사람의 내면 속에 깊이 담겨 있는 자기는 어디에나 존재하고 있으며, 어떤 특별한 뉘앙스를 가지고 모든 사람 속에 깃들어 있는 정신적 흐름의 한 부분이고, 한 분야이며, 그 전체를 대표하는 것이다." TP, p. 370.

73) DM, p. 113.

론 다른 사람들과 아무런 갈등을 일으키지 않으면서 자유롭게 살게 된다. 그가 이제 더는 나누어지지 않는 전체성에 도달했기 때문이다. 말하자면 천의무봉(天衣無縫)한 삶을 살게 되는 것이다.

3) 개성화 과정과 인생 후반기

프로이트가 사람의 삶을 다섯 단계로 나눠서 정신 발달 과정을 설명하려고 했던 반면에, 융은 그것을 두 단계로 나눠서 첫 번째 단계는 태어나서부터 서른다섯 살 무렵(혹은 사십 살 정도)까지의 인생 전반기, 두 번째 단계는 그 이후부터 죽을 때까지의 인생 후반기라고 설명하였다. 그가 사람들의 정신 발달 단계를 이렇게 두 단계로 나눠서 설명한 것은 이 두 단계에서 사람들의 관심사와 삶의 모습이 전혀 다른 양상을 보이기 때문이다. 인생의 전반기인 서른다섯 살 무렵까지 사람들은 주로 주어진 환경에 적응하고, 자신의 정체성을 확립하여, 그를 이 세상에서 세우려고 하는 데 관심을 기울인다. 그러나 인생의 후반기인 서른다섯 살 무렵 이후 그는 삶의 이런 긴박한 과제들을 나름대로 해결한 다음 그들의 내면에 있는 모든 정신적 요소를 통합시키고, 자신의 삶을 어느 정도 정리하여 온전한 모습으로 이 세상에서 살려고 한다. 사실 사람들은 인생의 전반기에서 삶에 필요한 지식이나 기술을 습득하고, 생업에 종사하며, 결혼을 하여 그의 본능이 그에게 요청하는 과제를 완수하려고 애쓴다. 그러나 삶에는 이런 과제만 있는 것이 아니다. 또 다른 과제들이 그를 기다리고 있다. 그것은 그가 외적 삶의 과제뿐만 아니라 내적인 삶의 과제까지 완수해야 하는 것이다. 융은 인생의 전반기에서 리비도가 그를 확장시키려고 했다면, 인생의 후반기에서 리비도는 그를 좀 더 원숙하게 하려고 한다고 주장하였다.[74)]

74) MS, p. 713. 인생의 단계에 대한 융의 사상을 보면, 그가 삶을 크게 두 단계로 나누었지만, 더 세분화한다면 인생의 전반기에서도 태어나면서부터 사춘기 이전까지와 사춘기 이후부터 서른다섯 살까지의 단계, 인생의 후반기에서도 서른다섯 살부터 죽음을 크게 의식하게 되는 삶의 어느 시점까지의 시기와 그 이후의 시기 등 네 단계로 나눌 수 있지 않나 생각한다. 왜냐하면 그 시기들은 우

융에 의하면 중년의 나이에 접어든 사람에게 온전한 인격을 이루는 것은 대단히 중요한 문제다. 왜냐하면 그는 그때까지 그가 이루어 놓은 자신의 작은 왕국 안에 있다가 이 무렵에 갑자기 다가오는 죽음의 그림자를 인식하면서 종종 삶의 허망함과 무의미성을 짙게 느끼기 때문이다. 이때가 되면 이제 더는 젊음이 남아 있지 않다는 사실을 절감하고, 건강도 그전과 같지 않음을 느끼게 된다. 그래서 이제 더는 그전까지 그가 추구해 왔던 물질적인 세계를 맹목적으로 즐기지 못하게 된다. 스러져 버리고 말 이 세계 이외에 영원히 존속할 수 있는 의미의 세계, 그에게 새로운 관심을 촉구하며 새로운 목표를 제시해 주는 영적 세계를 갈구하게 되는 것이다.[75)]

융은 자신을 찾아왔던 환자 가운데서 이런 사람들이 대단히 많다는 사실을 발견하고서 놀랐다. 그들 가운데서 대다수는 정신적 문제 때문에 고통을 받는 것이 아니라 진정한 삶의 의미 문제 때문에 고통받고 있었던 것이다. 그래서 그는 젊은이에게 가장 중요한 문제가 삶을 준비하는 것이라면, 인생 후반기에 접어든 사람에게 가장 중요한 문제는 죽음을 준비하는 것이라고 강조하였다.[76)] 자신의 인격을 통합하는 것은 삶을 준비하는 데 있어서나 죽음을 준비하는 데 있어서 모두 중요하다. 삶의 모든 문제는 자신의 내면이 분열되어 있을 때 생기기 때문이다. 그러나 자신의 내면이 일단 통합되면, 그는 한 단계 더 높은 삶을 향해서 나아가게 된다. 열등한 상태에서 벗어나 더 나은 상태로 나아

리 삶에서 삶의 태도가 근본적으로 변화되어야 하는 시기이기 때문이다. 더구나 수명이 늘어난 현대사회에서는 인생의 후반기에서도 외적 생활이 크게 줄어드는 정년퇴직 이후의 시기는 그 전 시기와 결코 같을 수 없다는 생각이 든다.

75) 중년기의 나이에 접어든 사람들이 종종 새로운 사랑을 찾아나서는 것은 그들의 내면에서 무의식적으로 나오는 새로운 세계, 영적인 세계에 대한 갈구를 정확하게 해석하지 못하고 눈에 보이는 대상에서 찾으려고 하는 안타까운 시도인 것이다. 그들은 이제 스러져 버리는 젊음이 안타까워 마지막 몸부림을 하고 있는 것이다. cf. 김성민, "인생의 중반기와 자아 통합", 실천신학회(편), 『실천신학논단』(서울: 대한기독교서회, 1995).

76) 그래서 융은 "젊은이들의 꿈을 분석하면 삶에 대한 두려움과 관계되는 내용이 많이 나오지만, 나이 든 사람들의 꿈에는 죽음에 대한 두려움과 관계되는 내용이 많이 나온다."라고 주장하였다. MS, p. 714.

가게 되는 것이다. 개성화 과정이 정신치료만을 목표로 하는 것이 아니라 인격 발달을 궁극적인 목표로 하는 것은 이 때문이다. 그러므로 사람들은 삶의 모든 국면에서, 특히 인생 후반기에서 자신의 모든 정신적 요소를 통합하고, 자신의 진정한 모습을 찾아서 살아가야 한다.

하지만 개성화의 길은 말처럼 쉬운 일은 아니다. 그 길에는 수많은 위험이 도사리고 있다. 예를 들면, 어떤 사람이 개성화 과정에서 외부 대상에 투사했던 정신 에너지를 모두 회수하면, 그의 의식 영역에는 갑자기 많은 정신 에너지가 몰려든다. 외부 대상에 투사되었던 정신 에너지가 그의 의식, 즉 주체의 자아로 몰려드는 것이다. 이럴 경우 그에게는 융이 말한 '정신적인 팽창(inflation psychique)' 현상이 생겨난다: "자아가 자기(自己)와 동일시하여 녹아 없어지면 자아는 자기의 희생을 딛고서 무한하게 팽창하여 일종의 초인(超人)이라고 할 수 있는 상태로 빠져들게 된다. 그런 사람들은 그 전과 달리 구원자나 어떤 불행을 가져오는 사람처럼 행동하게 되는데, 그들에게는 인간의 영혼이라는 것이 없어져 버린다."[77)]

융이 말했듯이 무의식의 내용과 동일시하려는 성향을 가진 의식이 집단적 무의식에 있는 내용과 자신을 동일시하여 인격이 팽창하게 된 것이다. 융이 '자아 팽창(inflation du moi)' 또는 '인격의 팽창(inflation de la personnalité)'이라고 부른 이 현상이 생기는 것은 자율성을 가진 집단적 무의식의 요소 앞에서 자아의식이 충분히 대응하지 못하여 그 힘에 휘둘리기 때문이다. 좀 더 정확하게 설명하자면 집단적 무의식에 있던 원형상이 어떤 사람을 사로잡아서 그가 개성을 잃게 하여 그가 무의식의 원형상이 이끄는 대로 행동하게 되는 것이다: "사람들이 집단적 무의식의 구성 요소들과 동일시할 때, 그들에게는 정신적 팽창 현상이 생겨난다. 그때 독립적이며 자율적인 특성을 가진 개성은 이 팽창 때문에 말할 수 없이 많은 피해를 당하게 된다."[78)]

77) RC, p. 553.

78) DM, 106. 포댐은 인격의 팽창에 대해서 이렇게 설명하고 있다: "원형에 의해서 사로잡히는 것을

융은 니체에게서 이런 정신병리 현상을 발견하였다. 왜냐하면 그가 자아 팽창에서 기인된 감정, 즉 자신이 초인이 되었다는 느낌을 가지고 어느 정도 그 안에서 살았기 때문이다: "우리는 이런 상태에서 우스꽝스럽고 기묘하기까지 한 모습을 볼 수 있다. 왜냐하면 이런 사람들은 자기가 '하나님과 비슷하다.'고 생각하기 때문이다. 그들은 이미 인간으로서의 한계를 넘어 버린 것이다."[79] 마찬가지로 우리는 이런 자아 팽창 현상을 일부 신흥 종교 지도자들에게서도 볼 수 있는데 그들이 자신을 가리켜서 '신의 아들'이나 '재림 예수'라고 하는 것은 그들의 자아가 신적으로 팽창한 것을 보여 주는 좋은 예다. 그런 이유 때문에 융은 항상 이런 위험에 빠져들지 않도록 조심해야 한다고 강조하였다.

이런 정신적 덫에 빠지지 않으려면 사람들은 언제나 원형적 이미지들이 가지고 있는 힘에 대해서 진지하게 생각하고, 겸손해야 한다고 강조하였다. 집단적 무의식에는 누멘적인 힘이 많이 담겨 있기 때문에 조심해야 하는 것이다: "무의식의 내용이 말이나 행동을 통해서 적절하게 표현될 기회를 주지 않으면, 그것들은 근심이나 고통을 자아내며, 우리의 과도한 주의를 끌게 하고, 저항하기도 한다. ……이때 내적 분열이 생겨난다. ……그러나 무의식적 내용에 너무 압도당하면 거꾸로 인격의 팽창 현상이 생겨난다."[80]

4) 개성화 과정과 상징

우리는 앞서 상징에 대한 분석심리학적인 고찰에 관해서 살펴보았는데, 융의 주장 가운데서 중요한 것은 그가 상징이 개성화 과정에서 대단히 중요한 역할을 수행한다고 강조했다는 점이다. 사실 융은 상징과 그에 대한 해석이 개성화 과정에서 본질적 요체가 된다는 사실을 여러 차례 강조하였다: "왜냐하면

융은 '팽창'이라고 불렀다. 거기에 사로잡힌 사람들은 그 자신을 초월하는 어떤 집단적 요소, 결코 개인적이라고 할 수 없는 요소에 의해서 부풀려진다." Fordham, *op. cit.*, p. 66.

79) DM, p. 62.

80) PT, p. 174.

상징은 인간 정신에 있는 반대되는 요소를 화해시키고, 통합시킬 수 있는 인간 본성에 의한 시도이기 때문이다."[81] 정말이지 개성화 과정이란 인간의 의지가 개입할 수 없는 무의식 현상이다. 왜냐하면 인간의 의식에서 비롯되는 의지는 의식적 요소와 무의식적 요소를 통합할 수 없기 때문이다: "사람들은 자신의 내면 깊숙이 들어 있는 가공할 만한 대극(oppositions)을 자신의 힘만 가지고서는 깨뜨릴 수 없다. 오히려 그의 의지와 무관한 어떤 정신적인 사건을 체험해야만 가능한 것이다."[82] 그래서 사람들은 개성화 과정에서 서로 분리된 두 요소를 통일시킬 수 있는 능력을 지닌 상징의 도움을 받아야 한다: "그 경우 상징에 대한 인식은 필수 불가결하다. 왜냐하면 의식적 내용과 무의식적 내용이 통합될 수 있는 것은 상징 속에서이기 때문이다. 이러한 통합을 통해서 우리 의식에는 새로운 상황이 조성되고, 새로운 태도가 형성될 수 있다."[83]

상징이 서로 반대되는 두 요소를 통합시키는 것은 상징이 가진 본래적 특성 때문이다. 상징은 본래 하나의 이미지 속에 두 가지 의미가 들어 있는 인간 정신의 산물이다. 겉으로 드러난 의미와 속에 담긴 의미가 하나의 이미지 안에 동시에 들어 있는 것이다. 예를 들면, 달은 본래 초승달처럼 아직 가득 차지 못한 반달도 있고, 보름달처럼 가득 찬 달도 있어 비어 있음과 가득 참이라는 정반대되는 두 가지 의미를 동시에 표상할 수 있다. 그래서 달이라는 상징은 차고 기우는 의미를 동시에 지닌 주기적인 변화라는 새로운 의미를 표상하면서 그와 연관된 모든 상징적 의미, 즉 여성, 변천, 재생 등의 의미를 나타낼 수 있다. 이처럼 상징이 그 안에 서로 반대되는 의미를 담으면서 동시에 그것을 초월할 수 있기 때문에 이와 비슷한 대극에서 비롯된 긴장을 그 안에 품을 수 있으며, 그 긴장을 제3의 자리에서 화해시킬 수 있다. 융은 상징의 이러한 기능을 가리켜서 상징의 '초월적인 기능'이라고 불렀다.

81) HS, p. 99.

82) DM, p. 73.

83) GP, 276. 융에 의하면 개성화 과정에서 대극의 쌍을 통합하여 사람들에게 새로운 태도를 형성시켜 주는 것은 상징이 가진 '초월적인 기능'이다.

상징이 가진 이 기능 때문에 상징은 인간의 정신에 있는 수많은 정신적 요소를 여러 방식으로 조정할 수 있다. 상징적 이미지가 어떤 고통스러운 상황이나 일탈 상황에서 대극들이 가진 서로 반대되는 힘을 통합하고, 분열 상황을 치유할 수 있는 것은 그 때문이다.[84] 그런 의미에서 폰 프란츠는 “그런 이미지가 꿈에서 떠오를 때마다 사람들은 자신의 갈등을 창조적으로 해결할 수 있는 방도를 찾을 수 있으리라는 희망을 가질 수 있다. 왜냐하면 이제 역동적인 정신의 중심이 작동하기 시작했기 때문이다.”라고 말하고 있다.[85]

우리의 내면 깊은 곳에서 그런 종류의 상징, 즉 인간 의식의 편협성을 초월하고 인간 정신의 전체성을 나타내는 상징이 떠오를 때, 우리는 보통 누미노제적인 체험을 하게 된다. 이때 느끼는 누미노제는 비인격적이고 원시적인 특성을 지닌 원형의 층에서 전일성의 상징이 나오기 때문에 가능한 것이다. 그러므로 사람들이 이 상징에 대해서 아무런 선입관이나 부정적인 생각도 하지 않고, 주의를 기울이면 구원의 효과가 나타날 수도 있다. 그래서 정신질환자들은 이런 상징을 체험하면서 자신의 대극을 통합할 수 있다. 이에 관해서 야코비(J. Jocobi)는 이렇게 말하고 있다: “이 현상은 놀라운 효과를 가져온다. 그것은 사람들에게 정신적으로 복잡한 문제를 해결하고, 지적인 것과 정서적인 것이 복합적으로 뒤얽힌 문제에서 나오게 하여 그들의 내적인 인격을 해방시켜 준다.”[86]

또한 융은 통합의 상징으로서의 자기(le soi)의 작용에 관해서 다음과 같이 설명하였다: “자기는 인간 전체의 목표, 즉 그의 전체성의 실현, 개성화의 실현을 나타낸다. ……이 과정이 가진 역동성은 개성적인 삶에 관계되는 것을 일깨워 주는 본능 때문에 가능하다.”[87] 그러나 사람들이 다른 모든 정신적 요소와

84) C. G. Jung, *Un Mythe moderne*, p. 269.

85) M. L. von Franz, “Le Processus d'individuation”, HS, pp. 199-200. 융은 상징에 관해서 이렇게 말하고 있다: “무의식은 본성적으로 상징을 산출한다. 우리가 상징을 체험할 때, 우리는 어떤 의미를 느끼게 된다.” *Ibid.*, p. 102.

86) J. Jacobi, *op. cit.*, pp. 98-100.

87) RJ, p. 219.

마찬가지로 이 상징이 표상하는 것이 자신의 내면에 들어 있다는 사실을 알지 못하고, 이 상징을 어떤 특정한 이미지에 투사시키기만 하면 그는 결코 개성화 과정에 들어갈 수 없다. 그래서 융은 모든 사람은 그의 내면에 이 형상, 즉 거대한 힘을 가지고 자신의 내면에서 모든 대극적인 것들을 통합시키는 우리 안에-있는-하나님이 깃들어 있다는 사실을 깨달아야 한다고 강조하였다. 인간의 내면 깊숙이 들어 있는 이 내적 지도 요인은 그의 안에 그전부터 계속 존재해 왔으나 아직 인식되지 않은 무의식의 요소다: "결국 모든 정신 과정은 이 원형 위에 기반을 두고 있는 것이다."[88] 그러므로 자신의 내면에 깃들어 있는 전일성의 상징에 대한 각성이 개성화 과정에서 무엇보다도 중요하다.

88) PER, p. 176. 같은 맥락에서 호스티는 다음과 같이 말하고 있다: "사람들은 그와 관계된 상징을 다시 모으고, 그것들을 인류의 신화나 제의 속에 나타난 것들과 비교하며, 자신의 의식적인 태도를 가지고 그것들에 직면하면서 아직 알려져 있지 않고, 완전히 알려질 수도 없는 인격의 중심과 다시 관계를 맺게 된다. ……결국 그는 그것들의 본질적인 부분을 그의 의식적인 태도 안에 동화시키게 되는 것이다." R. Hostie, *op. cit.*, p. 76.

제8장

개성화 과정의 단계와 특성

1. 개성화 과정의 단계

융은 사람들로 하여금 인격의 전체성을 실현하게 하고, 인격의 변환을 가져오게 하는 개성화 과정은 다음과 같은 단계를 거쳐서 이루어진다고 주장하였다.

첫째, 개성화 과정은 사람들이 자신의 내면에 있는 그림자를 의식화하고 동화시키는 것을 통해서 시작된다. 그림자는 사람들의 전체 인격의 한 부분을 구성하고 있는 정신 요소이기 때문이다. 하지만 이 요소들은 그들이 세상을 사는 동안 여러 이유 때문에 아직 그의 인격에 받아들여지지 않고, 억압된 요소로 구성되어 있어서 그 존재를 깨닫고 인정하기가 결코 쉽지 않다. 그림자는 그의 의식에 필요한 요소를 많이 가지고 있지만 그림자가 그것을 알려 주는 방식이 너무 막연해서 사람들이 그것을 인식하고, 그의 인격에 통합시키기는 여간 어려운 일이 아닌 것이다. 따라서 우리가 내면에 있는 그림자의 존재를 깨닫기 전까지 그림자는 우리 정신의 구조를 상당히 많이 왜곡시킨다. 이 점에 관해서 폰 프란츠(M. L. von Franz)는 다음과 같이 말하고 있다. "……그림자는 우리 인격의 의식적인 부분보다 훨씬 더 집단적인 것에 오염될 수 있는 것이다."[1] 그러나 그림자가 본질적으로 우리 정신 구조를 왜곡시키기만 하는 것은 아니다. 오히려 우리 자아의 반대편을 나타내고 있으며, 우리가 우리 인격에 통합시키기 싫어하는 특성을 육화하고 있는 것이다. 그러므로 그림자가 우리의 친구가 되느냐 아니면 원수가 되느냐 하는 것은 그림자에 대한 우리의 태도에 달려 있다. 그런 의미에서 융은 우리가 우리 인격의 열등한 부분에 관해서 인식할 때 그 열등한 부분을 교정할 수 있는 가장 좋은 기회가 된다고 강조하였다.

그림자는 우리의 다른 정신적 요소들과 끊임없이 접촉하고 있기 때문에 언제나 변화될 수 있지만, 우리의 의식으로부터 분리되고 억압되어 있으면 결코 교정될 수 없다. 그러므로 우리는 언제나 우리의 무의식적 요소에 대해서 진지한 태도를 가지고 그것들이 보내는 메시지를 이해하려고 노력해야 한다. 다시 말해서 우리에게 어두운 요소가 있다는 사실과 그것이 요청하는 바를 깨달아야 하는 것이다. 야코비(J. Jacobi)는 "우리가 우리 인격에 있는 대극적 요소들과 직면할 수 있는 것은 우리가 그것들을 인식하고, 그것들 역시 우리 인격을 구성하는 요소라는 사실을 받아들이며 그것들에 끊임없이 관심을 보이면서 그림자를 다른 정신적 요소들과 구분할 수 있을 때뿐이다."[2]라고 말하였다. 융은 그림자를 의식화하는 것이 개성화 과정의 첫 번째 단계라고 강조하였다. 왜냐하면 사람들이 자신의 그림자를 받아들여야만 비로소 자신의 삶에 있는 과제를 해결할 수 있기 때문이다: "그림자를 인식하는 것, 다시 말해서 자신의 개인 무의식을 깨닫는 것은 분석의 첫 번째 단계를 나타낸다. 이것 없이 아니마와 아니무스에 대한 인식은 불가능하다."[3]

---

1) HS, p. 169.

2) J. Jacobi, *op. cit.*, p. 177. 야코비는 또한 이렇게 말하였다: "사람들이 자신의 인격에 관해서 객관적인 태도, 즉 자신의 인격을 통합해 나갈 수 있는 태도를 가지게 되는 것은 바로 그때 시작된다." *loc. cit.* 융 역시 "사람들의 인격이 발달하기 시작하는 것은 그들이 자신의 그림자를 인식하여 겸손해질 때다."라고 말하고 있다. *Aïon*, p. 102.

3) *Aïon*, p. 35. cf. DM, pp. 137-141. 물론 융은 개성화 과정을 밟아 나가려면 사람들이 그림자의 투사를 철회하기 전에 자아가 자신의 페르조나와 완전히 동일시하고 있는 상태에서 벗어나야 한다고

개성화 과정의 두 번째 단계는 아니마와 아니무스를 만나는 것이라고 융은 주장하였다. 아니마/아니무스는 인격에 있는 정신적 요소로서 그의 자연적인 성(性)과 반대되는 성적인 특성을 나타낸다. 아니마는 남성에게 여성적인 것과 관계되는 특성으로, 아니무스는 여성에게 남성적인 것과 관계되는 것과 관계되는 특성으로 나타나 여러 가지 정신 작용을 일으킨다. 따라서 아니마/아니무스는 사람들의 삶에 윤리적으로 미묘한 문제를 불러일으킨다.[4] 아니마의 모든 내용은 사람들이 그 존재를 인식하지 못하는 한 외부 대상에 투사된다. 이때 사람들은 그것이 그의 내면에 있는 것이 아니라 외부 대상에 본래 들어 있는 것으로 느껴져서 속게 된다. 그래서 야코비는 어떤 것이 아니마/아니무스의 투사처럼 느껴질 때 그것이 자신의 내면에 있는 것인지 아니면 외부 대상에 본래 있는 것인지 하는 것과 그것이 개인적 특성을 가진 것인지 아니면 집단적 특성을 띠고 있는 것인지를 주의 깊게 살펴보아야 한다고 강조하였다.[5]

아니마/아니무스의 투사는 일반적으로 그림자의 투사보다 인식하기가 더 어렵고, 더 파괴적인 결과를 가져온다. 그 이유는 거기에 더 많은 정서적 특성이 담겨 있으며, 더 집단적인 성격을 띠기 때문이다. 그런데 융은 무의식 분석을 통해 사람들은 무엇보다도 먼저 어떤 정신 현상이 개인적인 것에서 비롯된 것인지, 집단적 요인에 의한 것인지를 점점 깨달을 수 있게 되며, 개인적 내용과 집단적 내용을 구분할 수 있게 된다고 주장하였다. 정신의 내용을 분화시킬 수 있게 되는 것이다. 우리가 무의식의 내용을 인식하지 못하고 분화시키지 못

강조하였다. 더 자세한 것을 살펴보려면 김성민, "자기-비움의 기독교 영성과 개성화 과정", 협성신학연구소(편), 『기독교 신학과 영성』(서울: 도서출판 솔로몬, 1995). pp. 181-182를 참조하시오.

4) 폰 프란츠는 아니마가 나타내 보이는 부정적인 측면에 관해서 다음과 같이 열거하고 있다: 조바심, 의기소침, 불안, 안정되어 있지 않다는 느낌, 예민함, 악의, 신랄함, 성적 환상, 사람들로 하여금 삶에 완전히 발붙이지 못하게 하는 극도의 조심성 등. M.-L. von Franz, "Le processus d'individuation", HS, pp. 178-179.

5) J. Jacobi, *op. cit.*, pp. 178-180. 그러면서 그녀는 "내면적인 것은 우리 꿈이나 환상이나 비전을 통해서 나타나며 ……외부적인 것은 우리 인격 전체를 구성하는 것 가운데 한 부분이 이성(異性)에투사된 것으로 나타난다."고 주장하였다. J. Jacobi, *op. cit.*, p. 178.

할 때, 아니마/아니무스는 무의식에 있는 수많은 집단적 요소와 분화되지 못하며, 그 요소에 감염되어 여러 가지 문제들을 불러일으킨다. 사실 이성(異性)과 관계된 어려움을 야기하고, 부정적인 감정이 생기게 하는 것은 아니마/아니무스의 작용 때문인 경우가 많으며, 이렇게 될 때 사람들은 인격의 발달을 기대할 수 없다.

아니마/아니무스는 다른 모든 무의식적 요소와 마찬가지로 의식과 무의식 사이에서 보상 요인으로 작용한다. 폰 프란츠는 아니마/아니무스는 사람들이 자신의 내면에 있는 가치를 통합하게 하여, 자신의 존재 심층에 들어가게 함으로써 인격의 발달에 매우 중요한 역할을 한다고 주장하였다.[6] 그런 의미에서 융은 아니마/아니무스가 하는 가장 중요한 역할은 자아와 자기 사이에서 그 둘을 이어 주는 데 있다고 주장하였다. 아니마/아니무스의 내용이 의식화되기만 하면, 사람들은 자신의 무의식에 있는 것을 더는 그들의 밖에 있는 이성(異性)에게 투사시키지 않게 되며, 이성과 관계되는 요소들이 그에게 부정적인 방식으로 영향을 끼치지도 않게 된다: "사람들이 그의 무의식이 만들어 내는 작용에 진지하게 참여하면, 아니마/아니무스가 의인화되어서 나타났던 것은 사라지게 된다. 그 대신 의식과 무의식 사이에는 새로운 관계가 조성된다."[7] 그때 그는 투사 작용에 쓰였던 에너지를 이번에는 인격의 발달을 위해서 사용할 수 있게 된다. 그래서 폰 프란츠는 "아니마가 불러일으키고 만들어 내는 감정, 정서, 욕망 및 이미지에 사람들이 신중하게 관심을 기울일 때"에만 아니마가 긍정적으로 작용하고 "이러한 작업이 오랫동안 지속되면 개성화 과정은 점점 구체적으로 시행되어 드디어 꽃을 피우게 된다."[8]고 강조하였다.

6) cf. 무의식의 작용에 관해서 그녀는 또한 다음과 같이 말하고 있다: "무의식의 감춰진 목표는 사람들에게 삶의 복잡한 문제를 일으켜서 그들로 하여금 무의식의 존재를 깨닫게 하고, 무의식의 커다란 영역을 의식적인 삶의 영역에 통합시켜 그의 인격을 발달시키고 더 성숙하게 하는 것이다." M.-L. von Franz, *op. cit.*, p. 180.

7) DM, p. 219.

8) M.-L. von Franz, *op. cit.*, p. 186.

융은 리비도의 변환이 이루어지고, 아니마/아니무스를 분화시켜서 전체성을 이루려면 그 과정에서 반드시 어떤 '상징적 이미지'가 필요하다고 강조하였다. 의식과 무의식을 이어 주려면 그 사이에서 리비도의 변환이 이루어지고, 그 리비도가 현재 문제시되는 무의식의 내용과 연관된 상징적 이미지를 통해서 흘러야 하기 때문이다.[9] 사실 무의식의 내용이 사람들에게 전혀 알려져 있지 않거나 막연한 채로 존재한다면 그 내용은 의식과 아무 관련을 가질 수 없고, 긍정적인 영향도 미칠 수 없다. 그 내용이 반드시 알려져야 한다. 그런데 무의식의 내용은 상징적 이미지를 통해서밖에 알려지지 않는다. 그것들은 아직 잘 알려져 있지 않고, 무의식의 내용이 모두 그렇듯이 하나 이상의 의미를 동시에 품고 있기 때문에 상징적으로밖에는 알려질 수 없는 것이다. 그래서 융은 이성(異性)의 이미지를 통해서 나타나는 아니마/아니무스의 내용도 상징에 대한 해석을 통해서 살펴보아야 한다고 강조하였다.

융은 아니마/아니무스의 이미지를 해석할 때는 우리 밖에 있는 이미지만 분석할 것이 아니라 내면에 있는 이미지까지도 분석해야 한다고 강조하였다. 그때에야 비로소 아니마는 자기(自己)가 전해 주는 진정한 메시지를 전해 줄 수 있기 때문이다: "(무의식과의) 직면은 우리에게 무의식의 내용을 알려 준다. 아니마에 어떤 기능이 있다고 생각되는 것은 무의식과의 직면이 충분히 진척되어 그 내용이 모두 아니마 속에서 드러나고 반영되기 마련인 무의식의 과정에 관해 의식이 충분히 알게 되었을 때다."[10] 그런 작업을 통해서 자아로 하여금 자신의 무의식에 관해서 새로운 태도를 가지게 해 주는 새로운 원형이 생겨난

9) PA, p. 258. cf. 융은 사람들에게서 아니마는 다음 네 가지 이미지를 거치면서 발달해 간다고 주장하였다. 첫 번째 단계에서 아니마는 본능적인 에로스를 표상하는 이브(Eve)에 의해서 상징적으로 형상화될 수 있다. 두 번째 단계에서는 아직 성적인 측면이 완전히 가신 것은 아니지만 동시에 낭만적이고 미적인 특성을 나타내는 것으로 의인화된 이미지로 형상화되며, 세 번째 단계에서는 에로스를 가장 높은 단계의 숭배나 종교적이며 영적인 헌신으로 승화시키고, 마지막 단계에서 아니마는 순결과 거룩성도 초월하는 지혜의 이미지로 의인화된다. PT, p. 27. 아니마는 상징적인 의미에서 이브 · 헬렌 · 마리아 · 소피아로 발달한다.

10) DM, p. 190.

다:[11] "깨달음은 무의식의 통합을 가져오고, 의식과 무의식을 동시에 포괄하는 좀 더 고양된 관점이 생겨나게 된다. 이때 무의식의 승리는 나일 강의 범람이 자기(自己)라는 땅을 비옥하게 만드는 것과 같이 생각된다."[12]

아니마/아니무스를 인식하고 그 내용을 분화시키면, 사람들은 개성화 과정의 세 번째 단계로 들어가게 된다. 아니마/아니무스의 이미지를 통합하면, 남성에게는 노현자(老賢者)로 대표되는 이미지가, 여성에게는 양면성을 지닌 어머니의 이미지가 나타나는 것이다. 노현자의 이미지는 남성에게 영적 원리를 나타내고, 양면성을 지닌 어머니의 이미지는 여성에게 물질적 원리를 나타낸다.[13] 융은 이 이미지들이 나타나기 시작할 때 조심해야 한다고 강조하였다. 그 이유는 그 이미지들이 그들을 사로잡아서 그들에게 마성적 인격(la personnalité mana)을 띠게 할 수 있기 때문이다. 이때 자칫 잘못하면 집단적 무의식에 들어 있던 원형은 의식에 범람하여 사람들을 온통 휘저어 놓고, 정신 구조를 손상시키며, 그로 하여금 자신의 한계를 넘어서서 가공할 만한 인격의 팽창을 가져온다. 그래서 융은 개성화 과정에서 자신의 인격에 있는 이성적인 특성으로 나타나는 요소(아니마/아니무스)를 극복하고, 인간적인 한계를 뛰어넘는 형상으로 나타나는 원형적 이미지를 극복해야 한다고 강조하였다. 언제나 무의식적 요소 앞에서 신중한 태도를 취해야 하는 것이다.

융은 자아 팽창이라는 함정에 빠지지 않기 위해서 사람들은 마성적인 인격과 자신을 동일시하지 않고, 그들의 마음속 깊은 곳에 계시다고 생각되는 절대적인 속성을 가진 존재 또는 이 세상 너머에 계시다고 생각되는 존재 앞에서 가지는 태도를 잃지 말아야 한다고 강조하였다. 자기 자신 속에 이런 정신 요소가 들어 있다는 깨달음만이 마성적인 인격이 지닌 부정적인 세력으로부터

---

11) 이 점에 관해서 융은 "이에 대한 마지막 인식을 통해서 사람들에게는 초월적 특성을 가지고 있는 제3의 요소가 생겨난다."라고 말하고 있다. *Aïon*, pp. 35-36. 이 제3의 요소 덕분에 사람들은 대극의 쌍을 통합할 수 있다.

12) PT, p. 136.

13) J. Jacobi, *op. cit.*, p. 192.

사람들을 해방시킬 수 있는 것이다. 융은 마성적 인격에 대한 깨달음이 개성화 과정에서 대단히 중요한 과정이라고 강조하였다: "마성적 인격이라는 원형을 구성하고 있는 것들을 깨닫는 것은 두 번째 탄생을 가져온다. 이때 사람들은 결정적으로 자기 아버지(여성의 경우 어머니)에게서 벗어나게 되고, 자신의 개성을 당당하게 주장할 수 있게 되는 것이다."[14)]

우리는 이때 '영적인 아이(enfant spirituel)'인 자기(le Soi)가 태어나는 것을 보게 되는데, 이것이 개성화 과정의 마지막 단계다: "사람들이 자신의 진정한 가치를 찾게 되고, 신화에 나오는 모든 진귀한 것들인 보물이나 정복되지 않는 무기 또는 마법의 영약을 얻을 수 있는 것은 모두 그들이 이 집단 정신으로부터 승리를 얻는 순간 얻어지는 것이다."[15)] 자신의 내면 깊숙이 숨어 있는 자기에 대한 각성을 통해서 사람들은 영적으로 다시 태어나게 된다. 자신의 내면에 있는 잡다한 정신적 요소에 사로잡히지 않고, 편협한 자아에 매달리지 않으며, 집단적 무의식 속에서 모든 것을 통합시키는 자기를 따라 살게 되는 것이다: "자기는 ……어떤 교리가 아니라 자연적 상징으로서 인간 본성의 작용에 의해 생겨난 하나의 이미지이며, 모든 의식적인 것을 뛰어넘는 것이다."[16)]

사람들이 자신에 관해서 더 많이 의식할수록 무의식의 압력에서 자유로워진다. 자신의 본래성을 되찾는 것, 즉 자기(自己)가 되는 것이다. 자기는 인간의 정신 요소 가운데서 가장 높은 가치를 지니고 있다. 융은 자기가 되는 것, 즉 자기를 실현시키는 것은 끝이 있는 것이 아니라 계속되는 과정이라고 강조하였다. 개성화 과정에는 종착점이 있을 수 없고, 그러므로 평생 추구해야 하는 작업이기 때문이다.

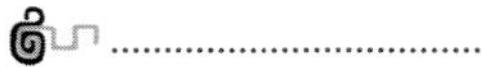

14) DM, p. 238.
15) DM, p. 104.
16) PI, p. 130.

2. 개성화 과정의 특성

개성화 과정이 가진 특성에 관해서 사람들은 자신이 서 있는 관점에 따라 여러 견해를 나타낼 수 있다. 그런데 융은 개성화 과정은 정신치료의 중요한 요법일 뿐만 아니라 건강한 사람도 수행해 가야 하는 인격 발달의 길이라고 강조하였다. 이런 견지에서 융이 주장한 개성화 과정의 특성을 정리하면 네 가지로 나누어 볼 수 있다. 첫째, 개성화는 여러 가지 정신 요소를 통합하는 과정이다. 둘째, 그것을 통해서 사람들은 여러 가지 정신 요소에 대해서 의식화할 수 있다. 셋째, 개성화 과정은 인격을 변환시킨다. 넷째, 개성화 과정에는 어떤 종착점이 있을 수 없고, 이는 계속적인 인격 발달의 과정이다.

1) 통합 과정으로서의 개성화 과정

(1) 대극의 통합

앞서 융의 인간관은 인간이 전체적인 존재로서, 그에게는 여러 가지 다른 대극의 쌍들이 통합되어 있다는 사실을 지적하였다. 그러나 인간의 이 본래적인 특성은 사람들에게 또 다른 문제를 불러일으킨다. 왜냐하면 대극들이 통합되지 못할 경우 사람들은 대극의 분열 때문에 말할 수 없는 고통을 받기 때문이다. 그래서 융은 모든 정신 요소의 통합이 인격 발달을 위해서는 물론 정신 건강을 위해서 무엇보다도 중요하다고 강조하였다: "정신의 치료는 의식으로부터 분열된 정신의 내용을 반드시 통합해야 이루어진다."[17] 그는 더 나아가서 이렇게 말하고 있다: "대극의 통일은 개성화 과정의 주제이자 목표다."[18] 개성화가 그에게 대극적인 것의 새로운 통합으로 여겨졌던 것은 바로 그 때문

17) RC, p. 454.
18) RC, p. 331.

이다. 개성화 과정에서 사람들은 대체로 다섯 가지 분야에서 통합을 이루게 된다.

첫째, 사람들은 개성화 과정을 통해서 무의식적 요소를 의식에 통합시킨다. 융에 의하면 무의식의 기능은 자아의식을 보상하는 방향으로 이루어지고, 무의식에 자동조절 기능이 있기 때문에 사람들은 개성화 과정을 통하여 집단적 무의식에 있는 자기(自己)의 작용으로 의식과 무의식 사이에서 서로 반대되는 방향으로 잡아당기는 요소를 통합시킨다. 그래서 융은 "의식과 무의식의 통합은 구원적인 것이다."[19]라고 강조하였고, "그 구원은 사람들의 내면에 의식과 무의식을 통합할 수 있는 상징이 가져오는 것이다."[20]라고 덧붙였다.

둘째, 개성화 과정을 통해서 사람들은 그림자와 자아를 통합시킨다. 그림자는 인간 정신에서 무시되거나 억제되고, 억압되어 있는 요소로서 자아와 대극 위치에 있다. 따라서 그림자는 의식을 통해서 인식되지 않는 한 수많은 문제를 불러일으킨다. 그러나 사람들이 그림자 역시 자신의 인격을 구성하는 요소라는 사실을 인식하고 외부 대상에 투사시켜 놓았던 것을 철회할 때 자아의 어두운 부분을 통합할 수 있다.

셋째, 개성화 과정을 통해서 사람들은 외적 인격(페르조나)과 내적 인격(아니마/아니무스)을 통합할 수 있다. 융은 사람들이 페르조나와 자신을 너무 동일시할 때 그의 내적 인격과 외적 인격은 분열되어 그에게 심각한 정신적인 어려움을 가져다준다고 강조하였다. 그러나 이런 분열이 깊어질 때, 아니마/아니무스는 의식과 무의식 사이에서 그 둘을 이어 주는 중개자 역할을 한다. 융은 내적 인격과 외적 인격을 통합하기 위해서 우리 의식에 "무의식의 메시지를 전달해 주는 것은 아니마다."[21]라고 주장하였다.

넷째, 개성화 과정을 통해서 사람들은 열등 기능을 인격 전체에 통합시킨다.

19) MS, p. 706.
20) TP, p. 256.
21) *Ma Vie*, p. 218.

비록 외적 환경에 적응하기 위해서 자기에게 가장 발달해 있는 정신 기능을 발달시키는 것이 불가피한 일이지만 그렇게 함으로써 동시에 전체적 인격을 발달시키는 데 많은 어려움을 가져온다. 따라서 인격을 온전하게 발달시키려면 발달시키지 않았던 정신 기능을 발달시켜야 한다. 그래야 인격에 전체성이 이루어진다.

융은 이렇게 통합이 이루어지는 것에는 구원의 효과가 있다고 주장하였다. 이 분열 때문에 막혀 있던 정신 에너지가 통합이 이루어지는 순간 제대로 흐르게 되어 모든 문제를 해결할 수 있기 때문이다: "이러한 구원의 행위 속에서 여태까지 죽어 있었고 움직이지 않았던 것이 다시 생기를 되찾게 된다. ……여태까지 평가절하되고, 무시되고, 억압되고, 사용되지 않았으며, 아무런 열매도 맺지 못하여 황무지와 같았던 기능이 갑자기 터져 나와 살아 움직이게 되는 것이다. 분화되지 않았던 기능 속에서 거의 꺼져 가던 삶을 다시 살게 해 주는 것은 이 열등 기능이다."[22]

다섯째, 개성화 과정을 통해서 개인적인 삶을 사회적인 삶에 통합시킬 수 있다. 더 정확하게 말하자면 개성화 과정은 인간의 사회에 대한 인식을 가져다주며, 사회적 자아를 각성시켜 준다. 개성화 과정은 한 개인을 다른 사람들에게 이어 주는 것이다. 융은 "내가 나에게 있는 그림자를 깨달을 때, 나는 내가 다른 사람들처럼 그들과 함께 사는 사람이라는 사실을 상기하게 된다. ……개성화 과정은 자신과 하나가 되는 것이며 동시에 모든 사람이 똑같다는 생각에서 그를 인류 전체와 하나가 되게 하는 과정이다."라고 말하고 있다.[23] 야코비는 이렇게 말하였다. "이때 얻는 전체성은 의식과 무의식을 통해서 또한 한 사람의 개인으로서는 물론 집단적 존재로서 이 세상 전체의 전체성에 얽매여 있는 것이다."[24] 결국 분열되어 있는 정신 요소를 통합하는 것은 '내 안에 있는 타

22) TP, pp. 254–255.
23) GP, p. 38.
24) J. Jacobi, *op. cit.*, p. 167.

인'과 화해하는 것이다. 개성화 과정을 통해서 사람들은 변환되고, 그 전보다 더 높은 단계로 나아갈 수 있는 것이다.

(2) 통합의 과정과 상징

우리 인격을 구성하고 있는 정신 요소를 모두 통합하는 것은 쉬운 일이 아니다. 왜냐하면 억압되어 있는 요소를 통합하려면, 우리가 먼저 그 요소를 인식하고, 그것들이 아무리 열등하고, 추하고, 원시적인 것처럼 보일지라도, 그것들 역시 우리 인격의 전체성을 구성하는 한 부분이라고 받아들여야 하기 때문이다. 더구나 우리는 그 요소들이 가지고 있는 긍정적인 가치를 인식해야 한다. 그것들이 만약에 열등하고 추하게 보인다면, 그것은 그것들이 본래 그렇기 때문이 아니라 우리가 여태까지 그 요소들을 발달시키지 않고 그것들이 가지고 있는 부정적인 측면만을 체험했기 때문이다. 그런데 융은 사람들은 종종 상징적인 특성을 가지고 나타나는 꿈의 이미지를 통해서 여러 정신 요소를 통합할 수 있다고 강조하였다. 특히 사람들에게 많은 영향을 주는 이미지는 티베트 밀교에 기원을 둔 만다라 상처럼 원과 사각형의 모양으로 이루어진 이미지라고 주장하면서 이런 모양을 한 상징의 이미지를 만다라라고 불렀다. 그러면서 융은 "이 비전이 지니고 있는 가장 깊은 내적인 의미는 그들의 영혼이 하나님과 하나가 되는 것이다."[25]라고 말하고, "만다라는 역사적으로 하나님의 본성을 철학적인 측면에서 밝히기 위해서 상징을 사용해 왔다. ……이처럼 만다라는 '통합의 상징'이 되어 왔던 것이다."[26]라고 덧붙였다.

융은 만다라가 우리 안에-있는-하나님인 자기를 나타낸다고 주장하였다. 따라서 만다라 상이 나타날 때 자신에게 있는 여러 대극을 통합할 수 있다. 만다라 상이 통합의 상징으로서 그 상징을 자기 몸으로 사는 사람에게 모든 대극을 통합할 수 있는 역동적인 에너지를 가져다주기 때문이다. 그래서 융은 사람

25) PER, p. 146.
26) PER, p. 159.

들에게는 창조적인 상상력이 있는데, 이 상상력에 내포되어 있는 본능적이며 비합리적인 기능은 사람들로 하여금 그의 내면에 있는 대극을 화해할 수 있게 하는 내용을 제공해 준다고 강조하였다.[27] 그러므로 개성화 과정에서 창조적인 상상력은 상징이 가지고 있는 통합의 능력을 매개로 해서 대극을 통합시키는 데 본질적인 역할을 수행한다.

내면에 있는 대극적 요소들이 통합되려면 우리는 자기 원형을 체험해야 하며, 인간 정신의 전체성을 체험해야 한다. 그렇게 될 때, 그 체험은 의식 영역을 결정적으로 확장시켜 주고, 세계관을 넓혀 준다. 왜냐하면 사람들이 자신의 내면에 있는 가장 어두운 요소까지 통합하게 됨으로써 다른 사람들에게 있는 모든 허물을 받아들일 수 있게 되며, 그들의 이웃을 여러 결점에도 불구하고 사랑할 수 있게 되기 때문이다. 이때 그는 이 세상을 그 전과는 다른 관점에서 보게 된다. 그래서 그는 이 세상에 있는 모든 것은 나름대로 존재 이유를 가지고 있으며, 독특한 특성을 가지고 있다는 사실을 깨닫게 된다. 이렇게 해서 삶과 이 세상에 대하여 새로운 태도를 형성할 때 그는 삶에 대한 새로운 의미를 발견하게 된다.

2) 의식화 과정으로서의 개성화 과정

(1) 의식화와 개성화

우리는 앞서서 개성화 과정에서 의식화가 얼마나 중요한 역할을 하는가에 관해서 살펴보았다. 의식화는 어떤 현상의 본질을 파악하여 의식에 받아들이는 것, 즉 바깥으로 드러난 측면은 물론이려니와 아직 드러나지 않은 부분까지 직관적으로 파악하는 것을 말한다. 아직 드러나지 않은 부분은 무의식적인 부분이다. 우리가 아직 드러나지 않은 부분을 의식화할 때, 감추어져 있던 부분은

27) TP, p. 113. 한 걸음 더 나아가서 융은 사람들이 하고 있는 모든 좋은 생각이나 창조적인 행위 역시 이 창조적 상상력에서 기인한다고 강조하고 있다. TP, p. 64.

우리가 그것을 파악하기보다 그것이 스스로를 드러내는 측면이 더 강하게 나타난다. 그때 사람들은 감정적인 충격을 받게 된다. 왜냐하면 그 부분이 여태까지 그 안에 담겨 있기는 했지만, 그때 처음으로 새삼스럽게 파악되는 것처럼 느껴지기 때문이다. 그래서 '왜 여태까지 그것에 관해서 알지 못했을까?' '또 왜 이제야 알게 되었을까?' 하고 생각하게 된다. 그러면서 그것이 지금 드러난 것이라면 거기에는 어떤 특별한 의미가 있다고 생각하게 되고 그것과 새삼스럽게 가까워진 기분이 든다. 깊은 감동을 느끼면서 그것과 자신의 관계를 다시 살펴보게 되며, 의식화를 통해서 그것과 자신의 관계에 새로운 관점을 가지게 된다.

우리는 여기에서 의식화가 가지고 있는 변환의 능력을 보게 된다. 왜냐하면 이렇게 의식화를 이룬 사람들은 그 전과 전혀 다른 삶의 태도를 가지게 되기 때문이다. 사실 종교 체험이나 분석 과정을 통해서 삶의 본질이나 자신의 문제에 관해서 무엇인가 깨달음을 얻고 인격이 변환되는 경우는 종종 있다. 하나님과 자신의 관계를 그전에는 지적인 방식으로만 이해하여 삶에 아무 역동성도 주지 못했지만, 종교 체험을 통해서 이제 하나님과 자신이 정말 아버지와 아들의 사랑하는 관계에 있다는 사실을 깨닫게 되면서 새로운 삶의 길에 들어서거나, 분석 과정에서 상징을 통해서 나타나는 무의식적인 내용을 체험하고, 자신의 본성을 깨달으면서 삶의 본질을 알게 되어 삶에 대한 태도가 변환되는 것이다.

심리학적 측면에서 살펴보자면 개성화 과정에서 생겨나는 무의식 내용에 대한 의식화는 외부 대상에 투사했던 정신 에너지가 철회되는 과정에서 생겨난다. 외부 대상에 모여 있던 정신 에너지가 회수되어 내면으로 들어와서 무의식적인 내용들을 자극하면서 대극을 통합하여 새로운 안목이 생겨나고, 삶에 대한 태도가 변화되는 것이다. 그때 그 전까지 자율성을 지니면서 정신에 통합되지 못하고 부분인격으로 작용하여 삶에 많은 해악을 끼치고 있던 것들은 사라지게 된다.[28] 그러므로 의식화는 개성화 과정에서 본질적인 작용을 한다. 그때

28) 이 점에 관해서 융은 "우리 의식의 모든 공백, 구멍은 언제나 투사에 의해서 채워진다."라고 설명

까지 막혔던 정신 에너지를 흐를 수 있게 하기 때문이다. 융은 "콤플렉스 심리학의 치료 방법은 ……무의식적인 내용을 가능하면 완벽하게 깨닫도록 하는 것이다."[29]라고 주장하고, "우리 안에 있는 정상적인 본능에 관해서 정확하게 알고 정확하게 평가하는 것은 사람들을 삶으로 이끌고 간다. ……그리고 자신의 성격을 강하게 하고, 체험을 성숙시키는 작업에 종사하도록 한다."라고 덧붙였다.[30]

실제로 무의식 내용에 대한 의식화는 정신 요소가 분열되어 생겨난 심연을 메울 수 있으며, 정신치료를 가져올 수 있다. 개성화 과정에서 의식화가 중요한 것은 의식화를 통해서 인식 영역의 확장과 함께 자아의 영역이 확장되어 삶에 대한 태도가 변화될 수 있기 때문이다. 다시 말해서 개성화 과정을 통하여 사람들은 자신의 인격을 구성하는 요소들을 의식화하고, 그것들을 통합하여 새로운 자세로 삶에 임할 수 있다.

(2) 무의식과의 직면

개성화 과정에서 사람들은 수많은 무의식 요소들을 의식화하고, 체험하여 그것들을 자아의식에 통합시킨다. 그래서 융은 정신적인 갈등을 의식화하고, 거기에서 나오는 긴장을 의식의 영역에 유지시키며, 그 의미를 파악하는 것이 개성화 과정에서 본질적으로 중요한 요인이 된다고 주장하였다. 사실 정신적 갈등은 사람들에게 많은 문제를 불러일으킨다. 사람들은 갈등에서 벗어나기를 바란다. 그러나 어느 누구도 내적 갈등을 겪지 않고서는 개성화 과정을 시작할 수 없다. 이런 내적 고통을 체험해 보지 않는 한 사람들은 자신의 인격이 좀 더

한다. PER, p. 165. 이어서 그는 "우리의 정신적인 내용은 우리 자아에 동화되기 전까지는 결코 인식되지도, 의식되지도 못한다." (PER, p. 83)라고 덧붙이고 있다.

29) RC, p. 58.

30) EP, p. 86. 아들러 역시 다음과 같이 말하면서 융의 견해에 동조하고 있다: "개인의 자아로 의인화되어 나타나는 의식만이 인간 본성의 과정에 새로운 요소를 끌어들일 수 있다." G. Adler, *op. cit.*, p. 139.

높은 차원에 도달해야 한다는 필요성을 느끼지 않기 때문이다. 그래서 융은 "우리의 의식이 움직이지 않는 한 무의식에 있는 대극은 잠재되어 나타나지 않는다."[31]라고 주장하였다. 그러나 우리가 정신 에너지를 창조적으로 사용할 수 없게 만드는 콤플렉스를 의식하는 순간, 그 에너지를 올바르게 사용할 수 있게 된다.

어떤 사람이 자신의 정신적 갈등을 인식할 때, 그는 그를 괴롭히고 있는 그림자의 여러 측면에 관해서 알게 된다. 그림자와의 직면이 처음에는 고통스러워 보일지라도, 그는 그것을 직면하고 극복해야 한다. 사람들은 개성화 과정에서 인격의 그림자 부분과 직면하고, 이성(異性)의 모습으로 나타나는 정신적 요소와 직면해야 한다. 그러지 않고 그것들을 무시하거나 직면하기 두려워서 그것들을 억압할 때, 정신에는 수많은 문제가 생겨난다. 그 요소들이 얼핏 보기에 위험스럽고 열등해 보이지만 거기에 담겨 있는 긍정적인 가치를 인식하고 직면하면, 그것들은 개성화 과정을 도와주게 되는 것이다. 융은 "어머니만이 치명상을 입은 사람을 낫게 할 수 있다."[32]라고 했는데, 여기서 어머니는 두말할 필요도 없이 무의식 또는 아니마를 나타낸다. 사람들은 개성화 과정에서 아니마/아니무스를 만나고, 노현자나 양면성을 지닌 어머니의 이미지를 만난 다음 마지막 단계에서 우리 안에-있는-하나님을 만나야 한다. 왜냐하면 우리 안에는 하나님을 나타내는 원형적 이미지가 들어 있으며, 그 이미지는 개성화 과정에서 궁극적으로 모든 정신 과정을 이끌고 가기 때문이다: "우리 정신의 가장 깊은 어둠 속에는 하나님의 불꽃(scintilla)이 깃들어 있다. 중세의 자연철학자들은 그 불꽃을 하나님 표상을 통해서 분출시키려고 애썼다."[33]

융 학파 분석가 아들러(G. Adler) 역시 개성화 과정에서 우리 안에-있는-하나님을 만나는 것이 매우 중요한 것이라고 말하고 있다: "(인격의) 재통합 과정

31) PA, p. 433.
32) MS, pp. 494-495.
33) PER, p. 182.

에서 모든 사람은 가능한 한 삶의 영원한 법칙을 따라서 자신을 실현시킬 수 있는 길을 발견해야 한다."[34] 자신의 내면에 있는 하나님의 불꽃을 인식하는 것은 '정신의 전체성을 나타내는 원초적인 질서'를 발견하는 것이며, 자기를 발견하는 것이다. 사람들이 자신의 내면에 그것이 들어 있다는 사실을 깨달을 때, 그들은 자신의 정신의 전체성을 보여 주는 그것을 따라서 자신을 통합시키려고 열망하게 된다.

개성화 과정에서 이것을 인식하는 것은 무엇보다도 중요한 일이다.[35] 우리가 우리 안에-있는-하나님에 관해서 인식하게 되면 그다음 우리는 그 하나님의 이미지에 이끌리게 된다. 융은 "모든 것은 연금술 사상에 나와 있는 것처럼 진행된다. 연금술 사상에 의하면 아들은 숨어 있는 신(Deo concedente)의 도움으로 본성에서 저절로 나오는 어떤 것이다."라고 말하고 있다.[36] 그러므로 개성화는 사람들이 여러 가지 정신 요소를 의식화한 다음 집단적 무의식 안에 있는 우리 안에-있는-하나님을 만나고, 거기에 이끌려서 정신을 통합하는 과정인 것이다.

융이 비록 개성화 과정에서 의식화가 본질적인 것이라고 주장했지만 그는 결코 개성화 과정이 자아에 의한 의식화를 통해서 전적으로 일어난다고는 주장하지 않았다. 따라서 우리는 개성화를 의식화 과정으로만 이해해서는 안 된다: "나는 개성화 과정을 자아에 의한 의식화로 오해하고, 자아를 자기와 동일시하는 경우를 끊임없이 보게 되는데, 이런 생각은 대단히 만족스럽지 못한 혼동을 가져온다. 그럴 경우 개성화는 단순히 자아 중심성이나 자기애에 불과한 것이 되고 만다. 자기는 그 상징이 보여 주는 것처럼 옛날부터 자아보다 무한하게 큰 것을 그 안에 포함하고 있다. 자기는 자아와 전혀 다른 것이다."[37] 개

---

34) G. Adler, *op. cit.*, pp. 226-227.

35) 이 점에 관해서 포댐은 다음과 같이 말하고 있다: "하나님의 이미지 또는 자기를 체험하는 것은 우리가 할 수 있는 것들 가운데서 가장 중요하고 본질적인 것이다." F. Fordham, *op. cit.*, pp. 79-80.

36) PA, p. 146.

37) RC, p. 554.

성화 과정에서 이루어지는 의식화는 자아의 능력이나 작용으로만 이루어지는 것이 아니라 무의식의 도움과 작용이 자아에 함께하면서 이루어지는 것이다. 종교 체험에서 직관이 의식의 작용만이 아닌 것과 같은 것이다.

(3) 의식화의 효과

다른 한편 무의식은 그 내용이 의식화되기 전까지 사람들에게 아무 가치도 지니지 못한다. 우리가 내면에 있는 어떤 정신적인 내용에 관해서 알지 못할 때—그 내용이 무의식적일 때—그것에 관해서 아무 말도 할 수 없다. 그러기는커녕 무의식의 부정적 영향에 휩쓸리고 만다. 의식화가 개성화 과정에서 무엇보다도 중요한 것은 그 때문이다. 개성화 과정에서 의식화가 가져다주는 효과에 관해서 융이 주장한 것을 정리하면 다음과 같다.

첫째, 의식화는 의식의 영역을 끊임없이 확장시킨다. 즉, 개성화 과정을 통해서 의식에 합쳐진 정신적 요소들은 의식의 영역을 괄목할 만할 정도로 확장시키는 것이다: "사람들이 자신에 관해서 파악하게 되어 자기가 정말로 누구인지 알며, 그 앎을 바탕으로 해서 행동하게 될 때 집단적 무의식의 내용과 혼합되어 여러 문제를 불러일으키던 개인무의식의 층은 사라진다. 초라한 자아의 세계, 개인적 색조에 짙게 물들어 있던 세계에서 벗어나 그것보다 좀 더 넓고 객관적인 세계에 참여하는 새로운 의식이 생겨나게 된다."[38] 이렇게 해서 확장된 자아의식은 자아가 무의식 요소나 외부 세계와 관계를 맺는 데 중요한 역할을 수행하게 된다. 자아의식이 그의 비자아적(非自我的)인 것과 맺는 관계 양상은 인격 발달에 매우 중요하다. 이렇게 변화된 관계는 그를 인간 정신의 살아있는 원천으로 이끌어 가고, 그가 그 전까지 접촉하려고 하지 않았던 사회로 이끌어 가기 때문이다.

38) DM, p. 76. cf. 이에 관해서 융은 이렇게 말하기도 한다: "자기실현의 길에서 앞으로 나아가는 사람들은 반드시 개인적인 무의식의 내용을 의식화해야 한다. 이 작업은 그들의 인격을 풍부하게 하고, 인격의 넓이와 지평을 괄목할 만하게 확장시킨다." DM, p. 42.

둘째, 의식화를 통해서 사람들은 좀 더 정신적인 존재가 되어 간다. 융은 의식화를 통해서 통합된 인격은 사람들에게 개인적인 전체성을 이루게 할 뿐만 아니라 그들을 초개인적인 특성을 가진 인격의 중심과 하나가 되게 한다고 주장하였다. 따라서 개성화 과정을 통해서 사람들이 인간의 심층에 있는 무의식의 내용을 더 많이 의식화하면, 내면에 있던 하나님의 이미지는 그들의 행동을 통해서 드러나며, 그들의 삶은 신적인 삶의 일부가 될 수 있다.

야코비는 의식화를 통해서 자아의 정신적 내용은 무의식의 내용과 긴밀하게 연결될 수 있으며, 의식은 더 깊고, 넓고, 심오해져 외부 세계는 물론 내면세계에서 오는 것을 파악하고, 동화시키며, 실현시킬 수 있게 된다고 주장하였다.[39] 그리하여 개성화된 사람은 그 전처럼 자기 자신에게 매달리지 않고, 내면에 있는 객관적 정신(objective psyche)을 따라서 좀 더 넓은 관심사를 가지고 살게 된다. 그는 이기적으로 살지 않고, 모든 사람이 살고자 하는 더 원숙한 삶을 살게 되는 것이다. 그런 삶은 많은 신화 속에 영웅의 삶을 통해서 많이 그려져 있고, 캠벨(Campbell)이 말했던 천복을 찾은 삶이다. 개성화된 사람은 그의 내면에 있는 하나님의 이미지를 따라서 신화적인 삶을 사는 것이라고 말할 수 있다.

셋째, 의식화를 통해서 사람들은 내면에 어떤 중심이나 전체성이 있다는 사실을 깨닫기 때문에 의식화는 사람들에게 더 큰 역동성을 가져다줄 수 있다. 윔베르(Humbert)에 의하면 의식화는 우리 안에 있는 어떤 정신 기제를 발견하고, 그것을 체험하는 것만 의미하지 않는다. 오히려 그 중심이 스스로 실현될 수 있도록 여건을 마련해 주고, 그 중심을 따라서 사는 것을 의미한다.[40] 사실 인간의 정신에는 어떤 중심이 있으며, 사람들이 정신에서 자율성을 가진 무의식적 요소를 통합하고 분화시키면 그 중심은 삶에 많은 역동성을 가져다주고, 삶을 이끌어 갈 수 있다. 그들이 그 중심에 이끌려 갈 때 그 삶은 자신의 감정을 따라서 사는 변덕스러운 삶도 아니고, 주위 환경의 변화에 따라 사는 가벼운

39) J. Jacobi, *op. cit.*, p. 80.
40) E. Humbert, *op. cit.*, p. 109.

삶도 아니다. 오히려 내적 목표를 추구하며 영원성에 이끌리는 일관된 삶인 것이다. 이러한 중심을 따라 사는 삶은 활기차고 신명 나는 삶이다. 그러므로 개성화는 재중심화를 통한 역동적인 삶의 실현이라고 할 수 있다. 사람들은 개성화를 통해서 그 전까지 자아 중심적인 삶을 살다가 자신의 속에 있는 자기를 발견하여 자기중심적으로 살게 되는데, 그러한 삶은 그 전보다 한결 폭넓고 역동적인 삶이 되는 것이다.

(4) 의식화와 상징

모든 정신적인 사실은 하나의 형상을 가진 이미지로 표현되고, 그것이 포착되지 않는 한 그것은 사람들에게 의식될 수 없다. 그런데 사람들에게 아직 파악되지 않은 대상에 대한 이미지를 제공해 주고, 그것을 파악할 수 있게 하는 것은 우리 영혼 안에 있는 무의식이다. 왜냐하면 무의식이 거기에 담겨 있는 내용을 파악할 수 있도록 원형적 이미지를 제공하고, 무의식으로 하여금 의식과 함께 의사소통할 수 있게 해 주기 때문이다. 그래서 융은 "상징을 만들어 내는 것은 무의식이다."[41]라고 말하였다. 분석심리학자 아들러는 이 사실을 좀 더 알기 쉽게 설명하고 있다: "집단적 무의식 속에는 많은 이미지가 힘으로 존재하고 있다. 그런데 아직 실현되지 않은 상태로 남아 있는 이미지가 현실적인 이미지로 변환되어 나타나는 것은 의식화에서 비롯된 충격 때문이다. 다시 말해서 사람들이 원형을 체험함으로써 잠재적 상태로 있던 이미지들은 실제 상태로 변환(transformer)되어 나타나는 것이다."[42] 여기에서 아들러가 강조하는 것은 우리 삶에서 일어나는 정신적 사실을 의식화하려면 무엇보다도 먼저 우리가 그 사실을 우리 몸으로 충분히 살아야 하며, 그러기 위해서는 정신적 사실을 나타내는 상징을 체험해야 한다는 것이다. 그러므로 상징의 이미지들이 의식화를 위해서 무엇보다도 중요하다는 사실을 알 수 있다.

41) MS, p. 305.
42) G. Adler, *op. cit.*, pp. 203-204.

실제로 무의식의 내용이 이미지 형태로 나타나지 않는 한 그것들은 우리가 파악할 수 있는 영역 아래 존재하며, 우리는 그것을 파악하지 못하고 만다. 이 문제에 관해서 융은 "심리학자로서의 나의 체험은 어떤 정신적 내용은 우리 의식보다 더 완전한 어떤 정신의 층에서 비롯되고 있다는 사실을 언제나 새롭게 일깨워 준다. 이 내용은 정신 분석이나 내성적인 관찰이 얼마나 중요한가 하는 점을 증언하는데, 그것들은 우리 의식이 전해 줄 수 없는 깨달음을 주고 있다. ……직관을 주는 것이다."라고 설명하고 있다.[43)]

직관은 의지의 작용과 상관없이 어떤 이미지의 형태로 불현듯 다가오는 것이다. 사람들은 어떤 것을 보는 순간 그것의 본질에 관해서 갑자기 즉각적으로 파악하게 되거나 그것에 대한 이미지를 갑자기 얻게 되는 것이다: "당신의 머릿속에는 어떤 것에 대한 생각이 저절로 생길 것이다. 그런데 그 생각은 당신이 그것을 얻을 만한 만반의 준비를 갖추고 있지 않는 한 결코 떠오르지 않는다. ……그 이미지는 어느 정도까지 당신이 지적으로 그것을 얻으려고 해서 된 것이 아니다. 오히려 자연적으로 계시처럼 다가온 것이다."[44)] 우리가 어떤 사실을 직관적으로 파악하거나 무의식적인 내용을 포착할 때, 상징의 도움이 없다면 그것을 인식하지 못한다. 무의식의 내용은 언제나 상징적 이미지의 형태로 나타나기 때문이다. 실제로 상징은 무의식적 요소를 체험하게 해 주며, 그 체험을 통해서 사람들은 그 요소를 의식화할 수 있다:[45)] "이런 종류의 인식은 ……지적인 행위에 의한 것이 아니라 그것을 넘어서는 행위에 의한 것이다. 이때 인식은 그 뒤로 넘어간다."[46)] 그래서 개성화 과정은 언제나 정신적 사실을 하나의 이

43) PER, p. 84.

44) PER, p. 85, p. 183. 융은 원형적 이미지에 대한 각성을 원형의 특성을 설명하면서 "모든 원형적 내용은 자동성을 가지고 있다는 점에서 특별한 것이라고 우리의 체험은 증언하고 있다. 왜냐하면 그 내용은 한편으로는 우리 내면에서 저절로 일어나며, 다른 한편으로는 어떤 강제력, 결코 항거할 수 없을 만한 강제력을 가지고 작용하기 때문이다."라고 말하고 있다. MS, p. 305.

45) 그래서 윔베르는 "상징은 바로 체험이다."라고 강조하였다. E. Humbert, *op. cit.*, p. 43.

46) RC, p. 341. 같은 맥락에서 야코비는 "개성화 과정은 '만들어지는 것'이 아니라 '겪는 것'이다. 심리학적으로 말하자면 그것은 '일어나게 되는 것'이다."라고 하였다. J. Jacobi, *op. cit.*, pp. 212-213.

미지에 담을 수 있는 능력을 가진 상징의 도움을 통해서 이루어지고 있다.

3) 변환 과정으로서의 개성화 과정

(1) 의식의 확장과 변환

개성화 과정을 통해서 의식이 확장된 사람은 그들의 삶과 세상에 대해서 변화된 태도를 가지고 살게 된다. 의식이 확장되면서 그들이 무의식은 물론 무의식을 구성하는 것들과 좀 더 성숙한 관계를 맺게 되는 것이다. 융에 의하면 본능적인 삶만 사는 사람은 아직 '그 자신'이 된 존재가 아니다. 아직 어떤 형태도 갖지 못한 무더기(la masse)에 불과한 존재다: "그래서 까마득하게 먼 옛날부터 사람들에게는 그를 '어떤 존재'로 변환시켜 주며, 집단적 정신으로부터 떼어 낼 수 있는 변환의 신비가 필요했다."[47] 개성화 과정은 사람들에게 그런 변환을 가져다준다. 사람들로 하여금 자기(自己)가 되게 하는 것이다.

개성화된 사람들은 삶에 대해서 그 전과 전혀 다른 태도를 가지게 된다. 자기가 된다는 것은 여러 가지 다른 정신 요소를 통합하여 의식 영역이 확장되기 때문이다. 실제로 의식의 영역이 확장된 사람에게 이 세상은 그 전과 전혀 다른 모습으로 나타난다. 융은 사람들이 이 세상에 대해서 알게 될 때, 이 세상은 그 전과 같은 세상이 아니라고 주장하였다. 다시 말해서 삶의 어떤 측면은 삶에 대한 그의 태도가 변화되기 전까지 결코 그 모습을 드러내지 않는다.[48] 사람들은 자신의 정신을 구성하는 여러 정신 요소를 인식하지 못하고, 그것을 자기 인격에 통합시키지 못할 때 분열 때문에 고통받으며, 고통 속에서 이 세상을 파악하고 있다. 따라서 개성화 과정은 언제나 억압되어 있는 정신적 내용에 대한 의식화와 통합은 물론 그것들을 통한 인격의 변환까지 이루려고 한다.

47) PA, pp. 109-110.
48) MS, p. 677.

융은 인생의 후반기에 들어선 사람에게는 인격에 대한 깊은 변환이 필요하다고 강조하였다. 중년의 나이에 접어든 사람은 삶의 또 다른 단계를 맞아서 그 전과는 근본적으로 다른 삶을 살아야 한다는 말이다. 그의 영혼은 이제 좀 더 높은 차원의 삶을 향해서 고태적이며 본능적인 삶에서 좀 더 통합된 삶으로 이행되어야 하는 것이다. 여기에서 우리는 융의 정신치료관인 개성화 과정이 프로이트나 아들러의 그것보다 좀 더 광범위한 목표를 추구하고 있다는 사실을 알 수 있다. 그것이 정신의 치료를 넘어서 원숙한 인격의 형성과 변환을 추구하기 때문이다. 영혼의 깊은 곳에서 나오는 영적 요청을 지향하는 것이다: "인간은 평범한 삶을 살도록 태어난 것만이 아니다. 그는 신비한 삶을 살도록 다시 한 번 태어나기를 바라며 신적인 삶에 참여하기를 바라는 것이다. 다시 태어나는 사람은 그렇게 해서 영웅이 된다. 반쯤 신이 되어서 사는 것이다."[49] 자기는 우리 안에-있는-하나님이기 때문에, 자기가 된다는 것은 우리 안에 있는 신성에 참여하는 것을 의미한다.

(2) 변환과 희생

다시 태어나기 위해서 사람들은 영적으로 죽어야 한다. 융은 영적 죽음(la mort spirituelle)은 심리학적으로 볼 때, 정신적 희생(le sacrifice psychologique)을 거쳐야 가능하다고 주장하였다: "삶의 과정은 무엇보다도 먼저 유아성을 희생시키고, 육친의 부모에 대한 유아적인 의존성을 희생시킨 가운데서 이루어져야 한다는 사실을 요청한다."[50] 정신적으로 독립적인 존재가 되기 위해서 사람들은 어머니의 품을 떠나야 하고, 내면에서 어머니의 품과는 다른 새로운 삶의 원천을 발견해야 한다. 즉, 사람들에게 남아 있던 유아적 세계는 성인이 된 삶에 자리를 내주고 그에게서 떠나가야 하는 것이다: "아들의 의식을 지배하고 있으며 앞으로 나아가려는 성향을 가진 리비도는 어머니와의 전적인 분리를

49) MS, p. 532.
50) MS, p. 592.

요청한다. 그러나 어린이에게 남아 있는 어머니에 대한 갈망은 심리적 저항의 형태로 나타나 삶에 수많은 문제를 야기한다. 여러 형태로 나타나는 신경증이나 삶에 대한 공포는 이 저항이 다른 모습을 하고 표출된 것이다."[51] 실제로 외부 환경에 제대로 적응하지 못하는 사람은 언제나 어머니의 품과 같은 무의식으로 도망가려고 한다. 신경증은 심리학적 견지에서 볼 때 어머니의 품인 무의식으로 되돌아가 무의식의 지배를 받는 것을 의미하는 것이다.[52]

융은 인간의 정신 발달 과정에서 어머니가 하는 부정적인 역할에 관해서 다음과 같이 묘사하였다: "사람들에게 더 높은 차원의 삶을 살지 못하게 하며, 삶의 길에서 그의 발걸음을 가로막는 모든 장애물은 무시무시한 모습을 한 어머니 같은 특성을 지니고 있다. 이때 어머니는 의심이라든지 퇴행과 같은 독성을 가지고 그에게 삶에 대한 용기를 마비시키고 있다."[53] 융은 "우리가 올바른 삶을 살려면 우리를 뒤에서 잡아당기려는 열망과 맞서 싸우고, 그것을 희생시켜야 한다. 그래야 비로소 삶의 정상에 올라갈 수 있는 것이다."[54]라고 주장하였다. 이처럼 성인이 되려면 반드시 내면에 있는 부모상(父母像)을 정복해야 하고, 그들과 맺고 있던 유아적 관계를 청산해야 한다: "우리가 새로운 세계를 만들어 내려면 어머니에게 고착되어 있는 리비도를 희생시켜야 한다. 우리가 어머니에게 고착되어 있던 리비도를 희생시킬 때, 사라지는 것은 낡은 세상이다. 그때 우리는 새로운 세상으로 들어가게 된다."[55]

여기에서 융에게 희생(犧牲)이란 우리가 성인이 되기 위해서 부모의 영향, 특히 어머니의 영향을 물리치는 것임을 알 수 있다. 사람들은 부모상을 극복함으로써 영원히 타오르는 태양과 같은 강력함을 얻을 수 있으며, 영원한 젊음을

51) MS, p. 496.

52) 그래서 융은 "사람들이 적응하지 못하면 못할수록 그의 내면에서 불안은 깊어간다."라고 주장하였다. MS, p. 496.

53) MS, p. 643.

54) MS, p. 592.

55) MS, p. 684. 이 점에 관해서 융은 "우리가 이 힘과 맞서 싸우고 얻기 어려운 보물을 얻으려면, 우리에게는 영웅적인 용기가 반드시 필요하다."라고 말하고 있다. MS, p. 588.

소유할 수 있는 것이다. 융은 모든 영웅 신화는 정신적 변환 과정을 나타내는 무의식의 드라마를 표상하는 것이라고 주장하였다: "희생을 통해서 사람들은 무의식이 가진 힘과 무의식에 사로잡히는 것을 거부하게 된다. 이렇게 해서 대극은 통합되고, 정신 에너지의 물꼬가 트이는 것이다."[56]

다른 한편, 융은 인간의 종교적인 삶에서도 희생은 필요하다고 주장하였다. 사람들은 종교 생활에서 희생 제의를 드리고, 그것을 통하여 충만한 삶을 살 수 있다는 것이다. 희생제를 드릴 때, 그들에게는 새로운 세상이 도래한다. 왜냐하면 그들이 부모나 이 세상과 맺고 있던 유아적 관계를 희생시킴으로써 그들의 존재 상태가 새로워지기 때문이다. 사실 동물의 희생(le sacrifice)이나 공양(l'immolation)은 심리학적 관점에서 볼 때, 사람에게 있는 동물적 본성, 즉 본능적인 리비도를 희생시키는 것을 의미한다. 그런데 융은 희생에는 두 가지 측면이 있다고 주장하였다.[57]

한편으로 희생은 본능적인 생각을 그것보다 높은 차원으로 되살리기 위해서 포기하는 것을 의미하고, 다른 한편 희생은 지상적이지 않고 영적인 목표에 도달하기 위해서 삶에 대해 전적으로 포기하는 것을 의미한다: "이러한 희생은 삶에 대한 전적인 포기를 통해서만 이루어지지는 않는다. 이때 가족 관계라는 좁은 원 안에 묶여 있던 리비도는 풀려나와 좀 더 넓은 곳을 향하여 나아간다. 왜냐하면 그 자신이 ……새로운 삶의 체계 속에서 중심이 되고, 성인으로서 살아가려면 희생이란 필수 불가결하기 때문이다."[58]

그러나 융은 인격의 변환을 이루는 데 어머니의 이미지가 반드시 부정적인 방식으로만 작용하지는 않는다고 주장하였다. 어머니 상에는 긍정적인 측면도 담겨 있기 때문이다: "사람들에게 가장 감동적이고 잊을 수 없는 기억으로 남아 있는 것은 (어머니의) 사랑이다. 어머니의 사랑은 사람을 변환시키고, 자신

56) MS, p. 703. cf. MS, p. 438, p. 552, p. 646.
57) MS, pp. 683-687.
58) MS, p. 673. cf. MS, pp. 701-708.

이 되게 하는 비밀스러운 뿌리가 된다. ……그것은 모든 시작과 끝의 조용하고 원초적인 밑바탕이 되는 것이다."[59] 융은 신화나 설화에 자주 등장하는 모티프인 '숲 속에 감춰져 있는 것'이나 '바닷가 동굴 속에 숨어 있는 것'들은 모두 상징적인 의미에서 볼 때 죽음과 재생을 의미하며, '어머니 속에 다시 들어가는 것'은 자아와 무의식 사이에 새로운 관계가 수립되는 것을 의미한다고 주장하였다. 그래서 융은 "사실 근친상간의 환상이나 어머니의 품 안에 머무르는 것 등은 모두 사람이 무의식 안에 있는 리비도에 들어가는 것을 의미한다. 이 작업을 통해 한편으로는 유아적인 반작용, 유아적인 감정, 견해, 태도 등을 일깨우고, 다른 한편으로 보상과 구원을 가져올 수 있는 집단적인 이미지들이 일깨워진다."[60]라고 주장하였다.

여기서 우리는 인격의 변환, 새로운 인격 형성을 위해서는 어머니의 이미지, 여성적 이미지의 도움이 본질적이라는 융의 사상을 살펴볼 수 있다. 융은 수많은 신화 속에서 영웅은 캄캄한 동굴에서 싸우며, 그들이 동굴에서 찾는 것은 무의식이라는 어머니 품에서 다시 태어난 자신이고, 새로운 삶이라고 주장하였다. 결국 희생이란 영적인 아이를 낳기 위해서 리비도를 본능적인 수준에서 영적인 수준으로 전이시키는 것을 목표로 하고 있는 것이다.[61] 이처럼 어머니의 품은 인격의 변환을 낳는 터전이 된다. 심리학적으로 말해서 어머니의 품은 리비도의 내성적인 태도(introversion)를 의미하기 때문이다: "내성적인 태도가 많은 것을 산출할 수 있으며 ……사람들을 재생시킨다는 사실을 역사는 수도 없이 많이 증언한다. ……자기에의 몰입(내성화)은 금욕과 마찬가지로 무의식 속에 들어가는 것을 의미한다."[62]

59) RC, p. 110.

60) MS, p. 683. cf. MS, p. 405. MS, p. 501. 융은 어머니 이미지를 집단적 무의식과 동일시하였으며, 집단적 무의식은 인격의 변환을 이루는 데 매우 중요한 것이라고 강조하였다: "인간의 의식은 무의식과의 협력 없이, 즉 본능적인 힘이 가진 무한한 능력 없이 유아적인 과거에서 벗어나기에는 그 힘이 너무 미약하다. 그것들의 도움 없이 그는 외부 세계와 맞서 싸울 수 없다." MS, p. 506.

61) MS, p. 441.

62) MS, pp. 629-630.

(3) 변환의 상징

융은 인격의 변환 과정에서 무의식이 대단히 중요한 역할을 하고 있지만, 그에 못지않게 자아의식 역시 중요한 역할을 한다고 강조하였다. 왜냐하면 자아의식이 무의식적 사실을 인식하지 못하는 한 인간의 정신은 혼돈에 머물러 있기 때문이다: "저절로 생겨난 채로 존재하고, 자신만을 위해서 존재하는 삶은 진정한 삶이 아니다. 인간의 삶이란 그 본질이 인식될 때에만 진정한 삶이 된다. 통합된 인격만이 삶을 제대로 살 수 있다."[63] 그러면 우리는 어떻게 진정한 삶을 살고 통합된 인격을 이룰 수 있을 것인가? 융은 그 문제에 대해서 우리가 의식적으로 각성된 태도, 진지한 태도를 가지고 살면서 인격의 변환을 이루어야 한다고 주장하였다: "인격의 변환이 이루어지는 많은 경우에서 우리가 아무리 외적 요인이 그 변환을 가져올 수 있는 조건을 마련해 주거나 적어도 그것들을 결정해 준다고 말할 수 있을지라도, 외적 요인은 그 변환을 이루는 데 충분한 요인이 될 수 없다. 오히려 우리는 인격의 변환이 어떤 확신이나 신념 등 내적이며 주관적인 동기에서 시작된다는 사실을 인정해야 한다."[64]

이처럼 융이 개성화 과정에서 자아의식의 중요성을 강조하는 이유는 그가 인격의 변환 과정에서 원형적 상징이 나타내는 의미를 파악하는 것이 의식이기 때문이다: "의식이 ……많은 의미를 담고 있는 원형을 해석할 수 있다면 그때 변환은 이루어질 수 있다."[65] 그러므로 많은 신화에 나오는 상징은 결코 허구라고 할 수 없다. 상징은 그것이 가지고 있는 엄청난 힘에 사로잡히지 않고, 그 의미를 올바르게 해석한 사람을 언제나 같은 방식으로 재생시키는 것이다.[66] 사람들이 자기를 실현시킬 때 그는 자신의 전체성을 체험할 수 있으며,

63) PA, p. 110.

64) DM, p. 114. 이 점에 관해서 윔베르는 "그리스도의 죽음으로 상징되는 인간의 본성대로 사는 인간의 희생은 융에게 분석심리학의 발달이 가져온 각성된 의식을 의미한다. 이 의식은 자아에게 무의식이 가진 맹목적이며 역동적인 힘을 거부하고, 그것을 다시 새롭게 이용하게 해 줄 수 있는 것이다." E. Humbert, *op. cit.*, p. 131.

65) MS, p. 394.

66) 그런 의미에서 융은 그리스도의 삶도 심리학 관점에서 살펴볼 때, 인간의 삶에서 나올 수 있는 모

인격은 본능적 상태에서부터 영적 상태로 변환된다.

4) 인격의 계속적인 발달 과정으로서의 개성화 과정

(1) 인격 발달의 계속성

융은 개성화가 인격 발달의 목표일 뿐만 아니라 인간의 정신이 계속 발달해 가는 과정이라고 주장하였다: "우리 존재의 전체성을 실현시켜서 온전한 인격을 이루는 것은 결코 도달할 수 없는 이상(理想)이다. 거기에 도달할 수 없다고 해서 우리가 그것을 추구할 수 없는 것은 아니다. 진정한 이상은 거기에 도달하려는 목표가 아니라 방향을 제시해 주는 것이기 때문이다."[67] 그러면서 융은 "무의식의 통합이 현대 심리학자들과 의사들에게 남겨 놓은 문제는 역사적 맥락에서만 해결될 수 있으며 ……그것은 계속 발달해야 하는 것이다."라고 말하였다.[68]

사실 우리는 무의식의 모든 내용을 의식에 통합시킬 수 없다. 그래서 개성화는 일생을 걸쳐 진행되어야 하는 것이다. 개성화가 가진 이 측면에 관해서 융은 이렇게 말하였다: "모든 어른 속에는 항상 무엇인가가 되어야 하고, 그 형성과정이 아무리 해도 끝날 것 같지 않은 상태로 존재하는 어린아이가 있다. 그 아이는 언제나 보살핌과 관심과 교육을 필요로 한다. 온전하게 성장해야 하는 것은 우리 인격의 이 부분이다."[69] 융은 힌두교에서 신적 존재를 나타내는 브라만(Brahman)도 하나의 상태일 뿐만 아니라 영원히 발달되기를 기다리는 과정을 나타내는 것이라고 주장하였다. 이런 생각에서 융은 마이스터 에크하르트(Meister Eckhart)의 주장을 인용하면서, 사람들 속에서 신(神)은 계속해서 태

든 요소를 통합시킨 상징으로 생각할 수 있으며, 모든 사람은 자기 나름대로 삶을 실현시킬 수 있는 것이라고 주장하였다. RJ, p. 83.

67) PM, p. 188. cf. PER, p. 188.

68) *Aïon*, pp. 198-199.

69) PM, p. 248.

어나야 한다고 주장하였다.[70] 우리 안에-있는-하나님으로부터 비롯된 개성화 과정은 어떤 지점에서 완료되는 것이 아니라 죽을 때까지 더 높은 단계를 향해서 계속해서 나아가는 과정이라는 것이다: "인간 정신의 이 작용은 ……다른 모든 과정과 마찬가지로 계속 창조되어 가는 행위다."[71]

융은 인간의 정신에는 발달하고자 하는 계속적인 성향이 있다고 생각하였다. 융에게 자기가 되는 것은 이런 과정 속에 있는 신이 되어 가는 것을 의미한다. 이런 생각에서 융은 집단적 무의식에 담겨 있는 이런 관념은 여러 신화에서 신의 새로운 탄생을 기다리는 신화소(神話素)로 나타난다고 주장하였다. 개성화 과정이 결코 끝날 수 없이 계속 이어지는 과정이라는 점은 틀림없는 사실이다. 개성화 과정이 우리 안에-있는-하나님인 자기를 실현시키는 과정인 한 그것은 결코 어디에 도달하고 마는 작업이 아니기 때문이다.

(2) 자신의 본성을 발견하는 길

자기를 실현하는 것은 언제나 그 안에 숱한 어려움이 도사리고 있는 모험으로 표상된다. 왜냐하면 자기는 집단적 무의식 속에 깊이 숨어 있는 보물로서 함부로 사람들에게 그 모습을 보이지 않기 때문이다. 그래서 많은 신화에서 영웅들은 다시 태어나기 위해서 끊임없이 고통을 당한다. 개성화가 가진 이러한 특성을 설명하면서 융은 인격의 변환은 언제나 오랜 시간 시련을 겪은 다음에 얻어지는 것이라고 주장하였다.[72] 개성화 과정에서 내면과 그에게 일어나는 모든 일에 사려 깊은 태도를 보여야 하는 것은 그 때문이다: "변환이 이루어지려면 그 주위를 도는 것(circumambulatio)이 무엇보다도 필요하다. 다시 말해서

70) TP, p. 194. 이에 관해서 융은 "에크하르트는 하나의 과정으로 나타나는 신의 탄생은 매우 자주 등장하는 주제라고 말하였다. ……왜냐하면 신 역시 형성되고, 지나가는 존재이기 때문이다."라고 말하고 있다. TP, pp. 246-247.

71) TP, p. 53.

72) *Aïon*, p. 241. 그런 의미에서 융은 "참된 만다라는 언제나 적극적인 명상을 통해서 조금씩 조금씩 밖에 그려지지 않는 인간의 내면에 있는 이미지다."라고 주장하였다. PA, p. 126.

창조적 변환이 일어나는 인격의 중심에 정신을 집중해야 하는 것이다."[73] 이렇게 하는 이유는 우리 인격에는 아직 구원받지 못한 요소가 많으며, 그것을 해방시켜야 하기 때문이다. 이 작업은 무의식을 대상으로 하는 작업이기 때문에 언제나 그 진척 속도가 느릴 수밖에 없다. 그러나 그것이 아무리 느리더라도 실망하지 말고 꾸준히 시행해야 한다: "만다라는 얼핏 보기에 의식에 거의 감지될 수 없는 것처럼 보인다. 그래서 이 상징이 가진 모든 속성을 분간해 내려면 길고 깊은 작업을 거쳐서 그것이 투사시켜 놓은 모든 내용을 통합해야 한다."[74]

사람들이 자기를 만날 때 자기는 그들에게 무의식이 가진 여러 가지 부정적인 특성을 나타내기도 한다.[75] 그래서 융은 개성화 과정에서 나타나는 위험에 관해서 주의할 것을 촉구하였다: "무의식의 대극이 통합되면서 나타날 수 있는 위험은 우리 인격이 무의식의 범람으로 황폐해지는 것이다. 이때 무의식이 가지고 있는 역동적 특성은 의식의 모든 것을 앗아가 버릴 수도 있다."[76] 이 과정에서 자아의식이 부풀어 오르는 '자아 팽창'을 특히 조심해야 한다고 융이 강조한 것을 이미 살펴본바 있다. 그때 자아의식은 자신의 한계를 망각하고 집단적 무의식에 있는 여러 가지 원형적 이미지를 자아의식에 동화시켜서 결국 인격이 폭발하게 되는 것이다: "자기와 자아 사이에는 풀기 어려운 관계가 있다. 이것을 가리키는 언어로서 다른 분야이기는 하지만 서양 사람에게 좀 덜 낯선 단어로 십자가의 성 요한(Saint Jean de la Croix)이 '영혼의 어두운 밤'이라고 부른 단어가 있다. ……이처럼 개성화 과정은 ……의식화되기 위해서 특별한 조건을 요구하는 현상인 것이다."[77]

73) PA, p. 192. cf. 이에 관해서 융은 "개성화 과정은 하나의 중심에 천천히 접근하면서 그 둘레를 나선형으로 돌면서 이루어진다. 그러나 그 중심은 매우 뚜렷하게 나타난다."라고 설명하고 있다. PA, p. 285.
74) *Aïon*, p. 46.
75) RC, p. 424.
76) TP, p. 262. cf. TP, p. 257. RC, p. 57, p. 393.
77) RC, p. 554.

개성화 과정은 사람들이 단순히 자신의 내면에 있는 정신적 요소를 의식화하는 것을 의미하지 않는다. 그러기는커녕 인간의 삶이 요청하는 수많은 사건을 자신의 삶으로 체험하고, 그것들을 통합해야 하는 것이다. 그래서 융은 "누구든지 전체성을 향해서 나아가는 사람은 십자가 상징이 보여 주는 고통을 회피할 수 없는 것이다."[78]라고 하였다. 개성화 과정은 길고 험난한 영적 순례인 것이다.

개성화 과정에서 사람들이 고통을 겪는 것은 본성상 어쩔 수 없는 것인지도 모른다. 왜냐하면 우리가 삶의 어떤 단계에 올라서면, 지난날에 있었던 많은 일이 불현듯 떠올라 가혹한 빚쟁이처럼 아직 해결되지 못한 문제를 해결하라고 요구하며, 여러 가지 다른 문제가 생겨나서 우리를 사로잡고 마비시키며 앞으로 나아가지 못하게 하기 때문이다. 그때 우리 삶의 길은 휘청거리게 되고, 결국 넘어지고, 우리는 많은 고통을 당하게 된다. 하지만 그 고통은 아무 소용도 없는 고통이 아니다. 오히려 개성화 과정을 도와주는 고통일 수 있다: "영웅적인 사람에게 고뇌는 하나의 의무이며 소명이 된다. 그 고뇌를 극복하기 위해서 그는 격렬한 투쟁을 해 나가야 하기 때문이다."[79]

융은 개성화 과정은 끊임없이 어려움을 극복하는 과정이라고 주장하였다. 개성화 과정은 어떤 알려져 있고 밝게 드러난 것을 향해서 가는 길이 아니라, 아직 알려지지 않은 어두운 것을 향해서 나아가는 길이기 때문이다. 그러나 그 길은 우리 안에-있는-하나님을 성육시키는 것이며, 본성을 찾아서 우리에게 주어진 진리를 따라 그에 맞추어 살아가는 것이다. 그래서 융은 "성령이 우리 안에 있다는 사실은 하나님이 점점 성육되어 간다는 말과 같은 것"이라고 주장하였다.

융이 말하는 개성화 과정의 요체는 그 과정을 통해서 사람들의 인격이 변환된다는 사실에 있다. 우리는 융 자신이 평생 개성화 과정을 밟아 왔으며, 그 과

78) PT, p. 127.
79) MS, p. 590.

정을 통해서 그의 인격이 변환되었다는 사실을 잘 알고 있다. 융이 말하는 개성화 과정은 인간의 정신 발달에 관해서 설명하는 이론일 뿐만 아니라 실제 삶에 적용할 수도 있는 경험적인 것이기도 한 것이다. 그의 자전적인 기록을 보면 그는 어린 시절부터 종교적인 체험을 많이 하였다.[80] 그는 그 체험을 통해서 인간의 내면에는 무엇인가 밖으로 표출되어 실현되려는 성향을 가진 요소가 많다는 사실을 발견하였다. 그는 이렇게 말했다: "삶이란 나에게 그 활력소를 뿌리에서 뽑아내는 나무와 같다는 생각이 들었다. 이 나무의 생명은 우리 눈에 보이지 않는다. 그것이 뿌리 안에 들어 있기 때문이다."[81] 눈에 보이지 않는 생명은 사람의 경우 두말할 필요도 없이 무의식에 깃들어 있는 생명이다: "무의식에 들어 있는 것들은 모두 하나의 사건이 되어서 나타나려고 하며, 인격을 통해서 표출되려고 한다. 또한 그것들은 그의 무의식적인 조건을 출발점으로 해서 전개되려고 하며, 전체성을 지닌 것으로 느끼면서 살려고 한다."[82] 그래서 우리는 무의식에 숨어 있는 많은 것이 정신 현상을 통해서 여러 모습으로 드러나는 것을 볼 수 있다.

융은 자신이 누멘적 체험을 많이 했기 때문에 그런 체험에 관해서 흥미를 느끼고 있었다. 무의식적 요소는 종종 사람들을 사로잡으며, 그들의 정신에 한편으로는 두렵고 떨리며, 다른 한편으로는 한없이 매혹하기도 하는 누멘 체험을 하게 한다. 그래서 그는 무의식 요소에 관해서 고찰하려고 하였다.

80) cf. 융은 종교 체험을 그것이 가진 누미노제적 힘 때문에 사람들이 신이라고 부를 수밖에 없는 인간 정신의 역동적 요소들을 체험하는 것이라고 정의하였다. PER, pp. 17-20.

81) *Ma Vie*, p. 22.

82) *Ma Vie*, p. 21.

제9장

분석심리학적 입장에서 본 종교 체험

1. 우리 안에-있는-하나님 체험

종교 체험은 그것을 체험한 사람에게는 무한한 의미를 주는 절대적인 체험이다: "이 세상 사람들이 종교 체험에 관해서 어떻게 생각하든지 그것은 별로 중요한 것이 아니다. 그것을 체험해 본 사람은 그에게 삶의 원천, 의미의 원천, 아름다움의 원천을 채워 줄 수 있는 무지무지한 보물을 가지게 되는 것이다."[1] 정말이지 종교 체험은 우리에게 최고의 가치를 얻게 해 주는 체험이다. 우리가 하나님이라고 부르는 존재는 이 세상에서 가장 강력하고 가장 높은 가치를 지니고 있는 존재이기 때문이다. 그렇지 않은 존재, 일상적인 존재를 우리는 하나님이라고 부르지 않는다. 그래서 융은 사람들이 하나님을 체험한다는 것은 심리학적인 견지에서 볼 때, 그것이 가지고 있는 강력한 힘 때문에 하

1) PER, p. 198. 그래서 융은 "우리는 체험되는 내용이야 어떻든 종교 체험을 최고의 가치를 부여할 수 있는 체험이라고 정의할 수 있다."라고 주장하였다. PER, p. 118.

나님이라고 부르지 않을 수 없는 어떤 정신적 요소를 체험하는 것이라고 주장하였다.[2)]

여기에서 우리는 융이 주로 종교 체험의 개인적이고 주관적인 측면에 관해서 주장하는 것을 보게 된다. 사실 그는 인간의 정신에는 정동적인 체험을 하게 하는 자동적이고 감정적인 정신 요소가 있다고 주장하였다: "대부분의 경우에 스스로 작용해서 매우 놀라운 결과를 자아내는 것은 원형적인 본성을 지닌 내용이나 그 내용의 덩어리다. ……때때로 우리 영혼은 더 심하게 작용해서 내적 음성을 듣거나 환상적 이미지를 보기도 한다."[3)] 이런 원형은 누멘적 특성을 지니고 있기 때문에 종교 체험을 통해서 사람을 사로잡는다: "심리학적으로 말하자면, 무의식, 즉 원형은 사람들을 완전히 사로잡아서 삶의 하나하나를 규제하면서 운명을 지배할 수 있다."[4)] 이렇게 사로잡힌 사람은 매우 이상한 체험을 하게 되는데, 융은 종교 체험이란 이런 체험의 일종이라고 주장하였다. 그는 이런 체험은 우리가 상상하는 것보다 훨씬 더 많이 일어난다고 덧붙였다. 사람들은 종종 매우 거대한 에너지를 가지고 있는 정신적 요소에 무의식적으로 사로잡히거나 매혹당하는 경우가 많기 때문이다.[5)]

원형은 정신 에너지의 원천이다. 융은 원형에는 많은 힘이 담겨 있으며, 그 힘을 가지고 사람들에게 매우 강력하게 작용한다고 주장하였다. 사람들이 종교 체험을 하는 것도 분석심리학적인 입장에서 볼 때, 원형적 이미지를 체험하는 것이다. 이런 특성을 가진 종교 체험에서 우리는 크게 두 가지 특징을 볼 수 있다.

첫째, 모든 종교 체험에는 누멘적 특성이 담겨 있다. 누미노제는 정의상 눈에 보이는 어떤 대상에 담겨 있는 특성이거나 눈에 보이지 않는 어떤 현존의

2) PER, pp. 161-162. PM, pp. 82-84.

3) GP, p. 302.

4) RJ, pp. 112-113.

5) cf. "어떤 사람이 자기가 '귀신을 보았다.'거나 '마술에 걸렸다.'고 말할 때, 그것이 허튼 소리가 아니라면, 우리는 정말로 귀신이 작용하고 마술이 걸린 상태 앞에 서게 되는 것이다. 우리는 이런 사태는 보통 어떤 콤플렉스 상태에 있는 것이라는 사실을 확신할 수 있다. ……심리학에서는 이런 체험이 상당히 많이 일어난다는 사실을 인정할 수 있다." PM, p. 82.

영향력이다. 어떤 경우든지 그것을 체험한 사람은 그것이 가진 강력한 힘에 사로잡히며, 깊은 정서적 경험을 하게 된다. 그래서 누미노제는 체험자의 의식과 성격을 변화시킨다. 이 점에 관해서 융은 다음과 같이 말하였다: "이러한 원형을 체험한 사람은 종종 높은 정도의 누미노제에 사로잡히기 때문에 종교 체험을 했다고 할 수도 있을 것이다."[6]

종교 체험이 루돌프 오토가 말한 누미노제, 즉 초개인적인 특성을 가진 힘에 대한 충격적인 체험인 것만은 틀림없는 사실이다. 융은 종교 체험은 양면성을 가지고 있는데, 그것은 문제에 봉착한 사람의 문제를 풀어 주고, 그들의 인격을 발달시키기도 하며, 의식이 약한 사람들을 사로잡아서 그들의 정신을 파괴시키기도 한다고 주장하였다.[7] 어쨌든 융은 우리가 종교 체험에서 어떤 초개인적인 요소가 작용하여 사람들을 사로잡으며, 그들의 삶에 막대한 영향을 준다는 사실에 주목해야 한다고 강조하였다.

둘째, 종교 체험은 자생적으로 생겨난다. 융에 의하면 원형에는 자율성이 있다. 원형 체험은 인간의 의지를 뛰어넘어서 저절로 생겨난다는 것이다. 어느 누구도 종교 체험을 만들어 낼 수 없다. 그런 의미에서 융은 종교 체험자들은 체험의 창조자라기보다는 체험을 당하는 사람이라고 주장하였다: "하나님은 사람들이 체험할 수 있는 정신적인 실재다. 그렇지 않다면 사람들은 하나님에 관해서 결코 알 수 없을 것이다."[8] 종교 체험이 사람들의 능력을 무한하게 뛰어넘는 역동적인 어떤 힘에서 오는 것은 틀림없는 사실이다. 그래서 우리의 통제 범위를 뛰어넘는다.

여태까지 우리는 종교 체험이 가진 개인적이며 주관적인 특성에 관해서 살펴보았다. 그러나 우리는 종교 체험이 가진 이 측면이 아무리 중요하다고 할지라도 종교 체험에서 이 측면만 주장할 수는 없다. 종교 체험에는 집단적이고

6) PER, p. 114. cf. "원형으로서의 하나님의 형상은 하나의 이미지일 뿐만 아니라 힘이기도 하다." MS, p. 125.
7) PA, p. 23.
8) PM, p. 81.

객관적인 특성이 있기 때문이다. 융에 의하면 원형은 어떤 특정 개인에게만 있는 정신적 요소가 아니라, 집단적이며 객관적인 것이다: "우리 경험에 의하면 집단적 무의식은 영원 전부터 사람들에게 있는 침전물인 듯이 느껴진다."[9] 그래서 융은 원형을 다른 말로 '객관적 정신(objective psyche)'이라고 불렀다.

융은 종교 체험은 하나님의 이미지에 대한 원형적 체험이라고 하였다. 그에 의하면 사람들은 하나님에 관해서 완전하게 알 수 없어서 사람들은 내면에 있는 하나님의 이미지를 향해서 다가갈 수밖에 없다.[10] 그래서 융은 종교 체험을 할 때 체험하는 것은 하나님 자체가 아니라 사람들이 하나님이라고 생각하는 존재, 즉 하나님의 이미지라고 주장하였다. 이 이미지는 하나의 정신적 실재로, 매일매일의 삶에서 체험하는 물질적 실체보다 덜 실제적인 것이 아니라, 그것들과 똑같이 실제적인 것이다.[11] 그래서 사람들을 사로잡으며, 깊은 감동을 주고, 인격의 변환을 가져온다: "그런 경우에 우리에게 관계되는 것은 우리가 우리 눈으로 보는 빛처럼 확실한 정신적인 실재라는 사실을 확신할 수 있는 것이다."[12] 또한 그는 인간의 영혼에는 하나님과 관계를 맺을 수 있는 능력이 있으며, 그 능력 없이 종교 체험은 불가능하다고 하였다: "심리학적으로 말해서 거기에 해당하는 것은 하나님의 이미지라는 원형이다."[13] 융은 "인간의 종교 활동은 본능에 기초해 있으며, 인간적인 기능에 근거를 두고 있다."[14]라고 주장하였다. 종교 체험에서 하나님의 이미지, 즉 우리 안에-있는-하나님은 무엇보다도 결정적 요소로 작용한다.

---

9) PI, pp. 169-170. PER, pp. 101-102.

10) RC, p. 271. 신앙의 입장에서 보면, 물론 이때 사람들은 하나님의 이미지를 통해서 살아 있는 하나님을 체험한다. 그러나 그 하나님의 많은 부분은 그들이 가진 이미지를 닮은 부분이다.

11) 이 점에 관해서 융은 "어떤 것이 심리적으로 존재한다고 말하는 것은 그 사실의 주관성을 확인하는 것이다. 왜냐하면 그 생각은 그 사람의 내면에서만 존재하고, 거기서만 살아 있기 때문이다. 그러나 그 생각이 어떤 집단에 의해서 중요한 것이라고 받아들이면서 나뉠 때, 그 생각은 객관성을 얻게 된다."라고 말하고 있다. PER, p. 16.

12) PM, p. 82.

13) PA, p. 14.

14) C. G. Jung, *Présent et Avenir,* p. 94.

하나님의 이미지는 보통 외부 대상에 투사된다. 투사 작용은 무의식이 가진 원형적 본성 가운데 하나이기 때문이다. 하나님의 이미지를 투사시킬 때 사람들은 하나님이 사람들의 밖에 존재하는 분이라고 생각한다. 그러나 그가 그 이미지를 밖에 투사시키기만 할 때, 그는 그것을 그의 정신에 모두 통합하지 못하게 된다. 이런 현상은 종교 체험에서도 똑같이 일어난다: "종교적 투사가 일어나서 그것이 극단적인 정도로까지 행해지면 그의 영혼에서는 모든 긍정적인 것이 사라지고, 그는 정신적인 영양실조 상태에서 고통을 받게 된다. 그리하여 더는 발달하지 못하고, 무의식 상태에 빠져 전전긍긍하게 된다."[15] 그래서 융은 우리의 내면 깊은 곳에 있는 하나님의 형상을 깨닫고, 그것을 체험해야 한다고 주장하였다.

사람들에게 가장 강력한 영향을 미치는 정신적 요소는 두말할 것도 없이 우리 안에-있는-하나님이다. 사람들은 하나님이란 가장 가치 있는 존재이며, 가장 권위 있는 율법이고, 사람들의 삶을 이끌어 주는 존재라고 생각하기 때문이다. 사람들이 자기 밖에 투사시켰던 에너지를 회수할 때, 내면에서 이 하나님을 체험하게 된다. 융은 "가장 중요한 가치를 지니고 있는 하나님은 외부 대상으로부터 철수되어야 한다. 그때 하나님은 우리 영혼 속으로 들어와 지복(至福)의 상태, 최고의 상태에 머무르게 된다."라고 말하고 있다.[16] 종교 체험이 이루어지는 것은 바로 이 순간이다. 그러므로 우리는 종교 체험은 엄밀하게 말해서 우리 안에-있는-하나님을 체험하는 것이라고 할 수 있다.

그러나 우리는 융이 하나님을 우리 안에-있는-하나님 또는 '하나님의 이미지'로만 생각한 것이 아니라는 사실을 강조해야 한다. 그가 만약에 그렇게 말했다면, 그것은 그가 종교 체험을 경험적인 관점에서 바라보았기 때문이다. 다시 말해서 그는 사람들이 종교 체험을 하는 것은 하나님의 이미지를 통해서밖에 가능하지 않다고 생각했기 때문인 것이다. 사실 우리가 하나님을 파악할 수

15) PA, p. 13.
16) TP, p. 240.

있는 것은 우리 내면에 있는 원형 때문에 가능한 것이다. 그것이 없다면 우리는 하나님에 관해서 상상하지도 못할 것이다. 융은 형이상학적인 하나님에 관해서는 언급하지 않으려고 하였다. 그 하나님은 그의 관심의 범위를 넘어서기 때문이었다. 그래서 융은 그의 입장에 관해서 이렇게 말하였다: "내가 관찰한 것을 가지고 내가 하나님의 존재 증명이나 한 것처럼 간주하는 것은 유감천만한 일이다. 내 관찰은 신성을 나타내는 그런 원형적인 이미지가 존재한다는 사실을 입증해 주고, 그 이미지를 통해서 우리가 하나님에 관해서 심리학적으로 이야기할 수 있을 것이라는 사실을 입증할 뿐이다. 그러나 그것이 매우 중요하고 강력한 영향력을 행사할 수 있는 원형이기 때문에 그것이 그렇게 자주 출현한다는 사실에 주목해야 한다."[17]

이처럼 융은 철저하게 우리는 하나님에 관해서 결코 완전히 알 수 없다고 주장하였다. 그래서 사람들은 그를 무신론자나 불가지론자라고 비판하였다. 그러나 융은 이런 비판에 대해서 아무 대꾸도 하지 않고, 다만 별장에 다음과 같은 현판을 새겨 걸었다: "우리가 하나님을 부르든지 부르지 않든지 하나님은 거기 계신다(Vocatus atque non vocatus, Deus aderit)."[18]

2. 우리 안에-있는-하나님과 자기

그것이 가지고 있는 역동적인 힘 때문에 우리가 하나님이라고 부를 수밖에

17) PER, p. 113.

18) 융이 새겨 놓은 것은 노자의 다음 구절과 같은 맥락이다: "말로 표상해 낼 수 있는 도는 항구불변한 도가 아니다. 이름 지어 부를 수 있는 이름은 참다운 실제의 이름이 아니다."(道可道 非常道 名可名 非常名. 노자, 『도덕경』, 제1장). 여기에서 노자가 말하는 것도 인간은 결코 도(道)의 본체를 알 수 없다는 것이다. 사람들이 그것을 말로 표상해 낼 때, 그것은 이미 항구불변한 도가 아니고, 사람들이 하나님을 일러서 이름 지어 부르면 그것은 이미 영구불변한 하나님이 아니기 때문이다. 하나님은 인간과 멀리 떨어져서 혼자 계시는 하나님이다. 그럼에도 그분은 하나님이기 때문에 인간의 삶에 무한한 영향을 미치고 있다.

없는 하나님의 이미지, 즉 우리 안에-있는-하나님은 자기의 투사상으로서 사람들에게 누멘적인 체험을 하게 한다. 따라서 하나님을 만나는 체험인 종교 체험은 심리학적 견지에서 살펴볼 때, 자아(l'ego)가 자신의 내면에 있는 자기와 만나서 자기를 체험하는 것이라고 말할 수 있다. 이렇게 생각할 때, 우리는 정신치료에서 종교 문제가 매우 중요하게 작용하는 것을 알 수 있다. 왜냐하면 융이 말하는 정신치료 과정인 개성화 과정은 사람들이 하나님처럼 강력한 에너지를 가진 자기를 만나서 자기의 에너지로 모든 정신 요소를 통합하는 것이기 때문이다. 그래서 우리는 사람들에게 문제가 생기는 것은 그들이 하나님처럼 강력한 정신 요소와 잘못된 관계를 맺었기 때문이라고 생각할 수 있다.[19] 왜냐하면 자아가 자기와 잘못된 관계를 맺을 때 자아는 무의식의 부정적인 요소들 때문에 고통을 당하는데, 그것은 사람들이 실생활에서 하나님과 잘못된 관계를 맺는 것으로 나타나기 때문이다. 실제로 융은 그를 찾아온 환자를 치료하면서 환자의 신앙이 치료에 많은 영향을 미치고 있음을 발견하였다. 그런데 그들이 치료 과정에서 신앙을 되찾을 때 곧 치유될 수 있었지만, 그렇지 않은 경우 치유가 잘 이루어지지 않았다.[20]

자기를 체험하는 사람은 정서적으로 깊은 충격에 사로잡힌다. 자기는 그 안에 누멘적인 힘을 가득 담은 원형적 이미지이기 때문이다.[21] 종교 체험을 하기 전 사람들은 흔히 여러 가지 삶의 문제 때문에 좌절의 고통을 겪는 경우가 많

19) 여기서 우리는 "신경증이란 아직 그들의 삶에 의미를 발견하지 못한 사람들의 영혼의 고뇌다."라는 융의 주장을 상기해야 한다. GP, p. 281.

20) 그러므로 우리는 종교 체험과 개성화 과정이 정말 밀접한 관계에 있음을 다시 한 번 확인하게 된다. 그래서 융은 "종교는 언제나 영혼의 고통을 치유하는 체계로 작용해 왔다."라고 주장하였다. GP, p. 300 .

21) 융은 자기의 특징을 다음 세 가지로 주장하였다. 첫째, 자기는 인간 정신의 중심이다: "내가 자기라고 부른 것은 자아와 무의식 사이에 똑같은 거리를 두고 떨어져 있는 이상적인 중심이다." M. Serrano, "Rencontre avec C. G. Jung", p. 96. 둘째, 자기는 인간의 전체성을 나타낸다: "자기는 자아가 아니라 의식과 무의식을 감싸 안으면서 자아 위에 있는 전체성이다." RC, p. 301. 셋째, 자기는 인간 정신의 초월성을 가리킨다: "자기는 의식적 내용과 무의식적 내용의 총합을 가리키고 있기 때문에 초월적 개념이다." *Aïon*, p. 76.

다. 사업에 실패했거나 깊은 병이 들었거나 삶에서 가장 중요하다고 생각했던 문제들 앞에서 좌절하는 일이 생기게 된다. 이때 그들은 자신의 힘으로 그 문제를 해결하려고 무진 애를 쓰지만 그것들이 모두 허사가 되어 이제는 하나님께 모든 문제를 내맡기고 매달리게 된다. 그럴 때 그들의 내면에는 대극적인 요소 사이가 깊이 분열되어 있기 쉽다. 외부에 있는 분열 상황이 정신에 내면화(internalisation)되기 때문이다. 이때 이 분열 상황을 통합하려면 이 두 요소(의식과 무의식) 모두에 참여하고 있으면서, 동시에 이 둘을 초월하는 제3의 요소가 반드시 필요하다. 이런 특성을 가진 것만이 이 두 요소 사이에서 중재할 수 있기 때문이다. 이때 자기(soi)는 의식과 무의식 사이에서 '중재자(médiateur)' 역할을 수행할 수 있다. 자기는 의식과 무의식 사이에 있는 중심이며, 의식과 무의식을 동시에 포함하고 있고, 그 둘을 동시에 초월하는 정신적인 요소이기 때문이다.

사람들이 생각하는 하나님 역시 마찬가지 개념이다. 사람들이 자신을 좌절시킨 현재의 문제 앞에서 그 좌절을 이길 수 있는 것은 그 좌절에서 '또 다른 의미' 를 발견할 수 있어야만 한다. 이때 그들이 또 다른 의미를 발견할 수 있는 것은 그들이 그 실패 안에서 그들의 미래를 더 밝게 하려는 하나님의 숨은 의도를 발견할 수 있어야 한다. 그때 하나님은 그의 사랑을 가지고, 그를 더 좋은 곳으로 이끌기 위해서 지금 잠깐 그를 연단시키는 것이라는 생각을 해야만 분열 상황을 용납할 수 있는 것이다.

이렇게 우리 안에-있는-하나님인 자기는 우리 내면에 있는 여러 대극의 쌍을 화해시키고 있다. 이때 화해시킨다는 것은 이 두 정신 요소 사이에 있는 긴장을 없애 버리는 것만 의미하지 않는다. 왜냐하면 정신의 대극 사이에 긴장이 없어질 경우, 정신 활동마저 불가능해지기 때문이다. 화해란 통합을 의미하는 것이다. 사실 자기는 인간 정신의 대극을 통합시켜서 사람들이 정신의 전체성을 찾아 나가게 한다: "자기가 가진 심리학적인 의미는 인간의 전체성이라는 개념에서 나온 것이며…… 인간의 무의식에서 나온 것이라는 사실을 나타낸다."[22)]

자기는 종교 체험에서 매우 중요한 역할을 한다. 그러나 자기가 작동하는 것은 사람들이 자신의 내면에 있는 자기의 존재를 의식화하고, 자기의 작용에 이끌려 갈 때뿐이다. 자신의 내면에 그것이 들어 있다는 사실을 알지 못하고, 그것을 자기 밖에 투사시키기만 하며, 자기의 작용에 반발할 때 자기는 작용하지 않는다. 그래서 자기에 대한 의식화는 종교 체험에서 필수 불가결한 요인이 된다. 우리가 자기를 우리 밖에 있는 대상에 투사시켜 놓기만 하면 우리는 결코 자기를 체험할 수 없기 때문이다.

하지만 자기를 의식화하는 일이 결코 쉬운 일은 아니다. 자기는 '숨겨져 있는 본성(la nature cachée)'이기 때문이다. 융은 자기를 가리켜서 성서에 나오는 비유를 들어서 '값진 보물'이나 '값진 진주'라고 하였다(마 13:44-46). 그러므로 자기를 체험하려면 삶에서 이루어지는 많은 일을 주의 깊게 관찰하고, 신중하게 고려해야 한다. 하나님은 언제 어떻게 모습을 드러낼지 모르기 때문이다. 이런 태도는 지혜 있는 이들만이 가질 수 있는 기다림의 태도다. 왜냐하면 신적인 능력이나 초월적인 능력은 고통 속에서 기다리는 사람만 체험할 수 있는 것이기 때문이다: "참으로 종교적인 사람은 이런 태도를 가질 수 있다. 그들은 하나님이 이 세상에 있는 모든 이상스러운 일과 이해하기 어려운 일을 만드셨다는 사실을 알고 있다. 그래서 그들은 가장 모호한 길을 통해서 다른 사람들의 마음속 깊은 곳에 다다르려고 한다."[23] 우리가 내면을 주의 깊게 관찰하고, 신중하게 고려하는 태도를 가지고 잠길 때, 우리는 그 깊은 어둠에서 어떤 힘이 움직이는 것을 느낄 수 있다. 종교 체험이 이루어지는 순간은 바로 그때다.

3. 종교 체험과 상징

상징은 종교 체험에서 대단히 중요한 역할을 한다. 왜냐하면 무의식적 요소

---

22) *Aïon*, p. 57.
23) GP, p. 292.

들은 상징적인 이미지를 통해서밖에 알 수 없기 때문이다. 융에 의하면 인간 영혼은 "무의식적인 원형을 그 기반으로 가지고 있으며, 의식에 의해 그 형상이 표출되는 상징을 만들어 낸다."[24] 종교 체험을 만들어 내는 상징의 기능을 융은 다음과 같이 요약하고 있다.

첫째, 상징은 삶에 아직 참여하지 못하고 있는 것을 불러일으킨다. 사실 종교 상징은 내면에서 그 상징과 관계되는 무의식적인 요소를 불러일으킨다. 상징이 가지고 있는 이 기능 때문에 종교 체험을 하게 되는지도 모른다: "원형적인 종교 상징에 대한 체험은 인상적인 것일 뿐만 아니라 사람을 사로잡기까지 한다."[25]

둘째, 상징에는 초월적인 기능이 있다. 상징은 원시적인 형태로 존재하는 리비도를, 그것과 닮기는 했지만 그것보다 좀 더 높은 차원의 형태를 가진 것으로 옮기면서 리비도를 변환시키는 것이다: "이 기능은 대단히 중요한 것이다. 이때 사람들은 상당히 중요하다는 느낌을 갖게 된다."[26]

셋째, 상징은 이미지를 통해 무의식적인 힘을 의식적인 힘으로 바꾸어 놓는다. 우리가 역동적인 힘을 가지고 있는 자기 원형의 이미지에 관해서 각성할 때, 그 속에 있는 힘을 획득할 수 있으며 이 세상에서 가장 가치 있는 체험을 하게 된다.

융은 종교 체험에서 상징의 초월적인 기능이 대단히 중요한 역할을 한다고 주장하였다. 상징은 인간 정신에서 갈등을 일으키는 여러 대극을 통합시키기 때문이다. 상징은 종교 체험자들이 종교 체험을 하기 전, 그들의 내면에서 갈등을 일으키는 요소를 통합하게 할 수 있다. 종교 상징은 체험자들 내면에서 이 세상을 향하려는 의지와 하나님을 향하려는 의지가 대립되어 심한 갈등을 일으킬 때, 제3의 자리에서 통합할 수 있는 것이다. 융은 전체성의 상징은 언제나 구원의 도구로 작용한다고 강조하였다: "그것은 대극 사이의 긴장으로부터 풀려난 에너지의 표현인데, 그것은 우리 꿈이나 비전을 통하여 나타나는 일련

24) MS, p. 386.
25) MS, p. 386.
26) MS, p. 386.

의 상상적 현상을 통해서 구체화된다."[27)]

사람들에게 종교 체험을 하게 하는 전체성의 상징은 융에게 있어서 내면에 있는 자기다. 그래서 융은 인간 정신의 전체성을 나타내는 그리스도나 부처 및 그 밖의 많은 신의 이미지들은 자기의 원형상들이라고 주장하였다.[28)] 자기의 상징 가운데서 융은 만다라 상징이 가장 많이 접할 수 있고, 가장 중요한 이미지라고 주장하였다. 그 이미지에는 에너지가 많이 담겨 있고, 사람들이 꿈이나 환상에서 그 상징을 보고 종교 체험이라고 할 수 있는 강력한 체험을 하기 때문이다: "만다라, 자기, 인간 정신의 전체성 등은 모든 것이 제대로 돌아가기만 한다면 조화로운 것들이다."[29)] 자기의 상징은 그것이 만다라의 모습으로 나타나든 아니면 다른 종교 상징의 모습으로 나타나든 꿈이나 환상에서 많이 나타난다. 언제나 스스로 실현될 기회만 기다리다가 때가 되면 나타나는 것이다.

융은 그가 치료했던 어떤 환자가 만다라 상을 보고 일종의 종교 체험을 했던 것을 『심리학과 종교(*Psychologie et Religion*)』에서 보고하였다. 그 환자는 정신치료가 거의 끝나갈 무렵 어느 날 밤, 꿈에서 원을 네 등분한 이미지로 된 우주시계를 보고, 완전한 조화감을 느끼면서 누멘 체험을 했다. 그 후 그는 그를 실존적 위기 상황으로까지 내몰았던 정신분열상을 극복할 수 있었다. 그가 비록 왜 그 분열에서 나올 수 있었고, 무엇이 구체적으로 그를 낫게 했는지 정확하게 알 수 없었지만그는 환상에서 이 만다라 상을 보고 신경증에서 풀려날 수 있었다.

융은 이 체험이 종교 체험과 같은 것이라고 주장하였다. 그가 이때 우리 안에-있는-하나님을 체험했기 때문이다: "여기에서 중요한 것은 다른 어느 것도 아니고, 환자가 그때 어떻게 느꼈는가 하는 것이다. 그것은 그의 체험이다. 그 체험이 그의 상태를 근본적으로 변화시키는 데 영향을 끼쳤다면, 이 세상에 있

27) PI, p. 146.
28) *Aïon*, p. 52.
29) *Ma Vie*, pp. 281-282.

는 어느 것도 그것을 반대하지 못할 것이다. ……비전은 환자들의 정신 상태를 더 낫게 하는 데 매우 중요한 전환점이 된다. 종교 용어로 말하자면 회심과도 같은 것이다."[30] 융은 그 상징이 어떻게 해서 그에게 그토록 감동적인 '조화감'을 가져다주었는지 설명하기는 매우 어려운 일이라고 인정하였다. 하지만 어떤 체험이 어떤 사람에게 결정적인 변환을 가져왔다면 그 체험은 대단히 중요하고, 대단히 실제적인 체험으로 인정되어야 한다고 주장하였다: "신경증을 낫게 한 것은 신경증만큼이나 확실한 것이다. 신경증이 실제적인 것이었듯이 구원의 체험 역시 실제적인 것으로 받아들여져야 한다."[31] 이런 체험을 위해서는 자신의 내면과 삶에서 일어나는 현상에 종교적인 태도를 가져야 한다. 즉, 주의 깊게 관찰하고 신중하게 고려해야 한다. 우리 정신의 중심, 삶의 원천에 깊은 관심을 기울이고, 진지하게 대해야 하는 것이다.

4. 종교 체험의 특성

융의 인간관의 특색은 그가 인간을 대극 요소들이 통합된 존재로 보았다는 점이다. 이 대극에서 사람들은 매일매일의 삶에 필요한 정신 에너지를 얻고 있다. 그러나 사람들에게는 종종 이 대극에서 오는 서로 반대되는 힘을 통제하지 못하는 순간이 찾아온다. 가장 심각한 경우가 대척적인 이 힘 때문에 신경증에 빠지는 경우다. 신경증이란 인간 정신의 대극적인 요소 사이에서 생긴 불균형 때문에 생겨난 내적 분열로, 그 고통은 신경증을 겪어 본 사람이 아니면 상상도 할 수 없다. 그러나 융은 신경증이 항상 부정적인 것만은 아니라고 주장하였다. 왜냐하면 신경증은 그가 겪는 극심한 고통 때문에 그것에서 헤어나오기 위해서 신경증 환자에게 자신과 삶에 대해서 다시 생각해 볼 기회를 주

30) C.G. Jung, CW. XI, p. 65.
31) PER, pp. 198-199.

기 때문이다: "신경증이 시작되는 순간부터 그것은 그의 무의식 안에 어떤 특별한 에너지가 모여들어서 폭발하려고 한다는 것을 경고하는 신호임을 의미한다."[32] 그러므로 모든 신경증은 그 환자에게 무엇인가 해결해야 할 삶의 과제가 있음을 알려 주는 신호라고 생각해야 한다. 하지만 모든 신경증 환자는 자신의 능력만으로 그 문제를 해결할 수는 없다. 그들은 언젠가 그가 자신의 문제에 너무 무능하다는 사실을 인정해야 하는 순간이 닥쳐온다. 그래서 융은 신경증 환자들이 문제를 해결하다가 어느 순간 모든 것을 포기해야 한다고 강조하였다. 그들이 모든 것을 포기했을 때 그에게는 전에는 알지 못했던 힘이 작용하기 때문이다: "그는 모든 것을 포기하고 내면에 있는 어떤 영원한 이미지가 가진 능력에 모든 것을 맡겨야 한다. ……그 힘은 그를 이끌고, 그를 정복하며, 그를 매혹시키고, 굴복시킨다. 그것은 계시처럼 원초적인 것으로 이루어져 있으며, 그에게 어떤 신적인 것을 체험하게 한다. 그 힘은 그에게 언제나 신적인 것으로 나타난다."[33]

그 힘은 심리학적으로는 자기에게서 오는 것이고, 종교적으로는 신에게서 오는 힘이다. 그 힘은 그의 존재를 초월하는 것이고, 그가 전혀 기대하지 않았던 순간 매우 강력한 에너지를 가지고 그를 사로잡기 때문이다. 융은 종교 체험은 언제나 모든 의지적이며 의도적인 노력이 아무 소용없게 될 때 생겨난다고 강조하였다. 종교 체험은 체험자도 모르게 저절로 생겨난다는 것이다: "구원이 이루어지는 순간, 즉 구원의 상징이 나타나는 것은 아무도 그것을 기대하지 않았을 때, 모든 해결책이 없으리라고 생각될 때 비로소 생겨나는 것이다."[34] 사람들이 모든 것을 포기했을 때, 사람들은 그것이 가진 누멘적인 특성 때문에 신적인 것이라고 말할 수밖에 없는 원형적 이미지를 체험하게 되는 것이다. 종교 체험자들은 융의 환자처럼 깊은 감동에 사로잡히게 된다. 융은 이 순간 그

32) RC, p. 19.
33) TP, p. 253.
34) TP, p. 253.

의 내면에는 새로운 관심의 중심이 생겨난다고 주장하였다. 그래서 그들은 대극의 갈등에서 벗어날 수 있고, 그를 괴롭히던 말할 수 없는 근심에서 해방될 수 있게 된다. 그들은 이전에 살던 것과 전혀 다른 모습으로 살게 되는 것이다: "체험자들은 내면적 대극과 화해하게 되고, 자신을 통합하여 더욱더 높은 수준으로 발달하게 되는 것이다."[35] 이런 통합으로부터 의식의 개화(開花)가 생겨나고, 체험자들은 자신은 물론 이웃까지도 받아들일 수 있게 된다: "환자는 이때 새로운 존재가 된다. ……이 통합이 그를 변환시킨다."[36] 이때 환자는 그보다 더 큰 존재와 하나가 되며, 그 존재와 연관되게 된다. 그는 이제 그의 좁은 자아와 하나가 되는 것이 아니라, 그보다 더 큰 존재와 하나가 되는 것이다. 그는 이제 더는 밖에서 의미를 찾지 않게 된다. 그의 가장 내밀한 곳에 의미의 영원한 원천이 있다는 사실을 깨달았으며, 그것을 체험했기 때문이다.

융은 이런 체험만이 삶에 진정한 의미를 줄 수 있다고 강조하였다. 이 체험만이 유한한 인간을 무한한 하나님과 이어 주기 때문이다: "인간에게 가장 본질적인 물음은 그러므로 이것이 될 것이다. 그가 어떤 무한한 존재와 관계를 맺고 있는가? 그렇지 않은가? 이 물음은 바로 자신의 삶에 관해서 묻는 것이다. 그 어떤 무한한 존재가 본질적인 존재라는 사실을 알기만 하면 우리는 이 세상에 있는 덧없는 것이나 정말로 중요하지 않은 대상에 몰두하지 않게 된다. 그 무한자에 관하여 알지 못할 때, 우리는 이 세계가 우리에게 보여 주는 이러저러한 가치에 몰두하게 되며, 그것들을 마치 나 개인의 소유인 것처럼 생각하게 된다."[37]

그러나 융은 이런 변환이 하루아침에 갑자기 생겨나는 것은 아니라고 주장하였다. 이런 변환에 도달하려면 여러 우여곡절을 거쳐야 한다고 강조한 것이다. 이 과정에서 먼저 자신의 인격이 해체되는 것과 자아가 팽창하려는 위험에

35) GP, p. 302.
36) PER, p. 74.
37) *Ma Vie*, p. 369.

직면하고, 그것을 극복해야 한다. 사람들은 인간으로서의 한계를 인정하고, 그 한계를 넘지 말아야 하는 것이다. 이 단계를 극복하면, 그의 인격이 변환되고 자기가 실현되는 것을 보게 된다: "새로운 하나님은 그러므로 새로운 태도, 좀 더 깊이 있는 삶의 새로운 가능성, 새롭게 된 삶인 것이다."[38] 그때 사람들은 그리스도가 개성화된 존재로서 자신의 삶을 살았듯이 자신의 삶을 살 수 있게 된다. 융은 예수 그리스도의 삶은 영원 전부터 존재해 왔던 삶의 양식을 예수 그리스도가 눈에 보이는 방식으로 실현시킨 것이라고 주장하였다: "그리스도의 삶은 언제나 어디서나 실현되고 있다. 다시 말해서 그리스도의 원형에 그와 비슷한 삶이 모두 이미 형상화되었으며, 언제나 새롭게 실현될 수 있는 것이다. (그런 의미에서) 그의 삶은 유일적인 삶인 것이다."[39] 그러므로 우리는 그리스도의 삶은 개성화된 존재, 변환된 존재의 삶이라는 사실을 알게 된다. 우리도 진정한 종교 체험을 하면, 어렵기는 하지만 그런 삶을 살 수 있는 것이다. 그의 삶은 언제나 우리를 불러서 그렇게 살도록 요청하기 때문이다. 그러나 그렇게 살기란 무척 어렵고 힘든 일이다. 그 이유는 그런 삶을 살려면 우리가 우리 내면에 있는 원형을 의식화해야 하고, 그 원형이 이끄는 대로 따라가야 하기 때문이다:[40] "어느 누구도 궁극적인 것이 무엇인지 알 수 없다. 그러므로 우리는 그것들을 우리가 체험하고 사는 방식대로 취해야 한다. ……우리가 사는 시대에서 할 수 있는 영적인 모험은 우리 의식을 무한자에, 한계를 규정할 수 없는 것에 전적으로 맡기는 수밖에 없다."[41]

그러므로 우리는 융이 말한 종교 체험의 특성을 다음과 같이 정리할 수 있다. 첫째, 종교 체험은 자신의 내면에 있는 정신적 요소를 통합하는 체험이다.

38) TP, p. 174.

39) PER, p. 176. 융은 또한 그리스도는 자석처럼 사람들 속에 있는 신적인 본질 또는 신적인 부분을 잡아당기고, 그것들을 모아들인다고 주장한다. *Aïon*, p. 204.

40) 여기에서 우리는 십자가의 성 요한의 이 말을 생각해 볼 필요가 있다: "그대가 알지 못하는 곳에 이르려거든 그대는 그대가 알지 못하는 그곳을 지나가야 한다."

41) PER, p. 199.

둘째, 종교 체험 과정에서 깨달음은 무엇보다도 중요한 요소다. 셋째, 종교 체험을 통해서 신적인 존재를 만날 수 있으며, 이때 그들의 인격은 변환된다. 마지막으로 종교 체험은 한 번 체험하고 끝나는 것이 아니라 계속적인 인격 발달의 과정이다. 이런 의미에서 종교 체험은 융의 정신치료 과정인 개성화 과정과 상당히 비슷한 점이 많다. 종교 체험이 사람들 속에 있는 우리 안에-있는-하나님을 만나는 체험이라면, 개성화 과정은 우리 내면에 있는 원형인 자기를 만나서 그것을 실현시키는 체험인데, 우리 안에-있는-하나님이나 자기(le Soi)는 결국 같은 것이기 때문이다.

제4부

분석심리학과 종교 및 콤플렉스와 정신병리

제10장

분석심리학과 종교

1. 하나님에 대한 융의 탐구

취리히를 중심으로 활동했던 분석심리학자 C. G. 융(Carl Gustav Jung)은 스위스 루터파 목사의 아들로 태어나 어린 시절을 목사관에서 살며 종교 체험이라고 할 수 있는 여러 가지 체험을 하면서 기독교적인 분위기에서 성장하였다. 그러나 기독교에 대한 그의 태도는 그렇게 긍정적이지 않았다. 그가 그 당시 보았던 기독교는 새롭게 각성하기 시작한 인간의 의식에 맞추어 여태까지의 교리나 교의를 새롭게 해석하고, 영적인 문제 때문에 고통당하는 신도를 새로운 길로 인도해야 함에도 불구하고, 여전히 지나간 시대에나 알맞은 방식으로 신도들의 영혼을 억누르고 있었기 때문이다. 그래서 그는 그런 기독교에 반발하면서 새로운 기독교를 찾아 나섰고, 기독교를 새롭게 해석하려고 하였다. 다시 말해서 그는 사람들을 억압하고 사람들에게 처벌과 죽음만 가져다주고, 사람들로 하여금 두려움 속에서 떨게 하는 기독교가 아니라 사람들을 해방시키고 사람들에게 희망과 삶을 가져다주고, 사람들로 하여금 자신의 삶을 온전하게 통합하여, 성숙하고 의미 있는 삶을 살게 하는 새로운 기독교를 찾았던 것이다.

융에 의하면, 사람들이 하나님이라고 생각하는 분은 그가 가지고 있는 강력한 힘 때문에 사람들을 거역할 수 없을 정도로 사로잡으며, 사람들의 삶을 온통 뒤흔들어 놓을 수 있는 어떤 실체였다. 그런데 그동안 기독교에서는 하나님의 이미지를 사람들이 무엇을 잘못했을 때 처벌하고, 마지막 날 궁극적으로 심판하며, '도저히 용서받지 못할 죄'를 지었을 경우 영벌(永罰)에 처하게 하는 두렵고 떨리는 존재로 제시하였다. 그가 가진 완전하고 강력한 힘을 가지고 사람들을 완전하게 하며, 그 완전성이 깨어졌을 경우 사람들을 치유시켜서 다시 완전하게 해 주는 존재로 제시하지 않았던 것이다. 하나님을 이렇게 부정적 이미지로만 그릴 때, 사람들은 이런 존재와 진정한 관계를 맺을 수 없다. 이런 존재는 너무 무서워서 가까이하기보다는 멀리해야 하고, 이런 존재의 노여움을 사지 않기 위해서 온갖 제의와 예배로 이들을 위무(慰撫)해야 하기 때문이다. 이런 존재에게는 복을 내려달라고 빌어야 할 뿐, 인격적이고 올바른 관계를 맺을 수 없는 것이다. 그래서 융은 하나님은 과연 누구인가, 사람들은 어떤 존재를 가리켜서 하나님이라고 해 왔는가, 사람들의 삶에서 하나님은 과연 어떻게 작용하고 있을까 하는 점을 찾아서 궁구(窮究)하였다. 이 작업을 위해서 융은 기독교뿐만 아니라 세계 여러 민족의 신화와 경전들까지 뒤적여 그동안 사람들이 하나님이라고 불러 왔던 존재에 관해서 탐구하였다.[1)]

여기에서 한 가지 의문이 생긴다. 인간의 정신을 치료했던 분석심리학자 융은 왜 그렇게 하나님에 관해서 궁금하게 생각하였으며, 하나님에 관해서 그렇

1) 현대 교회에도 이런 하나님의 이미지를 제시하는 교회들이 있지만, 현대 교회의 가장 큰 문제는 현대 교회에서 제시하는 하나님의 이미지가 초월적인 상(像)이 아니라, 너무 현세적이고 세속적인 하나님이라는 점이다. 많은 교회에서는 하나님을 영적인 존재로서가 아니라 복을 주기만 하는 존재로 그리고 있는 것이다. 그러나 그렇게 할 때 사람들은 그런 하나님의 이미지에서 초월적인 것을 느끼지 못하고, 의미를 느끼지 못하여 멀어지게 된다. 현대사회에서 '하나님이 없는 듯한 현상(신 죽음 현상)'이 만연한 것은 이 때문이다.

게 열심히 탐구하였는가? 그것은 앞에서도 말했듯이 그가 개신교 목사의 아들로 태어났기 때문만이 아니라 하나님을 그가 가진 강력한 힘 때문에 사람들을 거역할 수 없을 정도로 사로잡으며, 사람들의 삶을 온통 뒤흔들어 놓는 이미지로 생각했기 때문이다. 다시 말해서, 사람들이 생각하는 하나님의 이미지(image of God)는 전지전능하고 무소부재하며 사람들이 생각할 수 있는 최고 가치를 지닌 형상이라서 삶에 영향을 끼치지 않는 부분이 없으며, 사람들이 궁극적인 것이라고 생각하는 모든 것과 연결되어 있어서 사람들의 정신에 절대적인 영향을 끼치기 때문이다.[2)] 그래서 그는 사람들이 가진 하나님의 이미지와 종교 및 종교 체험 등에 관해서 깊은 관심을 기울였고, 그것들이 정신질환이나 치료와 어떤 관계가 있는 것인가 하는 문제에 관해서 깊이 연구하였다. 그 결과, 그는 정신 질환과 종교 또는 종교 신앙 사이에는 밀접한 관계가 있고, 올바른 신앙은 정신치료에 커다란 도움을 주고 있다는 사실을 발견하였다.[3)]

2. 하나님과 하나님의 이미지

융이 주장했던 신관(神觀)에서 한 가지 강조해야 할 점은 그가 실제의 하나님과 사람들이 하나님이라고 생각하는 분 사이를 엄격하게 구분했다는 사실이다. 다시 말해서 사람들은 실제의 하나님에 관해서는 전혀 알 수 없으며, 다만 그들이 하나님이라고 생각하는 존재를 하나님으로 섬기고 있는데, 그 존재는 하나님의 실존 여부와 관계없이 사람들에게 결정적인 영향을 끼치고, 그들에

2) cf. 이 문제와 관련해서 융은 "모든 신경증은 어떤 것이나 일정한 도덕적 퇴폐와 결부되어 있다는 사실입니다. 신경증에 걸려 있는 한 그 사람은 자신에 대한 신뢰를 상실해 버린 것입니다."라고 말하면서 신경증이란 사람들이 온전성을 잃어버리고 무의식의 부분인격에 사로잡힌 것으로 자신의 완전성을 회복해야 비로소 치료되는 것이라고 주장하였다. C. G. Jung, 『심리학과 종교』, 이은봉 역(서울: 성문각, 1980), pp. 15-21.

3) C. G. Jung, *Mordern Man in Search of a Soul*(London: Routledge & Kegan Paul, 1978), pp. 70-73.

게 하나님이 된다고 주장했던 것이다. 그가 하나님이라는 단어를 사용했을 때, 대부분의 경우 그것은 실제의 하나님을 가리키는 것이 아니라 사람들이 하나님이라고 생각하는 존재, 즉 하나님의 이미지를 가리켰다. 사실 사람들의 삶에는 그것이 가진 강력한 힘 때문에 신(神)이라고 부르지 않을 수 없을 정도로 강력한 내용이 있다. 어떤 관념이나 주의 또는 이상 등은 때때로 사람들을 사로잡아서 그것 때문에 목숨을 바칠 수도 있게 한다. 그 순간 그것들은 가히 하나님과 같은 존재가 된다. 융은 어떤 사람이 어떤 목적에 열광적으로 관심을 기울일 때, 그것은 거의 '종교적인 열광'과 같은 것이라고 주장하였다.[4)]

융에 의하면 이런 요소는 사람들의 바깥에만 존재하는 것이 아니다. 사람들의 내면에도 존재하면서 삶에 커다란 영향을 끼치고 있다. 왜냐하면 사람들의 내면에는 하나님처럼 온전하고 강력하며 초월적인 정신 내용이 있는데, 그것은 그가 가진 전체적인 속성(totality) 때문에 분열되어 있는 모든 것을 통합하려고 하며, 스스로의 온전성(wholeness)을 실현시키려고 하기 때문이다. 다시 말해서, 융은 사람들의 내면에는 인간 정신의 중심이 되고, 인간의 의식을 초월해 있으며, 인간의 의식과 무의식을 통합하는 정신 요소로서 자기(自己)라고 부른 요소가 있는데, 사람들은 그것을 바깥에 투사시켜 놓고 하나님이라고 부른다는 것이다.[5)] 그는 사람들이 그의 바깥에 있다고 생각하면서 하나님이라고 부르는 존재가 실제로는 하나님의 이미지로서 우리 안에-있는-하나님(God-within-us)이라고 주장하였다. 즉, 사람들이 하나님이라고 부르는 존재는 하나님처럼 온전한 모습으로 사람들의 내면에 존재하는 정신의 한 요소라는 것이다.

그러나 여기에서 조심해야 할 것은 우리 안에-있는-하나님이 결코 주관적이고 내면적인 존재만은 아니라는 사실이다. 우리 안에-있는-하나님은 한 사

4) C. G. Jung, 『심리학과 종교』, p. 12.
5) 사람들의 내면에 있는 이 요소를 융은 자기(the Self)라고 주장하였는데, 이 문제에 관해서 더 깊이 살펴보려면 이 책의 제7장에 있는 '자기의 의미와 개성화 과정'을 참고하면 좋을 것이다.

람의 내면에서만 그려지는 존재가 아니라 다른 사람들도 그렇게 생각하며, 그에게 영향받고, 함께 찬양하고 숭배하는 외부적이며 객관적인 존재이기 때문이다. 사람들은 태곳적부터 이런 존재에 대해서 많이 알아 왔다. 그들의 삶에서 이 존재를 발견해 왔고, 그들에게 많은 영향을 받아 왔다. 그래서 사람들은 이 존재를 가리켜서 각 민족 나름대로 혹은 다이몬으로 혹은 하나님으로, 혹은 절대정신으로 불러 왔다.[6] 결론적으로 그는 하나님 자체와 사람들이 하나님이라고 생각하는 '하나님의 이미지'를 구별하여, 사람들은 하나님 자체에 대해서는 다 알 수 없고, 그들이 하나님이라고 생각하는 존재를 믿고 섬기는데, 그 하나님의 이미지는 어떤 한 사람이 자의적으로 생각해 낸 주관적 형상이 아니라 다른 사람들에게도 똑같이 작용하는 객관적 형상이라고 주장했다. 그리하여 사람들이 종교 또는 종교 체험이라고 부른 것은 이 형상을 중심으로 이루어지고 있다.

3. religere로서의 종교와 교의 및 제의

융에게 있어서 종교는 기독교, 유교, 불교 등 어떤 교단을 의미하거나 그 교단에서 신봉하는 신조를 의미하는 것이 아니었다. 오히려 이 세상을 살면서 가지게 되는 어떤 독특한 정신적 태도, 즉 사람들의 삶을 온통 뒤흔들어 버리는 어떤 역동적인 요소를 체험하고 그것들로 인해 삶이 뒤흔들렸기 때문에, 그것들은 과연 어떤 것이고, 언제, 어떻게 또 다시 나타나 그를 뒤흔들 것인가 하고 그 요소를 '신중하게 고려하고 관찰하는' 태도라고 주장하였다: "종교란 라틴어 어원 religere가 의미하는 바와 같이 ……인간 정신의 어떤 독특한 태도, 즉 어떤 종류의 동적 요인을 신중히 고려하고 관찰한 것으로 그 동적 요인

6) Marie-Louise von Franz, "개성화 과정", C. G. Jung, 『인간과 무의식의 상징』, 이부영 외 역(서울: 집문당, 1983), pp. 165-166.

들은 ……인간이 이 세상에서 발견한 힘 있고 위험하고 도움을 주는 것이라고 생각되는 것들이나 경건하게 숭배되고 사랑받을 만큼 위대하고 아름답고 의미 있는 요소들에 주어진 이름을 말한다."[7] 융이 종교를 이렇게 생각한 것은 모든 사람은 그들이 신봉하는 종교나 종교적 교의(dogma)와 관계없이 이런 요소를 체험하고 깊이 충격을 받으며, 그 체험을 통해서 삶의 태도가 달라지기 때문이다. 융 역시 꿈이나 환상을 통해서 이런 요소를 체험하고 전율에 사로잡히는 깊은 충격을 받은 적이 많이 있었다.[8]

초자연적인 힘을 가지고 사람들을 뒤흔드는 이런 요소들의 속성과 이 요소들에 대한 사람들의 반응에 관해서 가장 잘 설명한 사람을 독일의 종교철학자 루돌프 오토(Rudolf Otto)라고 생각하면서 융은 오토가 사용한 '누멘(numen)'이라는 개념을 가지고 종교론을 전개시켰다. 오토에 의하면, 누멘은 라틴어로 '거룩한 것' '성스러운 것'이라는 말인데, 이 세상에는 그것이 전혀 다른 특성 때문에 일상적인 것과 다르게 체험되고, 사람들을 압도하며, 두렵게 하면서 동시에 매혹하기도 하는 것이 존재한다고 주장하였다. 또한 사람들은 그런 체험을 한 다음 체험의 대상이 되었던 강력한 힘을 숭배하게 된다고 덧붙였다.[9] 사실 이런 요소가 삶에 나타나면, 사람들은 그것이 일상적인 것이 아니라 비일상적인 것이라는 사실을 즉각 알아차리고 그것에 사로잡히며, 그 체험 후 의식의 상태가 변화된다. 그것이 너무 엄청나고 압도적이기 때문이다: "누미노즘이란 눈에 보이는 어떤 객체가 지니고 있는 성질이거나 혹은 인간의 의식에 독특한

7) C. G. Jung, 『심리학과 종교』, pp. 10-12.

8) C. G. Jung, 『융의 생애와 사상』, 이기춘, 김성민 역(서울: 현대사상사, 1996).

9) 루돌프 오토가 말한 '누멘(numen)'은 사람들이 보통 신적인 것을 체험한 다음에 느끼는 saint 또는 holy 등과 같이 윤리적인 의미를 내포한 거룩함이 아니라 그것보다 더 근원적인 감정으로서의 거룩함이다. 즉, 사람들이 신적인 것을 보고서 즉각적으로 가지게 되는 두렵고 떨리지만, 또 한없이 사람들을 잡아끄는 거룩성인 것이다. 누멘은 사람들에게 피조물적인 감정, 두려운 신비감, 매혹적인 신비감, 어마어마함, 장엄함 등의 감정을 불러일으키며, 그 앞에서 누멘적 찬송을 하게 한다고 오토는 주장하였다. cf. Rudolf Otto, 『성스러움의 의미』, 길희성 역(왜관: 분도출판사, 1991), pp. 37-118.

변화를 가져오는 눈에 보이지 않는 존재의 영향입니다. ……그런데 그 작용하는 힘은 주체인 인간을 사로잡고 지배하며, 인간은 항상 그 작용의 창조자라기보다는 희생자가 되는 것입니다. 누미노즘은 그것이 어떤 원인에 의해서 생겨나는 것이든지 간에 주체인 인간에게는 자기의 의지로 어찌할 수 없는 조건입니다."[10]

종교에서 주장하는 교의나 그것의 실행 체제인 제의는 누멘에 대한 근원적인 종교 체험 후에 형성되는 것이다. 다시 말해서, 사람들이 누멘의 초자연적인 힘을 체험을 한 다음 그 체험을 다시 모아서 해석하고 편집하여 교의로 만드는 것이다. 융은 교의나 제의에는 양면적인 성격이 있다고 주장하였다. 한편으로, 그것들은 누멘에 접근할 때 야기될 수도 있는 위험에서 사람들을 보호하면서 누멘에 다가가게 하지만, 다른 한편으로 그것들은 시간이 흐르면서 형식화되며, 누멘이 가진 본래적인 역동성을 전달해 주지 못하고, 어떤 틀 속에 갇혀서 돌같이 굳어진다고 주장했던 것이다.

누멘이 가진 강력한 힘을 우리는 모세가 호렙산에서 하나님을 뵈었을 때 "네가 서 있는 곳은 거룩한 곳이니 신발을 벗으라."(출 3:5)라는 음성을 듣고 신을 벗을 수밖에 없었고, 예언자 이사야가 하나님을 뵌 다음 "화로다 나여, 이제 죽게 되었구나. 나는 입술이 부정한 사람들 가운데 살고 있으면서 왕이신 만군의 주님을 만났으니 죽을 수밖에 없게 되었구나."(사 6:5) 하는 탄식에서 읽어 볼 수 있다. 모세나 이사야의 그런 행동은 그들이 누멘적인 힘에 직면했던 감정적인 충격을 증언해 주기 때문이다. 교의와 제의는 이런 초자연적인 힘이 일정한 수로(canal)를 통해서 나오도록 하여, 위험하지 않게 그 힘에 접근하게 해 준다. 많은 종교의 신도는 종교의 교의나 제의를 통해서 이 힘에 참여하여 엑스터시에 사로잡히는 등 여러 종교 체험을 한다. 그러나 교의와 제의는 누멘 자체가 아니라 위대한 종교적 영웅들이 누멘을 체험한 다음에 다른 사람도 거기에 접근할 수 있도록 자신의 체험을 합리적인 방식으로 재구성한 것으로서, 어디까

10) C. G. Jung, 『심리학과 종교』, pp. 10-11.

지나 이차적인 것이다.[11] 그러므로 그것들이 가리키는 근원적인 것을 드러내기 위해서 언제나 새롭게 재해석되어야 한다. 그러지 못할 경우, 그것들은 더는 누멘이 가진 초자연적인 힘을 전달해 주지 못하고 만다. 우리는 이렇게 굳어 버린 교의와 제의를 많이 보고 있다. 사람들에게 더는 신적인 것이나 근원적인 것을 체험하지 못하게 하고, 사람들을 거룩한 영역으로 이끌어 주지 못하게 하는 제의가 많이 있는 것이다.

4. 인간과 종교, 종교 체험

융은 사람들이 근원적인 것으로부터 멀어질 때, 정신에 병이 든다고 주장하였다. 왜냐하면 근원적인 것만이 사람들의 삶에 강력한 의미를 부여해 주고, 생명력을 북돋워 주기 때문이다. 그는 신경증은 삶에서 의미를 발견하지 못한 사람들이 겪는 '영혼의 고통'이라고 주장했으며, 현대사회에서 종교 생활이 점점 더 쇠퇴해 감에 따라 신경증 환자가 더 늘어나고 있다고 덧붙였다: "나에게 찾아오는 환자의 1/3가량은 임상적으로 신경증 때문에 오는 것이 아니라 삶의 공허와 무의미 때문에 찾아오는 것이다. 이 사실은 아마 오늘날 가장 보편적인 신경증의 상황을 그려 내는 사실일 것이다."[12] 이렇게 생각할 때, 우리는 신경증이 종교적이며 도덕적인 문제라는 사실을 알 수 있다. 신경증은 심리적인 문제 때문에만 생기는 것이 아니라 삶의 근원적인 의미 체험을 하지 못해서 생기기도 하며, 자신의 내면적인 요청에 충실하지 못해서 생기는 병이기 때문이다. 사실 우리는 외부에 대한 적응 때문에 우리 내면의 욕구에 응답하지 못하고 합리적이고 세속적으로만 살 때, 바깥에서 벌어지는 일은 모두 잘되어 가지만 무엇인가 우울하고 침체되는 것을 느낄 때가 많다. 삶이 현실을 초월하는 근원적

---

11) *Ibid.*, p. 13.

12) C. G. Jung, *Mordern Man in Search of a Soul*, p. 70.

인 것과 떨어져 있기 때문이다. 그래서 융은 정신의 치료를 위해서 목회자들이 정신과 의사들과 협력해야 한다고 강조하였다.[13)]

하지만 현대사회에서 사람들은 너무 초월적인 것, 거룩한 것, 신적인 것들을 파괴해 버렸고, 그런 것을 접촉할 수 없어서 많은 사람은 영혼의 고통을 받고 있다. 사실 현대사회는 삶의 초월성과 거룩성 및 신성을 보여 주던 종교 상징을 많이 없애 버렸다. 그 전 시대까지만 해도 거룩한 영역을 제시해 주던 많은 종교 상징은 이제 단순히 종교적인 것을 가리키는 표지(sign)로 전락해 버렸거나 더는 누멘적인 감정을 불러일으키지 못하는 웃음거리가 되어 버린 것이다. 따라서 현대인은 눈에 보이는 것, 현실적인 것만이 유일하게 확실한 것이라고 생각하면서 그것들에 매달릴 뿐 그들의 존재 깊숙이 들어가지 않는다. 그 결과, 그들은 의미 있고 영원한 세계에서 살지 못하고, 일상적인 것 속에서 시간이 지남에 따라 스러지고 마는 무의미만 체험하며 살고 있다. 신경증을 불러일으키는 공허감과 권태에 노출되어 사는 것이다. 이런 사람들을 위한 정신치료는 심리적 차원은 물론 종교적 차원에서도 행해져야 한다. 이런 사람들에게는 종교적인 의미에서의 회심(conversion)이 일어나지 않는 한 정신치료가 불가능하다고 융은 주장한 것이다.[14)]

융은 현대사회에서 종교 상징이 점차 의미를 잃어버리게 된 것은 현대사회의 세속성에 결정적인 책임이 있지만, 개신교 정신(protestantism)이 종교 상징을 너무 합리적으로 설명하려는 경향이 있는 것 역시 그 요인이라고 비판하였다. 개신교는 기독교의 종교 상징을 많이 없애 버렸고, 교의나 제의에 파고들어 가기보다는 그것들의 의미만 해석하려고 했기 때문이다. 그러나 신화나 상징에는 그것이 표명하는 의미만 중요한 것이 아니라 그것들을 형성시키는 내적 열망과 그것들의 기반이 되는 정신적 요소가 중요한데, 개신교에서는 그런 것들을 무시하고 신화와 상징을 너무 논리적으로 해석하여 본래적인 열망이

13) *Ibid.*, pp. 265-270.
14) *Ibid.*, pp. 267-274.

식어 버리고, 모든 종교적인 것에서 신비감이 사라지고 마는 것이다. 종교에서 비일상적이고 초월적인 요소를 빼 버리고 종교 언어를 과학적 언설로 만드는 것이다. 그러나 인간의 삶에는 합리적 측면뿐만 아니라 비합리적 측면도 존재하며, 사람들은 의식적인 존재일 뿐만 아니라 무의식의 영향 역시 지배적으로 받고 사는 존재다.

때때로 삶에 다가오는 누멘적 힘은 도저히 합리적으로 설명할 수 없으며, 신화적 현상은 오늘날에도 다가오는 것이다. 그래서 융은 개신교 신학자 루돌프 볼트만이 기독교에 나오는 많은 신화적인 사실에서 본질적인 의미만 해석하자고 제안한 비신화화론(demythologization)을 비판하고, 기독교에서 정말로 주장하는 세계에 들어가려면 오히려 재신화화(remythologization)해야 한다고 강조하였다. 우리 내면에는 과거에 그런 신화와 상징을 만들어 냈던 집단적 무의식이 있으며, 다시 집단적 무의식 안에 들어갈 때 거기에서 나온 것을 가장 잘 이해하고 체험할 수 있기 때문이다.

물론 인간 정신이 궁극적으로 발달해 나가야 하는 길은 개신교 정신처럼 의식과 무의식을 분화시키고, 집단적 무의식 안에 있는 여러 요소를 분화시키는 것이다. 그러나 개신교는 종교적인 것을 비마술화(disenchantment)하고 분화시키려다가 종교의 본질적인 것까지 훼손하고, 종교를 종교가 아닌 것으로 만들어 버리는 경우가 많다. 이런 현상에 대해서 융은 다음과 같이 말하였다: "교회가 주의 깊게 건축해 놓은 수많은 벽을 철거해 온 프로테스탄트는 직접적으로 개인적인 계시가 지닌 파괴적인 분열적 영향에 직면하기 시작하였다. 도그마라는 울타리가 무너지고 의식이 권위를 잃어버리자 인간은 곧 그리스도교는 물론 그 밖의 이교를 막론하고 모든 종교 체험의 절대적인 핵심을 이루는 도그마나 의식의 비호와 안내를 받지 못하고, 스스로의 내적 체험에 직면하게 된 것이다."[15]

15) C. G. Jung, 『심리학과 종교』, p. 31.

5. 결 론

이러한 융의 주장은 기독교에 많은 공헌을 하였다. 특히 기독교를 새롭게 해석하고, 기독교 교의가 말하는 진리를 심리학적으로 설명한 것은 현대인이 기독교와 기독교 진리를 새롭게 이해할 수 있는 토대를 마련해 주었다. 기독교와 종교 일반에 끼친 융의 공헌을 살펴보면 다음과 같다.

첫째, 그는 인간의 내면에서 영적인 영역을 발견하였고, 그 영역이 인간의 삶에 결정적인 영향을 미친다고 주장하였다. 융은 인간의 내면에는 온갖 신이나 신화, 상징을 만들어서 가히 만신전(pantheon)이라고 부를 수 있는 영역이 있으며, 그 영역이 삶을 궁극적으로 이끌어 간다고 주장하였던 것이다. 융이 집단적 무의식이라고 부른 이 영역은 인간의 모든 행동을 가능하게 해 주는 원형(archetype)의 창고인데, 우리 의식과 너무 다른 내용으로 구성되어 있어서 사람들에게 비일상적인 것으로 경험되기도 한다. 그런데 융이 말한 하나님의 이미지, 즉 우리 안에-있는-하나님 역시 이 영역의 산물이다. 다시 말해서 집단적 무의식 안에 있는 완전하고, 초월적이며, 모든 것을 통합하고 있는 정신 요소인 '자기'의 투사인 것이다. 자기는 분열되어 있는 모든 것을 통합하려고 하며, 사람들의 삶을 근본적으로 이끌어 간다. 사람들의 내면에 이 영역이 있는 한 인간은 종교적인 존재(homo religiosus)일 수밖에 없다. 이 영역이 사람들을 언제나 종교적인 삶으로 이끌어 가는 것이다. 융은 현대인에게 기독교를 전하려면 기독교만 전할 것이 아니라 먼저 내면에 있는 종교성을 깨우치게 하여 그들을 종교적으로 만든 다음 기독교를 전해야 한다고 주장하였다. 현대인이 기독교를 모른다면 그것은 그들이 비종교적이기 때문인데, 그들의 내면에 있는 종교성을 깨우치면 자연히 기독교를 받아들일 수 있다는 것이다.

둘째, 융은 종교의 역동성을 주장하였으며 인간의 삶에서 종교가 끼치는 강력한 영향에 대해서 강조하였다. 신은 그가 가진 강력하고 역동적인 힘 때문에 신이라고 부르지 않을 수 없는 존재다. 신이라는 개념은 어쩌면 삶에서 발견되는 그런 요소에 붙여진 이름이라고 말하는 것이 더 정확할 것이다. 신을 중심으로 해서 이루어진 종교는 인간의 삶에 커다란 영향을 끼치고 있으며, 인간의 삶을 온통 뒤흔들 수 있는 것이다. 그렇지 않은 종교가 있다면 그것은 진정한 종교가 아닌 거짓 종교일 것이다.

그러나 많은 사람은 이러한 신을 모르는 채 자신의 삶에서 단순히 복만 받으려고 하거나 눈앞에 닥친 위험에서 벗어나도록 신에게 비는 정도의 신앙생활에 만족하고 있다. 이런 사람들은 인간 정신의 깊이를 모르는 사람들로 자연히 삶이 피상적일 수밖에 없고, 정신도 건강하지 않은 경우가 많다. 융은 이런 강력한 힘을 가진 하나님에 대한 체험이 무엇보다도 중요하다고 강조하였다. 하나님은 절대적이며 최고의 가치를 지닌 존재이기 때문에 하나님과의 관계 속에서 사는 사람은 하나님을 중심으로 한 세계관이나 인생관을 가지고 살게 된다. 그리하여 그들의 삶이 최고의 가치 아래서 이루어지는 것이다. 이런 세계관이나 인생관은 그들의 삶에 대단히 중요하며, 그들의 삶을 의미 있게 해 준다. 이렇게 뚜렷한 인생관이 없을 때 삶은 병들고 마는데, 현대사회에서 행해지는 수많은 병적인 현상은 현대인이 하나님을 잃어버리고, 올바른 세계관을 확립하지 못했기 때문에 생기는 것이다.

셋째, 융은 종교의 긍정적이며 적극적인 특성에 관해서 강조하였다. 많은 종교에서 신은 너무 절대적이고 초월적인 존재라서 사람들은 그가 가진 강력하고 자의적인 힘 앞에서 두려움에 떤다. 기독교에서도 어떤 이들은 진노의 하나님, 처벌과 심판의 하나님만 강조하고 그 하나님을 위무하기 위해서 전전긍긍한다. 하나님과 인격적인 관계를 맺고, 자신을 향한 하나님의 뜻을 헤아려서 그것을 행하는 능동적인 삶을 살지 못하는 것이다. 그러나 융은 우리 안에-있는-하나님은 그런 분이 아니라 인간을 치유하며 통합하는 존재라고 강조하였다. 사람들을 처벌하고 징계하는 존재가 아니라 강력한 힘을 가지고 사람들을 앞에서 이끄는 존재라고 강조한 것이다. 이런 신앙을 가질 때 우리는 과거 지향적이고 처벌 지향적인 삶을 살지 않고, 미래 지향적이고 화해 지향적인 삶을 살 수 있을 것이다.

마지막으로, 융은 교의와 제의의 형식화 가능성과 그에 대한 새로운 해석의 필요성을 강조하였다. 사실 교의와 제의는 실제 하나님을 가리키는 것이 아니라 그 종교의 창시자에 의해서 제정되고 그 이후 지속적으로 재해석되어 확립된 것이다. 그 자체가 누멘이 아니라 누멘의 체험에 대한 해석인 것이다. 그러므로 그것들은 변화하는 사람의 의식 상태에 따라서 새롭게 해석되어 사람들을 근원적인 체험으로 이끌어야 한다. 현재 많은 종교는 신을 과거의 언어와 형식들로 전할 뿐, 새롭게 해석하여 전하지 못하고 있다. 현대인의 종교 생활이 침체 상태에 빠져 있다면, 그것은 각 종교가 현대인의 진정한 내적 욕구를 파악하지 못하고 과거의 방식대로만 종교를 설명하기 때문일 것이다.

융의 이러한 지적은 기독교에 많은 영향을 끼쳤고 기독교를 새롭게 하는 데 도움을 주었지만, 받아들이기 어려운 점도 눈에 띈다. 첫째, 그가 하나님을 인격적인 존재로 보지 않고 하나의 힘으로만 보았으며, 둘째, 그가 실제의 하나님을 도저히 알 수 없는 존재로 규정하고 사람들은 하나님의 이미지에 관해서만 알 뿐이라고 주장하여 하나님을 무의식의 영역에 국한시켰다는 점이다. 사실 융이 주장한 하나님은 사람들에게 누미노즘 체험을 하게 하는 강력한 힘이지, 사람들과 인격적으로 만나고 하나하나의 삶의 사건에 참여하는 분이 아니었다. 하지만 기독교 성서와 신비 체험자가 말하는 하나님은 그런 하나님이 아니다. 한 사람 한 사람의 이름을 부르면서 사람들과 만나고, 그들과 인격적인 관계를 맺어 그 체험자들을 좀 더 높은 단계의 삶으로 이끌어 가는 분이다. 하나님을 이렇게 모호하고 강력하기만 한 비인격적인 힘으로 생각할 때 사람들은 원시적이며 혼돈적인 힘에 휩싸일 우려가 있다. 이런 강력한 존재 앞에서 사람들은 불가항력일 수밖에 없기 때문이다.

셋째, 융은 실제의 하나님과 사람들이 하나님이라고 생각하는 이미지를 구분하면서 실제의 하나님에 관해서는 알 수 없다고 주장했는데, 신비 체험자들은 개인적으로 하나님을 만났으며, 하나님이 그들을 어떤 상태에서 어떻게 만나 주었는지 구체적으로 증언하고 있다. 그들이 만난 하나님은 결코 인간이 알 수 없는 불가지론적인 존재가 아닌 것이다. 그러면 융은 왜 이렇게 주장한 것일까? 그것은 그가 하나님을 모호하고 알 수 없는 힘으로 체험했기 때문일 것이다. 더구나 그가 프로이트와 헤어지고 난 다음 실존적인 위기를 극복하는 과정에서 무의식에 있는 강력한 통합력의 존재를 감지하고, 그것을 다른 사람들이 하나님이라고 부르는 존재라고 파악했기 때문인 것이다. 신비 체험자들이 직접 만난 인격적인 존재와 융이 만난 모호하고 강력한 힘으로서의 하나님의 이미지는 다를 수밖에 없다. 하나님을 만나고 하나님과 인격적인 관계를 맺어 본 사람은 처음에는 비록 융처럼 하나님을 두려움 속에서 뚜렷이 알 수 없는 존재로 만날지라도 점차 하나님과 가까워지고 하나님의 사랑에 잠기면서 하나님에 관해서 인격적인 증언을 하게 되는 것이다.[16] 그것은 마치 초등학교 아이들이 학기 초에는 선생님을 강력히 두려운 존재로만 생각했지만, 시간이 지나면서 선생님과 친밀한 관계를 맺고 선생님과 인격적인 사귐을 갖게 되는 것과 같은 이치다. 융이 하나님을 모호하고 강력한 힘으로만 보았던 것은 그가 하나님과 개인적이고 인격적인 관계를 맺지 못했기 때문일 것이다.

어쨌든 융은 기독교를 비롯한 많은 종교에 신선한 자극을 주었고, 종교들에 새롭게 도전하였다. 특히 졸고 있는 의식 속에서 종교를 단순하게 현세적인 삶을 위해서 복을 비는 정도로만 생각하고 사는 사람과 종교를 생활의 한 방편으로만 삼고 사는 종교인에게 종교의 참다운 깊이와 역동성을 일깨워 주고, 인간의 삶의 또 다른 차원을 보여 주었다. 우리는 융을 통해서 현상 유지적인 특성을 가지고 있는 정태적 종교에서 벗어나, 삶에 새로운 의미를 가져다주고 그 삶을 역동적으로 만들 수 있는 역동적 종교를 찾아 나갈 수 있을 것이다.

16) 그래서 융은 신앙이란 은총이라고 강조하였다. 그러나 여기서 강조해야 할 점은 그가 말했던 것은 사람들이 가볍게 체험하는 하나님이 아니라 사람들에게 근원적인 의미를 체험하게 하는 진정한 하나님을 가리킨다는 것이다.

제11장

기독교의 삼위일체 도그마와 C. G. 융의 사위론

1. 기독교와 삼위일체 도그마: 삼위일체 도그마의 형성과 발달

삼위일체 교의(教義, dogma)는 기독교 교의 가운데서 가장 중요하지만 가장 이해하기 어려운 교의다. 그것은 삼위일체 교의가 기독교회에서 초기 400여 년 동안 논쟁의 중심을 차지하고 있었다는 사실이 말해 준다. 초대 교회에서 삼위일체론에 열중했던 것은 그 교의에 기독교 신학의 핵심인 신론, 그리스도론은 물론 구원론이 담겨 있으며, 그것이 그들의 구원과 직접적으로 연관되는 문제였기 때문이다. 그래서 그들은 삼위일체론 논쟁 과정에서 그들과 반대되는 입장에 있는 사람들을 이단으로 정죄했을 뿐만 아니라 저주까지 퍼부었다. 이때 논쟁이 더 치열해졌던 것은 기독교 신학이 유대교 공동체라는 협소한 세계관에서 벗어나 세계 종교로 발달하는 과정에서 그들을 둘러싸고 있던 바빌로니아, 이집트 사상과 그리스 철학의 사변 체계를 받아들이면서 하나님에 대한 인식을 정교하게 해야 했기 때문이다.[1)]

성서에 삼위일체를 명시적으로 지시하는 말은 나오지 않는다. 다만 하나님을 다른 이름으로 부르거나(잠 8:22-31), 성부 하나님이 성자 하나님을 낳았다(시 2:7)는 등 삼위일체론으로 전개시킬 수 있는 구절만 있을 뿐이다. 따라서 초대 교회 교인들은 그들과 같이 살았고, 그들에게 구원의 도를 선포했던 예수 그리스도의 신성(神性)을 확신하고 있었지만, 시간이 지나면서 그들이 믿었던 그리스도를 어떻게 유대교의 유일신 신앙과 모순 없이 결합시킬 것인가 하는 문제에 봉착하게 되었다. 교회사가 펠리칸(J. Pelikan)은 삼위일체론의 논점은 시대에 따라서 예수 그리스도의 정체성에 대한 문제, 예수 그리스도 안에서 나타난 신성에 대한 문제, 예수 그리스도 안에서 나타난 인성과 신성 사이의 관계에 대한 문제로 옮겨지는데, 그것들은 결국 구원론의 문제로 귀결된다고 주장하였다.[2] 예수 그리스도를 어떻게 하나님이라고 할 수 있겠는가 하는 문제에서 출발한 삼위일체론이 시간이 지나면서 예수 그리스도를 통한 나의 구원이 어떻게 가능할 것인가 하는 문제로도 논의의 초점이 바뀌었다는 것이다.

1) 예수 그리스도의 정체성에 대한 문제: 로고스-그리스도론

초대 교회에서 사도들이 살아 있을 때 삼위일체론은 크게 문제시되지 않았다. 그들은 예수 그리스도를 직접적으로 체험하여 그를 하나님의 아들로 믿었으며, 하나님께 돌릴 수 있는 속성을 모두 그에게 돌릴 수 있었기 때문이다. 그러나 시간이 지나면서 사도들은 물론 그들과 함께했던 사람들도 모두 죽자 기독교회에서는 여러 기적을 행하였고 비상한 인격을 지녔던 예수 그리스도가 과연 누구였는가 하는 질문을 하게 되었다. 그가 그들이 믿던 유일신 야훼라고 하면 신의 절대성과 불가고통성에 위배되고, 그렇지 않다고 하면 그를 통한 구

1) cf. P. Tillich, *Systematic Theology* vol. II(Chicago: The University of Chicago Press, 1975), pp. 138-142. 그러나 가장 큰 원인은 삼위일체 논쟁이 절대자인 하나님을 인간의 유한한 이성으로 설명하려는 시도였기 때문이었을 것이다.

2) J. Pelikan, 『고대교회교리사』, 박종숙 역(서울: 크리스천 다이제스트, 1999), pp. 226-293.

원이 문제가 되기 때문이었다. 그때 가장 적합한 개념은 로고스(logos)였다. 로고스는 그리스 철학에서 미토스(mythos)에 대립되는 개념으로 '말씀' 또는 '이성'으로 번역되는데, 누스(nous)가 지닌 합리적이고 동적인 측면, 즉 누스의 내용을 질서 짓는 원리를 의미했던 것이다. 즉, 로고스는 만물이 제자리를 찾아서 질서 있게 존재하게 하는 창조적 힘으로, '자연 법칙'과 비슷한 것이었다. 그래서 기독교 변증가들은 기독교 신학을 정립하는 과정에서 로고스를 요한복음 1장 1절 구절과 결부시켜서 그리스도와 동일시하였다. 그렇게 되자 로고스는 하나님의 자기 계시의 원리이며, 예수 그리스도 안에 나타난 창조의 원리로 인식되면서, 기독교 신학에서 가장 중요한 개념으로 자리 잡게 되었다. 하나님은 로고스를 통하여 만물을 창조하셨으며, 만물을 그의 통치하에 두었다는 것이다.[3)]

로고스 개념은 기독교 변증가들에게 매우 유용하였다. 로고스는 성서에서 야훼라는 단어 이외에 주님 또는 아들 등 또 다른 이름으로 불리는 신격을 설명하는 데 도움을 주었기 때문이다. 그들은 로고스가 유일적으로(once for all) 예수 그리스도를 통하여 나타났다고 주장하면서 그리스도의 인간성과 신적 보편성을 결합시키려고 하였다. 신적 지혜와 권능인 로고스는 나사렛 예수라는 인간을 통하여 이 땅에 와서 하나님의 창조 목적을 달성하려고 했다는 것이다. 이러한 주장은 탁월했던 교부(教父) 오리겐(Origen, 185~254년경)을 통하여 신학적으로 일차로 정리되었다. 그는 성부는 로고스를 통하여 영원 전부터 자신을 자신과 세계에 대하여 열어 보였고(開示), 로고스를 통하여 이 세상을 구원하려고 하셨다고 주장하면서 성부와 성자의 관계를 규명했던 것이다.[4)] 이렇게

3) P. Tillich ed. by I. C. Henel, 『폴 틸리히의 그리스도교 사상사』, 송기득 역(천안: 한국신학연구소, 1983), pp. 60-87. cf. 동서문화출판부, 『세계대백과사전』(서울: 동서문화사, 1991), p. 4861.

4) P. Tillich ed. by I. C. Henel, 『폴 틸리히의 그리스도교 사상사』, p. 94. cf. 그 전에 초기 기독교에서는 세례예식문에서 삼위일체론적 형식을 사용하기는 했지만 성부와 성자의 관계에 대해서는 막연하게 생각하였고, 교부 터툴리안(Tertullian, 155~220년경)이 하나님을 성부, 성자, 성령 등 삼위적 신(trinitas)로 설명하면서 삼위일체론의 발판을 마련하였다. J. L. Neve, 『기독교교리사』, 서남동 역(서울: 대한기독교서회, 1982), p. 177.

되자 로고스-그리스도론은 예수 그리스도의 정체성을 묻는 질문에 적절한 대답이 되었다. 그러나 시간이 지나면서 로고스-기독론은 일신론적 반동에 부딪히면서 삼위일체 논쟁을 불러일으켰다.

2) 예수 그리스도 안에 나타난 신성에 대한 문제: 역동적 단일신론과 양태론적 단일신론

그러나 로고스-그리스도론은 성부와 성자 사이를 구분 짓지 않고, 그리스도 신앙을 유일신 신앙과 결합시키려고 했던 점에서 처음부터 한계가 있었다. 그 결과, 그것은 곧 단일신론 또는 군주론이라고 번역되는 유일신 신앙의 도전을 받았다. 단일신론(monarchianism)이라는 말은 군주적 지배를 뜻하는 'monarchia'라는 말에서 나왔는데, 단일신론자들은 로고스론자들과 달리 성부의 지배를 강조하였기 때문이다. 단일신론은 두 가지 형태로 나뉘는데, 하나는 그리스도는 처음부터 신이 아니라 어떤 특정한 시점, 즉 세례를 받을 때나 부활할 때 성령에 의해서 신성을 얻게 되었다고 주장하는 역동적 단일신론이고, 다른 하나는 같은 신이 시기와 상황에 따라서 세 가지 다른 모습으로 나타난다는 양태론적 단일신론이다.

먼저 역동적 단일신론은 사모사타의 바울 등이 주장했는데, 그들은 성자는 로고스 또는 영에 충만해 있었지만 처음부터 신은 아니었고, 어떤 시점에서 신으로 되었다고 주장하여 양자론(養子論)이라고도 부른다. 그들에 의하면 성자는 로고스의 힘을 받은 존재로서 하나님과 인간 사이의 제3의 존재다. 성자는 처음부터 하나님이었던 것이 아니라 세례를 받았을 때라든지, 부활할 때 하나님으로부터 피택되었다는 것이다. 그들은 성부의 지배를 강조하기 위해서 성자의 인간성을 강조하였던 것이다.[5]

한편 양태론적 단일신론은 그리스도의 신성을 희생시키지 않으면서 성부의

5) *Ibid.*, p. 102.

지배를 확보하기 위하여 성부가 여러 양태(modus)로 나타난다고 주장하여 양태론이라고도 불렀다. 그들은 성자와 성령을 성부의 자기 현현의 한 형태로 간주하여 유일신론과 그리스도의 신성을 동시에 만족시킬 수 있었던 것이다. 그러나 그들에게서 성부, 성자, 성령 사이의 구별은 찾아볼 수 없었다. 사벨리우스(Sabellius)가 이 학설의 대표자인데, 그는 단일체인 하나님은 세 가지의 상이한 양식 혹은 형태로 자기를 나타내셨으며, 자기를 창조주로 나타내신 것은 아버지, 구속자로 나타내신 것은 아들, 정결케 하는 자로 나타내신 것은 성령인데, 그것은 한 인격에 의해서 행하여진 세 가지 역할이라고 주장했던 것이다.[6) 펠리칸은 그들에게서 "성부이며 성자라고 불리는 한 동일한 존재만 있을 뿐이며, 하나가 다른 존재로부터 파생된 것이 아니라 스스로에게서 비롯되었고, 시간의 변화에 따라서 성부와 성자로 불릴 뿐이다."[7)]라고 비판하였다.

양태론적 단일신론이 성부수난설로 불리면서 하나님의 절대성과 불가고통성의 문제를 불러일으킨 것은 그 때문이다. 이러한 양태론은 필연적으로 예수 그리스도 안에서 나타났던 신성이 하나님과 동일본질(homoousios)인지 아니면 유사본질(homoiousios)인지 하는 논쟁을 불러일으켜 니케아 공의회와 콘스탄티노플 공의회가 개최되게 하였다.[8)]

3) 니케아 공의회와 콘스탄티노플 공회의: 아리우스와 아타나시우스

니케아 공의회는 삼위일체를 둘러싸고 있었던 모든 문제를 정리해야 하는 시점에서 행해진 중요한 종교 회의였고, 이 회의를 기점으로 기독교회는 이후에도 첨예하게 대립되는 신학 논쟁을 정리하는 계기를 마련하였다. 그러나 니

6) J. L. Neve, *op. cit.*, p. 182.
7) J. Pelikan, *op. cit.*, p. 234.
8) *Ibid.*, p. 184. cf. P. Tillich., *op. cit.*, p. 103.

케아 공의회는 신학적 목적뿐만 아니라 정치적 목적까지 포함되어서 한계를 지닐 수밖에 없었다. 이때 대립되었던 것은 알렉산드리아 교회의 장로 아리우스와 아타나시우스의 주장이었다. 아리우스(Arius, 280~336)는 사모사타의 바울의 영향을 받아서, 그의 신론의 핵심은 하나님은 오직 한 분이라는 사실에 있다. 따라서 그에게 로고스는 다른 피조물들과 전혀 다르지만 성부와 같은 본질을 가진 분은 아니었다. 로고스는 성부로부터 피조된 이차적인 존재였던 것이다. 그래야 성부의 초월성과 유일성이 가능해지기 때문이다. 로고스와 다른 피조물과의 차이는 로고스는 성부로부터 직접 창조되었고, 다른 피조물들은 로고스를 통하여 창조되었다는 점에 있었다.[9] 아리우스가 이렇게 성부와 성자를 구별하려고 했던 것은 그가 그리스도는 비록 인간이었지만 자유의지를 행사하여 결국 신으로 되어 모든 사람의 '구원의 선구자'가 되었다고 믿었기 때문이다. 아리우스의 이런 주장은 아타나시우스를 비롯한 정통주의자들로부터 신성 모독이라는 비판을 받았다. 하지만 틸리히는 그의 이런 주장은 그의 구원론적 관심사 때문이었으며, 그의 사상은 계속해서 동방 교회에 영향을 주었고, 현대 자유주의 신학자들에게까지 전해 온다고 주장하였다.[10]

아타나시우스(Athanasius, 295~373)는 아리우스와 정반대 입장에 서 있었다. 그는 예수 그리스도는 처음부터 하나님이었다고 주장했던 것이다. 그가 이렇게 주장한 이유는 인간의 구원이 확실해지려면 나사렛 예수를 통해서 나타난 하나님은 하나님 비슷한 존재가 아니라 하나님 자신이어야 한다는 구원론적 관점 때문이었다. 그런 맥락에서 그는 로고스는 기원과 본질에서 피조물과 전혀 다르고 아버지와 동일한 본질로 되어 있으며 한 분 하나님은 삼중의 인격적 존재로 나타난다고 강조하였다. 다만 성부와 성자가 다른 것은 성부는 출생되지 않았지만 성자는 출생된 자라는 점에 있었다. 그러나 로고스도 영원 전에 성부로부터 출생하였기 때문에 성부처럼 영원한 존재다.[11] 이렇게 볼 때 아리

9) cf. 이 점에 관해서 아타나시우스는 아리우스의 말을 이렇게 전하고 있다. Athanasius of Alexandria, Defense of Dionysius 23, 1(Opitz 2:63), J. Pelikan, *op. cit.*, p. 256에서 재인용.

10) P. Tillich, *op. cit.*, p. 106.

우스와 아타나시우스 사이의 가장 큰 차이점은 아타나시우스는 성부와 성자가 동일본질이라고 주장했지만, 아리우스는 유사본질을 주장했다는 점에 있다. 예수 그리스도는 양자가 아니라 하나님 자신이라는 것이다.[12)]

이러한 아리우스의 주장과 아타나시우스의 주장은 기독교회를 분열의 지경으로까지 몰아가서 콘스탄티누스 황제는 니케아 공의회(325)를 소집하여 삼위일체를 둘러싼 논쟁을 수습하려고 하였다. 이때 니케아 신조에서 강조한 것은 두 가지 사실이다. 성자는 성부에게서 출생하셨고, 독생(only begotten)하셨다는 점이었다. 즉, 성자는 성부에게서 나셨으며 성부와 동일본질(homoousios)이라는 것이었다. 이러한 니케아 신조의 밑바탕에는 우주를 창조하신 분만이 인간을 구원할 수 있으며, 그는 결코 피조물일 수 없다는 생각이 깔려 있다. 그래서 그들은 '독생'을 '피조물 가운데 처음 태어난'이라는 말과 동일시하는 아리우스주의에 반대하였고, 로고스는 다른 피조물들과 전혀 다르고, 성부의 본질에서 비롯되었다고 강조하였다.[13)]

니케아 공의회의 이러한 결론은 또 한 번의 타협이 필요하였는데, 그 이유는 세 위격 사이의 구별이 모호했고 성령에 대해서 명확한 설명이 이루어지지 않았기 때문이다. 그래서 이 문제를 해결하기 위하여 381년에 개최된 콘스탄티노플 공의회가 열려야 했다. 그때 하나님은 한 분이지만 같은 본질을 가진 삼위로 존재하신다는 사실을 명확하게 표현했던 것이다. 그때 주도적인 역할을 한 것은 카파도키아의 교부들인데, 그 가운데서 나지안주스의 그레고리는 한

11) J. L. Neve, *op. cit.*, p. 189. cf. J. Pelikan, *op. cit.*, p. 269.

12) P. Tillich, *op. cit.*, p. 107.

13) 그러나 니브는 이때 황제의 압력에 굴복하여 이러한 타협안에 많은 사람이 찬성하였지만 그 내용을 제대로 알았던 사람은 많지 않았다고 주장하였다. J. L. Neve, *op. cit.*, pp. 263-267. cf. 보프는 이러한 니케아 신조를 다음과 같은 네 가지 사항으로 정리하였다. 첫째, 아버지, 아들, 성령이라는 삼위일체 신앙의 표현, 둘째, 아버지와 아들의 동일 본질성, 셋째, 본체(hypostasis)라는 말을 위격(person)이라는 의미로 사용하여 하나님을 하나의 본질에 세 본체로 나타나는 삼위일체 하나님으로 이해, 넷째, 성령에 대해서는 객관적으로 서술되지 않는다. L. Boff, 『삼위일체와 사회』, 이세형 역(서울: 대한기독교서회, 2011), p. 107.

편으로는 하나의 신성(또는 본질)을 강조하고, 다른 한편으로는 세 위격 사이의 차이를 구별하려고 하였다. 그것을 위해서 그는 하나님은 하나의 신성(또는 본질)을 가지고 있으며, 세 가지 형식을 통해서 세 가지 독립된 실재(reality) 속에서 자기를 표현한다고 주장하였다. 그때 그는 삼위의 차별성을 표현하기 위해서 '기원의 양식(mode of origin)'이라는 관념을 사용하면서, 아버지는 피조되지 않았고, 영원에서 영원까지 존재하며, 아들은 탄생된(begotten) 존재이지만 영원 속에서 탄생되었고, 성령은 내보내진(proceeding) 존재라는 특성을 가진다고 정리하면서 세 위격의 구분을 명확히 하였다. 즉, 삼위일체 하나님은 신적 본질에 있어서는 동일하지만, 그 존재 방식이나 기원에서는 구별된다고 주장했던 것이다. 이렇게 해서 서방교회와 동방교회의 입장을 어느 정도 만족시킬 수 있는 최종 도식이 완성되어 삼위일체론을 둘러싼 논쟁은 종식되었고, 니케아 공의회에서 명확하지 않게 넘어갔던 성령의 위치도 확실해지게 되었다.[14)]

4) 예수 그리스도 안에서 나타난 인성과 신성의 관계: 삼위일체론과 구원론

고대 그리스도인에게 예수 그리스도는 인간의 실존을 둘러싼 비존재에의 위협을 극복하고 하나님의 창조적 힘에 참여하여 살았던 구원자였다. 아리우스가 비록 이단으로 정죄받았지만 그 역시 그리스도가 하나님과 인간 사이의 중재자였다고 강조한 것은 마찬가지였다. 그는 로고스가 성부와 같은 본질은 아니지만 다른 피조물들과는 전혀 다른 피조물이라고 강조하였다. 그러한 로고스만이 하나님과 인간 사이를 중재할 수 있을 것이기 때문이다. 이렇게 삼위일체론은 처음에는 신론(神論)을 중심으로 해서 전개되었으나 시간이 지나면서 기독론과 구원론으로 논의의 중심이 변화되면서 점점 더 치열한 논쟁을 불러일으켰다. 사람들은 그리스도의 재림이 지연되자 그리스도를 통한 구원에 관

14) J. Pelikan, *op. cit.*, pp. 286-289. cf. P. Tillich, *op. cit.*, pp. 114-115.

심을 기울이면서, 그리스도가 인간의 몸을 가지고 있으면서도 신적인 삶을 살았듯이 어떻게 하면 그들도 인간의 몸을 가지고 정신적 삶을 살 수 있는지 고뇌하였던 것이다. 그래서 펠리칸은 삼위일체 논쟁은 마지막 단계에서 그리스도 안에서 나타난 인간성과 신성의 관계로 넘어가게 되었다고 주장하였다.[15)]

사실 사람들은 이 세상을 살면서 실존적 상황에서 자신을 파괴하고, 그가 사는 세계를 파괴시키려는 비존재의 힘을 너무 많이 체험하면서 살고, 고통당한다. 그것은 인간이 본질적 상태에서 벗어나 실존적 상태로 들어왔기 때문이다. 신학자 폴 틸리히(P. Tillich)는 기독교 신학에서 '타락'이나 '원죄' 개념도 인간의 이러한 실존 상황에 대한 인식 때문에 생긴 것이라고 주장하였다: " '아담의 타락'이라는 상징은 기독교 전승에서 결정적인 부분이다. 그것이 비록 성서 이야기와 연관되어 있지만, 그 의미는 아담의 타락 신화를 넘어서며 보편적인 인류학적 의미를 갖는 것이다. ……이러한 이해를 더 예리하게 하기 위해서 '본질로부터 실존으로의 이행'이라는 구절은 이 체계 안에서 사용되고 있다."[16)]

사람들은 그들을 부패, 파괴, 죽음과 같은 비존재로 몰고 가려는 힘을 내면에서 느끼면서 사는데, 그것은 한 개인의 능력으로는 도저히 극복할 수 없는 강력한 것이다. 그것은 개인적인 것일 뿐만 아니라 우주적인 것이기도 하다. 그래서 틸리히는 원죄라는 관념은 인간의 그와 같은 인식에서 나온 것이라고 주장하였다. 사람들은 그들을 소외 상태로 몰고 가는 개인적 특성을 발견하고 절망한다는 것이다. 그때 인간에게 원죄는 그가 실존적 존재라는 것에서 나온 하나의 사실이며, 숙명이 된다. 그러나 인간에게는 하나님의 형상이 있어서 실존 상황 속에서 거기에서 벗어나서 살지만, 그것을 다시 회복하려고 한다.[17)]

15) cf. 이에 대해서 아타나시우스는 "(하나님은) 모든 창조된 자연이 스스로의 원리에 내맡겨졌다면 유동하다가 해체되어 버릴 것이라는 사실을 아셨다. 이것을 방지하고 우주가 비존재로 다시 돌아가는 것을 막기 위하여 하나님은 ……창조에 존재를 부여하셨다."라고 말하였다. Athanasius of Alexandria, Against the Heathen 41, (PG 25:81-4), J. Pelikan, *op. cit.*, p. 267에서 재인용.

16) P. Tillich, *op. cit.*, p. 29.

17) *Ibid.*, p. 46.

아리우스와 아타나시우스를 비롯한 고대 교부들은 인간의 실존에 있는 이러한 멍에를 누구보다도 절실하게 느꼈다. 그래서 아리우스는 그리스도를 다른 피조물과 전혀 다른 존재라고 하였고, 아타나시우스는 "로고스는 기원을 가진 사물에 속하지 않고, 도리어 그것들의 조형자(framer)여야만 했다."[18]라고 주장하였다. 인간의 실존을 비존재로 내모는 우주적인 세력과 내면에 있는 죄에 대한 고통이 너무 강력해서 그것을 극복하려면 인간적인 힘만으로는 불가능해서 그와 질적으로 다른 신적인 존재를 요청하였고, 그것을 예수 그리스도라는 탁월한 인격에게서 찾았던 것이다. 그는 인간과 똑같은 실존적 상황에서 살았지만 본래의 본질을 훼손시키지 않고 신-인을 그대로 실현시켰다. 사람들은 예수 그리스도의 인성(人性)이 신성(神性)에 참여하여 부활하였듯이 그들도 예수 그리스도의 창조적 힘에 참여하여 파멸(annihilation)로부터 구원받으려고 하였던 것이다.[19]

2. 융과 기독교 도그마

1) 융과 삼위일체 도그마

정신과 의사였던 융이 기독교의 삼위일체 교의에 관심을 가졌던 것도 똑같은 관심에서였다. 하지만 융처럼 종교나 기독교에 관심을 기울였던 현대 사상가는 많지 않을 것이다. 그가 종교에 관심을 가졌던 이유는 그의 자서전에서도

18) J. Pelikan, *op. cit.*, p. 269.

19) P. Tillich, *op. cit.*, p. 86. cf. J. Pelikan, *op. cit.*, p. 303. 여기에서 아리우스와 아타나시우스는 유사본질론과 동일본질론에서 차이점을 보이지만 그들의 사상은 각각 동방교회와 서방교회의 구원론의 바탕이 되었다. 동방교회에서는 구원의 과정에서 인간의 궁극적인 신화(deification)를 강조한다면, 서방교회는 인간의 전적인 죄와 무능을 강조하고 그것을 극복하게 하는 하나님의 은혜를 주장하는 것이다.

살펴볼 수 있듯이 그의 아버지가 해결하지 못한 정신적 과제를 수행하기 위해서였다. 그의 아버지는 이해하지도 못하는 도그마를 믿으라고 강요하는 교회의 압력 때문에 불행한 삶을 살았는데, 그는 아버지 대신 그 과제를 떠맡았던 것이다. 융은 그러한 문제는 비단 그의 아버지의 문제만이 아니라고 생각하였다. 자아의식이 발달한 현대인은 교리를 무조건 믿지 못하고 체험하기를 바라는데, 현대 교회는 현대인이 무의식에서 요청하는 하나님의 이미지를 제시하지 못해서 과거에 신적 대상에게 부어졌던 리비도가 제대로 흘러가지 못하기 때문이다. 그 결과 현대인은 고대인과 다른 종류의 정신적 고통인 우울증, 무의미감, 정신신체적 질병 등에 시달리고 있다.[20]

융은 종교란 사람들이 신적인 것이라고 생각되는 역동적인 존재나 작용을 주의 깊게 관찰하고 신중하게 고려하는 태도라고 생각하였다. 사람들은 그들에게 하나님이라고 생각되는 존재와의 관계를 확립하면서 그들의 유한한 실존을 극복하고 더 높은 정신성을 이루어 왔던 것이다. 따라서 종교는 사람들에게 올바른 신의 이미지를 제시하고, 그것을 체험하게 해야 한다. 그래야 사람들이 감각적인 세계에 정신 에너지를 모두 빼앗기지 않고, 종교에서 제시하는 전체상(la totalité)을 따라서 의식과 무의식 사이의 균형을 이루며 살 수 있기 때문이다. 종교가 어느 정도 그런 상징을 제공하였을 때, 사람들은 큰 갈등 없이 살았고, 종교 문화는 꽃을 피울 수 있었다. 그러나 현대사회에서 기독교는 제대로 된 역할을 수행하지 못하고 있다. 기독교 도그마가 현대인이 내면을 통합할 수 있는 상징을 제공하지 못하여 많은 사람이 어떻게 살아야 할지 알지 못해서 고통받는 것이다. 융은 현대인은 그들을 올바른 길로 이끌어 주는 하나님의 이미지를 찾지 못해서 물질주의나 심리학 만능주의에 빠져 있다고 진단하였다.[21]

융은 현대사회에서 기독교 상징은 많은 사람에게 살아 있는 하나님과 올바른 관계를 맺게 하지 못하면서 쇠퇴해 가고 있다고 생각하였다. 그는 인간의

20) C. G. Jung, *Ma Vie*, pp. 254-257.
21) C. G. Jung, 『인간의 상과 신의 상』, p. 128.

정신에는 강력한 에너지를 가진 정신 요소가 있으며, 여태까지 종교 상징은 사람들에게 그 요소를 체험하게 했는데, 현대 교회에서 제시하는 하나님의 이미지는 그 요소를 체험하지 못하게 한다고 하였다. 왜냐하면 인간의 정신은 고대 사회와 많은 면에서 발달하고 달라졌는데, 기독교는 여전히 그 전 시대에 의미 있었던 하나님의 이미지만 전할 뿐 달라진 시대에 알맞은 하나님의 이미지를 제시하지 못하기 때문이다. 그래서 융은 기독교를 비롯한 많은 종교, 특히 연금술에 나타난 치유의 상징을 연구하면서 무의식의 기반에서 벗어나 고통당하는 현대인에게 새로운 구원의 상징을 전해 주려 하였다.[22)]

삼위일체 교의는 융에게 매우 특별한 교의다. 왜냐하면 그가 청소년기에 견진례를 받기 전 다른 아이들과 함께 아버지에게 교리 교육을 받을 때, 아버지가 그 까다로운 교의를 자세하게 설명해 주기를 기다렸으나 아버지는 그것에 대해서 자기도 잘 알지 못한다고 말하면서 건너뛰자 매우 실망했기 때문이다. 그때 그는 아버지에게 무엇인가 배신당했다고 느꼈다. 그가 나중에 나이가 들면서 아버지의 무기력했던 삶이 아버지에게 종교적 확신이 없으면서 목회자의 길을 가야 했던 것 때문임을 깨닫고 아버지에게 연민을 가졌지만, 이때의 배신감을 씻을 수는 없었다.

융이 기독교 사상과의 관련 아래서 저술한 중요한 것들은 1937년에 미국 예일 대학교 테리 강좌에서 강연한 『심리학과 종교』, 1940년에 에라노스 학회에서 발표한 「삼위일체 도그마에 대한 심리학적 접근」, 1941년에 같은 에라노스 학회에서 발표한 「미사에서의 변환의 상징」, 1952년에 저술한 『욥에의 응답』 등이다. 융은 이 저술에서 한결같이 현대 기독교의 문제와 구원의 문제에 대해서 다루고 있다. 『심리학과 종교』와 「삼위일체 도그마에 대한 심리학적 접근」에서 사위일체 상징의 필요성에 대해서 말을 한다면, 「미사에서의 변환의 상

---

22) cf. "단어의 가장 엄밀한 의미에서 말하자면 종교는 기념비적일 정도로 놀라운 정신치료 체계다. 종교는 정신적 문제들을 강력한 이미지 속에서 무한하게 드러내는 것이다." C. G. Jung, *L'Ame et la vie*(Paris: Buchet/Chastel, 1963), p. 357.

징」에서는 변환을 통한 구원을 말하고, 『욥에의 응답』에서는 현대인에게 성육신을 통한 구원, 즉 자기를 의식화하여 신적인 상태(성육신)에 도달하는 것이 궁극적인 구원의 길이라고 주장한다.[23] 그것은 그가 기독교의 구원과 정신치료가 밀접한 관계에 있다고 생각했기 때문이다.

「삼위일체 도그마에 대한 심리학적 접근」은 『심리학과 종교』의 후속편인 듯하다. 그가 『심리학과 종교』를 쓰면서 현대인이 무의식에서 삼위일체적인 하나님보다 사위일체적인 하나님을 요청하는 것을 느끼고, 「삼위일체 도그마에 대한 심리학적 접근」에서 그 문제를 집중적으로 살펴본 것이다. 융은 「삼위일체 도그마에 대한 심리학적 접근」의 서두에서 그의 입장이 매우 조심스러울 수밖에 없음을 밝혔다. 신학자가 아닌 그가 삼위일체 도그마에 접근하기 때문이다. 그럼에도 불구하고 그는 모든 도그마는 무의식적 실재가 담긴 상징이기 때문에 거기에 형이상학적 의미 이외에 심리학적 의미를 담고 있으므로 접근할 수 있다고 주장하였다. 또한 어떤 도그마가 생명력 있는 도그마라면 거기에는 심리학적인 의미가 더 많이 담겨 있을 것이고, 도그마가 한편으로는 믿음의 대상이지만, 다른 한편으로는 사고(思考)의 대상이기 때문에 도그마를 더 잘 체험하기 위해서는 깊이 이해할 필요가 있다고 강조하였다. 그러면서 그는 그러한 탐구는 신앙이 맹목적이거나 근본주의적인 태도에 떨어지지 않게 하는데 더욱 필요한 것이라고 덧붙였다. 그는 그의 작업이 도그마를 심리학적 의미에서 상징으로 이해하여 그 의미를 설명하려는 것이지, 도그마를 심리학화하려는 것은 아니라고 강조했다.[24]

---

23) 여기에 그리스도 상징을 다룬 『아이온』(1951)도 포함시킬 수 있지만 그것은 종교적 관심이라기보다 self에 대해서 더 중점적으로 다루었기 때문에 제외한다.

24) cf. "상징이 진리를 담고 있다면 나의 연구는 의심이 아니다. 믿기만 하는 사람은 의심에 떨어질 수 있다." C. G. Jung, "A Psychological Approach to the Dogma of the Trinity", para. 170. C. G. Jung, *Collected Works XI*(Princeton: Princeton University Press, 1977).

2) 삼위성과 사위성

융은 기독교의 삼위일체 도그마는 원형적인 것이며, 기독교에서 신학적으로 정립되기 전부터 있었던 보편적인 상징적 표상이라고 주장하였다. 그러면서 그는 그것을 바빌로니아, 이집트, 그리스 철학과의 연관 아래서 고찰하였다. 먼저 바빌로니아에는 삼위신인 아누(Anu), 벨(Bel), 에아(Ea)와 후기의 삼위신인 신(Sin), 샤마쉬(Shamash), 아다드(Adad)가 있었는데, 아누는 하늘의 주, 벨은 땅의 주, 에아는 지하계의 신이었고, 신은 달, 샤마쉬는 해, 아다드는 폭풍을 의인화한 신이었다. 융은 이 삼위신이 기독교의 삼위일체론에 영향을 주었을 것이라고 생각하였다. 더욱더 삼위일체론과 관계되는 것은 에아의 아들 마르둑인데, 마르둑은 긍휼이 많은 자이며, 죽은 자를 깨우기를 좋아하는 구속자(redeemer)였다. 그래서 현대에서 사는 영지주의자들인 만데안(Mandaean)들에게서 마르둑은 구속자를 의미하는 '빛의 사자' '세계 창조자' 로 나타나는데, 예수 그리스도도 구속자다.[25] 그래서 융은 고대사회의 이 신관은 기독교의 삼위신관에 영향을 주었을 것이라고 주장했던 것이다.

그다음에 이집트 사상이 있는데, 융은 이집트 왕권의 신학에는 아버지, 아들, 카-무테프(Ka-mutef)로 이루어진 삼위신이 있으며, 아버지와 아들은 동일 본질로 이루어졌고, 생식력을 의미하는 카-무테프는 아버지와 아들과 자신을 하나의 삼위신(triunity)으로 결합시키는 역할을 한다고 주장하였다. 이러한 삼위신은 신(神)-왕(王)-카(Ka)로 이루어지는 이집트 왕가의 신학을 낳았는데, 여기서 나타나는 삼위일체 구조는 기독교의 삼위일체 신조에 많은 영향을 주었을 것이라는 야콥슨(Jacobshon)의 주장을 인용하였다. 여기서 신은 아버지에 해당하고, 왕은 아들에 해당하며, 카는 그 둘을 잇는 고리 역할을 하는데, 그것

25) *Ibid.*, para. 173. cf. 로체는 "마르둑 신화가 이스라엘 종교 사상에 전면적으로 영향을 미치고 있다는 사실은 놀라운 일이다."라고 주장하였다. Rocher, *Lexikon*, II. 2, cols. 2371f., s.v. "Marduk." *Ibid.*, para. 173에서 재인용.

은 삼위일체 신조에서 성령이 성부와 성자를 통일시키는 것과 같은 맥락이다.[26)]

마지막으로 융은 그리스 철학, 특히 피타고라스학파의 사상에서 삼위성에 대한 관념을 찾았고, 그것이 플라톤, 영지주의, 요한복음 등에 영향을 주었을 것이라고 주장하였다. 피타고라스학파는 모든 사물의 존재형식은 수로 나타낼 수 있으며, 천체의 규칙적인 운행을 관찰하면서 천체는 놀라울 정도로 질서정연한 조화를 이루고 있다고 생각하고, 수(數)에 자연의 신비를 해명할 수 있는 열쇠가 있다고 생각하였다.[27)] 그들에게서 3은 완전한 숫자였다. 왜냐하면 3은 1이 전개되어 다른 하나가 나왔을 때, 그 사이에 생긴 긴장을 해소하고 잃어버렸던 통일성을 회복시켜 주기 때문이다. 카시러(E. Cassirer)는 "통일성은 자신으로부터 발현하여 타자이자 제2의 존재로 되었다가 마침내 제3의 단계에서 자신과 합일된다. 통일성의 문제는 인간 본래의 정신적 자산에 속한다. …… '하나님은 삼위일체' 라는 이념이 그만큼 보편적으로 확대되었다는 것은 이를 위한 어떤 궁극적이며 구체적인 감정의 토대가 있을 수밖에 없다는 필연성을 말해 주는 것이다."라고 하였다.[28)] 그래서 사람들은 물체의 상태를 기체, 액체, 고체 세 가지로 나누었고, 피조물 집단도 식물, 동물, 광물로 나누었으며, 색채도 삼원색인 빨강, 파랑, 노랑으로 나누었다. 많은 종교에서 3은 의미 있는 상

26) *Ibid.*, para. 177. cf. 이 삼위는 오시리스-이시스-호루스에게도 이어질 것이며, 그것은 신학자 칼 바르트의 말에서 더 두드러진다: "성경에서 성령을 말할 때, 그것은 아버지와 아들의 결합, 사랑의 연합으로서의 하나님에 대해서 말하는 것이다." K. Barth, *Bibelstunden ueber Luk* I, 26. *Ibid.*, para. 177에서 재인용. cf. 융은 바빌로니아 사상과 달리 이집트 사상은 기독교에 별 영향을 주지 않았을 것이라는 일부 학자의 견해에 대해서 예수 그리스도가 탄생하기 전에 알렉산드리아에 유대인 공동체가 번영했던 것을 볼 때 믿을 수 없는 일이라고 비판하였다. *Ibid.*, para. 178.

27) F. C. Endres & A. Schimmel, 『수의 신비와 마법』, 오석균 역(서울: 고려원미디어, 1996), pp. 20-25.

28) E. Cassirer, *Philosophie der symbolischen Formen* (1923), F. C. Endres & A. Schimmel, *op. cit.*, 66에서 재인용. cf. 융도 다음과 같은 젤러의 말을 인용하였다: "일은 처음이고 그것으로부터 다른 모든 것이 나온다. ……이는 최초의 짝수다. 삼은 최초의 홀수이며 완전한 수다. 왜냐하면 우리는 삼에서 처음으로 시작, 중간, 마지막을 찾을 수 있기 때문이다." Zeller, A History of Greek Philosophy, I, 429. C. G. Jung, "A Psychological Approach to the Dogma of the Trinity", para. 179에서 재인용.

징이다. 앞에서 말했던 바빌로니아와 이집트의 삼위신 이외에 인도의 브라만교에서도 가장 위대한 세 신은 창조의 신 브라마, 파괴의 신 시바, 질서의 신 비슈누이며, 에트루리아인 역시 세 가지 형상으로 나타나는 신을 가졌고, 불교에서 해탈에 이르는 세 가지 근원인 삼보는 불, 법, 승이다. 신성한 수인 3이 가진 신비한 힘은 종교적 사고를 표현하는 중요한 상징이 되는 것이다. 그래서 종교 의식과 마술에서는 기도문이나 주문을 세 번 반복하는 경우가 많다.[29] 기독교의 삼위일체론은 이런 영향을 의식적으로 또는 무의식적으로 받은 상황에서 나온 것일 수밖에 없는 것이다.

하지만 융은 이런 삼위 구조 못지않게 사위 구조 역시 인간의 삶이나 종교 관념에 보편적으로 퍼져 있다고 주장하였다. 그것은 사람들이 방위를 동, 서, 남, 북 등 넷으로 나누거나 계절을 봄, 여름, 가을, 겨울 등 넷으로 나누고, 물질을 구성하는 기본 요소도 흙, 물, 불, 바람 등 네 가지 원소, 인도에서 계급을 브라만, 크샤트리아, 바이샤, 수드라 등 넷으로 나눈 것에서도 볼 수 있다. 사람들은 시간, 공간, 사회를 넷으로 나누면서 통제하려고 했던 것이다. 종교에서도 마찬가지다. 불교에서 영적 발달의 길을 사성체와 팔정도로 가르쳤으며, 이슬람교에서 성전은 네 권(율법, 성가, 복음, 코란)이고, 기독교의 복음서도 네 개다. 또한 티베트 불교에서 명상의 도구로 사용하는 만다라는 원과 사각형으로 이루어져 있다. 사위론은 전체적인 판단의 논리적 기반이 되고, 동서양 어디에서나 나타나는 보편적 발생의 원형인 것이다.[30] 그래서 융은 "나는 거기(원형적 주제)에서 온 세상에서 신화를 구성하는 요소로 나타나는 집단적 본성을 가진 형태나 이미지들을 기대하는데, 그것은 무의식에서 나온 개인적이고 본래적인 산물이다. 이 신화적 주제들은 전통이나 이주 등뿐만 아니라 유전에

29) F. C. Endres & A. Schimmel, *op. cit.*, pp. 65–92.

30) B. Kaempf, "Trinite ou Quaternite?", *Etudes Theologiques et Religieuses*(1987/1), pp. 59–64. F. C. Endres & A. Schimmel, *op. cit.*, pp. 93–111. C. G. Jung, "A Psychological Approach to the Dogma of the Trinity.", para. 246.

의한 인간 정신의 성향에서 나오는 듯하다."[31]라고 말하였다.

융은 3이 남성적인 숫자이고 완전성을 나타낸다면, 4는 여성적인 숫자이며 온전성을 나타내고, 피타고라스에게서도 위대한 역할은 3에 의해서가 아니라 4에 의해서 행해졌다고 주장하였다.[32] 그러면서 그는 플라톤의 우주론을 기술한 『티마이오스(*Timaios*)』에서 플라톤이 소크라테스의 입을 빌어서 "한 분, 두 분, 세 분, 그런데 보십시오. ……네 번째 분은 어디에 계신가요?"[33]라고 물은 구절에 주목하고, 그것은 본래 온전한 넷에서 빠진 하나를 비탄 어린 어조로 찾는 것이라고 주장하였다. 4가 전체성을 나타내는 숫자라는 것이다. 그런데 3으로부터 온전성을 나타내는 4로 나아가는 것은 결코 쉬운 일이 아니었다. 융은 그것이 단순하게 비존재(meon)나 '선의 결핍' 정도로 환원시킬 수 없는 어떤 강력한 원리, 즉 하나님의 창조를 훼손시키려는 파괴와 죽음의 원리를 극복하려는 작업이라고 생각했기 때문이다: "이 모든 것은 영원하신 하나님의 계획입니다. 하나님은 존재할 것이기 때문입니다. 이 계획을 따라서 하나님은 세계의 몸을 모든 곳이 그 중심으로부터 같은 거리에 있게 되도록 부드럽고 고르게 만들었습니다. ……그 중심에 그는 영혼을 놓았고, 그것이 몸 전체를 향해서 나아가도록 했으며, 이 몸통을 혼으로 밖에서 감싸게 했습니다."[34]

융은 종교에서 말하는 하나님은 하나님 자체(Godhead)가 아니라 사람들이 하나님은 어떤 존재라고 생각하는 이미지(image of God)를 말하며, 그러는 한 그 이미지는 자기 원형의 투사라고 주장하였다. 그래서 자기 원형은 정신 요소 가운데서 가장 핵심적이고 에너지를 많이 가진 요소로서, 모든 정신 요소를 통합하여 삶에 중심을 잡아 주고, 온전한 삶을 살게 하는 기능을 수행한다. 자기 원형은 인간의 정신 요소 가운데서 가장 온전한 특성을 가지고 있으며, 전체성

31) C. G. Jung, *Psychologie et Religion*, p. 102.

32) C. G. Jung, "A Psychological Approach to the Dogma of the Trinity.", para. 246.

33) Plato, 『티마이오스』, 박종현, 김영균 공동역주(서울: 서광사, 2000), p. 49.

34) Conford, p. 58, C. G. Jung, "A Psychological Approach to the Dogma of the Trinity.", para. 185에서 재인용.

(totalité)을 나타내는 요소인 것이다. 따라서 그것은 원, 사각형, 만다라 등 4위적인 이미지로 나타난다. 그러므로 융은 하나님의 이미지가 자기의 투사상이라면 하나님의 이미지는 사위적으로 나타날 수밖에 없으며, 사위적으로 나타나는 신상(神像)만이 인간의 정신 속에 있는 가장 온전한 정신 요소인 자기(自己)와 조응할 수 있다고 주장하였다. 사위적 신상은 내면의 전체성인 자기 원형에 자극을 주고, 역동적으로 작용할 수 있도록 무의식에 배열을 일으킬 수 있다는 것이다. 이렇게 생각할 때 삼위일체 상징에는 무엇인가 중요한 결핍이 있다고 생각하지 않을 수 없다.

3. 사위일체론에 대한 심리학적 고찰과 사위일체로서의 하나님

1) 삼위일체론에 대한 융의 신학적 이해

융은 성서에서 역사적 예수에 대한 기록을 정확하게 찾아볼 수 없다는 신학적 연구 결과에 동의하였다. 복음서의 기록은 다른 종교적 진술들과 마찬가지로 합리적인 진술이 아니라 나사렛 예수라는 인물에게서 누멘을 체험한 사람들의 비합리적이며 심리적인 진술이었기 때문이다: "이런 사실은 복음서의 비역사적인 특성에서 가장 잘 알 수 있다. 그들의 유일한 관심은 그리스도의 기적적인 형상을 가능한 한 그림처럼 감동적으로 나타내려는 것이었다."[35] 나사렛 예수에 대한 기술은 모두 그들의 정동 속에서 투사와 혼합되었고, 그리스도는 집단적 무의식의 투사를 받은 인물이 되었다는 것이다. 그리하여 융은 그에 대한 기록은 전형적으로 고대 영웅들의 속성을 그대로 드러내고 있다고 주장하였다. 그러나 융은 그것들은 거짓이나 허구가 아니라, 인간의 삶의 또 다른

35) *Ibid.*, para. 228.

차원을 보여 주는 진술이라고 강조하였다: "그는 언제나 그랬듯이 신이었기 때문에, 따라서 비역사적인 존재였기 때문에 사람들의 눈을 계시에 열리게 하였다." 36) 심리학적으로 말해서 나사렛 예수는 원형적 배열에 의해서 자기 원형과 자신을 동일시하였고, 다른 사람들은 나름대로 그들의 영혼에 있는 무의식의 작용에 따라서 그의 메시지에 반응하였다는 것이다.

기독교의 삼위일체론은 이와 같은 배경에서 도출되었는데, 삼위일체론에 대한 융은 생각을 정리하면 다음과 같다.

첫째, 삼위일체론은 인간 정신의 의식화된 사고의 산물이다. 융은 삼위일체에서 말하는 신론은 성부라는 일신론적인 상태에서 벗어나 좀 더 복잡하고 의식화된 세계를 사는 데 필요한 새로운 신상을 제시하려는 정신적 산물이라는 것이다. 융은 기독교의 삼위일체론이 부신-모신-자신으로 이어지는 다른 종교들과 달리 성부-성자-성령이라는 도식을 따르는 사실에 주목하였다.37) 이때 성령은 생명의 숨인 동시에 영(靈)으로서 아버지-아들이라는 남성적 관계를 이어 주는 제3의 위격인데, 성령은 혈연관계라는 인간의 본능적 사고에서 나온 개념이 아니라 반성적(反省的) 사고에서 나온 전혀 새로운 개념이라는 것이다. 물론 초기 기독교에서는 성령을 성모로 해석하기도 했지만, 융은 성령을 성모로 해석하는 것은 성령의 의미를 축소하는 것이 된다고 생각하였다. 성령은 성자의 뒤에 남겨지는 것으로서 사람들에게 신적인 일을 하게 하는 또 다른 신격이기 때문이다: "삼위일체론이 단순한 단일신론보다 더 높은 형태의 신-관념인 것은 틀림없는 사실이다. 왜냐하면 그것은 사람들이 더 의식화된 사고의 수준을 보여 주기 때문이다." 38)

---

36) *Ibid.*, para. 228. 그러면서 그는 나사렛 예수가 정말 빛을 비추었는지, 아니면 대중의 빛에 대한 대망 때문에 희생자가 돼서 파멸했는지는 모르고, 그 문제는 오직 신앙이 결정할 문제라고 주장하였다.

37) cf. 반 델 레에우는 종교사에서 어머니 신과 아버지 신 다음에 아들 신이 나타나고, 아들 신은 보통 구세주로 등장한다고 주장하였다. G. v. d. Leeuw, 『종교 현상학입문』, 손봉호, 길희성 역(왜관: 분도출판사, 1995), pp. 90-96.

38) *Ibid.*, para. 205. cf. 융은 고대 이집트의 사고와 비견해 볼 때 성령은 카-무테프에 해당하는데, 카-

둘째, 삼위일체론은 신론뿐만 아니라 구원론을 담고 있다. 종교사에서 아들 신은 아버지 세계의 전체성과 소박했던 단일한 세계(oneness)가 무너지고 새로운 세계가 요청될 때 구원자로 등장한다. 구속자로서의 신(redeemer god) 원형은 기독교가 탄생하기 전부터 있었던 원형인 것이다. 그러므로 기독교에서 유대교의 단일신론에서 벗어나 삼위일체론을 주장했다면, 그것은 기독교가 새로운 시대를 위한 구원자에 대한 요청에 응답했다는 사실을 의미한다. 융은 이러한 특성을 가진 아들 신은 인도철학의 푸루샤(Purusha)와 페르샤의 가요마트(Gayomart)에게서도 발견되며, 예수 그리스도 역시 그 연장선 위에서 생각할 수 있다고 강조하였다. 그 신화들에서 본래적인 통일체로서의 아버지는 절대적 존재이지만, 아들에게 성육신되면서 성부가 되고, 시간 속으로 들어오면서 상대화되었다는 것이다. 그러므로 아들 신의 출현은 새로운 세계를 창조하거나 세계를 구원하려는 것인데, 그때 신은 인간이 되면서 인간에게 그의 신성의 비밀을 계시하게 된다.[39]

셋째, 삼위일체에서 성령은 중요한 위치를 차지하고 있다. 처음 니케아 신조에서 성령의 위치는 모호하였지만 콘스탄티노플 신조에서 성령은 성부와 성자에서 발출된 영원한 위격으로 고백되면서 처음의 불분명했던 상태에서 벗어나 삼위 하나님 가운데 한 위격으로 자리 잡았던 것이다. 성령은 성부와 성자의 '숨'으로서 살아 있는 활동이며, 신적 드라마에서 성부와 성자를 하나로 묶어 주고 회복시키는 역할을 수행한다.[40] 삼위일체론에서 성령에 대한 개념이 제일 늦게 정리된 것은 성령에 대한 생각이 분명하지 않았기 때문이다. 성령 하나님에 대한 생각은 삼위일체론이 정립되면서 발달한 개념이다: "일련의 신조

무테프는 Godhead의 숨이라는 속성을 인성화(人性化)한 것이라고 하였다.

39) *Ibid.*, paras. 201-203. cf. 네덜란드의 종교학자 반 델 레에우 역시 종교사에서 아들은 상징적으로 미래의 희망이요 가문을 이어갈 존재이기 때문에 아들 신은 아버지 신과 어머니 신 다음에 중요하게 나타나며, 그때 사람들은 아들 신에게 구원을 기대한다고 주장하였다. G. van der Leeuw, *op. cit.*, p. 96.

40) cf. "요점은 이것인데, 하나의 전개는 하나가 자신을 성부와 성자로 맞서게 한 다음 성령 안에 들어가 절정에 도달한다는 것이다." *Ibid.*, para. 204.

들은 수 세기에 걸친 삼위일체 사상의 발달을 보여 준다. ……그것들은 언제나 다른 세계, 즉 원형의 세계를 생각하기 때문이다."[41)]

융은 삼위일체 교의에서 그리스도 안에 있는 인간 본성과 성령의 하강과 내주(內住)에 대해서 매우 강조하였다. 성령이 사람 안에서 살고, 하나의 인격으로 된다면 사람은 신적으로 될 수 있으며, 성령은 사람들 곁에서 사람들에게 그리스도가 한 것과 같이 역사하게 하기 때문이다. 융은 교회 안에서 성령에 사로잡혔다고 주장하는 사람들이 많은 문제를 야기하기도 하지만, 진정한 성령의 역사는 언제나 분별되어야 한다고 강조하였다. 그것은 인간이 성령 안에서 하나님과 연합하는 사건이기 때문이다: "그리스도가 인간의 신체적 본성을 취했듯이 영적인 힘으로서의 인간은 성령을 통해서 삼위일체의 신비에 내밀하게 포함되어 있다."[42)] 이러한 융의 생각은 나중에 『욥에의 응답(*Réponse à Job*)』에서 성령의 도움을 통한 '계속되는 성육신' 으로 이어지며, 그것이 궁극적인 구원의 길이라는 주장으로 이어진다.

2) 사위일체론의 심리학

융은 신론이 유일신론에서 삼위일체론으로 전환된 것은 인간 의식의 분화와 발달을 나타내는 표상이라고 주장하였다. 그는 아버지 신에 대한 생각은 초기 단계의 사고라고 주장하였다: "아버지는 사람들이 어린아이와 같은 상태, 즉 사람들이 어떤 뚜렷하고 이미 완성된 유형의 실존에 의존한 의식의 초기 상태

41) *Ibid.*, para. 222. 그래서 융은 성령의 독특한 기능에 대해서 주목하면서 "성령은 대단히 '추상적인' 개념이다. ……성령의 존재는 가히 '계시', 즉 무의식적 반성(反省), 더 나아가서 무의식의 자율적인 기능에서 나온 것이라고 할 수 있는지도 모르겠다. 그렇지 않으면 우리가 말했듯이 그 상징이 신의 이미지와 구별할 수 없는 자기(self)의 기능인지도 모른다."라고 말하였다. *Ibid.*, para. 237.

42) *Ibid.*, para. 239. cf. *Ibid.*, paras. 234-236. 다른 한편 융은 영지주의에서 성령을 성모로 해석한 것은 '신의 어머니라는 상징'을 통하여 마리아가 신의 탄생의 도구가 되게 하고, 인간을 신의 삼위일체 드라마에 포함되게 하려는 것이었다고 해석하였다. *Ibid.*, para. 240.

에 있는 것을 나타낸다."[43] 아버지 신을 믿는 단계는 사람들이 수동적인 상태에서 그들에게 주어진 것을 아무 생각 없이 율법적으로 받아들이면서 따르는 정신 발달의 초기 단계의 신앙을 말하는 것이다. 그때 사람들은 어떤 행동을 할 때 지적이거나 도덕적 판단을 하지 않고 습관적으로 행동하는데, 그것은 개인적인 경우에서나 집단적인 경우에서나 마찬가지다. 사람들은 '그들보다 먼저 있는 종교(religion already there)'를 아무 반성도 하지 않고 받아들이는 것이다. 그것이 절대적 단일신론 아래서 사는 사람들의 소박하고 비반성적인 삶의 양태다.[44]

두 번째 단계에서 아들 신이 등장하는데, 아버지로부터 아들로의 이행은 흔히 부친살해(patricide)로 표상된다. 그 이유는 이 과정에서 연속과 단절이 따르기 때문이다. 이때 사람들은 이전 단계의 습관적 신앙생활에서 벗어나 그가 개인적으로 선택한 도덕적 판단에 따라서 행동하게 된다. 아버지 신의 명령을 단순히 따르는 것이 아니라, 그것을 부정하기도 하면서 자신의 규율을 만드는 것이다. 융은 아버지와 아들의 분리는 아들이 아버지와 의식적으로 분화되고, 아버지에게서 비롯된 습관적 행동(habitus)에서 완전히 벗어나지 않는 한 완성되지 않는다고 주장하면서, 그것이 완성되려면 아들에게 자신의 개인성에 대한 인식이 뚜렷하고, 자신이 하는 행동의 의미를 인식할 때 가능하다고 강조하였다. 아들 신은 사람들에게서 분별과 반성하는 의식이 이루어진 단계를 말하는 것이다: "그러므로 '성자'로 상징되는 기독교는 개인들에게 분별하고 반성하도록 하는데, 그것은 필연성과 무지에 반대되는 지식을 강조했던 교부들의 경우에서 드러난다."[45] 아버지의 비반성적 인식은 아들의 의식의 반성적이고 합리적인 상태로 바뀌어야 하는 것이다. 자연히 아들 신의 표상을 가지고 사는 사람들에게는 갈등이 많을 수밖에 없다. 아버지가 제정한 율법에서 벗어나 자

43) *Ibid.*, para. 270.
44) *Ibid.*, paras. 268–270.
45) *Ibid.*, para. 271.

신의 율법을 확립하려고 할 때 의무의 충돌은 필연적이기 때문이다.[46] 따라서 이 단계는 긴장이 강하여 곧 제3의 중재자를 필요로 하게 된다.

세 번째 단계는 사람들이 성자의 단계를 벗어나 '영'을 계속적으로 실현시키는 상태, 즉 성부와 성자로부터 나온 영(靈)이 살아 있는 활동을 하는 단계를 의미한다. 사람들의 의식이 고양되어 그들이 두 번째 단계에서 얻은 이성과 반성을 가지고 성령의 작용으로 자유로운 상태에서 성부의 권위에 복종하는 상태를 말하는 것이다. 다시 말해서 사람들이 습관적이 아니라 성령의 도움으로 자신의 결단에 의해서 아버지의 율법을 시행하는 단계에서 요청되는 신인 것이다. 세 번째 단계는 두 번째 단계가 비교적 짧고 갈등에 찬 과도기 상태이기 때문에 등장한다. 아들에게 분별이 진행될수록 그 전에 무의식적이었던 갈등이 예리해지고 아들은 그 갈등을 직면해야 하는데, 그것이 너무 고통스러워서 새로운 통합을 필요로 하는 것이다.[47] 융은 이때 성자의 해방을 통해서 이루어진 새로운 수준의 의식 상태는 인간의 결단이나 통찰만으로는 불가능하고, 그보다 훨씬 더 높은 권위, 즉 성령의 작용에 의해서만 가능하다고 강조하였다: "따라서 세 번째 단계로의 진전은 무의식에 대한 복종이 아니라면 그에 대한 인식 같은 것을 의미한다."[48]

그러나 융은 이 단계의 삶, 즉 삼위일체적인 신상을 실현시키는 삶은 원죄가 없었던 예수 그리스도에게는 가능했지만, 현실적인 실존을 사는 인간에게는 그렇게 쉽지 않고 계속적인 성육신을 통해서만 가능한 것이라고 주장하였다. 삼위일체 상징은 인간에게 신적 완전성을 보여 주어 사람들이 앞으로 나아갈 지향점을 보여 주지만, 인간이 지상에서 실현시킬 수 있는 현실태가 되기에는

---

46) *Ibid.*, paras. 270-271.

47) 융은 "그리스도의 모범적인 삶은 그 자체로서 하나의 '전환'이고, 세 번째 단계로 이끌어 가는 교량 역할을 하는데, 거기에서 성부의 초기 상태는 회복된다."라고 주장하였다. *Ibid.*, para. 272.

48) *Ibid.*, para. 273. cf. 이런 변화는 일상적으로 이루어지지 않기 때문에 종교에서는 그것을 회심이나 조명의 결과로 이루어지고, 일반적인 삶에서는 사람들이 정동적 충격을 깊이 받았거나 운명적 사건에 봉착했을 때 이루어진다고 말한다. 우리는 이런 모습을 기독교 성인들의 삶에서 보게 되는데, 그들의 삶은 하나하나가 살아 있는 성령의 활동인 경우가 많다.

여간 어려운 것이 아니라는 말이다: "성자의 세계는 도덕적 부조화의 세계다. 그것이 없으면 인간의 의식은 정신적이고 영적인 분화로 나아가는 진전이 거의 이루어지지 못했을 것이다."[49] 인간의 의식이 발달하여 모든 사람이 신-인을 실현시킬 수 있는 인식이 생겼고, 그것이 예수 그리스도에 의해서 나타났지만, 여전히 많은 사람은 선과 악의 첨예한 갈등 속에서 그들을 통합시키지 못하고 있다.

융은 사람들이 선악의 대립과 갈등에서 벗어나려면 그들의 내면에 있는 전체성인 자기를 조명해 줄 새로운 신상이 필요하다고 주장하였다. 더구나 신의 이미지가 우리 안에-있는-하나님인 자기를 나타내는 것이라면 그것은 사위일체 상징이어야 한다고 생각하였다: "중심적인 기독교 상징이 삼위일체성인 데 비하여 무의식의 공식은 사위일체성을 표현한다는 흥미 있는 사실에 주의를 환기시키지 않을 수 없다."[50] 그래서 융은 플라톤이 티마이오스에서 네 번째 것을 찾았으며, 괴테도 파우스트에서 네 번째 것을 찾았다고 주장하였다. 삼위일체 신은 너무 지적이고 영적이기만 해서 현실성이 결여되어 있다는 것이다: "삼위일체 사상에 현실과의 이 관계는 결여되어 있는데, 현대인은 그 상실을 눈치채지 못하고 그것을 전체적으로 보지 못한다. ……이러한 분열은 의식이 무의식의 내용에 올바른 표현을 해 주는 관념을 구성해 줄 수 있을 때 고칠 수 있다. 삼위일체에 측정할 수 없는 네 번째 것이 더해지면 가능한 것이다."[51]

융에 의하면 삼위일체 상징은 현대인에게 그들의 내면에 있는 전체성을 의식화하지 못하고, 사람들을 내면에 있는 자기와 제대로 맺어 주지도 못한다. 그래서 현대인 가운데는 기독교 도그마를 믿지 못하고 기독교를 떠나는 사람도 있다. 기독교에서 제시하는 하나님의 이미지가 사람들에게 정동 체험을 하

49) *Ibid.*, para. 259.
50) C. G. Jung, 『인간의 상과 신의 상』, p. 91.
51) C. G. Jung, "A Psychological Approach to the Dogma of the Trinity.", para. 280.

지 못하게 하고, 내적 분열을 치유하지도 못하는 것이다. 그것은 개인적으로는 물론 집단적으로도 마찬가지다. 현대사회가 점점 더 분열로 치닫고 있으며, 현대인이 내적 분열을 의미하는 신경증적 고통으로 시달리게 되는 것은 그 때문이다: "대부분의 지리학적이고 숫자적인 상징은 사위일체적 특성을 가지고 있다. 어쩌다 흔하지 않게 삼위적으로 나타나기도 하는데 ……그 경우 그것은 보상의 필요성이 아니라 영성화의 필요성 때문이다. 그때 구원의 상징은 그 안에 네 번째 것이 빠진 삼위성이 된다. 왜냐하면 네 번째 것은 무의식적으로 배척되기 때문이다."[52)]

융은 『심리학과 종교』에서 기독교를 믿지 못하게 된 그의 환자가 우주 시계 모양을 한 사위성의 만다라를 보고 조화의 극치감을 느끼면서 내적 분열을 치유한 예를 소개하였다.[53)] 그는 커다란 고통의 순간에 환상에서 사위일체 상징을 보았고, 그때 그를 괴롭히던 내적 분열이 통합되었던 것이다. 그에게 그 체험은 구원의 체험이었다.[54)] 그래서 융은 정신치료자들은 전일성의 상징에 대해서 잘 알고 있어야 한다고 강조하였다. 그런 상징은 사람들에게 영적 태도를 복구시켜 주면서 신경증적 해리를 치료하는 치료제이기 때문이다: "정신신경증이라는 범주에 속하는 모든 해리는 이런 종류의 갈등 때문에 생기는데, 그 갈등은 오직 상징을 통해서만 해결될 수 있다."[55)]

3) 사위일체로서의 하나님

그러면 성부-성자-성령으로 이루어진 삼위일체에 포함되어야 할 네 번째 요소는 무엇인가? 그것은 인간의 정신 기능 가운데서 열등 기능처럼 다른 셋과 다르게 나타나는데, 전체성을 이루는 것 가운데 하나는 흔히 다른 셋과 다르

52) *Ibid.*, para. 282.
53) C. G. Jung, 『인간의 상과 신의 상』, p. 110.
54) C. G. Jung, 『인간의 상과 신의 상』, p. 123.
55) C. G. Jung, "A Psychological Approach to the Dogma of the Trinity.", para. 285.

다: “네 번째 형상은 대체로 특별히 교훈적인 것이다. 그것은 다른 것들과 양립할 수 없거나, 마땅치 않거나, 놀랍거나, 선악의 기준이 달라서 어쨌든 이상한 것이다.”[56)]

융은 이 마땅치 않거나 이상한 요소 가운데서 제일 먼저 생각할 수 있는 것을 악이라고 주장하였다. 사람들은 악을 바깥에 투사하지 말고 그의 내면에서 통합해야 한다는 것이다. 그러나 기독교인은 아우구스티누스를 따라서 하나님이 창조한 이 세상의 선성을 강조하기 위하여 악을 ‘선의 결핍(privatio boni)’ 정도로 약화시키고 악의 실재에 대해서 눈을 감고 있다. 그러는 사이에 악은 이 세상에 실제로 존재하면서 수많은 것을 파괴시키고 이 세상에 어둠을 드리우고 있다: “…… 악이 다만 선의 결핍이라면 선과 악의 대립은 그 자리에서 부정되고 만다. ‘악’이 존재하지 않는 것이라면 사람은 어떻게 ‘선’에 대해서 말할 수 있을까? 그렇지 않으면, ‘어둠’이 없다면 어떻게 빛을 말하고 ‘아래’가 없다면 어떻게 ‘위’를 말할 수 있을 것인가?”[57)] 선의 결핍설은 하나님을 선한 하나님과 악마로 분열시켜 악의 원리는 하나님 바깥에 있게 되는 것이다. 그 결과 악의 원리는 삼위일체 하나님과 분리되어 악마로 인격화되어서 무의식 속에서나 이 세상의 어둠 속에서 자율적으로 작용하게 된다. 그래서 융은 “삼위일체 신 의식에 연계되지 않은 마귀에 관한 모든 신학적 처리는 그 본래의 실상을 잘못 보는 것이다.”[58)]라는 쾨프겐(George Koepgen)의 말을 인용하면서 “이 견해에 의하면 마귀는 인격을 가지고 또한 절대적 자유를 누리고 있다. 그러므로 그는 진정한, 그리고 개인적인 ‘그리스도의 적수’일 수 있다.”[59)]라고 주장하였다.

56) *Ibid.*, para. 281. cf. 그것은 에스겔이 보았던 신의 형상이나 복음서 기자들이 동물 셋과 사람 하나로 구성된 것에서도 볼 수 있듯이 좀 열등하거나, 원시적이거나, 무의식적인 요소다. 그래서 그 요소는 여태까지 배척되었는데, 이제 보충되어 전체성을 이루어야 하는 것이다.

57) *Ibid.*, para. 248.

58) George Koepgen, *Die Gnosis des Christentums*, Salzburg, 1939, pp. 189-190. C. G. Jung, 『인간의 상과 신의 상』, p. 92에서 재인용.

59) C. G. Jung, 『인간의 상과 신의 상』, p. 92.

고대 히브리 사상에 의하면 악마인 루시퍼는 그리스도처럼 성부의 또 다른 아들이며, 로마의 클레멘트(Clement of Rome)는 성부는 오른손으로는 그리스도, 왼손으로는 악마를 사용하면서 이 세상을 다스린다고 주장하였다.[60)]

선의 원리와 악의 원리가 성부에게서 통합되어 있었는데, 어느 사이엔가 기독교에서 완전히 분리되었다는 것이다. 어떻게 볼 때, 선과 악은 이 세상에 존재하는 본래적 현상이며, 그 현상에 대한 인간의 도덕적 판단이다. 사람들은 어떤 현상이 그들에게 좋은 결과를 가져오면 선으로, 나쁜 결과를 가져오면 악으로 판단하는 것이다. 그러나 엄밀하게 생각하면, 선과 악은 하나의 원리로서 인간의 삶에서 그 계기에 따라서 저절로 일어난다. 정신적 사실도 마찬가지다. 어떤 것이 인간의 내면에서 자아에 더 많이 의식화되어 있으면 그것은 자아를 거스르지 않고 자아의 적응을 돕지만, 자아에 의식화되어 있지 않으면 자아에 불편하게 느껴지고, 악으로 느껴진다. 더구나 그 요소가 무의식 깊이 억압되어 있으면 그것은 더 열등하고 원시적으로 작용하여 더 파괴적으로 작용한다.

융은 고대 기독교에서 악 또는 악마를 인격적 존재로 생각했던 것은 그들이 악의 원리를 자율적이고 영원한 속성을 가진 무의식의 원리로 파악했기 때문이라고 주장하였다: "악마의 형이상학적인 자리가 어떤 것이든 심리학적 실재 속에서 악의 위협적인 측면은 말할 것도 없이 선성을 제한하여 이 세상에서 선과 악은 마치 낮과 밤이 그러하듯이 서로가 서로의 균형자가 된다고 말하는 것이 결코 과장된 말은 아닐 것이다."[61)] 기독교에서 악마는 그리스도의 대적자다. 악마는 사람들에게 그리스도의 뜻과 반대되는 생각을 불러일으키거나 대적하는 행동을 하게 하면서 그리스도의 사역을 방해한다. 융은 인간의 정신사에서 악마에 대한 생각은 비교적 후기에 나온 생각이라고 주장하였다. 왜냐하면 인간의 정신 발달사에서 악마는 페르시아의 이원론을 제외하고는 전혀 발

60) cf. B. Kaempf, "Trinité ou Quaternité?", *Etudes Théologiques et Religieuses* (1987/1), p. 68.

61) C. G. Jung, "A Psychological Approach to the Dogma of the Trinity." para. 253. cf. "자율적이고 영원한 인격으로서 악마는 그리스도의 대적자 역할과 악의 심리적 실재 역할을 잘 수행하고 있다." *Ibid.*, para. 248.

견되지 않기 때문이다. 그러나 인지가 발달하고, 사람들이 성부 시대의 비반성적인 상태에서 벗어난 다음, 특히 성자로 표상되는 선성(善性)을 인식한 결과 그들의 내면에서 대극의 갈등을 겪고 고통스러워하지 않을 수 없게 되었다. 인간의 정신은 더 큰 통합을 향해서 나아가며, 그때마다 고통을 겪을 수밖에 없는 것이다: "이 대극은 끝까지 지속되는 갈등을 의미한다. 그것은 인류가 선과 악이 서로를 의심하여 상대화되기 시작하고, 도덕적으로 '선악의 피안'에 대한 외침이 높아지는 전환점이 도달할 때까지 견뎌야 하는 과제인 것이다."[62]

융은 인간의 능력만으로 무의식의 자율적 작용인 악을 통합할 수 없으며, 인간은 선악의 피안에 도달할 수 없다고 강조하였다: "악한 영은 도저히 계산할 수 없는 능력을 가진 요소임에 틀림없다. ……사위일체 도식은 실존의 이 힘을 부정할 수 없는 사실로 인식한 것이다."[63] 악은 의식의 영역에서 나오는 것이 아니라 무의식의 영역에 속한 것이기 때문이다. 그러므로 구원도 의식적으로 이루어지지 않고 무의식적으로 이루어질 수밖에 없다: "그는 자신의 자원만으로 그 갈등을 극복할 수 없다. ……그는 신적 위로와 중재에 의존해야 하는데, 그것은 성령의 자발적인 계시다. 성령은 인간의 의지를 따르지 않고, 그의 의지대로 오고 간다."[64] 그래서 융은 사위일체론에서 예수 그리스도가 떠난 다음 사람들에게 남겨 주고 가겠다던 성령의 역할을 강조하였다. 성령은 사람들이 그들의 내면에 있는 악을 통합하는 데 결정적인 역할을 수행할 것이기 때문이다. 그것은 그리스도를 통해서 나타났으며, 앞으로는 사람들을 통해서 이루어질 것이다: "인간이 하나님으로부터 계시되셨듯이 ……하나님은 인간으로부터 계시될 수 있을 것이다."[65]

62) *Ibid.*, para. 258. cf. 켐프는 삼위일체에서 사위일체로의 이행은 자기의 전체성에서 나온 생각으로서 신 개념의 발달을 의미하고, 우리 안에서 사는 신의 이미지의 미래와 역동성에 대한 생각을 나타낸다고 주장하였다. B. Kaempf. *op. cit.*, p. 74.

63) *Ibid.*, para. 249, 264.

64) *Ibid.*, para. 260.

65) *Ibid.*, para. 267.

사람들은 악의 세력이 두려워서 악을 외부에 투사시키기만 하거나 무시하여 통합하지 못한다. 그 결과 사람들은 진정한 선도 인식하지 못하고 어떤 것이 선이고, 어떤 것이 악인지 구별하지 못하여 무엇을 해야 할지 모르며, 그것이 현대인의 가장 큰 문제라고 융은 주장하였다.[66] 사람들은 이제 더는 악을 외부에 투사하지 않고, 성령의 도움으로 통합하여야 한다. 그것은 예수 그리스도의 성육신으로 이 땅에서 이미 실현되었다. 성령은 성자를 성부와 이어 주었듯이 인간을 하나님과 이어 주고, 인간을 통하여 하나님의 선성이 실현되게 할 수 있다. 그것이 예수 그리스도를 통하여 이루어진 성육신이고, 인간 정신의 발달을 통해서 이루어져야 하는 계속되는 성육신, 심리학적으로 말해서 자기가 점점 더 의식화되고 한 개인의 삶의 모든 부분에 더 깊이 관여하는 무의식의 과정이다.[67] 그래서 융은 삼위일체 신상에 악의 원리가 합해진 새로운 신앙이 필요하다고 주장하였다. 그 신상은 사람들이 이 세상을 살면서 악을 경험할 때, 그 악을 바깥에 두지 않고 성령의 도움을 받아서 통합할 수 있게 하기 때문이다. 왜냐하면 사람들에게 그 안에 악을 통합하고 있는 신상이 있다면 그 신앙은 사람들로 하여금 악을 두려워하거나 악과 싸우려고만 하지 않고 악을 통합하려고 할 것이기 때문이다.

다른 한편 융은 삼위일체에 보충되어야 할 요소를 여성성이라고 주장했는데, 그 이유는 성부, 성자, 성령이 모두 남성적 요소이기 때문이다. 남성적이기만 한 신상은 여성적 요소가 보완되어야 전체성을 이룰 수 있다는 것이다. 그래서 중세 교회에서 사람들은 성령을 여성적인 것으로 생각하기도 하였고, 요

66) C. G. Jung, ed. par M. Cazenave, *Le divin dans l' homme*(Paris: Albin Michel, 1999), p. 193. cf. 융은 그리스도의 도래로 선은 분명해졌으며, 그리스도는 하나님의 선성에 대한 보증이고, 하늘에 있는 사람들의 변호자라고 주장하였다. C. G. Jung, ed. par M. Cazenave, *Le divin dans l' homme*, p. 365.

67) C. G. Jung, "A Psychological Approach to the Dogma of the Trinity.", para. 286. cf. "삼위일체론은 그것이 가진 정신적인 특성 때문에 사상의 독립을 요구하는 영적 발달의 필요성을 나타낸다. ……삼위일체론은 하나의 상징으로서 영적 발달을 도왔다. 그러나 마음의 영성화가 너무 일방적으로 이루어져서 건강에 해롭게 되자 삼위일체론은 뒤로 물러서게 되었다."

한계시록에서는 세상 끝 날 그리스도와 신부인 예루살렘의 신성혼적 통합을 기대하기도 한다: "……무의식은 흔히 아니마, 즉 하나의 여성적 형상으로 인격화된다. 사위일체의 상징은 아마도 거기에서 나온 것이다. 그러니까 아니마는 대지가 신의 어머니라고 이해되는 것처럼 사위일체의 모태나 모상이며 하나의 신을 낳는 자 또는 신의 어머니라고 해도 될 것이다."[68]

융은 그의 이러한 심리학적 직관은 1950년 교황 비오 12세의 성모몽소승천 선포로 신학적 토대를 얻게 되었다고 생각하였다. 성모가 죽지 않고 하늘에 그대로 들어올려졌다면 성모의 신성을 인정한 것이기 때문에 그 교리는 삼위일체 신상에 대지적인 여성성을 보충시키려는 가톨릭교회의 무의식 반영이기 때문이다: "어떤 종교의 주된 상징적 형상은 언제나 그 종교의 내면에 살고 있는 특별한 도덕적 정신 자세를 표현한다. ……네 번째 구성 부분은 소마톤, 즉 대지, 몸이었다. 자연철학자들은 이 후자를 성처녀로서 상징화했다."[69] 이 선포를 통해서 융은 그때까지 남성적이고 영적이기만 했던 하나님의 이미지 속에서 억압되었던 신의 여성적 측면이 집단의식에 의해서 공식적으로 인정받았다고 생각하였다.

여기에서 우리는 삼위일체 상징에서 보충되어야 하는 요소가 악의 원리인지 여성성인지 융에게 명확하지 않은 것을 볼 수 있다. 그것은 "성모몽소승천은 ……성모의 신성을 위해서 길을 닦았을 뿐만 아니라 사위일체론의 길도 닦았다. 그와 동시에 물질이 우주를 타락시키는 원리인 악과 함께 형이상학 영역에 포함되었다. ……물질은 하나님의 생각의 구체화를 나타내며 그렇기 때문에 개성화를 가능하게 하는 바로 그것이다."[70]라는 그의 말에서 더 두드러진

68) C. G. Jung, 『인간의 상과 신의 상』, p. 97.

69) C. G. Jung, 『인간의 상과 신의 상』, p. 96.

70) C. G. Jung, "A Psychological Approach to the dogma of Trinity", para. 252. cf. 융은 그리스도상은 너무 선하기만 하다며 "그리스도상도 정신의 본성에 있는 어두운 부분, 즉 영의 어둠이 없기 때문에 전체성이 아니다. 그래서 그리스도에게는 죄가 없었다. ……악의 통합이 없다면 전체성은 있을 수 없다."라고 말한다. *Ibid.*, para. 232.

다. 융은 여성 원리와 악의 원리를 혼합하려고 했던 것이다. 그러나 그것은 심리학적으로 볼 때, 악의 원리와 여성 원리가 모두 의식에 비해서 무의식적인 것이라는 사실을 상기하면 큰 문제가 없어진다. 왜냐하면 가부장적 사회에서 여성적인 것은 그동안 억압되어 악한 것으로 여겨졌기 때문이다. 남성-여성, 선-악, 밝음-어둠은 모두 의식적 구분이지 무의식에서는 그 구분마저 없어지는 것이다. 그것이 의식으로 드러날 때 비로소 도덕적 판단의 대상이 되는 것이다.[71)]

4. 결 론

이와 같은 융의 주장은 기독교의 신학적 입장에서 볼 때 상당히 낯설지만 흥미 있는 것이기도 하다. 왜냐하면 기독교의 삼위일체론은 독자적인 것이 아니라 고대 바빌론, 이집트, 그리스는 물론 신에 대한 인간의 집단 사유 속에서 사위일체론과 함께 발견되며, 삼위일체론은 초기의 단일신론보다 발달한 후대의 인간 정신의 발달상을 보여 주는 신상이고, 사람들에게 신상은 계속해서 발달해 왔다는 주장은 충분히 수긍할 수 있기 때문이다. 사실 기독교에서도 하나님의 이미지는 구약의 이미지, 신약의 이미지, 가톨릭교회의 이미지, 개신교의 이미지가 조금씩 다르게 변화되었으며, 종교사에서도 인간의 정신이 발달함에 따라서 신의 이미지는 자연 현상, 동물, 인격신 등으로 계속해서 발달해 왔음을 언급하기 때문이다. 융의 이러한 생각은 신학에서 그동안 하나님을 너무 형이상학적인 방식으로 설명하려는 것에서 벗어나 새로운 안목으로 보려는 시도로서 가치 있는 연구인 것이다.

융은 현대사회에서 말하는 삼위일체 상징은 현대인에게 내면적 통합을 가져

71) 융은 그가 마지막으로 쓴 『융합의 비의』에서도 사위일체에 대해서 강조하였다. C. G. Jung, *Mysterium Coniunctionis*(Princeton, N. J.: Princeton University Press, 1989), paras. 237-239.

다주는 데는 부족하고 새로운 상징이 필요하다고 여러 차례 주장하였다. 삼위일체에는 어둠이 없어서 인간의 실존에서 체험하는 그림자를 다 담을 수 없기 때문이다. 삼위일체 상징은 너무 도덕적이고 영적이기 때문에 사람들이 그 상징을 가지고는 그들의 실존적인 삶에서 체험되는 악을 통합할 수 없고, 그 신을 그들의 몸으로 그대로 살 수도 없다는 것이다.[72)]

융은 현대인에게는 그 안에 악이나 여성적인 요소를 포함하면서 통합하고 있는 사위일체 상징이 필요하다고 주장하였다. 그 신상만이 실존 상황에서 체험되는 악을 통합하게 하기 때문이다. 그의 이러한 주장은 결코 공허한 사변이 아니었다. 그는 현대사회에서 올바른 상징이 없어서 고통받는 사람을 너무 많이 보아 왔기 때문이다. 그래서 그는 의식이 발달한 현대인에게는 그 안에 악이나 여성성을 담은 사위일체 상징이 필요하다고 주장하였다. 그 상징만이 악이나 부정적인 요소들을 외부에 투사하거나 배척하지 않고 통합할 수 있기 때문이다.

융의 이러한 주장은 신학적 사고가 아니라 심리학적 사고에서 나온 것이었다. 그의 주장은 하나님에 관한 논의가 아니라 사람들이 하나님이라고 생각하는 상(像)인 하나님의 이미지에 대한 논의였던 것이다. 그것은 그가 종교적인 문제를 다룰 때 언제나 차용했던 한결같은 태도였다. 그는 인간의 이성으로는 하나님 자체(Godhead)에 대해서는 결코 다 파악할 수 없다고 생각했기 때문이다. 이런 바탕에서 나온 그의 사위일체론은 기독교 신학에서 환영받지 못하였다. 기독교 신학자들은 하나님에 대해서 논의하는 데 반해서 융은 하나님의 이미지에 대해서 진술했기 때문이다. 논의의 대상이 달랐던 것이다.

그러나 실천신학적인 측면에서 볼 때, 그의 주장에는 경청할 만한 것이 있

72) 이에 대해서 융은 다음과 같이 말한다: "이원론에 의해서 설정된 말할 수 없는 갈등은 네 번째 원리에 의해서 해결될 수 있는데, 그 원리는 최초의 통일체가 충분히 발달한 형태로 회복시킨다. 그 리듬은 세 단계에 의해서 수립된다. 그러나 마지막 상징은 사위일체적이다." *Ibid.*, para. 258. cf. 인간 본성의 심연 있는 어둠에서 떠나려는 시도는 삼위일체론 사고에서 절정에 도달하였다. …… 그러나 그 시도는 잘된 것인지 잘못된 것인지 모르지만 곧이어 네 번째 요소를 요청하였다." *Ibid.*, para. 261.

다. 왜냐하면 사위일체 속에 악의 요소가 다른 신적 요소와 같이 통합되어 있다면 사람들은 그 상징을 가지고 실제적인 악을 통합할 수 있으며, 그 신을 따라 성육신하는 삶을 살 수 있을 것이기 때문이다. 사람들이 악을 외부에 투사하는 이유는 그 악이 너무 두렵기 때문이다. 그러나 사람들이 하나님은 악을 그 안에 두고 그 악까지 통합한 전체라고 생각한다면, 악을 더는 바깥에 투사시키면서 관계를 맺지 않으려고 하기보다 악을 직시하면서 조심스러운 태도로 통합하려고 할 것이다: "이어지는 문제는 그림자와 직면하는 것이다. 그림자를 만날 때 사람들은 선에 뿌리박고 있어야 한다. 그렇지 않을 경우 악마에게 먹히고 만다. 악의 문제 앞에서 사람들은 반드시 선의 힘에 도움을 받아야 하는 것이다. ……그것은 특별히 그리스도를 본받는 것이다."[73] 사위일체 상징은 사람들이 선(善)의 능력을 믿고 악을 받아들여서 더 큰 통합을 이루어야 하는데, 커다란 도움을 줄 수 있는 것이다.

융은 삼위일체론에서 성령이라는 관념이 발달한 것과 구원에서 성령의 역할에 대해서 강조하였다. 즉, 그는 인간이 내면에서 그리스도를 거스르려는 악의 세력을 극복하기 위해서는 그의 의지만으로는 불가능하고 성령의 도움이 필요하다고 강조했던 것이다: "삼위일체가 하나의 과정이라면 네 번째 것이 덧붙여짐으로써 그 과정은 절대적인 전체성을 이루면서 절정에 도달한다. 성령의 개입을 통하여 인간은 신적 과정에 포함되는 것이다. 그림자와 하나님을 거스르려는 의지는 실제적인 실현을 위해서 필요한 것이다."[74] 여기서 융이 주장한 성령의 개입(또는 하나님의 은혜)은 심리학적으로 말하자면, 개성화 과정에서 어느 단계에 도달하면 정신의 발달이 무의식의 작용으로 저절로 이루어지는 것을 말한다. 무의식의 자율적 원리로 나타나는 그림자는 인간의 의지적인 작용으로 통합할 수 없고, 무의식에 있는 또 다른 힘, 즉 통합을 향한 자기의 작용에 의해서만 가능하다는 것이다.

73) C. G. Jung, ed. par M. Cazenave, *Le divin dans l'homme*, p. 279.
74) *Ibid.*, para. 289.

이렇게 볼 때 우리는 융이 삼위일체 교의를 철저하게 심리학적 입장에서 살펴보면서 악을 통합하고 정신을 치료하는 관점에서 살펴본 것임을 알 수 있다. 그는 삼위일체론을 신론의 입장에서 본 것이 아니라 구원론의 입장에서 살펴보면서 기독교의 신학적 사고로는 생각하기 어려운 새로운 눈을 제공했던 것이다. 그것은 성서를 심리학적 입장에서 보는 것은 기존의 신학적, 주석적 해석을 부정하는 것이 아니라 성서를 보는 또 다른 눈을 제공하려는 것이라는 W. G. 롤린즈의 말처럼 신학을 더 풍부하게 하는 귀중한 연구다. 사람들이 악을 '선의 결핍' 정도로 축소시키지 않고 무의식적인 것이 악으로 작용할 수 있다고 생각한다면, 사람들은 악을 의식화하고 동화시키거나 분화시키는 데 더 큰 도움을 받을 수 있는 것이다. 그때 사람들은 악을 무시하거나 배척하지 않고 악 앞에서 더 진지한 자세로 대할 수 있으며, 악과 싸우지 않고 통합시킬 수 있게 된다.

융은 인간 정신의 목표는 사람들이 정신에 있는 전체성인 자기를 실현시키는 개성화라고 주장하였다. 사람들이 정신을 구성하는 수많은 대극을 통합하고 전체성을 실현시켜서 신적인 삶을 사는 것이라는 말이다. 융에게서 그리스도의 성육신은 개성화된 삶과 같은 의미라고 할 수 있다. 성육신이 하나님이 인간을 통하여 그대로 드러나는 신-인의 작업이듯이, 개성화 역시 자아가 자기를 의식화하여 자기의 내용이 자아를 통하여 그대로 실현되는 의식-무의식의 공동 작업인 것이다.[75] 융은 그리스도의 원형적 삶은 심리학적으로 볼 때 인류의 정신이 발달하는 과정에서 예수 그리스도를 통해서 이루어진 위대한 변환 사건을 상징적 이미지로 그려낸 것이라고 주장하였다. 모든 종교에서 올바른 하나님의 이미지를 제시하는 것이 무엇보다도 중요한 것은 그 때문이다. 올바른 상징은 그 신도들이 그 상징과 신비적 융합을 하게 하여 '계속되는 성육신'을 하게 하는 것이다.

75) 이에 대해서 융은 "그러나 사람이 자신을 오직 자아로만 알고, 전체성으로서의 자기가 묘사할 수 없고 하나님 이미지와 분간할 수 없기 때문에 자기실현은 ……신의 성육신까지 올라가게 된다."라고 말하였다. *Ibid.*, para. 233.

제12장

분석심리학과 영지주의

1. 영지주의의 의미와 다양성

영지주의의 실체는 연구자마다 견해가 달라서 영지주의는 그동안 사상, 운동, 종교 등 서로 다르게 정의되었다. 영지주의를 사상이라고 하는 것은 영지주의가 어떤 인물을 중심으로 해서 그 사상에 동조하는 제자들이 모여서 그 사상을 계승, 발전시켜 나갔다는 것이고, 운동이라고 하는 것은 그 모임이 좀 더 대중적인 범위까지 넓혀졌다는 말이며, 종교라고 하는 것은 그 사상에 제의 부분과 교단적인 뒷받침이 합쳐져 새로운 차원을 얻게 되었다는 주장이다. 영지주의가 이렇게 다양하게 정의되는 이유는 그것이 언제 어디서부터 시작되었는지 기원이 명확하지 않고, 많은 영지주의자 사이에 미세한 부분에서는 저마다 주장이 다르기 때문이다.

더구나 영지주의는 최근 영지주의 문서가 본격적으로 발견되기 전까지는 그에 비판적인 교부에 의해 소개되었기 때문에 그동안 오해되어 왔던 부분도 많았다. 영지주의에 대한 기록은 성서에는 물론 기독교 초기 교부의 문서에도 등장하여 비교적 일찍부터 알려졌지만, 영지주의자들이 직접 쓴 문서는 18, 19세기부터 발굴되기 시작하다가 1945년 이집트의 나그 함마디에서 방대한 자료가 발견되어 본격적인 연구는 최근에 와서야 비로소 시작된 것이다.[1)]

영지주의에 대한 정확한 논의를 위해서는 영지(gnosis)와 영지주의(gnosticism)에 대한 구분이 필요한데, 1966년 메시나에서 열린 영지주의의 기원에 대한 학술대회는 매우 유용하다. 거기에서 영지주의 학자들은 영지(靈智)는 이론적 인식이 아니라 경험을 통해서 직접 얻는 것으로 종교 엘리트가 추구했던 신적 비밀에 대한 지식, 영지주의는 2~3세기에 있었던 영지적 체계라고 정리하였기 때문이다. 영지는 영지주의를 포함한 넓은 의미에서의 인식이나 깨달음이지만, 영지주의는 좁은 의미에서 영지를 찾으려고 했던 특별한 형태의 체계라고 정의했던 것이다.[2)] 그러므로 영지는 제도적인 종교에서 직접 신 체험을 할 수 없었던 내향적인 사람들이 추구하는 좀 더 깊은 신 인식 또는 자기 인식이지만, 영지주의는 4세기경 기독교가 로마제국의 국교가 되자 박해를 받아 사라질 수밖에 없었던 사상운동이다. 그러나 영지는 신비가들에 의해서 기독교의 수도원에서 여러 형태로 이어져 왔고 연금술, 점성술, 신비학(occultism) 등의 형태로 존재하면서 제도 종교의 경직된 합리주의에 지친 사람들의 요구에 응해 왔다.

---

1) 예를 들면 교회사가 W. 워커는 영지주의를 2세기 로마제국에서 활발하게 펼쳐졌던 사상이라고 주장하고, J. L. 니브는 그것을 운동이라고 주장하는 데 반해 영지주의 연구가 S. 휠러는 종교라고 주장한다. 영지주의의 다양한 분파 가운데는 종교로까지 발달하지 못한 것도 있었지만 마니교처럼 종교로 실재하였던 분파가 있으며, 지금도 이라크 남부에는 만다교가 남아 있다. W. Walker, 『세계기독교회사』, 강근환 외 역(서울: 대한기독교서회, 1982). Neve, J. L. 『기독교회사』, 서남동 역(서울: 대한기독교서회, 1982).

2) Rudolph, K. *Gnosis: The Nature and History of Gnosticism*. tr. by R. M. Wilson(New York: Harper & Row, 1987). pp. 56-57. 우리가 여기에서 주로 다루는 것은 2~3세기의 영지 체계이기 때문에 영지주의라고 표기할 것이다.

2. 영지주의의 기원과 역사적 배경

영지주의가 여러 모습으로 보이는 것은 영지의 특성상 어쩔 수 없는 일이다. 그것은 어느 한 사람의 뚜렷한 창시자가 있고, 그다음 그것을 확산시키려고 했던 것이 아니라 신에 대한 직접적 지식을 추구하려는 사람들의 보편적인 사상 운동이었기 때문이다.[3] 최근의 연구가들은 영지주의가 헬레니즘 사회에서 생긴 종교 혼합주의 운동으로, 그 모태가 유대교 영지주의라는 데 의견을 같이 한다. 영지주의는 알렉산드리아를 중심으로 한 유대교 디아스포라 사이에서 그리스 철학을 접한 사람들이 유대교를 재해석하면서 생겨난 사상운동이라는 것이다.[4]

유대인이 그리스 사상을 접한 것은 기원전 4세기경부터인데, 팔레스타인 지방은 그 후 급격하게 헬레니즘화되었다. 그 과정에서 기원전 2세기 안티오커스 에피파네스 왕은 예루살렘을 황폐화시키고, 구약성경을 불태웠으며, 성전을 더럽히는 등 유대교를 멸절하려고 하였다. 그에 따라서 기원전 167년 마카비 반란이 일어났고 유대교 사회는 커다란 고통을 당하였다. 이런 혼란 속에서 유대인은 자연히 그 이전까지 그들의 세계관을 형성하게 했던 유대교 사상을 그리스 철학 사상으로 재해석하려고 했는데 영지주의는 그런 운동 가운데 하나였다. 그들은 그들의 구약성서와 종교적 전통을 그들이 새롭게 접하게 된 종교 문화에 비추어 보면서 우의적(allegorical)으로 해석하려고 하였다. 영지주의는 그 전까지 팔레스타인이라는 좁은 지역에서 유대교 율법 아래 살던 사람들이 알렉산더왕의 동방원정으로 그리스 철학을 접하고, 로마 제국에서 더 많은 종교와 문화를 접하자 사상의 지평이 넓어지면서 분열상을 보이며 생겨났던

3) M. Scopello, *Les Gnostiques*(Paris: Cerf, 1991), p. 13.

4) B. A. Pearson, *Gnosticism, Judaism, and Egyptian Christianity*(Minneapolis: Fortress Press, 1990), p. 26.

것이다.[5)]

영지주의에 비관적인 색채가 강하고, 종말론과 구원론이 두드러진 것은 그 당시 유대인이 과거의 세계관에서 벗어나 새로운 세계에 맞는 새로운 종교 사상을 찾으려고 했기 때문이다. K. 루돌프(K. Rudolph)는 영지는 그보다 먼저 있었던 묵시 문학 운동과 지혜 문학 운동의 흐름에서 나온 또 다른 운동이라고 주장하였다. 묵시 문학은 다니엘서에서 보듯이 "이 세상은 멸망할 수밖에 없으며, 그다음 구속받은 사람들의 새로운 세계가 온다."는 묵시(默示)를 기록한 것이고, 지혜 문학은 욥기에서 보듯이 유대인이 그리스 철학을 접한 다음, 새로운 세계관으로 그들의 종교 전통을 재해석한 것이기 때문이다. 자연히 묵시 문학에서는 이원론적이고 비관주의적인 색채가 강하고, 지혜 문학에서는 사변적이고 회의적인 색채가 강하게 나타난다.[6)] 그러다가 영지주의는 나사렛 예수라는 위대한 인격을 접하고 급격하게 변화되어 예수 그리스도를 그들이 종래 말해 왔던 구속자(redeemer)인 아담, 세트 등과 대치시키거나 그들을 잇는 인물로 그리게 된다. 그러면서 어떤 집단에서는 영지주의의 기독교화가 이루어졌고, 다른 집단에서는 기독교의 영지주의화가 이루어지면서 영지주의는 기독교와 밀접한 관계 속에서 발달하거나 소멸하였다.[7)]

영지주의는 플라톤과 그를 이은 플로티누스의 철학 사상을 만나면서 사변적으로 되었는데, 그들의 눈에 제일 먼저 띈 것은 이 세상에 있는 악과 고통의 문제였다. 그들은 왜 선하신 하나님이 창조한 세계에 그렇게 악과 고통이 많으며, 그 고통 앞에서 어떤 태도를 취할 것인가 하는 실존적인 물음에 봉착했던

---

5) 유대사가 유세비우스는 유대교 집단의 분열과 기독교 이전에 유대교 영지주의가 이미 존재하고 있었다고 주장하였다. cf. Eusebius, Hist. Eccl. 4. 22. 7. B. A. Pearson, *op. cit.*, pp. 13-15에서 재인용. 그때 유대교 영지주의의 토양이 디아스포라 유대인이었던 것은 당연한 일이다. 왜냐하면 그들은 유대교 정통에서 벗어나 있어서 구약성서와 유대교를 비교적 자유롭게 해석할 수 있었고, 그리스 철학을 쉽게 받아들일 수 있었기 때문이다. W. Walker, *op. cit.*, pp. 20-23.

6) K. Rudolph, *op. cit.*, pp. 277-290.

7) B. A. Pearson, *op. cit.*, p. 17. 피어슨은 영지적 이단자들은 기독교 이전부터 존재했으며, 기독교 사도들이 죽자 교회 안에 모습을 드러냈다고 주장하였다.

것이다. 그때 그들은 그들이 사는 일상적인 세계가 너무 불완전하게 느껴졌기 때문에 그 모든 불완전과 다른 충만의 세계를 생각하였다. 그들이 사는 세상을 낯설게 느끼면서 이 세상을 벗어나는 구속을 위한 지혜를 추구했던 것이다. 그러면서 그들은 이 세상이 불완전하다면 이 세상을 창조한 신보다 더 높이 있는 최고신이 있을 것이라고 생각하면서, 그 신이 사는 에온(aeon)에 올라가려고 하였다. 그래서 그들은 구약에서 말하는 율법은 그들의 구원에 필요하지 않다고 하면서 율법 폐기론을 주장하였고, 율법보다 더 높은 단계의 삶을 추구하였다. 그들은 내면 깊숙이 들어가 "우리는 누구인가? 우리는 어떻게 될 것인가? 우리는 어디에 있으며, 어디로 던져졌는가? 우리는 어디로 가고 있는가?"[8]라는 실존적인 물음을 물었던 것이다. 말하자면, 그들은 유대교나 기독교의 외적 제도에 적응해서 잘 사는 다른 사람들보다 좀 더 내향적인 사람이었던 것이다.

자연히 영지주의에는 여러 학파가 있었는데 그 가운데는 교회 조직을 갖춘 집단도 있었지만 그렇지 않은 집단도 있었다. 영지주의자 가운데는 기독교 이전의 유대적 영지주의자, 기독교적인 영지주의자, 기독교와 전혀 무관한 비기독교적인 영지주의자들이 혼재하였던 것이다. 영지주의가 이렇게 다양하게 존재한 것은 영지가 인간의 보편적인 성향에서 나왔고, 어떤 특별한 영지가가 어떤 사상을 주장했다가 그가 죽으면 제자들이 그 사상을 이어받아서 거기에 그들이 본 환상을 신화적으로 덧붙여서 시간이 지나갈수록 더 사변적으로 되었기 때문이다. 에피파네스는 4세기경 영지주의학파는 80여 개가 있다고 주장하였다. 그러나 많은 기독교적 영지주의자들은 그들이 예수 그리스도로부터 비밀스러운 지식을 전수받은 참다운 기독교인이라고 생각하였다.[9]

8) M. Scopello, *op. cit.*, p. 9.
9) M. Scopello, *op. cit.*, p. 74.

3. 영지주의의 공통적 특성

영지주의가 이렇게 다양한 모습으로 존재했지만, 그들 사이에 공통되는 특성을 찾을 수 없는 것은 아니다. 영지는 어떤 인식을 공통분모로 하는 사상의 보편적인 경향을 말하기 때문이다. 영지주의의 공통점에 대해 루돌프(K. Rudolph)와 스코펠로(M. Scopello), 니브(J. L. Neve)와 피어슨(B. A. Pearson)의 견해를 종합해 살펴보면 다음과 같다.[10)]

첫째, 영지주의에는 종교 혼합주의적인 특성이 있다. 영지주의는 유대 지방의 문화와 종교를 바탕으로 해서 그리스, 이란, 기독교 사회의 문화와 종교가 혼합되어 새로운 모습으로 나타났던 것이다. 루돌프는 영지주의 신화는 본래적인 신화라는 느낌보다 인위적인 것이라는 인상을 준다고 평하였다.[11)] 그것은 교의적인 측면뿐만 아니라 제의적인 측면에서도 마찬가지다. 영지주의에는 여러 이교적인 제의가 혼합되어 있어서 어떤 경우 마술적인 느낌을 주기도 한다.

둘째, 영지주의의 핵심은 영지다. 영지주의자들은 그들을 해방시키고 구속시키는 지식을 얻으려고 했던 것이다. 그 지식은 철학적이거나 지적인 지식이 아니라 몸으로 얻는 것이며, 인간의 지식이 아니라 신적 지식이고, 구원을 위한 것이다: "이런 지식 또는 이해의 내용은 그것이 사람, 세상, 하나님의 바탕에 대한 것이고, 사람이 추구해서 얻을 수 있는 것이 아니라 하늘에서 내려온 중재자에 의해서 얻을 수 있는 것이라는 점에서 주로 종교적인 것이었다."[12)] 그들은 사람이 이 세상에 내려와서 육체와 운명에 갇혀 있지만, 사람에게는 신적 세계에 속한 신적인 영혼(pneuma)이 있으며, 그것을 되찾을 때 구원받을 수

---

10) M. Scopello, *op. cit.* J. L. Neve, *op. cit.* B. A. Pearson, *op. cit.*

11) K. Rudolph, *op. cit.*, p. 54.

12) K. Rudolph, *op. cit.*, p. 55. 테오도투스(Theodotus)의 "우리를 자유롭게 하는 것은 우리가 누구였는가, 우리가 무엇이 되었는가, 우리가 어디에 있었는가, 우리가 어디로 던져졌는가, ……진정 무엇이 태어남인가, 진정 무엇이 다시 태어남인가에 대한 그노시스다."라는 말은 영지주의의 이런 사상을 잘 표현하고 있다.

있다고 생각하여 인간의 신적 본성과 기원과 운명에 관해서 알려고 하였다. 이 지식은 비밀리에 알려질 수밖에 없어서 영지주의는 개인주의적인 색채를 띤다.

셋째, 영지주의는 이원론적 구조를 가지고 있다. 영지주의는 이 세상과 창조주를 부정적으로 보는 반우주적 성격을 띠기 때문에, 이 세상과 육체와 물질을 악으로 보고 그 반대편에 있는 것들을 선으로 보는 이원론적 특성을 가지고 있는 것이다. 그리하여 그들은 모든 것을 빛/어둠, 선/악, 플레로마/이 세상, 영/물질, 복귀/추락 등으로 나누고, 그것들이 더 높은 차원에서 회복될 것을 바란다. 그러므로 영지주의는 엄밀한 의미에서 일원론적 배경 위에 선 이원론이라고 할 수 있다. 한편 삶에 대한 그들의 비관적인 태도는 이원론적 태도에 기초를 두고 있다. 그들은 결혼과 출산을 비롯한 이 세상에서의 어떤 성취에도 가치를 두지 않고, 모든 관심을 이 세상으로부터 떠나서 영원한 플레로마와 하나가 되는 것에 두는 것이다.[13]

넷째, 영지주의의 또 다른 특성은 구속론(救贖論)에 있는데, 이것은 영지주의의 이원론적 태도와 밀접한 관계에 있다. 영지가들은 이 세상과 육신을 악으로 보고 이 세상에서의 고통과 무지에서 벗어나는 길을 추구하는 데 모든 사상 체계와 제의가 집중되어 있는 것이다. 영지라는 말에는 구원론적인 의미가 이미 내포되어 있어서 영지는 사람들이 그들의 진정한 본성과 하나님에 대한 인식을 얻어 이 세상에서 벗어나는 지식을 의미한다. 기독교인과의 차이는 기독교인이 죄로부터의 해방을 추구하는 데 반해서 영지가는 이 세상과 육체로부터 해방되기를 바란다는 점에 있다. 영지가는 그의 내면에 육체와 전혀 다른 신적인 부분이 갇혀 있다고 생각하면서 그것을 해방시키려고 했던 것이다. 그러나 영지가들은 구속자를 필요로 하였고, 궁극적인 구속은 그들이 죽은 다음 플레로마에서 온전히 실현될 것이라고 생각하였다.[14]

13) A. Hoeller, *op. cit.*, p. 28.

14) K. Rudolph, *op. cit.*, pp. 113-118. 구속(redemption)이라는 말은 구원(salvation)과 조금 다른 의미를 가지고 있는데, 구속에는 노예 상태에 있는 사람의 몸값을 대신 지불해 주고 그를 자유롭게 해 준다는 의미가 강하다. 구원에 건강을 회복하다는 의미가 있는 반면, 구속에는 교환의 의미가

다섯째, 영지주의는 엘리트주의를 채택하고 있다. 영지가들은 스스로를 선택받은 사람으로 생각하였는데, 그것은 영지의 특성상 자연스러운 일이다. 영지는 하나님이나 그리스도로부터 비밀리에 전해진 지식으로서 모든 사람에게 알려질 수 없기 때문이다. 이러한 엘리트주의는 영지가들이 사람들을 세 종류로 나누어 생각한 것, 예배 공동체를 은사 중심적으로 생각한 것, 비밀주의를 채택한 것, 끊임없는 교육과 훈련을 실시한 것에서도 나타난다. 그들은 예배를 드릴 때도 인도자를 특별히 정하지 않았고, 그때그때 영감이 떠오르는 사람이 인도하게 했으며, 사제 제도가 없었던 일파도 많았다.[15]

여섯째, 그들의 윤리관에는 피안적(彼岸的)인 특성이 있다. 그들은 창조를 부정하고 영지를 추구하여 전통적인 율법과 도덕을 부정했던 것이다. 그들의 이런 태도는 모든 기준을 영적인 것에 두어서 이 세상을 벗어나 자유로운 삶을 살려는 성향에서 나온 것이다. 그래서 어떤 이들은 이교도의 잔치에도 참석하고, 우상 앞에 놓였던 음식을 먹는 등 무정부주의적 태도를 보이기도 하였다. 그들의 이런 태도는 어떤 이들에게서 금욕주의로 나타났지만, 자유주의로 나가서 알렉산드리아의 클레멘트는 카포크라티안들이 성적으로 문란한 생활을 했다고 비판하였다. 그러나 영지가들의 대부분은 금욕주의적인 생활을 하였고, 그들의 자유주의적 태도는 그들이 세상의 율법보다 더 높은 단계에 있는 영적 율법을 따라서 살려고 했기 때문이다.[16]

일곱째, 영지주의에는 스스로 설 수 없는 기생적(寄生的) 특성이 있다. 영지주의는 본래 유대교에 대한 재해석에서 시작하였고, 훗날 기독교의 영향을 받아서 발전하여 그들만의 것이라고 하는 독창적인 것이 없었기 때문이다. 영지

담겨 있는 것이다.

15) K. Rudolph, *op. cit.*, p. 118. 그러나 영적인 것을 강조한 영지가들은 너무 엄격한 훈련이나 표준화된 교육 체계에 반대하기도 하였다. cf. 영지주의의 비밀주의적인 측면을 가리켜서 개신교신학자 폴 틸리히는 영지주의는 고대 신비주의 전통인 밀의 종교의 부흥으로 보았다. I. C. Henel, 『폴 틸리히의 그리스도교사상사』, 송기득 역(서울: 한국신학연구소, 1983). p. 64.

16) K. Rudolph, *op. cit.*, p. 260. "완전해진 사람 또는 영적인 사람들에게는 도덕에 있어서 금욕적인 것이나 자유주의적인 것이나 간에 극단적인 요구를 하지 않았다."

주의는 언제나 독자적으로 존재하기보다 기존의 사상에 새로운 사변을 덧붙이는 방식으로 존재해 왔던 것이다. 그래서 대부분의 영지주의는 독자적인 종교로 발전하지 못했고, 종교 혼합주의라는 한계를 벗어나지 못했다.[17)]

4. 영지주의의 사상과 제의

1) 영지주의의 우주론과 신론

영지주의의 우주론은 성서의 창조기사를 해석하거나 전사(轉寫)한 것인데, 최고신으로부터 인간에 이르기까지 연속된 통일체로 그려져 있다. 그들의 우주론은 지구 중심 체계로, 그들에 의하면 지구가 우주의 중심이고, 지구 위에 8개의 세계가 있다. 그 세계는 달, 금성, 수성, 태양, 화성, 목성, 토성 및 붙박이별들의 세계로, 천문학이 발달하지 않았던 시대에 그들이 보기에 가까이 있다고 생각되는 별들이 중심이 되는 세계다. 이 별들의 세계에는 악마들과 신들과 영들이 사는데, 그들은 이 세상을 다스리고 있다. 그 세계의 주인은 아르콘(archon)라고 불리는 지배자인데, 성경에서는 그들을 '공중의 권세를 잡은 통치자(엡 2:2)' 이라고 불렀다. 그들은 사람들이 영지를 얻지 못하고 육체의 감옥에 갇혀 있도록 사람들을 속이고 현혹시키려고 하는데, 이 세상에 어둠, 죽음, 사기가 가득한 것은 그들 때문이다. 아르콘 가운데 최고의 아르콘은 일곱 번째 또는 여덟 번째(ogdoad) 세계에 사는 데미우르고스(demiurgos)다. 그는 구약성서에서 말하는 창조신으로, 이 세상은 그와 그의 부하인 아르콘들이 창조한 것이다. 영지주의에서는 이 신 이외에 이 신들을 뛰어넘는 최고신이 있다고 주장한다. 그 신은 '알지 못하는 신(unknown God)' 인데, 그는 여덟 번째 에온 위에 있으며, 거기가 플레로마(pleroma, 충만)다. 영지주의에서 이렇게 최고신 관

17) B. A. Pearson, *op. cit.*, p. 10.

념을 설정한 것은 악하게 보이는 이 세상보다 더 높은 완전성을 추구했기 때문이다.[18)]

영지주의의 이러한 비관주의적 우주 발생론(cosmogony)은 신화적인 사변과 환상으로 가득 차서 이해하기가 쉽지 않은데, 발렌티누스의 사상을 따라 정리하면 다음과 같다. 플레로마의 꼭대기에는 이원적 복합체(dyade)가 있으며, 그것은 남성인 신(Dieu)과 여성인 고요(Silence)로 구성되어 있다. 그 복합체에서 두 번째 쌍이 나왔는데, 하나는 남성인 아버지(Père)이고 다른 하나는 여성인 진리(Vérité)다. 이 네 실체는 또 다른 네 실체인 로고스, 생명, 사람, 교회를 낳아, 여덟 개가 모여서 플레로마를 이루었다. 그 플레로마에서는 서른 개가 될 때까지 계속해서 또 다른 실체를 낳았는데, 서른 번째 실체가 소피아이고, 문제는 소피아로부터 생겨났다. 왜냐하면 소피아는 아버지에 대한 열정 때문에 그녀의 한계를 잊어버리고, 그녀의 배우자인 아버지 없이 혼자서 창조 작업에 나섰기 때문이다. 그녀는 하늘의 이미지를 만들어 하늘의 위에 있는 부분과 아래 있는 부분 사이를 나누었는데, 아래 있는 부분에 그림자가 생겼고, 거기에서 물질(matter)이 생겨났다. 그러자 플레로마의 고요는 깨어졌다. 그러자 소피아는 자신의 잘못을 깨닫고 후회하면서 플레로마로 복귀했지만, 그녀가 가졌던 욕망은 없어지지 않았고, 지상으로 내려와 창조 작업을 계속하였다. 그리하여 창조는 불완전하고 무질서하게 진행되었고, 영혼은 그 안에 수인(囚人)처럼 갇히게 되었다.[19)]

소피아가 플레로마로 복귀하기 전 물질이 생겨날 무렵 소피아는 물에서 세계의 창조자인 데미우르고스(아람어로는 Jaldabaoth)를 불러냈는데, 그는 사자 모양을 하였고, 힘이 강력한 양성적 존재이지만, 그에게는 영(pneuma)이 없다. 데미우르고스의 창조 작업은 그때부터 시작되어 그는 말(word)로 물과 물 사이를 가르고 창공을 만들어 거처로 삼았고, 여섯의 양성적(兩性的)인 자식을

18) M. Scopello, *op. cit.*, pp. 46-47.
19) M. Scopello, *op. cit.*, pp. 46-47.

만들어서 그들에게 각각 다스릴 영역을 주었는데, 그것들이 하위 아르콘들이다. 데미우르고스가 창조 작업을 끝마쳤을 때, 여러 신과 천사는 그를 찬양했고, 그는 기분이 좋아져서 "나 이외에 다른 신은 없다."라고 하면서 한껏 고양되었다. 그는 그가 소피아로부터 생겼고, 소피아의 능력이 얼마나 강한지 알지 못했던 것이다. 그것을 보자 소피아는 그녀의 잘못을 깨달았는데, 소피아가 자신의 잘못을 시정하려는 것이 구속 작업의 시작이 된다.[20]

열등한 신인 데미우르고스는 아담에게 영이 있어서 플레로마와 합일될 수 있음을 알고, 아담에게 생식(生殖)의 욕망을 불어넣었고, 아르콘들을 시켜서 이 세상을 더욱더 잘못된 방향으로 인도하여 아담이 구원받지 못하도록 하였다. 또한 그는 천사들을 만들어 그를 섬기게 하였으며, 천사들은 아담에게 마술, 사술(邪術)을 가르치고, 우상을 숭배하게 하였다. 또한 그들은 아담이 악마를 위한 제단을 쌓게 하면서 최고신에 대해서는 전혀 알지도 못하게 하였다. 아담이 그의 기원과 참다운 하나님에 대해서 알지 못하여 망각과 무지에 빠져 있게 하려는 술책이었다. 그러나 사람은 통찰을 통해서 이 세상에서 벗어날 수 있다. 그는 한편으로는 이 세상과 이 세상의 힘에 종속되어 있지만 다른 한편으로는 초세상적인 영적 세계(supramundane spiritual realm)에 속해 있기 때문이다. 이렇게 영지주의의 우주론과 신론은 구속론과 밀접한 관계에 있다.[21]

20) K. Rudolph, *op. cit.*, pp. 74-75. 아람어로 Jaldabaoth인데, 앞으로 데미우르고스로 통일해서 부를 것이다. cf. 영지주의에서 이렇게 '알지 못하는 하나님'인 최고신을 주장하면서 유대교의 창조주를 평가절하하지만, '알지 못하는 하나님' 역시 유대교적인 유일신과 같은 속성을 가지고 있다고 루돌프는 주장하였다. 이 신은 인간의 일에 관여하지 않는 것 같지만 결정적인 순간에는 여러 가지 방법으로 관여하고, 그것이 섭리(providence)다. 구속자를 이 세상에 보낸 것도 이 신이 진정한 신임을 보여 주는 징표라고 루돌프는 주장하였다. K. Rudolph, *op. cit.*, p. 65.

21) K. Rudolph, *op. cit.*, pp. 99-101.

2) 인간론

영지주의의 인간론에도 영지주의의 이원론은 그대로 반영되어 있다. 영지가들은 인간을 영적인 부분, 심리적인 부분, 물질적인 부분 등 세 가지로 나누면서 영적인 부분은 최고신에게 속해 있어서 구원받을 수 있지만, 심리적인 부분과 물질적인 부분은 데미우르고스가 창조한 것이어서 구원받을 수 없다고 생각하는 것이다. 그들은 영적인 부분을 '무엇과도 비교할 수 없는 자기(incomparable self)'라고 부르기도 하였다. 여기서 영지가들이 사람에게 가장 중심적인 핵(core)을 '영'으로 표현하지 않고 '자기'라고 표현하는 것은 그리스어와 콥트어에서 영(spirit)으로 표기되는 것이 셈 족어에서는 영혼(soul)로 표기되기 때문에 혼돈을 피하기 위해서였다. 이 자기는 최고신에게서 유래한 가장 중요한 부분으로서 '속사람(inner man)' '불꽃(spark)' '빛의 씨앗(seed of light)'이라고도 불리며, 구원을 받을 수 있는 부분이고, 영지를 얻는 데 주체가 되는 부분이다.[22] 발렌티누스 학파에서는 사람들을 영적인 사람(the spiritual), 심리적인 사람(the psychic), 육적인 사람(the fleshly)으로 나누는데, 그 가운데서 영적인 사람만 구원받을 수 있다. 그것은 한 사람 안에서 영적인 부분만 구원받을 수 있는 것과 같은 이치다. 왜냐하면 영적인 부분만 최고신의 창조이지, 심리적인 부분과 물질적인 부분은 최고신이 창조한 것이 아니기 때문이다.[23]

인간에게 최고신의 창조에 속하는 신적 불꽃이나 속사람이 있다는 생각은 종교사에서 전적으로 새로운 인간론의 전개다. 루돌프는 거기에서 신-인(God-Man)에 대한 사상과 인간이 데미우르고스보다 더 높이 평가될 수 있다는 사상이 가능해진다고 주장하였다: "이 기본 사상은 최고신과 인간의 내적

22) 우리는 앞으로 특별한 경우를 제외하고 이 부분을 영(spirit, pneuma)으로 통일하여 표기하기로 한다. cf. "영지주의의 모든 구속의 교리는 신적 불꽃이 그 기원으로 복귀하는 것을 중심으로 해서 이루어지는데 ……그 회복은 신화적으로 영혼의 상승으로 그려진다." K. Rudolph, *op. cit.*, p. 91.

23) M. Scopello, *op. cit.*, p. 11.

중핵 사이에는 매우 밀접하고 친족 관계가 있다는 본성 안에서 가능해진다."[24)]영지가들이 영지를 얻은 사람들은 거의 신적인 경지에 도달할 수 있다고 생각하였고, 시몬 마구스(Simon Magus)나 메난더(Menander) 등이 제자들에게 거의 신적인 존재로 숭배받은 것 역시 그 때문이다. 영지주의 신화에서 데미우르고스와 그의 부하들인 아르콘들은 인간이 영지를 얻지 못하게 갖은 수단을 다 동원하여 인간을 이 세상과 물질적인 것들에 묶어 놓으려고 하였다. 인간이 영지를 얻어 최고신과 같이 되는 것을 막으려고 했던 것이다. 영지가들이 믿음을 강조하는 전통적 사고를 받아들이지 않았던 것도 이 사상과 관계가 있다. 왜냐하면 영지가들은 어떤 존재에 대한 믿음보다 그가 그의 신적 본성을 깨달아 그 역시 신적으로 될 수 있다고 생각했기 때문이다.

영지주의의 이런 인간론은 영지주의의 인간 발생론에서 나오는데, 그것은 구약성서에 나오는 인간 창조 기사를 신화적이고 환상적으로 해석한 것이다. 영지주의의 인간 발생론은 영지주의 학파마다 조금씩 다른데, 여기에서도 영지주의의 특성을 볼 수 있다. 제일 먼저 볼 수 있는 인간 발생론(anthropogony)은 아담을 원인간(Urmensch)으로 보는 사변이다. 그에 의하면 인간은 창조신 데미우르고스와 아르콘들에 의해서 그들의 형상대로 만들어졌다(창 1:27). 그러나 그에게는 생명이 없어서 최고신은 그에게 비밀스러운 방법으로 그에게 영을 불어넣어서 그는 창조신보다 높이 올라섰고, 결국 구속받을 수 있게 되었다. 이 사변에 의하면 원인간인 아담은 모든 사람의 원초형(prototype)으로서 사람들은 그와 같은 운명 아래 살게 된다. 그는 창조신과 일곱 아르콘에 의해서 그의 영을 제외한 모든 것이 만들어져서 창조신이 만든 세계에서 살 수밖에 없지만, 그가 그의 기원을 깨닫는다면 최고신의 에온(aeon)에 참여할 수 있는 것이다.[25)]

24) K. Rudolph, *op. cit.*, p. 92.

25) "구속은 아담이 그의 기원에 대해서 알고, 데미우르고스가 아무것도 아니라는 사실을 깨닫는 것에 달려 있다." K. Rudolph, *op. cit.*, p. 95.

또 다른 문서에는 아담에게 숨을 불어 넣은 것이 소피아-생명(sophia-zoe) 또는 그녀의 딸인 이브(Eve)다. 소피아-생명은 데미우르고스가 아담을 만든 다음 40일 동안 자리를 비운 사이에 와서 보니 아담에게 영(spirit, pneuma)이 없어서 생명이 없고, 일어서지도 못하자 아담에게 직접 빛의 영을 불어 넣거나 이브를 시켜서 불어 넣었던 것이다.[26] 아르콘들은 아담에게 영이 있는 것을 보고 당황하여 그에게 열정을 불어넣어 그가 쾌락, 욕망, 고통, 두려움을 알게 하였고, 운명과 시간을 만들어 그가 그의 신적 기원을 망각하고, 이 세상에 묶이게 하였다.[27] 그런데 인간의 모든 고통과 악의 기원이 열정에서 나왔다는 통찰은 놀라운 것이다. 인간이 무의식의 분화되지 않은 열정에 사로잡힐 때, 이 세상적인 것에 사로잡혀서 해방되지 못하고, 영지가들이 말하듯이 '거짓으로 이름 붙여진 사물' 을 추구하고, 환영에서 헤매기 때문이다: "사람들은 어둠을 빛으로 알고 따라가고, 썩은 물을 깨끗한 물인 줄 알고 마신다. 그들은 친구의 모습으로 나타난 원수의 사술을 알지 못하는 것이다."[28]

3) 구속론과 그리스도론

영지주의의 이론 체계와 실천 체계는 모두 구속에 초점이 맞춰져 있다. 영지주의에서 말하는 구속이란 무엇인가? 그것은 사람들이 자신과 최고신의 본질에 대해서 깨달아 현재 살고 있는 어둠에서 해방되는 것을 의미한다. 사람은 그에게 본래 하나님과 같은 속성이 있다는 사실을 알지 못하고 육체와 이 세상이라는 감옥에 갇혀서 고통받기 때문이다. 그래서 영지주의는 타인을 통한 구

26) Nag Hammadi Codex II 5, 113(161), 5-114(162). 5, 121(169), 27-35. K. Rudolph, *op. cit.*, pp. 96-99에서 재인용. cf. M. Scopello, *op. cit.*, pp. 77-79.

27) "낙원과 '하나님의 진리에 대한 영원한 지식'은 데미우르고스의 분노에 가득 찬 활동 때문에 소멸되었고, 아담과 이브는 단순한 에온으로 전락하여 '에온들과 세력들의 지배자'의 힘 아래 놓여 그를 섬겨야 했다. 그 결과 사람들은 오직 '죽은 것들'에 대해서만 배우게 되었다." K. Rudolph, *op. cit.*, p. 136. cf. M. Scopello, *op. cit.*, p. 99.

28) Nag Hammadi Codex VII 4, 88, 30-35; 95, 12-15. M. Scopello, *op. cit.*, p. 81에서 재인용.

속이 아니라 자기 구속의 종교가 되고, 기독교와 근본적으로 달라진다. 기독교에서의 구원은 그리스도의 구속 사역에 대한 믿음에서 나오기 때문이다: "영지주의에서 구속은 기독교에서의 그것이 죄와 죄의식에서의 해방인 것과 달리 이 세상과 육체로부터의 해방이다."[29] 영지주의에서는 영지에 반대되는 무지와 망각이 죄고, 무지와 망각의 상태를 잠자거나 술 취한 상태라는 은유로 나타낸다: "무지로부터 결함과 열정이 유래되듯이 지식으로부터 무지에서 비롯된 모든 것이 해결된다. 그러므로 영지를 얻으면 속사람(inner man)의 구속이 이루어진다."[30]

영지주의가 자기 구속의 체계로 되어 있지만, 영지주의에서도 구속자는 필요하다. 사람들이 너무 깊은 무지나 잠에 빠져 있기 때문이다. 그래서 구속자는 외부로부터 그들의 무지와 망각을 깨우러 온다: "오직 바깥에서 오는 부름만이 그를 깨우고, 정신을 맑게 할 수 있다. ……문제는 사람의 생각 속에 있는 '빛의 씨앗'을 일깨우게 하는 것이다."[31] 이렇게 볼 때 영지주의에서의 구속자는 기독교에서처럼 대속의 죽음을 한 존재가 아니라 최고신의 명령으로 사람들에게 구원의 메시지나 구속의 지식을 전해 주는 계시자나 전령이다. 영지주의에서는 이런 구속자를 아담, 이브, 아벨, 세트, 에녹, 멜기세덱, 바룩, 아브라함 등으로 말해 왔고, 추상적 실체들로 지혜, 영, 빛의 통찰(insight of light), 생각의 힘(power of thought), 말씀, 천사 등 다양하게 말하였다. 기독교 영지주의에서는 그리스도를 제2의 아담이나 제2의 세트라고 하면서 구속자로 생각하였다.[32]

29) K. Rudolph, *op. cit.*, p. 116. 그러나 기독교에서의 구속은 그리스도가 하나님의 명령으로 한 구원 행위와 관계되기 때문에 믿음이 반드시 필요하다.

30) K. Rudolph, *op. cit.*, p. 116.

31) K. Rudolph, *op. cit.*, p. 120. cf. 스코펠로는 영지주의에서는 사람 편에서의 깨달음보다 외부에서의 부름이 구속에 더 필수 요소라고 강조하고 있다. K. Rudolph, *op. cit.*, p. 85.

32) K. Rudolph, *op. cit.*, p. 131. 그러나 기독교 영지주의에서는 예수 그리스도를 기독교에서의 구속자가 아니라 영지주의적 구속자로 생각하여 기독교와 긴장 관계에 놓였다. 또한 영지주의에서 특징적인 것은 아담의 아들인 세트를 중요한 구속자로 생각하는 것이다. 그는 아담이 죽을 때 아담

한편 일부 영지주의에서는 기독교의 구속자 교리를 '구속자 신화'로 환원시키려고 했는데, '구속받은 구속자(redeemed redeemer)' 개념은 대표적인 것이다. 자신의 정체성을 깨달음으로써 그의 본성을 닮은 빛의 부분인 영혼을 해방시키는 구속자는 다른 사람들과 똑같이 고통을 당하고, 구속받은 다음 고통 가운데 있는 영혼들에게 구속의 빛을 비춰 주어야 한다는 것이다. 일부 영지주의 문서에서는 예수도 구속받을 필요가 있다고 주장했는데, 요한행전에서 예수는 다음과 같이 말하고 있다: "나는 구원받아야 하고, 나는 구원을 할 것이다. 나는 구속받을 것이고, 나는 구속할 것이다."(요한행전 95:1). 이 최초의 구속 계시는 반복되어야 한다. 그래야 어둠의 공격적인 힘에 갇힌 빛의 씨앗이 최종적으로 풀려날 수 있기 때문이다. 구속자에 의해서 구속받은 영혼은 이 세상에서 계속해서 다른 영혼을 일깨우는 빛의 사자 역할을 이어받는다.[33)]

루돌프는 영지주의에서 그리스도는 처음에는 부차적으로 그려졌으나 점차 영지주의적 충만과 구원론의 중요한 구성 요소로 등장하게 되었다고 주장하였다. 그런데 영지주의 구속론에 예수 그리스도가 도입된 결과 다음과 같은 세 가지 현상이 생겨났다.[34)] 첫째, 영지주의에서 구속자의 역사화가 생겨났고, 둘째, 그리스도 상이 분열되었으며, 셋째, 가현설(假現說)이 생겨났다. 우선 기독교 이전의 영지에서 구속자는 본래 아담이나 세트 같은 구약성서의 전설적 인물이나 지혜나 통찰이나 생각의 힘 같은 영적 능력이었다. 그러나 기독교 이후 어떤 이들은 예수 그리스도를 구속자로 생각하였고, 다른 이들은 시몬 마구스나 메난더 등을 신성화시키면서 구속자라고 주장하는 등 역사적 인물로 생각하였다. 그들은 이때 예수는 그가 부활한 다음부터 승천하기까지 40일 동안 영지적 지혜를 그가 가장 사랑했던 제자인 베드로, 야고보, 요한, 도마에게 전해 주었다고 하였다. 영지주의의 구속론은 한편으로는 기독교의 영향을 받아서

에게 영지를 전해 들은 구속자로서 매우 중요한 구속자 역할을 한다. B. A. Pearson, "The Figure of Seth in Gnostic Literature", *Gnosticism, Judaism, and Egyptian Christianity*. pp. 52-83.

33) K. Rudolph, *op. cit.*, pp. 121-122, pp. 131-133.

34) K. Rudolph, *op. cit.*, p. 149.

역사화되거나 다른 한편으로는 그리스도를 신화화하였던 것이다.

다음으로 또 다른 영지가들은 예수 그리스도를 지상적이고 한시적인 인간 예수와 천상적이고 영원한 그리스도로 나누었다. 특히 이집트인의 복음서(Gospel of Egyptian)에서는 인간 예수는 그리스도의 지상적이고 임시적인 현현이다. 그래서 인간 예수가 이 세상에서 영지주의의 계시자 역할을 하는 동안, 신으로서의 그리스도는 태초부터 아버지와 함께 플레로마에서 구속 사역을 한다고 주장하였다. 다시 말해서 인간 예수가 지상에서 한 행동은 플레로마에서 그리스도가 한 구속 사역의 이미지에 불과하다는 것이다. 그러므로 예수의 십자가 사건, 부활, 구속은 상징적 의미만 지닐 뿐이고, 기독교에서는 받아들일 수 없는 것이 되고 만다. 이 사람들이 그렇게 생각한 것은 천상적인 것은 지상적인 것과 뒤섞일 수 없기 때문이다.[35)]

마지막으로 가현설인데, 그것은 기독교 영지가들에게 가장 널리 퍼져 있는 생각이다. 가현설(docetism)은 희랍어 dokesis(영어로 appearance)에서 나온 말로서, 그리스도는 인간 예수의 몸에 임시로만 계셨고, 십자가형을 받을 때 다시 분리되었다는 생각이다. 그러므로 그리스도는 십자가를 지지도 않았고, 고통도 받지 않게 된다.[36)] 이런 영지가들의 생각은 그들의 철저한 이원론적 사고를 감안할 때, 당연한 주장이다. 그들은 지상적이고 육체적인 것에 거의 가치를 두지 않았고, 영적 존재인 그리스도는 고통을 당할 수 없었기 때문이다. 그래서 그들은 나사렛 예수가 세례를 받을 때 그리스도가 비둘기 모양으로 그의 위에 내려와서 예수는 알지 못하는 신에 대해서 선포하였고, 수많은 이적을 행하였지만 예수가 십자가를 질 때 그리스도는 다시 예수로부터 떠나서 고통은

35) cf. "영지가들에게 있어서 구속, 십자가, 부활은 우주적인 중요성을 지니는 상징적 사건으로 이해되어야 한다. 따라서 가까이 다가가서 들여다보아야만 그 의미를 알 수 있는 완전히 새로운 해석인 것이다." K. Rudolph, *op. cit.*, p. 154.

36) J. L. Neve, *op. cit.*, pp. 101-102. 초대 교회에서는 예수는 하나님에게 선택되어 성령을 입은 인간인데 그의 사역을 마친 다음 하나님에게 양자로 입적되어 아들의 자리에 올랐다고 생각하거나, 예수는 하늘에 있는 영적 존재인데 육신을 입고 지상에서의 사역을 마친 다음 다시 하늘로 돌아갔다고 생각했는데, 두 번째 생각은 가현설적인 이해와 가깝다.

예수가 받은 것이다. 그래서 야고보 외경은 그리스도가 자신은 고통을 당하지 않았고, 오히려 자신을 죽인 줄 아는 아르콘을 조롱하니 괴로워하지 말라고 제자들을 위로한다고 주장하였다.[37]

4) 종말론과 영혼의 상승

영지주의의 종말론은 개인적 종말론과 우주적 종말론 두 가지로 이루어져 있다. 개인적 종말론의 골자는 사람들이 죽은 다음 영혼이 이 세상에서의 실존과 육신을 벗어 버리고, 영혼이 처음 내려왔던 길을 밟아서 올라가 구속이 온전히 이루어지는 것이다. 그때 영혼은 육신의 질곡을 벗어나 해방되고, 플레로마는 영혼의 복귀로 회복된다. 한편 우주적 종말론은 집단적 종말에 관한 것으로 모든 영적인 것이 영지에 의해서 완전해질 때까지 계속해서 이루어지는 과정이다. 영지주의에서는 개인의 종말을 구속의 완성을 위한 중요한 과정으로 생각하여 만데안(Mandean)들은 죽음 이후에 이루어지는 이 과정을 '탈출의 날' 이라고 불렀다. 또한 다른 영지주의에서도 영혼의 상승(ascent of the soul) 또는 영혼의 여행(journey of the soul)이라고 부르면서 죽은 이를 위한 예식을 베풀었다. 하지만 죽은 이의 영혼이 이 세상을 벗어나 플레로마에 들어가기는 여간 어려운 일이 아니었다. 데미우르고스와 아르콘들의 방해로 그 과정에는 수많은 위험과 장애가 도사리고 있기 때문이다. 영지주의 문헌에서는 그 과정에서 자기 인식을 비롯해서 수많은 것이 필요하다고 주장하였다.[38]

교부 오리겐은 영지주의 문서를 통하여 영혼의 상승 과정을 다음과 같이 소개하였다. 사람이 죽은 다음 영혼은 그가 그 전까지 살던 육신을 벗어나 에온을 지키는 아르콘의 문을 통과하여 '악의 장벽'을 뛰어넘으면, 기도와 애원으로 그다음 에온을 지키는 아르콘의 환심을 사야 하는데, 예수는 그의 제자들에

37) Nag Hammadi Codex V 3, 31, 15-26. K. Rudolph, *op. cit.*, p. 168에서 재인용.
38) K. Rudolph, *op. cit.*, p. 172.

게 이것들에 대해서 자세히 가르쳐 주었다: "그대가 육체에서 벗어난 다음 첫 번째 에온에 도착하여 아르콘들이 나타나면, 이 인장으로 그대를 봉인하라. 그것은 한 번 'Zozeze' 하고 그의 이름을 부르는 것이다. 1119라는 숫자를 꽉 붙잡고 있으라. 그대가 이 인장으로 그대를 봉하고, 그의 이름을 딱 한 번 외치며, 이 말로 그대를 당당하게 주장하라. 비밀스러운 이름을 가진 이여. 뒤로 물러서라. 첫 번째 에온에 있는 아르콘들이여. 나는 'eaza zeozaz zozeoz라고 그대에게 도전한다.'라고 말하면 첫 번째 에온에 있던 아르콘들은 깜짝 놀라서 뒤로 물러서서 서쪽으로 도망갈 것이다. 그러면 그대는 위로 올라갈 수 있게 된다."[39] 그다음에도 계속해서 같은 방식으로 각 에온에 맞는 인장(seal)과 서약하면서 올라가면 플레로마에 도착할 수 있다.

한편 우주적인 종말론은 세상의 종말에 관한 것인데, 마지막 때에 온 우주에는 재난이 닥친다. 하늘과 땅은 메마르고, 모든 강과 샘물은 더는 흐르지 않으며, 천공(天空)의 영역은 바뀌게 된다. 큰불이 일어나 모든 것을 불태우고, 바위와 들판은 갈대와 같이 흔들린다. 그때 구속자가 나타나 영적인 인간에게 영지를 가르치고, 완전해진 영혼과 함께 집단적으로 상승한다. 부정한 영혼은 그들이 정화되어 감옥에서 풀려날 때까지 처벌받고, 불이 더는 태울 것이 없어질 때까지 모든 것을 태운다. 전우주적 재난인 것이다. 이렇게 볼 때 우주적 종말론은 두 개의 서로 다른 원리가 분리되는 것이 아니라 둘 중 어느 한 원리가 완전히 파괴되어 최초의 상태가 회복되는 것을 의미한다고 루돌프는 강조하였다.[40] 이때의 종말은 단순히 초기의 상태를 회복하는 것이 아니라 근본적인 재생을 의미한다.

39) Origen, C Celsum VI 27. K. Rudolph, *op. cit.*, p. 173에서 재인용.

40) cf. "빛은 어둠으로부터 분리되고, 마치 어둠이 본래 없었던 것처럼 어둠을 쓸어 버린다." K. Rudolph, *op. cit.*, p. 202.

5) 영지주의의 실천 체계와 예식

영지주의에는 이론 체계만 있지 않고 다양한 실천 체계도 있는데, 그것은 영지주의 학파마다 다르다. 영지가들이 물질적인 제도와 가치를 인정하지 않아서 각 학파마다 예식을 다르게 취급했기 때문이다. 따라서 대부분의 영지주의 학파에서는 교회 제도, 성직 제도 등이 없었고 예식도 분명하지 않지만, 시몬파에는 신비한 사제가 있었고, 축사(逐邪), 주문(呪文), 마술(魔術) 등을 시행하기도 하였다. 영지주의도 일종의 종교 공동체이기 때문에 영지주의에서는 예배를 드렸고 성사를 베풀었다. 예배에 대한 그들의 태도는 다음과 같다. 첫째, 예식을 받아들였지만 그들의 사상에 맞추어 많은 부분을 변경시켰고, 둘째, 대부분의 경우에서 신화적 사건을 예식화하기 위하여 기존의 예식을 확장시켰으며, 셋째, 예배를 거부하거나 대단히 영적인 것으로 만들었다.[41]

영지주의에서 중요한 예식은 세례, 도유, 성만찬, 구속 예식(ceremony of redemption), 신방 예식(ceremony of bridal chamber) 등 다섯 가지다. 먼저 세트파에서는 생수로 세례를 주었다. 이는 죄를 씻는 의미가 아니라 불사(immortality)를 나누는 것이었다. 세례는 예수를 영화(靈化)시켰듯이 세례 받는 이들을 영화시키는 것으로 이해했던 것이다. 빌립복음서에는 "그러므로 세례 받는 이에게는 중재하는 영에 의해서 불사를 얻게 된다."[42]라고 하였다. 둘째, 병든 사람이나 약한 사람의 머리와 이마에 십자가 모양으로 기름을 바르는 도유(塗油) 예식이 행해졌는데, 그것은 악마를 물리치려는 것이었다.[43] 도유는 세례보다 더 중요하게 생각되었지만 그에 관해서는 많이 알려지지 않았다. 셋째, 발렌티누스파에서는 기독교회에서와 마찬가지로 빵과 포도주로 성찬을 행했는데, 속사람을 강건하게 하며 그들이 더 완전하게 되게 하려는 데 그 목적

41) K. Rudolph, *op. cit.*, p. 219.

42) NHC II 3, 61(109), 12-20. K. Rudolph, *op. cit.*, p. 219에서 재인용.

43) "도유에 쓰이는 기름은 악마를 내쫓고 악마로부터 그들을 보호한다. 따라서 그것은 영혼과 육체의 약함을 치유하고 내어 쫓는다." K. Rudolph, *op. cit.*, p. 228.

이 있었다. 그에 대해 빌립복음서는 다음과 같이 말하고 있다: "그(예수)는 성찬을 베푸는 날 이렇게 말하였다. 완전함과 빛과 성령에 참여한 그대는 우리와 함께 천사와 그 이미지들과 함께 참여할 것이다."[44] 넷째, 구속 예식은 후기에 발달한 예식인데 영지가들은 구속을 완성시키기 위하여 지식만으로는 부족하다고 생각하여 임종 시 죽은 사람의 영혼이 악한 세력과 권세로부터 공격당하지 않고 눈에 보이지 않는 세계에 올라갈 수 있도록 머리에 기름과 물을 부으면서 예식을 베풀었다. 이때 죽은 이에게 각종 주문과 암호(secret saying)가 주어져 그의 영혼은 상승을 하게 된다. 이 예식은 발렌티누스파와 만데안들에게서 발달하여 만데안은 상승을 위한 예식(ceremony of the ascent)과 죽은 이들을 위한 만찬을 행하였다.[45] 그들은 구속을 제의 행위로 완수하여 보장받으려 했고, 정례적 예식으로 만들었던 것이다.

이렇게 볼 때 영지가들은 초기에는 철저하게 모든 것을 영화시켰지만 후대로 갈수록 그 생각이 약화된 듯하다. 마지막으로 신방 예식은 가장 높은 단계의 예식으로 그 목적은 플레로마와의 궁극적 연합이다. 이 예식에서 영지가는 구속자(redeemer)의 신부가 되어 영적 결혼을 거행한다. 그때 그는 플레로마의 '신방'에 들어가 영적 에온이 되어 영원한 합일의 결혼으로 들어간다: "…… 신성혼으로 해석할 수 있는 신방 예식은 분리되었던 요소의 연합인 양성구유적인 통일체의 선포로 이해될 수 있을 것이다."[46] 그러나 이 세상에서 빛을 받지 못한 사람은 플레로마에 들어가지 못한다.

---

44) NHC II 3, 75(123), 14-21. K. Rudolph, *op. cit.*, p. 241에서 재인용.

45) Irenaeus, Adv. haer. I 21, 5. K. Rudolph, *op. cit.*, p. 244에서 재인용. cf. 그러나 부정한 영은 연옥(purgatory)이나 지옥에서 고통받는다. 그는 지상의 악에 물든 옷과 행동에서 벗어나지 못하는 한 영원히 버림받을 것이다. 만데안 문서에 의하면 구속자는 영혼들을 구원하기 위하여 초세상적인 감옥에 나타나 빛의 능력과 하나가 된 사람은 구원받는다고 하여 영지주의에서는 헬라사회나 기독교의 민간신앙에 퍼져 있는 지옥 개념을 수용한 듯하다. K. Rudolph, *op. cit.*, pp. 174-184.

46) K. Rudolph, *op. cit.*, p. 189. pp. 186-188. pp. 245-246. 이때 그는 데미우르고스가 만든 육신을 벗고 새로운 육신을 입는다. 영지주의는 영혼의 해방뿐만 아니라 악한 세력의 심판까지 생각하는 것이다. cf. M. Scopello, *op. cit.*, pp. 87-89, p. 100.

5. 영지주의와 기독교

기독교 영지주의는 기독교가 시작될 무렵 시작되어 기원 후 135년부터 160년 사이 세력을 크게 형성하다가 6세기경에 사라졌으나 아직도 기독교에 여러 형태로 영향을 미치고 있다. 신학자 폴 틸리히는 기독교 영지주의는 기독교 내부의 적으로 기독교의 존립에 커다란 위협을 주어 기독교는 영지주의와 싸우면서 가톨리시즘을 확립하였다고 주장하였다. 틸리히에 의하면 영지가들이 제기한 가장 심각한 문제는 권위의 문제, 그 가운데서도 성서의 권위 문제였다. 그들은 예수가 부활한 다음 40일 동안 이 세상에 머무르면서 영지주의 사상과 실천 체계의 근간이 되는 비의를 전해 주었다고 하였던 것이다. 그때 성서의 권위는 문제시될 수밖에 없다. 그러나 교부들은 그것을 물리치고 성서의 권위를 앞세웠다. 그래서 교회에서는 정경(canon)의 기준을 세웠고, 여러 문서 가운데서 정경을 확정하였다. 그다음 제기된 것은 성서 해석의 문제였다. 영지가들이 교회의 공식적인 해석과 다른 해석 방법을 주장했기 때문이다. 그래서 교부들은 사도전승을 앞세우면서 기독교 신학 체계를 완성시켜서 오늘에 이르게 되었다. 이렇게 볼 때 기독교와 영지주의 사이의 갈등은 공적인 믿음과 비의적인 영지 사이의 문제라고 할 수 있다.[47)]

교부들이 영지주의자들을 비판한 것은 그들이 기독교 교리를 왜곡하면서 이교주의와 신비술로 돌아가려고 했으며, 그들에게 거짓이 많았고, 영지주의자들 사이에 통일성이 없었기 때문이다.[48)] 그래서 교부들은 그들의 주장은 교회를 타락시키려는 사탄의 술책이라고 비판하였다. 영지주의 비판에 앞장섰던

---

47) I. C. Henel, *op. cit.*, pp. 67-72.

48) 물론 영지가들에게 도덕적이고 윤리적인 문제가 있다는 비판도 많이 있었는데, 피어슨은 그런 비판은 언제나 반대파를 공격하기 위한 상투적인 비판으로 신빙성이 떨어진다고 주장하였다. 오히려 영지가들 가운데는 금욕적인 사람이 대부분이었다고 덧붙였다. B. A. Pearson, *op. cit.*, p. 18.

교부는 저스틴, 이레네우스, 히폴리투스, 터툴리안 등인데, 터툴리안은 복음이 예수 그리스도에 의해서 선포되었기 때문에 이제 더는 영지가 필요하지 않으며, 예수 그리스도에 대한 믿음으로 충분하다고 강조하였다.[49] 한편 알렉산드리아의 클레멘트와 오리겐은 영지주의에 비판적이었지만, 일부 영지주의자들의 주장에는 동조하기도 하였다.[50]

영지주의에 대한 기독교 교부들의 비판은 다음과 같은 이유에서였다. 첫째, 그들의 이원적 신관이다. 영지가들은 구약성서의 창조신보다 더 높은 최고신을 만들고 구약성서의 창조신을 열등하거나 악한 신으로 생각했던 것이다. 그러나 교부들에게 그런 일은 있을 수 없는 일이었다. 둘째, 영지가들의 구약성서에 대한 태도였는데, 마르시온 같은 이들은 구약성서를 성경에서 배제시키는 등 구약성서를 무시했던 것이다. 그들의 이런 태도는 율법폐기론으로 이어졌는데, 그것은 교부들에게 대단히 위험한 생각이었다. 셋째, 구속자로서의 예수 그리스도에 대한 문제인데, 여기에서 믿음과 지식에 대한 대립적인 태도가 제기된다. 영지가들에게 예수 그리스도는 영지에 대한 계시자나 조명자이지만, 교부들은 그들의 그런 태도를 받아들일 수 없었던 것이다. 왜냐하면 예수 그리스도는 인간의 죄를 대속한 대속자였기 때문이다. 따라서 사람들은 그의 대속을 믿어야 구원받을 수 있다. 넷째, 영지주의자들의 이원론적이고 반우주적인 태도 역시 교부에게는 받아들일 수 없는 것이었다. 영지주의자들은 이 세상의 악과 고통을 열등한 창조신의 탓으로 돌렸지만, 교부들은 하나님의 창조로 받아들이면서 이 세상에 대해서 긍정적인 태도를 보였던 것이다. 다섯째, 교부들과 영지주의자들은 그리스도의 부활에 대해서도 대립했는데, 교부들은 예수 그리스도의 몸의 부활을 믿었지만 영지주의자들은 그것을 영적 부활로 제한시켰던 것이다. 그래서 영지주의자들은 부활은 구속자의 부름과 자기 인식을 통해서 망각과 무지로부터 불꽃이 다시 타오르는 것이나 빛의 불꽃이 플

49) Tertullian, De praescr. haer. 21. K. Rudolph, *op. cit.*, p. 15에서 재인용.
50) J. N. D. Kelly, 『고대기독교교리사』, 김광식 역(서울: 한국기독교문학연구소출판부, 1980).

레로마로 상승하는 것으로 이해했던 것이다.[51)]

영지주의자들과 교부들은 여러 문제에서 대립하였지만, 현대 기독교에서는 영지주의가 제기한 문제 가운데 눈여겨보아야 할 점도 없지 않다. 즉, 악의 기원에 대한 질문, 이 세상에 대한 태도, 창조와 구속의 관계, 믿음과 지식의 관계 등은 여전히 중요한 문제다. 내향적인 사람들은 교회 내에서 신비주의의 전통을 이어 갔고, 하나님에 대해서 더 탐구하려고 하였다. 루돌프는 영지주의적 이원론이 형이상학적으로는 무시될 수 있지만 역사적으로 여전히 남아 있으며, 가현설 역시 기독교가 극복하지 못하였다고 주장하였다.[52)] 보수적인 가톨릭교회나 개신교에서는 영지주의자들보다 더 이원론적인 태도를 보이면서 이 세상과 육신에 대해서 부정하고 반우주적인 태도를 보이기 때문이다. 영지주의는 기독교의 그림자로서 전적으로 부정할 것이 아니라 동화시켜야 할 부분인 것이다.

6. 융과 영지주의

융이 평생 관심을 기울여 온 것은 정신치료와 종교와 연금술에 대한 연구였다. 그런 그에게 영지주의는 종교에 대한 연구와 연금술에 대한 연구에 다리를 놓는 중요한 위치를 차지하고 있다. 그래서 융과 가까웠고, 나그함마디 문서 번역에도 참여했던 퀴스펠(G. Quispel)은 융이 프로이트와 헤어져 정신적 위기에 봉착했던 1912년부터 1921년까지 영지주의자들은 융의 유일한 동료들이었다고 주장하였다.[53)] 융이 언제부터 영지주의에 관심을 가졌는지는 명확하지 않지만, 융은 독일의 종교사학파를 통해서 고대 로마제국의 신비주의와 미트

51) K. Rudolph, *op. cit.*, p. 191.
52) K. Rudolph, *op. cit.*, pp. 371-372.
53) Gilles Quispel, "Jung et la Gnose", *Cahier de l' Herne* (Paris: Edition de l'Herne, 1979), p. 131.

라 종교에 대해서 알고 있었고, 자연히 영지주의에 대해서도 알고 있었으리라 생각된다. 융이 영지주의라는 단어를 제일 처음 쓴 것은 1911년 프로이트에게 보낸 편지인데, 거기에서 융은 다음과 같이 말하고 있다: "당신의 발견 덕분에 우리는 정말 놀라운 어떤 것의 문턱에 들어섰는데, 나는 그것을 당분간 영지주의에서 말하는 sophia(지혜)라는 개념으로밖에 나타낼 수 없습니다. 그것은 알렉산드리아학파에서 사용했던 개념으로 정신분석학에서 고대의 지혜가 재성육신한 것에 특히 잘 들어맞습니다."[54)]

그다음 융과 영지주의의 관계는 그가 1912년 『리비도의 변환과 상징』을 쓰면서 영지주의 문헌을 인용하고, 1916년 알렉산드리아에서 활동하던 영지주의자 바실리데스(Basilides)의 이름으로 낸 소책자 『죽은 이들을 위한 일곱 편의 설교』로 나타난다. 이 설교들은 그가 프로이트와 헤어진 다음 영지주의자 시몬 마구스, 헬렌, 필레몬 등에 대한 꿈을 꾸면서 그의 무의식에서 어떤 변화가 생긴 데에 기인할 것이다. 그래서 그는 그의 내면적인 삶에 하나의 형상을 만들어야겠다는 필요성을 느끼게 되었고, 그의 체험과 비슷한 것들을 말하는 영지주의 연구에 더 몰두하였다. 그에 대해서 융은 자서전에서 이렇게 말한다: "1918년부터 1926년 사이에 나는 영지주의 연구에 진지하게 몰두하였다. 나는 영지주의자들에게 많은 흥미를 느꼈던 것이다."[55)] 그러면서 그는 라이첸스타인(Reitzenstein)이 구속의 신비에 대해서 쓴 책을 통해서 영지주의 종교 만데안과 마니교 신화에 대해서 더 많이 알게 되었다. 그러나 그는 1930년에 발견된 마니교 문서를 읽었는데 그렇게 커다란 흥미를 느끼지는 못하였다. 그 후에도 그는 빅터 화이트(V. White)가 영지주의 문서 피스티스 소피아에 대해서 발표한 것을 높이 평가하면서 그에게 편지(1948. 5. 21.)를 보냈고, 퀴스펠(G. Quispel)에게 편지(1950. 4. 21.)를 보내면서 영지주의에 관심을 표시하지만, 그는 영지

54) S. Freud & C. G. Jung, *The Freud/Jung Lettres*, ed. by W. McGuire & A. McGlashan (London: Routledge & Kegan Paul, 1979), p. 235.

55) C. G. Jung ed. by A. Jaffe, *Ma Vie* (Paris: Gallimard, 1973), p. 233. cf. 융은 이미 1912년부터 그가 저술한 논문의 참고문헌에 영지주의 저서들을 인용하였다.

주의보다 연금술에 더 관심을 기울인 듯하다. 퀴스펠은 "내가 그를 알기 시작했던 1947년부터 그는 특히 연금술에 관심을 기울이고 있었다. ……그는 영지주의보다는 연금술을 더 가깝게 생각한 듯하다."[56]고 하였다.

융은 연금술이 영지주의와 매우 밀접한 관계에 있다고 생각했으며, 1928년부터 서양 연금술 연구에 몰두하였다: "내가 연금술에 대해 이해하기 시작했을 때, 비로소 나는 연금술이 영지와 연결되어 있다는 생각이 들었다. 연금술을 통해서 과거와 현재 사이의 연속성이 이루어지게 된다."[57] 그러나 영지주의 연구와 융 사이에 중요한 사건이 생기는데, 그것은 1951년 8월 퀴스펠의 주선으로 볼링겐 재단에서 나그함마디 문서 중 일부를 구입하여 거기에 '융 문서(Codex Jung)'라는 이름이 붙게 된 일이다. 그 안에는 '진리의 복음' '바울 사도의 기도' 등 다섯 편의 문서가 포함되어 있다.[58]

융과 영지주의의 관계 가운데서 가장 두드러졌던 사건은 융과 마틴 부버(M. Buber)의 논쟁이다. 그 논쟁은 부버가 『메르쿠르(*Mercure*)』 1952년 2월호에서 융을 영지주의자라고 비판하면서 시작되었다. 그는 융에 의하면 하나님은 주관적이고 자율적인 심리적 내용에 불과하게 된다고 주장하였다: "만일 융이 말하는 대로 종교가 한낱 우리와 심적 사건과의 ……관계라면 그것은 인간으로부터 초월한 존재 또는 본질적 절대자의 관계가 아니라는 말이 여기에 포함된다."[59] 그러면서 부버는 융이 『죽은 이들을 위한 일곱 편의 설교』에서 영지주의적인 신관을 주장하였고, 그것은 융에게서 일관되게 나타났으며, 융은 심리학의 한계를 넘어섰다고 덧붙였다. 그에 대해서 융은 같은 학술지 1952년 5월호에서 "부버는 내가 그노시스의 입장에서 출발해 심리학자로서는 해서는 안 되는 형이상학적인 언표를 감행했다고 주장한다. 그러나 그것은 부버의 잘못

56) Gilles Quispel, *op. cit.*, p. 134.

57) C. G. Jung, *Ma Vie*, p. 234.

58) K. Rudolph, *op. cit.*, p. 36. Codex Jung은 Codex I이라고도 불리는데, 나중에 출판된 다음 이집트 박물관에 반환되었다.

59) M. Buber, 『신의 일식』, 이병섭 역(서울: 이화여자대학교출판부, 1984), p. 95.

된 생각이다. 우리는 경험의 결과를 어떤 철학적 전제와 오해해서는 안 된다."[60] 라고 하면서 그는 어디까지나 정신과 의사로서 종교적인 문제에 접근하며, 부버의 말대로라면 인간의 투사가 그쳐지면 객관적인 대상이 존재하지 않아야 되는데, 그것은 아니지 않는가 하고 반문하였다. 이에 대해서 부버는 다시 같은 논지로 융을 다시 비판하였다.

이 논쟁을 지켜보면서 분석심리학자 드힝(Jef. Dehing)은 융이 영지주의자는 아닐지 몰라도 그의 내향적인 태도는 그런 오해를 불러올 수도 있었을 것이라고 주장하였다.[61] 그 후에도 융은 구원자 그리스도에 대한 역사적 탐구를 다룬 『아이온(Aïon)』과 악과 고통의 문제를 다룬 『욥에의 응답(*Réponse à Job*)』을 발표하는데, 그것들은 그의 영지적 관심을 나타낸 저서라고 할 수 있다.[62]

7. 분석심리학과 영지주의

드힝은 해석학적으로 볼 때 프로이트의 해석방법론은 기호학적인(semiotic) 것이고, 융의 그것은 상징적인(symbolic) 것이라고 주장하였다. 프로이트가 의미는 표현된 것 속에 억압되어 있어서 해석은 그 속에 숨겨진 의미를 찾아내는 작업이라고 생각한 반면, 융은 표현된 것들로부터 전혀 새로운 의미가 드러날 수 있다고 생각하여 그 속에서 초월적인 의미를 찾으려고 했다는 것이다.[63] 이

60) M. Buber, *op. cit.*, p. 163.

61) Jef Dehing, "Jung and Knowledge: From Gnosis to Praxis", ed. by R. K. Papadopoulos, *C. G. Jung Critical Assessments*(London: Routledge, 1992), p. 190.

62) 융은 화이트에게 보낸 편지에서 『아이온』 출판 소식을 전하고 있다: "나는 그리스도의 상이 어떻게 헬레니즘의 자연주의 철학과 연금술에서 받아들여지게 되었는지에 대해서 연구하는 것입니다. 그런 연구의 결과에서 지난달에 부피가 다소 작은 책(*Aïon*) 하나가 나왔습니다." C. G. Jung, *Letters*(Princeton: Princeton University Press, 1973), p. 502.

63) J. Dehing, *op. cit.*, p. 183. 여기서 초월적 의미라는 말은 인간의 형이상학적인 것이 아니라 일상적인 경험과 지식을 뛰어넘는 의미를 가리킨다.

러한 드힝의 주장은 상징에 대한 프로이트와 융의 태도를 볼 때 적절한 지적이다. 융이 주장했듯이 프로이트에게 상징은 다층적인 의미 구조를 가지지 않으므로 환원적인 방법으로 해석되지만, 융에게 상징은 다층적으로 해석되기 때문이다.[64] 융의 이런 태도는 그와 영지주의 사이에 많은 점에서 유사성을 보여준다. 첫째, 영지주의자들과 융은 내향적 태도를 가지고 그들의 내면에서 싸우는 영과 육, 본능적인 충동과 정신성을 통합하여 구원받으려고 하였다. 둘째, 그들은 그 과정에서 솟아오르는 무의식의 상징적 이미지를 체험하였고 그것을 신화적이거나 상징적인 방식으로 표현하였다. 셋째, 그들은 일상적인 삶의 차원을 뛰어넘는 심층적인 실재를 추구하였는데, 그것이 영지주의자들에게 있어서는 최고신이었고, 융에게는 집단적 무의식에 있는 자기였다. 넷째, 그들은 이 세상에 있는 악과 고통의 실재를 절감(切感)하였으며, 그 기원과 본성에 대해서 탐구하려고 하였다. 다섯째, 그들은 다른 존재가 체험한 것이나 주장한 것을 그대로 믿으려고 하지 않았고, 그들이 직접 체험하려고 했으며, 그들이 체험한 것만 믿으려고 하였다.

1) 내향화 작업과 구속의 체험

영지가들은 대단히 내향적인 사람들이었다. 그들은 눈에 보이는 이 세상과 물질적인 것에는 아무런 가치를 두지 않았고 오직 내면에 있는 신적 불꽃을 찾아서 그것이 영원한 플레로마와 합일되기를 추구하였다. 그들은 교단을 만들려고 하지 않았으며, 사제 제도를 두지 않는 등 외적 체계에 관해서는 거의 관심을 기울이지 않았다. 예배나 성찬 등 실천 체계에서도 영적인 의미에서만 가치를 두려고 하였다. 이 세상에서의 구원보다 이 세상을 뛰어넘는 융합을 추구

64) cf. "이론적으로 비교적 확증된 상징이 존재하지만 그것을 해석할 때는 그 상징이 내용상으로 이미 알고 있는 것, 개념상으로 설명 가능한 것을 암시하지 않도록 매우 엄격하게 조심해야 하기 때문이다." "C. G. Jung, 『정신요법의 기본문제』, 한국융연구원 C. G. 융저작번역위원회 역(서울: 솔출판사, 2001).

했고, 육신적인 것보다 영적인 부분만 구원받으려고 했던 것이다. 그것은 융에게도 마찬가지여서 그는 "바깥에서 안으로 들어와 영혼을 이해하려는 듯한 자연과학과 정반대로 ……종교로서의 영지는 존재의 심층에 있는 인식을 끄집어 내려고 했던 인간 정신의 놀라운 시도로 생각된다."[65]라고 하였다. 영지주의가 하나의 교단으로 발전하지 못하고, 지금 이 세상에서 거의 사라진 것에는 그들의 이런 내향적 태도의 영향도 클 것이다. 마찬가지로 융은 프로이트와 달리 그의 학파를 키우려고 하기보다 정신적인 작업에 관심을 기울였다.

영지가들의 내향성은 그들의 삶의 태도와 구속론에서 두드러지게 드러난다. 그들은 이 세상의 불완전성과 악에 절망하여 이 세상에서 벗어나려고 하면서 내면으로 들어가 구원받으려고 하였기 때문이다. 도마복음서에서는 "너희가 너희 자신 안에 있는 것을 내놓으면, 너희가 가진 것이 너희를 구할 것이다. 만일 너희가 너희 자신 안에 그것을 가지지 아니하면, 너희가 너희 안에 가지지 못한 것이 너희를 죽일 것이다."(말씀 70)라고 하였다. 영지가들은 외적인 삶을 부정하고 속사람의 해방을 바랐던 것이다. 그 구속의 절정이 신방(nuptial chambre)이다. 영혼은 거기서 그리스도와 만나 그의 신적 본성을 회복하고 결국 신(神)이 되는 것이다. 그때 그는 이 세상적인 것들을 벗어 버리고 영적인 몸(spiritual body)이 되어 영원한 안식을 취하게 된다. 이 세상과의 투쟁과 고통을 이겨 낸 승리에 대한 은혜가 주어지는 것이다. 그 구속의 상징이 플레로마인데, 그때 그들은 충만 속에서 지복의 상태에 잠기게 된다.[66]

내향적인 면에서는 융 역시 마찬가지였다. 그도 삶의 바깥으로 드러나는 것들을 내면의 전개라고 생각하여 내면에서 일어나는 것에 초점을 맞춰서 살펴보려고 하였다. 그것은 그의 자서전에서 잘 드러난다. 그의 자서전은 외적 사

65) C. G. Jung, *La Guérison psychologique*(Genève: Librairie de l' Université Georg, 1984), p. 185.
66) cf. 그러나 그들의 내향화 작업은 그들이 해방의 길을 영혼의 상승에서 찾았다는 점에서 융과 다르다. 융이 내면으로 들어가서 자기를 체험하려고 했다면, 그들은 하늘로 올라가 플레로마에서 구속자와 하나가 되려고 했다. 융이 내향화한 다음 현실에서 개성화된 삶을 살려고 한 데 반해, 그들은 최고신의 에온에 올라가 플레로마와 융합하려고 했던 것이다.

건이 주종을 이루는 다른 이들의 그것과 달리 내면의 기록이었던 것이다: "나에게는 내면적인 것들만이 본질적이며 결정적인 가치를 지니고 있었습니다. 따라서 당연히 외부 사건과 관련된 기억은 모두 희미해지는 것입니다."[67]라는 그의 말은 그 점이 잘 드러난다. 그의 이런 성향은 타고난 정신적 태도와 유년 시절 어머니의 오랜 부재와 가정환경 때문에 강화되었다. 그는 어릴 때부터 혼자 놀면서 내면에 들어가 무의식적 체험을 많이 하였고, 사람들 속에 겉으로 드러난 제1의 인격과 그와 다른 제2의 인격이 있다는 사실을 발견하였던 것이다. 그의 내향성을 보여 주는 또 다른 예는 그가 초등학교에 다닐 때 나무 자에 남자의 모습을 새겨 다락방에 숨겨 놓고 마음이 울적할 때 찾아와 장엄한 종교의식을 베풀었던 일이다. 그때 그는 그만의 내향적이고 개인적이며 신비한 의식을 통해서 내면의 분열을 통합해 주는 어떤 실체를 체험했던 것이다.[68]

이러한 그의 태도는 자연히 그를 종교에 대한 연구로 나아가게 하였다. 그는 종교사학파들의 저작을 살펴보았고, 영지주의에도 흥미를 보여 1912년에 출판된 『리비도의 변환과 그 상징』의 참고문헌에는 이미 영지주의에 관한 서적이 나타난다. 그의 내향성은 1913년 프로이트와 헤어진 다음 더욱더 강화되었는데, 그 전까지 외부 세계로 나아갔던 정신 에너지가 내면으로 들어왔기 때문이다. 그것은 "프로이트와 결별하고 난 다음 나에게는 내적 불확실감이 일어나기 시작하였다. ……내가 허공에 뜬 상태에서 둥둥 날아가는 것 같은 기분을 느꼈다. 나는 아직 내가 서야 할 내 정확한 자리를 찾아내지 못하였기 때문이다."[69]라는 말에서도 읽을 수 있다. 그때 그는 수많은 내적 충동과 환상이 밀려오는 것을 체험하였는데 그 가운데는 신화적이고 원형적인 이미지가 많았다. 그는 그것들을 따라가면서 조약돌로 건축 놀이도 하였고, 여러 방법으로 적극적 상상을 하였는데, 그의 심리학은 그때 체험했던 것에 바탕을 두고 있다.

67) C. G. Jung, *Ma Vie*, p. 14.
68) C. G. Jung, *Ma Vie*, p. 35.
69) C. G. Jung, *Ma Vie*, p. 198.

융은 그때 그의 위기 상황을 보상하려는 또 다른 강력한 힘을 체험하였다. 그의 내면에 어떤 정신적 실재(reality)가 있어서 내적 분열을 통합하려는 사실을 직감하였던 것이다. 그는 정신 에너지의 퇴행은 또 다른 형태의 적응을 위한 것이라고 생각하였다: "퇴행은 그 전에 의식적인 적응 때문에 배제되었던 정신적 내용, 그리하여 어렴풋하게만 의식화되었거나 완전히 무의식화되었던 내용의 가치를 제고시키고, 그 요소들은 의식의 문턱에 도달하게 된다."[70] 그러면서 그는 영지주의 역시 이 세상에 있는 악과 고통이 가져다주는 분열을 구속하기 위한 종교였음을 알게 되었다: "무의식성에서 나오는 것으로서 구속(rédemption)은 영지주의의 다른 문서에서도 많이 찾아볼 수 있다. ……그런데 (영지주의의) 그 많은 상징과 비유는 현대인에게 잘 맞지 않을 것이다."[71] 그래서 융은 퀴스펠에게 보낸 편지에서 영지주의자들이 싸우고자 했던 것은 그들의 내면과 이 세상에 있는 그림자였다고 하였다: "우리는 발렌티누스가 (그리스도가) 그의 그림자 부분을 끊어 내는 것을 의미하면서 '잘라내다(apokoptein)' 라는 단어를 썼을 때, 그 단어의 신화적 용법을 염두에 두었을 것입니다. 왜냐하면 그림자와의 단절은 두말할 필요도 없이 존재의 어두운 부분을 끊어 내는 것이기 때문입니다."(1950. 4. 21.).

리비도의 퇴행이 새로운 적응을 모색하려는 정신의 작용이라는 발견은 그에게 새로운 깨달음이었으며, 그가 프로이트와 다른 그의 독자적인 심리학 체계를 만드는 데 기초가 되었다. 또한 그것은 그가 정신 증상을 단순히 제거해 버려야 할 상처로만 보지 않고 그 안에서 목적적인 의미를 찾게 하는 데 도움을 주었다: "……내적 세계의 조건에 대한 적응으로서의 퇴행은 개성화 요구를 충족시키고자 하는 생명의 필요에서 솟아 나온다. ……사람은 자신의 내적 세계에 적응해야만, 즉 자신과 조화를 이룬 상태에서만 이상적인 방식으로 외적 필요의 요구를 충족시킬 수 있다."[72] 무의식은 프로이트가 말하듯이 의식과 같이

70) C. G. Jung, *Energétique psychique* (Genève: Librairie de l' Université Georg, 1981), p. 55.
71) C. G. Jung, *Neue Zuricher Zeitung*, 1953. 11. 16. G. Quispel, *op. cit.*, p. 143에서 재인용.

있을 수 없어서 억압된 것들로만 이루어지지 않고 아직 의식화되지 않은 집단적인 것도 있다는 사실을 깨달았던 것이다. 그 가운데서 중요한 것은 의식의 일방성 때문에 조성된 혼돈 상태를 극복하고 정신에 새로운 질서를 잡아 주려는 자기(self)다: "변화하는 것을 다시 통합하고 혼돈 속에 있는 것에 질서를 부여하여 부조화 상태에 있는 것들과 중심의 둘레에 배열되어 있던 것들은 통일을 이룰 수 있다. ……의식은 이제 무의식과 다시 이어지고, 무의식적으로 살던 사람은 그의 중심과 다시 이어진다. 그 중심은 동시에 만유의 중심이기도 하다."[73)]

정신의 중심과 전체성으로서의 자기(self)에 대한 생각은 그의 심리학에서 가장 중요한 전제다. 자기는 정신 요소 가운데서 가장 에너지가 많이 담겨 있으며, 자아가 자기와 올바른 관계 속에서 작용하지 않는 한 우리 정신은 통합되지 못하고 우리 삶의 중심이 흔들리기 때문이다. 융은 "1918년부터 대략 1920년까지 나는 정신적 발달의 목표는 자기가 되는 것이라고 생각하였다."[74)] 라고 했는데, 그 무렵 그는 그 의미도 알지 못하면서 자기를 상징하는 만다라를 그리면서 정신적 위기에서 나오게 되었다: "나의 마음속에서 일어나는 정동을 내가 형상화할 수 있게 되었을 때, 다시 말해서 나의 정동 속에 숨어 있던 이미지를 내가 찾게 되었을 때 내 마음속에는 내적 평화가 찾아들었다."[75)] 이때의 체험은 융에게 매우 중요한 체험이었다. 그 체험 때문에 융은 무의식의 작용에만 관심을 기울였던 프로이트와 달리 의식과 무의식의 관계에 대해서 관심을 기울이면서 무의식의 본성은 보상에 있다고 주장하였다.[76)]

내향화를 통한 구속 과정에서 융과 영지주의자에게서 또 한 가지 주목할 점은 그들이 여성적인 것의 가치를 중요시하였다는 점이다. 영지가들에게서 소피아, 이브, 세트 또는 노아의 아내인 노레아(Norea)는 영지를 전달해 주는 계

72) C. G. Jung, *Energétique psychique*, p. 61.
73) C. G. Jung, *op. cit.*, pp. 321-322.
74) C. G. Jung, *Ma Vie*, p. 229.
75) C. G. Jung, *Ma Vie*, p. 206.
76) cf. A. Stevens, *Jung, L'OEuvre-Vie* (Paris: Dufflin, 1994).

시자 역할을 하며, 융에게도 여성적 요소인 영혼과 지혜가 중요한 역할을 담당하는 것이다. 영지주의에서 여성적 요소는 아담에게 영을 불어 넣거나 그의 신적 본성을 깨닫도록 하고, 융은 개성화 과정에서 언제나 권력의지보다 여성적 원리인 에로스의 회복이 중요하다고 강조하고, 재탄생의 모태가 되는 태모가 결정적인 역할을 한다고 강조하는 것이다. 그것은 개성화 과정에서 모든 것의 모태가 되는 집단적 무의식의 중요성 때문이었을 것이다.[77]

2) 신화와 상징: 변환의 상징

다음으로 살펴볼 것은 영지주의와 분석심리학에서 신화와 상징을 중요시한다는 점이다. 분석심리학은 현대 학문 가운데서 가장 신화와 상징을 많이 다루고 있으며, 비과학적이라는 비판도 받는다. 마찬가지로 영지주의가 무슨 말을 하는지 이해하기 쉽지 않고, 가까이하기 어려운 것은 영지주의 문헌에 신화적 사변과 상징이 너무 많기 때문이다. 영지주의의 우주 발생론과 인간 발생론은 신화적 사변으로 가득 차 있고, 영지주의의 플레로마, 신방 예식, 영혼의 상승 등은 모두 상징이다. 그것은 영지주의가 본래 성서를 우의적으로 해석하려고 했고, 영지주의에 고대 히브리적 사유, 그리스적 사유, 중근동 사유가 뒤섞여 있기 때문이다. 그것은 그들의 종교 사상이 무의식의 즉각적인 체험을 표현하기 위해서 어쩔 수 없는 것이었다. 융은 퀴스펠에게 보낸 편지에서 "우리는 히폴리투스가 전한 나아센느파의 일자(l' Un)에 대한 수많은 상징을 보면서, 그것들이 정말로 내면의 직접적인 영감에서 나온 것이라는 사실을 인정하지 않을 수 없을 것입니다."[78]라고 하였다. 영지가들은 무의식의 본래적 세계와 접촉하고 있던 사람이라는 것이다.

77) cf. 융은 융은 조스턴(C. H. Josten)에게 보낸 편지(1952. 4. 6.)에서 무의식과 접촉하지 못한 사람들은 남성적 태도인 부와 명예만 얻으려는 야심적인 태도에 사로잡히기 마련이라고 말하였다. C. G. Jung, *Le Divin dans l'homme*(Paris: A. Michel, 1999), p. 414.

78) *Ibid.*, p. 402.

융은 그런 신화적 이미지들과 상징은 그들에게서만이 아니라 현대인의 꿈과 환상에서도 나타나며 정신과 환자들은 특히 그와 비슷한 고태적 환상을 많이 체험한다고 주장하였다: "우리는 거의 매일 환자들 안에서 어떻게 신화적 환상이 일어나는지 볼 수 있다. 그것들은 그들이 생각해 낸 것이 아니라 ……무의식으로부터 뚫고 올라온 상이나 일련의 관념으로 나타난다."[79] 원형에 대한 융의 생각도 사실 그가 만났던 정신과 환자의 무의식의 즉각적인 체험에서 발단이 된 것이다. 고대인의 의식에 있던 것들은 현대인의 무의식에 신화적인 상(像)들로 현존하며 현대인의 사고에 영향을 주는 것이다. 융이 종교 현상, 연금술에 관심을 가졌던 것은 그 때문이다.

융은 그런 상징은 사람들이 위기에 처했을 때 특히 많이 나타난다고 주장하였다: "어떤 위기 상황이 나타나면, 그 위기 상황에 해당하는 하나의 전형(Typus)이 무의식에 배열된다. 이 전형은 신성한 힘(numinose)을 지니고 있기 때문에 ……의식의 내용, 의식된 표상을 끌어당긴다. 이러한 표상 때문에 전형이 지각되고 의식될 수 있게 된다."[80] 사람들이 위기에 처하면 정신 에너지는 전진하지 못하고 무의식으로 퇴행하여, 그때까지 의식이 해결하지 못한 과제에 새로운 방식으로 대처하려고 집단적인 층에서 새 자료를 제시하는 것이다. 융은 자신이 그것을 체험하였고, 정신과 환자에게서 확인하였다. 그러면서 그는 인간의 삶에서 집단적인 것이 너무 우세하면 무의식에서 신화적 이미지가 나타나 그것을 보상한다고 주장하였는데, 그것은 영지주의에서도 마찬가지다. 영지주의 역시 제도적인 기독교의 집단성에 대한 보상으로 생겨난 것으로서 수많은 신화적 사변과 상징으로 이루어져 있기 때문이다.[81] 이때 무의식의 내용이 상징적인 이미지로 나타나는 것은 그것들이 의식에 있는 이미지를 빌려서 의식으로 나올 수밖에 없기 때문이다. 무의식은 그 자체로 알 수 없는 것이

79) C. G. Jung, *Energétique psychique*, p. 60.
80) C. G. Jung, 『영웅과 어머니 원형』(서울: 솔출판사, 2006), p. 216.
81) cf. J. Dehing, *op. cit.*, p. 185.

기 때문에 의식에 이미 있는 다른 것을 빌려서 그 모습을 보여 주는 것이다: "상징은 그 본질을 아직 다 알 수 없어서 오직 추측할 수밖에 없는 무의식의 내용을 나타내 주는 가장 좋은 표현 수단이다."[82]

그때 상징은 변환을 통한 통합을 지향한다. 상징은 대극이 대치하고 있을 때, 그보다 높은 자리에서 그것을 통합하는 초월적 기능을 가지고 있기 때문이다. 융은 "상징 형성의 문제는 충동 과정을 끌어들이지 않고서는 논할 수 없다. 왜냐하면 충동 과정에서 상징의 동력이 나오기 때문이다. ……우리는 거기서 본능적 충동 과정의 유비를 만들어 내려는 창조적 환상을 발견한다. 그 목적은 리비도를 유사한 표상들로 옮김으로써 단순한 충동성에서 해방되려는 데 있다."[83]라고 하였다. 이때 상징이 리비도를 변환시키는 것은 상징이 리비도의 유사물을 만들어서 리비도가 원활하게 흐르게 하기 때문이다. 상징은 일종의 수로 역할을 하면서 리비도의 정체 상태를 깨뜨리는 것이다. 그래서 융은 "나는 에너지를 '리비도 유사물'로 바꾸는 것을 일종의 상징이라고 말했다. 이것을 통해서 나는 리비도에 등가적인 표현을 할 수 있고, 원래의 것과는 다른 형태로 이끄는 아이디어를 의도한다. ……상징을 통한 리비도의 변환은 인류의 시작 이래 계속되어 왔고, 아직도 지속되고 있는 과정이다."[84]라고 하였다.

융은 상징의 이런 작업을 영지주의뿐만 아니라 모든 종교 상징에서 보았다. 왜냐하면 통합은 개인의 의식이 그의 어두운 부분을 만날 때 시작되는데, 영지가들은 이 세상에서 일어나는 악과 고통을 보고 그것을 통합시키려고 했기 때문이다. 그래서 융은 "영지주의의 발달은 하나의 찬가(讚歌)와 꿈에 비교할 수 있을 것이다. 그런 일은 어떤 인상적인 환상이 무의식의 내용을 제대로 밝혀줄 때 일어날 수 있다."[85]라고 주장하였다. 또한 그는 유대교의 신비주의 카발

82) C. G. Jung, *The Archetypes and the Collective Unconscious*(Princeton: Princeton University Press, Princeton, 1969), p. 6.
83) C. G. Jung, 『영웅과 어머니 원형』, p. 105, p. 106.
84) C. G. Jung, *Energétique psychique*, p. 72.
85) C. G. Jung, Neue Zuricher Zeitung, Nov. 16. G. Quispel, *op. cit.*, p. 144에서 재인용.

라에서 기독교 신비주의와 비슷한 발달 모습을 보았다고 퀴스펠은 주장하였다.[86] 융은 유대교 신비주의를 일종의 영지로 보았던 것이다. 사실 연금술 철학은 영지주의는 물론 유대교 신비주의와 깊은 연관성을 가진다. 연금술사들이 그들의 내적인 삶이 진행되는 것을 물질적인 과정으로 드러내려고 했다면, 신비가들은 그것을 그들의 신비 체험 속에서 추구했기 때문이다.

3) 알 수 없는 신의 추구와 자기의 탐구

영지주의자들은 구원을 완성하기 위해서 구약의 창조신보다 더 높은 최고신을 알지 못하는 신(unknown god)이라고 부르면서 궁극적으로 그의 에온에 들어가려고 했는데, 그 신은 그 어떤 존재보다 온전한 신이었다. 요한의 비밀의 책에서는 그 신에 대해서 이렇게 말하고 있다: "그는 더는 완전해질 수 없기 때문에 그 어느 것도 필요로 하지 않는다. 그는 더 완전해지기를 바라지 않기 때문에 언제나 완전하다. ……그는 피조되지 않았고, 이 세상 어느 것보다도 위대하다. 어느 누구도 그에 대해서 알 수 없다."[87] 신에 대한 이런 관념은 특이한 관념인데, 그들이 이런 생각을 한 것은 그들이 사는 세상의 악과 고통에 절망한 나머지 그런 세상을 창조한 신보다 더 완전한 충만을 꿈꾸었기 때문이다.

그것은 융도 마찬가지였다. 그 역시 집단적 무의식은 우리가 온전히 다 알 수 없는 것이라고 주장하면서도 그것을 체험하고, 또 알려고 하였다: "무의식은 그것이 우리에게 실제로 다가올 때 '알 수 없는 것(unknown)'이다."[88] 우리는 영지가들이 말하는 알지 못하는 신과 융이 말하는 자기가 유비적인 관계에 있는 것을 알 수 있다. 알지 못하는 신이 이 세상을 무한하게 뛰어넘는 플레로마에 있는 가장 온전한 존재이듯이 자기는 인간 정신의 가장 깊숙한 곳에 있는

86) G. Quispel, *op. cit.*, p. 145.

87) Berlin Codex(Papyrus Berolinensis 8502) ed. W. Till, pp22ff., K. Rudolph, *op. cit.*, p. 62에서 재인용.

88) C. G. Jung, "La Fontion transcendente", pp. 145-178.

집단적 무의식에 있는 가장 온전한 정신 요소이기 때문이다. 그래서 사람들은 자기를 우리 안에-있는-하나님이라고 부르면서, 심리학적으로 볼 때 자기가 신적 본체(Godhead)를 매개하기를 바라면서 신앙생활을 한다.[89]

융의 이런 생각은 『죽은 이들을 위한 일곱 편의 설교』에 잘 나타나는데, 플레로마는 빛과 어둠, 미와 추, 선과 악 등 모든 대극이 융합되어 있기 때문이다. 그는 사람이 플레로마의 부분이기 때문에 플레로마는 사람 속에 있다고 주장하였다. 여기에서 우리는 플레로마라는 말 대신 집단적 무의식이라는 말을 써도 의미는 같아지는 것을 알 수 있다. 영지주의자들이 이 세상에 있는 선과 악, 정신적인 것과 물질적인 것, 이 세상적인 것과 신적인 것 사이의 분열 속에서 그것들을 뛰어넘는 절대적 충만을 추구했듯이 융도 본능적인 충동과 정신적인 것, 감각적인 것과 영적인 것 사이의 분열 속에서 그것을 통합하는 절대적인 실재를 요청했던 것이다.

한편 융은 그 절대는 완전히 인식될 수는 없지만 체험될 수 있다고 주장하면서 『심리학과 종교(*Psychologie et Religion*)』에서 그의 환자가 자기의 원형상인 '우주 시계'를 체험한 것을 소개하였다. 커다란 고통이나 절망에 빠진 사람들은 종종 이와 비슷한 이미지를 꿈이나 환상을 통하여 체험하면서 오랜 투쟁이 종식되고 평화를 느끼며 자신과 화해하게 된다는 것이다.[90] 영지가들이 영혼의 상승 후에 플레로마에서 알 수 없는 신과 하나가 되면서 모든 고통이 사라지고 지복의 경지에 드는 것과 같은 현상인 것이다. 그 이유는 자기는 알 수 없

89) 융에게서 자기는 정신 발달의 기초가 되는데, 후기 프로이트학파인 위니캇은 융에게서 자기에 대한 생각은 그가 유년 시절 어머니의 부재를 내적 현존의 강력한 체험으로 극복하고, 신비한 세계로 뛰어 들어가려고 했기 때문이라고 주장하였다. 위니콧은 정신 발달의 기초가 되는 자기를 어머니와의 관계에서 찾았는데, 융은 그것을 원형적인 것이라고 했다는 것이다. D. W. Winnicott, (1960): "Review of C. G. Jung's Memories Dreams Reflections", International Journal of Psychoanalysis, 45, pp. 2-3. cf. J. Dehing, *op. cit.*, p. 191. cf. 위니콧은 프로이트의 환원적 태도는 너무 현존하는 어머니에게서 벗어나려는 데서 나왔고, 융의 신비적인 태도는 부재하는 어머니를 극복하기 위한 것이라고 주장하였다.

90) C. G. Jung, 『인간의 상과 신의 상』, 한국융연구원 C. G. 융저작번역위원회 역(서울: 솔출판사, 2006), p. 122.

는 신처럼 인간의 정신 요소 가운데서 가장 강력하고, 가장 의미 있는 실재이기 때문이다.

융은 그 실재에 도달하려면 합리적 인식만 가지고서는 불가능하다고 강조하였다. 우리 삶에는 합리적인 측면만이 아니라 비합리적인 측면도 있고, 더 큰 의미를 담고 있는 것은 비합리적인 측면이기 때문이다. 그래서 영지주의자들은 우리 삶의 알 수 없는 부분들과 싸우려고 했으며, 그것들을 신화적이거나 상징적으로 나타내려고 하였고, 융은 무의식, 종교 현상, 연금술 등 합리적인 것과는 거리가 먼 것을 파고들었다. 영지주의자들이 영지에 몰두했듯이 융 역시 내면 깊은 곳에서 신적인 것을 찾았고, 그것을 통하여 구원을 얻으려고 했던 것이다.

4) 악에 대한 문제와 그림자로서의 악

영지가들만큼 악에 대해서 진지하게 생각했던 이들도 많지 않을 것이다. 그런데 그들은 악은 인간의 잘못 때문에 생기는 것이 아니라 열등한 신이 창조한 이 세상이 처음부터 불완전하고 결함이 많다고 생각하였다. 또한 악은 이 세상과 이 세상의 물질적인 것들 때문에 생겨난다고 생각하면서 이 세상과 육신에 대해서 적대적인 태도를 취하였다. 그래서 사람들은 악에서 해방되기 위하여 이 세상과 육신을 떠나야 하는데, 악마인 아르콘들은 사람들이 내면에 있는 신적 본성을 깨닫고 신적인 존재와 하나가 되지 못하도록 사람을 육신에 가두고, 감옥을 더 완전하게 하려고 운명을 만들었다: "운명으로부터 모든 죄악, 폭력, 신성모독, 망각과 무지의 사슬, 모든 계명, 중요한 죄, 두려움 등이 흘러나왔다."[91] 그래서 영지주의에서 무지와 망각은 또 다른 악이 된다. 사람들이 그의 신적 기원과 본성을 알지 못하면 이 세상에 파묻혀 살기 때문이다.

융 역시 이 세상과 인간의 심리에 있는 악의 본성에 대해서 깊이 있게 탐구

91) NHC II, 128, pp. 21-29. M. Scopello, *op. cit.*, p. 82에서 재인용.

하였다. 그는 정신과 의사로서 한 사람의 삶을 파괴하는 정신질환과 그가 살던 당시의 나치의 만행을 절감하였기 때문이다. 그 결과 그는 어거스틴이 주장하였고, 기독교에서 일반적으로 받아들여지고 있는 선의 결핍(privatio boni)으로서의 악의 관념은 너무 안이한 생각이라고 비판하였다. 그 주장은 존재의 범주와 가치판단의 범주를 혼동한 견해로서 이 세상에 있는 악의 현실성과 파괴성을 무시하고, 악을 모호하게 만들기 때문이다.[92)]

그러면서 그는 경험적인 입장에서 볼 때 절대악도 존재하지만 악은 상대적인 것이고, 현실적인 것이며, 비본질적인 것이라고 주장하였다. 먼저 그는 어떤 것이 선인지 악인지 경험하기 전에는 알 수 없고, 악은 사람들의 판단에서 오는 것이라고 주장하였다.[93)] 사람들은 어떤 것이 그에게 좋은 결과를 가져오면 그것을 선이라고 말하지만, 그렇지 않은 경우 악이라고 말한다는 것이다. 다음으로 그는 악을 현실적인 것이라고 강조하였다. 그는 인간의 삶에서 악은 현존하며, 수많은 문제를 야기한다는 사실을 잘 알고 있었던 것이다. 악은 사람들의 마음속에 분노, 증오, 질투 등을 불러일으키고, 때때로 유혹으로 다가와 그들이 제대로 살지 못하게 한다. 신경증이나 정신병으로 나타나 사람들의 삶을 파괴하고, 집단적인 차원으로 나타나 범죄와 전쟁을 일으켜 무의미한 살육을 일으키기도 한다. 종교에서 악의 상징에 관해서 많이 언급하는 것은 그 때문이다.[94)] 마지막으로 그는 악이 실재하기는 하지만, 악에 어떤 본질이 있다

92) 융은 빅터 화이트에게 보낸 편지에서 "심리학적인 관점에서 볼 때, 악은 두려운 현실입니다. 악을 다만 형이상학적인 의미로만 보면서 악의 힘과 현실을 축소시키는 것은 잘못된 일입니다."(1949. 12. 31.)라고 말한 적이 있다. C. G. Jung, *Le Divin dans l'homme*, pp. 430-431.

93) cf. "대극의 쌍들은 그것이 사람들의 행위의 영역이나 원망(願望)의 영역 안에 들어와야만 도덕적으로 인식될 수 있는 것이라는 사실을 잊지 말아야 한다. 그러므로 우리는 그것이 우리에게 받아들여졌을 때에만 어떤 것이 선이고, 어떤 것이 악이라고 정의 내릴 수 있는 것이다." C. G. Jung, *Aïon: Etudes sur la Phénomènologie du Soi*, Trad. Etienne PERROT et Mme Louzier-Sahler(Paris: Albin Michel, 1983c), p. 287.

94) *Ibid.*, p. 63. cf. 융에 의하면 심리학 관점에서의 악은 전인(全人)으로부터 분리되어 그의 인격에 통합되지 못한 요소로 구성되어 있다. 또한 개인에게 악을 행하게 한다고 생각되는 악마나 마귀도 인간의 정신에 통합되지 못한 원형적인 이미지인 것이다.

고는 생각하지 않았다. 즉, 이 세상에 악이 실제로 존재하여 여러 어두운 문제를 불러일으키고 사람들에게 말할 수 없는 고통을 안겨 주지만, 그것은 악에 어떤 본질이 있어서가 아니라 악이라는 현상이 결과적으로 생겨나서 여러 문제가 생기고, 고통이 찾아오게 된다는 것이다. 왜냐하면 악에 어떤 본질이 있다면, 우리 삶에서 악이 주도적으로 작용해야 하는데 악은 그런 법이 없고 이차적으로 생기기 때문이다.

결국 악은 선의 그림자인데, 그것은 영지주의자에게서도 마찬가지였다. 그들 역시 악은 이원론적인 입장에서 빛/영적인 것/플레로마의 반대편인 어둠/육적인 것/이 세상에 속한 상대적인 것이며, 그것이 실재할 때 사람들은 말할 수 없는 고통과 파괴를 경험하는 현실적인 것이지만, 플레로마 속에서 궁극적으로 종말을 맞을 수밖에 없는 비본질적인 것이라고 생각하였기 때문이다. 영지주의자들과 융이 만날 수 있는 또 한 가지 사실은 그들이 악을 인간의 열정과 무지 또는 망각과 결부시켰다는 점이다. 그들은 아르콘들이 사람이 구속받을 수 없도록 사람에게 열정을 심어 주었고, 그것이 사람으로 하여금 그의 신적 본성을 망각하여 세상에 묶이게 했다는 것이다. 그것은 융이 말하는 무의식의 작용과 같은 맥락이다. 사람들이 무의식의 열정에 사로잡히면 그는 신-인적 본성을 망각하고 파괴적으로 치닫기 때문이다. 이렇게 볼 때, 영지주의자들과 융은 우리 삶에 있는 악의 현상과 문제를 서로 다른 각도이기는 하지만, 진지하게 바라보면서 대처하려고 했던 점에서 공통점이 있는 것을 알 수 있다.[95)]그러나 융이 악을 극복하려면 사람들이 악을 직시하고, 그들의 정신에 통합시켜야 한다고 적극적인 태도를 주장한 반면, 영지가들은 금욕적인 방법으로 대처하거나 이 세상에서 물러나 초월적 세계에서 통합하려고 했던 점에서 소극적인 느낌을 준다.

95) cf. C. G. Jung, *Aïon*, pp. 74-78.

5) 믿음과 깨달음의 갈등

영지가들은 이 세상에서의 삶이 고통과 덧없음으로 가득하다는 것을 절감했지만 그들은 그 고통과 무의미함에서 벗어나는 길이 있으며, 그것은 의식을 근본적으로 변화시키는 데 있다고 확신하였다. 그들은 인간의 신적 본성과 기원, 운명의 완전한 체계에 대해서 알려고 하면서 구속(救贖)을 위한 깨달음을 얻으려고 하였다. 그 깨달음이 있으면 그들은 이 세상과 육신이라는 감옥으로부터 해방될 수 있기 때문이다. 빌립복음서의 "진리가 무엇인지 아는(영지를 가진) 사람은 자유로운 사람이다. 무지는 노예다."라는 말은 그들의 그런 태도를 잘 말해 준다. 그러나 초대 교회의 교부들은 예수 그리스도의 복음 이외에 다른 구원의 길은 있을 수 없다고 강조하면서 그들의 주장과 맞서 싸웠다. 교부들과 영지주의자들의 싸움은 믿음과 깨달음 사이의 대립이었던 것이다.

융 역시 마찬가지다. 그 역시 믿기보다는 신성한 것(numen)과 무의식을 체험하려고 하였다. 그 역시 서간문에서 믿음은 은혜에 의해서 주어지는데 그에게는 은혜가 주어지지 않았다고 하면서 그가 체험한 다음에 안 깨달음을 추구했던 것이다. 드힝은 융에게 믿음은 하나님에 대한 것을 믿는 것이지만, 깨달음(지식)은 그가 하나님에 대해서 체험한 것과 관계되며 그에게 믿음은 외적인 사실이나 가르침을 말하지만, 깨달음은 내적 확신을 의미한다고 주장하였다.[96] 융은 비교종교사학자 프라이(G. Frei)에게 보낸 편지(1948. 1. 13.)에서 "잘못은 나를 비판하는 사람들이 사실상 그 의미도 알지 못하면서 문자만 믿으려 하고 문자 속에 하나님의 실재를 담으려고 하는 데 있습니다."[97]라고 하였다. 영지가들이 이 세상을 환영이라고 생각하고 이 세상에서 벗어나 그들의 본성과 하나님에 대해서 알아야 한다고 주장한 것은 융이 모든 투사를 거두고 무의식을 의식화하려고 했던 것과 같은 태도다. 융은 참된 영지를 추구했던 사람

96) J. Dehing, *op. cit.*, p. 200.
97) C. G. Jung, *Le Divin dans l'homme*, p. 192.

들처럼 스스로 체험하려고 했던 것이다. 이런 융의 태도는 프리맨이 그에게 하나님에 대해서 질문하였을 때 잘 드러났다. 그는 프리맨이 그에게 "하나님을 믿느냐?"라고 질문했을 때, "나는 하나님을 믿지 않는다. 나는 하나님을 안다."라고 대답했다. 그는 하나님에 대해서 말하기보다 그가 체험한 하나님을 말하려고 했다. 그런 의미에서 융은 영지를 추구했던 현대인이었던 것이다.[98)]

8. 결 론

융과 영지주의자들 사이에는 공통점이 있는 반면 차이점도 많이 있다. 공통점은 그가 악의 현실성을 직시하였고, 구속을 위해서 노력하였으며, 단순한 믿음보다 깨달음을 추구하였다는 점에서 보이지만, 그는 영지주의자들과 달리 현실을 부정하지 않았고, 신에 대해서 이원론적인 태도를 보이지 않았다는 점에서는 다르다. 융은 그를 영지주의자라고 비판한 마틴 부버의 주장을 반박하면서 어떤 이들은 그를 불가지론자(agnostic)라고 하는데 부버는 영지주의자(gnostic)라고 한다고 하면서, 그를 정신과 의사로 보아 줄 것을 요청하였다. 융이 종교 현상과 하나님에 관한 문제에 대해서 많은 언급을 했지만, 그가 쓴 글을 보면 그는 인간의 종교 현상의 밑에 있는 실재(reality)는 심리학의 영역을 초월하는 것으로 생각하고, 그것들이 인간의 심리에서 어떻게 작용하는가를 살펴보려고 했던 것이다. 그가 철학적, 신학적 용어와 일상 용어를 구분하지 않고 사용해서 오해를 불러일으켰던 점도 없지 않을 것이다. 드힝은 융의 그런 태도 때문에 "신앙인들과 신학자들은 그가 불가지론자라고 비판하고, 불가지론자들은 그를 무의식적인 영지주의자라고 비판하였다."[99)]라고 하였다.

98) cf. J. Dehing, *op. cit.*, p. 200.

99) *Ibid.*, p. 190. cf. 그러나 캐나다의 분석심리학자 두얼리(J. P. Dourley)는 영지주의는 선에 대한 감각이 깊이 있었기 때문에 삶을 부정하지 않았다고 주장하였다. J. P. Dourley, *A Strategy for a Loss of Faith*(Toronto: Inner City Books, 1992).

우리는 융이 부버가 비판하듯이 영지주의자라는 사실에는 동의하지 않는다. 융 역시 부버에 대한 반박에서 그 점을 명백하게 밝힌 바 있다. 오히려 우리는 그가 영지를 추구했던 정신과 의사였다는 사실에는 의심의 여지가 없다고 생각한다. 영지는 인류 역사상 언제나 구원을 추구했던 진지하고 내향적인 사람들의 관심사였기 때문이다. 융에게 영지는 철학적이거나 이론적인 지식이 아니라 체험을 통해서 안 깨달음을 의미했는데, 그것은 그가 그의 삶의 문제를 해결하려는 과정에서 다른 사람들보다 더 깊이 있게 작업을 했기 때문이다. 융은 초기에 영지주의에 관심을 가졌다가 나중에는 연금술에 더 몰두했는데, 그 이유는 연금술이 영지주의에 철학적 기반을 두고 있지만, 영지주의자들과 달리 이 세상과 물질을 부정하지 않았고 물질을 구속하려고 했기 때문이다. 그러면서 융은 영지주의자들보다 더 이원론적인 태도를 보이는 일부 기독교인에게 정신과 물질 사이의 통합의 중요성을 강조하였다.

영지주의와 기독교는 서로가 서로의 그림자이었던 듯하다. 영지주의자들과 기독교인들은 세계의 변혁기에 외부에서 다가온 곤경 앞에서 그들의 내면에서 갈등을 일으키는 선과 악, 정신적인 것과 본능적인 것의 대극을 해결하려는 과정에서 서로 다른 태도를 취했지만 똑같이 구원을 추구했던 것이다. 우리가 그림자를 억압하기만 하면 그림자는 반발하여 우리에게 더 파괴적으로 다가온다. 우리는 기독교 역사에서 교회가 영지주의를 억압했을 때, 한편으로는 영지주의보다 더 이원론적인 태도를 보이면서 왜곡되거나 그와 정반대로 이 세상과 육신에 더 사로잡혀서 타락했던 것을 수도 없이 목격하였다. 교회가 영지주의를 부정하려다가 영지주의의 그림자에 더 강력하게 사로잡혔던 것이다. 이제 기독교는 진정한 영지가들이 하려고 했던 구속의 문제를 다시 생각해 보아야 한다. 외향적인 태도에서 벗어나 내면으로 들어와 진정한 구원의 문제에 대해서 진지하게 생각해야 하는 것이다.

그런 점에서는 융의 작업도 같은 작업이었다고 생각한다. 그 역시 그의 삶을 통해서는 물론 그를 찾아온 많은 사람의 자아가 무의식에 있는 많은 부정적인 힘을 극복하고 우리 안에 있는 신적 불꽃인 자기를 실현시킬 수 있도록 하였던 것이다. 그런 의미에서 우리는 융과 진정한 기독교인과 진정한 영지가들이 서로의 영역은 달랐지만 언제나 똑같이 구속 작업을 위해서 애쓰지 않았나 생각한다.

제13장

동시성 이론과 그 의미

1. 비인과론적인 일치 현상과 융의 동시성 이론

이 세상에서 일어나는 일들 가운데 어떤 두 사건이 서로 연관되어서 일어나는 듯이 보일 경우 사람들은 보통 인과관계의 법칙을 가지고 설명한다. 예를 들면, 어떤 사람이 비를 많이 맞은 다음 날 감기에 걸렸을 경우 사람들은 그가 비를 맞은 사실과 감기에 걸린 사실 사이에서 어떤 연관성을 읽어 내고, 그 사람은 그 전날 비를 맞았기 때문에 감기가 걸렸다고 두 사건 사이를 원인과 결과의 관계로 설명하는 것이다. 그러나 이 세상의 모든 일이 인과관계의 법칙만으로 설명될 수 있는 것 같지는 않다. 어떤 두 사건 사이에 틀림없이 어떤 연관성이 있는 듯이 보이지만 그 두 사건을 인과관계의 법칙만으로 설명할 수 없는 경우도 많이 있는 것이다.

1) 융과 동시성 현상

스위스의 분석심리학자 융의 자서전을 보면, 그가 일생을 통해서 인과법칙을 가지고서는 도저히 설명할 수 없는 이 세상의 비일상적인 사건들을 많이 체험한 것을 볼 수 있다. 그래서 그는 자신뿐만 아니라 사람들이 종종 체험하는 이런 비인과론적 연관성 속에 있는 사건을 설명하기 위해서 말년에 매우 조심스럽게 동시성의 원리를 주장하였다.[1] 그에 의하면 동시성의 원리란 이 세상에는 서로 다른 두 개의 사건이 그 사이에 아무 인과관계도 없지만 동시적으로 일어나는 경우가 종종 있다는 것이다. 이 두 사건 사이에 객관적으로 뚜렷한 인과관계가 전혀 없기 때문에 그 둘이 전혀 다른 사건이라고 설명해 버리면 간단하겠지만, 그렇게 하기에는 그 사이에 어떤 의미의 일치와 시간의 일치가 명백하게 나타나서 그렇게도 할 수 없는 사건들이 우리 주위에서 심심치 않게 일어나고 있다.

예를 들면, 융은 취리히에서 정신과 의사로 일하고 있던 무렵 어느 날 B시에서 세미나가 개최되어 B시의 호텔에 머무른 적이 있었다. 그날 밤 그가 자고 있는데 마침 누가 찾아온 것 같은 느낌이 들었다. 그는 잠에서 깨어나 방 안을 둘러보았는데 아무도 찾을 수 없었다. 방문을 열고 나가 보았으나 마찬가지였다. 조금 후 갑자기 그는 뒷머리에 참을 수 없을 것 같은 심한 통증을 느꼈다. 그러나 그 원인을 찾을 수 없어서 매우 이상하게 생각하였다. 그다음 날 그는

---

1) 동시성 원리에 관한 논문을 처음 발표하면서 융은 그의 입장을 다음과 같이 밝히고 있다: "이 논문을 쓰면서 나는 오랫동안 내가 이 문제를 다룰 수 있을 만한 용기가 없었음을 밝혀야겠다. 이 문제에 얽혀 있는 문제점 그리고 그것들을 밝히는 일이 나에게는 매우 거대하게 생각되었던 것이다. 이 문제를 다루는 데는 지적인 책임감이 매우 필요하다. 그것 없이 이 주제는 결코 다루어질 수 없다. 또한 내가 그동안 받았던 과학적 훈련에 비추어 볼 때도 이 주제는 매우 들어맞지 않는 것이었다. ……대부분의 경우에서 사람들은 웃음거리가 될까 봐 이 문제에 관해서 말을 하지 않고 있다. 나는 대부분의 사람이 이런 경험을 하고 있지만 또 그런 경험을 아주 조심스럽게 숨기고 있는 것을 재미있게 지켜보고 있다." C. G. Jung, "Synchronicity: An acausal Connecting Principle", *Collected Works*, VIII, pp. 419-420.

취리히로 돌아와 그가 뒷머리에 몹시 심한 통증을 느낀 그 시간에 그의 환자 가운데 한 사람이 권총 자살을 한 것을 알았다. 총알은 마침 융이 매우 심한 통증을 느낀 부분에 박혀 있었다.

또 다른 예도 있다. 이 경우는 융으로 하여금 동시성 현상에 관해서 좀 더 깊은 관심을 기울이게 한 것으로서 의미 있는 사건이다. 융은 1927년 무렵 중심의 상징과 자기(自己)에 대해서 깊은 관심을 기울이고 있었다. 그래서 그런 생각을 좇아서 만다라를 그렸는데 어느 날 황금의 성 모양을 한 만다라를 그리게 되었다. 그러던 어느 날 그는 중국학자이며 지인(知人)인 리처드 빌헬름(Richard wihelm)에게 자신이 독역한 중국의 연금술서인『태을금화종지』해제 집필을 부탁받았다. 융은 빌헬름이 보낸 책을 펼쳐보고 깜짝 놀랐다. 그 안에는 그가 그 당시 깊은 관심을 기울이고 있던 주제들인 중심의 상징과 그 중심에 이르고자 하는 무의식 과정에 관한 많은 작업이 설명되어 있었기 때문이다.[2] 더구나 더 놀라운 것은 그 책 속에는 융이 며칠 전에 그렸던 황금의 성 모양을 한 만다라가 들어 있는 것이었다. 물론 그런 현상을 우연의 일치라고 말할 수도 있을 것이다. 그러나 이런 사건들이 반복해서 여러 차례 일어나고, 그 사건들 사이에서 어떤 일치성이 뚜렷하게 나타나면 우리는 그 사건들이 더는 우연의 일치라고만은 할 수 없게 된다.

2) 일상사에서의 동시성 현상

초심리학(parapsychologie)에서 소위 정신감응(télépathie)이라는 이름으로 설명하고 있는 이런 현상들, 즉 인과법칙만으로는 그 사이의 관계를 다 설명할 수 없는 이런 현상은 융에게만이 아니라 우리 삶에서도 종종 나타나고 있다. 어떤 사람에 관해서 이야기하고 있는데 그 사람이 마침 그곳에 나타나서 놀랐던 경험이 한두 번씩은 있을 것이다. 또 다른 경우 어떤 사람을 같은 날 서로 다

2) C. G. Jung, *Ma vie: Souvenirs Rêves et Pensées* (Paris: Gallimard, 1973), p. 164, p. 257.

른 장소에서 여러 차례 만나게 돼서 그 사람과 우리 사이에 정신의 주파수가 같은 것이 아닌가 하는 생각을 했던 적도 있을 것이다. 오랫동안 생각지 않고 있던 사람의 꿈을 꾸었는데 그다음 날 우연치 않게도 그 사람을 길에서 만나게 되는 경우도 있었을 것이다. 실제로 우리 삶에서는 이런 일이 생각보다 매우 많이 일어나고 있다. 호랑이도 제 말을 하면 온다는 속담이나 꿈이 들어맞았다는 속언은 이런 현상의 실재를 매우 잘 증거해 주는 말일 것이다.

이 사건들을 들여다볼 때 우리는 선행 사건과 후행 사건 사이에서 아무런 인과관계도 찾아볼 수 없다. 융이 뒷머리에 통증을 느낀 것과 그의 환자가 권총자살한 것, 융이 황금의 성 만다라를 그린 것과 리처드 빌헬름에게 황금의 성 만다라가 들어 있는 책을 선물 받은 것 사이에는 아무 인과관계도 없다. 마찬가지로 우리 삶에서 우리가 어떤 사람에 관해서 말하거나 그 사람에 관한 꿈을 꾼 것과 그 사람을 만나거나 보게 되는 것 사이에는 아무런 인과관계도 있을 수 없다. 우리가 그 사람에 관해서 이야기했기 때문에 그 사람이 거기에 나타난 것도 아니고, 융이 그런 만다라를 그렸기 때문에 그 책을 선물로 받은 것도 아니다. 따라서 자연과학에서 말하는 인과법칙만 가지고 설명한다면 이 사건들은 전혀 무관한 두 개의 별개 사건이며, 이 사건들이 동시에 일어난 것은 전적으로 우연의 일치다.

그러나 우리는 이 사건들을 우연의 일치일 뿐이라고 설명하기에는 무엇인가 아쉬움이 남는다. 왜냐하면 이 사건들 사이에는 분명히 어떤 의미의 일치와 시간의 일치가 있기 때문이다. 다시 말해서 융이 그날 밤 격심한 통증을 느낀 자리와 그의 환자가 총을 쏜 자리의 사이 및 융이 그린 황금의 성 만다라와 『태을금화종지』에 나와 있는 만다라 사이에는 간과해 버릴 수만은 없는 유의미한 연관성이 있는 듯이 느껴지며, 우리가 꿈에서 보았거나 지금 누군가와 말하고 있는 그 사람과 우리 앞에 나타난 사람 사이에서도 마찬가지인 것이다. 더구나 융이 통증을 느꼈던 시간과 그의 환자가 자살을 했던 시간 및 우리가 어떤 사람에 관해서 이야기하고 있는 시간과 그 사람이 나타난 시간 사이에도 놀랄 만한 일치가 있는 것이다. 그래서 융은 이 현상 속에서 나타나는 두 가지 요소,

즉 이 사건들이 보여 주고 있는 의미의 동일성과 시간의 동일성에 주목하고 이 사건들 사이에는 '비인과론적 연계성(connexions acausales)'이 있다고 주장하였다.

사실 인간의 정신 현상 가운데는 인과법칙만을 가지고서는 설명할 수 없는 것이 많다.[3] 대표적인 것으로서 우리의 꿈은 전혀 인과법칙과 무관하게 전개되고 있으며, 우리에게 가끔씩 떠오르는 예감 역시 인과법칙만 가지고서는 전혀 설명할 수 없다. 그것들은 그것들대로 또 다른 법칙에 의해서 움직이고 있으며, 또 다른 질서 속에 있는 듯이 보인다. 여기에서 우리는 우리의 꿈이나 예감을 관장하고 있는 무의식의 영역은 논리적인 법칙이나 인과법칙과는 또 다른 어떤 영역 속에 있는 것이 아닌가 하는 생각이 든다. 위에서 언급한 융의 체험과 우리가 체험할 수 있는 많은 사건 역시 그 사이에 어떤 연관성이 있는 것 같지만 그것을 인과법칙만 가지고서는 설명할 수 없는 것이다. 오히려 그 사이에는 인과법칙과는 또 다른 어떤 원리가 있는 것 같다. 그래서 융은 이 세상에는 원인과 결과의 법칙으로 설명될 수 있는 사건들이 있는 반면에, 그것만을 가지고서는 도저히 설명할 수 없는 또 다른 계열의 사건이 존재한다고 주장하였다.[4] 그러면서 융은 이렇게 다른 질서에 속해 있는 현상을 설명하기 위해서 동시성의 원리(la synchronicité)를 주장하였다. 즉, 융은 이 세상에서 일어나는 사건 가운데서 인과법칙을 가지고서는 설명할 수 없지만 그 사이에 뚜렷한 의미의 일치(meaningful coincidence)를 보이고 있어서 그 두 사건이 전혀 무관한 사건이라고 할 수 없을 때 이 사건들의 관계를 설명하기 위해서 동시성의 원리를 주장했던 것이다.

동시성이라고 하는 것은 그 두 사건이 동시에 일어나는 것처럼 보이기 때문

3) 융의 제자 가운데 한 사람인 마리-루이제 폰 프란츠는 동시성 현상에 관해서 많이 연구하였다. 그녀에 의하면 사람들이 인과법칙만을 가지고서 사물을 설명하기 시작한 것은 18세기에 들어와서였다. M. L. von Franz, "Nombre et Synchronicité", *Cahier de Psychologie jungienne*(Paris, 1981), pp. 38-47.

4) C. G. Jung & W. Pauli, *Naturerkaerung und Psyche*, pp. 69-70.

이다. 동시성에 관한 그의 설명은 다음과 같다: "그래서 나는 여기서 그 사이에 아무런 인과론적인 관계도 없지만 그 사이에 같거나 비슷한 의미가 있으며 또 시간적으로 일치된 상태에서 일어나는 둘이나 그 이상의 사건들을 지칭하기 위해서 동시성이라는 단어를 쓴다. 이 단어는 동시적이라는 말과는 다르다. 왜냐하면 동시적이라는 말은 두 가지 사건이 단순하게 동시에 일어나고 있는 것을 가리키기 때문이다. ……그러므로 동시성이란 무엇보다도 먼저 어떤 순간에 어느 개인의 정신 상태와 외부 사건 사이에 일치가 일어나는 것을 말한다."[5)]

3) 동시성 현상의 정의

융은 동시성 현상이란 어떤 사건과 의미의 일치 또는 어떤 대응 현상을 보이는 사건이 동시적으로 일어날 때 그것을 가리키는 것이라고 주장하였다. 좀 더 구체적으로 설명하면, 동시성 현상은, 첫째, 그 사이에 아무런 인과관계도 없으나 두 개의 정신적 현상과 물질적 현상이 일치하는 경우, 즉 내면적 현상(꿈, 환상, 예감)과 외면적 현상 사이에 뚜렷한 일치를 보이는 것이 동시에 이루어지는 것을 말한다. 둘째, 비슷하거나 같은 꿈 또는 생각, 환상이 서로 다른 장소에서 동시에 일어나고 있지만 거기에서 아무런 인과관계도 찾아볼 수 없을 때 이 사건을 동시성 현상이라고 하는 것이다.[6)]

첫 번째의 예로서 우리는 우리가 어떤 사람에 관해서 이야기하고 있는데 그 사람이 마침 그 자리에 나타나거나 어떤 사람에 관해서 꿈을 꾸었는데 그다음 날 그 사람을 만나게 되는 경우를 생각해 볼 수 있다. 또한 두 번째의 예로서 우리는 앞에서 말했던 융의 두 체험을 들 수 있다. 즉, 융이 B시에서 뒷머리에 심한 통증을 느낀 것과 그의 환자가 그 시간에 취리히에서 자살한 사건 사이의

5) C. G. Jung, "La Synchronicité, Principe de Connexions acausales", *Des Etudes du C. G. Jung Institut*, Zurich, 1952.

6) C. G. Jung, *Ma Vie*, p. 463.

일치와 융이 황금의 성 만다라에 관해서 관심을 가지고 있을 때 멀리서 R. 빌헬름이 똑같은 만다라를 포함하고 있는 책을 융에게 보내 준 사건 사이의 일치를 들 수 있다. 이 사건들 사이에서 우리는 인과법칙은 찾아볼 수 없지만 어떤 뚜렷한 의미의 일치를 보이고 있는 것을 보는 것이다.

프랑스의 분석심리학자 피에르 팔뤼(Pierre Pallud)는 동시성 현상이라고 할 수 있는 경우를 좀 더 구체적으로 분류하였다.[7] 그에 의하면 동시성 현상은 다음과 같은 세 가지 경우를 말한다. 첫째, 어떤 관찰자의 의식 상태가 그의 바깥에서 일어나고 있는 외부적이며 객관적인 사건과 일치 현상을 보이는 경우를 말한다. 예를 들면, 어느 날 융이 어느 환자를 분석하고 있던 중 그 사람이 황금충(scarabaeus)에 관한 꿈을 꾸었다고 하면서 꿈 이야기를 하는데, 마침 창밖에서 황금충 한 마리가 창을 탁탁 치고 있어서 융은 창문을 열고 그 황금충을 잡아서 환자에게 건네준 적이 있었다. 둘째, 어떤 사람의 의식 상태가 그와 비슷한 시간에 지리적으로 멀리 떨어진 곳에서 일어나고 있는 사건과 비슷한 경우를 말한다. 이러한 예로는 스웨덴의 신비가 스웨덴보리의 환상이 있는데, 그는 어느 날 멀리 떨어진 곳에 있는데 스톡홀름에서 불이 나고 있는 것을 환상을 통하여 보았다. 그런데 그가 환상을 본 무렵 스톡홀름에서는 실제로 불이 나고 있었다. 이 사건은 너무 의미심장한 사건이라서 헤겔도 종종 인용하고 있는 사건이다. 셋째, 어떤 사람의 의식 상태가 앞으로 일어날 사건과 일치하는 경우가 있는데, 이러한 예로서 융은 자서전에서 어느 여인의 경우를 들고 있다. 그 여인은 어느 날 그녀의 집에 새 떼가 많이 몰려오는 것을 보고 이상하게 생각하였다. 그 후 그녀는 남편이 죽었다는 소식을 들었다. 또 다른 날 그녀는 다시 새 떼가 집으로 몰려드는 것을 보고서 불길한 생각이 들었다. 이번에는 아버지가 갑자기 돌아가셨다는 것이다.

이 사건들은 인과관계에 의해서 연계되어 있지는 않지만, 이 사건들이 어떤

7) Pierre Pallud, "L' Idée de Synchronicité dans l'Oeuvre de C. G. Jung", *Cahier de Psychologie jungienne*, No. 28, pp. 1-14.

숨은 의미에 의해서 서로 연계되어 있는 것 같다. 다시 말해서 스웨덴보리는 그가 스톡홀름이 불타고 있는 환상을 보고 있을 때 처음에는 그 환상의 의미가 무엇인지 알지 못했을 것이지만 나중에 그 시간에 스톡홀름에서 불이 나고 있었다는 이야기를 듣고는 그 환상의 의미에 관해서 알 수 있었을 것이다. 마찬가지로 새 떼가 몰려드는 것을 보았던 여인 역시 처음에는 그 현상의 의미를 잘 알지 못했을 테지만 나중에 남편과 아버지의 부음을 듣고서 그것이 그녀에게 그네들의 죽음을 알려 주는 메신저였음을 알고 전율했을 것이다. 우리는 이 사건들을 그저 우연의 일치라고 간과해 버릴 수만은 없는 것이다. 오히려 이 사건들 속에 숨어 있는 의미의 일치에 관해서 주목해야 한다. 이 사건들은 모두 우리의 무의식과 관계되고 있으며 무의식의 의미는 일반적으로 뒤늦게 알려지는 것이기 때문이다.

어쨌든 우리는 동시성 현상을 통해서 이 세상에는 인과법칙만을 가지고서는 설명할 수 없는 사건들도 많이 있으며 그 사건들은 인과법칙과는 또 다른 사건들임을 알 수 있다. 그 사건들은 우리가 의식의 영역에서 인과법칙을 가지고 추론하는 사건들이 아니라, 무의식의 영역에서 일어나는 것이라는 사실도 알 수 있다. 그러면 이 사건들은 왜 일어나고 있으며, 이 사건들이 우리에게 시사하는 바는 무엇일까?

2. 동시성 현상의 의미

동시성 현상은 우리가 그것을 다만 우연의 일치일 뿐이라고 단순화하지 않고 그것이 우리에게 무엇을 말하고자 하는가를 캐내려고 할 때 깊은 의미를 드러낸다. 동시성 현상은 그 자체가 숨은 의미를 담고 있으며, 우리에게 무엇인가를 말하고 있기 때문이다. 동시성 현상의 의미를 밝히기 위해서 우리는 동시성 현상이 가진 두 가지 특징을 생각해 보는 것이 좋다. 즉, 어느 두 개의 사건을 동시성 현상이라고 주장할 때, 그것의 조건을 형성하고 있는 그 두 사건 사이의 의미의 일치와 시간의 일치가 우리에게 과연 무엇을 말하고 있는가를 살펴보아야 하는 것이다.

1) 동시성 현상의 심리학적 의미

동시성 현상은 우리의 무의식과 관계되는 현상이다. 이 점은 동시성 현상이 주로 우리의 꿈이나 예감 및 환상 등 무의식의 산물과 관계되고 있는 점에서 알 수 있다. 또 다른 경우 우리가 어떤 사람에 관해서 이야기하고 있는데 그 사람이 마침 그 자리에 나타나거나 어떤 사람을 계속해서 다른 장소에서 만나는 등 동시성 현상과 무의식과의 연관성을 금방 찾아볼 수 없을 때라도 우리는 그 일들이 무의식과 연관된 것이라고 말할 수밖에 없다. 그 사건들은 적어도 우리가 그렇게 되도록 의식적으로 기획한 것이 아니기 때문이다. 그러면 우리의 무의식은 왜 동시성 현상이라는 옷을 입고 나타나는 것일까?

동시성 현상의 의미에 접근해 가려면 우리는 무의식의 일반 원리에서부터 출발해야 한다. 융에 의하면 의식과 무의식은 상보적(相補的) 관계에 있다. 다시 말해서 무의식은 의식과 더불어 인간 정신의 전체성을 구성하기 때문에 무의식은 언제나 의식과 무의식이 균형을 이룰 수 있도록 작용하는 것이다. 따라서 인간 정신의 전체성이 깨질 경우 무의식은 여러 형태로 나타나서 우리에게 그 사실을 알려 주고, 우리로 하여금 정신의 전체성(la totalité)을 다시 회복할 수 있도록 촉구한다. 우리가 꿈을 꾸거나 어떤 예감에 사로잡히거나 하는 것은 모두 우리의 무의식이 우리에게 어떤 메시지를 전하려고 하는 것이며, 우리가 말실수나 행동의 실수를 하는 것 역시 같은 맥락에서 생각할 수 있는 것이다.[8] 마찬가지로 무의식은 우리의 의식이 너무 일방적으로 우리의 정신생활 전체를 지배하고 있을 때 거기에서 야기될 수 있는 심각한 파국을 예방하도록 우리에게 그 사실을 미리 알려 주며, 그러한 사태를 조정하도록(regulate) 작용하고 있

8) cf. S .Freud, *The Psychopathology of Everyday Life* (London: The Hogarth Press, 1973).

는 것이다.

심층심리학에서는 신경증 환자나 정신병 환자의 모든 병리적인 증상뿐만 아니라 인간의 모든 무의식적 언행에는 어떤 숨겨진 의미가 있다고 주장하고 있다. 말하자면 우리의 무의식은 이런 모든 행동과 증상을 통해서 우리에게 지금 무엇인가 문제가 있음을 알려 주고, 좀 더 전문적인 관찰자에게는 그 문제의 위치까지 알려 주는 것이다. 우리가 잘 알지 못해서 그렇지 무의식의 모든 행동이나 증상에는 이렇게 어떤 상징적인 의미가 담겨 있다. 앞에서 예를 든 스웨덴보리가 나중에야 비로소 자신이 본 환상의 의미에 관해서 알 수 있었듯이 우리는 대부분의 경우 우리의 무의식이 우리에게 전하는 메시지를 파악하지 못하고 산다. 무의식이 하는 이러한 작용에 관해서 융은 무의식의 '의식의 맹목성과 한계에 대한 보상(compensation à l'aveuglement et à la limitation du conscient)'이라고 주장하였다.[9)]

동시성 현상 역시 마찬가지다. 그것이 무의식의 작용인 한, 그것은 인간 정신의 전체성과 관련되며 우리에게 무엇인가 메시지를 전하려 하고 있음에 틀림이 없다. 더구나 그것은 우리의 삶에서 대부분의 경우 죽음, 병 등 감정이 매우 농축되어 있거나 삶이 내적 위기 또는 내적 변환의 시기 등 매우 극적인 순간에 주로 나타난다.[10)] 여기에는 무엇인가 매우 중요한 의미가 숨어 있으며 우리로 하여금 그 의미를 찾아내어 그 위기를 잘 넘길 수 있도록 촉구한다.

동시성 현상이 우리에게 보여 주는 의미는 무엇일까? 첫째, 우리는 동시성 현상에서 어떤 최고의 종합자 또는 절대지(絶對知)의 존재를 느낄 수 있다. 다시 말해서 융이 자기에 관해서 관심을 가지고 있었으며 황금의 성 만다라를 그

9) C. G. Jung, *Dialectique du moi et de l'inconscient*(Paris: Gallimard, 1964).

10) 이런 현상이 나타날 때 우리가 그 내적 위기 또는 변환을 의식하고 있는가 못하고 있는가는 별로 중요한 문제가 아니다. 왜냐하면 많은 경우 우리는 무의식의 과정을 의식하지 못하고 있기 때문이다. 우리는 오히려 이런 현상이 나타날 때 이 현상이 왜 나타났는가를 궁구해야 한다. 더구나 이 현상들은 그것이 나타내 보이고 있는 비일상성 때문에 우리로 하여금 여태까지 살아왔던 걸음을 멈추고 잠시 우리의 삶에 관해서 다시 생각해 보게 하는 역할을 하고 있다.

리고 있었던 사실과 그 무렵에 리처드 빌헬름이 융에게 똑같은 내용과 똑같은 만다라를 포함하고 있는 책을 보내 주고 거기에 대한 서평을 부탁한 사실이 완전한 우연의 일치가 아니라면, 거기에는 그 두 사건을 위에서 종합하고 있는 어떤 종합자가 있지 않으면 안 된다. 마찬가지로 스웨덴보리가 스톡홀름에서 불이 나고 있는 환상을 본 사실과 그 시간에 실제로 스톡홀름에서 불이 나고 있었던 사실이 완전한 우연의 일치가 아니라면, 그 사이에 어떤 절대지(savoir absolu)를 상정하지 않을 수 없다. 그런데 이러한 사건들은 그저 한두 번 일어나고 마는 것이 아니라 우리 주위에서 종종 일어나는 사건들이며, 이 사건들 이외에도 이와 비슷한 상황이 조성되면 늘 일어날 수 있는 사건이기 때문에 우리는 이 사건들을 단순히 우연의 일치라고만은 말할 수 없다. 오히려 이 두 사건 사이에서 이 두 사건 모두 알고 있으며 종합해 주고 있는 제3의 존재를 생각하지 않을 수 없는 것이다. 이 제3의 존재는 우리가 처해 있는 비상한 상황에서 우리의 의식을 열어 주며 우리로 하여금 절대지에 이를 수 있게 해 주는 존재라고 해야 더 적절한 말이 된다.

둘째, 우리는 동시성 현상에서 정신과 물질이 하나의 통합을 이루고 있는 것을 볼 수 있다. 우리가 어떤 사람에 관해서 이야기하고 있는데 그 사람이 실제로 그 자리에 나타나거나, 융이 분석하던 환자가 황금충에 관한 꿈을 꾸고 그 꿈에 대해서 이야기하는데 실제로 황금충이 나타나는 현상에서 한 사람의 생각과 그 생각의 물리적 표현의 일치 현상을 보게 되는 것이다. 융은 동시성 현상에서 이렇게 정신과 물질이 일치하고 있는 것을 원형의 작용 때문이라고 주장하였다.[11] 왜냐하면 집단적 무의식의 내용으로서의 원형은 본래가 하나의 정신적 실체로서 물질세계에 참여하고 있기 때문이다. 그런 만큼 모든 원형적인 것은 항상 물질세계에서 실현될 수 있으며, 또 실현되려고 한다. 동시성 현상에서 이렇게 정신과 물질이 통합돼서 나타나고 있는 것은 그 당시의 상황이 다른 상황과 달리 매우 중요한 상황이며 감정적으로 농축되어 있어서 원형적

11) C. G. Jung, *CW* VIII, pp. 417-519.

인 것의 출현을 요청하고 있기 때문이다.

어쨌든 우리는 여기에서 정신과 물질은 우리의 삶에서 서로 분리되어 있는 것처럼 보이지만 실제로는 하나의 통합을 이루고 있는 것이며, 어떤 사건의 물질적인 측면과 정신적인 측면은 같은 실재의 양 측면인 것을 볼 수 있다. 이렇게 정신과 물질의 통합성을 보여 주고 있는 것으로서 융은 '하나인 세계(Unus Mundus)'에 대한 사상이 있다고 주장하였다. 이 사상은 서양의 중세 철학 사상 가운데 하나인데, 창조주가 이 세상을 창조하기 전 모든 것이 잠재적인 상태로 있었을 때에는 정신적인 것과 물질적인 것이 하나의 단일체를 이루고 있었다는 사상이다.[12] 이 사상에 의하면 아직 이 세상이 창조되기 전에 창조주의 머릿속에는 '하나인 세계'에 대한 생각이 있었고, 창조주는 그 생각을 따라서 이 세상을 창조하였다는 것이다. 이처럼 이 세상에 있는 모든 정신적인 것들과 물질적인 것들은 본래 하나의 전일성(wholeness)을 이루고 있었지만, 그것이 실현되는 과정에서 분화(differenciation)되어 표면상 대극 구조(structure of the opposites)를 이루고 있는 것이다. 따라서 동시성 현상이 우리에게 이러한 전일성의 상징을 보여 주고 있는 것은 우리에게 그 전일성을 회복하라고 하는 신호다.

셋째, 동시성 현상은 우리에게 의미의 실재를 보여 준다. 사실 동시성 현상은 우리가 일상적으로 체험하는 사건과는 너무 다른 체험이다. 따라서 우리가 그 현상을 우연의 일치로 돌리지 않는 한 그것은 우리를 의미의 세계, 좀 더 정확하게 말하자면 무의식의 의미의 세계로 이끌어 가고 있다. 왜냐하면 우리가 어떤 동시성 현상 앞에 서 있을 경우 우리는 일상에서 우리가 접하게 되는 인과관계적인 의미와 또 다른 의미의 세계 앞에 서기 때문이다. 다시 말해, 동시성 현상을 통해서 우리는 이 세상에는 인과관계의 세계와는 또 다른 의미의 세계, 즉 영원한 의미의 세계가 실재하고 있음을 깨닫게 되는 것이다. 그때 우리

12) cf. Pierre Solié, "Ouverture sur l' Unité du Monde", *Cahier de Psychologie jungienne*, No. 28, Paris, 1981, pp. 15-36.

는 현재의 일상적인 세계에서 잠시 벗어나 영원한 세계에 참여할 수 있다.[13)] 다른 모든 무의식 현상이 그러하듯이 동시성 현상이 말하고자 하는 바를 즉각적으로 알 수는 없다. 그 현상과 관련된 수많은 상징의 의미를 여러 방법을 통해서 분석하고 규명해야 하는 것이다.[14)] 그러나 우리는 동시성 현상이 우리에게 우리의 의식에 통합되지 못한 무의식의 내용을 비일상적인 체험을 통해서 표명하고 있다는 것은 분명히 알 수 있다. 따라서 동시성 현상이 나타날 때 우리는 그것이 말하고자 하는 의미를 캐내어 그동안 무시하고 있는 무의식의 내용이 없는가를 살펴보고 그것을 우리의 의식에 통합해야 하는 것이다.

2) 동시성 현상과 시간의 일치

동시성 현상에서 우리가 또 하나 주목하게 되는 것은 그 현상을 이루고 있는 두 사건이 시간적으로 일치를 보이고 있다는 사실이다. 즉, 융의 환자가 황금충에 관한 꿈 이야기를 하고 있는데 마침 그 시간에 실제로 황금충이 나타난다거나 융이 뒷머리에 격심한 통증을 느꼈던 그 시간에 그의 환자가 권총 자살을 했다는 것이 그것이다. 이 사실들 속에서 인과관계의 법칙이 개입될 수 있는 여지는 거의 발견할 수 없다. 오히려 일상적인 인과법칙의 세계와는 또 다른 세계의 존재를 보게 되는 것이다. 여기에서 우리는 인과관계의 법칙이 적용되고 있는 일상의 영역에서의 시간계와 또 다른 어떤 시간계가 존재하고 있지 않나 하는 생각을 하게 된다.

피에르 팔뤼(P. Pallud)는 동시성 현상이 일어나고 있는 시간은 선적(線的) 전

13) 중세의 연금술사 게르하르트 도른은 연금술에서 융합이 일어날 때 사람들은 영원을 체험할 수 있다고 했는데, 동시성 현상에서도 사람들은 일상계와 또 다른 영원계의 출현을 느낄 수 있을 것이다. 그리하여 인과관계라는 각박한 세계에서 벗어나 또 다른 세계의 실재에 참여할 수 있을 것이다.

14) 상징의 해석법으로 융은 확충법(method of amplification)을 주장하고 있다. C. G. Jung, *L'Ame et le Soi* (Paris: Albin Michel, 1990), p. 45.

개 과정 속에 있는 일상적 시간이 아니라 그와 전혀 다른 새로운 시간, 즉 그 속에서 창조가 일어나는 원형(原型)의 시간(temps d'archétype)이라고 주장하였다.[15] 팔뤼에 의하면 그 시간계는 무의식의 출현 무대가 되는 시간계로서 인과관계의 영향을 받지 않고 있으며, 양적으로 흘러가지 않고 질적으로 흘러가는 시간이다.[16]

동시성 현상이 병, 죽음, 내적 변환 등 삶의 매우 중요한 시기에 출현하는 것은 그 사건들이 인간의 삶에서 질적으로 농축되어 있는 사건이기 때문이다. 그 시간이 질적인 시간이기 때문에 그 시간 속에서는 죽음이라는 같은 사건을 놓고 과거에 나타났던 새 떼가 그것과 다른 시간 속에서도 같이 나타날 수 있으며, 어떤 원형적인 이미지, 즉 태모의 원형이나 구세주의 원형이 과거와 현재를 가릴 것 없이 그것이 나타날 만한 상황만 조성되면 나타날 수 있는 것이다. 말하자면 그 시간계는 무시간적인 속성을 가지고 있으며, 무의식의 내용을 담고 있는 시간계인 것이다. 그 시간계는 우리에게 어떤 영원한 것을 보여주고, 우리로 하여금 그 영원한 것들을 체험하게 한다. 그 이유는 그 시간계 속에는 인류가 고대로부터 체험했던 모든 것이 담겨 있기 때문이다. 말하자면 그 시간은 단순히 물리적인 시간이 아니라 정신적인 시간인 것이다.

융은 동시성 현상의 무대가 되는 이 시간을 창조의 시간이라고 주장하였다. 왜냐하면 그 시간 속에는 자기(Self)라든가 하나인 세계(Unus Mundus) 등 수많은 원형적 이미지가 출현하여 우리로 하여금 의식이 아직 실현하지 못한 전일

---

15) P. Pallud, *op. cit.*, pp. 7-13.

16) 융이 주장하고 있는 동시성 현상의 무대가 되는 시간은 연속성으로서의 시간이라고 폰 프란츠는 주장하고 있다. 이러한 시간관은 베르그송의 철학 사상 가운데 하나인 지속(la durée)의 개념과 많은 유사성을 보여 주고 있다. 그러나 이 책에서 이 문제를 모두 다룰 수는 없기 때문에 여기에서는 다만 그 점을 지적하는 것으로서 만족하고자 한다. 이 문제에 관한 폰 프란츠의 주장을 직접 들어 보면 다음과 같다: "우리가 동시성적인 사건을 예언할 수 있으리라는 가능성은 이제 존재하지 않는다. 왜냐하면 그 사건은, 융에 의하면, 시간 안에서 일어나고 있는 하나의 창조적 행위이기 때문이다. ……이 사실은 시간이라는 현상이 어떤 사건이 일어나서 그 속을 채워 주기를 기다리고 있는 속이 빈 틀이 아니라는 점을 시사한다. 오히려 어떤 질적인 양상으로 차 있는 연속성이 그 본성이라는 사실을 밝혀 준다." M. L. von Franz, *op. cit.*, pp. 37f.

성을 실현하도록 촉구하고 있기 때문이다. 실제로 그 원형상은 그렇게 출현하여 우리 안에서 새로운 질서를 수립하고 있으며, 새로운 통합을 이루고 있다. 즉, 우리 안에 '새로운 창조'를 이루고 있는 것이다. 다시 말해서 동시성 현상은 현 상황과는 다른 새로운 상황을 만들어 냄으로써 그 체험자들로 하여금 그것의 출현 의미를 탐구하게 하고, 그 의미가 가리키는 세계로 나아가게 한다. 그래서 폰 프란츠(M. L. von Franz)는 "무의식 속에 어떤 창조적 의도가 담겨 있을 때마다 우리는 융이 '창조 행위'라고 특징지은 동시성 현상이 나타나기를 기다려야 한다."라고 말하고 있다.[17)]

3) 동시성 현상과 카이로스

우리는 이러한 시간을 신약성서에서 성취로서의 시간(fulfillment of time)을 나타내는 그리스어 '카이로스(kairos)' 개념에서도 찾아볼 수 있다. 카이로스란 본래 그 안에서 무엇인가가 이루어진 시간, '바로 그때(the right time)'를 의미했다. 신학자 폴 틸리히(P. Tillich)에 의하면 카이로스는 어떤 행동을 하기 위해서 좋은 기회가 주어졌을 때 그것을 나타내기 위한 말로서 측정 가능한 시계상(時計上)의 시간과는 반드시 구별되어야 하는 시간이었다. 카이로스에 관해서 융과 같은 시대에 살면서 같은 사상적 배경 위에 서 있었던 틸리히는 "영어에서 '시의적절(timing)'이라는 말은 시간이 가지고 있는 무엇인가 질적 특성을 나타내기 위해서 사용하는 말이다. 우리가 하나님의 섭리적인 행위와 관련해서 하나님의 타이밍이라는 말을 쓴다면 그것은 카이로스와 가까운 의미가 될 것이다."라고 말하였다.[18)] 크로노스(Chronos)가 양적인 시간을 나타낸다면, 카이로스는 질적인 시간을 나타낸다. 즉, 크로노스가 연대기적으로 흘러가는

17) M. L. von Franz, *Nombre et Temps: Psychologie des Profondeurs et Physique moderne*, Paris, Ed. La Fontaine de Pierre, 1978, p. 231.

18) P. Tillich, *Systematic Theology III* (Chicago: The University of Chicago Press, 1963), p. 369.

속된 시간(temps profane)를 나타내고 있다면, 카이로스는 어떤 사건이 일어날 그 '때가 되어서' 그 사건이 일어나게 되는 엘리아드(M. Eliade)적인 의미에서의 성스러운 시간(temps sacré)을 의미한다.[19] 그래서 사람들은 역사의 역동적 측면이나 자기 초월적 측면을 나타내고자 할 때 카이로스라는 말을 썼다.

이러한 시간 속에서 우리는 동시성 현상이 나타나는 시간의 모습을 보게 된다. 왜냐하면 동시성 현상 역시 그저 흘러가고 마는 시간이 아니라 어떤 특정한 사건이 일어나야만 하는 '때가 되어서' 그 사건이 일어나는 시간을 의미하기 때문이다. 즉, 동시성 현상은 속된 시간 속에서 일어나는 것이 아니라 카이로스에서 일어나는 것이다. 신약성서에서 시간의 카이로스적인 측면을 나타내는 표현은 많이 있다. 그것은 예수 그리스도는 물론 세례 요한이나 바울도 많이 사용하였다. 즉, 예수 그리스도는 선교 활동 초기에 "때가 찼다. 하나님 나라가 가까이 왔다. 회개하고 복음을 믿으라."(마가 1:15)라고 외쳤으며, "인자(人子)가 올 때에는 그 때를 알려 주는 여러 가지 일이 일어날 것"이라고 말하였다(누가 21:25-37).

또한 바울은 하나님이 그의 아들을 보내는 때, 즉 하나님이 역사의 중심으로 삼으시는 때를 선택하는 순간을 언급하면서 역시 카이로스라는 표현을 썼다.[20] 여기에서 사용된 성취의 시간 또는 '차는(accomplir) 때'나 '다가오는(arriver) 때'는 의미심장한 사건을 나타내는 시간이다. 역사가 성취되는 시간이고, 하나님의 나라가 이 세상의 시간 속에 돌입(突入)하는 시간이다. 이 사건들은 '때가 차서' 일어나기 때문에 이 시간은 인간의 의지와 의식 밖에서 이루어

19) 엘리아드는 시간을 둘로 나누어서 생각하고 있다. 하나는 그 흐름 사이에 아무 특정한 마디도 없는 균질적(均質的)인 시간이고, 다른 하나는 그것이 나타남으로써 그 사이에 어떤 확연한 구분이 생겨나는 비균질적(非均質的)인 시간이다. 엘리아드는 전자를 '속된 시간'으로, 후자를 '성스러운 시간'으로 불렀다. 제의의 시간, 축제의 시간, 신화의 시간 등은 모두 성스러운 시간에 속한다. 왜냐하면 이 시간 속에서는 이들 사건이 생겨남으로써 그 전에 흐르고 있던 시간과는 전혀 다른 시간이 생겨나기 때문이다. 이렇듯 성스러운 시간이란 이 속에서 어떤 새로운 창조가 생겨나고 있는 시간이다. M. Eliade, *Le Sacré et le Profane* (Paris: Gallimard, 1965).

20) cf. P. Tillich, *op. cit.*, pp. 369f.

지는 시간이다. 사람들은 이 시간이 도래하기를 준비하는 가운데서 묵묵히 기다릴 수밖에 없다. 그래서 예수는 제자들에게 유월절 음식을 준비시키면서 "나의 때가 가까워졌다."(마태 26:18)라고 하였으며, 가나의 혼인 잔치에서는 어머니 마리아에게 잔칫집에 술이 떨어졌다는 얘기를 듣고 "아직 나의 때가 되지 않았다."(요한 2:4)라고 하면서 때가 성숙되기를 기다렸다. 이 시간이 인간의 의식 밖에 있는 것이라면 그것은 무의식의 영역에 속해 있을 수밖에 없다.[21) 이처럼 카이로스는 동시성 현상이 우리의 의지와 무관하게 우리가 의도하지 못하는 가운데서 일어나고 있는 것처럼 우리의 의도와는 상관없이 일어나고 있는 것이다. 따라서 우리는 카이로스가 언제 일어날지 알 수 없다. 이 점을 가리켜 틸리히는 "카이로스를 감지하는 것은 비전의 문제에 속한다. 그것은 심리학이나 사회학 용어에서 사용되는 분석이나 계산의 대상이 아니다. 또한 멀리서 관찰하는 것으로는 파악할 수 없고 그 속에 들어가 체험해야 한다."라고 말하였다.[22)]

우리가 카이로스를 감지할 수 있는 단서가 전혀 없는 것은 아니다. 그것은 때의 징조를 살피기만 하면 된다. 카이로스의 도래에는 동시성 현상에서처럼 의미의 연관을 이루는 사건이 많이 생겨나기 때문이다. 그래서 그 연관 속에 있는 징조를 읽을 수 있을 때, 우리는 카이로스의 출현을 예감할 수 있다. 그것은 카이로스 역시 질적 시간계에 속해 있으며, 카이로스의 출현은 새로운 역사의 탄생, 역사의 종말, 죽음, 기적 등 의미심장한 사건과 더불어 일어나기 때문이다. 예수 그리스도는 세상의 종말에 관해서 설교하면서 여러 차례 때의 징조를 살피라고 강조하였다. 무화과나무의 잎이 돋으면 여름이 가까이 온 것을 알

21) 심리학에서 무의식의 영역이란 의식의 영역이 아닌 영역, 즉 인간의 의식이 파악할 수 없고, 의식을 초월하는 영역 전체를 말한다.

22) 여기에서 우리는 카이로스적인 사건의 감지는 계시의 수탁과 관계되고 있으며 베르그송이 말한 직관에 의해서 감지될 수 있음을 알 수 있다. 베르그송은 직관이란 사물을 그 주위를 맴돌면서 파악하는 것이 아니라 사물 안에 들어가서 파악하는 것이라고 주장하였다. H. Bergson, *Essai sur les données immédiates de la conscience* (Paris: F. Alcan, 1889).

수 있듯이 시대의 징조를 살피면 카이로스가 다가오는 것을 알 수 있다는 것이다. 카이로스가 나타날 때 역사에서는 늘 그 전의 것과는 다른 어떤 새로운 것이 창조되고 있으며, 그 중요한 창조를 이루기 위해서는 그것을 잉태하려는(성숙시키려는) 사전 작업이 많이 필요하기 때문이다.

3. 결 론

우리가 일상생활에서 종종 체험하는 비인과론적인 연계성의 사건, 즉 동시성 현상을 통해서 나타나는 사건은 이 세상에는 우리가 일상적으로 체험하는 실재(realité) 이외에 또 다른 실재가 있으며, 우리가 각성 상태에서 체험하는 시간계 이외에 또 다른 시간계가 존재하고 있음을 보여 주고 있다. 다시 말해서 우리는 동시성 현상을 통해서 우리가 일상적으로 체험하는 분화된 실재와는 또 다른 분화 이전의 실재, 즉 정신적인 면과 물질적인 면이 통합되어 있는 실재를 보게 되는 것이다. 그것은 실재 본래의 전일성을 잃고 있지 않으며, 질적인 의미의 세계에 속해 있다. 따라서 이러한 실재는 보통의 일상적인 사건과 달리 농축된 시간 안에서 일어난다. 즉, 그러한 실재를 담을 수 있는 질적인 시간 또는 정신적인 시간에서 나타나는 것이다. 그러한 실재가 나타나는 것은 병이라든지 죽음 또는 내적 변환 등 우리 삶에서 매우 중요한 순간이다. 그것은 그 순간이 본래의 실재와 유사하거나 본래의 실재를 이루어야 하는 순간이기 때문이며, 그 순간 속에서 우리는 새로운 창조를 이루어야 하기 때문이다.

우리는 이와 비슷한 시간 구조를 보여 주는 것을 인간의 역사에서도 찾아볼 수 있다. 성취로서의 시간을 나타내는 카이로스 개념이 그것이다. 동시성 현상이 개인적 차원에서 일어나는 현상인 데 반해 카이로스가 인류 전체와 관계되고 있는 만큼 그 둘 사이를 전적으로 동일시할 수는 없지만, 이 두 개념은 모두 시간의 비일상적인 구조를 보여 주고 있다. 동시성 현상과 카이로스는 우리 삶의 비상한 순간에 나타나서 우리의 삶을 재구조화하고 있다. 우리는 이것들이 나타날 때 그 의미를 탐구하고 그것이 나타나는 징조를 감지하여 그에 대비해야 한다.

이 현상들은 비록 인과관계의 법칙으로 연관되어 있지는 않지만 의미의 연계성에 의해서 연관되어 있기 때문에 우리가 그 사건들 앞에서 진지한 태도를 보이기만 하면 우리에게 그 의미를 열어 보여 준다. 즉, 융이 어원적인 의미를 따라서 정의를 내린 종교적 태도를 취할 때 이 사건들은 우리에게 삶의 본래 의미와 실재의 본질에 관해서 열어 보이는 것이다. 융은 종교란 어떤 사람이 무엇을 믿고 있다고 할 때의 그 믿음의 체계가 아니라 삶에서 발견되는 역동적인 요소(le dynamique)—루돌프 오토가 누미노제라고 부른 것—를 신중히 고려하고 관찰하는 태도라고 주장하였다.[23] 실제로 동시성 현상이나 카이로스는 우리에게 삶의 매우 역동적인 요소를 보여 준다. 아니, 그것은 그 자체로서 그 속에 많은 의미와 힘을 담고 있는 누미노제적 현상인 것이다. 우리는 그것들이 나타날 때 그것을 신중히 고려하고 관찰하는 태도를 가지고 진지하게 대해야 한다. 그것이 우리 삶의 많은 진리를 담고 있기 때문이다.

23) C. G. Jung, *Psychologie et Religion*(Paris: Buchet/Chastel, 1960).

제14장

콤플렉스와 연상 검사

1. 콤플렉스의 의미와 연상 검사

스위스의 분석심리학자 융은 콤플렉스는 '감정적으로 강조된 관념과 정감의 복합체(le conglomérat de représentations idéo-affectives)'이며 무의식을 구성하는 중요 인자(因子)라고 주장하였다. 콤플렉스란 하나의 핵을 중심으로 해서 그것과 관계되는 수많은 요소가 응집되어 정신 활동을 방해하는 정신적 인자(factor)라는 말이다. 콤플렉스가 관념과 정감의 복합체인 것은 그것이 그와 관계되는 관념적인 내용이 나오면 내면에서 정감을 불러일으켜 과도한 반응을 하게 하기 때문이다: "그것은 정신 작용이 정지되어 있을 때 볼 수 있는 살아있고 정동으로 가득 찬 이미지로서 일상적인 의식 상황이나 태도와 양립할 수 없는 것이다. 그것은 강한 내적 응집력을 지니고 있으며 ……고양될 경우 자율성을 지니게 된다."[1] 그러므로 일상 언어에서 사람들이 보통 콤플렉스를 열등

1) C. G. Jung, *L'Homme à la découverte de son âme*(Paris: Albin Michel, 1987), p. 198.

감과 동일시하고 있지만 그것은 잘못이고, 콤플렉스는 열등감보다 좀 더 큰 개념이다. 사람들이 콤플렉스를 열등감과 동일시하는 것은 우리가 열등감에서 콤플렉스의 전형적인 작용을 체험하기 때문일 것이다.

콤플렉스 가운데는 사람들에게 의식된 것도 있지만 의식되지 않은 것도 많다. 콤플렉스가 항상 병리적인 것은 아니지만, 많은 콤플렉스는 의식화되지 않을 때 자아의식과 무관하게 나타나 사람을 난처하게 만들거나 정신병리적 증상을 나타내게 하기도 한다. 그러므로 정신 발달을 위해서는 콤플렉스를 의식화하는 것이 무엇보다도 중요하다. 융에 의하면 사람들이 꿈에서 보는 이미지들은 모두 콤플렉스가 형상화된 것들이다. 꿈에 나타나는 인물이나 개, 고양이, 소 등으로 나오는 것들은 실제 그 대상이라기보다 그것들이 무의식을 자극하여 만들어 놓은 심상(心象)인 것이다. 그러므로 우리가 꿈에서 어떤 이미지를 보았다면, 그것을 그 대상으로 생각할 것이 아니라 그에게서 연상되는 무의식의 어떤 요소로 생각해야 한다.[2] 융은 정신과 의사로 활동하던 초기 무렵 그 당시 실험심리학계에서 쓰이던 연상 검사를 사용하다가 기존의 방식과는 전혀 다른 문제의식을 느끼고 인간의 무의식에는 수많은 콤플렉스가 있음을 발견했다. 그리고 그 나름대로 독특한 단어연상(word association) 기법을 고안하였다.

연상 검사는 본래 1879년 골턴(F. Galton)이 사람들에게 주어진 인상과 그에 대한 반응 사이의 시간을 측정하면서 만들어 낸 것이다. 그러다가 실험심리학을 창시한 분트(W. Wundt) 학파에서 발전시켰는데, 1903년 융은 리클린(F. Riklin)과 함께 정신과 환자는 물론 일반인을 대상으로 하여 연상 검사를 실시하였다.[3] 그때 융은 분트 학파 등에서 관심을 가지고 있던 자극어와 반응어 사이의 문법 형태 등에 대해 관심을 갖기보다 사람들이 어떤 자극어에는 반응을

2) 물론 융은 꿈을 해석할 때 꿈에 나타난 이미지를 그 대상으로 해석하면서 그와의 관계 개선에 관심을 기울여야 하는 경우도 있다고 주장하였다. C. G. Jung, 『정신요법의 기본문제』, C. G. 융저작번역위원회 역(서울: 솔출판사, 2001), pp. 187-197.

3) 이부영, 『분석심리학』(서울: 일조각, 1982), pp. 26-27.

하지 못하는 것을 보고 그 이유를 생각하기 시작하였다. 그 결과 그는 사람들이 어떤 자극어에는 감정이 너무 고조되어 반응어를 연상시키지 못한다는 사실을 알게 되었다. 그러면서 그는 그 현상이 프로이트가 주장하는 억압 이론과 밀접한 관계에 있지 않을까 하고 생각하였고, 프로이트의 저작에 흥미를 가지고 연구하기 시작하였다. 그 뒤 융은 모든 콤플렉스가 억압과 관계되는 것은 아니라고 생각하면서 프로이트와 다른 그의 주장을 펴 나갔지만, 연상 검사를 계기로 그가 프로이트와 가까워진 것은 사실이다. 융은 프로이트와 다른 방향에서 콤플렉스에 접근했지만, 연상 검사가 심층심리학의 두 대가를 연결시켜 준 공헌은 있는 것이다.[4)]

2. 조사 대상과 방법

1) 연상 검사

앞으로 기술할 연상 검사는 2005년 3월 25일 오후 1시부터 2시까지 필자가 직접 피검사자에게 자극어를 불러 주고 그 연상을 기록하는 형식으로 시행하였다. 피검사자는 그 당시 모 대학교 대학원에 재학 중인 스물네 살의 여학생이었다. 자극어는 1908년에 융이 선택한 100개의 단어를 이부영 등이 1975년에 우리말로 번역한 것을 동일한 순서대로 사용하였다.[5)] 검사자는 검사 전 피검사자에게 연상 검사에 대해서 충분히 설명해 주고, 자극어에 대한 반응어는 깊이 생각하기보다 머리에서 즉시 떠오르는 것을 말하라고 하였다. 반응시간을 측정하기 위해서 1/10초 단위까지 나오는 스톱워치를 사용하였다.

4) cf. Charles Baudouin, *L'Oeuvre de JUNG*(Paris: Payot, 1963). 이부영, 『분석심리학』, pp. 26-27.
5) 이부영, 『분석심리학』, p. 31.

2) 콤플렉스의 징후

콤플렉스는 사람들에게 감정적으로 고조된 반응을 불러일으키는 심적 요소다. 따라서 해당되는 관념적 내용이 무의식에 있는 콤플렉스를 자극할 때 정신작용은 교란되어 비일상적인 반응을 나타내게 된다. 이 검사에서는 융이 선정한 것을 기준으로 다음과 같은 것들을 콤플렉스 징후로 판정하였다.[6)]

① 지연반응: 반응시간들의 중앙치를 정하고 중앙치보다 0.4초 이상 길거나 짧은 것
② 반응 실패: 40초 이내에 반응을 하지 못하거나 그 이전에라도 못하겠다고 하는 것
③ 재생 장애: 앞에서 반응했던 것을 기억하지 못하거나 다르게 반응하는 것
④ 보속 현상: 직전에 반응했던 것이 그다음 반응에 영향을 미치는 것
⑤ 반응어의 반복: 서로 다른 자극어에 같은 단어로 반응하는 것
⑥ 잘못 들음
⑦ 이상한 얼굴 표정이나 몸짓 또는 감탄사를 냄
⑧ 말더듬
⑨ 잘못 말함
⑩ 무의미한 반응
⑪ 음향 현상이나 단어 보충
⑫ 간접 반응: 자극어와 반응어 사이에 제3의 개념을 도입해야 연결이 가능한 것
⑫ 자극어 따라 하기
⑭ 여러 단어 또는 문장으로 된 반응어
⑮ 외국어 반응

---

6) cf. 이부영, 『분석심리학』, p. 31.

3) 연상의 분류

연상은 크레펠린-아샤펜부르그의 도식에 따라서 다음과 같이 분류하였다.[7]

- 내적 연상: 자극어와 반응어가 내적인 의미 연관에 따라서 이루어지는 것(예: 시골-마을, 춤춘다-기쁨 등)이나 단어 상호 간에 종속성을 가지거나 술어 관계에 있는 것(예: 지불한다-돈, 책상-공부 등)을 말한다.
- 외적 연상: 자극어와 반응어가 외적으로 밀접한 관계에 있거나(예: 잉크-펜), 익혀진 숙어 관계에 있는 것(예: 남자-여자, 추운-겨울) 등을 말한다.
- 소리 연상: 자극어와 반응어가 단어의 보충이나 비슷한 음향 현상을 나타내는 것을 말한다.

3. 결과 및 고찰

1) 반응시간과 콤플렉스

반응시간은 〈표 14-1〉에서 보는 것과 같이 자극어의 전반부 1～50이 2.07초, 후반부 51～100이 2.16초, 전체로는 2.12초로, 이부영 등의 1976년 연구 결과 나온 한국인 여자의 평균치 2.14초와 거의 유사하고, 전체 평균치와 같다.[8] 융의 연구나 이부영 등의 연구와 마찬가지로 전반부 1～50에서 걸린 시간이 후반부 51～100에서 걸린 시간보다 짧게 나타났는데, 후반부에 걸린 시간이 더 길게 나타난 이유는 전반부 1～50를 검사하느라고 무의식의 콤플렉스들이 자극되어 후반부에까지 영향을 미쳤기 때문이 아닌가 생각된다.

7) 이부영, 『분석심리학』, p. 27.
8) 이철, 이부영, “한국대학교생에 대한 연상 검사의 예비적 연구”, 『신경정신의학』(제15권 제1호, 1976), pp. 66-67.

표 14-1 반응시간

단위: 초. $p>0.05$

자극어	1~50	51~100	1~100
반응시간	2.07	2.16	2.12

2) 자극어와 반응어 사이의 문법적 형태와 분석

융은 자극어와 반응어의 품사의 일치 여부는 각 품사별 사용 빈도에 영향을 받는다고 했는데,[9] 검사 결과를 보면 명사-명사(71.4%) 반응이 형용사-형용사(21.7%)나 동사-동사(16%) 반응보다 3.5배에서 4.4배까지 나타나 자극어가 반응어에 어느 정도 영향을 미치는 것을 알 수 있다. 하지만 그것은 피검사자의 반응이 명사-명사 71.4%, 형용사-명사 78.3%, 동사-명사 60% 등 명사형 반응이 주종을 이루어 자극어의 품사가 반응어에 영향을 미친 것인지, 피검사자의 특성 때문인지 명확하지는 않다. 자극어가 어느 것으로 이루어지든 반응어가 명사형으로 이루어지는 연구 결과는 이부영 등이 1976년 한국의 대학생에 대하여 실시한 것과 어느 정도 일치하지만, 손봉기가 한국 농촌 주민을 대상으로 실시한 연구 결과와는 많은 차이를 보인다.[10] 이부영 등의 연구에서는 명사-명사 74.5%, 형용사-명사 66.9%, 동사-명사 53.4%로 본 연구와 비슷했으나, 손봉기의 연구에서는 명사-명사는 67.9%로 어느 정도 비슷했지만, 형용사-명사 48.0%, 동사-명사 22.2%로 융의 연구 결과와 더 비슷했다.

이런 결과를 살펴볼 때, 본 연구의 피검사자가 대학원에 재학 중인 학생이라 손봉기의 연구 대상이었던 농촌 주민보다는 이부영 등의 연구 대상과 더 가까웠기 때문에 명사형 반응이 주종을 이루지 않았나 하는 생각이 든다. 그것은

9) C. G. Jung, "The Reaction Ratio in the Association Experiment", *Collected Works*, vol. II (Princeton: Princeton Univ.Press, 1973), pp. 221-271. 손봉기, "한국농촌주민의 연상 검사에 대한 예비적 연구", 『신경정신의학』(제18권 제1호, 1979)에서 재인용.

10) 손봉기, "한국농촌주민의 연상 검사에 대한 예비적 연구", 『신경정신의학』 (제18권 제1호, 1979), p. 24.

표 14-2 자극어와 반응어의 문법적 형태의 관계

자극어	반응어	비율	비고
명사	명사	71.4%	
형용사	형용사	21.7%	
동사	동사	16%	
형용사	명사	78.3%	
동사	명사	60%	
명사	동사	12.2%	
명사	형용사	16.4%	
동사	형용사	24%	

융이 지적한 대로 자극어-반응어의 품사 일치 정도는 교육받은 대상에서보다 교육 수준이 낮은 대상에서 더 높게 나타난다는 사실에 부합되는 것으로, 교육을 받은 계층은 그렇지 않은 계층보다 사고를 더 관념적으로 하기 때문일 것이다.

3) 자극어의 문법적 형태와 연상의 성질

자극어의 문법적 형태와 연상의 성질의 관계를 살펴보면, 피검사자에게 내적 연상:외적 연상:소리 연상의 비율은 각각 68:31:1로 나타났고, 자극어가 동사일 때와 명사일 때가 형용사일 때보다 내적 연상이 더 많은 것으로 나타났다. 이러한 결과는 융의 연구에서 내적 연상과 외적 연상의 비율이 36:59인 것과 비교할 때 상당한 차이가 있으며, 자극어가 형용사일 때 내적 연상이 증가한다는 것과도 다르다.[11] 그 원인이 무엇인지는 아직 명확하지 않지만, 이 연구 결과는 이부영 등의 연구에서도 내적 연상:외적 연상:소리 연상의 비율이

11) C. G. Jung, "The Association of Normal Subjects", *Collected Works,* vol. 2, pp. 2-196. cf. 이철, 이부영, *op. cit.*, p. 67.

65.4:30.5:0.1인 것과 거의 일치하는 것으로 볼 때 한국인과 스위스인의 특성이 다르고, 융의 연구 대상이 정신질환자였던 것과 관계가 있지 않나 하는 생각이 든다.[12)]

일반적으로 반응어가 자극어의 내적 의미에 따라서 이루어지는 내적 연상은 자극어와 반응어가 비슷한 말이나 반대말 또는 언어의 일반적인 습관에 따라서 달라지는 외적 연상보다 반응시간이 길기 마련이다. 따라서 피검자에게 내적 연상이 외적 연상보다 많이 나타났다는 사실은 피검사자의 반응시간 평균이 융의 피검사자들에서의 1.7초보다 더 길었던 이유가 되지 않나 생각된다.[13)] 또한 융은 자극어가 동사나 형용사일 때 내적 연상이 많다고 하였으나 피검사자에게는 명사나 동사일 때 각각 71.7%, 88.5%로 나타났고, 형용사일 때는 외적 연상이 58.3%로 더 많이 나타나 차이를 보이는데, 정확한 원인은 알 수 없고 독일어와 한국어의 차이나 피검사자의 개인적 특성 때문이 아닌가 생각된다.

표 14-3 자극어의 문법적 형태와 연상의 성질의 관계 단위: %

자극어	내적 연상	외적 연상	소리 연상
명사	71.7	28.3	0.0
형용사	37.5	58.3	4.2
동사	88.5	11.5	0.0
계	67.7	31.3	1.0

4) 연상의 성질과 반응시간의 관계

검사 결과를 살펴보면 내적 연상 2.53초, 외적 연상 1.53초, 소리 연상 1.21초

12) 이철, 이부영, “한국대학교생에 대한 연상 검사의 예비적 연구”, p. 67.
13) cf. C. G. Jung, “The Reaction Ratio in the Association Experiment”, pp. 221-271.

로 내적 연상이 가장 길었고 소리 연상이 가장 짧았다. 내적 연상이 외적 연상보다 반응 시간이 오래 걸린 것은 융의 연구 결과와 일치하였으나 소리 연상의 경우는 반대로 나타났다. 그러나 소리 연상이 피검자에게 하나밖에 없었다는 점을 감안한다면 그 비교는 무의미하다고 생각된다. 본 연구에서 반응 실패를 일으킨 것은 기타 연상으로 처리하지 않고 전체 결과에서 누락시켰으며(전체 반응 수는 96개), 자극어와 반응어 사이에 직접적인 관계가 없이, 제3의 단어를 넣어야 연관되는 것은 내적 연상으로 간주하였다. 예를 들면, 피검사자는 27. 등불에서 어머니라고 반응하였는데 등불과 어머니 사이에는 아무 연관이 없을 수도 있다. 검사 후 있었던 면담 시간에 그 이유를 물어보았더니 피검사자가 어린 시절 자다가 깨어 보니 어머니가 등불 아래서 바느질을 하고 있었다는 대답을 하였다. 그것은 피검사자의 내면에서 연상이 이루어진 것이라서 내적 연상으로 처리했다.

표 14-4 연상의 성질과 반응시간

단위: 초

연상의 성질	내적 연상	외적 연상	소리 연상	비 고
반응시간	2.53	1.53	1.21	

5) 자극어의 문법 형태에 따른 반응시간

융이나 이부영, 손봉기의 연구 결과와 마찬가지로 본 검사에서도 추상명사에서 2.94초, 구상명사에서 1.80초, 형용사에서 1.72초, 동사에서 1.64초로 추상명사에서 피검사자의 반응시간이 가장 긴 것으로 나타났으며, 구상명사, 형용사, 동사에서는 근소한 차이를 보여 주었다.[14] 명사와 형용사에서 내적 연상

14) cf. C. G. Jung, "The Reaction Ratio in the Association Experiment", pp. 221-271. cf. 이철, 이부영, "한국대학교생에 대한 연상 검사의 예비적 연구", p. 68. 손봉기, "한국농촌주민의 연상 검사에 대한 예비적 연구", p. 25.

과 외적 연상의 비율이 71.7 : 28.3 및 37.5 : 58.3으로 형용사에서 외적 연상이 많이 나타나 융의 연구 결과와는 양상이 달랐다. 그 이유는 아마 피검사자가 자극어가 형용사였을 경우 14. 추운-겨울, 26. 푸른-하늘, 54. 하얀-눈 등 주로 외적 연상을 했기 때문에 반응시간이 짧게 나타나지 않았나 하는 생각이 든다. 피검사자는 형용사의 경우 주로 외적 연상을 하는 언어 습관이 있는 것이 아닌가 하는 것이다.

표 14-5 자극어의 문법적 형태와 반응시간

단위: 초

자극어	구상명사	추상명사	형용사	동사
반응시간	1.80	2.94	1.72	1.64

본 검사 결과 반응시간이 오래 걸린 순서를 나열하면 추상명사-구상명사-형용사-동사로 추상명사에서 반응시간이 가장 길었고, 동사에서 가장 짧았다. 이런 결과는 이부영 등의 연구에서 추상명사-형용사-동사-구상명사, 손봉기의 연구에서 추상명사-동사-구상명사-형용사로 된 것과 추상명사로 된 자극어가 가장 길었다는 공통점 외에 다른 것은 찾아볼 수 없다. 그러나 추상명사 이외에 구상명사, 동사, 형용사에서 걸린 시간의 차이가 미미한 것을 살펴볼 때 그 차이는 별로 주목할 만한 것이 되지 못한다.

6) 반응어의 문법 형태에 따른 반응시간

다음으로 반응어의 문법 형태에 따른 반응시간을 살펴보면, 형용사-동사-추상명사-구상명사의 순으로 나타나 이부영 등의 연구(추상명사-구상명사-형용사-동사)나 손봉기의 연구(추상명사-형용사 · 동사-구상명사)의 결과와 상당히 다른 점을 보여 주었다. 하지만 그것은 반응시간이 길었던 형용사가 28. 죄짓는다-겁난다(4.11초), 30. 풍부한-행복하다(6.10초), 36. 굶주림-불쌍하다(5.35초) 등 피검사자의 감정을 자극하는 단어였고, 동사의 경우에서도 49. 책-읽어야 한다(6.14초), 84. 겁낸다-땀난다(4.20초) 등 콤플렉스 반응을 보이는 단어였던 점을 미루어 볼 때 충분히 이해할 수 있는 것이다. 다시 말해서 피검사자가 기독교 가정에서 태어나 신앙생활을 열심히 하는 학생이라 도덕적인 것과 죽음 등에 관해서 예민한 반응을 보인다는 특성을 감안한다면 개인 특성으로 돌릴 수 있는 것이다.

그 밖에 본 연구 결과와 이부영 등의 연구 결과를 비교할 때, 첫째, 구상명사에서보다 추상명사에서 반응시간이 더 길었고, 둘째, 형용사와 동사 사이의 반응시간 차이가 크지 않았으며, 셋째, 형용사에서 동사에서보다 반응시간이 더 길게 걸려 손봉기나 이부영 등의 연구 결과와 비슷한 것을 알 수 있다.

표 14-6 반응어의 문법 형태와 반응시간

단위: 초

자극어	구상명사	추상명사	형용사	동사
반응시간	1.47	2.22	2.53	2.33

7) 자극어에 따른 지연반응

지연반응이란 피검사자의 연상 검사 평균시간인 2.12초보다 0.4초 이상 걸린 반응을 말한다. 특정한 자극어에 대해서 반응어가 평균시간보다 주목할 만하게 지연되어 나왔다면 자극어가 피검사자의 내면에 정감적인 영향을 끼쳤기 때문이다. 지연반응을 보인 자극어를 살펴보면, 다음 20개였다.

9. 창문, 24. 헤엄친다, 28. 죄짓는다, 30. 풍부한, 31. 나무, 36. 죽는다, 37. 소금, 38. 새로운, 39. 풍습, 42. 미련한, 49. 책, 53. 굶주림, 56. 주의한다, 64. 다툰다, 78. 낯선, 79. 행복, 81. 품위, 84. 겁낸다, 85. 황새, 93. 마른풀

그 가운데서 구상명사 6개, 추상명사 4개, 형용사 4개, 동사 6개였으며, 내적 연상이 16개, 외적 연상이 4개로 내적 연상이 80%를 차지하여 지연될 수밖

에 없음을 알 수 있다. 이 가운데서 가장 오랜 시간이 경과되었던 단어를 살펴보면, 81. 품위(13.35초), 31. 나무(7.26초), 64. 다툰다(6.29초), 49. 책(6.14초), 30. 풍부한(6.10초) 등으로 피검사자의 개인 생활사나 미래의 희망과 밀접한 관계를 지닌 단어들이었다. 각 단어의 지연 이유에 대해서는 콤플렉스 분석에서 다룰 것이다.

8) 재생 장애와 반응어의 관계

재생 장애란 피검사자가 어느 자극어에 대해서 처음 반응한 것을 두 번째 자극에서 기억하지 못하거나 다른 단어로 반응하는 것을 말한다. 재생 장애를 일으키는 원인은 정서적인 데 있으며, 그것은 지연반응보다 좀 더 깊은 것일 것이다. 피검사자가 재생 장애를 일으킨 자극어를 살펴보면, 다음 15개다.

5.죽음, 6. 길다란, 9. 창문, 12. 질문한다, 20. 요리한다, 22. 나쁜, 30. 풍부한, 32. 찌른다, 36. 죽는다, 41. 돈, 45. 손가락, 79. 행복, 81. 품위, 84. 겁낸다, 96. 잠잔다

융은 정상인에게 재생 장애는 10~15%, 히스테리 환자에게는 20~40% 정도 나타난다고 했는데, 피검사자의 경우는 융의 주장을 뒷받침하는 것으로 이부영 등(20.5%)이나 손봉기의 연구(29.1%) 결과와 차이를 보여 주었다.[15] 또한 이부영 등이나 손봉기의 연구에서는 3개, 4개, 5개 이상 연속 재생 장애를 일으키는 경우가 있었지만, 피검사자에게서 연속하여 재생 장애를 일으킨 것은 5. 죽음과 6. 길다란밖에 없었다. 더구나 그것은 보속 현상이 아니라 다음에 나오는 구체적인 사례 분석에서 밝혀지듯이 서로 개별적인 콤플렉스에 의한 것이

15) C. G. Jung, "The Association Method", *Collected Works*, vol. 2, pp. 439-465. 손봉기, "한국농촌 주민의 연상 검사에 대한 예비적 연구", p. 27에서 재인용.

었다. 피검사자가 지연반응을 보인 자극어 가운데서 재생 장애를 일으킨 자극어들은 9. 창문(3.35초), 30. 풍부한(6.10초), 36. 죽는다(4.40초), 79. 행복(3.46초), 81. 품위(13.35초), 84. 겁낸다(4.20초) 등 6개인데 이 단어들은 피검사자의 내면에 '감정적으로 강조된 콤플렉스'로 남아 있음이 틀림없다.

9) 재생 장애와 반응시간의 관계

재생 장애는 콤플렉스 증후 중 중요한 요소 가운데 하나이며, 재생 장애를 일으킨 자극어들의 반응시간은 다른 자극어들의 반응시간에 비해서 긴 것이 보통이다. 피검사자에게 나타난 재생 장애와 반응시간의 관계를 살펴보면 〈표 14-7〉과 같은데 재생 장애를 일으킨 자극어의 반응시간은 중앙치보다 크게 나타난 것이 6. 길다란, 22. 나쁜, 45. 손가락 등 60%였고, 중앙치가 6.7%, 중앙치보다 적게 나타난 것이 33.3%로 이부영 등의 연구 결과와 똑같이 나타났다. 그러나 재생 장애가 일어났지만 반응시간이 전체 반응시간의 평균시간보다 짧었던 자극어보다 하나 앞선 자극어의 반응시간 평균은 1.07초로 전체 반응시간인 2.12초의 반 정도가 되어 상당히 낮았다. 그 결과는 이부영 등의 연구에서 나타난 2.51초보다 훨씬 낮은 것이다. 하지만 왜 그런 차이가 나타났는지에 관해서는 알 수 없다.

이러한 연구 결과를 살펴볼 때, 재생 장애는 전체적인 반응시간 지연과 깊은 관계를 가지고 있으며, 피검사자가 반응 실패를 했던 세 개의 자극어가 모두 재생 장애를 일으켜 콤플렉스와 깊은 관계가 있음을 알 수 있다. 콤플렉스는

표 14-7 재생 장애와 반응시간의 관계

구분	T>Med.	T=Med.	T<Med.
(%)	60%	6.7%	33.3%

* T<Med. 하나 전 반응시간의 평균: 1.07초.

사람들에게 깊은 정감적 반응을 일으켜 재생 장애는 물론 반응시간 지연이나 반응 실패를 불러일으키는 것이다.

10) 반응어 반복에 대한 분석

검사 결과를 살펴보면 피검사자의 특징 가운데 하나는 반복된 반응어가 많이 나타난다는 사실이다. 피검사자는 100개의 자극어 중 18개의 자극어에서 반복된 반응어를 보이는 것이다. 그것을 구체적으로 살펴보면 피검사자는 5.죽음, 28. 죄짓는다, 32. 찌른다, 78. 낯선에서 모두 '두렵다'('무섭다')로, 4. 노래한다, 20. 요리한다에서 모두 '즐겁다'로, 87. 불안, 88. 키스한다에서 모두 '긴장된다'로, 73. 상자, 82. 좁은에서 모두 '답답하다'로, 17. 호수, 61. 집에서 모두 '평안하다'로, 30. 풍부한, 60. 결혼한다, 94. 만족한에서 모두 '행복'으로, 33. 동정, 53. 굶주림에서 모두 '불쌍하다'로 반응했다. 앞에서도 언급했듯이 피검사자는 대학원에 재학 중인 학생이기 때문에 어휘력이 부족하다고는 할 수 없다. 그러므로 이런 중복된 반응어가 나타난 원인은 피검사자의 내적 상황 때문일 것이다. 즉, 피검사자의 내면에 '두려움' '답답함' '긴장'이 들어 있고, 그렇기 때문에 '불쌍한 것'에 대한 동정이 많으며 그와 정반대되는 상태인 '즐거움' '평안함' '행복'을 추구하는 것이 아닌가 하는 것이다.

11) 반복된 반응어와 반응시간의 관계

반복된 반응어가 나타난 자극어에 대한 반응시간을 살펴보면 〈표 14-8〉과 같은데, 검사 결과를 살펴보면 서로 다른 자극어 2개에 같은 반응어로 응답한 다섯 쌍의 자극어 반응시간 평균이 1.79초, 서로 다른 자극어 3개에 같은 반응어로 응답한 것이 2.61초, 서로 다른 자극어 4개에 같은 반응어로 응답한 것이 2.83초로 반응시간이 점점 증가하는 것을 볼 수 있다. 3개 또는 4개의 자극어에 모두 같은 반응어로 응답할 만큼 피검사자의 내면에 '두려움'과 '행복'에 대한 갈망이 깊이 잠겨 있는 것이다. 서로 다른 자극어에 같은 반응어로 응답한 다섯 쌍의 평균시간이 전체 평균시간인 2.12초보다 더 적게 나타난 것은 의외의 일이고, 현재로서는 그 까닭을 알 수 없다. 추후 규명되어야 할 것이다.

표 14-8 반복된 반응어와 반응시간

단위: 초

구분	2개 반복	3개 반복	4개 반복	비고
반응시간	1.79	2.61	2.83	

12) 자극어에 대한 감정 반응

콤플렉스는 '감정적으로 강조된 심리적 내용'으로 그 안에 짙은 감정을 품고 있으며, 그것이 나타날 때 사람들에게 심한 감정 반응을 불러일으킨다. 연상검사 중 각각의 자극어에 대해서 피검사자가 나타낸 감정 반응을 살펴보면, 피검사자는 6. 길다란이 나왔을 때 "음……."이라는 소리를 한참 내면서 반응어를 찾으려고 했지만 찾지 못하다가 40초가 거의 다 지날 무렵 '막대기'라고 대답하였고, 9. 창문에서도 "음……."이라는 소리를 내다가 3.35초가 지난 다음에야 비로소 '바깥세상'이라고 응답하였다. 또한 22. 나쁜에서도 피검자는 "음……."이라는 소리를 내면서 반응어를 찾으려다가 40초가 지난 다음 '행동' '안 좋은 것' 이라는 반응어를 생각해 냈고, 24. 헤엄친다에서는 "그냥 수영?"이라고 응답했다가 곧 "수영"이라고 정정하였다. 그러나 반응시간은 많이 지연된 5.05초였다. 27. 등불에서는 "어머니?"라고 반문했다가 다시 "어머니"라고 정정했으며, 31. 나무에서는 처음에 반응을 하지 못하고 다른 곳을 두리번거리다가 7.26초가 지난 다음에 '희망' '희망적' 이라고 반응하였다. 32. 찌른다에서도 처음에는 "음……."이라고 소리를 내다가 2.46초가 지난 다음 "무서워요."라고 대답하였다. 그러나 재생반응에서는 "아파요."라고 응답하면서 콤플렉스가 있음을 암시하였다. 33. 동정에서는 처음에 고개를 흔들다가 "불쌍하다."라고 응답하였고, 36. 죽는다에서는 웃으면서 "싫어요."라고 응답하였다. 그러나 "싫어요."라는 단어는 웃음과 어울리는 단어가 아니며, 더구나 자극어가 "죽는다."로 웃음과는 거리가 먼 개념인 것을 생각할 때, 그 속에 어떤 콤플렉스가 있음을 짐작하게 한다. 41. 돈에서도 피검자는 "많을수록 좋아요."라고 하면서 웃었고, 재생반응에서는 단순히 "좋아요."라고 단호하게 말하였다. 그 두 반응의 차이에서 볼 때 돈 역시 콤플렉스 가운데 하나임을 알 수 있다.

42. 미련한에서도 처음에는 "때로는 나 같다."라고 하면서 웃었으며, 반응시간도 평균보다 긴 3.41초로 나타났다. 45. 손가락에서도 피검자는 "음……." 하면서 길게 빼다가 자신의 손을 보다가 손을 만지작거렸고 결국 반응어를 생각해 내지 못하였다. 그러다가 재생검사 때 "음, 길다."라고 반응하여 손가락과 관계된 콤플렉스가 있음을 나타냈다. 56. 주의한다에서도 "음" 소리를 냈고, 62. 사랑스런에서는 웃으면서 "나"라고 반응하였으며, 64. 다툰다에서는 고개를 갸우뚱하면서 "안 좋다."라고 응답하였다. 78. 낯선에서는 몸을 이리저리 움직이면서 "두렵다."라고 반응했는데 반응시간은 3.50초로 평균보다 길게 나타났으며, 81. 품위에서는 "음……."이라는 소리를 내면서 여기저기를 두리번거리다가 13.35초가 지난 다음에 "조심성"이라고 대답하여, 피검자는 긴장이 되는 순간에 "음……."이라는 감정 반응을 보이고, 여기저기를 두리번거리거나 몸을 이리저리 움직였고, 어색한 순간에는 웃음으로 넘기려고 하는 것을 볼 수 있었다.

13) 자극어에 따른 콤플렉스 징후

이상과 같이 살펴보았던 것을 정리하면 다음과 같다. 첫째, 피검사자가 지연반응을 나타낸 자극어를 길게 나타난 순서대로 보면, 81. 품위(13.35초), 31. 나무(7.26초), 64. 다툰다(6.29초), 49. 책(6.14초), 30. 풍부한(6.10초) 등이고, 둘째, 반응 실패를 나타낸 자극어들은 6. 길다란, 22. 나쁜, 45. 손가락 등이며, 셋째, 재생 장애와 지연반응이 동시에 나타난 자극어들은 9. 창문(3.35초), 30. 풍부한(6.10초), 36. 죽는다(4.40초), 79. 행복(3.46초), 81. 품위(13.35초), 84. 겁낸다(4.20초) 등 6개이고, 넷째, 감정 반응을 나타낸 자극어들은 6. 길다란, 9. 창문, 22. 나쁜, 24. 헤엄친다, 27. 등불, 31. 나무, 32. 찌른다, 33. 동정, 36. 죽는다, 41. 돈, 42. 미련한, 45. 손가락, 56. 주의한다, 62. 사랑스런, 64. 다툰다, 78. 낯선, 81. 품위 등 17개였으며, 같은 반응어로 반복하면서 반응한 단어들은 두렵다, 즐거움, 긴장, 답답하다, 평안하다, 행복하다, 불쌍하다 등 7개였다.

이 가운데서 한 번 이상 겹치는 단어를 살펴보면, 81. 품위, 30. 풍부한, 6. 길다란, 9. 창문, 22. 나쁜, 31. 나무, 36. 죽는다, 45. 손가락, 64. 다툰다, 79. 행복 등으로, 대부분의 경우 감정 반응과 함께 나타났다. 그 밖에 다른 콤플렉스 증후와 겹치지는 않았지만 콤플렉스 증후를 나타내는 자극어들은 28. 죄짓는다, 24. 헤엄친다, 73. 상자, 82. 좁은, 33. 동정, 53. 굶주림, 27. 등불, 37. 소금, 41. 돈, 42. 미련한, 56. 주의한다, 49. 책, 84. 겁낸다, 93. 마른풀, 96. 잠잔다 등 15개다.

14) 면담 분석

피검자는 검사 당시 대학원 1학기 재학 중인 김○○ 양으로 스물네 살이었다. 김 양은 검사 당시에는 도시로 편입된 지역이었지만, 중 · 고등학교에 다닐 무렵에만 해도 농촌 지역이었던 경기도 남서부 지역에서 부모님과 함께 살고 있었다. 연상 검사가 끝난 후 어느 정도 결과를 파악한 다음 면담을 시작하였다. 반응시간은 1～50이 2.07초, 51～100이 2.16초, 1～100이 2.12초로 이부영 등이 연구한 한국 대학생들의 평균치와 동일하였다. 콤플렉스 징후를 나타낸 자극어를 중심으로 해서 피검사자에게 그 사실을 말하고 그에 대한 과거의 경험에 대해서 말하도록 하였는데, 그 결과는 다음과 같다.

6. 길다란에서 피검사자는 주저하는 감정 반응을 보였고 반응에도 실패하였다. 이에 대한 피검사자의 연상은 자신이 어릴 때 키가 커서 중학교 2학년 때 168cm였는데, 자신이 너무 큰 것이 싫었고, 동네 사람들이 "키가 크고 손가락

이 긴 사람은 게으르다."는 말을 하면 꼭 자기를 두고 하는 말 같았다고 했다. 집에서 어머니는 부지런해야 한다고 했는데 자기가 키가 크고 손가락까지 길면 게을러질 것 같았다는 것이다. 그래서 피검사자는 45. 손가락에서도 "음……." 하는 소리와 함께 "길다."라는 반응어를 맨 마지막 순간에 토해 내었다. '게으름'에 대한 도덕적 콤플렉스를 확인시켜 주는 것이다.

9. 창문에서 피검사자는 "음"이라는 감정 반응을 나타내면서 "바깥세상"이라고 반응했지만 그 시간은 3.35초로 평균보다 길게 나타났다. 그에 대한 연상을 물어보니 피검사자는 "창문을 통해서 바깥세상을 볼 수 있다."라고 하면서 자신은 "창문 안에 갇혀 있는 것 같다."라고 하였다. 피검사자의 그런 생각은 73. 상자-답답하다, 82. 좁은-답답하다라는 반복된 반응어와 연결되었는데, 73. 상자에서는 자신이 어른의 기대라는 상자 속에 갇혀 있는 느낌이 든다고 하였다. 실제로 피검사자는 창문을 통해서 바깥세상을 자주 내다본다고 대답하였다. 그것은 49. 책-읽어야 한다는 반응과 관계되는 듯한데 그 반응시간도 6.14초로, 평균 반응시간보다 2배가량 되었다. 그것은 피검사자가 어른의 기대에 중압감을 느끼며 거기 부응하려는 욕망과 부응하지 못하면 어떻게 하나 하는 두려움이 "……을 해야 한다."라는 의무감으로 나타나는 것이 아닌가 생각된다. 그래서 피검사자는 91. 문이라는 자극어에 '열고 싶다.'라고 반응하였다.

22. 나쁜에서 피검사자는 감정 반응을 보이다가 결국 반응에 실패했는데, 그것은 28. 죄짓는다-겁난다(4.11초), 19. 자랑-교만(1.36초), 44. 멸시한다-나쁜 행동(1.22초), 100. 욕한다-나쁘다(1.26초) 등 기독교 도덕과 관계되는 콤플렉스 때문이 아닌가 하는 생각이 든다. 왜냐하면 기독교에서는 교만을 가장 큰 죄 가운데 하나로 생각하고, 죄짓는 것은 나쁜 것이며 지옥 가는 것으로 교육시키기 때문이다. 그것은 37. 소금에서도 확인되는데, 피검사자는 '필요하다.'라고 반응했는데, 반응시간은 3.24로 평균시간보다 길었고, 연상도 '세상의 빛'이라는 성경 구절과 결부시켰다. 피검사자는 자연물인 소금도 자연물로 생각하지 않고, 세상을 썩지 않게 하는 도덕적 의미로 해석했던 것이다.

5. 죽음-두려움(1.26초), 36. 죽는다-싫다, 무섭다(4.40초) 등의 자극어에서

피검사자는 36.죽는다에서 웃음과 함께 처음 반응에서는 '싫어요.'라고 응답했다가 재생반응에서는 '무섭다.'라고 하였다. 그에 대한 연상을 물어보니 지난해 여름 친구 어머니가 돌아가셨을 때 죽음이 처음으로 가깝게 느껴졌고, 그 느낌은 같은 해 여름 주문진에서 물에 들어갔다가 파도에 밀려갔던 두려움과 이어진 듯하다고 말했다. 그것은 피검사자가 24. 헤엄친다-수영에서 지연반응(5.05초)과 함께 감정 반응을 함께 나타낸 것에서 확인되었다. 죽음에 대한 콤플렉스가 어느 정도 있는 것이다.

피검사자의 두려움, 불안은 죽음과만 연결되지 않고 좀 더 많이 나타났는데, 그것은 28. 죄짓는다-겁난다(4.11초), 32. 찌른다-무섭다(2.46초), 78. 낯선-두렵다(3.50초)에서도 나타났다. 피검사자는 많은 것 앞에서 두려움을 느끼는 것이다. 피검사자가 느끼는 두려움의 주관적 반응은 84. 겁낸다에서 '땀난다.'(4.20초)- '긴장된다.'(재생반응)였다. 두려울 때 긴장이 되고 땀이 나는 것이다. 현재 피검사자를 제일 두렵게 하는 것은 그룹 토의 때 자기 차례가 돌아올 때까지 기다리는 것이다. 무엇인가 잘해야 하는데, 그렇게 하지 못할까 봐 두려운 것이다. 그것은 49. 책-읽어야 한다(6.14초), 42. 미련한-때로는 나 같다(3.41초), 56. 주의한다-세밀함(4.50초) 등과 관련되는 듯하고, 콤플렉스가 가장 깊다고 느껴지는 81. 품위-조심성(13.35초)과도 이어지는 듯하다. 피검사자는 책을 열심히 읽고 많은 것을 세밀하고 조심성 있게 행하면서 품위를 지켜야 하는데 때로는 자신이 미련하게 굴지 않을까 하는 두려움에 사로잡혀 있는 듯하다.

33. 동정-불쌍하다(1.40초), 53. 굶주림-불쌍하다(5.35초)에서 피검사자는 "불쌍하다."라고 같은 반응어를 나타냈고, 53. 굶주림에서는 소말리아의 굶어 죽는 아이들을 떠올렸다. 여기서 피검사자에게는 33. 동정에서보다 53. 굶주림에 더 '감정으로 고조된 콤플렉스'가 있지 않나 하는 생각이 든다. 그래서 피검사자는 30. 풍부한-행복하다(6.10초), 41. 돈-많을수록 좋다(웃음과 함께, 1.51초), 8. 지불하다-돈(0.47초)에는 반응을 보였다. 30. 풍부한이나 53. 굶주림에서는 평균 시간보다 훨씬 길게 반응했지만, 41. 돈이나 8. 지불한다에서는 평균 시간보다

훨씬 짧게 반응하여 콤플렉스가 있음을 나타냈다. 이로 미루어 볼 때 피검사자에게는 부에 대한 콤플렉스가 어느 정도 있는 듯하다.

30. 풍부한-행복하다(6.10초), 60. 결혼한다-행복하다(0.59초), 94. 만족한-행복하다(1.16초) 등 피검사자는 서로 다른 자극어에 '행복하다.'라는 같은 반응어로 응답했으며, 79. 행복에서는 '추구하는 것'이라는 두 단어 이상으로 응답하면서 반응시간도 3.46초로 평균보다 길었다. 그러면서 피검사자는 79. 행복하다와 관계되는 연상을 묻는 질문에 때때로 '나는 행복하다.'라는 최면을 건다고 하였다. 그렇다고 해서 피검사자의 현재 형편이 특별히 고통스러운 것도 아닌 것으로 보아 피검사자의 일반적인 욕망과 관계되는 것이 아닌가 하는 생각이 든다. 그것은 어린 시절 부모님이 부부 싸움을 하는 것을 연상시켰던 64. 다툰다에 대한 '보기 안 좋다.'라는 반응과 관계가 있을 수도 있다는 생각이 든다.

가족과 관계되는 자극어인 75. 가족-의지(0.59초), 83. 형제-편안하다(1.50초)에서 피검사자는 안정된 반응을 보였고 46. 소중한에서도 가족(0.59초)으로 응답하였다. 27. 등불에서 피검사자는 어머니(1.14초)라는 엉뚱한 반응을 보였다. 하지만 그 연상을 물어보니 어머니가 밤늦도록 등불 밑에서 바느질을 했던 것을 연상하였다. 피검사자가 간접적인 반응을 보였던 것이다. 하지만 피검사자는 어머니와의 관계도 좋다고 하였고, 다른 점들과 결부하여 생각할 때 피검사자에게 어린 시절 부모님의 부부 싸움은 많은 영향을 준 것 같다.

31. 나무-희망에서 피검사자가 두리번거리는 등 다소 감정적인 반응을 보였으며 반응시간도 7.26초로 길게 나왔다. 그러나 나무와 관계되는 15. 줄기에서 생동감(1.36초)으로 반응하였고, 38. 새로운-희망참(2.51초), 78. 낯선-두렵다(3.50초) 등으로 응답한 것을 볼 때, 피검사자는 나무가 싹트는 것에서 희망을 보지만, 그것은 새로운 것으로서 두려운 것이 아닌가 하는 생각이 든다. 새로운 것, 낯선 것을 바라면서도 동시에 두려움을 느끼는 소심한 성격의 일면을 보여 주는 것이다. 그것은 앞에서도 보았듯이 피검사자가 많은 것에서 두려움이나 겁을 느끼는 전형적인 여성이라는 사실을 생각할 때(5. 죽음-두렵다, 28. 죄

짖는다-두렵다, 32. 찌른다-무섭다, 78. 낯선-두렵다) 자연스러운 반응이라고 생각된다.

그 밖에 특이한 것은 39. 풍습-전해 오는 것(3.21초), 85. 황새-고개(6.05초), 93. 마른풀-꼴(3.56초) 등 지연반응과 4. 노래한다-즐거움(0.50초), 20.요리한다-즐거움(1.10초. 1차 반응), 기쁘다(재생반응), 17. 호수-평안하다(1.10초), 61. 집-평안하다(1.21초), 87. 불안-긴장(2.05초), 88. 키스한다-긴장된다(2.05초) 등 반응어 반복 및 12. 질문한다-궁금증(1차 반응), 문제(재생반응)의 재생 실패와 66. 커다란-동화(1.29초), 35. 산-오르고 싶다(0.51초), 63. 유리컵-가지고 싶다(2.21초), 71.꽃-가지고 싶다(1.41초), 91. 문-열고 싶다(0.49초) 등 피검자의 욕망형으로 반응한 것들이다.

또한 지연반응을 보인 39. 풍습에서는 특별히 연상되는 것이 없다고 했으나 85. 황새에서는 어릴 때 마을로 접어드는 고개에 황새가 많이 앉아 있던 것이 생각난다고 하여 어린 시절과 관계되는 콤플렉스를 암시하였고, 93. 마른풀에서는 "풀을 자른 것"이라고 연상하면서, 그 결과 '생명에서 떨어진 것'이라 생각하기도 싫다고 대답하였다. 피검사자에게 있는 분리(分離)에 대한 공포나 불안을 의미하는 것이 아닌가 하는 생각이 든다.

한편 피검사자는 4. 노래한다와 20. 요리한다에서 '즐거움'이라는 같은 반응어로 응답했고, 20. 요리한다에서는 재생 실패를 보였다. 또한 17. 호수와 61. 집에서 '평안하다.'라는 같은 반응어로 응답하였고, 87. 불안과 88. 키스한다에서 '긴장된다.'라는 같은 반응어로 응답하였다. 세 가지 경우 모두 평균 반응시간보다 짧았고, 앞의 두 경우는 평균 시간보다 0.4초 이상 차이가 났다. 피검사자에게 어느 정도 콤플렉스가 있는 것이 아닌가 하며, 특히 '평안하다.' '즐거움'은 피검사자에게 있는 행복에 대한 열망과 관계가 있으며, 피검사자가 행복의 내용으로 '즐거움'과 '평안'을 생각하지 않나 하는 느낌이 든다.

그 밖에도 피검사자는 12. 질문한다에서 재생 실패를 보였는데, 그것은 앞서 있었던 '잘하려고 하는 조급한 마음'과 관계되는 듯하고, 66. 커다란-동화라는 엉뚱한 반응은 피검사자가 어린 시절에 가졌던 '커다란 동화책'을 떠올리면 쉽게 이해할 수 있다. 여기에서 우리는 어린 시절은 사람들에게 많은 영향을 끼친다는 사실을 알 수 있는데, 그것은 85. 황새-고개와 더불어 피검사자에게 그 무렵에 있었던 어떤 일이 모종의 콤플렉스를 형성하지 않았나 하는 느낌이 들게도 한다.

마지막으로 피검사자는 35. 산-오르고 싶다, 63. 유리컵-가지고 싶다, 71. 꽃-가지고 싶다, 91. 문-열고 싶다 등 네 개의 자극어에서 '…… 하고 싶다'라는 욕망형으로 반응하였다. 다른 피검사자를 대상으로 검사하지 않아서 정확한 것은 알 수 없지만 검사하기 전 하나의 단어로 대답하라고 부탁했음에도 욕망형으로 반응한 것은 피검사자의 내면에 많은 욕망이 들어 있음을 보여주고, 79. 행복에서 '추구하다.'라고 응답한 것을 떠올린다. 피검사자는 상당히 의욕적인 학생으로 많은 것을 욕망하고, 많은 것을 이루려고 하는 것이다. 그것들이 좀 더 다듬어지고, 시간을 조절할 때 내면이 좀 더 평안해지고, 즐거움을 느낄 수 있지 않을까 하는 생각이 든다.

이상에서 살펴보았듯이 피검사자는 도덕적인 콤플렉스(죄짓는다, 나쁜, 소금), 게으름에 대한 콤플렉스(길다란, 손가락), 부에 대한 콤플렉스(돈, 굶주림, 풍부한), 자신의 열등성에 대한 콤플렉스(주의한다, 미련한, 품위) 등을 느끼는 듯하고, 그런 가운데서 자신이 어디에 갇혀 있는 듯한 느낌(상자, 좁은)을 가지면서 자꾸 그곳에서 벗어나려고 하는 듯하다(창문, 문). 그렇게 하기 위해서 피검사자는 49. 책-읽어야 한다고 하거나 79. 행복-추구하는 것이라고 하지만 그런 강박적인 태도가 피검사자를 더욱더 좁은 상자 속에 가두는 것이 아닌가 하는 생각이 든다.

15) 자극어 번역과 배열의 문제점

피검사자가 자극어를 따라 한 것은 13. 마을에서 '마을요?'라고 한 것과 49. 책에서 '책!'이라고 한 것 등 두 번으로, 자극어를 못 알아들은 것은 없었던 것 같다. 또한 이부영 등과 손봉기의 연구에서 문제시되었던 7. 기선, 39. 풍습, 52. 가른다, 67. 당근, 81. 품위, 85. 황새 등에서도 피검자는 7. 행진, 39. 전해 내려옴, 52. 해부, 67. 토끼, 81. 조심성, 85. 고개 등으로 제대로 알아듣고 반응하였다. 또한 97. 달에서도 피검자는 그것을 한 달, 두 달 하는 시간의 개념으로 파악하지 않고 하늘에 떠있는 달로 파악하여 '밤'으로 응답하였으나, 그것이 손봉기 등의 지적대로 시간 개념으로 파악되거나 자연물로 파악되거나 큰 차이가 있는 것 같지는 않다.

한편 이부영 등이나 손봉기의 연구는 많은 대상을 상대로 이루어졌으나 본 연구에서는 한 사람을 대상으로 하여 전체적인 배열의 문제점을 검토할 수는 없었다. 이부영 등이 지적한 98. 예쁜에서도 피검자는 "아이"로 응답하여 그다음 나오는 99. 여자와도 충돌하지 않을 수 있었다. 자극어들이 우리나라 사람에게 맞는 것으로 고안되면 더 좋을 테지만 현재의 것으로도 콤플렉스 검사를 하는 데 어느 정도 효용이 있다고 생각된다.

4. 결 론

융의 연상 검사를 많은 대상이 아니라 한 사람에게 실시한 것으로 종합적인 판단을 할 수는 없으나 한국 대학생 100명을 대상으로 실시한 이부영 등의 연구와 농촌 주민 50명을 대상으로 실시한 손봉기의 연구와 비교, 고찰하여 다음과 같은 결론을 얻을 수 있었다.

첫째, 반응시간은 2.12초로 손봉기의 연구 결과인 2.50초보다는 짧았으나 이부영 등의 연구 결과와 같은 결과를 얻을 수 있었는데, 그 차이는 피검사자가 대학원 재학생으로 학력이 높아서인 듯하였다.

둘째, 자극어의 문법 형태는 반응어에 많은 영향을 주었고, 명사-명사 71.4%, 형용사-명사 78.3%, 동사-명사 60%로 나타나 이부영 등의 연구 결과와 비슷한 것을 보여 주었다. 자극어-반응어의 품사 일치 정도는 교육받은 대상에서

보다 교육받지 못한 대상에서 더 높게 나타난다는 융의 주장을 뒷받침해 주었다. 특히 피검사자는 자극어-반응어의 품사 일치와 관계없이 많은 자극어들에 명사형으로 반응하는 특성을 보여 주었다.

셋째, 피검사자에게 내적 연상:외적 연상:소리 연상의 비율은 68:31:1로 내적 연상이 많았는데, 그것은 이부영 등의 연구 결과인 65.4:30.5:0.1과 거의 비슷한 비율을 보였으나 손봉기의 연구 결과인 45.4:43.6:1.1과는 다소 차이가 났다. 여기서 우리는 교육을 받은 계층은 그렇지 않은 계층보다 내적 연상을 더 많이 한다는 결론을 얻을 수 있고, 그것은 융의 주장과도 일치하는 것이다.

넷째, 연상의 성질과 반응시간의 관계를 살펴보면 내적 연상이 2.53초로 평균 반응시간보다 길게 나타났고, 외적 연상이 1.53초, 소리 연상이 1.21로 나타났다. 내적 연상이 외적 연상보다 긴 것은 융이나 다른 연구자들의 연구 결과와 같았지만 소리 연상의 경우는 차이가 있었다. 그러나 그것은 피검사자에게 소리 연상이 하나밖에 없어서 비교하기에는 무리가 있었다는 점을 감안하면 비슷한 결과를 보여 준 것이라고 할 수 있다.

다섯째, 자극어의 문법 형태에 따른 반응시간을 살펴보면 추상명사 2.94초, 구상명사 1.80초, 형용사 1.72초, 동사 1.64초로 추상명사가 가장 길었고, 동사가 가장 짧았다. 이러한 연구 결과는 추상명사가 가장 길고, 다른 품사들은 큰 차이가 없이 나타난 이부영 등이나 손봉기의 연구 결과와 다소 달랐지만, 시간 차이를 배제하고 추상명사-구상명사-형용사-동사 순으로 반응시간이 다르게 나타나는 것과 똑같지는 않지만 비슷한 것이었다.

여섯째, 반응어에 따른 반응시간을 살펴보면 형용사 2.53초, 동사 2.33초, 추상명사 2.22초, 구상명사 1.47초로 나타나 이부영 등이나 손봉기의 연구 결과와 상당히 다르게 나타났다. 그들의 연구에서는 추상명사가 가장 길었는데, 피검사자에게는 형용사와 동사가 가장 길었던 것이다. 이러한 차이는 피검사자의 콤플렉스와 관계되는 반응어인 겁난다(4.11초), 행복하다(6.10초), 불쌍하다(5.35초) 등의 형용사에서 상당한 지연반응이 나타났기 때문일 것이다.

일곱째, 자극어에 따른 지연반응은 81. 품위(13.35초), 31. 나무(7.26초),

64. 다툰다(6.29초), 49. 책(6.14초), 30. 풍부한(6.10초) 순으로 나타났고, 지연반응을 보인 20개의 자극어 가운데 구상명사가 6개, 추상명사가 4개, 형용사가 4개, 동사가 6개였으며, 내적 연상이 16개, 외적 연상이 4개였다. 이렇게 지연반응을 보인 자극어들은 피검사자의 과거 개인사와 관계되는 단어들이었다.

여덟째, 재생 장애를 보인 단어들은 총 15개로 전체의 15%를 차지했는데, 그것은 융이 정상인에게서 나타나는 재생 장애 10~15%와 일치하는 숫자였다. 또한 피검사자에게는 연속된 재생 장애가 5. 죽음-6. 길다란 하나밖에 발견되지 않아 이부영 등이나 손봉기의 연구보다 적게 나타났으며, 그것도 보속현상이라기보다 피검사자의 서로 다른 콤플렉스 때문이었다.

아홉째, 재생 장애와 반응시간의 관계를 살펴보면 중앙치보다 큰 것이 60%, 중앙치가 6.7%, 중앙치보다 작은 것이 33.3%로 이부영 등의 연구 결과와 같았다.

열째, 피검사자는 100개의 자극어 중 18개의 자극어에서 반복된 반응어를 보여 상당히 많은 비율을 보였다. 그 가운데서 4개의 자극어에서 같은 반응어로 응답한 것이 1개, 3개의 자극어에서 같은 단어로 응답한 것이 1개였고, 나머지 5개는 2개의 자극어에서 같은 단어로 응답한 것이었다. 그것은 피검사자의 어휘력 부족보다는 내면적 콤플렉스에서 원인을 찾아야 할 것 같다.

열한째, 반복된 반응어에 대한 반응시간은 4개의 자극어에 대한 지연반응시간이 제일 길어 2.83초였고, 3개의 자극어에 대한 지연반응시간은 2.61초, 2개의 자극어에 대한 지연반응시간은 1.79초로 나타났다.

열둘째, 피검사자는 총 15개의 자극어에서 감정 반응을 나타냈는데, 가장 많은 반응은 '음…….' 하고 소리를 내거나 고개를 갸우뚱하거나 몸을 이리저리 흔드는 것이었고, 어색한 장면에서는 웃으면서 대답하였다. 이런 것들은 모두 내면에 있는 '감정으로 강조된 콤플렉스' 때문일 것이다.

열셋째, 피검사자에게 나타난 콤플렉스 징후를 살펴보면, 지연반응을 나타낸 81. 품위(13.35초), 31. 나무(7.26초), 64. 다툰다(6.29초), 49. 책(6.14초), 30. 풍부한(6.10초) 등과 반응 실패를 나타낸 6. 길다란, 22. 나쁜, 45. 손가락 등과 재생 장애를 나타낸 9. 창문, 36. 죽는다, 79. 행복, 84. 겁낸다 등 그리고 감정 반응을 나타낸 24. 헤엄친다, 27. 등불, 32. 찌른다, 33. 동정, 41. 돈, 42. 미련한, 45. 손가락, 56. 주의한다, 62. 사랑스런, 64. 다툰다, 78. 낯선 등이 있다. 그 밖에 다른 콤플렉스 징후와 겹치지는 않지만 콤플렉스 징후를 나타내는 자극어들은 28. 죄짓는다, 24. 헤엄친다, 73. 상자, 82. 좁은, 33. 동정, 53. 굶주림, 27. 등불, 37. 소금, 41. 돈, 42. 미련한, 56. 주의한다, 49. 책, 84. 겁낸다, 93. 마른풀, 96. 잠잔다 등 15개다.

열넷째, 콤플렉스 징후를 나타내는 자극어를 분류하면 피검사자에게는 도덕적 콤플렉스(죄짓는다, 나쁜, 소금), 게으름에 대한 콤플렉스(길다란, 손가락), 부에 대한 콤플렉스(돈, 굶주림, 풍부한), 자신의 열등성에 대한 콤플렉스(주의한다, 미련한, 품위) 등이 있는 듯하고, 자신이 어디에 갇혀 있는 듯한 느낌(상자, 좁은)을 가지면서 그곳에서 벗어나려고 하는 듯하다(창문, 문).

마지막으로, 독일어로 된 융의 연상 검사가 한국인에게도 반드시 타당할 것인지 문제가 있을 수 있지만 본 연구 결과와 이부영 등이나 손봉기의 연구를 비교한 결과 많은 부분에서 타당할 수 있다는 결론을 내릴 수 있었다. 앞으로 이부영, 서국희가 만든 '한국형 축약형'[16]을 가지고 연구한다면 어떤 결과가 나올지 실험할 필요가 있다고 생각한다.

어쨌든 연상 검사 후에 있었던 면담을 통해서 연상 검사에서 발견되었던 콤플렉스 징후를 검토한 결과, 상당 부분에서 콤플렉스와 과거사에 주목할 만한 일치가 있음을 알 수 있었다. 그때 피검사자는 자신도 모르는 자신의 콤플렉스에 대해서 신기해하는 한편, 어떤 것들은 그럴 수 있을 것이라고 수긍하면서 동화시킬 수 있었다. 융의 단어 연상 검사는 단순한 것이지만, 사람들의 내면에 있는 콤플렉스를 확인하게 하며, 어떤 경우 적절하게 사용된다면 치료 효과도 줄 수 있는 도구라고 생각된다.

16) 이부영, 서국희, "C. G. 융 단어 연상 검사의 한국형 축약 수정안 제작을 위한 연구", 『심성연구』(통권 제14호, 1995), pp. 1-46.

제15장

콤플렉스와 정신병리

1. 콤플렉스와 일상생활에서의 정신병리

사람들은 일상 언어에서 콤플렉스라는 말을 많이 쓰며, 그것을 열등감과 동일시한다. 그러나 콤플렉스(complex)라는 보통명사를 정신의학 용어로 개념화한 분석심리학자 C. G. 융은 콤플렉스는 인간의 정신을 구성하는 정신 요소이지 열등감만 지칭하지 않는다고 주장하였다. 그러면 왜 사람들은 그렇게 말하는가? 그것은 열등감이 콤플렉스의 특성을 잘 나타내기 때문일 것이다. 즉, 콤플렉스는 열등감처럼 사람들이 어떤 상황에서 자기도 모르게 정감적(affective) 반응을 보이면서, 난처한 지경에 빠지게 하기 때문인 것이다. 그래서 융은 "그것은(콤플렉스는) 어떤 특정한 심리적 상황의 살아 있고 정동적인 이미지, 특히 일상적인 의식의 태도나 상황과 양립할 수 없는 이미지다. 그 이미지는 내적인 강한 응집성과 그 나름대로 일종의 전체성을 지니며, 비교적 높은 수준의 자율성을 띠고 있다."[1]라고 주장하였다. 그래서 콤플렉스가 건드려지면 사람들은 괜히 얼굴이 벌겋게 되거나 가슴이 두근거리거나 말을 더듬게 된다: "콤플렉스들은 말해야 하지 않을 단어들을 입에 올리게 하고, 소개해야 할 사람의 이름을 가로채 가며, 연주회의 가장 아름답고 가녀린 선율이 흐르는데 기침을 하게 하고, 너무 늦게 도착하여 눈에 띄지 않으려는 사람이 의자에 걸려 넘어져 큰 소리를 내게 한다."[2] 콤플렉스는 한 사람 안에 있는 그 자신도 모르는 인격, 즉 부분인격으로 작용하는 것이다. 사람들은 그가 콤플렉스를 가지고 있다고 생각하지만, 콤플렉스가 사람들을 가지고 있는 경우도 많다고 융이 말한 것은 그 때문이다. 어떤 콤플렉스가 짙을 때, 자아는 콤플렉스 앞에서 속수무책인 채 콤플렉스가 그 사람을 움직이는 것이다.

우리는 일상생활에서도 다음과 같은 것을 보고 그 사람에게 어떤 콤플렉스가 있다는 징후를 포착한다. 첫째, 어떤 상황에서 정서 반응을 심하게 일으키는 경우다. 어떤 사람이 특정 상황에서 호흡이나 맥박이 빨라지든지, 민감한 피부반응을 보이든지, 말을 더듬는 등 정서 반응을 심하게 나타내는 것이다.[3] 둘째, 실언(lapsus) · 실책(blunder) · 기억장애 등이다. '아내'라고 해야 할 자리에서 '어머니'라고 하거나, 당황스러운 상황에서 갑자기 넘어지거나, 잘 아는 어떤 사람의 이름이 갑자기 생각나지 않거나, 중요한 약속을 까맣게 잊어버린다면, 그것은 그에게 어떤 콤플렉스가 작용했기 때문이다. 셋째, 어떤 사람에게 어떤 콤플렉스가 있을 경우, 그는 그에 대한 이야기를 많이 하거나 그에 대한 꿈을 많이 꾼다. 즉, 어떤 사람에게 모성 콤플렉스가 짙을 경우 그는 유난히 '어머니'와 관계되는 말을 많이 하고, 열등 콤플렉스가 많은 사람은 자기나 자기 주변에 있는 것에 대한 자랑을 많이 한다. 또한 성(sex) 콤플렉스가 많은 사람은 이성에 대한 이야기를 많이 하고, 그에 대한 꿈도 많이 꾼다. 그러나 그

---

1) C. G. Jung, *L'Homme á la découverte de son âme*(Paris: Albin Michel, 1987), pp. 187-188.

2) *Ibid.*, pp. 188-189.

3) 프랑스의 철학자 장 메종뇌브는 감정(sentiment, feeling)은 외적 사태에 대해서 좋다-나쁘다, 기쁘다-슬프다 등으로 가치 판단하는 것이고, 정감(affect)은 그것이 고조되어 가슴이 찡하든지, 눈물이 글썽일 정도로 생리적인 변화까지 일으키는 정도에 도달하는 것이며, 정동(emotion)은 정감이 폭발할 정도로 고조되는 것이라고 구별하였다. 정동은 대체로 행동의 변화로까지 이어진다. J. Maisonneuve, *Les Sentiments*(Paris: Presses Universitaires de France, 1985), pp. 13-24.

사람은 대부분의 경우 자신이 그런다는 사실을 알지 못한다.

그러면 콤플렉스는 어떻게 해서 만들어지는가? 융은 콤플렉스에는 개인무의식에 속한 것과 집단적 무의식에 속한 것으로 두 가지가 있으며, 그 기원 역시 서로 다르다고 주장하였다. 먼저 개인적 특성을 가진 콤플렉스는 유년기의 적응 위기 때문에 만들어진다. 사람들이 유년기에 자아가 감당할 수 없는 충격에 노출되었을 때, 콤플렉스가 형성되는 것이다. 즉, 어떤 사람이 어릴 때 어머니가 돌아가셨거나, 어머니의 성격이 너무 차가워서 어머니와 좋은 관계를 맺지 못했을 경우, 그에게는 모성 콤플렉스가 형성될 수 있다: "콤플렉스의 기원은 흔히 정동적 충격, 외상 및 이와 비슷한 사건들이며, 이로 인해서 정신의 부분으로부터 떨어져 나간 것이다. 가장 흔한 원인은 도덕적 갈등이다."[4] 그런 사람들은 성장한 다음에도 가슴속 깊이 있는 모성 콤플렉스 때문에 여성인 경우 여성성이 발달하지 않아서 고통을 당하고, 남성인 경우 여성적 따뜻함을 찾아다니면서 문제를 일으킬 수 있다.

그러나 융은 그런 개인적 콤플렉스 이외에 집단적 무의식에 속해서 사람들이 타고나는 콤플렉스도 있다고 주장하였다. 인류가 여성들에게서 경험했던 것들이나 남성들에게서 경험했던 것들 또는 어린이나 노인에게서 경험했던 것들 역시 그 관념(또는 이미지)을 중심으로 해서 콤플렉스를 형성하게 한다는 것이다.[5] 그러나 이런 콤플렉스들은 무의식의 깊은 층에 있어서 개인적 콤플렉스처럼 사람들을 난처하게 하지 않고 사람들이 주어진 상황에서 어떻게 행동하도록 도움을 줄 수 있어서 융은 그런 것들을 가리켜서 '원형(archetype)'이라고 불렀다. 그러므로 남자아이들이 남자아이처럼 행동하고, 여자아이들이 여자아이처럼 행동하는 것은 학습 효과 때문만이 아니라, 원형적 요소들이 있기 때문이다. 그래서 프랑스의 분석심리학자 보두앵(Ch. Baudouin)은 "두 번째 방향을 계속해서 탐구해 가면, 우리는 원시인의 심리로까지 내려가는 매우 깊고

4) *Ibid.*, p. 188.

5) C. G. Jung, *Problème de l'âme moderne*(Paris: Buchet/Chastel, 1976), p. 202, p. 210.

원형적인 뿌리에 도달하게 된다."[6]라고 주장하였다. 이렇게 사람들이 타고나는 콤플렉스들은 개인적 콤플렉스가 형성될 때 많은 영향을 준다. 어떤 사람이 어머니를 경험할 때, 그의 내면에 있는 모성 원형은 어머니에 대한 그의 경험과 결합하여 특정한 모성 콤플렉스를 만드는 것이다. 이 밖에도 사람들은 예술성, 종교성, 특별한 재능이나 성향 등을 타고나며, 그것들은 사람들에게 커다란 영향을 준다. 그래서 융은 콤플렉스를 정신적 체질이라고 하였다: "콤플렉스는 정신적 체질에 속하며, 그것은 각 개체에서 절대적으로 혹은 미리 정해진 것이기 때문이다."[7]

이렇게 생각할 때, 모든 콤플렉스가 다 문제를 일으키는 것은 아니다. 문제가 되는 것은 유아기 때 특정한 상황에서 형성되어 '감정적 색조가 강조된 콤플렉스(feeling toned complex)' 다. 그래서 융은 "…… 콤플렉스는 병적 성질만을 가진 것이 아니고, 그것이 지금 분화되어 있거나 원시적으로 나타나거나 상관없이 고유한 정신적인 삶의 현상이기 때문이다. ……즉, 콤플렉스는 원래 무의식적 정신의 살아 있는 단위라고 해야 옳다."[8]라고 주장하였다. 콤플렉스가 사람들에게 '정신적 체질' 이라면, 콤플렉스는 한 사람의 삶에서 운명처럼 작용하며, 인간의 삶은 타고나는 정신 요소와 그다음에 환경 요인이 그것과 결합해서 형성된 콤플렉스들이 작용하여 결정되는 것이라고 할 수 있다. 그래서 몸의 잘못된 체질을 고치듯이 과거의 잘못된 환경 때문에 왜곡되어 있는 정신적 체질을 변환시켜서 좀 더 행복한 삶을 사는 것이 필요하다.[9]

---

6) Charles Baudouin, *L'Oeuvre de JUNG*(Paris: Payot, 1963), p. 139.

7) C. G. Jung, 『정신요법의 기본 문제』(서울: 솔출판사, 2001), p. 240.

8) C. G. Jung, 『정신요법의 기본 문제』(서울: 솔출판사, 2001), pp. 238-239.

9) cf. 융은 자아(ego)는 물론 페르조나, 그림자, 아니마/아니무스, 자기 등의 원형도 일종의 콤플렉스라고 주장하였다. 인간의 의식과 무의식을 구성하는 모든 정신 요소는 콤플렉스라는 것이다. 문제는 '감정적 색조가 강조된 콤플렉스'인 것이다.

2. 콤플렉스와 단어연상검사

융이 콤플렉스를 발견한 것은 1902~1903년 사이 단어연상검사를 통해서였다.[10] 그는 골턴(Galton)이 고안했고 클라파레드(Claparède)가 집대성한 사고연상(association d'idée) 검사를 응용하여 단어연상검사를 시행하였다. 그때 그는 사람들에게 자극어를 제시하고, 그 자극어에서 연상되는 단어를 말하라고 하면서 반응시간을 측정했는데, 사람들이 어떤 자극어 앞에서는 연상 시간이 많이 지연되거나 특이한 정감 반응을 보이는 것을 보고 이상하게 생각하였다. 그래서 그 원인을 생각하다가 거기에는 그들의 무의식 속에서 무엇인가가 작용하는 것이 아닐까 하는 생각에서 여러 차례 실험을 반복하면서, 그것이 콤플렉스 때문이라는 사실을 알게 되었다. 사람들에게 그런 반응을 하게 하는 자극어들은 성(性), 돈, 죽음, 권력 등 그들의 무의식을 자극하는 것들이었기 때문이다: "더 긴 반응시간 이외에도 다른 많은 연상은 콤플렉스의 배열을 보여 준다. 대체로 강력한 감정적 색조가 강조된 것과 분명한 콤플렉스의 지표는 반응시간을 더 길어지게 하였다."[11]

이와 같은 현상에 대해서 클라파레드는 주목할 만한 연구를 했는데, 그의 연구는 콤플렉스의 작용을 이해하는 데 도움이 된다. 그는 사고연상 검사를 통해서 이렇게 연상을 지연시키는 요소를 '정감적 요인(facteur affectif)'이라고 하면서 "의식의 두 가지 상태가 같은 정감 상태로 연결되어 있을 때, 그 두 상태는 연상을 일으키려고 한다. 이때 같은 정감 상태는 시멘트 역할을 하는데, 그 정감은 의식적일 수도 있고, 의식이 사라질 수도 있다."[12]라고 하였다. 어떤 사

10) Charles Baudouin, *op. cit.*, p. 129.

11) C. G. Jung, "The Reaction Ratio in the Association Experiment", *Collected Works*, vol. II(Princeton: Princeton University Press, 1973), p. 245.

12) E. Claparède, *L'Association des idées*(Paris: 1903), p. 348. Charles Baudouin, *op. cit.*, p. 129에서 재인용.

람에게 A라는 사건과 B라는 사건이 같은 정감 상태를 자아낸다면, 사람들은 A라는 사건에서 B라는 사건을 쉽게 떠올릴 수 있다는 것이다. 그래서 사람들은 중·고등학교를 졸업한 지 수십 년이 지난 다음에도 '내일 시험을 보아야 하는데 준비를 제대로 못해서 쩔쩔매는 꿈'을 꾸기도 한다. 이때 그 사람이 현실적으로 시험공부와는 거리가 먼데도, 그런 꿈을 꾸는 것은 지금 그에게 '고등학교 때 시험공부를 제대로 하지 못해서 불안하고 초조했던 것(A)' 과 같은 정감을 느끼게 하는 '현실적인 어떤 사건(B)'이 있기 때문이다. 그때 그의 내면에 조성된 '불안하고 초조한 정감(C)'을 가져온 '현실적인 어떤 사건(B)'은 과거에 그를 그렇게 힘들게 했던 '고등학교 때 있었던 사건(A)' 을 떠올리게 했던 것이다. 그렇지 않다면 이런 황당한 꿈을 꿀 리가 없다. 그래서 융은 우리 무의식은 의식과 달리 이렇게 정감이 바탕이 되는 연상 체계로 이루어져 있다고 주장하면서, 그 구성 요소들을 콤플렉스라고 불렀다. 이것을 그림으로 그리면 [그림 15-1]과 같다.

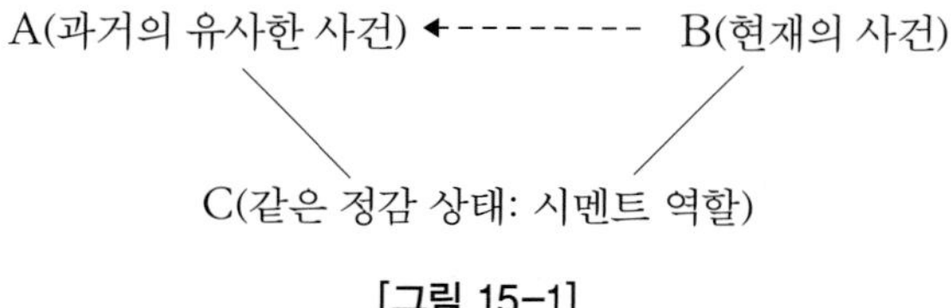

[그림 15-1]

단어연상검사에서도 사람들이 어떤 자극어에서 특정한 반응어를 떠올리는 것은 자극어-반응어 사이에 같은 정감이 있기 때문이다. 그때 어떤 자극어가 피검사자에게 정감(affect)의 정도가 너무 짙은 것이면 그것은 피검사자에게 반응어가 떠오르지 못하게 하거나 반응을 회피하게 한다. 그의 과거에 감정 충격이나 외상(trauma)이 컸던 사건은 너무 많은 정감을 담고 있어서 그 속에 들어가 동화되었기 때문이다. 그런 콤플렉스는 언제나 그와 관계되는 상황 앞에서 자아 콤플렉스를 동화시켜서 자아의 올바른 작용을 방해한다. 그래서 자아는 콤플렉스의 강한 정감에 붙들려서 적응부전을 일으키고, 콤플렉스의 지배를 받게 된다.

융은 연상검사에서 콤플렉스 징후가 다음과 같이 나타난다고 주장하였다.

첫째, 지연반응이다. 반응시간들의 중앙치보다 더 길거나 짧은 것을 말한다. 융은 스위스 사람들의 경우, 교육받은 사람들은 남자가 1.3초, 여자가 1.7초, 평균 1.5초이고, 교육받지 못한 사람들은 남자가 1.8초, 여자가 2.2초, 평균 2.0초라고 하면서, 그것을 기준으로 해서 더 길거나 짧은 것을 지연반응이라고 하였다.

둘째, 반응 실패다. 지연반응을 넘어서 40초 이내에 반응을 하지 못하거나 그 이전에라도 못하겠다고 하는 것을 말한다. 이때는 피검사자의 무의식에서 심각한 장애가 생겨서 자극어에 대해서 반응어가 떠오르지 않는 것이다.

셋째, 재생 장애다. 융은 단어연상검사를 두 차례 하게 하여 두 번째 검사에서는 첫 번째 검사 때 연상했던 단어를 다시 말하도록 했는데, 재생 장애는 앞에서 반응했던 것을 기억하지 못하거나 다르게 반응하는 것을 말한다. 이 경우에도 피검사자의 무의식에서는 무엇인가가 작용하여 재생을 방해한 것이다.

넷째, 보속 현상이다. 이것은 바로 앞의 자극어를 듣고 어떻게 반응을 했는데, 그것이 그다음 반응에 영향을 미쳐서 지연반응을 하게 하거나 그 전 반응과 관계되는 반응을 하게 하는 것을 말한다. 여기에서도 그 전의 자극어와 반응어에 피검사자의 무의식을 교란시키는 무엇인가가 있음을 알 수 있다.

다섯째, 반응어 반복이다. 이것은 서로 다른 자극어에 같은 단어로 반응하는 것을 말하는데, 예를 들어, '춤춘다'에도 '신난다'라고 하고, '노래한다'에도 '신난다' 라고 하며, '산'에도 '신난다'라고 반응했다면, 피검사자에게는 '신난다' 와 관계되는 무엇인가가 마음속에 뭉쳐 있는 것이다.

여섯째, 정감적 반응이다. 이것은 어떤 자극어에 대해서 강한 정감적 반응을 보이는 것을 말한다. 즉, 어떤 자극어에 대해서 얼굴색이 변하거나 가슴이 꽉 막히거나 호흡이 가빠지는데, 이는 그 전까지 평안했던 피검사자의 내면 상태가 어떤 자극어 앞에서 갑자기 흔들린 것이다.

일곱째, 무의미한 반응이다. 피검사자가 자극어와 반응어 사이에서 전혀 의미연관성을 찾을 수 없는 반응을 하는 것이다. 그러나 피검사자에게는 특별한 의미가 있을 수 있다. 예를 들어, 어떤 피검사자가 '등불' 이라는 자극어에 '아버지' 라고 반응했다면, 그것은 외견상 전혀 의미연관성이 없어 보이지만, 피검사자의 생애사(生涯史)를 추적해 가면 그의 부성 콤플렉스와 관계되는 일을 찾아볼 수 있다.

여덟째, 단어 보충이다. 어떤 자극어에 대한 반응어가 연상이 아니라 보충되는 단어일 경우를 말한다. 즉, '초록' 이라는 자극어에 '색' 이라는 반응어로 대답하거나, '잉크' 라는 자극어에 '병' 이라고 대답했다면, 그것은 연상이 아니라, 단순한 단어의 보충이다.

아홉째, 음향연상과 열째, 비슷한 단어나 정반대되는 단어로 반응하는 것이 있다. 즉, 찌른다-짜른다, 하얀-허연 등 비슷한 음향 반응어로 답변하거나, 빨강-파랑, 소-말 등으로 답변하는 것이다. 여기에서도 우리는 피검사자가 주어진 자극어에 연상을 하지 않으려는 무의식적 의도가 담긴 것을 볼 수 있다.

열한째, 자극어를 따라 하는 것이다. 단어연상검사를 시작하기 전에 자극어를 따라 하지 말라고 하는데, 피검사자는 어떤 자극어를 제시할 때 그것을 따라하는 것이다. 이 경우 역시 피검사자의 무의식에서 어떤 콤플렉스에 직면하지 않으려는 의도를 읽어 볼 수 있다. 자극어를 따라 하면서 시간을 벌려는 것이다.

열둘째, 자극어를 잘못 듣거나 자극어를 이해하지 못하는 것이다. 융이 단어연상검사에서 사용한 단어는 특별한 단어가 아니라 그 당시 사람들이 가장 많이 사용하는 평이한 단어였다. 그러므로 피검사자가 자극어를 잘못 듣거나 이해하지 못했다면, 그것은 인지적 측면에서의 문제가 아니라 심리적 측면에서의 문제 때문일 것이다.

열셋째, 외국어로 반응하기다. 이것은 피검사자가 주어진 자극어에 외국어로 반응하는 것인데, 그의 생애사에서 여러 원인이 있을 것이다. 단순히 그 자극어를 회피하려는 이유 때문일 수도 있고, 그 자극어에 얽혀 있는 외국에서의 경험이 자극된 것일 수도 있다. 피검사자는 여러 가지 원인 때문에 정상적인 반응을 하지 못한 것이다.

이렇게 단어연상검사의 결과를 살펴보면, 우리는 A(자극어)와 B(반응어) 사이에서 C(같은 정감 상태)가 작용하여 여러 가지 반응 양태를 나타내는 것을 볼 수 있다. 그때 C가 짙으면 짙을수록 피검사자의 반응은 특이해진다. 피검사자의 무의식에서 작용하는 정감이 교란을 일으켰기 때문이다. 그래서 융은 단어연상검사를 치료의 도구로 사용하였고, 현재 범죄수사학에서도 사용한다. 그러나 융은 꿈 분석 기법을 확립한 다음에는 단어연상검사를 사용하지는 않았고, 교육적인 의미에서만 사용하였다. 이것을 그림으로 그리면 [그림 15-1]와 같이 된다.

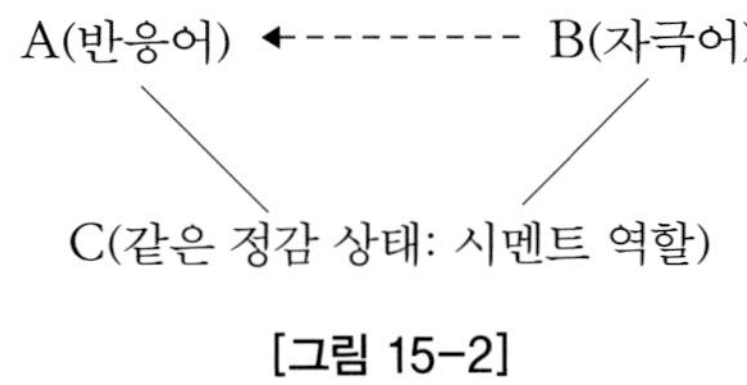

[그림 15-2]

3. 콤플렉스: 프로이트와 융의 차이

융이 프로이트의 주장에 관심을 가지게 된 계기는 그가 단어연상검사를 통해서 프로이트의 억압설을 어느 정도 이해할 수 있게 된 것이었다. 그래서 그는 1903년 프로이트에게 편지를 보내면서 무의식에 대한 견해를 나누었다. 콤플렉스에 대한 융의 생각을 가장 잘 나타내는 단어는 '감정적 색조가 강조된 콤플렉스' 이며, 그것을 다른 말로 하면 '관념-정감의 복합요소(ideo-affective factor)' 가 된다. 콤플렉스는 어떤 관념(또는 이미지)을 중심으로 해서 그와 관계되는 정신적 내용이 모여서, 하나의 덩어리를 이루어 사람에게 정신 활동을 하게 하며, 거기에 감정적 색조가 강조되어 있을 때 혼란을 초래하는 것이다: "그것들(콤플렉스들)은 삶에서 겪는 것들을 전형적인 방식으로 왜곡시켜 그 자신의 존재를 드러내는 관념-정감 표상의 집적이다."[13] 즉, 어떤 사람이 어릴 때 교회에서 "죄를 지으면 지옥에 간다."라는 소리를 듣고 지옥에 대한 공포가 너무 컸을 경우, 그에게는 '죄'라는 '관념'(또는 이미지)을 중심으로 해서 콤플렉스가 형성되고, 그렇게 만들어진 관념-정감의 덩어리는 그것이 해소될 때까지 그를 괴롭히게 된다.[14]

융은 콤플렉스를 인간의 정신 속에 있는 하나의 인격이나 살아 있는 하나의 실체처럼 생각하였다: "근본적으로 부분인격과 콤플렉스 사이에는 아무 차이도 없다. ……이러한 상은 ……비교적 높은 수준의 자율성을 지니고 있다. 말하자면 의식적 계획의 지배를 거의 받지 않으며 마치 의식의 영역에서 하나의 살아 있는 이물체(corpus alienum)처럼 존재한다."[15] 그래서 융은 콤플렉스는 고대사회에서 말하는 귀령 현상을 설명해 줄 수 있다고 주장하면서 다른 한편으로는 그의 콤플렉스론이 귀령론으로 오해받지나 않을까 하고 경계하였다: "이러한 현대적인 개념이 중세에는 다른 이름을 가지고 있었다. 그 당시는 이것을 빙의(憑依)라고 불렀던 것이다. 사람들은 이러한 상태를 꽤 해로운 것으로 여기지만 그것은 콤플렉스 실언(失言)과 빙의된 사람의 심한 신성모독적 발언 사이에는 원칙적으로 아무런 차이가 없다. 단지 정도의 차이가 있을 뿐이다."[16] 왜냐하면 강박신경증과 같은 정신질환에서 환자가 어떤 콤플렉스에 사로잡혀 있는 것은 고대사회에서 '귀신 들렸다는' 사람들이 하는 행동과 아주

---

13) C. G. Jung, *L' Inconscient*(Paris: Payot, 1928), p. 51.

14) C. G. Jung, *The Psychogenesis of Mental Disease*(Princeton: Princeton University Press, 1976), para. 80. cf. 콤플렉스에 대해서 영국의 융 학파 분석가인 사무엘즈는 다음과 같이 말하였다. " '모성 콤플렉스'에는 자아가 수많은 원형적 배열과 상호작용을 하는 가운데서 생겨난 정동이 그 속에 담겨 있다. 즉, 개인, 어머니, 개인과 어머니, 어머니와 아버지, 개인과 아버지, 개인과 형제자매, 개인과 형제자매와 어머니, 개인과 가족 등 생각할 수 있는 수많은 상호작용의 조합 속에서 생긴 정동을 품고 있는 것이다. 이렇게 수도 없이 뻗어 나갈 수 있는 목록에서 생기는 정동을 파악하기 위해서 콤플렉스라는 하나의 개념이 고안되었다." A. Samuels, *Jung and the Post-Jungians* (London: Routledge and Kegan Paul, 1985), p. 47.

15) C. G. Jung, *L'Homme à la découverte de son âme*, p. 188.

16) *Ibid.*, p. 196. cf. 사무엘즈는 "어떻게 보면, 프로이트의 초심리학적 개념인 이드, 자아, 초자아 등

비슷하기 때문이다. 그래서 융은 정신분열병, 히스테리, 강박신경증 등을 콤플렉스의 작용으로 설명하였고, 콤플렉스의 자율성은 융에게 정신병리를 설명하는 데 기본 개념이 된다.

그러나 융은 콤플렉스에 대해서 프로이트와 생각을 달리하였다. 두 사람은 콤플렉스가 주로 유년기의 경험에서 생긴다는 데서는 생각이 일치했지만, 프로이트는 콤플렉스라는 개념을 초기의 학설을 개진할 때와 오이디푸스 콤플렉스, 거세 콤플렉스를 묘사할 때 이외에는 많이 사용하지 않았다.[17] 그 이유는 융이 인간의 정신 활동에 접근할 때, 의식과 무의식의 관계에 초점을 맞춰서 각각의 콤플렉스가 어떻게 작용하는지를 살펴보면서 모성 콤플렉스, 부성 콤플렉스 등 이름을 붙일 필요가 있었지만, 프로이트는 무의식의 작용에 초점을 맞춰서 억압된 것들 모두가 융적인 의미에서 콤플렉스이기 때문에 굳이 무슨 콤플렉스, 무슨 콤플렉스라고 지칭할 필요가 없었던 것이다. 말하자면 프로이트가 콤플렉스를 구조적 측면에서 접근했다면, 융은 현상적 측면에서 접근했던 것이다. 그래서 콤플렉스에 대한 융의 설명은 프로이트의 그것보다 훨씬 더 풍부하고 다양하다.[18]

다음으로 프로이트는 콤플렉스를 횡단적 측면에서 접근했다면, 융은 종단적 측면에서 접근하였다. 프로이트는 오이디푸스 콤플렉스와 거세 콤플렉스가 한 사람에게 어떻게 나타나고, 그 나이 또래에 있는 다른 사람들에게 어떻게 나타나는지를 관찰했다면, 융은 오이디푸스 콤플렉스나 거세 콤플렉스라는 단어 대신 모성 콤플렉스나 부성 콤플렉스라는 다른 개념을 가지고, 그와 관계되는 정신 요소들의 작용을 통시적(通時的)으로 고찰하였다. 프로이트는 인간의 발달 단계를 구분하면서, 각각의 단계에서 생기는 정신적 문제를 고찰했지만, 융

도 콤플렉스의 한 예라고 할 수 있다."라고 말하였다.

17) 프로이트가 오이디푸스 콤플렉스나 거세 콤플렉스 이외에 콤플렉스에 대해서 말한 것은 비교적 초기인 1901년에 발표한 『일상생활의 정신병리학』에서다. 여기에서 그는 콤플렉스의 작용에 대해서 많이 살펴보았다.

18) Charles Baudouin, *op. cit.*, p. 141.

은 그런 단계를 설정하지 않고 모든 콤플렉스들을 종단적으로 살펴본 것이다. 그 결과 융은 모성 콤플렉스는 오이디푸스기 이전부터 형성되며, 그다음에도 모성 콤플렉스가 자극되는 상황에서는 계속해서 그 내용을 응축해 간다고 주장하였다. 보두앵(Charles Baudouin)은 융의 이런 태도에 대해서 프로이트 학파 정신분석가들은 모성 콤플렉스의 경우 융이 서로 다른 수준에 속해 있어서 구별해야 하는 정신 현상들을 뒤섞어 버렸다고 융을 비판한다고 주장하였다. 프로이트는 구강기, 항문기, 남근기 등의 정신적 문제를 상세하게 구분해서 설명하는 데 비해서 융은 모성 콤플렉스 또는 부성 콤플렉스로 광범위하게 묶어 버렸다는 것이다.[19]

셋째, 프로이트와 융은 신경증적 고통의 원인에 대해서 의견을 달리하였다. 프로이트가 고통의 원인을 유아기에 있었던 정감적 상처(trauma)에서 찾았던 데 반해서 융은 현재의 갈등에서 찾았다. 먼저 프로이트는 사람들이 유아기 때 어떤 충격적 사건을 경험하면 무의식에 상처가 생기면서 리비도가 고착된 지점이 생긴다고 주장한다. 그런데 사람들이 성장한 다음 스트레스를 심하게 받을 때, 리비도는 퇴행하여 유년기에 고착된 지점까지 내려가 과거의 충격의 흔적을 되살리게 된다. 그러면 유년기에 느꼈던 공포나 불안이 되살아나면서 신경증 상태에 빠지게 된다는 것이다. 그러므로 프로이트에게 있어 신경증은 유년기의 고착이 되살아나는 것이라고 할 수 있다.[20] 그러나 융은 프로이트의 퇴행 이론을 받아들였지만, 사람들에게 문제가 되는 것은 과거의 충격이 아니라 현재의 갈등이라고 주장하였다. 예를 들면, 어떤 사람이 어떤 일을 당한 다음에 어떤 발작을 일으켰다면, 발작을 일으킨 이유는 그에게 아무리 어릴 때 비슷한 일이 있었을지라도 그날 받은 충격이라는 것이다. 융에게 중요한 것은 정

---

19) cf. Charles Baudouin, *op. cit.*, pp. 139-143. 융에 의하면 삼키는 어머니는 전-오이디푸스기에 있는 갓난아이에게까지 올라가는 것이다. 보두앵은 프로이트와 융의 차이에 대해서 상세하게 설명하였다.

20) S. Freud, 『억압, 증후 그리고 불안』, 황보석 역(서울: 열린책들, 1998), pp. 112-115.

신적 외상이 아니라 그에게 형성된 콤플렉스를 자극한 현재의 갈등이라는 것이다. 우리는 여기에서 융의 병리론에서 콤플렉스가 얼마나 중요한지 알게 된다: "콤플렉스들은 사람들이 더 이상 그것에서 자유로울 수 없는 정신적 삶의 진원(震源) 또는 매듭이다. 콤플렉스가 없을 수 없다. 왜냐하면 그것들이 없다면, 정신의 활동은 심각하게 정지될 것이기 때문이다."[21]

따라서 치료에서도 프로이트와 융의 태도는 달라진다. 프로이트가 유아 성욕의 억압을 해소시키려는 데 초점을 맞추었다면, 융은 문제가 되는 콤플렉스에 초점을 맞추면서 그것을 동화시키거나 분화시키려고 하였고 정신구조의 재조정에 초점을 맞추었다. 그래서 후기 프로이트 학파 정신분석가들은 프로이트의 입장에 서서 유아기의 대상관계가 현재의 삶에 미치는 영향에 관심을 기울이면서, 전이분석에 초점을 맞추었다. 그러나 융과 후기 융 학파 분석가들은 문제가 되는 것은 유아기의 고착이 아니라 유아기에 기원을 둔 콤플렉스가 만든 현재의 정신 구조다. 그래서 융 학파 분석가들은 콤플렉스들이 의인화되어서 나타나는 꿈 분석에 집중하면서 그것들을 동화시키거나 분화시키려고 한다.[22]

4. 콤플렉스의 특성과 작용

콤플렉스가 '감정적 색조가 강조된 정신의 복합 요소', 즉 '관념과 정감의 복합체' 라는 사실은 콤플렉스의 작용을 그대로 설명해 준다. 왜냐하면 콤플렉스는 하나의 관념적 핵(核) 요소 주위에 그와 비슷한 요소들이 둘러싸면서 정감이 고조되어 있으며, 계속해서 그와 비슷한 요소들을 동화시키려고 해서 자아

21) C. G. Jung, *Problème de l' âme moderne*, p. 201.

22) cf. 융의 그런 태도를 가리켜서 후기 프로이트 학파 골드버그는 융 학파에서는 콤플렉스를 '우리 머리 안에 있는 작은 난장이'처럼 너무 구체화시키거나 신인동형론적으로 생각한다고 비판한다. A. Goldberg(ed), "Introduction", *Advances in Self Psychology*(New York: International Universities Press, 1980), p. 9. A. Samuels, *op. cit.*, 51에서 재인용.

까지 동화(assimilation)시키기 때문이다. 그래서 융은 콤플렉스는 정신에서 떨어져 나간 부분이라고 하면서, "이런 경우 콤플렉스의 동화력은 매우 특별한 작용을 한다. 즉, 콤플렉스에 대한 무의식성은 콤플렉스로 하여금 심지어 자아를 동화시키도록 도와서 일시적이고 무의식적인 인격의 변화를 일으킨다 ……."[23]라고 주장하였다.

융은 유아기 때 모든 정감적 사건(affective event)은 하나의 콤플렉스를 형성하게 된다고 주장하였다. 그때 그 콤플렉스는 그와 관계되는 정신 요소나 이미 존재하는 다른 콤플렉스를 만나지 못하면, 감정적 색조를 잃고 단순한 하나의 기억 덩어리가 된다. 그러면서 그것은 그와 관계되는 정감적 사건이나 다른 콤플렉스를 만나서 다시 활성화될 때까지 무의식에 남는다. 그러나 그것이 이미 존재하는 다른 콤플렉스를 만나면, 그것은 그 정감적 사건을 강화시켜서 격한 반응을 일으키고, 콤플렉스를 더 짙게 만든다. 융은 그에 대한 좋은 예를 히스테리 환자에게서 찾았다. 히스테리 환자들은 아주 작은 일에서도 엄청난 정감을 폭발시키곤 하는데, 그 이유는 그것이 그에게 내재해 있던 '감정적 색조가 강조된 콤플렉스'를 건드렸기 때문이다. 우리는 이것보다 정도는 약할지라도 보통 사람들에게서도 이와 비슷한 현상을 발견할 수 있는데, 그것은 어떤 사람이 아주 하찮은 일에서 매우 예민하게 반응하는 경우다.[24]

이러한 콤플렉스의 특성은, 첫째, 이미지 또는 관념을 중심으로 한 응집성이다. 모든 콤플렉스는 하나의 이미지나 관념을 중심으로 해서 그와 관계되는 정신적 내용을 응집하여 커지는 것이다. 사람들에게 콤플렉스를 형성하게 하는 이미지(또는 관념)는 모든 것이 될 수 있다. 사람들이 자아를 방어하기에 너무 취약했던 유아기의 정감적 사건은 모두 콤플렉스를 형성할 수 있는 것이다. 그래서 모성 콤플렉스, 부성 콤플렉스, 열등 콤플렉스, 성 콤플렉스 등은 사람들에게 하나의 핵(核)을 만들어서 콤플렉스를 형성하고, 정신 에너지의 흐름을

---

23) C. G. Jung, 『정신요법의 기본 문제』, p. 234.
24) C. G. Jung, *The Psychogenesis of Mental Disease*, para. 140.

방해하면서 여러 가지 혼란을 가져온다: "…… 감정적으로 강조된 내용인 콤플렉스는 중심이 되는 요소와 이차적으로 배열된 수많은 연상들로 이루어져 있다."[25)]

둘째, 콤플렉스는 그 안에 강한 정감을 내포하고 있다. 개인적 콤플렉스는 그것이 처음 형성될 때 자아의 안전을 위협할 만큼 충격적인 사건이 있었기 때문에 존재한다. 집단적 무의식에 속한 콤플렉스 가운데는 그렇지 않은 것도 있지만, 개인무의식의 부정적 요소와 결합되면 개인적 콤플렉스보다 훨씬 더 큰 정감을 자아내면서 더 파괴적으로 작용할 수 있다. 콤플렉스가 정신병리의 중요한 요인이 되는 것은 콤플렉스의 정감이 콤플렉스를 자율적으로 작동하게 하기 때문이다.

셋째, 콤플렉스는 자율성을 띠고 있다. 여기에서 자율성이라는 말은 콤플렉스가 자아의 통제를 받지 않고 스스로 작용한다는 말인데, 어떤 사람이 그의 콤플렉스를 의식화하지 못하는 한 콤플렉스는 자아의식과 무관하게 작용하고, 자아의식까지 동화시키는 것이다. 그래서 강박신경증 환자들은 아무리 어떤 생각을 하지 않으려고 해도 그 생각을 떨쳐버릴 수 없고, 불안신경증 환자 역시 불안의 지배 아래 놓이게 된다. 그래서 융은 "콤플렉스의 영역이 시작되는 곳에서 자아의 자유는 종식된다."[26)]라고 하였다. 이렇게 콤플렉스가 자아의식으로부터 완전히 독립적으로 작용하는 현상을 해리(dissociation)라고 하는데, 해리가 심해지면 콤플렉스는 부분인격으로 작용하게 된다. 그러므로 인격이 발달하려면 사람들은 그의 내면에 있는 콤플렉스들을 잘 알고, 그것이 자율성을 띠고 나타나지 않도록 자아와 무의식 사이의 대화에 힘써야 한다.[27)]

융은 콤플렉스의 중요한 작용 가운데서 배열(constellelation)에 주목하였다. 배열이란 외적 상황에 대하여 수많은 콤플렉스들이 어떻게 반응할는지 정신

25) C. G. Jung, *L'Energétique psychique*(Genève: Librairie de l'Université Georg et Cie S. A., 1956), p. 28.

26) C. G. Jung, 『정신요법의 기본문제』, p. 242.

27) C. G. Jung, *L'Homme à la découverte de son âme*, p. 188.

요소들을 모으고 준비하는 정신 과정인데, 어느 누구도 자기 마음대로 배열을 조종할 수 없다. 자아 콤플렉스 등 아주 적은 양의 콤플렉스 이외에는 대부분 무의식적이기 때문이다. 그러나 인간의 모든 정신 현상은 배열의 결과다. 그때 배열되는 내용은 특정 콤플렉스들인데, 그 콤플렉스들은 고유한 에너지들을 가지고 있다. 그래서 어떤 상황에서 의식과 무의식 사이의 조화와 균형이 깨지면, 콤플렉스는 문제를 일으키게 된다: "각 콤플렉스의 배열에 의해 의식의 상태는 장해를 일으킨다. 의식의 통일성은 깨져 버리고 의지적 의도는 곤경에 빠지며, 심지어 실행 불가능 상태가 되어 버린다."[28)]

콤플렉스가 자율성을 띠고, 자아와 해리되며, 자아를 동화시키기까지 하는 이유는 콤플렉스에 감정적 색조가 강조되어서 정감이 고착되기 때문이다. 정감이 고착되면 콤플렉스는 자아의 의식 과정을 교란시키는 것이다. 그때 감정적 색조가 강하면 강할수록 의식 과정은 더욱더 방해를 받는다: "그의 자기통제(그의 기분이나 생각이나 단어나 행동)는 콤플렉스의 강도에 따라서 방해를 받는다. 그의 행동의 목적성은 더욱더 의도하지 않았던 실수, 실책, 그 자신도 알 수 없는 느닷없는 착오로 대체되는 것이다."[29)] 그때 콤플렉스에 내포된 짙은 감정적 색조는 자아의 활동을 방해하거나 자아를 완전히 동화시켜서 자아의 의도대로 상황에 적응하지 못하게 하고, 엉뚱한 생각이나 행동을 하게 한다. 그래서 콤플렉스가 지배적일 때, 사람들은 모든 것을 그 빛에서 지각하거나 생각하게 된다. 이러한 현상을 콤플렉스-민감성(complex-sensitiveness)이라고 하는데, 한 사람에게 어떤 콤플렉스가 지배적일 때 그 콤플렉스와 관계되는 것들만 정감을 일으켜서 모든 생각과 행동이 그 콤플렉스를 중심으로 배열되고, 그와 관계되지 않는 것들은 배척되거나 피상적으로 다루어진다: "그 가장 뚜렷한 예들은 성 콤플렉스에 의해서 주어진다. 그것은 사랑에 빠진 고전적인 상태를 예로 들면 된다. 사랑하는 사람은 그의 콤플렉스에 사로잡혀 있다. 그의 모든 관

28) *Ibid.*, p. 187.

29) C. G. Jung, *The Psychogenesis of Mental Disease*, para. 93.

심은 오직 이 콤플렉스와 이 콤플렉스에 관계되는 것들에 붙들려 있다."[30] 그래서 사랑에 빠진 사람은 상대방의 행동 하나하나를 자기와 관계시키고 그에 따라서 반응한다. '그럴싸하게 보여서 그렇다.'라는 말은 지배적 콤플렉스의 작용을 잘 보여 준다.

융은 자아가 정감적으로 강조된 콤플렉스의 작용으로 무력화되는 것에 대해서 이렇게 설명하였다:[31] 일상 상황에서 자아 콤플렉스는 신체적 지각들과 직접적으로 연계되어 있으며, 그것들을 토대로 해서 정신 활동을 수행한다. 자아가 신체적 지각의 기반 위에 서 있기 때문에 사람들은 신체적 감각을 통해서 느끼고 생각하며 판단하는 것이다.

그러나 자아 콤플렉스가 위협적인 상황이나 감정적 색조가 강조된 콤플렉스에 자극을 받으면 두려움을 느끼는 등 여러 가지 정감적 반응을 하게 되며, 그 정감들은 신경 체계에 흥분을 가져오면서 신체 변화를 일으키게 된다. 가슴이 뭉클해지거나 눈물을 핑 돌거나 가슴이 두근거리는 등 수많은 감각이 변화되는 것이다. 그 결과 정상적인 자아는 주의력을 잃고, 콤플렉스가 배열시키는 방향으로 정신 활동이 이루어지게 된다. 이때의 자아를 융은 정감적 자아(affect-ego)라고 불렀는데, 그것은 약한 콤플렉스로서 감정적 색조가 강조된 콤플렉스 앞에서 속수무책이다.

배열 능력이 정감적 콤플렉스보다 열등하기 때문이다. 또한 이때 받았던 충격은 상당히 강해서 그다음에 비슷한 상황이 되면, 두려웠던 이미지들이 재생되고, 강한 정감이 신체에 다시 영향을 미치면서 강력한 배열을 통하여 자아가 환경에 올바르게 적응하지 못하게 한다. 그 정감들은 그 콤플렉스와 관계된 생각들이 사라지면 가라앉지만, 그와 관계되는 자극이 주어지면 다시 활성화된다. 그래서 어릴 때 개에게 심하게 물렸던 아이는 그다음에 개와 관계되는 아주 작은 자극만 있어도 콤플렉스 반응을 일으키게 된다.

30) *Ibid.*, para. 104.

31) C. G. Jung, *The Psychogenesis of Mental Disease*, paras. 84-87.

융은 콤플렉스는 다음과 같은 두 가지 방식으로 사람들에게 영향을 미친다고 하였다.[32)]

첫째, 아주 강력한 정감이 생겨서 그 효과가 한 사람에게 결정적인 영향을 미치는 경우다. 융은 이에 대한 예로 바람둥이였던 라몽 룰리의 경우를 들었는데, 그는 그가 사랑했던 어느 여인에게 구애했는데 그 여인이 그에게 암으로 절단된 가슴을 보여 주자 그 충격으로 평생 동안 금욕적인 삶을 살았다. 그때의 충격이 너무 커서 그는 그다음에는 어느 여자도 사귈 수 없었던 것이다. 바울이나 어거스틴의 회심 체험도 이와 같은 경우에 속한다. 감정적으로 강조된 콤플렉스는 사람들의 정신 활동에 예리한 정감을 배열하여 사람들에게 결정적인 영향을 미치는 것이다. 융은 교육의 목표도 유년 시절에 지속되는 콤플렉스를 심어 주려는 데 있으며, 불쾌한 인상이 사람들에게 얼마나 영향을 쉽게 미치는지 생각해 보면 이것을 알 수 있다고 주장하였다.[33)]

둘째, 어떤 콤플렉스에 내재해 있는 감정적 색조가 계속해서 유지되어 사람들에게 지속적으로 영향을 미치는 경우다. 융은 그에 대한 예를 성(性) 콤플렉스에서 찾았다. 성 콤플렉스에는 감정적 색조가 지속적으로 유지되어서 많은 사람들에게 지속적으로 주의력을 약화시키거나 정감적 반응을 하게 하는 것이다. 또한 연상검사에서도 보았듯이 각 사람들에게 있는 특정한 콤플렉스는 지속적으로 영향을 미치는 것이다. 프로이트가 『일상생활의 정신병리학』에서 찾아낸 실언, 실책, 망각 등은 한 사람에게 지속적으로 작용하는 콤플렉스의 배열을 보여 준다.[34)] 이렇게 볼 때, 우리는 콤플렉스는 정신적 실체이며 한 사람에게 매우 커다란 영향을 미치고 있는 것을 볼 수 있다: "…… 생각과 행동은 크든 작든 간에 끊임없이 강한 콤플렉스에 의해서 교란되고 왜곡된다. 말하자면 자아 콤플렉스는 인격의 전체가 아닌 것이다. 자아 콤플렉스 옆에는 그 자

32) *Ibid.*, para. 104.

33) *Ibid.*, paras. 89-90. cf. 김성민, "17세기 프랑스 신비주의와 J.-M. 드 귀용의 신비체험에 대한 분석심리학적 고찰", 『신학과 실천』, 18(2009).

34) S. Freud, 『일상생활에서의 정신병리학』, 이한우 역(서울: 열린책들, 1998).

신의 생명을 가지고 살며, 자아 콤플렉스의 발달을 방해하고, 저지하는 또 다른 존재가 있는 것이다."[35)]

5. 콤플렉스와 정신병리

정신분열병에 대한 초기의 연구자 중 하나인 융은 대부분의 정신분열병을 정신 발생적인 질병으로 규정하면서, 콤플렉스의 작용으로 설명하였다. 그는 정신분열병의 중요한 증상을 다음과 같이 말하고 있다.

첫째, 정동적 혼란이라고 하였다. 정신분열병 환자들의 커다란 특징은 그들의 정동이 황폐화되었고, 정동과 사고의 부적절성이 현저하다는 것이다. 그래서 그들은 외부 상황에 무관심한 반응을 보이거나 그와 정반대로 아주 하찮은 일 앞에서도 폭발적으로 흥분하며, 관념적 내용과 표현하는 정감이 불일치해서 슬픈 내용을 말하면서 즐거운 표정을 하거나, 흐느끼면서 기쁜 내용을 말하기도 한다. 그들은 그들의 정감을 적절하게 통제하지 못하는 것이다. 더구나 어떤 환자들은 정서가 완고하고, 정서를 제대로 표현하지 못하고, 음성 증상을 보이는 환자들은 전혀 감정을 느끼지 못하는 둔마(鈍痲)를 보이기도 한다. 융은 그들의 이런 문제는 그들의 자아 위계에 들어올 수 없는 아주 강력한 자율적 콤플렉스 때문이라고 주장하였다. 그들의 자아 콤플렉스는 그보다 더 큰 콤플렉스에 사로잡혀 있다는 것이다: "긴장증 환자가 그의 의식에 ……외부 현실보다 훨씬 더 강한 감정적 색조와 함께 밀려드는 환각에 점유되어 있다면, 우리는 왜 그가 의사의 질문에 적절하게 반응할 수 없는지 쉽게 이해할 수 있을 것이다."[36)]

35) C. G. Jung, *The Psychogenesis of Mental Disease*, para. 102. 히스테리 환자에게 최면술을 걸면 지남력이 있는 것처럼 착란 상태를 보인다. 병적 콤플렉스는 보통 소망 충족의 형태로 자동적으로 나타남. *Ibid.*, para. 163.

둘째, 비정상적인 성격이다. 융은 정신분열병 환자에게는 히스테리 환자처럼 전형적인 성격을 찾아볼 수 없지만, 그들은 판에 박힌 듯한 행동, 괴짜 같은 행동, 광적인 행동을 하고, '~인 척하는' 특징을 볼 수 있다고 주장하였다. 그것은 신어조작증(neologism)에서 잘 나타나는데, 어떤 정신분열병 환자는 독특한 단어를 만들어서 사용하는 것이다. 즉, 어떤 환자는 '이순신 특장' 이라는 말을 하는데, 그 의미는 '이순신은 특별한 장군' 이라는 다른 사람이 알 수 없는 말이다. 융은 그들이 새로운 말을 만드는 것은 그들이 의사나 다른 사람들로부터 거부당할지도 모른다는 불안 때문에 '강력한 단어' 를 사용하려는 의도 때문이라고 주장하였다: " '강력한 단어' 를 강조하는 것은 의심이나 적대감 앞에서 (자신의) 인격적 가치를 강조하려는 것이다. 이런 이유 때문에 강력한 단어는 흔히 방어적이고, 주술적인 공식처럼 사용되곤 한다."[37)]

또한 융은 정신분열병 환자에게서 '거부증(negativism)' 을 볼 수 있는데, 그들은 의사가 하는 질문에 아무 대답도 하지 않거나 반응을 보이지 않는 것이다. 그러나 융은 그런 행동들은 그들이 의사에게 반항하려는 것이 아니라, 의사의 질문을 하나하나 쪼개서 그 단어의 의미를 분석하거나 해석하려고 하기 때문이라고 주장하였다. 그들은 내면의 강력한 콤플렉스 때문에 자폐적으로 되어 있는 것이다. 그러한 자폐성은 그들이 때때로 바보 같은 행동을 하게 하는데, 그들은 외부 자극에서 그들의 콤플렉스와 관계되는 슬픈 생각이 떠오르려고 할 때 그것을 억누르려고 어린아이 같은 행동을 하게 된다.

36) C. G. Jung, *The Psychogenesis of Mental Disease*, para. 150. cf. 현대 정신의학에서 정신분열병의 임상적 양상은 다음과 같이 기술한다. 첫째, 사고장애, 즉 정신분열병 환자들은 사고 흐름, 사고 형태, 사고 통제, 사고 내용 등에 장애를 보이고, 둘째, 지각 장애, 그들은 사람에 따라서 환청, 환시 등의 환각이나 착각, 이인증 등을 호소하며, 셋째, 정동장애, 그들은 정서반응의 감소, 정서의 부적절성 및 정서의 완고함을 보이고, 일부 환자들에게서는 우울증상이나 경조증 또는 불안 증상을 나타내며, 넷째, 운동 및 행동상의 장애, 대부분의 환자는 신체 피동성을 호소하거나 자폐 행동을 하며, 일부 환자는 긴장 증상이나 무언증, 음송증 등을 보인다고 주장한다. 또한 대부분의 환자에게서 기억력과 지남력의 손상이 발견되지 않지만, 일부 환자에게는 그것들이 나타나는 경우도 있다. 대한신경정신의학회(편), 『신경정신과학』(서울: 하나의학사, 1997), pp. 318-322.

37) C. G. Jung, *The Psychogenesis of Mental Disease*, para. 155.

정신분열병 환자의 이런 특징들은 그들의 사고가 매우 편협하거나 경직되어 있는 것을 보여 주며, 그것은 그들이 어떤 지배적인 콤플렉스에 사로잡혀 있기 때문이다: "사려 부족, 편협한 마음, 설득 불가능성 등은 정상인 사람이나 병적인 사람 모두에게서 찾아볼 수 있는데, 특히 정감적인 원인이 결부될 때 더욱 더 그러하다. ……과도한 예민성 때문에 히스테리 환자들은 이기적이고, 다른 사람을 전혀 배려하지 않고, 자기 자신이나 다른 사람들을 괴롭히는데, ……정신분열병 환자들에게서 이런 기전은 훨씬 더 깊다."[38)]

셋째, 정신분열병 환자들의 또 다른 특징은 지적 혼란이다. 그들은 어떤 하나의 생각에 그와 관계되는 보조적인 연상들과 뒤섞여서 명확한 생각을 하지 못하는 것이다. 그래서 브로일러는 정신분열병 증상의 특징을 연상이완(associative loosening), 자폐증(autism), 정동둔마(affective blunting)와 함께 양가감정(ambivalence)으로 들었다. 그들은 어떤 것도 결정하지 못하고 양가감정 사이에서 고통당하는 것이다.[39)] 따라서 그들은 암시에도 반응을 잘하지 않는다. 그들의 의식이 좁혀져 있고, 주의력이 혼란돼 있기 때문이다. 융은 그 이유는 그들의 지적 기능이 저하되었기 때문이 아니라, 자율적 콤플렉스가 그들의 주의력을 이미 점령했기 때문이라고 주장하였다. 그래서 그들의 환각이나 망상의 내용을 살펴보면 병적 콤플렉스가 소망 충족의 형태로 나타나는 것을 볼 수 있다.[40)]

또한 융은 정신분열병 환자들의 특징 가운데 대표적인 사고장애와 망상, 조종받는다는 느낌, '무엇인가 완료되지 않았다는 느낌(sentiment d'imcompletude)' 역시 콤플렉스의 작용 때문이라고 주장하였다: "우리가 어떤 콤플렉스의 지배 아래 있으면, 감정적 색조가 그와 연관되는 생각에만 온통 드리워지고—그것들만 뚜렷해지고—그 안이나 바깥에 있는 다른 모든 지각은 금지 당한다. 그

38) C. G. Jung, *The Psychogenesis of Mental Disease*, para. 158.
39) 대한신경정신의학회, 『신경정신의학』(서울: 중앙문화사, 2005), p. 413.
40) C. G. *Jung, The Psychogenesis of Mental Disease*, para. 164.

래서 그것들은 희미해지거나 그들의 감정적 색조를 잃게 된다."[41] 그래서 어떤 콤플렉스가 지배적일 때, 그와 관계 되지 않는 생각들은 박탈당한 것처럼 사라지고, 누군가가 그를 조종한다고 느껴진다. 또한 자아와 콤플렉스 사이에 균열이 있기 때문에 무엇을 해도 다했다고 하는 충족감이 들지 않는다. 그에 따라서 조종당하고 있다는 느낌은 더 강해진다.[42]

마지막으로 융은 정신분열병 증상에서 상동증(stereotypy) 역시 커다란 특징 가운데 하나라고 주장하였다. 상동증은 뚜렷한 목적 없이 어떤 행동을 계속해서 반복하는 것인데, 융은 현대 정신의학에서 더 세분화시켜서 설명하는 것과 달리 상동증에 같은 말이나 소리를 계속해서 내는 음송증, 어떤 행동에서 다른 행동으로 즉시 넘어가지 못하고 조금 전에 했던 행동을 다시 하고 넘어가는 보속증, 괴이하거나 불편한 자세를 계속해서 취하는 긴장증 등을 포함시키면서 상동증의 기전을 다음과 같이 설명하였다.

한 사람이 어떤 행동을 하려고 할 때, 그는 그의 관심을 그 행동과 관계되는 생각에 집중시키고, 그때 그의 기억 과정에는 강한 감정적 색조가 드리우게 된다. 따라서 그가 그 행동을 여러 번 반복하면, 그 기억 과정에는 자연히 길이 나서 어느 정도 시간이 지나면 그는 그 행동을 큰 관심을 기울이지 않고 자동적으로 할 수 있게 된다. 그래서 그의 속에 일단 이런 자동적 회로(回路)가 형성되면, 그다음에는 외부에서 아주 작은 자극만 주어져도 그와 관계되는 행동은 기계적으로 이루어진다. 그때 주어지는 것이 감정적 색조가 강조된 콤플렉스라면, 그 행동은 사람들에게 수동적으로 이루어지는 것처럼 느껴질 수 있다. 왜냐하면 그때 그의 자아는 강력한 콤플렉스에 사로잡혀서 자아의 의지와 무관하게 행동하기 때문이다. 그 결과 정신질환자들은 콤플렉스의 자극을 받을 때, 그들에게 주어진 상황과 무관한 엉뚱한 행동을 자동적으로 하는데, 그때의 행동은 그의 지배적인 콤플렉스를 중심으로 해서 이루어지는 것이다: "콤플렉

41) *Ibid.*, para. 174.
42) *Ibid.*, paras. 175-180.

스가 고착되면 단조로움, 특히 단조로운 증상이 생긴다. ……그것은 존재발생적으로 얻은 대부분의 자동증의 특성인데, 그 자동증은 사람들을 점진적으로 변화시킨다." [43)]

융은 이런 모든 증상의 바탕에는 콤플렉스의 작용에 의한 '정신 수준의 저하' 가 있다고 주장하였다. 사람들에게 감정적 색조가 강조된 콤플렉스가 장기적으로 작용할 때, 그것은 전체 정신에서 떨어져 나가고, 자아로부터 자율성을 얻어서 자아는 스스로를 통제하지 못하고 병적인 상태에 빠지게 되는 것이다: "…… 정신질환의 일차적 조건, 즉 정신 수준의 저하는 정신 발생적인 것이고, 그것이 정신분열적 장애의 뿌리다." [44)]

6. 결 론

콤플렉스는 융의 분석심리학에서 가장 기본이 되는 개념이다. 인간의 정신은 콤플렉스들로 이루어져서 인간의 모든 정신 활동과 정신병리는 콤플렉스를 중심으로 해서 이루어지기 때문이다. 그래서 융은 콤플렉스의 작용을 고찰하기 위하여 정신질환의 증상에 담겨 있는 의미를 파악하려고 하였고, 궁극적으

43) C. G. Jung, *The Psychogenesis of Mental Disease*, paras. 184, 187. cf. 우리는 이와 같은 기전을 강박신경증, 히스테리, 중독증 등 대부분의 정신질환에서 찾아볼 수 있다. 그 환자들의 정감적 자아는 주어진 상황에 제대로 대응하지 못하고, 그들에게 내재해 있는 감정적 색조가 강조된 콤플렉스에 사로잡혀서 외부의 아주 작은 자극에서도 흔들리는 것이다. 그러므로 고대인들이 정신질환을 '귀신 들렸다.'라고 말한 것도 무리가 아니다. 무의식의 자율적 콤플렉스에 대한 이해가 없었던 사람들에게 자동증(automatism)은 귀신같이 느껴졌을 것이기 때문이다.

44) C. G. Jung, "On the Psychogenesis of Schizophrenia", *The Psychogenesis of Mental Disease*, para. 513. cf. 물론 정신분열병 환자들이 보이는 어떤 행동장애는 매스칼린과 그와 관계되는 독성물질에 의한 중독과 비슷한 양상을 보이기도 하지만, 그 경우에라도 대부분의 독성물질은 콤플렉스의 와해에 의한 이차적인 것이지 뇌의 기질적 원인은 아니라고 주장하였다. 그렇다고 해서 융이 모든 정신분열병을 정신 발생적인 것이라고 한 것은 아니라 미래의 연구에 맡기는 신중함을 보이기도 하였다. 다만 대부분의 정신분열병 증상에 상징적인 의미가 있으며, 그 밑에는 자율적 콤플렉스가 작용한다고 주장했던 것이다. *Ibid.*, paras. 504-541.

로 꿈의 의미를 분석하려고 하였다. 정신질환의 증상은 콤플렉스의 숨겨진 의도를 드러내고, 꿈에 나오는 이미지들은 콤플렉스를 의인화한 모습이기 때문이다. 그것들이 응축(condensation)과 전위(displacement)를 기반으로 한 상징으로 이루어져서 의미 파악이 쉽지 않을 뿐, 그 의미를 파악할 수 있다면 전체 정신의 의도를 깨닫고 정신의 전체성을 이룰 수 있기 때문이다.

융에게 자아는 물론 그림자, 페르조나, 아니마/아니무스, 자기 등 인간 정신을 구성하는 모든 정신 요소와 모성, 부성, 영웅, 어린이, 노현자 등 인간의 정신을 살아 움직이게 하는 모든 원형 역시 콤플렉스의 일종이다. 그렇게 볼 때, 융에게 있어 콤플렉스는 살아 있는 하나의 실체였다. 그래서 융은 "부분 인격이 그 나름대로 의식을 가지고 있다는 사실은 의심할 바 없다. 그러나 콤플렉스처럼 작은 정신적 파편 역시 그럴 수 있을까? 그것은 아직도 풀리지 않은 의미이지만, 내가 고백을 하자면 나를 종종 괴롭히는 문제다."[45]라고 하면서 콤플렉스의 실체성을 의심하지 않았지만 그 범위를 어디까지 설정할 것인가에 대해서는 망설이기도 하였다. 하지만 그가 콤플렉스를 인간의 내면에서 다른 정신 요소들과 연관을 맺으며, 외적 사태에 대해서 반응을 하게 하는 하나의 정신적 실체(corpus)로 보았던 것은 확실하다.

융에게 콤플렉스를 규정하는 가장 좋은 단어는 '관념-정감의 복합 요소'다. 콤플렉스는 하나의 관념(또는 이미지)을 중심으로 해서 그 주위에 그와 관계되는 다른 요소들이 응집된 덩어리이기 때문이다. 그래서 사람들은 그에게 이미 내장되어 있는 콤플렉스의 도움으로 어떤 대상의 이미지를 보고, 관념적으로 파악하여 그에 알맞게 반응할 수 있다. 그런데 콤플렉스 가운데서 유아시절 자아가 아직 취약할 때, 충격적인 경험 때문에 형성된 '감정적 색조가 강조된 콤플렉스'들은 문제되는 경우가 많다. 그것들은 그와 관계되는 사건을 만나면 민감한 반응을 하게 하고, 자아에 동화되지 않는 한 자아의 통제를 벗어나 여러 가지 문제를 일으킨다. 각종 정신 질환의 증상을 불러일으키는 것이다. 그래서

45) C. G. Jung, *L' Homme à la découverte de son âme*, p. 188.

융은 정신분열병에는 독성 물질의 작용이 문제를 일으키는 것도 있지만, 그것들 역시 기본적으로는 정신 발생적이며 그 독성 물질도 이차적인 것이 아닌가 하고 추정하였다. 왜냐하면 심한 정신분열병에도 뇌의 기질 변화는 없기 때문이다. 따라서 정신치료를 위해서는 콤플렉스와 콤플렉스가 나타내는 상징적 의미에 대한 이해가 필수적이다. 모든 질환의 밑바닥에는 콤플렉스에 의한 자아의 동화가 있기 때문이다.

그러나 융은 콤플렉스들을 모두 부정적인 것으로서, 없애 버려야 할 것으로 생각하지 않았다. 집단적 무의식에 있는 콤플렉스들은 인류가 여태까지 살아오면서 축적된 정신 요소들이며, 한 개인의 삶에서 형성된 콤플렉스들 역시 그 자신의 일부이기 때문에 없애 버리기보다는 통합해야 하는 것이다. 콤플렉스는 한 사람에게 정신적 체질로서, 잘못되어 있을 경우 체질을 바꾸듯이 변화시켜야 한다. 그래서 융은 사람들은 콤플렉스와 같이 살 수밖에 없으며, 콤플렉스 가운데서 동화시킬 수 있는 것은 동화시키고, 동화시킬 수 없는 것들에는 종교적인 태도(religere)를 보여야 한다고 주장하였다. 사람들은 그들의 정신을 구성하는 모든 무의식적 요소들 앞에서 겸손하게 임해야 한다는 것이다.

참고문헌

1. 융 전집

제1권 *Psychiatric Studies*

First published by Bollingen Foundation Inc., New York, tr. by R. F. C. Hull, 1957. Second Edition by Princeton University Press, 1970. Third printing with corrections and additions, 1978.

제2권 *Experimental Researches*

First published by Routledge & Kegan Paul Ltd., London and Princeton University Press, Princeton, tr. by Leopold Stein in collaboration with Diana Riviere, 1973.

제3권 *The Psychogenesis of Mental Disease*

First published by Bollingen Foundation, New York, and by Princeton University Pess, Princeton, tr. by R. F. C. Hull, 1960. Second printing with corrections and minor revisions, 1972, 1976.

제4권 *Freud and Psychoanalysis*

First published by Bollingen Foundation, New York, and by Princeton University, Princeton, tr. by R. F. C. Hull, 1961. Second printing with corrections, 1970, 1979.

제5권 *Symboles of Transformation*

First published by Routledge and Kegan Paul, Ltd., London, tr. by R. F. C. Hull,

1956. Second printing with corrections, 1970.

제6권 *Psychological Types*

First published by Bollingen Foundation, New York, and by Princeton University Press, Princeton, tr. by H. G. Baynes and revision by R. F. C. Hull, 1971, 1974, 1977.

제7권 *Two Essays on Analytical Psychology*

First published by Bollingen Foundation Inc., New York, tr. by R. F. C. Hull. Second Edition revised and augmented by Bollingen Foundation and published by Princeton University Press, Princeton, 1966.

제8권 *The Structure and Dynamics of the Psyche*

First published by Bollingen Foundation, New York, tr. by R. F. C. Hull, 1960. Second Edition by Princeton University Press, Princeton, 1969. Fourth printing with corrections, 1978.

제9권

Ⅰ. *The Archetypes and the Collective Unconscious*

First published by Bollingen Foundation Inc., New York, tr. by R. F. C. Hull. Second Edition by Princeton University Press, Princeton, 1968, 1971, 1975, 1977.

Ⅱ. *Aïon*

First published by Bollingen Foundation and by Routledge and Kegan Paul Ltd., London, tr. by R. F. C. Hull, 1959. Second Edition with corrections & minor revision, 1968, 1974, 1978.

제10권 *Civilization in Transition*

First published by Bollingen Foundation and by Routledge and Kegan Paul Ltd., London, tr. by R. F. C. Hull, 1964. Second Edition by Princeton University Press, Princeton, 1970.

제11권 *Psychology and Religion: West and East*

First published by Bollingen Foundation, New York, tr. by R. F. C. Hull, 1958. Second Edition by Princeton University Press, Princeton, 1969, 1975, 1984.

제12권 *Psychology and Alchemy*

First published by Bollingen Foundation, New York, tr. by R. F. C. Hull, 1953. Second Edition completly revised by Princeton University Press, Princeton, 1968, 1974.

제13권 *Alchemical Studies*

First published by Bollingen Foundation and by Routledge and Kegan Paul, London, tr. by R. F. C. Hull and Princeton University Press, Princeton, 1967, 1973, 1978.

제14권 *Mysterium Conjunctionis*

First published by Bollingen Foundation and by Routledge and Kegan Paul, London, tr. by R. F. C. Hull. Second Edition by Princeton University Press, Princeton, 1970.

제15권 *The Spirit in Man, Art, and Literature*

First published by Bollingen Foundation and by Princeton University Press, Princeton, tr. by R. F. C. Hull, 1966, 1971, 1975, 1978.

제16권 *The Practice of Psychotherapy*

First published by Bollingen Foundation Inc., New York, tr. by R. F. C. Hull. Second Edition revised and augmented by Princeton University Press, Princeton, 1966. Third edition with corrections, 1975, 1977.

제17권 *The Development of Personality*

First published by Bollingen Foundation and Routledge and Kegen Paul Ltd., London, tr. by R. F. C. Hull, 1954, 1965, 1971, 1977.

제18권 *The Symbolic Life*

First published by Bollingen Foundation, New York, and by Princeton University Press, Princeton, tr. by R. F. C. Hull, 1950, 1953, 1955, 1976.

제19권 *General Bibliography of C. G. JUNG's Writings*

First published by Routledge and Kegan Paul Ltd., London and Princeton University Press, Princeton, compiled by Lisa Ress with collaborators, 1979.

제20권 *General Index to the Collected Works of C. G. JUNG.*

First published by Routledge and Kegan Paul, London and Princeton University Press, Princeton, compiles Babara Forryan and Janet M. Glover, 1979.

2. 융 서간집

제1권 *C. G. JUNG: LETTERS*

Selected and edited by Gerhard Adler in collaboration with Ania Jaff, tr. by R. F. C. Hull, Princeton University Press, Princeton, 1973.

Vol. 1. 1906~1950.

Vol. 2. 1951~1961.

제2권 *THE FREUD/JUNG LETTERS*

Edited by William McGuire, translated by Ralph Manheim and R. F. C. Hull, The Hogarth Press Ltd. and Routledge and Kegan Paul Ltd., London, 1974.

3. 융 전집에 포함되지 않은 서적

1) *Conversation with C. G. JUNG*

Edited by Richard I. Evans, C. B. S. Educational and Professional Publishing, Praeger publishers, 1964, 1976, 1981.

2) *Modern Man in Search of a Soul*

Routledge and Kegan Paul, London, tr. by W. S. Dell and C. F. Baynes, 1933, 1978.

3) *The "face to face"*

Interview with J. Freemen for B. B. C. television, ed. by BURNETT, London, 1964.

4. 단행본으로 출판된 융의 저서

1) *Aspects du drame contemporain*

Préface et traduction du Dr. Roland CAHEN, Paris-Genève, Buchet/Chastel et Librairie de l' Université de Genève, 1948, 1970, 1983.

2) *Types Psychologiques*

Préface et traduction d' Yves LE LAY, Paris-Genève, Buchet/Chastel, Librairie de l'Université de Genève, 1950, 1958, 1967, 1977, 1983.

3) *Psychologie de l' Inconscient*

Préface et traduction du Dr. Roland CAHEN, Paris-Genève, Buchet/Chastel, Librairie de l'Université de Georg, 1953, 1963, 1978, 1983.

4) *La Guérison Psychologique*

Préface et adaptation du Dr. Roland CAHEN, Paris-Genève, Buchet/Chastel et Librairie de l' Université de Georg, 1953, 1970, 1976.

5) *Métamorphoses de l' Ame et ses Symboles*

Préface et traduction d'Yves LE LAY, Paris-Genève, Buchet/Chastel et Librairie de l'Université de Georg, 1953, 1970, 1973, 1978, 1983.

6) *Introduction* à *l' Essence de la Mythologie(avec Ch.KERENYI)*

Traduction d' Henri Del Medico, Paris, Payot, 1953.

7) *L' Energéique Psychique*

Préface et traduction d' Yves LE LAY, Paris Genève. Buchet/Chastel et Librairie de l' Université de Genève, 1956, 3e éition entiè ement revue et augementée d 'un index, 1981.

8) *Le Fripon Divin avec Ch. KERENYI et P. RADIND*

Collection: Analyse et Synthèse. Trad. S. Arthur REISS, Paris-Genève, Buchet/Chastel et Librairie de l' Université de Georg, 1958, 1984.

9) *Psychologie et Religion*

Traduction de M. BERNSON et G. CAHEN, Paris, Buchet/Chastel, 1960, 1974.

10) *Un Mythe Moderne*

Préface et adaptation du Dr. Roland CAHEN, Paris, Gallimard, 1960, 1963.

11) *Probléme de l' Ame moderne*

Traduction d' Yves LE LAY, Paris, Buchet/Chastel, 1961, 1966.

12) *Présent et Avenir*

Préface, traduction et annotation du Dr. Roland CAHEN avec la coll. de René et Fran ise Baumann, Paris, Buchet/Chastel, 1962 et Paris, Denoël, 1970.

13) *Psychologie et Education*

Traduction d' Yves LE LAY, Paris, Buchet/Chastel, 1963.

14) *Réponse à Job*

Traduction du Dr. Roland CAHEN avec une postface d'Henry CORBIN, Paris, Buchet/ Chastel, 1984.

15) La *Dialectique du moi et de l' inconscient*

Traduction et annotation du Dr. Roland CAHEN, Paris, Gallimard, 1964, 1967.

16) *L' Ame et la Vie*

Textes essentiels de C. G. JUNG présentés par Joland JACOBI, Traduit par Dr. Roland CAHEN et Yves LE LAY, Paris, Buchet/Chastel, 1965, 1969.

17) *Psychologie et Alchimie*

Traduction Henry RERNET et Dr. Roland CAHEN, Paris, Buchet/Chastel, 1970, 1975.

18) *Les Racines de la Conscience: Etudes sur l' archétype.*

Trad. Yves LE LAY, Paris, Buchet/Chastel. 1971, 1975.

19) *Commentaire sur le Mystère de la Fleur d' Or*

Trad. Etienne PERROT, Paris, Albin Michel, 1979.

20) *La Psychologie du Transfert*

Trad. Etienne PERROT, Paris, Albin Michel, 1980.

21) *Mystérium Conjunctionis*

2 volumes, trad. Etienne PERROT, Paris, Albin Michel, 1980, 1981.

22) *Aïon: Etudes sur la Phénoméologie du Soi*

Trad. Etienne PERROT et Mme Louzier-Sahler, Paris, Albin Michel, 1983.

23) *Psychologié et Orientalisme*

Trad. Paul KESSLER, Josette RIGAL, Rainer ROCHLITZ, Paris, Albin Michel, 1984.

24) *Synchronicitéet Paracelsica*

Trad. Claude MAILLARD et Christine PFLIEGER-MAILLARD, Paris, A. Michel, 1988.

25) *La Vie symbolique*

Trad. Claude MAILLARD et Christine PFLIEGER-MAILLARD, Paris, A. Michel, 1989.

26) *Ma Vie: Souvenirs, rêves et pensées,*

recuillis par Aniéla JAFFE. Trad. Dr. Roland CAHEN et Yves LE LAY, Paris, Gallimard, 1966. 1967 (『융의 생애와 사상』, 이기춘, 김성민 역, 서울: 현대사상사, 1995).

27) *L'Hommes et ses Symboles*

Paris, P. Royale, 1964 (『인간과 무의식의 상징』 이부영 외 역, 집문당, 1983).

5. 융에 관한 저서

ADLER, Gerhard, *Etude de Psychologie jungienne*, tr. de Liliane FEARN et du Dr. Jenny LECLERCQ, Genève, Librairie de l'Université Georg & Cie S. A., 1957.

BAUDOUIN, Charles, *L' Oeuvre de Jung,* Paris, Payot, 1963.

BONNETTE, Lucie, *Le Fondement religieux de la Pensée de JUNG,* Montréal, Editions Fides, 1986.

BRIL, Jacque, *Le Masque ou le Père ambigu,* Paris, Payot, 1983.

BROWN, Clifford A., *Jung's Hermeneutic of doctrine: Its theological Significance*, Chicago, American Academy of Religion, 1981.

Cercle de Psychologie analytique de C. G. Jung., *Transformation,* Montreal-Paris-Genève-Bruxelles, Editions de l'Aurore, 1977.

CLIFT, W. B., *Jung and Christianity*, New York, The Crossroad publishing Company, 1982 (『융의 심리학과 기독교』, 이기춘, 김성민 역, 서울: 대한기독교출판사, 1984)

COX, David, *Jung and St. Paul*, New York, Association Press, 1959.

CORNEAU, Guy, *Absent Fathers, Lost Sons,* Boston: Shambhala, 1991.

__________ , *La Guérison du Coeur,* Paris, Robert Laffont, 2000.

Dyer, D. R. Jung's Thoughts on God, York Beach, Maine: Nicolas-Hay, 2000.

Edinger, E. F., *Ego and Archetype*, Boston, Shambhala, 1992.

FORHDAM, F., *Introduction à la Psychologie de JUNG,* tr. de M. J. et Thierry

AUZAS, Paris, Editions Imago, 1985.

FRANZ, von M.-L., *C. G. Jung son Mythe en notre temps,* tr. de Etienne PERROT, Paris, Buchet/Chastel, 1975.

__________________, *La Voie de l'individuation dans contes de fées,* tr. de F. S. René TAILLANDIER, Paris, La Fontaine de Pierre, 1978.

__________________, *An Introduction to the Psychology of Fairy Tales,* New York, Spring Publication, 1973.

__________________, *Shadow in Fairy Tales,* New York, Spring Publication, 1974.

HALL, C. S. et NORDY, V. J., *A Primer of Jungian Psychology,* New York, 1956.

HANNA, C. B., *The Face of the Deep*, Philadelphia, The Westminster Press, 1963.

HOMANS, Peter, *Jung in Context,* Chicago, The University of Chicago Press, 1979.

HOPCKE, R. H., *Persona*, Boston, Shambhala, 1995.

HOSTIE, R., *Du Mythe à la Religion*, Bruxelles, Descleé de Brower, 1955.

HUMBERT, E. G., *Jung,* Paris, Editions Universtaires, 1983.

_______________, *Ecrits sur Jung*, Paris, Retz, 1993.

_______________, *La dimension d'aimer,* Paris, Cahiers jungiens de psychanalyse, 1994.

JACOBI, J., *La Psychologie de C. G. Jung,* tr. de V. BAILLODS et de J. CHAVY, Genève, Edition du Mont Blanc, 1964.

__________, *Complexe. Archétype. Symbole*, tr. de V.BAILLODS et de J.CHAVY, Paris-Neuchatel, Delachaux & Niestlé, 1961.

JAFFE, A., *Apparitions*, Paris, Le Mail, 1983.

________, *The Myth of Meaning*, Zurich: Daimon, 1984.

KAEMPF, B., *La Pensée de C. G. Jung: Son Intêret pour la Théologie pastorale,* Thèse de Doctorat d' Etat, Université de Strasbourg II, 1984.

___________, *Réconciliation: Psychologie et Religion selon C. G. Jung,* Paris, Caricript, 1991.

___________, "Trinité ou Quaternité?" in *ETR,* Montpellier, 1987/1, pp. 59-79.

___________, "Les Types psychologiques: une explication et une remède à la désaffection des cultes?" in *RHPR,* Strasbourg, 1986/1, pp. 93-108.

KIENER, H., "Convergences de vues chez C. G. JUNG, BERGSON, BERDIAEFF et DOSTOIEVSKI", *L'Essentiel,* 1971/4, Fontainebleu.

___________, "Le Problème religieux dans l' oeuvre de C. G. Jung".

Lammers, A. C., *In God's Shadow.* Mahwah, N.J.: Paulist Press, 1994.

MAILLARD, C., "Pour les théologiens quelle psychologie: Freud ou Jung?" in *RHPR,* Strasbourg, 1987/3, pp. 273-292.

MATTON, M. A., *Jungian Psychology in Perspective,* New York-London: The Free Press, 1981.

MEIER, C. A., *Jung's Analytical Psychology and Religion*, London-Amsterdam, Feffer & Simon Inc., 1977.

MILLER, D. L.(ed.), *Jung and the Interpretation of the Bible,* New York, Continuum, 1995.

MOORE, R.(ed.), *Jung and Christianity in Dialogue,* New York, Paulist Press, 1990.

O'kane, F., *L'Ombre de Dieu et les cailloux du novice.* Geneve: Georg Editeur S. A., 1990.

PERROT, E., *C. G. Jung et La voie des profondeurs*, Paris, La Fontaine de Pierre, 1980.

____________, *La voie de la transformation d'aprés C. G. JUNG et l'Alchimie,* Paris, La Fontaine de Pierre, 1980.

POST, Laurens van der, *Jung and the Story of our Time*, New York: Vintage Books Edition, 1975.

ROCHEJERIE de la Jacque, *La Symbologie des Rêves,* vol. 2, Paris, Editions Imago, vol. I : 1984, vol. II: 1986.

ROLLINS, G. W., *Jung and the Bible*, Atlanta, John Knox Press, 1983.

_______________ . "Psychology Hermeneutics and the Bible", ed by D. L. Miller, *Jung and the Interpretation of the Bible.* New York: Continuum, 1995.

SANFORD, J. A., *Healing and Wholeness,* New York, Darton Longman & Todd Ltd., and Doubleday & Company, Inc., 1977.

SOLIE, Pierre, *Le Sacrifice: Fondateur de civilisation et individuation*, Paris, Editions Albin Michel S. A., 1988.

STEINBERG, W., *Masculinity,* Boston, Shambhala, 1993.

STERN, P., *C. G. Jung: The Haunted Prophete*, New York, George Braziller Inc., 1977.

STEVEN, Anthony, *Jung: L'oeuvre-vie,* Paris, Dufélin, 1990.

Tardan-Masquelier, Ysé, *Jung et la question du Sacré*, Paris, Albin Michel, 1998.

ULANOV, A. B., *The Feminine in Jungian Psychology and in Christian Theology,* Evanston, Northwestern Univ. Press, 1971.

ULANOV, Ann & Barry, *Transforming Sexuality,* Boston, Shambhala, 1994.

Ulanov, A. B. 『종교와 무의식』, 서울: 한국심리치료연구소, 1996.

WHTTE, V., *God and the Unconscious*, London-Glasgow, Collins Clear-Type Press, 1952.

김성민, 『분석심리학과 기독교』(제2판), 서울: 학지사, 2012.

김성민, 『분석심리학과 기독교 신비주의』, 서울: 학지사, 2012.

이부영, 『분석심리학』, 서울: 일조각, 1982.

이부영, 『한국민담의 심층분석』, 서울: 집문당, 1995.

이부영, 『그림자: 우리 마음속의 어두운 반려자』, 서울: 한길사, 1999.

6. 기 타

Boff, L.,『삼위일체와 사회』, 이세형 역, 서울: 대한기독교서회, 2011.

Buber, M., 『신의 일식』, 이병섭 역, 서울: 이화여자대학교출판부, 1984.

Dehing, Jef., "Jung and Knowledge: From Gnosis to Praxis", ed. by Papadopoulos, RK. *C. G. Jung Critical Assessments,* London: Routledge, 1992.

Dourley, J. P., *A Strategy for a Loss of Faith*, Toronto: Inner City Books, 1992.

Endres, F. C., & Schimmel, A., 『수의 신비와 마법』, 오석균 역, 서울: 고려원미디어, 1996.

Freud, S., & C. G. Jung, *The Freud/Jung Lettres*, ed. by McGuire, W. & McGlashan, A. London: Routledge & Kegan Paul, 1979.

Henel, I. C., 『폴 틸리히의 그리스도교 사상사』, 송기득 역, 서울: 한국신학연구소, 1983.

Ions, V.,『이집트신화』, 서울: 범우사, 2003.

Kelly, J. N. D., 『고대기독교교리사』, 김광식 역, 서울: 한국기독교문학연구소출판부, 1980.

Neve, J. L., 『기독교교리사』, 서남동 옮김, 서울: 대한기독교서회, 1982.

Pearson, B. A., "The Figure of Seth in Gnostic Literature", *Gnosticism, Judaism, and Egyptian Christianity.* Minneapolis: Fortress Press, 1990.

Pearson, B. A., *Gnosticism, Judaism, and Egyptian Christianity.* Minneapolis:

Fortress Press, 1990.
Pelikan, J., 『고대교회 교리사』, 박종숙 역, 서울: 크리스천 다이제스트, 1999.
Plato, 『티마이오스』, 박종현, 김영균 공동 역주, 서울: 서광사, 2000.
Quispel, Gilles, "Jung et la Gnose", *Cahier de l'Herne*. Paris: Edition de l'Herne, 1979.
Rudolph, K., *Gnosis: The Nature and History of Gnosticism*. tr. by R. M. Wilson, New York: Harper & Row, 1987.
Scopello, M., *Les Gnostiques*. Paris: Cerf, 1991.
Stevens, A., *Jung: L'OEuvre-Vie*, Paris: Dufflin, 1994.
Tillich, P., ed. by I. C. Henel, 『폴 틸리히의 그리스도교 사상사』, 천안: 한국신학연구소, 1983.
Tillich, P., *Systematic Theology*, vol. II. Chicago: The University of Chicago Press, 1975.
van der Leeuw, G., 『종교 현상학 입문』, 손봉호, 길희성 역, 왜관: 분도출판사, 1995.
Walker, W., 『세계기독교회사』, 강근환 외 역, 서울: 대한기독교서회, 1982.
Winnicott, D. W., "Review of C/.G. Jung's Memories Dreams Reflections", International Journal of Psychoanalysis, 1960, p. 45.

7. 백과사전류

Encyclopédies des Sciences religieuses, sous la direction de F. LICHTENBERGER, Paris, G: Fischbacher, 1881.
Encyclopedia Universalis, Paris: PUF, S. A., 1973.
Encyclopaedia of religion and Ethics, ed. by J. HASTINGS, T. Edinburgh, & T. Charls.

8. 정기간행물

Cahiers de Psychologie Jungienne, Paris.
The Christian Century, Chicago.
Etudes Théologiques et Religieuses(ETR), Montpellier.

The Journal of Religion, Chicago, The University of Chicago Press.
Journal for Scientific Study of Religion, Storrs, University of Connecticut Press.
Revue d'Histoire et de Philosophie Religieuses(RHPR), Strasbourg.
Revue de Théologie et de Philosophie(RTP), Lausanne.

융의 연표

1875. 7. 26. 스위스 동부에 위치한 트루가우 주 케스빌에서 출생.

1878(3세). 아버지와의 불화 때문에 어머니가 병원에 입원.

1879(4세). 지하 왕국에 거대한 남근이 있는 원형적인 꿈을 꿈.

1881(6세). 제수이트파 신부를 보고 죽을 것 같은 공포를 느낌.

1884(9세). 누이동생 출생. 정원에 앉아서 놀다가 자신의 내면에 또 다른 자신이 있다는 신비적 분유(神秘的 分有) 체험.

1882~1884(7세에서 9세 무렵). 연필 끝에 검은 외투를 입은 남자를 새겨서 다락방에 안치해 놓고 마음이 괴로울 때면 찾아가서 개인적이고 신비주의적인 종교 의식을 행함.

1887(12세). 바젤의 김나지움에 입학. 학교에서 오는 길에 바젤 대성당을 보고서 이상한 환상을 봄. 낮에 보는 어머니와 밤에 보는 어머니가 다른 모습에서 사람에게는 두 개의 인격이 있다는 사실 발견.

1895~1900(20~25세). 바젤 대학교에서 의학 공부.

1896(21세). 아버지 사망. 아버지와의 갈등이 끝남.

1899(24세). 사촌 여동생을 대상으로 영매 현상에 대한 연구. 나중에 이 주제로 의과대학교 졸업논문을 씀.

1900(25세). 바젤을 떠나서 취리히의 뷔르괼쫄리 정신병원 의사로 초빙 받음. 프로이트의 『꿈의 해석』을 처음으로 읽음.

1903(28세). 아내 엠마 라우쉔바하(1882~1955)와 혼인(나중에 4녀 1남을 낳음). 프로이트의 『꿈의 해석』을 다시 읽고, 자신의 언어연상실험과 프로이트의 자유연상의 유사성을 발견. 프로이트의 억압이론에 공감함.

1905(30세). 뷔르괼쫄리 정신병원의 수석의사가 되고, 취리히 대학교 의학부 강사가 됨.

1906(31세). 프로이트에게 편지를 하면서 프로이트와의 교유 시작.

1907(32세). 프로이트가 비인으로 초청하여 프로이트를 만나 장시간 환담. 프로이트에게서 아버지의 이미지 느낌.

1909(34세). 미국 매사추세츠 주 워체스터에 있는 클라크 대학교 초청으로 프로이트와 함께 미국 여행을 하고 클라크 대학교에서 명예 박사학위 받음. 서로가 상대방의 꿈 해석.

1910(35세). 뉘른베르크에서 제1회 국제정신분석학회 개최. 프로이트의 추천으로 국제정신분석학회 초대 회장에 피선.

1912(37세). 포댐 대학교에서 정신분석학 이론에 대해서 강연. 『리비도의 상징적 변환』을 발표하면서 프로이트와 불화 시작.

1913(38세). 프로이트와 결별하면서 자신의 심리학 이론이 프로이트의 그것과 다르다는 것을 밝힘. 심한 정신적 고통(1918년까지). 취리히 대학교 강사직을 사직하고 자신의 시간을 더 많이 갖기 위하여 개인적으로 환자를 돌봄.

1914(39세). 국제정신분석학회장직 사임. 제1차 세계대전 발발과 함께 스위스 군에 의무장교로 복무.

1915(40세). 꿈과 신화와 무의식에 대한 연구를 더욱더 깊이 함.

1916(41세). 무의식의 구조 발견하고 집단적 무의식, 아니마, 아니무스 사상 개진.

1918(43세). 만다라를 그리면서 만다라의 의미를 어렴풋하게 이해하기 시작. 프로이트와의 결별 이후 생긴 정신적 위기 극복.

1920(45세). 정신적 위기 동안 체험했던 것들의 본래적인 층을 발견하기 위해서 튀니

지, 알제리 등지 방문. 인간의 생명력은 희생에 의해서 얻어지는 것이며, 인간 정신의 심연에 원초적인 인격부분이 존재함 확인.

1921(46세). 『정신유형론』 발표.

1922(47세). 취리히 호반에 있는 볼링겐에 별장인 '성탑' 세우기 시작.

1923(48세). 어머니 사망.

1924(49세). 미국 방문. 애리조나 주, 뉴 멕시코에서 푸에불로 인디언 연구.

1925(50세). 아프리카 케냐, 우간다 등 방문. 원주민 연구.

1928(53세). 리처드 빌헬름에게 중국의 연금술에 관한 책 『태을금화종지』에 대한 해제를 부탁받고 그 안에 자기가 그렸던 만다라 상이 나와 있음을 보고 연금술에 대해서 연구 시작. 『자아와 무의식의 관계』 및 『현대인의 영적인 문제』 발표.

1933(58세). 스위스의 아스코나에서 에라노스학회 첫 번째 모임을 가짐.

1936(61세). 하버드 대학교에서 명예 박사학위 받음. 무의미한 듯이 보였던 연금술에 대한 연구에서 결실을 보게 됨. 『연금술에서 볼 수 있는 종교 사상』 발표.

1937(62세). 예일 대학교에서 강연. 『심리학과 종교』 발표.

1938(63세). 영국의 옥스퍼드 대학교, 인도의 힌두 대학교, 캘커타 대학교, 파키스탄의 알라하바드 대학교에서 명예 박사학위를 받음으로써 기독교, 힌두교, 이슬람교 대학교에서 모두 학위 받음.

1941(66세). 칼 케레니와 함께 『신화학의 본질에 관한 서설』 발간.

1944(69세). 『심리학과 연금술』 발표.

1945(70세). 건강 악화로 바젤 대학교의 강좌 사임.

1946(71세). 『전이의 심리학』 발표.

1947(72세). 볼링겐에 은거.

1951(76세). 『아이온』 발표.

1952(77세). 『욥에의 응답』 발표.

1955(80세). 『융합의 비의』 발표, 아내인 엠마 사망. 볼링겐 '성탑' 완공.

1957(82세). 『현재와 미래』 발표. 자서전 『기억 · 꿈 · 사상』 작업을 아니엘라 야페와 함께 시작.

1961(86세). 사망.

1964(89세). 마지막으로 집필한 '무의식에의 접근'이 『인간과 그의 상징』에 수록되어 출판됨.

찾아보기

《인 명》

《내 용》

저자 소개

저자 **김성민**은 고려대학교와 감리교신학대학교 대학원을 졸업하였고, 프랑스 스트라스부르 II 대학교에서 박사학위를 받았다(Dr. de Theol). 현재 협성대학교 교수이며, 미국 뉴욕의 College of Pastoral Supervision and Psychotherapy와 한국융연구원에서 임상훈련을 받았고, 국제분석심리학회(I.A.A.P.) 정회원으로 C. G. 융학파정신분석가다.
저서로는 『분석심리학과 기독교 신비주의』(학지사, 2012년 문화체육관광부 선정 우수학술도서), 『분석심리학과 기독교』(학지사), 『종교체험』(대한기독교서회), 『생명과 치유, 그리고 그리스도』(한들출판사) 등이 있고, 역서로는 『C. G. 융의 생애와 사상』(C. G. 융), 『융의 심리학과 기독교 영성』(E. 반 드 빙켈), 『종교체험의 여러 모습들』(W. 제임스), 『인간의 욕망과 기독교 복음』(F. 돌토), 『죄의식과 욕망』(A. 베르고트), 『C. G. 융과 후기 융학파』(A. 새뮤엘즈) 등이 있다.

분석심리학과 종교
Analytical Psychology and Religion

2014년 10월 20일 1판 1쇄 인쇄
2014년 10월 30일 1판 1쇄 발행

지은이 • 김성민
펴낸이 • 김진환
펴낸곳 • (주) 학지사
121-838 서울특별시 마포구 양화로 15길 20 마인드월드빌딩
대표전화 • 02)330-5114 팩스 • 02)324-2345
등록번호 • 제313-2006-000265호

홈페이지 • http://www.hakjisa.co.kr
커뮤니티 • http://cafe.naver.com/hakjisa

ISBN 978-89-997-0557-1 93180

정가 20,000원

저자와의 협약으로 인지는 생략합니다.
파본은 구입처에서 교환해 드립니다.

이 도서의 국립중앙도서관 출판시도서목록(CIP)은 서지정보유통지원시스템 홈페이지(http://seoji.nl.go.kr)와 국가자료공동목록시스템(http://www.nl.go.kr/kolisnet)에서 이용하실 수 있습니다.
(CIP제어번호: CIP2014030394)